Maeterlinck, Debussy, Schönberg und andere: Pelléas et Mélisande

Zur musikalischen Rezeption eines symbolistischen Dramas

von

Anita Kolbus

Tectum Verlag
Marburg 2001

Die Deutsche Bibliothek - CIP-Einheitsaufnahme

Kolbus, Anita:
Maeterlinck, Debussy, Schönberg und andere: Pelléas et Mélisande.
Zur musikalischen Rezeption eines symbolistischen Dramas.
/ von Anita Kolbus
- Marburg : Tectum Verlag, 2001
Zugl: Hamburg, Univ. Diss. 2001
ISBN 3-8288-8313-3

© Tectum Verlag

Tectum Verlag
Marburg 2001

Gliederung

		Einleitung	7
I.		**Maeterlinck und der Symbolismus**	**11-106**
1.		Symbolismus in Belgien: Voraussetzungen und Hintergründe	11
	1.1	Belgien im 19. Jahrhundert: Die politische und soziokulturelle Situation	11
	1.2	Der französische Symbolismus als Vorbild für den belgischen Symbolismus	12
	1.3	Besonderheiten des belgischen Symbolismus	17
2.		Maeterlinck und das symbolistische Drama	23
	2.1	Maeterlinck: Zu Biographie und Werk	23
	2.2	Die frühen Dramen: Vorläufer und Einflüsse	28
	2.3	Die frühen Dramen: Allgemeine Merkmale und Hintergründe	34
3.		Intermediale Rezeption der frühen Dramen	49
	3.1	Literatur	49
	3.2	Theater	57
	3.3	Bildende Kunst	63
	3.4	Musik	65
4.		Das Drama *Pelléas et Mélisande*	69
	4.1	Entstehung	70
	4.2	Quellen	72
	4.3	Aufbau	79
	4.4	Orts- und Zeitstrukturen	81
	4.5	Figuren	87
	4.6	Motivik und Symbolik	102
	4.7	Zusammenfassung	104

II.	*Pelléas et Mélisande*-Vertonungen	107-280
1.	Claude Debussy: Oper	109
1.1	Ästhetischer Hintergrund	109
1.2	Kompositorischer Kontext	115
1.3	Entstehungszusammenhänge	117
1.4	Studien und Essays zu *Pelléas et Mélisande*	124
1.5	Analyse	141
1.6	Zusammenfassung	164
2.	Arnold Schönberg: Symphonische Dichtung op. 5	167
2.1	Ästhetischer Hintergrund	167
2.2	Kompositorischer Kontext	172
2.3	Entstehungszusammenhänge	173
2.4	Studien und Essays zu *Pelleas und Melisande*	176
2.5	Analyse	181
2.6	Zusammenfassung	208
3.	Charles Koechlin: *Mélisande*. 2. Satz der *Suite Légendaire*, op. 54	211
3.1	Biographische Notiz und ästhetische Anschauungen	211
3.2	Kompositorischer Kontext	212
3.3	Entstehungszusammenhänge	213
3.4	Analyse	215
3.5	Zusammenfassung	219
4.	Gabriel Fauré: Schauspielmusik/Suite op. 80	221
4.1	Ästhetischer Hintergrund	221
4.2	Kompositorischer Kontext	225
4.3	Entstehungszusammenhänge	227
4.4	Studien und Essays zu *Pelléas et Mélisande*	231
4.5	Analyse	234
4.6	Zusammenfassung	245
5.	Jean Sibelius: Schauspielmusik/Suite op. 46	247
5.1	Ästhetischer Hintergrund	247
5.2	Kompositorischer Kontext	250
5.3	Entstehungszusammenhänge	252
5.4	Studien und Essays zu *Pelléas et Mélisande*	253
5.5	Analyse	255
5.6	Zusammenfassung	263

6.	William Wallace: (Schauspielmusik)/Suite	265
6.1	Biographische Notiz und ästhetische Anschauungen	265
6.2	Kompositorischer Kontext	266
6.3	Entstehungszusammenhänge	267
6.4	Analyse	268
6.5	Zusammenfassung	274

Schluß   275

Anhang: 281
1. Übersicht über Maeterlincks frühe Dramen   281
2. Verzeichnis der Kompositionen zu Maeterlincks Dramen   282
3. Quellen   293
4. Literatur   297

Vorbemerkungen:

Für Quellentexte werden folgende Abkürzungen verwendet:
Maeterlinck-Schriften:
- CB = Cahier Bleu
- IPS = Introduction à une Psychologie des Songes
- PkS = Prosa und kritische Schriften (= IPS, dt.)

Mallarmé:
- OC = Oeuvres Complets

Debussy:
- MCr-f = Monsieur Croche, französische Ausgabe
- MCr-dt = Monsieur Croche, deutsche Ausgabe

Schönberg:
- StG = Stil und Gedanke
- SchK = Schöpferische Konfessionen

Abkürzungen für Bibliotheken:
- F-Pn = Bibliotheque Nationale, Paris
- B-Br = Bibliotheque Royale, Brüssel
- A-Wn = Österreichische Nationalbibliothek, Wien

In den Analyse-Kapiteln werden gegebenenfalls als Abkürzungen für die Figuren die Anfangsbuchstaben verwendet:
- M = Mélisande
- P = Pelléas
- G = Golaud
- A = Arkel
- Y = Yniold
- Ge = Geneviève

Musikalische Abkürzungen: T = Takt; Instrumentenabkürzungen

Zitate aus Quellen werden orthographisch getreu der Vorlage wiedergegeben und unabhängig von der Länge im Text abgesetzt.
Übersetzungen französischer Zitate erscheinen als Fußnotentexte. Übernahmen vorhandener Übersetzungen werden mit der entsprechenden Literaturangabe gekennzeichnet (z. B. PkS, 48). Werden Änderungen in fremden Übersetzungen vorgenommen, erscheint der Zusatz „dt. n. (z. B. Groß)".

Für die Bereitstellung von Manuskripten bzw. die Erlaubnis zur Wiedergabe danke ich folgenden Personen/Institutionen:
Bibliotheque Nationale Paris; Arnold Schönberg Center Wien und Lawrence Schoenberg; Robert Lienau Musikverlag Frankfurt/M.; Otfrid Nies und Yves Koechlin; Scottish Music Information Centre Glasgow.

Einleitung

„Exprimer surtout cette sensation d'emprisonnés, d'étouffés, de haletants en sueur qui veulent se séparer, s'en aller, s'écarter, fuir, ouvrir, et qui ne peuvent pas bouger. Et l'angoisse de cette destinée contre laquelle ils se heurtent la tête comme contre un mur et qui les serre de plus en plus étroitement l'un contre l'autre." (Maeterlinck, Agenda, 28. 2. 1891 - zt. n. Schillings, 1970, 119).[1]

Bei diesem Entwurf eines Dramenszenarios könnte man an Antonin Artauds „Theater der Grausamkeit" oder auch an das „Absurde Theater" Becketts oder Ionescos denken. Das Zitat stammt aber von einem ihrer „dramatischen Vorläufer", dem belgischen Autor Maurice Maeterlinck (1862-1949), der dieses den Skizzen zu seinem Drama *Pelléas et Mélisande* vorangestellt hat. Dieser Leitfaden gilt für alle neun zwischen 1889 und 1896 entstandenen, sogenannten „frühen Dramen" Maeterlincks, beschreibt er doch einige wichtige Grundzüge dieser formal wie inhaltlich eng verwandten Stücke: das Eingeschlossensein der Figuren („enclos"), Angst, Lähmung und Erstarrung, entsetztes Warten auf den Eintritt einer Katastrophe, vor der es kein Entrinnen gibt und die letztlich immer Tod bedeutet. Bei Maeterlinck entstehen dadurch dramaturgische Strukturen wie Handlungsarmut, Diskontinuität der Zeit und tendenzielle Aufhebung der Kommunikationsfunktion von Sprache, die als genuin modern anzusehen sind. Von hier führt eine Linie zum Surrealismus und zum absurden Theater - Maeterlincks *Les Aveugles* scheint beinahe prophetisch Becketts *Warten auf Godot* vorwegzunehmen.

Die frühen Dramen Maeterlincks hatten eine kurze, aber intensive weltweite Wirkung, wie die zahlreichen Übersetzungen zeigen. Besonders zeitgenössische Literatenkreise und Theaterpraktiker erkannten früh das dramaturgisch „Neue" dieser Werke und ließen sich davon zu weiterführenden Entwicklungen anregen. Mit den frühen Dramen selbst geriet auch deren literatur- und theatergeschichtlicher Stellenwert in Vergessenheit. Eine der Ursachen hierfür liegt beim Autor selbst - im Laufe seiner weiteren Entwicklung distanzierte er sich zunehmend von seinem Frühwerk. Eine andere Ursache ist politischer Natur. Der erste Weltkrieg wirkte sich negativ auf den Kulturaustausch zwischen den Nachbarstaaten Belgien/Frankreich und Deutschland aus. Wie Riemenschneider (1969, 9) treffend feststellt, ließe sich am Beispiel der Maeterlinck-Rezeption in Deutschland „ein ganzes Kapitel deutschfranzösischer Kulturideologie ablesen." Ein Ziel dieser Untersuchung soll es daher sein, die frühen Dramen Maeterlincks möglichst frei von ideologischen Vorbehalten zu betrachten, um ihre Bedeutung für die Entwicklung des modernen Dramas und Theaters angemessen darstellen zu können.

Maeterlincks frühe Dramen sind essentiell symbolistisch. Von den französischen Symbolisten wurden sie als „ihr" langersehnter Beitrag zum Theater gefeiert. In der Tat ist es Maeterlinck damit wie kaum einem anderen gelungen, die aus Frankreich kommenden theoretischen Entwürfe eines symbolistischen Dramas praktisch umzusetzen. Nicht zuletzt sind die frühen Dramen Maeterlincks die einzigen frankophonen symbolistischen Literaturprodukte, die weltweit echte Berühmtheit erlangten.

Trotz der französischen „Vereinnahmung" fügen sich die frühen Dramen keineswegs nahtlos in den französischen Symbolismus ein. Vielmehr weisen sie eine Reihe ei-

---

[1] „Vor allem dieses Gefühl der Gefangenen, Erstickenden, der in Schweiß Gebadeten Atemlosen ausdrücken, die sich trennen, weglaufen, sich entfernen, fliehen, öffnen wollen, und die sich nicht rühren können. Und die Beklemmung durch dieses Schicksal, gegen das sie den Kopf stoßen wie gegen eine Mauer und das sie enger und enger aneinanderdrückt."

genständiger Merkmale auf, die es gerechtfertigt erscheinen lassen, von einem unabhängigen belgischen Symbolismus zu sprechen. Der Symbolismus der frühen Dramen Maeterlincks ist also in zweifacher Hinsicht spezifisch: zum einen als „belgischer Symbolismus", zum anderen als „Dramensymbolismus", da das Drama einen Sonderfall innerhalb des von der Lyrik dominierten literarischen Symbolismus darstellt.

Viele Symbolisten und zeitgenössische Darsteller des Symbolismus meinten, dieser sei weder definierbar noch analysierbar. Hier liegt tatsächlich ein Problem der wissenschaftlichen Beschäftigung mit diesem Phänomen: Das Vage, Unbestimmte, Vieldeutige, das für das symbolistische Kunstwerk Programm ist, gilt auch für den Symbolismus selbst. Was Symbolismus ist, läßt sich allenfalls skizzieren oder umreißen: es ist kein Stil- oder Epochenbegriff, sondern bezeichnet eine idealistische, antipositivistische Geisteshaltung oder Ästhetik, nach der Künstlerinnen und Künstler verschiedener Kunstrichtungen um 1900 ihre Werke schufen. Grenzüberschreitungen zwischen den Künsten waren intendiert; Gestaltungsmittel anderer Künste wurden zur Erweiterung der Mittel für die eigene nutzbar gemacht. Dies machte die Werke besonders attraktiv für eine Form der Rezeption, die hier als produktiv bezeichnet werden soll: der Be- und Verarbeitung eines Kunstwerks in einem anderen Kunstmedium.

Maeterlincks frühe Dramen erfuhren eine intensive produktive Rezeption, wie in Kapitel I/3 dargestellt wird. Bei dieser als intermedial[2] zu bezeichnenden künstlerischen Auseinandersetzung mit den frühen Dramen spielte die Musik eine wichtige Rolle. Allein die Anzahl der Vertonungen ist beachtlich: Insgesamt konnten 63 ermittelt werden (Kompositionsvorhaben eingeschlossen; s. Anhang). *Pelléas et Mélisande* bietet sich als Untersuchungsbeispiel an, weil es zum einen das komplexeste der frühen Dramen ist und zum anderen das einzige, das bis heute bekannt geblieben ist - dank einer produktiven (musikalischen) Rezeption: der Opernkomposition von Claude Debussy.

Die Vertonungen werden als musikalische Lesarten des Dramas aufgefaßt. Eine Analyse unter dieser Voraussetzung ist notwendigerweise perspektivisch. Sie versucht, den Kompositionsprozeß nachzuvollziehen, um in der Komposition eine Lesart des Dramas aufzuspüren. Die schriftlichen Äußerungen der Komponisten über ihre ästhetischen Anschauungen und über ihre *Pelléas et Mélisande*-Vertonung sowie eine ausführliche Dramenanalyse bilden hierbei eine wichtige Informationsgrundlage. Da die literarische Rezeption der frühen Dramen schwerpunktmäßig um die Jahrhundertwende stattfand, wurde als ungefähre zeitliche Begrenzung bei der Auswahl der Kompositionen der erste Weltkrieg gewählt. Dies deckt sich mit dem abrupten Abbruch der Maeterlinck-Rezeption in Deutschland aus politischen Gründen (s. Kapitel I/4.1). Außerdem war in diesem Zeitraum der Einfluss des Symbolismus in Europa unmittelbar wirksam, das ästhetische Klima für ein Einwirken symbolistischer Vorstellungen auf kompositorische Gestaltungsmittel günstig.

Von den zwölf erhaltenen Kompositionen zu *Pelléas et Mélisande* werden sechs in der Analyse berücksichtigt: die von Claude Debussy, Arnold Schönberg, Gabriel

---

[2] Die Begriffe "intertextuell" und "intermedial" werden von Broich/Pfister (1985, 178-196) diskutiert, wobei diese Autoren auf die Unterscheidung zwischen "intertextuell" (Rezeption eines "Textes" innerhalb eines Kunstmediums) und "intermedial" (Rezeption eines "Textes" eines Kunstmediums durch ein anderes) verzichten und für beide Sachverhalte den Begriff "Intertextualität" verwenden. Für diese Untersuchung erscheint der Begriff "Intermedialität" sinnvoller, da die "Bearbeitung" eines Kunstwerks in einer anderen Kunstform sehr unmittelbar ausdrückt.

Fauré, Jean Sibelius, Charles Koechlin und William Wallace. Die untersuchten Werke sind Teil der Maeterlinck-Rezeption in Frankreich, Deutschland/Österreich, England und Skandinavien. Sie lassen sich nach dem Kriterienpaar „autonom - funktional" in zwei Gruppen einteilen:

- autonom: Debussy (Oper), Schönberg (symphonische Dichtung), Koechlin (Satz einer Orchestersuite)
- funktional: Fauré, Sibelius, Wallace (Schauspielmusiken/Orchestersuiten).

Die Kompositionen sind gattungsmäßig und stilistisch heterogen. Ihre Komponisten stammen aus verschiedenen europäischen Ländern und sind dem Drama unter ganz unterschiedlichen Bedingungen begegnet. Die Aufteilung in autonome und funktionale Kompositionen beruht auf einer eher äußerlichen Klassifizierung, die aber einige Voraussetzungen für den kompositorischen Umgang mit dem Drama liefert.
Die erste Gruppe enthält Kompositionen mit von den Komponisten frei gewähltem Sujet, die „um ihrer selbst willen" rezipiert werden sollen. Die drei Werke gehören verschiedenen Gattungen an. Oper und symphonische Dichtung besitzen grundsätzliche strukturelle Unterschiede (Text als integraler Bestandteil der Komposition oder als nicht präsenter Hintergrund). Die beiden Kompositionen von Debussy und Schönberg haben gemeinsam, daß sie sich auf das gesamte Drama beziehen. Koechlins orchestrales Charakterstück stellt nur den Beginn einer Einzelszene dar.
Bei den drei Schauspielmusiken der zweiten Gruppe handelt es sich um Auftragskompositionen für konkrete Dramenaufführungen. Alle drei Komponisten formten ihre Werke nachträglich in Orchestersuiten um, autonomisierten sie gewissermaßen für den Einsatz im Konzertsaal. Bei Schauspielmusiken wird die Art und Intensität der kompositorischen Auseinandersetzung mit dem Drama naturgemäß durch das Kriterium „freie Literaturwahl" contra „Auftragswerk" gesteuert. Die Musik ist dem Drama grundsätzlich untergeordnet - die musikalischen Entfaltungsmöglichkeiten werden in der Regel durch Inszenierungsvorgaben eingeschränkt. Eine tiefergehende musikalische Dramendeutung ist im allgemeinen in dieser Gattung nicht zu erwarten. Die vorliegenden Kompositionen gehören zwar alle derselben Gattung an, doch kommen hier die unterschiedlichen Bedingungen der Dramenaufführungen in den verschiedenen Ländern stärker zum Tragen.
Auch hier nimmt ein Werk eher eine Randstellung ein: die unveröffentlichte Orchestersuite von William Wallace, deren Schauspielmusik-Vorlage nicht erhalten ist und die kompositorisch wegen ihres Wagner-Epigonentums von geringerer Relevanz ist.

Für die Analyse der Einzelwerke wird grundsätzlich von der im Druck vorliegenden Partitur ausgegangen. Ausnahmen bilden neben unveröffentlichten Werken diejenigen, die in verkürzten Fassungen erschienen sind und bei denen der Einblick in Manuskripte zusätzliche musikalische Informationen liefert. Da die Entstehungsgeschichte der Kompositionen für die spezifische Fragestellung keine unmittelbare Rolle spielt, wird diese nur überblickartig dargestellt, wobei eine Konzentration auf die für den Zusammenhang zwischen Drama und Musik wichtigen Aspekte erfolgt.
Von besonderer Bedeutung sind hier aber ästhetische Ansichten der Komponisten sowie die Stellung der *Pelléas et Mélisande*-Kompositionen im Kontext des jeweiligen Gesamtwerks. Beides bildet eine notwendige Grundlage für die Erörterung der Frage, ob musikalische Gestaltungsmittel als von dem symbolistischen Drama induziert angesehen werden und damit möglicherweise als „symbolistisch" bezeichnet werden können.

Im Gegensatz zu Literatur und Malerei sind Abhandlungen über „Musik und Symbolismus" eher rar. Von Vertretern der beiden erstgenannten Kunstdisziplinen wird bisweilen die Forderung an die Musikwissenschaft gestellt, einen musikalischen Symbolismus zu beschreiben. Mit den nachfolgenden Untersuchungen zu *Pelléas et Mélisande* soll eine Grundlage hierfür geschaffen werden.

I. Maeterlinck und der Symbolismus

1. Symbolismus in Belgien: Voraussetzungen und Hintergründe

1.1 Belgien im 19. Jahrhundert: die politische und soziokulturelle Situation

Der Staat Belgien entstand 1830 als Folge der belgischen Revolution. Damit gab es erstmals in der Geschichte einen unabhängigen Staat auf dem Territorium der südlichen Niederlande. Anfang des 19. Jahrhunderts standen diese unter französischer Herrschaft. 1815 wurden die südlichen mit den nördlichen Niederlanden zu einem großniederländischen Reich vereinigt. Die belgische Revolution beendete die Existenz dieses künstlich zusammengezwungenen Staatengebildes. Dies geschah auf der Londoner Konferenz (1831), wo die vom belgischen Nationalkongreß am 18. November 1830 proklamierte Unabhängigkeit von den führenden europäischen Mächten akzeptiert und vertraglich bestätigt wurde. Für den neuen Staat Belgien stellte sich das Problem der Vereinigung zweier Volksgruppen mit verschiedenen Sprachen, das bis heute nicht gänzlich gelöst ist. Zwar hatte die frankophone flämische Oberschicht zusammen mit den Wallonen die Revolution durchgeführt, doch zeigten sich schon hierbei unterschiedliche Bestrebungen: Während die flämische Bourgeoisie einen unabhängigen Staat Belgien erreichen wollte, waren die Wallonen für eine Vereinigung mit Frankreich. Das gemeinsame Ziel war die Ablösung von den Niederlanden.

Mit der Staatsgründung setzte das allmähliche Aufblühen eines flämischen Nationalbewußtseins ein, das hauptsächlich im Kampf um die eigene Muttersprache zum Ausdruck kam. Die Sprache war in Flandern Merkmal der Schichtzugehörigkeit. Die grundbesitzende flämische Oberschicht sprach französisch, die unteren Volksschichten verständigten sich auf Flämisch. Da die herrschende Klasse von der Überlegenheit der französischen Kultur und Sprache gegenüber der niederländischen überzeugt war, machte sie Französisch zur alleinigen und offiziellen Amtssprache; das Flämische wurde selbst im privaten Bereich der Bourgeoisie nicht toleriert und war lediglich dem Umgang mit Dienstboten vorbehalten.

Die Unterdrückung des flämischen Volkes war auch durch die Wirtschaftssituation bedingt. Während Wallonien durch die einseitige Förderung der Schwerindustrie einen beachtlichen wirtschaftlichen Aufschwung erlebte, brach in Flandern die heimische Textilindustrie völlig zusammen - nicht zuletzt unter dem starken englischen Konkurrenzdruck. Mißernten und eine landwirtschaftsfeindliche Politik kamen hinzu und machten das flämische Gebiet in der Mitte des 19. Jahrhunderts zum Armenhaus Belgiens. Von der Landbevölkerung starben Tausende an Hunger und Seuchen, fast ein Drittel lebte von Armenunterstützung.[3]

Die 1870er und 1880er Jahre waren von heftigen innenpolitischen Auseinandersetzungen bestimmt, in denen sich radikaler Liberalismus und ultrakonservativer Katholizismus gegenüberstanden.[4]

---

[3] Auf diese Ereignisse spielt Maeterlinck mit den Armen und verhungernden Bauern in seinen frühen Dramen an (s. *Pelléas et Mélisande*).

[4] Die kurze liberale Regierungszeit (1878-1884) war eine Zeit des Kulturkampfes, der im sogenannten "Schulstreit" (Konfessionsschulen contra staatliche Schulen) gipfelte und 1884 zu einer schweren

Obwohl die materielle Situation der Industriearbeiter denkbar schlecht war, gab es in Belgien erst verhältnismäßig spät eine Arbeiterbewegung. Die sozialistische Partei Belgiens wurde 1879 gegründet; sie wurde 1885 zur belgischen Arbeiterpartei (POB). 1886 begann in Lüttich mit einem allgemeinen Streik und mit Unruhen eine Phase heftiger sozialer Kämpfe. Durch Streiks und Attentate mit anarchistischem Hintergrund machten die Arbeiter auf ihre unerträgliche Lage aufmerksam. Dies führte letztlich zur Beseitigung von Mißständen und zu sozialen Reformen (Unfall-, Krankenversicherung usw.), außerdem 1893 zur Einführung des allgemeinen Wahlrechts, das allerdings durch das Mehrstimmensystem eingeschränkt blieb.

Die flämische Bewegung leitete unter dem Motto "Das eigentliche Wesen eines Volkes steckt in seiner Sprache" eine Rückbesinnung auf die flämische Geschichte und Kultur ein. Nach dem zeitweiligen Erlahmen der Bewegung in der zweiten Hälfte des 19. Jahrhunderts gab es größere Erfolge erst um die Jahrhundertwende (z.B. das Gleichheitsgesetz 1898: französische und flämische Gesetzestexte erhielten die gleiche Rechtskraft). Gleichzeitig trieb die Bewegung die Ausbildung einer flämischen geistigen Oberschicht voran; die flämische Literatur fand nach 1900 Anschluß an europäisches Niveau (vgl. Petri, 1968, 476-481; ders., 1981, 951-958 und Erbe, 1993, 203-230).

1.2 Der französische Symbolismus als Vorbild für den belgischen Symbolismus

Der Begriff "Symbolismus" bezeichnet weder eine Epoche noch einen Kunststil. Er steht vielmehr für eine idealistische, stark von Schopenhauer geprägte Weltsicht, die die Grundlage künstlerischer Gestaltung bildet. Daher ist die Bewegung weder stilistisch noch zeitlich klar einzugrenzen. Der Symbolismus - die Benennung ist ebenso willkürlich wie die Erscheinungsformen vielfältig - entwickelte sich hauptsächlich auf dem Gebiet der Literatur in Frankreich und erfaßte ganz Europa. In Frankreich erstreckte sich der dichterische Symbolismus im weiteren Sinn etwa vom Beginn der dritten Republik bis zum ersten Weltkrieg; im engeren und eigentlichen Sinn war er eine Erscheinung der letzten fünfzehn Jahre des 19. Jahrhunderts. Nach 1900 war der Symbolismus in Frankreich lediglich Gegenstand von Restaurationsbewegungen ("néosymbolisme"), die an den Neuerungselan der Dichtergeneration der 1890er Jahre anknüpfen wollten (vgl. Theisen, 1974, 100f.; Lehmann, 1968[2], 16).

Der französische Symbolismus nahm viele Ideen aus anderen Ländern auf. Die wichtigsten Anregungen kamen aus Deutschland und England. Die Einflüsse waren nicht immer direkt. So gelangten die Ideen der deutschen Romantiker auch über den englischen Dichter Carlyle nach Frankreich (und Belgien).

Wichtige philosophische Gedanken stammten von Schopenhauer, Eduard von Hartmann und Swedenborg. Grundlegend war Schopenhauers Idealismus, der besonders in den 1870er Jahren in Frankreich populär wurde. Schopenhauers metaphysische Vorstellungen nährten den unter vielen Dichtern und anderen Künstlern

---

Wahlniederlage der Liberalen führte. Es folgte eine lange Regierungszeit der katholischen Partei, die bis zum ersten Weltkrieg die absolute Mehrheit behielt.

dieser Zeit verbreiteten Antipositivismus.[5] Die Auseinandersetzung mit Schopenhauers Philosophie blieb jedoch eher oberflächlich. So wurden etwa Lehrsätze aus dem Kontext isoliert und zu handlichen Slogans umgeformt. Durch den Mangel an profunden Kenntnissen wurde Schopenhauer (wie Kant - zwischen beiden wurde kaum unterschieden) von den französischen Schriftstellern um 1880 einfach als Idealist gesehen und bisweilen in die Nähe eines banalen Solipsismus gerückt ("la monde est ma répresentation"). Diese Art der Rezeption bezeichnet Lehmann als "selective misinterpretation" (vgl. Lehmann, 1968², 37-41).

Eduard von Hartmanns *Philosophie des Unbewußten*, die stark von Schopenhauers *Die Welt als Wille und Vorstellung* beeinflußt ist und 1877 auf französisch erschien, entwickelt die Vorstellung vom Unbewußten als einem geheimnisvollen, willentlich nicht zugänglichen und nicht beherrschbaren psychischen Bereich, der eine autonome Gegenwelt zum bewußten Denken und Empfinden darstellt (vgl. von Hartmann, 1872⁴, 236f.; Theisen, 1974, 30) . In Frankreich trat der Dichter Laforgue als Interpret von Hartmanns hervor. Er hielt am Unbewußten als metaphysischer Größe fest, formte von Hartmanns Ideen aber dahingehend um, daß er den Künstlern/Künstlerinnen die Fähigkeit zubilligte, das Unbewußte zu erschließen und für ihre Kunstproduktion nutzbar zu machen (vgl. Lehmann, 1968²,119f.). Erst Freud entzog derartigen Vorstellungen die Grundlage. Durch die Entmystifizierung der Psyche verlor so mancher Dichter allerdings auch das Interesse daran.[6]

Der schwedische Naturforscher, Philosoph und Seher Emanuel Swedenborg (1688-1772) wirkte mit seinen Lehren und Visionen auf ganze Generationen von Schriftstellern und Philosophen (z.B. Kant, Goethe, Schelling, Balzac, Rilke). Seine umfangreichen Schilderungen des Lebens nach dem Tod kamen dem metaphysischen Interesse der französischen Symbolisten entgegen (vgl. Theisen, 1974, 11). In einem seiner Hauptwerke, *Himmel und Hölle* (1758) legte Swedenborg seine Jenseitsvision nieder. Von besonderem Interesse für die symbolistischen Schriftsteller war seine Korrespondenztheorie: danach entspricht die gesamte natürliche Welt der geistigen (= jenseitigen), sie entsteht und besteht aus dieser. Einzelne Entsprechungen gibt es bei Himmelskörpern, Wettererscheinungen, Tages- und Jahreszeiten. Das Gesicht des Menschen zeigt als Spiegel der Seele das Wesen der Entsprechungen (vgl. Swedenborg, 1977, 69). Diese machte sich Baudelaire zu eigen, der als Vorläufer des Symbolismus angesehen wird.

Literarische Anregungen für die französischen Symbolisten boten unter anderem Poe, Shakespeare und Novalis. Außerdem übten die Praeraffaeliten und Wagner eine große Faszination auf sie aus.

Der Einfluß Edgar Allan Poes auf die französischen Symbolisten ist immens und in seiner Bedeutung kaum zu überschätzen. Während Poe in seinem Heimatland USA als "minor poet" galt, genoß er in Frankreich fast grenzenlose Anerkennung und Popularität. Die Grundlage hierfür bildeten die Poe-Übersetzungen von Baudelaire (1847-1857) und Mallarmé (1888). Für letztere begeisterten sich die jungen belgischen Autoren. Es waren weniger die Erzählungen als vielmehr die Gedichte und Essays, die die französischen Dichter faszinierten (vgl. ebd., 14-19).

---

[5] In dem in der zweiten Hälfte des 19. Jahrhunderts in Frankreich auch auf dem Gebiet der Künste verbreiteten Positivismus sieht Lehmann (1968², 21-28) den eigentlichen Anstoß für die Entwicklung einer symbolistischen Anti-Ästhetik.

[6] Maeterlinck nennt Laforgue im Interview mit Huret (1891) als eine seiner literarischen Vorlieben. Im Zusammenhang mit Freud erwähnt er, daß ihn seit dessen Traumdeutung seine Träume nicht mehr interessieren würden (vgl. Groß, 1985a, S. 165).

Zu den Voraussetzungen des Symbolismus - vor allem des symbolistischen Dramas - gehört die Shakespeare-Verehrung in Frankreich im 19. Jahrhundert. Wie das Schopenhauer-Bild war auch das französische Shakespeare-Bild ein selektives. Shakespeare wurde hauptsächlich als Dichter von Reflexionen und Stimmungen gesehen. Große Beachtung fand seine Verwebung von Menschenschicksalen in Naturgeschehen.[7] Besonders wichtig waren die Dramen Shakespeares für Mallarmé, der Zentralfigur des französischen Symbolismus. Seine Bewunderung für Shakespeare und besonders für *Hamlet* begann 1860. 1862 identifizierte er sich öffentlich mit dem Titelhelden. *Hamlet* war für Mallarmé ein Seelendrama, der Held eine in sich isolierte Figur. Diese Sicht machte Hamlet zum Vorbild für die Antihelden des symbolistischen Theaters Maeterlincks.[8]

Die englische Malergemeinschaft der Praeraffaeliten (s. dazu ausführlich Kap. 2.2: Dramenentwicklung) wurden von den französischen symbolistischen Dichtern, nicht von den Malern geschätzt (vgl. Kotzin , 1966, 347-350). Die Nabis und Synthetisten sahen die Praeraffaeliten als primär literarisch inspiriert an und hielten ihre malerischen Leistungen für wenig nachahmenswert. Sie interessierten sich aber für die Kunsttheorie der Praeraffaeliten, die hauptsächlich durch die Ästhetik John Ruskins vermittelt wurde, der der Herold und Hauptinterpret der Praeraffaeliten war und in Frankreich in den 1880er Jahren eine gewisse Popularität erlangte. Ruskin sah Naturalismus und Mystizismus als Einheit. Nur die Betrachtung innerweltlicher Phänomene (vor allem der Natur) könne zur Ausbildung einer transzendenten Wahrnehmungsfähigkeit führen. Indem sie ihre exakte naturalistische Detailreproduktion in den Dienst einer idealistischen Bedeutung stellten, die Natur achteten, ohne dem reinen Naturalismus zu huldigen, entsprächen die Praeraffaeliten, so Ruskin, diesem ästhetischen Ideal der Verbindung zweier Gegensätze.

Produktive Mißverständnisse brachte auch die Rezeption deutscher Romantiker durch die französischen Symbolisten hervor. Als Beispiele können hier Novalis und Wagner gelten.

Novalis wurde von den französischen Symbolisten metaphysisch interpretiert. Dies erzeugte eine Art reziproken Einfluß. Durch die französische Beschäftigung mit Novalis wurde man in Deutschland erst richtig auf diesen aufmerksam, wobei die spezifisch französische Interpretation teilweise in die deutsche Rezeption mit einfloß (vgl. Vordtriede, 1963, 34-38).

Eine der wichtigsten Quellen für den französischen Symbolismus war Wagner. Die Irrationalität der französischen Wagner-Verehrung, ihre Übersteigerung ins Religiöse ist anhand der *Revue Wagnerienne* nachzuvollziehen, die von 1885 bis 1888 in Paris erschien. Aus dieser Zeitschrift geht hervor, daß die wenigsten Schriftsteller Kenntnis von bzw. Verständnis für Wagners Musik hatten. Sie setzten sich hauptsächlich mit Teilen seiner theoretischen Schriften auseinander und interpretierten diese in ihrem Sinn. Dies resultierte schon aus der Art der Annäherung an Wagner: "Wagner did not simply radiate an influence: rather the symbolists looked around and found Wagner." (Lehmann, 1968², 225). Wie die Symbolisten dazu neigten, ihr

---

[7] Szondi (1975, 355f.) sieht hierin eine Einflußgröße für den Impressionismus in der Malerei.

[8] Auf die Selektivität des französischen Shakespeare-Bildes gegen Ende des 19. Jahrhunderts verweist Szondi in seiner Analyse von Maeterlincks *La Princesse Maleine*. Seiner Meinung nach entspricht Maeterlincks Erstlingsdrama ziemlich genau der Vorstellung von Shakespeare als Dichter von Reflexionen und Stimmungen, so daß Mirbeaus Vergleich von Maeterlinck mit Shakespeare insofern gerechtfertigt erscheint, als er keine dichterische Gleichwertigkeit impliziert. Maeterlincks *Maleine*, so Szondi, verhalte sich zu Shakespeare wie die Bach- und Mozart-Paraphrasen romantischer Komponisten zu Bach und Mozart (vgl. Szondi, 1975, 356f.). Mallarmé relativierte den Mirbeau-Vergleich (vgl. OC, S. 329f.; zu Hamlet vgl. OC, 299-302).

Vorbild ihren Vorstellungen anzupassen, wird z. B. daran deutlich, daß Wagner allein aufgrund seiner harmonischen Neuerungen generell als Beseitiger traditioneller Beschränkungen gesehen wurde, was einem allgemeinen Ziel der Symbolisten entsprach (vgl. Hertz, 1987, 49). In der letzten Ausgabe der *Revue Wagnerienne* klingt zunehmend Skepsis gegenüber Wagners Ideen an, besonders bezüglich des Gesamtkunstwerks; denn im Gegensatz zu Wagner strebten die Symbolisten die Erweiterung einer Kunst durch die Mittel der anderen an. Erst ab da begann die Mehrzahl der Symbolisten zu bemerken, was für Mallarmé von Anfang an deutlich war: die Differenz zwischen Wagners romantischer Ästhetik und ihren eigenen Vorstellungen. Mallarmé war sich bewußt, daß Wagner ihn in seiner Suche nach Neuem nicht weiterführen konnte.[9] Wie Hertz (ebd., 52f.) ist Lehmann (1968², 195-197) der Meinung, daß Wagners Theorien den Kunstintentionen der französischen Symbolisten im Grunde widersprachen. Wagners große Wirkung sei nicht nur durch die Verformungen seiner Theorien, sondern auch durch die Unkenntnis seiner Musikdramen bedingt gewesen:

> "Wagners influence in particular has been grossly overrated - in any case it was born of misunderstanding and dilettantism and issued most often into blind alleys. The symbolists used him simply as a name or slogan to place against their own pet theories [...]." (ebd., 247).

Der französische Dichter Charles Baudelaire gilt als Vorbild und Ausgangspunkt für die Entwicklung symbolistischer Dichtung und Ästhetik. Die Symbolisten sahen ihn als ihren geistigen Ursprung an; er war eine wichtige Mittlerfigur für den Kulturtransfer aus dem anglo-amerikanischen und deutschen Raum: "In Baudelaire sammelten und brachen sich, wie Lichtstrahlen im Prisma, die vielfältigen Ideen, aus denen der Symbolismus gespeist wurde."(Theisen, 1974, 19). Baudelaire verehrte E. T. A. Hoffmann und brachte den französischen Dichtern dessen romantische Vorstellungen durch Übersetzungen nahe. Wichtige Anregungen für die Entwicklung seiner Synästhesie erhielt Baudelaire aus Hoffmanns *Kreisleriana*. Außerdem beschäftigte sich Baudelaire mit Novalis. Seine Begeisterung für Wagner und dessen Musik belegt ein Brief an den Komponisten (1860) und sein Essay *Richard Wagner et Tannhäuser* (1861).[10] Aus letzterem geht hervor, daß er Wagners Musik als Bestätigung für seine synästhetischen Anschauungen betrachtete, die er bereits 1846 in dem berühmten Sonnett *Correspondances* beschrieben hatte (vgl. Theisen, 1974, 18-23; Dömling, 1990, 316f.).[11] Hierin wird die Welt als ganzheitliche Einheit gesehen, in der die Phänomene unterschwellig miteinander verbunden sind. Die "beseelte" Natur wird als Symbol für eine verborgene Wirklichkeit verstanden und mit menschlichen Gefühlen verknüpft. Diese Vorstellung bildet die Basis für die symbolistische Metaphysik.

---

[9] Eine genaue Studie zu Mallarmés Wagner-Rezeption bietet Zimmermann: *Träumerei eines französischen Dichters. Stéphane Mallarmé und Richard Wagner,* München-Salzburg 1981.

[10] Eine Analyse des Tannhäuser-Essays unter besonderer Berücksichtigung von Baudelaires Musikauffassung findet sich bei Hertz, 1987, 24-31. Zur Beziehung Baudelaires zu Novalis vgl. Vordtriede, 1963, 43-63.

[11] Das Gedicht spiegelt Vorstellungen, die Swedenborg u.a. in *Himmel und Hölle* dargelegt hat. Weitere Quellen für Baudelaires Korrespondenz-Ideen sind okkultistischer Art: der *Corpus Hermeticum* des ägyptischen Hermes (Trismegistos) sowie Schriften eines Zeitgenossen Baudelaires, Eliphas Levi, der diverse mystische und okkulte Gedanken (vorwiegend aus der Gnosis und der Kabbala) unreflektiert miteinander vermischte (vgl. Fischer, 1977, 346f.).

Baudelaires Korrespondenz-Idee schließt auch die Künste mit ein. Dabei ist die Analogie eine zweifache. Einerseits sind die Künste untereinander verknüpft, andererseits haben sie Entsprechungen im transzendenten Bereich. Der Dichter bekommt bei Baudelaire die Rolle eines mystischen Weltdeuters, der diese Beziehungen aufdecken soll. Die Kunst dient nach Baudelaire dazu, sich in eine besondere geistig-seelische Verfassung zu versetzen (visionäre Bereiche). Hier wirken Einflüsse des Sehers Swedenborg nach, worauf Baudelaire selbst hingewiesen hat (vgl. Theisen, ebd.; Lehmann, 1968, 31f. und 207-221).
Im Unterschied zu Wagner, der in Anlehnung an Schopenhauer eine Hierarchie der Künste behauptet, sieht Baudelaire die Künste als gleichrangig an und strebt kein synthetisches Gesamtkunstwerk an. Die Auseinandersetzung mit Edgar Allan Poe und den englischen Dichtern Carlyle und Coleridge trug ebenfalls zur Ausprägung seiner ästhetischen Prämissen bei.
Baudelaires Erweiterungen auf semantischem und ästhetischem Gebiet - Auslotung der metaphorischen Qualitäten des Wortes, Einbeziehen des Häßlichen in die Kunst als gleichberechtigten Wert gegenüber dem Schönen - bildeten die Grundlage für Mallarmés dichterische Neuerungen. Seine Übersetzungen der Werke Poes (1847-1857) bedeuteten für Mallarmé die Entdeckung des amerikanischen Dichters; sein Tannhäuser-Essay die Entdeckung Wagners.[12]
Die Zentralfigur des französischen Symbolismus ist Stéphane Mallarmé. Wie weiter unten dargestellt, hatte Mallarmé eine besondere Bedeutung für die Entwicklung des symbolistischen Dramas und damit für Maeterlinck und den belgischen Symbolismus.

Der offiziell propagierte dichterische Symbolismus existierte nur in den fünf Jahren, in denen sich Jean Moréas zu seinem Wortführer gemacht hatte. 1886 veröffentlichte er in *Le Figaro* das "Symbolistische Manifest", eine geschickte Zusammenfassung von schon länger kursierenden Ideen und setzte sich damit selbst an die Spitze der Symbolisten. So wurde die von Anfang an in verschiedene Gruppen aufgespaltene Bewegung zwar unter einem Namen zusammengefaßt, die Auseinandersetzungen gingen jedoch weiter. Zu verschieden waren die Vorstellungen etwa von Dichtung oder Symbolauffassung (vgl. Theisen, 1974, 82-84).[13] Moréas war es auch, der 1891 - ebenfalls in *Le Figaro* - den "Tod des Symbolismus" und die Gründung der "École Romane" verkündete. Mit ihrem Führer verloren die Symbolisten auch ihre äußere Einheit und zerfielen wieder offen in verschiedenste Grüppchen mit unterschiedlichen Namen (vgl. ebd., 90-93). Nur der Kreis um Mallarmé, der als einziger schon bisher eine Konstante im Werden und Vergehen der "Symbolismen" gebildet hatte, blieb bestehen. Nach Lehmann (1968², 16) galt der Begriff "Symbolismus" um 1895 vor allem für diesen Kreis aus Literaten, Malern und Komponisten; nach Mallarmés Tod 1898 verschwand er fast völlig.
Grimm (1982, 38f.) wertet den französischen Symbolismus als Frucht einer in eine gesellschaftliche Randstellung geratenen geistigen Elite, die damit ihre politische und gesellschaftliche Funktionslosigkeit zu kompensieren versuchte.

---

[12] Nach Block (1963, 56) wurde Mallarmé erst 1869 auf Wagner aufmerksam - für ihn ist Baudelaires Rolle dabei ungewiß.

[13] Die wichtigsten Gruppen waren die "poètes maudits" mit Mallarmé und Verlaine und die "décadents" unter Baju, deren Idol Huysmans Romanheld Des Esseintes aus *A Rebours* (1884) war. Die "décadents" blieben als Gegenbewegung zu den Symbolisten bestehen (vgl. Theisen, 82f.).

1.3 Besonderheiten des belgischen Symbolismus

Der belgische Symbolismus, den die Schriftsteller Rodenbach, Verhaeren, van Lerberghe, Maeterlinck und Elskamp begründeten, ist nicht einfach mit der französischen Bewegung gleichzusetzen. Ebensowenig ist er nur aus dieser hervorgegangen. Zwar war der Einfluß des französischen Symbolismus so stark, daß man von einer Modellbeziehung sprechen kann, doch gab es daneben auch andere Einflüsse, die zu unterschiedlichen Akzentuierungen symbolistischen Schreibens in Belgien führten.

In Belgien war der Symbolismus keine ästhetische Revolution wie in Frankreich (gegen den Naturalismus), sondern ein literarischer Anfang. 1830 war Belgien zwar politisch unabhängig geworden, blieb aber kulturell weiterhin ganz im Bann Frankreichs. So gab es vor 1880 keine authentische belgische Literaturszene. Das französische Literaturschaffen war der Maßstab für belgische Schreiber, die oft als "Feierabend-" oder "Sonntagsautoren" neben ihrem Beruf Literatur produzierten. Dabei wurde die französische Literatur nicht direkt plagiiert, sondern mit einer gewissen Distanz beobachtet und imitiert. „Echte" Schriftsteller aus der Zeit vor 1880 waren Charles de Coster (1827-1879) und Henri Conscience (1812-1883). Sie gaben der belgischen Literatur wichtige Impulse in Richtung Autonomisierung, indem sie versuchten, dem französischen Einfluß auszuweichen. Ein wichtiger Vorläufer für die jungen Symbolisten und (nach Paque 1989, 14) der erste authentische belgische Schriftsteller war Camille Lemmonier.[14] Das Bestreben der jungen Generation der 1880er Jahre, eine autonome belgische Literatur zu schaffen, fiel mit den Anfängen des französischen Symbolismus zusammen. Die französischen Ideen mit ihrer radikalen Abkehr vom Traditionellen kamen den jungen belgischen Autoren auf ihrer Suche nach Neuem entgegen; daher nahmen sie den Symbolismus als Modell und Basis für die Entwicklung einer ersten eigenständigen Literatur.[15] Die meisten Einflüsse von außen, die auf den französischen Symbolismus wirkten, prägten auch den belgischen. Doch die belgischen Autoren übernahmen die französischen Ergebnisse nicht einfach - sie verstanden diese nur als Anstoß zur eigenen, oft intensiveren Auseinandersetzung mit den Quellen. Das durch die besondere historische Situation bedingte Fehlen nationaler literarischer Vorbilder und der Wille, etwas Neues und Eigenes zu schaffen, veranlaßte die jungen Belgier zu einer aktiven Suche nach Vorbildern, zu denen sie eine gewisse kulturbedingte Affinität hatten. Die Auseinandersetzung mit den Praeraffaeliten, Poe, Schopenhauer und von Hartmann war in der Regel tiefgreifender als in Frankreich. Es gab auch einen belgischen "Wagnerisme", doch fehlte diesem der französische Enthusiasmus.

Anders als bei den französischen Symbolisten gab es bei den belgischen keine Gruppenbildungen mit Doktrinen oder Manifesten. Die belgischen Schriftsteller waren literarisch nicht genau einzuordnende Individualisten. Stärker als die französi-

---

[14] Von Mallinson (1966, 16; 22) dagegen wird die Bedeutung de Costers stärker hervorgehoben. Seine durch ihre brutale Unmittelbarkeit und grelle Farbigkeit an Brueghel erinnernden literarischen Bilder lassen ihn für Mallinson als direkten Vorgänger von Maeterlinck erscheinen. Sein *Ulenspiegel* wurde von den jungen Schriftstellern bekannt gemacht.

[15] Auf die Paradoxie dieses Vorgehens hat Paque (1989, 25;30) hingewiesen: Die Belgier nahmen ausgerechnet eine französische Literaturbewegung zum Modell für ihre Unabhängigkeitsbestrebungen von Frankreich. Die französischen Symbolisten waren politische Reaktionäre, die jungen Belgier aber benutzten ihren Symbolismus als Waffe gegen den Konservatismus. Solche Widersprüche sind jedoch nach Gorceix (1978, 85) in Belgien, "dem Land der Gegensätze", keine Seltenheit.

schen Autoren, für die "Symbolismus" mehr ein zufälliges Etikett war, versuchten die Belgier, dieser Bezeichnung gerecht zu werden, indem sie den Begriff hinterfragten und verschiedene Symboldefinitionen und -theorien entwarfen (vgl. Mallinson, 1966, 53). Eine nationale Besonderheit war, daß die belgischen symbolistischen Autoren ausnahmslos Flamen waren. Zur ersten Generation gehörten Rodenbach (1855-1898) und Verhaeren (1855-1916), die zentralen Figuren waren Elskamp (1862-1931), Maeterlinck (1862-1949), van Lerberghe (1861-1907) und Gregoire Le Roy (1862-1941). Die drei letztgenannten stammten aus Gent und besuchten dort das Jesuitenkolleg "Saint Barbe". Diese Schule hatte auch Verhaeren besucht. Die Theoretiker des Symbolismus waren dagegen Wallonen. Der bedeutendste war Albert Mockel (1866-1945), der mit *La Wallonie* eine der führenden europäischen Symbolismus-Zeitschriften gründete. Dieses Blatt wurde nicht nur zum bevorzugten Forum der französischen Symbolisten, es publizierte auch - trotz antiflämischer Ausrichtung - Texte der flämischen Symbolisten.[16]

Der Symbolismus in Belgien war eine erste frühe Moderne-Bewegung. In dieser Avantgarde vereinigten sich auch die sonst getrennten Volksgruppen Belgiens; sie war ein Versuch, eine einheitliche "âme belge", eine gemeinsame "junge Kunst" zu schaffen. Im Gegensatz zu den französischen Symbolisten waren die belgischen politisch engagiert. Sie sympathisierten mit der "politischen Avantgarde", der sozialistischen Arbeiterpartei P.O.B. und engagierten sich teilweise für sie. Die literarischen Traditionalisten, die sich an den französischen "Parnasse-Dichtern" orientierten und die Zeitschrift *Jeune Belgique* zu ihrem Organ machten, polemisierten gegen die Neuerungen der Symbolisten.[17] Der Kampf der beiden Ästhetiken "l'art pour l'art" und "symbolisme" beschränkte sich anfangs auf die Literatur, wurde aber in den 1890er Jahren zunehmend politisiert. So wurde z.B. Verhaeren von der Gegenseite als Anarchist und Sozialist beschimpft. Unter dem Deckmantel des literarischen Diskurses wurde in den Zeitschriften mit ästhetischem Vokabular im Grunde ein Klassenkampf ausgetragen. Ein Paradox ist hierbei, daß die jungen flämischen Autoren, die der frankophonen Bourgeoisie entstammten, gegen ihre eigene Schicht revoltierten, die ihnen ihren Wohlstand garantierte.

Die jungen belgischen Autoren knüpften an die Ideale der französischen symbolistischen Lyrik an und übertrugen diese auf andere Literaturgattungen wie Drama oder Roman. Van Lerberghes Drama *Les Flaireurs* entstand kurz vor dem Erstlingsdrama *La Princesse Maleine* von Maeterlinck (beide 1889); im Gegensatz zu diesem blieb van Lerberghes Drama der Erfolg versagt. Mehr Anerkennung fand er mit seinen nach 1900 geschriebenen Gedichten. Mit *Bruges la Mort* gelang Georges Rodenbach ein symbolistischer Roman, der über die Grenzen hinaus bekannt

---

[16] Die Zeitschrift verkündete den Beginn des symbolistischen Dramas mit van Lerberghes *Les Flaireurs* und Maeterlincks *L'Intruse*. Mockel wies auf die dramatischen Neuerungen hin und beschrieb die Dramen frei nach Wagners Konzeption des Gesamtkunstwerks als Verbindung von Musik und Dichtung, wodurch rhythmische Kontinuität erreicht werde (vgl. Mallinson, 1966, 35).

[17] *Jeune Belgique* war zunächst ein Forum für alle jungen belgischen Autoren. Auch Symbolisten wie Verhaeren und Rodenbach publizierten dort, kehrten der Zeitschrift aber den Rücken, als diese 1886 das symbolistische Manifest von Moréas verdammte und begann, den Symbolismus als Barbarei und Anarchie zu verteufeln. Die Gegenzeitschrift zu *Jeune Belgique* war zunächst *Art Moderne*, dann *La Wallonie*. (Der Konkurrenzkampf dieser Zeitschriften wird sehr ausführlich behandelt von Hess, 1982, 565-569). In dieser Zeit vermehrten sich die Zeitschriften geradezu explosionsartig: zwischen 1874 und 1884 erschienen fünfundzwanzig neue (vgl. Paque, 1989, 20-23; Mallinson, 1966, 24; 31-33).

wurde.¹⁸ Diese Erweiterung des Symbolismus war im Grunde nichts anderes als die Umsetzung der Ideen und Theorien Mallarmés. Das gilt vor allem für das Drama. Die literarische Auseinandersetzung mit dem französischen Symbolismus fiel auch mit dem Erstarken der flämischen Bewegung zusammen. Diese versuchte, durch Rückbesinnung auf die glorreiche flämische Vergangenheit im Mittelalter eine nationale und kulturelle Identität aufzubauen. Eine besondere Rolle spielte dabei die flämische mittelalterliche Mystik und die Malerei. Mehrere Schriftsteller benutzten Gemälde aus dieser Zeit als Inspirationsquelle. Hess (1982, 569-571) sieht den visuellmalerischen Aspekt als einen der wenigen einheitlichen Momente der belgischen Symbolismus-Dichtung und bezeichnet diesen als belgisches Spezifikum. Für Belgien erlangte der Symbolismus auch in der Bildenden Kunst größere Bedeutung. Er war die erste Kunstrichtung, mit der das Land nach der Unabhängigkeit international auf sich aufmerksam machte. Die Beziehungen zwischen symbolistischen Malern und Dichtern waren eng und reziprok: Beide benutzten das jeweils andere Kunstmedium zur Inspiration; außerdem unterstützten sie sich gegenseitig bei der Veröffentlichung ihrer Werke, z. B. durch Buch-Illustrationen (s. Kap. I/3.3). Einige belgische Maler wie Emile Fabry galten als grundlegend von Maeterlincks frühen Dramen beeinflußt (vgl. Mösslinger, 1988a, 12f.; 1988b, 127).
Nationale und kulturelle Gegebenheiten in Belgien führten dazu, daß der belgische Symbolismus gegenüber dem französischen gewisse Akzentverschiebungen aufweist. Während der französische Symbolismus stärker Décadence-Motive akzentuiert, gibt es bei den belgischen Symbolisten eine besondere Betonung von Transzendenz, Metaphysik und Spiritualität. Das Interesse galt vor allem den Geheimnissen des Lebens, dem "inconnu" und "invisible". Dies war nach belgischen Wissenschaftlern wie Lilar, Paque oder Gorceix durch die spezifische flämische Wirklichkeitssicht bedingt, die zutiefst mystisch war. Das Übernatürliche wurde als existent und zum Leben dazugehörig angesehen. Die Flamen lebten (und leben) daher gleichzeitig auf zwei Ebenen: der übernatürlichen und der real-sinnlichen. Sie waren Realisten, aber Realisten im Sinne des Mittelalters. Diese spezifische Alltagsmystik (ein Begriff, dem Maeterlinck literarisches Gewicht verlieh) konnte sich seit dem Mittelalter beinahe ungebrochen bis in die Zeit des beginnenden Symbolismus erhalten (vgl. Gorceix, 1978, 86f.; 104-106). Die Präsenz des Mittelalters in Flandern wurde auch durch einen Katholizismus erhalten, der sich durch die Jahrhunderte hindurch nur wenig von der mittelalterlichen Mystik entfernt hatte. Die lebendige Tradition der Mysterienspiele erlaubte den flämischen Autoren eine Anknüpfung an das Drama des Mittelalters. Dies förderte eine starke Symbolorientierung und eine Kultivierung des ästhetischen Symbols (vgl. Lilar, 1952, 19-21). Paque (1989, 29f.; 33f.) konstatiert die doppelte flämische Wirklichkeitssicht auch für die heutige Zeit.
Die jungen symbolistischen Autoren waren Flamen und - auch wenn sie französisch schrieben und sprachen - in ihrer flämischen Umwelt verwurzelt. Dies zeigen ihre Literaturen, die sich nicht ohne weiteres in den französischen Symbolismus einpassen lassen. Der flämische Sinn für Gegensätze und Paradoxien, die Bevorzugung des Konkreten, Sinnlichen, Familiären, das Aufblenden von realen Gegebenheiten zu einer mehrdimensionalen Wirklichkeit, vom Unbewußten ausgreift, sind spezifische Züge der belgischen Symbolismus-Literatur. Der französische Symbolismus brachte den frankophonen Flamen nicht viel Neues, er zeigte ihnen lediglich, daß ihre Alltagsmystik literaturfähig ist. Die Originalität des belgischen Symbolismus

---

¹⁸ Rodenbach arbeitete seinen Roman 1897 in ein Drama um, das die Grundlage für das Libretto der Oper *Die tote Stadt* von Erich Korngold bildete. Gabriel Fauré vertonte zwei Gedichtzyklen von van Lerberghe.

sieht Gorceix (1978, 95) in der Wahl von Einflüssen, die den belgischen Symbolisten gewissermaßen vertraut waren und nahelagen und den französischen fremd blieben: flämische Mystik und deutsche Philosophie. Hinzu kam ein Sinn für die Tiefe des Lebens und für übernatürliche Phänomene.

Der "Germanismus" Maeterlincks und van Lerberghes demonstriert die Suche der belgischen Autoren nach einer Identität jenseits von Frankreich. Gelegenheiten dazu bot die geographische Lage Belgiens zwischen drei großen Kulturnationen. Dies förderte das Entstehen des belgischen Kosmopolitismus, eines Synkretismus von Ideen. Die Einflüsse, die die französischen Symbolisten aufnahmen, waren für die Belgier in einem Land, in dem die meisten kulturellen Ideen Europas zusammenliefen, direkter und unmittelbarer. So gab es zum Beispiel in den 1880er Jahren in Belgien einen starken England-Enthusiasmus.

Der Einfluß zwischen französischem und belgischem Symbolismus blieb nicht einseitig, besonders nicht im Hinblick auf das Drama. Da es in Belgien lange keine nationale Schauspielbühne gab und Brüsseler Theater die Werke belgischer Autoren oft ablehnten, wurden die belgischen Dramen auf dem Umweg über Paris berühmt. Die französischen Autoren nahmen das belgische symbolistische Drama als Anregung; die Erfolge der jungen Belgier wurden in die französische Literaturszene integriert. So wurden Verhaeren, Rodenbach oder Maeterlinck meist als Franzosen angesehen. Spätere französische Symbolisten wie Claudel, Rimbaud, Gide bauten auf den Errungenschaften der jungen Belgier auf und entfernten sich zunehmend von Mallarmés Idealen. Der belgische Symbolismus war zeitlich viel ausgedehnter als der französische - er reichte fast bis zum ersten Weltkrieg (vgl. Paque, 1989, 137-140; Descamps, 1986,12-14).

1862	Maurice Maeterlinck wird am 29. August in Gent geboren. Seine Familie gehört zum reichen Genter Bürgertum und lebt allein vom Ertrag ihrer Güter.
1874-1881	Besuch des Jesuitengymnasiums Sainte-Barbe in Gent zusammen mit den späteren Schriftstellern van Lerberghe und Le Roy.
1881-1885	Jurastudium an der Universität Gent. Maeterlinck tritt einem sozialistischen Studentenzirkel bei. Abschluß als Dr. Jur.. Danach sporadische Tätigkeit als Anwalt in Gent.
1889	Maeterlinck veröffentlicht in Eigenregie die symbolistische Gedichtsammlung *Serres chaudes* und sein erstes Drama *La Princesse Maleine*. Die Rezension von Mirbeau über das Drama in *Le Figaro* (24. 8. 1890) macht ihn über Nacht berühmt.
1895	Maeterlinck lernt die französische Sängerin Georgette Leblanc kennen. Die Beziehung beeinflußt die Grundtendenz seiner nachfolgenden Werke (=> weg vom Pessimismus).
1897	Umzug von Gent nach Paris, veranlaßt von seiner Lebensgefährtin.
1907	Umzug in die ehemalige Benediktinerabtei Saint-Wandrille in der Normandie. Saint-Wandrille soll nach den Vorstellungen von Leblanc ein zweites Bayreuth werden. Das Projekt scheitert am Widerstand Maeterlincks.
1911	Nobelpreis für Literatur, hauptsächlich für die Werke nach 1900. Maeterlinck lernt die achtzehnjährige Schauspielerin Renée Dahon kennen.
1918-1919	Trennung von Georgette Leblanc. Hochzeit mit Renée Dahon.
1919-1920	Mehrmonatige Lesetournee durch die USA. Auf Betreiben von Hollywood schreibt Maeterlinck mehrere Drehbücher, die aber nicht verfilmt werden.
1930	Maeterlinck erwirbt ein Schloß in der Nähe von Nizza und nennt es "Orlamonde".
1939	Flucht vor den Nationalsozialisten in die USA, wo er bis 1947 im Exil lebt und sich für die Rettung vom Nationalsozialismus bedrohter europäischer Künstler einsetzt. Er beginnt, seine Memoiren zu schreiben und kehrt 1947 nach Südfrankreich zurück.
1949	Tod in Orlamonde am 6. Mai.

(Tabelle nach Groß, 1983a, 181-184).

2. Maeterlinck und das symbolistische Drama

2.1 Maeterlinck: Zu Biographie und Werk

Der Versuch einer biographischen Annäherung an Maeterlinck soll einerseits einen allgemeinen Überblick über sein Leben geben, andererseits Momente hervorheben, die ihn zu einem symbolistischen Autor mit fatalistisch-transzendenter Ausrichtung gemacht haben.

Es ist aufschlußreich, die äußeren Lebensdaten durch einige für Maeterlinck subjektiv bedeutsame Umstände und Ereignisse zu ergänzen. Viele Elemente der frühen Dramen lassen sich durchaus auf die Kindheit und Jugend des Autors zurückführen. Maeterlincks Vater war ein passionierter und erfolgreicher Pflanzenzüchter; daher besaß die Familie große Gärten mit üppiger und vielfältiger Vegetation. Die Familie war wohlhabend und leistete sich ausländische Gouvernanten, die den Kindern Deutsch und Englisch beibringen sollten. Diese wechselten aber häufig, so daß "[...] nous mélangeons l'allemand et l'anglais dans une sorte de sabir incompréhensible." (Maeterlinck, 1992, 31).[19] Die Mutter beschäftigte Dienerinnen, die vom Land kamen und die Compère in seiner Biographie in Ich-Form als einfach und ungebildet charakterisiert. Für ihn sind sie die Modelle für die Dienerinnen in *Pelléas et Mélisande*:

> "C'est ainsi que je revois ces servantes que ma mère dirigeat et dont elle se faisait aider. Ne cherchez pas ailleurs l'origine des servantes de Pelléas." (Compère, 1990, 39).[20]

In und um Gent gab es viele Kanäle - das Wasser war für den jungen Maeterlinck allgegenwärtig. Es ist daher kaum überraschend, daß dieses Element in seinen Dichtungen eine so übermächtige Rolle spielt.
Der Tod als roter Faden des Maeterlinckschen Denkens und Schreibens läßt sich schon früh in der Biographie festmachen. Als Elfjähriger fiel Maeterlinck beim Spielen in einen der Genter Kanäle und wäre unweigerlich ertrunken, hätte nicht ein Arbeiter den schon bewußtlosen Jungen aus dem Wasser gezogen. Das Erleben von Todesnähe hat mit Sicherheit Spuren im Bewußtsein des jungen Maeterlinck hinterlassen. Möglicherweise ist es das entscheidende Ereignis, um das die frühen Dramen kreisen. Einen Hinweis darauf geben die autobiographischen Aufzeichnungen in den *Bulles Bleues* (1948), auch wenn sechzig bis siebzig Jahre alte Erinnerungen grundsätzlich mit Skepsis zu betrachten sind:

> "J'avais franchi la grande porte sans m'en apercevoir. J'avais vu, un moment, une sorte de ruissellement prodigieux. Aucune souffrance, pas le temps d'une angoisse. Les yeux se ferment, les bras s'agitent et l'on n'existe plus." (Maeterlinck, 1992, 36).[21]

---

[19] "[...] wir Deutsch und Englisch zu einem unverständlichen Kauderwelsch vermengten."
[20] "So begegne ich auch diesen Dienerinnen wieder, die meine Mutter befehligte und von denen sie sich Hilfe verschaffte. Suchen Sie den Ursprung der Dienerinnen von Pelléas nicht anderswo."
[21] "Ich hatte das große Tor durchschritten, ohne mir dessen bewußt zu werden. Einen Moment lang hatte ich eine Art wunderbares Glänzen gesehen. Kein Leiden, keine Phase der Angst. Die Augen schließen sich, die Arme bewegen sich und man existiert nicht mehr."

Am 23. Mai 1891 stirbt Maeterlincks jüngster Bruder im Alter von 21 Jahren an einer Lungenentzündung, die Folge eines Eislaufunfalls (Einbrechen im Kanal) war. Der Tod dieses Lieblingsbruders trifft Maeterlinck hart; er erkrankt an einem psychosomatischen Herzleiden. Es ist die Zeit der Arbeit an *Pelléas et Mélisande* - und nicht an *L'Intruse*, wie Maeterlinck in seiner Rückerinnerung unzutreffend meint. Compère sieht in der Figur des Pelléas Züge des verstorbenen Bruders aufscheinen: "Devinez-vous l'âge de Pelléas? Car je songeais à Pelléas et Mélisande." (Compère, 1990, 57).[22]

Die Stadt Gent mit ihrem mittelalterlichen Gepräge wurde von vielen Schriftstellern und Reisenden als düster und todesverhaftet empfunden. Für die unmittelbare "Präsenz" der Toten im Mittelalter gibt Maeterlinck ein architektonisches Beispiel:

> "A Gand, le petit béguinage: au centre, une place immense comme en proportion d'une grande ville Hollandaise - maintenant prairie, autrefois cimetière, de manière à ce que toutes les fenêtres de toutes les maisons convergeassent sur les mortes, et que toutes les portes ne s'ouvrissent que sur l'herbe des mortes, et que toutes les promenades des béguines dussent avoir lieu autour de leurs soeurs enterrées; <encore une originelle idée germanique - comme toute idée de la mort, d'ailleurs, impossible aux latins avec quelqu'âcreté.>" (CB, 150).[23]

Schließlich waren Tod und Hölle als Thema im Jesuitenkolleg "Sainte-Barbe" allgegenwärtig und wurden als Mittel einer schwarzen Pädagogik zur Einschüchterung der Zöglinge mißbraucht:

> "Grâce à eux [les Pères], nous ne cessions d'osciller entre l'enfer et le ciel. La moindre pensée charnelle vous précipitait dans les flammes éternelles. Tous les sermons ne s'occupaient que de l'enfer." (Maeterlinck, 1992, 73).

> "Ils vivent trop dans la mort, mais dans une mort sans grandeur et sans horizon, une petite mort pratique, économique, commercialisée et avantageuse." (ebd., 75).

> "Sans en vouloir aux bons Pères, je dois reconnaître que j'ai passé chez eux les moments les plus désagréables de mon existence." (ebd., 74).[24]

Vgl. hierzu auch Maeterlincks Erzählung *Onirologie* (in: PkS, 30-43), die von der Traumanalyse eines beinahe Ertrunkenen handelt. Konrad (1986, 1f.) ist eine der wenigen, die das Ereignis mit der Ausrichtung der frühen Dramen auf den Tod in Verbindung bringt.

[22] "Ahnen Sie das Alter von Pelléas? Denn ich dachte an Pelléas et Mélisande."
Zu diesem Abschnitt vgl. Maeterlinck, 1992, 123f.; Wilson-Lambert, 1989, 47; Pasquier, 1963, 15-23.

[23] "In Gent, der kleine Beginenhof: in der Mitte ein riesiger Platz, wie im Verhältnis zu einer großen holländischen Stadt - jetzt Wiese, früher Friedhof, so, daß alle Fenster von allen Häusern auf die Toten ausgerichtet waren, und alle Türen nur auf das Gras der Toten führten, und alle Spaziergänge der Beginen um ihre begrabenen Schwestern herum stattfinden mußten; <noch eine originelle germanische Idee, wie jede Vorstellung vom Tod, übrigens, unmöglich für die romanischen Völker mit einer solchen Schärfe.>"

[24] "Dank ihnen [den Patres] schwankten wir unaufhörlich zwischen Hölle und Himmel. Der kleinste fleischliche Gedanke schleuderte Sie ins ewige Feuer. Alle Predigten drehten sich um nichts anderes als die Hölle."
"Sie lebten zu sehr unter dem Tod, aber unter einem Tod ohne Würde und ohne Perspektive, einem kleinen, praktischen und ökonomischen Tod, kommerzialisiert und vorteilhaft."
"Ohne den guten Patres zu nahe treten zu wollen muß ich doch zugeben, daß ich bei ihnen die unangenehmsten Augenblicke meines Lebens verbracht habe."

Die Werke Maeterlincks sind aufs engste mit seiner jeweiligen biographischen Situation und psychischen Grundstimmung verbunden. Letztere wird nicht nur durch die Werke gespiegelt, sondern spiegelt ihrerseits in gewissem Maß kollektive Stimmungstendenzen, den sogenannten "Zeitgeist". Auf diesem Hintergrund ist der vielbeschworene Bruch zwischen Früh- und Spätwerk zu verstehen, der etwa mit der Jahrhundertwende zusammenfällt. Ist das Frühwerk der 1890er Jahre bestimmt von Todesverfallenheit, Pessimismus, Willenslähmung und Angst - alles auch Merkmale einer allgemeinen fin-de-siècle-Stimmung - , so weichen diese nach 1900 einer positiven Grundstimmung, die Lebensbejahung, Optimismus, Aktivität und Zielstrebigkeit einschließt (Grundzüge der "Belle Epoque" zwischen 1900 und 1914).

Die erste Erzählung Maeterlincks, *Le Massacre des Innocents* (Kindermord in Nazareth), entstand 1886 in Anlehnung an das gleichnamige Gemälde Pieter Brueghels d. Ä.. Dieser Prosatext ist eines der wenigen Zeugnisse von Maeterlincks kurzer naturalistischer Phase. Die kurz darauf - möglicherweise noch im selben Jahr - entstandenen *Visions typhoides*, die bis 1974 unveröffentlicht blieben, sind bereits genuin symbolistisch - die Isolierung des Schreckens rückt sie in die Nähe des Expressionismus (vgl. Mortier, 1962, 21; Groß, 1983a, 175). Die wichtigsten Gedichte Maeterlincks sind in der symbolistischen Sammlung *Serres chaudes* (Treibhäuser, 1889) vereinigt. Maeterlinck begann mit der Arbeit daran schon während seines ersten Parisaufenthalts 1886 - in der vierten Ausgabe der Zeitschrift *La Pleiade*[25] erschienen fünf dieser Gedichte (vgl. Mortier, 1962, 22). Die Symbolwelt der frühen Dramen ist in den *Serres chaudes* bereits vorgebildet.[26] Eine weitere, völlig anders geartete Gedichtsammlung erschien 1896 mit dem Titel *Douze Chansons*. Hierbei handelt es sich, wie Cassou (1962, 302) betont, um echte Volkslieder, eine Gattung, die nur bei deutschen (und belgischen) Dichtern, aber nicht bei französischen vorkommt. Die Sammlung wurde erweitert und erschien 1900 als *Quinze Chansons*. Sie enthält auch die "Lieder", die in den Dramen vorkommen (*Pelléas et Mélisande, Alladine et Palomides, Soeur Béatrice, Aglavaine et Sélysette*). (Vgl. Postic, 1970, 119; 214-216; Guiette, 1962, 312).

Die eigentlichen weiterwirkenden poetischen Neuerungen finden sich in den neun frühen Dramen der Genter Phase, die zwischen 1889 und 1896 entstanden. Daß diese symbolistischen Dramen Maeterlincks schon bald in Vergessenheit gerieten und ihre richtungsweisenden Ansätze zu wenig erkannt wurden und werden, ist auch der schriftstellerischen "Wende" des Autors zu verdanken, die dazu führte, daß er sich von seinem Frühwerk distanzierte und sich gar in diversen Schriften abwertend darüber äußerte. Schon im Vorwort zur dreibändigen Theaterausgabe der frühen Dramen (1901) betont er die Änderung seiner Haltung:

> "Pour mon humble part, après les petits drames que j'ai énumérés plus haut, il m'a semblé loyal et sage d'écarter la mort de ce trône auquel il n'est pas certain qu'elle ait droit." (Maeterlinck, 1911, XVII).[27]

---

[25] In dieser Zeitschrift, die Maeterlinck zusammen mit Saint-Pol Roux, Quillard und anderen jungen Schriftstellern in Paris gründete, veröffentlichte er auch seine erste Erzählung. *La Pleiade* stellte ihr Erscheinen nach der sechsten Nummer bereits wieder ein (vgl. Groß, 1983a, 181).

[26] Corbineau-Hoffmann/Kesting (1981, 335-366) zeigen, wie sich die Entwicklung der frühen Dramen aus der Gedichtsammlung heraus vorstellen läßt: thematische und poetologische Analogien (338), monologisierte Dialoge im Drama, die dem lyrischen Sprechen nachempfunden sind (357).

[27] "Nach den kleinen Dramen, die ich oben aufgezählt habe, erschien es mir ehrlich und weise, den Tod von dem Thron zu entfernen, den man ihm nicht mit Sicherheit zugestehen kann."

Bereits in *Aglavaine et Sélysette*, dem letzten der frühen Dramen und dem ersten, das Maeterlinck unter dem Einfluß der Beziehung zu Georgette Leblanc schrieb - habe er versucht, den Tod teilweise zu entmachten, es sei ihm aber nicht gelungen (vgl. ebd.). Erst in *Ariane et Barbe-Bleue* (1899 deutsch; 1901 französisch) siegt die Liebe über den Tod.

Die Dramen *Ariane et Barbe-Bleue* und *Soeur Béatrice*, die unmittelbar nach den frühen Dramen entstanden, bezeichnet Maeterlinck als "petits jeux de scène" oder "courts poèmes du genre [...] 'opéra comique'" (1911, XVIII). Diese beiden "Singspiele", die er als Antwort auf die große Nachfrage von Komponisten nach seinen Dramen als Vertonungsvorlagen schrieb, wertet er in seinem "Préface" (ebd.) stark ab. Die Stücke, so Maeterlinck, seien auf die Bedürfnisse von Musikern zugeschnitten und enthielten keine tieferen moralischen oder philosophischen Gedanken. In einem Brief an Oppeln-Bronikowski vom 8. 4. 1900 schreibt Maeterlinck anläßlich der deutschen Erstaufführung von *Soeur Béatrice*:

> „Regrette qu'on n'ait pas prévenu le public qu'il s'agit là d'un simple *libretto* et non d'un *drame*." (Maeterlinck, 1961, 46)[28]

In *Ariane et Barbe-Bleue* findet sich zumindest eine Querverbindung zu den frühen Dramen: Dadurch, daß Maeterlinck die den Tod erleidenden oder durch den Tod leidenden Frauen der frühen Dramen im Verlies des Blaubart versammelt und ihnen die Möglichkeit der Befreiung eröffnet, hebt er ihre hoffnungslose Todesverfallenheit auf. Dadurch, daß er sie letztlich doch auf Blaubarts Burg zurückläßt, gibt er zu verstehen, daß er sich als Autor emotional von ihnen distanziert und mit der starken Leitfigur Ariane neue, optimistischere Wege gehen will.

In der Maeterlinck-Sekundärliteratur wird überwiegend die Gegensätzlichkeit von frühen und späten Dramen betont, wobei der "Bruch" um die Jahrhundertwende angesetzt wird.[29] Viele Autoren heben dabei die Neuerungen der frühen Dramen wie Revolutionierung der Dramaturgie und Infragestellung der Sprache als Kommunikationsmittel hervor. Demgegenüber wird in den späten Dramen die Rückkehr zu konventionellen Gestaltungsmitteln beklagt. Die späten Dramen sind durch die Verdrängung des Todes als alles beherrschende Macht sowie des Fatalismus, durch die stärkere Betonung der Aktion und das Wiedereinsetzen von Sprache als Kommunikationsmittel gekennzeichnet. Mit *Monna Vanna* (1902) gewinnt Maeterlinck das große Publikum, verliert aber viele Bewunderer seiner frühen Dramen (vgl. Groß, 1983a, 182). Das Drama wurde ein durchschlagender Erfolg, besonders in Deutschland. Allein in Berlin wurde es etwa zweihundertmal gespielt, meist vor ausverkauftem Haus. Der Beifall war jedoch nicht ungeteilt:

---

[28] „Bedaure, daß man das Publikum nicht vorgewarnt hat, daß es sich hier um ein simples *Libretto* und nicht um ein *Drama* handelt."
Mit *Soeur Béatrice*, das die Liste der Dramenvertonungen quantitativ anführt (s. Anhang), scheint Maeterlinck tatsächlich bei den Komponisten weltweit ins Schwarze getroffen zu haben.

[29] Den Umschwung kommentiert und begründet Maeterlinck in dem Aufsatz *Le Drame Moderne* in dem Buch *Le Double Jardin*.
Der früheste Aufsatz zu Maeterlincks "Wende" stammt von René Doumic: *Les Deux Manières de M. Maeterlinck* (1902). Er sieht eher eine geistige und psychische Entwicklung als einen Bruch (vgl. ebd, 935).

"Les anciens amis de Maeterlinck etaient déconcertés, scandalisés, mais la foule applaudissait." (Hanse, 1962, 85).[30] Einige Autoren sehen zwischen Früh- und Spätwerk keinen abrupten Gegensatz. Otten (1962, 475) erkennt den Willen, einen Sinn im Leben der Menschen zu finden, bereits seit 1894, was sich für ihn in *Alladine et Palomides* äußerlich als Rückkehr zur Ordnung des Alexandriners zeigt, eine Tendenz, die sich in den folgenden Stücken verstärkt und in *Monna Vanna* dominierend ist. Gegen einen "Bruch" argumentiert auch Linn B. Konrad, die das Wiedererstarken der Sprache in Maeterlincks Dramen als allmähliche Entwicklung darstellt - von den stummen, schicksalsergebenen Heldinnen zu den sprachgewaltigen. Die Sprache wird zum "Pharmakon des Lebens", ersetzt die Macht von Liebe und Tod, auch wenn die alten Schicksalsmächte im Prinzip als Gegenspielerinnen der Heldinnen erhalten bleiben (vgl. Konrad, 1986, 102f.; 85f.). Mit dem Weihnachtsmärchen *L'Oiseau Bleu* (1908) hatte Maeterlinck einen weiteren weltweiten Erfolg (vgl. Touchard, 1962, 382, 385; Cassou, 1962, 389f.).

Maeterlinck war nicht nur Schriftsteller, er war auch philosphischer Denker und Essayist. Das Schreiben von philosophisch-betrachtenden Abhandlungen durchzieht sein gesamtes Wirken. In seinen philosophischen Essays und Büchern setzt sich Maeterlinck mit Grundfragen des menschlichen Daseins wie Beschaffenheit der Seele, Tod, Mysterium sowie verschiedenen Alltagsproblemen auseinander. Oft wurden einzelne Aufsätze nachträglich in Buchform herausgegeben. So enthält der Band *Le Tresor des Humbles* (1896) Essays, die vor oder während der Entstehung der frühen Dramen geschrieben wurden, weshalb er für das Verständnis dieser Werke sehr aufschlußreich ist (vgl. Hanse, 1962, 73). Unter anderem sind darin *Ruysbroeck l'Admirable* und *Les Avertis* (die Ahnungsvollen) enthalten. Den letztgenannten Aufsatz schrieb Maeterlinck unter dem Eindruck des Todes seines Bruders (vgl. Maeterlinck, 1992, 124). Wichtig für das Verständnis des Symbolwelt der frühen Dramen sind daraus außerdem die Aufsätze *Le Silence, Le Reveil de l'Âme, La Morale mystique, Sur les Femmes* und *Le Tragique quotidien*. Letzterer enthält eine Kritik am bestehenden und Gedanken über ein zukünftiges Theater (s. dazu ausführlicher den Abschnitt "Ästhetik"). Diverse andere frühen Schriften, die bislang unveröffentlicht oder schwer zugänglich waren, wurden von Stefan Groß in dem Band *Prosa und kritische Schriften* (PkS; 1983, dt.) herausgegeben. Die französische Ausgabe erschien 1985 unter dem Titel *Introduction à une Psychologie des Songes et autres Écrits* (IPS). Zu den populärwissenschaftlichen naturphilosophischen Schriften gehören *La Vie des Abeilles* und *La Vie des Termites*. *Le Double Jardin* befaßt sich unter anderem mit sehr alltäglichen Phänomenen wie dem Automobil oder dem allgemeinen Stimmrecht. *L'Hôte inconnu* (1917) dagegen ist eine Studie über okkulte Erscheinungen, in der Maeterlinck mit verschiedenen empirischen Methoden versucht, spiritistische Medien zu überprüfen, um übernatürliche Raum-Zeit-Phänomene zu erhellen. Damit will er die transzendente Gegenwelt, der er sich in den frühen Dramen intuitiv und suggestiv genähert hat, mit dem Verstand ausloten. Die wichtigste Erkenntnis ist für Maeterlinck hierbei, daß Medien oftmals kein Zeitgefühl besitzen. Daraus schließt er, daß Vergangenheit, Gegenwart und Zukunft in der "anderen Welt" aufgehoben bzw. zu einer Gleichzeitigkeit der Ereignisse inein-

---

[30] "Die alten Anhänger Maeterlincks waren verwirrt und empört, aber die Masse applaudierte." Der Erfolg veranlaßte Maeterlinck 1903 zu einer Reise nach Berlin. Zu den "alten Freunden" gehörten im deutschsprachigen Raum Rilke, Hofmannsthal, George, Thomas Mann, Kandinsky, Hesse. S. dazu Groß: *Maurice Maeterlinck und die deutschsprachige Literatur*, 1985. Darin sind Texte der genannten Künstler über Maeterlinck und seine Werke abgedruckt.

andergeschoben sind. Dies entspricht der populärphilosophischen Idee von der Kugelgestalt der Zeit, die nach dem zweiten Weltkrieg aktuell war.[31]

2.2 Die frühen Dramen: Vorläufer und Einflüsse[32]

Die Hinwendung zum Schreiben vollzieht sich bei Maeterlinck zwischen 1884 und 1886, wobei dem Jahr 1886 zentrale Bedeutung zukommt. In diesem Jahr verbrachte er sieben Monate in Paris und suchte dort Kontakt zu Schriftstellern am Montmartre. Dabei wird für ihn die Begegnung mit Villiers de l'Isle-Adam zur Offenbarung:

> "Tout ce que j'ai fait, c'est à Villiers que je le dois, à ses conversations plus qu'à ses oeuvres que j'admire beaucoup d'ailleurs."[33] (Maeterlinck, zt. n. Huret, 1913, 128).

Diese von manchen für leicht übertrieben gehaltene Aussage Maeterlincks über Villiers' Einfluß auf sein Schreiben bekräftigt der Autor knapp sechzig Jahre später in den *Bulles bleues*, indem er das Treffen mit Villiers am Montmartre als für seine literarische Existenz bedeutsamer als irgendetwas anderes bezeichnet:

> "La Princesse Maleine, Mélisande, Astolaine, Sélysette et les fantômes qui suivirent attendaient l'atmosphère que Villiers avait créée en moi pour y naître et respirer enfin."[34] (Maeterlinck, 1992, 157)

Der aus einer alten Adelsfamilie stammende Dichter Villiers de l'Isle-Adam gehörte zu den entschiedensten Gegnern positivistischen Denkens, das sich im französischen Alltag immer mehr ausbreitete. Daher suchte er Anregungen in mystisch-transzendenten Bereichen, begeisterte sich für Gnosis und Okkultismus und trat einer Rosenkreuzervereinigung bei. Seine Verehrung für Wagner, den er 1869 und 1870 besuchte, grenzte an Besessenheit. Er war einer der wenigen französischen Dichter, die Wagners Musik kannten und liebten. Seine pianistischen Fähigkeiten nutzte er dazu, Ausschnitte aus Wagners Opern (vor allem dem *Ring* und *Tristan*) zu spielen. Auf diese Weise versuchte er immer wieder, seinen Dichter-Freunden Wagners Musik nahezubringen (vgl. Block, 1963, 56; Hinterhäuser, 1968, 173). Villiers träumte von einer Karriere als Theaterautor. Doch die meisten seiner weltfernen mystischen Dramen wurden von den Theaterdirektoren wegen Bühnenuntauglichkeit zurückgewiesen und blieben zwangsläufig Lesedramen. Sein letztes Drama *Axël* (1870 begonnen), quasi sein opus maximum, scheint von vornherein gegen

---

[31] Diese Idee wurde von dem Philosophen Jean Gebser um 1950 formuliert und von dem Komponisten Bernd Alois Zimmermann aufgegriffen.

[32] Vgl. hierzu vor allem den sehr ausführlichen einleitenden Kommentar zur Ausgabe des *Cahier Bleu* von Wieland-Burston, in: Annales 1977, 7-94.

[33] "Alles, was ich zustande gebracht habe, verdanke ich Villiers, den Gesprächen mit ihm mehr als seinen Werken, die ich übrigens sehr bewundere." (Die Dichter-Umfrage von Huret erschien erstmals 1891; die Befragung Maeterlincks fand 1889/90 in Gent statt. Vgl. Huret, 1913, 117).

[34] "Prinzessin Maleine, Melisande, Astolaine, Selysette und die folgenden Phantome sahen der Atmosphäre entgegen, die Villiers in mir erzeugt hatte, damit sie dort geboren und letztlich ausströmen würde."

damalige Theaterpraxis geschrieben zu sein. Mit diesem kompromißlosen Liebes- und Todesdrama - allein die Spieldauer von fünf Stunden dürfte eine Bühnenrealisation unattraktiv gemacht haben - schuf Villiers ein Lesedrama aus Resignation.[35] Die überlangen narrativen Nebentexte, deren atmosphärisch-emotionaler Charakter die Fernwirkung der Bühne außer acht läßt, zielen auf Autonomie von der Bühne (vgl. Hinterhäuser, 1968, 180-184). Gerade diese Episierungstendenzen, die mystisch-okkulte-nihilistische Gesamtschau der Welt, die Ablehnung ihrer Versuchungen und die Idealisierung des Selbstmordes als Weg zu höchster Erkenntnis machen *Axël* zu einem Schlüsselwerk für die Entstehung des symbolistischen Dramas. Linn Konrad bezeichnet das Drama als beispielhaft für die platonische Wirklichkeitssicht der Zeit ("illusionisme") und als Brücke zwischen Romantik und Symbolismus (vgl. Konrad, 1982, 31).

Die größte Bedeutung für die Entwicklung des frankophonen symbolistischen Dramas kommt wohl Stéphane Mallarmé zu. Er gilt allgemein als Kristallisationspunkt des französischen Symbolismus. Nach Block (1963, 6) hätte es ohne Mallarmé weder symbolistische Lyrik noch symbolistische Dramen gegeben. Auch Theisen (1974, 49f.) sieht in Mallarmé die treibende Kraft, die dem Symbolismus zum Durchbruch verhalf.[36] Mallarmé hat kein einziges vollendetes Drama hinterlassen, wohl aber drei Dramenversuche sowie Aufsätze zu einer symbolistischen Dramentheorie. Beides wurde für die Verwirklichung eines symbolistischen Theaters nach Mallarmé richtungsweisend. Mallarmé war eng mit Villiers befreundet, den er 1863 kennenlernte und der sein Interesse möglicherweise in Richtung Theater lenkte. Kurz nach dem Treffen mit Villiers begann er die Arbeit an seinem ersten dramatischen Werk, *Hérodiade* (1864-1867), das Fragment blieb. Es folgten die Dramenversuche *L'Après-Midi d'un Faun* (1865) und *Igitur* (1869/70). Bedeutsam für das französischsprachige symbolistische sowie für das deutschsprachige lyrische Drama des fin de siècle war vor allem das Fragment *Hérodiade*, das als in sich geschlossenes Werk und als Beispiel für "intimes Theater" rezipiert wurde (vgl. Szondi, 1975, 100).[37] Mallarmés drei Dramenversuche zielten auf die Realisierung des Traumes von einem "kosmischen Drama", das eine Verbindung von Religion und Kunst im Rückgriff auf antike Dramenriten darstellen sollte. Als Vorbilder dienten unter anderem *Hamlet* und *Faust II* (vgl. Block, 1963, 38; 85). Dabei nahm er verschiedene Anregungen auf, die eine ganze Reihe Künstler neben und nach ihm ebenfalls nutzten. Für Mallarmés Dramentheorie war der Wagner-Einfluß bedeutsam. Übereinstimmungen und Diskrepanzen sind für Mallarmés Auseinandersetzung mit Wagner von gleicher Wichtigkeit (vgl. ebd.,54-56). Neben Baudelaire war es wohl Villiers, der ihn zur Beschäftigung mit Wagner anregte. Seine symbolistische Dramentheorie formulierte Mallarmé in verschiedenen Aufsätzen, die 1886-87 in der *Revue Independante* erschienen. Sie bildeten die Grundlage und eine Aufforderung zu Realisierungsver-

---

[35] Dieser Status wurde von den Anhängern Villiers' vehement verteidigt. Als Paul Fort das Drama als Eröffnungsstück zur Wiedereröffnung seines Théâtre d'Art im März 1893 auf den Spielplan setzen wollte, wurde dies durch die Proteste der Villiers-Freunde verhindert. Stattdessen wurde Maeterlincks *Pelléas et Mélisande* zu diesem Anlaß uraufgeführt. 1894 fand schließlich doch noch die Uraufführung von *Axël* statt. Da Villiers bis zu seinem Tod Änderungen und Ergänzungen an seinem Drama vorgenommen hatte, muß es als unvollendet angesehen werden (vgl. Deak, 1993, 163f.).

[36] Vgl. zu Mallarmé auch Theisen, 1974, 10-22 und 61f.; Court, 1987, 63-65. Weitere Informationen zu Mallarmés Haltung zur Musik finden sich bei Kesting, 1968, 45-56.

[37] Szondi bietet in seinem Buch eine genaue Analyse von Szene II des Dramas (36-138).

suchen für junge Dichter. Besonders die Versuche der jungen belgischen Autoren, ein symbolistisches Drama zu kreieren, können als direkte Antwort auf Mallarmés Bemühungen angesehen werden (vgl. ebd., 101; 109). Dies wird deutlich, wenn man die Grundideen Mallarmés für ein ideales Drama mit den Ergebnissen dieser Autoren vergleicht:

- Ausdruck des Innenlebens - "état d'âme";
- Ausdruck des verborgenen Mysteriums;
- Sprache des Dramas: eher Lyrik als Prosa, suggestiv, evozierend statt deskriptiv;
- De-Theatralisierung der Bühne: einfachste Elemente, wenig Requisiten;
- Vereinigung aller Künste im Theater.[38]

Van Lerberghe war zeitlich gesehen der erste der jungen Belgier, der 1889 mit *Les Flaireurs* ein symbolistisches Drama unter Einbeziehung dieser Ideen schuf. Häufig wird auf die offensichtlichen Parallelen zwischen *Les Flaireurs* und *L'Intruse* von Maeterlinck hingewiesen.[39] Neben Mallarmés *Hérodiade*, die van Lerberghe durch Maeterlinck kennenlernte und die für ihn eine Offenbarung war, war es Edgar Allan Poes Essay *The Philosophy of Composition* (1846), den er nach eigenen Angaben als Anleitung zum Schreiben des Dramas benutzt hatte. Darin beschreibt Poe die Entstehung seines Gedichts *The Raven*. Folgende Grundideen scheinen auch die Konstruktion der frühen Dramen Maeterlincks beeinflußt zu haben:

- Das Gedicht ist bis ins letzte Detail bewußt konstruiert; nichts beruht auf Zufall oder Intuition (vgl. Poe, 1984, 15).
- Für die Wahl von Schlüsselwörtern geht Poe vom Vokal- und Konsonantenklang aus (vgl. ebd., 22).
- Einer der wichtigsten spannungssteigernden Effekte ist neben der insistierenden Wortwiederholung das Klopfen an der Tür, ohne das jemand davor steht (vgl .ebd., 21f.).

Dieser Effekt, der auch in Shakespeares *Macbeth* zu finden ist, faszinierte Maeterlinck ganz besonders (CB, 142;145); er durchzieht die frühen Dramen. Für Maeterlinck war weniger der persönliche Einfluß Mallarmés als vielmehr der seiner Schriften wichtig. Die "Dienstagabende" bei Mallarmé - die regelmäßigen Treffen symbolistischer Künstler aus verschiedenen Bereichen, zu deren Teilnehmern auch Debussy gehörte - besuchte er nicht, weil ihm die Atmosphäre zu gekünstelt ("chichiteuse") war (vgl. Wilson-Lambert, 1989, 46; Block, 1963, 108f.). Mallarmé

---

[38] Zusammenstellung von Block, 1963, 102f.. Vgl. dazu auch Mallarmé, OC: *Crayonné au Théâtre*, 293-345; zu Punkt 1: 321+293f.; zu 2: 314; zu 3:310; zu 4: 315; zu 5: 296.

[39] Der Vorwurf der Plagiierung ist Maeterlinck jedoch nicht so einfach zu machen, da beide Autoren eng befreundet waren und sich intensiv über ihre Arbeit austauschten. Dies geht aus dem *Journals* van Lerberghes hervor (vgl. auch van Nuffel: *Maeterlinck et van Lerberghe*, 1968, 7. Hier werden längere Abschnitte aus den Tagebüchern van Lerberghes wiedergegeben). Nach Aussagen beider Dichter muß man davon ausgehen, daß in *Les Flaireurs* viele Ideen Maeterlincks verarbeitet sind und daß umgekehrt in *L'Intruse* Verbesserungsvorschläge von van Lerberghe eingeflossen sind, so daß der Einfluß gegenseitig war (vgl dazu Block, 1963, 108f. und Postic, 1970, 45f.).

war maßgeblich für Maeterlincks Ruhm als Dramenautor verantwortlich. Er hatte den enthusiastischen Artikel von Octave Mirbeau in *Le Figaro* vom 24. August 1890 angeregt, der Maeterlincks Erstlingsdrama *La Princesse Maleine* rühmt und Maeterlinck mit Shakespeare vergleicht. Dieses Engagement war sicher nicht nur darauf zurückzuführen, daß Mallarmé von Maeterlincks dichterischen Fähigkeiten überzeugt war; es war auch ein Akt der großzügigen Unterstützung eines jungen Schriftstellers. Maeterlinck wurde von den Symbolisten um Mallarmé zu ihrem offiziellen Dramenautor gekürt (vgl. Block, 1963, 104; 111).[40]

Im Jahr 1885 äußerte sich Maeterlinck begeistert über Leben und Werk Jan van Ruysbroecks (1293-1381). Er entdeckte den flämischen Mittelalter-Mystiker, nachdem er Swedenborg und Böhme rezipiert hatte. Die intensivste Beschäftigung mit Ruysbroeck fand zwischen 1886 und 1888 statt. 1889 schrieb Maeterlinck einen Essay über Ruysbroeck, den er 1891 leicht verändert seiner französischen Übersetzung von Ruysbroecks "Zierde der geistlichen Hochzeit" voranstellte. Die Einleitung belegt Maeterlincks Kenntnis der Gnosis und der Kabbala - er zitiert die Einteilung der Menschen in drei Gruppen (materiell, psychisch, spirituell), die im Zohar, in gnostischen Schriften, bei Platon und Böhme vorkommt. Wie bei den flämischen Malern dieser Zeit faszinierten ihn bei Ruysbroeck die ungeschminkte Brutalität der Bilder, die bisweilen wie Gotteslästerungen anmuten, sowie der mystisch-meditative Umgang mit der Sprache.

Die Auseinandersetzung mit dem Werk Ruysbroecks geschah zeitlich unmittelbar vor der Entstehung der Gedichtsammlung *Serres chaudes* und der frühen Dramen und hat deren Symbolik und Sprache entscheidend mitgeprägt (vgl. Groß, 1983a, 82 {Anm.}; 175-177; Otten, 1962, 469; Wilson-Lambert, 1989, 44). Mortier (1962, 23) bezeichnet dieses Vorwort als Entwurf einer symbolistischen und neomystischen Ästhetik. Maeterlinck sieht in Ruysbroeck einen Mystiker, der zwar ungeschult im philosophischen Denken ist und mit der Sprache so unbeholfen umgeht wie die flämischen Bauern seiner Zeit, dafür aber in der Lage ist, das Unsagbare auszudrücken und das Undenkbare zu denken (vgl. Maeterlinck, 1990, 2). In Maeterlincks Beschreibung der Eigentümlichkeiten dieser Sprache kann man ein Vorbild für die schlichte Alltagssprache seiner frühen Dramen erkennen:

> "Il se répète souvent, et semble parfois se contredire. Il joint l'ignorance d'un enfant à la science de quelqu'un qui serait revenu de la mort. Il a une syntaxe tétanique qui m'a mis plus d'une fois en sueur. Il introduit une image et l'oublie." (ebd.).[41]

Wiederholungen, Zweideutigkeiten, "Unbeholfenheit" und das Fokussieren von Wörtern werden zu grundlegenden Merkmalen der Sprache Maeterlincks in den frühen Dramen, die den "deuxième dialogue" ermöglichen (s. I/2.3). Maeterlincks Interesse für Swedenborg wurde zwar schon bald durch seinen Enthusiasmus für Ruysbroeck abgelöst, einzelne Metaphern und Symbole seiner frühen Dramen weisen dennoch Parallelen zur Vorstellungswelt des schwedischen Sehers auf. Zur Illu-

---

[40] Daß Mallarmé der Shakespeare-Vergleich zu weit ging und zu vereinfachend war, zeigt sein Artikel von 1893, in dem er diesen differenziert und relativiert (vgl. Mallarmé, OC, 329f.).

[41] "Er wiederholt sich oft und scheint sich manchmal zu widersprechen. Er verbindet die Unwissenheit eines Kindes mit der Erfahrung eines Menschen, der vom Tode zurückgekehrt ist. Er hat eine krampfartige Syntax, die mir mehr als einmal den Schweiß auf die Stirn getrieben hat. Er führt ein Bild ein und vergißt es." (PkS, 69).

stration werden nachfolgend einige Paragraphen aus *Himmel und Hölle* (Ausg. 1977) wiedergegeben.

- Gott: Er ist die Quelle des Lebens - das Leben des Menschen ist nur ein Bächlein daraus (vgl. § 9, S. 22).
- Menschliche Seele: In das Innerste des Menschen kann das Göttliche einfließen (vgl. § 39, S. 37).
- Blindheit: Metapher für eine falsche Vorstellung vom Göttlichen oder mangelnde Einsicht in das Göttliche (vgl. § 86, S. 62).
- Das Weiterleben nach dem Tod: Tod bedeutet lediglich Trennung von Leib und Seele bzw. Geist. Die Seele stirbt nicht; sie geht allein in ein emotional-intuitiv intensiviertes neues Leben über, dessen Qualitäten rein geistiger Natur sind. Dieses neue Leben bedeutet Befreiung von allen irdischen Beschränkungen wie z.B. Raum und Zeit (vgl. § 433-445, S. 304-310).
- Himmel: Hier herrschen Zeit- und Raumlosigkeit. Zeitbegriffe drücken geistig-seelische Zustände aus (!): "Frühling" und "Morgen" entspricht "Liebe" und "Weisheit" (als Beispiele) (vgl. § 166, S. 112). Fortbewegung im Raum bedeutet Zustandsveränderung des Inneren (vgl. § 192-193, S. 125).
- Die Sprache der Engel: Sie ist ganz und gar emotional (Glossolalie). Das Einzelwort besitzt einen großen semantischen Spielraum (vgl. § 240, S. 151).

Ein für die Genese der frühen Dramen wichtiges Moment war Maeterlincks umfassende Literaturlektüre in den 1880er Jahren. Im ersten Interview mit Huret (1889/90) und in einer Umfrage der Pariser Zeitschrift *Revue des Revues* zählt er folgende literarische Einflüsse und Vorlieben auf: von den französischen Autoren Baudelaire, Mallarmé, Villiers und Laforgue; von englischen und amerikanischen Shakespeare ("surtout"), Carlyle, Coleridge, Swinburne, Rossetti, Morris, Poe, Whitman, Emerson; von deutschen Novalis, die Brüder Grimm, Schopenhauer, Kant. Außerdem gehören die Bibel, Aischylos und Tolstoi dazu (vgl. Huret, 1913, 129; Groß, 1983a, 178). Maeterlincks *Cahier Bleu* (Blaues Heft) dokumentiert seine Auseinandersetzung mit englischer, amerikanischer und deutscher Literatur und Kultur. Die Notizensammlung, in der Zitate, Gedanken und Wertungen bunt gemischt nebeneinanderstehen, entstand zwischen Sommer 1888 und Frühjahr 1889 (vgl. Wieland-Burston, 1976, 17; 23). Die immer wieder auftauchende Abwertung romanischer Kulturelemente gegenüber den germanischen (gemeint sind nordeuropäische) und die Betonung der Zugehörigkeit des Flämischen zum germanischen Kulturkreis bezeugen darüber hinaus den Versuch einer Identitätsbildung jenseits vom französischen Einflußbereich. Dies macht auch seine Zuordnung der Künste deutlich:

> "Toutefois, Maeterlinck semble marqué par ses expériences. Pendant un certain temps il témoigne d'une germanophilie aiguë; en 1890 encore il ne lit que de rares livres français et n'apprécie que ceux qui ont des traits analogues à ceux des oeuvres germaniques. De même juge-t-il son propre art comme 'avant tout germanique.' " (ebd. 92f.).

> "Les trois antennes de l'Art Germanique - Musique des Allemands, poèsie des Anglais, Couleur des Flamands." (CB, 114).[42]

---

[42] "Trotzdem scheint Maeterlinck durch seine Erfahrungen bestimmt zu sein. Während einer gewissen Zeit legte er eine starke Germanophilie an den Tag; noch 1890 liest er nur wenige französi-

Maeterlincks Interesse für amerikanische Literatur läßt sich seit 1888 belegen. Im *Cahier Bleu* setzt er sich mit O. Holmes, Walt Whitman und E. A. Poe auseinander, wobei der Akzent deutlich auf Poe liegt. Edgar Allan Poe war für lange Zeit Maeterlincks "ständiger Begleiter"; Maeterlinck kannte auch dessen einziges Drama *Politian*.[43] Möglicherweise war es Villiers, der Maeterlincks Poe-Verehrung initiierte; denn Maeterlinck war sich der Bedeutung Poes für Villiers bewußt (vgl. Wieland-Burston, 1976, 77-82). Sehr häufig finden sich im *Cahier Bleu* Whitman-Zitate.[44] Mit Emerson, über den er einen Essay schrieb, entdeckte Maeterlinck 1890 die amerikanischen Transzendentalisten.

Das *Cahier Bleu* beweist außerdem die intensive Beschäftigung Maeterlincks mit Shakespeare und dem Elisabethanischen Theater, das für seine Dramen insgesamt eine wichtige Rolle spielte.[45] Die Dramen Shakespeares, vor allem *Macbeth, Hamlet, Lear, Romeo und Julia* und *Othello* regten ihn zu Reflexionen über das Theater an (s. dazu I/2.3).

> "Le siècle d'Elisabeth est sans doute le plus grand réservoir de poésie, du monde entier - ." (CB, 165).[46]

Maeterlincks Vorliebe galt auch der Welt der Märchen in Gestalt der englischen *Toybooks* mit Illustrationen von Walter Crane und den Märchen der Brüder Grimm, die er auf Englisch las (vgl. Wieland-Burston, 1976, 36, 53, 87-91).
An den praeraffaelitischen Maler-Dichtern William Morris, Burne-Jones und D.G. Rossetti[47] faszinierten ihn deren Rückgriff auf das Mittelalter, die "Musik der Verse"

---

sche Bücher und schätzt davon nur diejenigen, die Analogien zu germanischen Werken aufweisen."
"Die drei Zweige germanischer Kunst - Musik der Deutschen, Dichtung der Engländer, Farbe der Flamen."

[43] s. CB, 114. Poes einziger Vorstoß auf das Gebiet des Dramas blieb erfolglos. Mit seinem *Politian* (1835) war er nie zufrieden, und so blieb das Drama Fragment. Die elf Szenen sind allerdings zusammenhängend rezipierbar. 1835/36 veröffentlichte Poe die Szenen II, IV, VI, VII und IX in einer Zeitschrift; 1845 wurden sie gegen seinen Willen in dem Band *The Raven and Other Poems* wieder abgedruckt. So bekamen letztlich auch die französischen und belgischen Dichter Gelegenheit, diese zu lesen. Der Inhalt des Dramas bezieht sich auf ein historisches Ereignis, die "Kentucky Tragedy" von 1825. Hierbei steht eine Frau zwischen zwei Männern, wobei es um indirekte Rivalität (Rächung eines vergangenen Unrechts) geht. Poe verlegt die Handlung in das Rom des 16. Jahrhunderts. Sein Held Politian ist eine in sich gespaltene "Hamlet-Figur". Auch sonst enthält das Drama viele Zitate aus und Anklänge an Shakespeares Dramen (z.B. *Lear, Hamlet, Der Sturm*; vgl. hierzu ausführlich Mabott, 1969, 288-298). Zum Einfluß von Poe auf Maeterlincks frühe Dramen vgl. auch Postic, 1970, 44f. .

[44] Einige Kritiker wiesen auf die Anklänge an Whitman in den *Serres chaudes* hin, was bis zum Plagiatvorwurf reichte.

[45] Zu Maeterlincks Shakespeare-Rezeption vgl. den Aufsatz von Michael Hays: *On Maeterlinck Reading Shakespeare*, 1986, 49-59. Darin beschreibt er recht differenziert das komplexe Verhältnis Maeterlincks zu dem englischen Dramatiker. Dieses läßt sich seiner Meinung nach nicht einfach als Einfluß oder Plagiarismus abtun (49-51). Darüber hinaus weist er nach, daß Maeterlincks Shakespeare-Anklänge wenig mit dem historischen Shakespeare zu tun haben. Literarische Parallelen zu Maeterlincks Dramen - besonders zu Shakespeare und den Märchen der Brüder Grimm - stellte J.-M. Carré bereits 1926 in einem Aufsatz dar (449-501).

[46] "Das Elisabethanische Zeitalter ist ohne Zweifel das größte Reservoir der Dichtung, für die ganze Welt - ."

[47] Diese unter anderem von Rossetti gegründete Malergruppe schloß sich 1848 zu einer Bruderschaft zusammen. Zwar zerfiel die Gruppe 1853 wieder, doch formierte sich danach ein Kreis um den Maler Edward Burne-Jones, der als zweite praeraffaelitische Generation angesehen wird. Das Ziel

und die Frauenbildnisse (vgl. ebd., 52, 59). Er verehrte Burne-Jones, von dem er mehrere Bilder besaß. Die Bilder der Praeraffaeliten wirkten spürbar auf Maeterlincks Szenengestaltung und Figurenkonzeption ein, vor allem auf die Frauengestalten. Van Lerberghe war nach eigenen Aussagen verblüfft, wie genau Maeterlinck die Burne-Jones-Figuren in *Pelléas et Mélisande* literarisch nachgebildet hatte (vgl. Warmoes, 1962b, 26-30). Einige Aspekte der praeraffaelitischen Bildgestaltung können diese Zusammenhänge verdeutlichen: Das praeraffaelitische Bild sollte über den reinen Augeneindruck hinaus etwas bedeuten, wie die christliche Malerei früherer Jahrhunderte eine Botschaft verkünden. Hervorstechende Merkmale der praeraffaelitischen Malerei sind übermäßige Detailanhäufung, fanatischer Detailrealismus und Farbsinnlichkeit, wodurch die Bilder insgesamt unecht und überladen wirken. Dadurch, daß jedes Detail wie von einem Teleobjektiv fokussiert und aus dem Kontext herausgehoben erscheint, entsteht eine fremdartige, symbolisch funktionslose Suggestivität. Der Versuch, diesen penetranten Detailrealismus mit stilisierender Allegorie zu verbinden, führt überdies zur Verunklarung von Raumstrukturen (vgl. Metken, 1974, 9-16). Für Maeterlincks Interesse an flämischen Mittelalter- und Renaissancemalern finden sich im *Cahier Bleu* ebenfalls Hinweise.[48]

2.3 Die frühen Dramen: allgemeine Merkmale und ästhetische Hintergründe

Das französische Drama des fin de siècle ging unmittelbar aus dem Symbolismus Mallarmés hervor und verstand sich als Antithese zum naturalistischen Theater. In diesem stehen die detailgetreue Abbildung der Wirklichkeit und die möglichst lückenlose Aufdeckung von Kausalzusammenhängen (Determinismus) im Vordergrund; im symbolistischen Theater ist die Wirklichkeit geheimnisvoll und nicht zu enträtseln. Steht die sinnlich erfahrbare Realität im naturalistischen Theater für sich selbst, so ist die - oft als banal angesehene - Realität im symbolistischen Theater lediglich Zeichen für eine geheimnisvolle transzendente Welt, die hinter dieser steht und als ungleich bedeutender angesehen wird. Dementsprechend ist das Hauptziel des symbolistischen Dramas, dieses "Jenseits" durch Abbildung psychischer Prozesse, die wiederum psychische Reaktionen beim Publikum auslösen sollen, anzudeuten und erfahrbar zu machen. Dieses Konzept, das deutlich von Schopenhauer und dem Neoplatonismus beeinflußt ist, macht das Theater zum metaphysischen Spectaculum (vgl. Grimm, 1982, 30f.).

---

der Praeraffaeliten war eine Kunst der Gedanken und des Versenkens. Aus einer unübersichtlich gewordenen Realität mit bedrängenden sozialen Problemen (Industrialisierung) flüchteten sie sich in ein idealisiertes Mittelalter ("vor Raffael"), wobei ihnen die deutsch-österreichischen "Nazarener" als Vorbild dienten. Auch darüber hinaus war der Einfluß der deutschen Romantik, vermittelt durch Carlyle und Coleridge, groß. Als Inspirationsquelle diente fast ausschließlich Literatur der verschiedensten Epochen, die quasi ahistorisch behandelt wurde, vor allem die Bibel, die Artussage, Dante, Shakespeare sowie romantische und zeitgenössische Autoren. Darüber hinaus verehrten die Praeraffaeliten Poe und Tennyson. In Belgien wurden die Praeraffaeliten seit etwa 1880 populär (vgl. Theisen, 1974, 18f.).

[48] Es handelt sich vor allem um die Brueghels, van Eycks und Memling. Die Beschäftigung mit den Malern war immerhin so tiefgehend, daß Maeterlinck 1889 die Veröffentlichung zweier Schriften (*Notes sur les Préraphaelites* und *Notes sur Hans Memlinck*) ankündigte. Das Vorhaben wurde aber nicht verwirklicht (vgl. ebd., 18; Groß, 1983a, 175-177).

Maeterlincks neun frühe Dramen werden im allgemeinen der Gattung "lyrisches Drama" zugeordnet. Dies ist der Oberbegriff für eine Dramenform, die hauptsächlich von Maeterlinck und Hofmannsthal ausgebildet wurde und auch in der späteren Entwicklung eine Rolle spielte (z. B. im Expressionismus). Die von Szondi (1975, 19-21) und Hans-Joachim Wagner (1990, 76f.) beschriebenen allgemeinen Merkmale des lyrischen Dramas wie die Bedrohung durch den Tod als Hauptthema und Bedingung für die Konzentration auf innere Prozesse (Theater der Innerlichkeit), starre Zeitstruktur, Handlungsarmut und Infragestellung des die Handlung vorantreibenden Dialogs treffen im wesentlichen auf das symbolistische Theater Maeterlincks zu, können jedoch dessen Spezifik nicht erfassen. Der Begriff "symbolistisches Drama" ist nicht zuletzt deswegen vorzuziehen, weil er direkt auf die Nähe der frühen Dramen Maeterlincks zum französischen Symbolismus um Mallarmé hinweist.

Die neun Dramen der Genter Phase (1889-1896) bestehen aus vier Einaktern und fünf großen Dramen, die äußerlich dem traditionellen 5-Akt-Schema folgen. Die drei entstehungsgeschichtlich unmittelbar aufeinanderfolgenden Einakter bilden die sogenannte "Todestrilogie" - Maeterlinck schrieb sie für Marionettentheater.

Die frühen Dramen Maeterlincks sind bisher zu wenig als zukunftsweisende Werke der Moderne anerkannt worden. Die Marionettenhaftigkeit ihrer Figuren, die Handlungsarmut eines "théâtre statique", die Entlarvung sprachlicher Unzulänglichkeit gegenüber einer unbekannten Macht, die nur ein "Dialog zweiten Grades" suggerieren kann - dies sind Momente die z. B. auf das absurde Theater Becketts und Ionescos oder auf Brechts Parabeltheater vorausdeuten (vgl. Kesting, 1963, 539). Maeterlinck gelang damit nicht nur eine weitestgehende Verwirklichung symbolistischer Anschauungen in Dramenform, er war auch der einzige aus dem hermetischen Kreis symbolistischer Dichter, der größere Berühmtheit erlangte. Der Literatur-Nobelpreis (1911) wurde ihm allerdings zu einer Zeit verliehen, als er die Innovationen seines Frühwerks bereits hinter sich gelassen und sich konventionelleren Mitteln der Dramengestaltung zugewandt hatte. Die Neuerungen in den neun frühen Dramen sind einerseits durch die Ausrichtung an symbolistischen Prämissen (Mallarmé, Moréas), andererseits durch Maeterlincks philosophisch- psychologische Grundkonzeption zu erklären. Für Konrad liegt die Einzigartigkeit dieser Bühnenwerke in der gelungenen Balance zwischen platonischer Erkenntnistheorie und aristotelischer Aktionsforderung. Andere symbolistische Dramenautoren seien deshalb erfolglos gewesen, weil sie entweder die Bühnenanforderungen total vernachlässigten oder das Unsagbare durch exzessive, hermetische Symbolik auszudrücken versuchten, was zur Lähmung der dramatischen Kraft führte (vgl. Konrad, 1982, 33).

Bei den frühen Dramen ist eine stetige Entwicklung hin zu stärkerer psychologischer Konturierung der Charaktere zu erkennen: von der hölzernen Marionette in *La Princesse Maleine* zum selbstreflektierenden Ich in *Aglavaine et Sélysette*. Dies wird vor allem durch die Art des Sprechens erreicht (vgl. Touchard, 1962, 363). Am Grad der Reflexions- und Handlungsfähigkeit der Figuren macht Groß (1985a, 94f.) auch seine Einteilung der frühen Dramen in zwei Phasen fest, wobei *Pelléas et Mélisande* nicht nur chronologisch in der Mitte steht (Übersicht über die frühen Dramen s. Anhang). Während sich die Figuren in den Dramen der ersten Phase gedanklich vorwiegend auf der materiellen Ebene (Reaktion auf äußere Reize) bewegen, ist in den Dramen der zweiten Phase ein höheres Abstraktionsniveau zu erkennen. *Pelléas et Mélisande* stellt den Übergang von einer Phase zur anderen dar, weil sich die Figuren zwar oft auf der Wahrnehmungsebene bewegen, in höheren Realitätsniveaus aber ebenso präsent sind. Außerdem kann Arkel als die erste reflektierende Figur

des Maeterlinck-Theaters angesehen werden, auch wenn er (noch) nicht die Kraft hat, in die Geschehnisse einzugreifen.
Grundlegendes Merkmal der frühen Dramen ist ihre fatalistische Ausrichtung. Es wird eine Schicksalsmacht angenommen, die das Leben steuert und dadurch uneingeschränkte Macht über die Menschen besitzt. Die menschliche Psyche wird als autonom und damit unbeherschbar angesehen und ebenfalls diesem Bereich (als "Einfallstor") zugeordnet. Da alle Dinge der Alltagswelt Zeichenfunktion haben, können die Menschen zumindest versuchen, ihr von dort bestimmtes Schicksal zu verstehen. Dies erlaubt ihnen jedoch nicht, ihm zu entrinnen. Diese Vorstellungen sind unter anderem an christlicher mittelalterlicher Mystik orientiert. An die Stelle eines wohlmeinenden Gottes und seines diabolischen Widersachers tritt in Maeterlincks transzendentem Reich die blinde und gleichgültige Schicksalsmacht, deren Handeln unberechenbar ist und die als einzige Reaktion Gefühle von Angst, Ohnmacht und Ausgeliefertsein hervorruft. Die Entthronung des menschlichen Willens verrät die Angst des Symbolisten Maeterlinck vor einer kleinen praktischen Welt ohne Geheimnisse, in der der Mensch für alles selbst verantwortlich ist (vgl. Lambert, 1986, 34).
Alle dramatischen Mittel sind der Intention untergeordnet, die "höhere" Wirklichkeit zu vermitteln. Das zentrale Thema in Maeterlincks frühen Dramen ist der Tod, der die deutlichste Manifestation der Schicksalsmacht im Leben der Menschen darstellt.[49] Fünf Dramen befassen sich ausschließlich damit (die Todestrilogie sowie *Intérieur* und *La Mort de Tintagiles*), in den übrigen spielt daneben eine ideale "höhere" Liebe die zweite Hauptrolle. Sie ist jedoch nicht Gegenspielerin, sondern Kollaboratrice des Todes. Der Tod bietet neben seiner vordergründigen Funktion der Erzeugung des Schreckens die Möglichkeit zur Transzendenz für das eingeschränkte Ich, zur Bewußtseinserweiterung und Erfahrung einer anderen Welt hinter der defizitären realen. Diese Erfahrung kann man nach Maeterlinck bevorzugt in Ausnahmesituationen des Lebens wie Todesnähe oder tiefer Liebe machen.[50] Der Tod ist im Maeterlinck-Theater die heimliche Hauptfigur, die angsterzeugende "personnage sublime", die - nicht sichtbar, aber immer anwesend - als Antwort auf die latente Bedrohung das Innere der Figuren zum Vorschein kommen läßt (vgl. Postic, 1970, 113). Damit schafft Maeterlinck einen Bezugspunkt außerhalb der Bühne und des realen Lebens, auf den die Figuren immer wieder hinweisen, wie Baier am Beispiel von *L'Intruse* verdeutlicht:

---

[49] Das erweist sich vordergründig schon daran, daß bis auf Aglavaine alle Titelheldinnen und -helden der frühen Dramen sterben.
[50] Abels (1993/94, 82f.) interpretiert den Tod bei Maeterlinck als "Variationsform des Lebens" gemäß dem materiellen Ökonomieprinzip, daß nichts verlorengeht. Dies ermögliche ein nichtlineares Zeitkonzept, d .h., die Vorstellung von einer "ewigen Gegenwart".
Vandenbrande (1989, 29-42) versucht mittels einer linguistischen Untersuchung der ersten 15 Dramen zu belegen, daß es Maeterlincks Hauptziel ist, den Tod verschleiert zu zeigen, ihn mittels Sprache zu repräsentieren, ohne ihn zu nennen. Dies geschieht durch verschiedene grammatikalische Transformationen (29-34). Letztlich sieht Vandenbrande den Tod in den Dramen hinter jedem Wort, jeder Geste, jedem Geräusch und Symbol verborgen (37). Die vielfach vermittelte Botschaft "vous mourez" (du wirst sterben) richtet sich letztlich an das Publikum, gesendet vom Autor, der damit den Akt des Schreibens indirekt zum Akt des Mordens macht; denn in seinen Dramen ist die Botschaft des Todes für die Adressaten oft tödlich (Beispiel: Pelléas liest in dem Brief seines Freundes den Tod zwischen den Zeilen, die Todesbotinnen werden zu Mörderinnen (Beginen oder Dienerinnen prophezeien den Tod oder zeigen ihn an; Dienerinnen liefern in *Tintagiles* das Opfer dem Tod aus) (40-42).

"The repetition of comments about outside noises and the continual focusing offstage inevitably force the reader to do likewise. The ultimative effect is to transform what is absent into an obsessive presence, to shift the dramatic center of gravity, paradoxically, offstage, until offstage space dominates the visible stage and almost eclipses it in importance. [...]. The stage is a mask in Maeterlinck's theater, a mask that hides and reveals at the same time." (Baier, 1975, 71).

Die Allmacht der "personnage sublime" bedingt die Ohnmacht der Figuren. Deren Einsicht in die Vergeblichkeit des Aufbegehrens gegen die Schicksalsmacht führt zur Lähmung der äußeren Handlung. Der Verzicht auf äußere Handlung ist zugleich die Bedingung für das Hervortreten der inneren. Das Theater der Innerlichkeit wird notwendigerweise zum "théâtre statique", in dem Wille und Aktion als Katalysatoren für die unvermeidliche Katastrophe wirken (s. Golaud).[51]
Episierungstendenzen sind erkennbar in der Verselbständigung der Einzelszenen, die nicht mehr einer teleologischen Handlung untergeordnet werden, sondern Episodencharakter haben, in der Auktorialisierung von Figuren (z. B. Arkel) und Nebentexten (diese nehmen in allen frühen Dramen außer in *Aglavaine et Sélysette* einen breiten Raum ein, besonders in *Les Aveugles* und in *Intérieur*, das gegen Ende etwa viermal soviel Nebentext wie Dialog enthält) und in der Ausrichtung auf Details (z. B. Umweltwahrnehmung; vgl. dazu allgemein Pfister, 1994[8], 104-107).
Das zentrale Ziel, die Erfahrbarmachung der anderen Welt, verlangt eine Transparenz von Gegenständen und Figuren, damit diese als unbewußter Spiegel oder als Sprachrohr dieser fernen Wirklichkeit dienen können. Dies führt zu einer schwachen Figurenkonturierung, zur Entsubjektivierung der Figuren. Die Transparentmachung und Entsubjektivierung geschieht vor allem über das wichtigste Medium des Dramas, die Sprache. Ihre Einfachheit ist Voraussetzung für das Entstehen eines "dialogue à deuxième degrée". Dieser ist nicht einfach mit Doppeldeutigkeit gleichzusetzen, sie ist nur ein charakteristisches Moment dieser Art von Sprachgestaltung. Maeterlinck geht es um "Seelenkommunikation", d. h., um eine psychologische Ebene des Miteinander-Redens, die hinter den banalen Worten einen tieferen Sinn entdeckt, quasi "zwischen den Zeilen" liest. Damit beschreibt Maeterlinck im Grunde das Herzstück der sich zwanzig Jahre später etablierenden Psychoanalyse, die diese subtile Sprachwahrnehmung zur Technik systematisieren und therapeutisch nutzen sollte. Der Eisberg-Vergleich von Sion ist hier überaus treffend (vgl. Sion, 1962, 417). Die Sprache des Maeterlinck-Theaters ist nicht diskursiv, sondern assoziativ.

> "Die Dialoge Maeterlincks haben keine eigentliche Entwicklung, sie umkreisen in Gleichnissen das schicksalshafte Geschehen, das sich im Hintergrund abspielt, sie treten auf der Stelle, und da sie die Maeterlinckschen Figuren ständig in der Situation des Wartens zeigen, nehmen sie in verblüffender Weise die Wartegespräche Samuel Becketts vorweg." (Kesting, 1963, 536).

Grundsätzlich bewegt sich die Sprache bei Maeterlinck am Rande des Verstummens. Das nicht Ausgesprochene ist wichtiger als das Gesagte, der "silence" wird als Kommunikationsmittel ein höherer Wert zuerkannt als dem Reden (vgl. Konrad, 1986, 8). Durch diese Struktur und Funktion wird die Sprache zum perfekten Abbild der Weltsicht Maeterlincks. Eine konkrete Funktion ist die Spiegelung der psychi-

---

[51] Dem Begriff "théâtre statique" liegt ein auf die Aktion verkürzter Handlungsbegriff zugrunde, weshalb Konrad (1982, 29) diesen als mißverständlich bezeichnet, da an die Stelle der äußeren Handlung im Maeterlinck-Drama die innere trete.

schen Befindlichkeit der Figuren. Sie sind angesichts der Todesbedrohung in Angst erstarrte Opfer, die nicht einmal verstehen, warum ihnen etwas zustößt. Die Sprache drückt dies durch stammelnde Wiederholungen, Unterbrechungen, Schweigen, primitiven Satzbau und Rückgriffe auf sprachliche Primärelemente aus (vgl. Postic, 1970, 126-130). Wesen, die so sprechen, beherrschen die Situation nicht. Diese Funktion der Sprache ist reziprok: einerseits drücken die Figuren ihre Angst dadurch aus, andererseits erzeugt diese Art Sprache durch ihre Struktur selbst Horror (vgl. Otten, 1962, 470-475).

Die Semantisierung von Raum und Zeit spielt eine wichtige Rolle im Konzept des "théâtre statique". Der Eindruck des Ausgeliefertseins wird durch die Raumkonzeption entscheidend mitbestimmt und verstärkt.[52] Das Modell des eingegrenzten, abgeschlossenen Raumes als Mikrokosmos mit präzisen Konturen und sorgfältig ausgestalteten Details findet sich bei den flämischen Renaissancemalern. Sowohl die äußeren Räume der Maeterlinck-Dramen als auch deren Gestik und Dramaturgie ähneln den „Intérieurs" dieser Maler (vgl. Cassou, 1962, 294-297; Postic, 1970, 115; 133, der dies vor allem in den Einaktern sieht). Oft sind die Figuren physisch eingeschlossen, was Gefühle des Nicht-Entrinnenkönnens erzeugt. Dem Eingeschlossenwerden durch andere steht das Sich-Selbst-Einschließen zum Schutz vor unbestimmten Gefahren gegenüber. Die Beispiele für das "enclos" sind zahlreich: Maleine im Turm und im Mordzimmer; die Blinden während des Winters im Heim; die 7 Prinzessinnen im treibhausartigen Saal; Alladine im Schlafzimmer, später mit Palomides in der Grotte eingemauert; Tintagiles im Gemach der Todeskönigin; die Familie in *Intérieur* in ihrem Haus. Die Schutzräume erweisen sich gegenüber der Schicksalsmacht als wirkungslos: Ironischerweise ereilt die Figuren gerade dort das Unglück.[53] Die Orte der Handlung vermitteln ebenfalls Gefühle der Isolierung. Die Schlösser liegen fernab von jeder menschlichen Zivilisation, sind oft von dichten, undurchdringlichen Wäldern umgeben. Die sensibleren unter den Figuren, die das Verhängnis intuitiv erahnen und fliehen wollen, bleiben an den Ort des Geschehens gefesselt (der König in *Maleine*, ebenso Hjalmar, der Maleine zusammen mit dem König fortbringen will, es aber nicht fertigbringt; die Blinden, die alle gern die Insel verlassen würden; Pelléas und Mélisande; Alladine; Tintagiles). Eng mit der Raumsymbolik des "enclos" verbunden sind die Türen und Fenster, die durch ihre Verbindungsfunktion zur Außenwelt beinahe magischen Charakter erhalten (vgl. Vedder, 1978, 81-84). Ein wichtiges Moment der Raumgestaltung sieht Baier in der besonderen Verwendung von Archetypen:

> "More often than not, however, when Maeterlinck uses an archetypal setting, he plays with it, distorting it slightly as the scene progresses. He seems to rely on the recognitory ability of the reader or spectator to identify the archetype and then, as he modifies the initial impression, the modifications become a potent source of tension or irony within the play." (Baier, 1975, 110f.).

---

[52] Eine detaillierte Untersuchung zu Ort, Raum und Bühne in Maeterlincks Dramen bietet Jane R. Baier: *The Treatment of Space in Maeterlinck's Theater*, Wisconsin 1975. Zur geteilten Bühne und dem "enclos" vgl. ebd., 24-26.

[53] Nach Konrad (1986, 15) bietet die Burg als Symbol gerade keinen Schutz, sondern offenbart die Verwundbarkeit der Charaktere. Baier (1975, 114f.) bezeichnet dies als "ironische Transformation eines Archetypus".

Raum- und Zeitgestaltung hängen eng zusammen. Die Reduktion des Lebens auf eine kleine Zelle führt dazu, daß die Zeit darin stehenbleibt bzw. sich wiederholt. Mitbedingt wird das Stehenbleiben der Zeit durch die Determination der Zukunft. Dadurch wird die Zukunft in die Gegenwart eingeschrieben, ist paradoxerweise in ihr schon präsent, ein Phänomen, das Szondi (1975, 89-92) auch in Mallarmés *Hérodiade* feststellt.[54] Die Wiederholung des Immergleichen, die die Dramen bestimmt, setzt die Sukzessivität von Vergangenheit, Gegenwart und Zukunft außer Kraft. Damit spiegelt die diesseitige Welt die Zeitlosigkeit der jenseitigen. Durch dieses Anhalten und Wiederholen geht die Zeit tendenziell in den Raum über (vgl. Plata, 1978, 131f., 134f.). Mit Wahrnehmungsmitteilungen vergewissern sich die Figuren einer Gegenwart, die ständig droht, ihnen abhanden zu kommen, weil sie zwischen Vergangenheit und Zukunft zerrieben wird. Wo derart intensiv über Wahrnehmungen der Außenwelt gesprochen wird, passiert nichts; der Dialog wird zum Monolog mit verteilten Rollen. Wo der Augenblick minutiös festgehalten wird, bleibt die Zeit stehen und der Raum erstarrt zum Bild, "... drama becomes a picture of time composed in space." (Baier, 1975, 95). Ein wichtiges Merkmal der Zeitgestaltung sind Aussparungen. Die Zeitellipsen tragen wie der starke Vergangenheits- und Zukunftsbezug in den Repliken zur Episierung des Dramas bei. Ihre zeitliche und inhaltliche Unbestimmtheit vermittelt dem Publikum das Gefühl, unzureichend informiert zu sein. Vergangenheits- und Zukunftsbezüge verklammern die episodenhaften Szenen miteinander und ersetzen so einen zielgerichteten Handlungsstrang. Außerdem machen sie das Verstreichen von Zeit erfahrbar. Bilden die Jahreszeiten den Ablauf der Zeit und die zyklische Wiederkehr von Naturzuständen ab, so sind Tages- und Nachtzeiten durch ihre Funktionalisierung für einen mystischen Licht-Finsternis-Dualismus stärker von ihrer natürlichen Grundlage abstrahiert. Die Wendezeiten Mittag und Mitternacht ermöglichen die Begegnung mit der anderen Welt und leiten Situationsänderungen ein (vgl. Plata, 1978, 124-126).

Allgemein ist den frühen Dramen (vielleicht mit Ausnahme von *Intérieur*) eine märchen- oder traumhafte Atmosphäre eigen, die suggestiv auf das Publikum wirken soll. Unmittelbar publikumswirksam ist auch die generelle Informationsverweigerung: Das Nichtverstehen und Nichtdurchschauen als existenzielle Bedingung des Menschen wird am eigenen Leib erfahrbar und erzeugt bei den Rezipientinnen und Rezipienten Unbehagen.

Die Symbole dienen der Andeutung des Unsagbaren und des Hereinwirkens der transzendenten Welt in die profane, dem Ausdruck des Unbewußten sowie der Verklammerung der Einzelszenen. Sie sind grundsätzlich vieldeutig. Konrad bezeichnet die Symbolik Maeterlincks als "Abenteuer für den Betrachter", das neue Perspektiven menschlicher Erfahrung evoziert.

> "Symbolik expression is therefore a process of approximation, and its epistemological status cannot be understood in terms of rational truth, since that would depend on cognitive understanding. The symbolic experience is more like an intuitively convincing experience. The Symbolist aim is to discover and convey truth. Nevertheless, the process itself, the symbolic action, is more important than projected end results." (Konrad, 1982, 32f.).

---

[54] Eine Anregung für eine solche Zeitauffassung könnten die Evangelien geboten haben, deren Gleichnisse die keimhafte Präsenz einer zukünftigen transzendenten Welt ("Reich Gottes") in der jetzigen vor Augen führen. Im Fall Maeterlinck, der die Bibel bei der Aufzählung seiner Lieblingsbücher nie ausgelassen hat, ist diese Annahme durchaus naheliegend.

Obwohl Maeterlinck das Etikett "Symbolismus" wörtlich nahm und eine für seinen Symbolismus maßgebliche Symboldefinition formulierte, finden sich in den frühen Dramen nur selten abstrakte, aus dem Kontext hervorstechende Symbole. Maeterlinck ging es nicht um die esoterische Verschlüsselung von Botschaften, sondern um die Darstellung einer alternativen Weltsicht. Der andere Blick auf die alltägliche, wahrnehmbare Umwelt verleiht ihr Zeichencharakter; die so vollzogene Transzendierung der Welt führt zu ihrer Symbolisierung, ohne daß dabei die Existenz der Objektwelt negiert wird. Zwar besitzt die transzendente Welt für Maeterlinck größere Bedeutung, doch sind für ihn beide gleichermaßen Realitäten, die lediglich nicht immer angemessen wahrgenommen werden. Damit sind alle Erscheinungen der Objektwelt potentielle Symbole, die die Macht der transzendenten Welt erahnen lassen können.

Grundlegende Symbole der frühen Dramen sind Licht und Finsternis. Sie sind meist an die Tageszeiten gebunden und zeigen in ihrem Einsatz auffallende Nähe zum Licht-Finsternis-Dualismus der antiken Gnosis und der mittelalterlichen Mystiken (christliche und jüdische). Ein weiteres Grundsymbol ist das Wasser, das in vielgestaltiger Form als Quell-, See-, Meereswasser, aber auch in Form von Tränen/Weinen auftritt. Ebenso wie die Licht-Finsternis-Symbolik besitzt es einen weitgespannten semantischen Raum. Bei den übrigen Symbolen gibt es einen Grundbestand an immer wiederkehrenden Motiven (Wald, Grotte/Abgrund, Schloß, Turm, Tür/Fenster). Wie manche mehrfach verwendete Namen (Marcellus, Ursula) schaffen sie Querverbindungen innerhalb des Mikrokosmos der frühen Dramen (vgl. Postic, 1970, 120-125, der auch Deutungen verschiedener Einzelsymbole vornimmt). Vedder (1978, 58-75) interpretiert die Symbolik dieser Dramen aus der Perspektive des mittelalterlichen Melancholia-Modells, was den vielfältigen, synkretistischen Einflüssen, die in die Maeterlincksche Symbolkonzeption eingeflossen sind, nur teilweise gerecht wird. Für Maenner (1965, 35) sind die frühen Dramen der Versuch einer künstlerischen Bewältigung der Wirklichkeit, wie Maeterlinck sie sah (nämlich durch und durch mystisch). Davon ausgehend bietet er eine allgemeine symbolische Deutung der Dramen (z. B. szenische Anlage als Weltparabel, Orte als seelische Innenräume). Für ihn gibt es in Maeterlincks Dramen drei szenische Bereiche: den Lebensraum, die Innenwelt und den Schicksalsbereich, der hinter der Szene steht (vgl. ebd.). Nach Gorceix (1978, 99) wollen die frühen Dramen vor allem die innere Welt darstellen; alle Mittel wie stammelnde Sprache, Symbole, Stille dienten dazu, diese anzudeuten. Diese Fokussierung der Psyche klammert das transzendente Moment aus, eine Tendenz, die bei vielen Maeterlinck-Interpreten festzustellen ist und die eher die heutige positivistische Weltsicht offenbart, als daß sie Maeterlincks unbestreitbarem Hang zur Metaphysik gerecht wird.

Die ästhetischen Anschauungen, die Maeterlinck vor oder während der Entstehung der frühen Dramen niedergelegt hat, sind für deren Verständnis von großer Wichtigkeit. Einzelne Äußerungen zu den Themen "dichterisches Selbstverständnis", "Kunst", "Drama", "Theater", "Symbol", "Frauen und Männer" sollen hier dargestellt und kommentiert werden, wobei der Akzent auf der Schaffung eines informativen Hintergrundes für die Interpretation des Dramas *Pelléas et Mélisande* liegt.

Die Grundlage für Maeterlincks Dramenästhetik bildet die Mystik. Den besten Zugang zu Maeterlincks frühen Dramen findet man, wenn man seinen mystischen Blick auf die Welt versteht und nachvollzieht.

Mystik ist ein religiöses Urphänomen, das in verschiedenen Erscheinungsformen auftritt. Die mystische Erfahrung beruht auf einem transzendenten Urerlebnis, dem Kontakt mit einer Gottheit oder einer metaphysischen Urwirklichkeit. Sie ist subjektiv, intuitiv, passiv (nicht vom Willen beeinflußbar) und nicht kommunizierbar.

> "Gemessen am Rationalen ist das mystische Urerlebnis absurd, sein Ausdruck ist nicht zufällig das Paradox. [...]. Der paradoxale Charakter der mystischen Urerfahrung bringt es mit sich, daß alles, was von ihr ausgesagt wird, durch eine Gegenaussage aufgehoben werden muß." (Richter, 1966, Sp. 1237).

Zur Erreichung eines mystisch-visionären Zustandes dienten den christlichen Mystikern im Mittelalter verschiedene Meditationstechniken wie das unermüdliche Wiederholen einzelner Wörter oder Sätze aus biblischen Schriften, um diese mit neuen Inhalten und Assoziationen anzureichern und so zu einem komplexen Gesamterlebnis zu kommen. Die Konzentration auf das Unsagbare, Unfaßliche ermöglichte im Mittelalter einen Zugang zum Unbewußten. Dessen "ungeahnte Tiefen" konnten auf diese Weise zum Vorschein gebracht werden. Das Verwenden von Paradoxa in der Mystik diente dazu, den alltäglichen, vordergründigen Sinn der Sprache aufzubrechen und durch die entstandenen Risse das Unsagbare aufscheinen zu lassen (vgl. Berger, 1993, 89-98).

Die Übereinstimmungen zwischen religiöser Mittelalter-Mystik und Maeterlincks Sicht- und Schreibweise sind klar erkennbar. So gehört etwa das Aufstellen von Widersprüchen, die auf einer höheren Ebene synthetisiert werden, zu den Grundmethoden in den frühen Dramen (vgl. Groß, 1985a, 14f.). Aus der Perspektive des Mystikers definiert Maeterlinck die Kunst. Zugleich mißt er ihr auch einen pragmatischen Wert bei, indem er sie in ihrer Wirkung zwischen antiker Katharsis und moderner Psychotherapie placiert:

> "Au fond, j'ai de l'art une idée si grande qu'elle se confond avec cette mer de mystères que nous portons en nous. [...]. Mais, à considérer le côté moins nocturne des choses, il me semble que c'est l'unique atmosphère où une âme puisse se développer visiblement et normalement aujourd'hui ... ." (IPS, 79f.)[55]

Auch Maeterlincks Beschreibung der Person des Dichters trägt mystische Züge. Der Dichter sollte nach Maeterlinck ein reiches Unbewußtes besitzen, das er nicht kennt und aus dessen Quelle ihm die poetischen Eingebungen zufließen. Diese drängen sich ihm oft gegen seinen Willen auf. Die Passivität ist gleichsam ein Merkmal mystischen Erlebens und weist auf Praktiken des Surrealismus voraus. Der Dichter bewegt sich nach Maeterlinck immer auf der Schwelle zum Unbewußten, sein Kunstschaffen ist bestenfalls halbbewußt. Die Bewußtmachung des kreativen Prozesses würde zur Zerstörung der Inspirationsquelle führen. Es muß darum gehen, das Mysterium in sich selbst zu wahren und auf seine Botschaften zu hören:

> "Je crois qu'il vaut mieux ne pas trop se connaître soi-même et je n'envie pas ceux qui se parcourent aisément. J'ai, avant tout, un immense respect pour tout ce qui est inexprimable dans un être, pour tout ce qui est silencieux dans un esprit, pour

---

[55] "Im Grunde habe ich von der Kunst eine so hohe Meinung, daß sie für mich mit jenem Meer von Geheimnissen verschmilzt, das wir in uns tragen. [...]. Doch von einer weniger nächtlichen Seite der Dinge aus betrachtet, scheint sie mir der einzige Bereich zu sein, in dem sich eine Seele heute noch sichtbar und normal entfalten kann." (PkS, 47f.)

tout ce qui n'a pas de voix dans une âme, et je plains l'homme qui n'a pas de
ténèbres en lui." (IPS, 80).

"Il y a dans notre âme, une chambre de Barbe-Bleue, qu'il ne faut pas ouvrir." (IPS,
81).[56]

Maeterlincks eigene Intentionen als Dramenautor verdeutlicht seine Faszination für
das bisher Unerforschte, das sich größtenteils mit unbewußten Regungen deckt:

"Et c'est ainsi que j'écoute, avec une attention et un recueillement de plus en plus
profonds, toutes les voix indistinctes de l'homme. Je me sens attiré, avant tout, par
les gestes inconscients de l'être, [...]. [...]. Je voudrais étudier tout ce qui est
informulé dans une existence, tout ce qui n'a pas d'expression dans la mort ou
dans la vie, tout ce qui cherche une voix dans un coeur. Je voudrais me pencher
sur l'instinct, en son sens de lumière, sur les pressentiments, sur les facultés et les
notions inexpliquées, négligées ou éteintes, sur les mobiles irraisonnés, sur les
merveilles de la mort, sur les mystères du sommeil, [...]." (IPS, 81).

"En somme [...], en attendant mieux, voici ce que je voudrais faire: mettre des gens
en scène dans des circonstances ordinaires et humainement possibles (puisque
l'on sera longtemps encore obligé de ruser), mais les y mettre de façon que, par un
imperceptible déplacement de l'angle de vision habituel, apparaissent clairement
leurs relation avec l'inconnu." (IPS, 156).[57]

Der angestrebte Bühnenrealismus, das naturalistisch anmutende Hineinnehmen der
Alltagswelt in das Drama ist nur ein scheinbarer Widerspruch zum metaphysischen
Symbolismus Maeterlincks. Er deutet auf eine integrative Wirklichkeitssicht hin, in
der das Übernatürliche, Unbekannte wie selbstverständlich neben dem sinnlich
Faßbaren steht. Die ideale Lebenshaltung ist für Maeterlinck jene Bewegungslosigkeit, mit der der Mystiker der Offenbarung entgegentritt und die ihn vom Okkultisten
unterscheidet, der seine metaphysischen Erfahrungen aktiv sucht:

---

[56] "Ich glaube, es ist besser, sich nicht zu gut selbst zu kennen, und ich beneide diejenigen nicht, die sich mühelos überblicken. Ich habe jedenfalls einen ungeheuren Respekt vor allem, was unausdrückbar in einem Wesen ist, vor allem, was schweigsam in einem Geiste ist, vor allem, was ohne Stimme in einer Seele ist, und ich bedaure den Menschen, der nichts Dunkles in sich hat." (PkS, 48)
"Es gibt ein Blaubartzimmer in unserer Seele, das man nicht öffnen soll." (PkS, 49).

[57] "Und so höre ich mit wachsender Aufmerksamkeit auf all die kaum wahrnehmbaren Stimmen der Menschen. Ganz besonders fühle ich mich von den unbewußten Gesten ihres Wesen angezogen, [...]. [...]. Alles, was in einer Existenz unausgesprochen ist, möchte ich erforschen, alles, was sich weder im Tod noch im Leben ausdrückt, alles, was nach einer Stimme sucht in einem Herzen. Dem Instinkt will ich mich zuwenden in seiner Bedeutung als Wissen, den Vorgefühlen und den noch nicht erklärten, vernachlässigten oder verlorengegangenen Gaben und Kenntnissen, den irrationalen Beweggründen, den Wundern des Todes, den Rätseln des Schlafs." (PkS, 49; dt. n. Groß).
"Solange ich es nicht besser weiß, möchte ich vor allem folgendes: Menschen in plausiblen und ganz gewöhnlichen Umständen auf die Bühne bringen (weil man noch lange genötigt sein wird, mit Finten zu arbeiten), aber so, daß ihre Beziehungen zum UNBEKANNTEN durch eine unmerkliche Verlagerung des gewohnten Blickwinkels klar hervortreten." (PkS, 89; diese Aussage aus dem 2. Huret-Interview, die bereits rückblickend auf die ersten fünf der frühen Dramen gemacht wurde, könnte von P. Brueghel d. Ä. inspiriert sein, auf dessen Bildern ein ähnlicher Umgang mit der Realität erkennbar ist.).

> "J'admire Othello, mais il ne me paraît pas vivre de l'auguste vie quotidienne d'un Hamlet, qui a le temps de vivre parce qu'il n'agit pas. [...]. Il m'est arrivé de croire qu'un vieillard assis dans son fauteuil, attendant simplement sous la lampe, écoutant sans le savoir toutes les lois éternelles qui règnent autour de sa maison, [...] vivait en réalité d'une vie plus profonde, plus humaine et plus générale que l'amant qui étrangle sa maîtresse, le capitaine qui remporte une victoire ou *l'epoux qui venge son honneur.*" (IPS, 97f.)[58]

Wenig Lebensnähe sieht Maeterlinck auch in den Stücken, die im Theater gespielt werden. Implizit fordert er die Darstellung eines "vie intérieure", ein "intimes Theater":

> "Lorsque je vais au théâtre, il me semble que je me retrouve quelques heures au milieu de mes ancêtres, qui avaient de la vie une conception simple, sèche et brutale, que je ne me rappelle presque plus et à laquelle je ne puis plus prendre part. J'y vois un mari trompé qui tue sa femme; une femme qui empoisonne son amant, [...]. Que peuvent me dire des êtres qui n'ont qu'une idée fixe et qui n'ont pas le temps de vivre parce qu'il faut mettre à mort un rival ou une maîtresse ?" (IPS, 97).

> "Il s'agirait plutôt de faire voir ce qu'il y a d'étonnant dans le fait seul de vivre. Il s'agirait plutôt de faire voir l'existence d'une âme en elle-même, au milieu d'une immensité qui n'est jamais inactive." (IPS, 100).[59]

Das "théâtre statique" Maeterlincks ist ein Abbild mystischer Passivität. Ein Modell dafür fand er in den Tragödien des Aischylos, die für ihn fast alle ohne Bewegung sind (vgl. IPS, 98; PkS, 105). An Ibsens *Baumeister Solness* bewunderte er die fast gänzlich fehlende physische und psychische Handlung. Für ihn ist es eines der ersten modernen Dramen, das die "heimliche Tragik" des gewöhnlichen Lebens offenbart (vgl. IPS, 96; PkS, 103). Das Motiv des Eingeschlossenseins leitete Maeterlinck schon früh von den flämischen Renaissancemalern ab und wertete es als spezifisch flämisch:

> "Les Français dans le salon, les Allemands dans la forêt, les Anglais dans le jardin, les Flamands dans la maison. Toute la poésie des peintures flamandes est uniquement une poésie d'intérieur ([...]) et de réclusion - et cet intérieur les

---

[58] "Ich bewundere Othello, aber er scheint mir fern vom erhabenen Alltagsleben eines Hamlet, der Zeit hat zu leben, weil er nicht handelt. [...]. Mir ist jedenfalls bisweilen die Vorstellung gekommen, daß ein Greis, der in einem Lehnstuhl sitzt und einfach unter seiner Lampe ausharrt, wobei er, ohne es zu wissen, allen ewigen Gesetzen lauscht, die sein Haus umgeben [...] in Wirklichkeit ein tieferes, menschlicheres und allgemeineres Leben lebt als der Liebhaber, der seine Mätresse erdrosselt, der Feldherr, der einen Sieg erringt oder der *Gatte, der seine Ehre rächt.*" (PkS, 105; dt. n. Groß).

[59] "Wenn ich ins Theater gehe, fühle ich mich für ein paar Stunden wieder mitten unter meine Vorfahren versetzt, deren einfache, rauhe und brutale Lebensauffassung ich kaum nachvollziehen kann und an der ich keinen Anteil mehr nehme. Ich sehe dort einen betrogenen Ehemann, der seine Frau tötet, eine Frau, die ihren Liebhaber vergiftet, [...]. Was können mir Wesen sagen, die, nur von einer fixen Idee erfüllt, keine Zeit haben zu leben, weil sie einen Nebenbuhler oder eine Geliebte umbringen müssen ?" (PkS; dt. n. Groß).
"Es ginge vielmehr darum zu zeigen, was an Erstaunlichem allein in der Tatsache liegt, daß man lebt. Man müßte das Dasein der Seele inmitten einer Unermeßlichkeit zeigen, die niemals untätig ist." (PkS, 108).

> attouche jusqu'à développer une luxure spéciale de l'âme ([...]) <car il y a moyen d'être reclus sans le savoir et sans en éprouver un seule fois la joie.>" (CB, 159).[60]

In diesem Stadium des Nachdenkens über Literatur propagiert er, ganz im Sinne Poes, ein Theater des Schreckens:

> "En un drame il faut en arriver à pouvoir produire de la terreur avec n'importe quoi." (CB, 167).[61]

Auch der "dialogue à deuxième degrée" hat seine Wurzeln erkennbar in der mittelalterlichen Mystik. Das stilistische Vorbild hierfür fand Maeterlinck bei Ruysbroeck:

> "Je crois ([...]) nécessaire, [...], de signaler un procédé d'expression assez habituel au poète du Val-Vert, et difficile à restituer en toute traduction, je veux parler d'une étrange insistance sur certains mots ordinaires, de manière à en faire apparaître les aspects inconnus et parfois effrayants, en sorte que l'on s'imagine à peu près, une attention analogue à quelque intense éclairage appliqué à une pensée mal examinée à l'origine et s'étalant ensuite, sous une illumination graduelle, jusqu'en des épouvantements singuliers, à moins qu'elle ne s'enflamme absolument." (IPS, 75).[62]

Seine Vorstellung von einer "Seelenkommunikation" beschreibt Maeterlinck so:

> "[...], il faut qu'il y ait autre chose que le dialogue extérieurement nécessaire. Il n'y a guère que les paroles qui semblent d'abord inutiles qui comptent dans une oeuvre. C'est en elles que se trouve son âme. A côté du dialogue indispensable il y a presque toujours un autre dialogue qui semble superflu. Examinez attentivement et vous verrez que c'est le seul que l'âme écoute profondément parce que c'est en cet endroit seulement qu'on lui parle." (IPS, 101f.).[63]

---

[60] "Die Franzosen im Salon, die Deutschen im Wald, die Engländer im Garten, die Flamen im Haus. Alle Poesie der flämischen Malerei ist einzig und allein eine Poesie des Inneren ([...]) und des Gefängnisses. - und dieses Innere berührt sie bis zur Entwicklung einer speziellen Hemmungslosigkeit der Seele ([...]) <denn es gibt eine Art des Eingeschlossenseins ohne es zu wissen und ohne ein einziges Mal Freude zu erleben.>"

[61] "Bei einem Drama muß man es fertigbringen, Schrecken zu erzeugen, mit welchen Mitteln auch immer."

[62] "Ich halte es für nötig, auf eine Ausdrucksweise hinzuweisen, die bei dem Dichter aus Groenendal sehr häufig zu finden und in einer Übersetzung schwer wiederzugeben ist: ich meine ein merkwürdiges Insistieren auf bestimmten alltäglichen Wörtern, derart, daß ihre unbekannten und bisweilen erschreckenden Aspekte sichtbar werden, und das man sich etwa vorstellen muß als eine Aufmerksamkeit, die wie eine starke Lichtquelle auf einen zu Beginn ungenügend durchdachten Gedanken gerichtet ist, der sich dann unter allmählich stärker werdender Erhellung zu beispiellosem Entsetzen weitet, wenn er nicht gar vollends in Flammen aufgeht." (PkS, 82; dt. n. Groß).

[63] "Es muß noch etwas anderes als den äußerlich notwendigen Dialog geben. Es sind fast nur die zunächst unnötig erscheinenden Worte, auf die es in einem Werk ankommt. In ihnen liegt seine Seele. Neben dem unumgänglichen Dialog gibt es fast immer noch einen anderen, der überflüssig scheint. Betrachten Sie diesen aufmerksam und Sie werden sehen, daß dies der einzige ist, den die Seele wirklich hört, denn allein auf dieser Ebene kann man zu ihr sprechen." (PkS, 109; dt. n. Groß).

Der "Dialog zweiten Grades" weist auf das Wirken des Unbewußten hin. Nach Maeterlinck sagt der Mensch grundsätzlich etwas anderes als das, was er ausspricht. Bedeutende Ereignisse werden oft nicht direkt ausgesprochen (vgl. IPS, 60 und PkS, 64). Am tragischsten ist für Maeterlinck der "Dialog zweiten Grades" in Ibsens *Baumeister Solness* ausgeprägt (vgl. IPS 102 und PkS 110).
Das Symbol bei Maeterlinck ist grundsätzlich mehrdeutig. Maeterlinck unterscheidet zwischen "Symbol" und "Allegorie" und zusätzlich zwischen zwei Arten von Symbolen, von denen eines an das Unbewußte gebunden ist und eine künstlerische Offenbarung darstellt, der gegenüber sich der Dichter passiv-empfangend verhalten muß wie der Mystiker. Durch seine Mehrdeutigkeit und Suggestivität eröffnet das Symbol nach Maeterlincks Verständnis weite Assoziationsräume, wodurch mehrere Lesarten von Dramenversen möglich werden. Damit wird eine weitere Parallele zur Mystik deutlich: die christliche wie jüdische mystische Exegese versuchte, aus den Bibeltexten einen "unendlichen Sinngehalt" herauszulesen (vgl. Scholem, 1965, 20-26).

> "Le Symbole est l'Allégorie organique et intérieure; il a ses racines dans les ténèbres. L'Allégorie est le Symbole extérieur; elle a ses racines dans la lumière, mais sa cime est stérile et flétrie. L'Allégorie est un grand arbre mort; il empoisonne le paysage. L'Allégorie est interprété par l'Intelligence; le Symbole est interprété par la Raison." (IPS, 58).

> "[...], je crois qu'il y a deux sortes de symboles: l'un qu'on pourrait appeler le symbole *a priori*; le symbole, de *propos délibéré*; il part d'abstraction et tâche de revêtir d'humanité ces abstractions. Le prototype de cette symbolique, qui touche de bien près à l'allégorie, se trouverait dans le *second Faust* et dans certains contes de Goethe, son fameux *Märchen aller Märchen* par exemple. L'autre espèce de symbole serait plutôt inconscient, aurait lieu à l'insu du poète, souvent malgré lui, et irait, presque toujours, bien au-delà de sa pensée; c'est le symbole qui naît de toute création géniale d'humanité; le prototype de cette symbolique se trouverait dans Eschyle, Shakespeare, etc." (IPS, 150).[64]

Maeterlincks Kritik am Theater entstand aus dem subjektiven Erleben einer starken Diskrepanz zwischen dem Drama als literarischem Werk und seiner Bühnenpräsentation. Beim Lesen des Dramas entwickelte er eine innere szenische Vorstellung, die mit den "Realitäten" einer Theateraufführung nicht in Einklang zu bringen war. Dies galt für klassische wie für moderne Dramen:

> "Et c'est ainsi qu'on est obligé de reconnaître que la plupart des grands poèmes de l'humanité ne sont pas scéniques. Lear, Hamlet, Othello, Macbeth, Antoine et

---

[64] "Das SYMBOL ist die organische, innere ALLEGORIE; es hat seine Wurzeln in der Finsternis. Die ALLEGORIE ist das äußerliche SYMBOL; sie hat ihre Wurzeln im Licht, doch ihr Wipfel ist unfruchtbar und welk. Die ALLEGORIE ist ein großer abgestorbener Baum; er vergiftet die Landschaft. Die ALLEGORIE wird vom VERSTAND gedeutet; das SYMBOL von der VERNUNFT." (PkS, 62).
"Ich glaube, es gibt zwei Sorten Symbole: eins, das man *a-priori*-Symbol nennen könnte; ich meine gezielt eingesetzte Symbole, die von Abstraktionen ausgehen und danach trachten, diese mit Menschlichkeit zu umkleiden. Als Prototyp dieser der Allegorie sehr nahekommenden Symbolik könnte man den *Zweiten Faust* sehen, sowie manche Märchen von Goethe, beispielsweise sein berühmtes *Märchen aller Märchen*. Die andere Sorte Symbol ist eher unbewußt, tritt ohne Wissen des Dichters auf, oft gegen seinen Willen, und geht fast immer weit über seine Vorstellungskraft hinaus: es ist ein Symbol, wie es aus jeder genialen menschlichen Schöpfung hervorgeht; sein Prototyp findet sich bei Aischylos, Shakespeare und anderen." (PkS, 66).

Cléopâtre ne peuvent être représentés, et il est dangereux de les voir sur la scène. Quelque chose d'Hamlet est mort pour nous, le jour où nous l'avons vu mourir sur la scène. [...]. Je me souviens de cette mort. Hamlet entra. Un seul de ses regards me montra qu'il n'était pas Hamlet. Il *n'y était pas* pour moi. Il n'était pas même une apparence." (IPS, 83f.).[65]

Die Hauptursache für die Fehlwirkung von Dramenaufführungen war für Maeterlinck die Anwesenheit des Schauspielers auf der Bühne:

"La scène est le lieu où meurent les chefs-d'oeuvre, parce que la représentation d'un chef-d'oeuvre à l'aide d'éléments *accidentels et humains* est antinomique. Tout chef-d'oeuvre est un symbole et le symbole ne supporte jamais la présence active de l'homme. Il y a divergence ininterrompue entre les forces du symbole et celles de l'homme qui s'y agite. [...]. L'être humain sera-t-il remplacé par une ombre, un reflet, une projection de formes symboliques ou un être qui aurait les allures de la vie sans avoir la vie? Je ne sais; mais l'absence de l'homme me semble indispensable. Lorsque l'homme entre dans un poème, l'immense poème de sa présence éteint tout autour de lui." (IPS, 86).[66]

Diese antitheatralischen Überlegungen führen in letzter Konsequenz zur vollkommenen Literarisierung der Gattung "Drama", d.h., zum "Lesedrama". Indem er das Marionettentheater als Ideal hinstellte, hielt sich Maeterlinck dennoch einen Weg zur Bühne offen. Daß Maeterlincks Theaterkritik, die offensichtlich absolut gemeint war, lediglich die vorherrschende Inszenierungstradition des Jahrhundertendes traf, zeigten die von seinen frühen Dramen induzierten theatralischen Neuerungen von Meyerhold, Reinhardt und Lugné-Poe (s. Kap. I/3.2).

Die Hauptfiguren der frühen Dramen Maeterlincks sind ausschließlich Frauen. Aus seiner Sicht kommt den Frauengestalten in einer Dichtung die höchste Bedeutung zu:

---

[65] "So wird man zu dem Schluß kommen müssen, daß die Mehrzahl der großen Menschheitsdichtungen nicht für die Bühne geeignet ist. Lear, Hamlet, Othello, Macbeth, Antonius und Kleopatra können nicht aufgeführt werden, es ist sogar gefährlich, sie auf der Bühne zu sehen. Etwas von Hamlet ist in uns gestorben an dem Tag, an dem wird ihn auf der Bühne sterben sahen. [...]. Ich erinnere mich an jenen Tod. Hamlet trat auf. Ein einziger seiner Blicke zeigte mir, daß er nicht Hamlet war. Für mich *war er es nicht*, nicht einmal ähnlich war er ihm." (PkS, 51f.; dt. n. Groß).

[66] "Die Bühne ist der Ort, an dem die Meisterwerke sterben, denn die Aufführung eines großen Werkes wird durch *nebensächliche und menschliche* Elemente widersprüchlich. Jedes Meisterwerk ist ein Symbol, und das Symbol erträgt niemals die aktive Gegenwart des Menschen. Zwischen den Kräften des Symbols und denen des handelnden Menschen besteht eine fortwährende Divergenz. [...]. Wird das menschliche Wesen durch einen Schatten ersetzt, eine Spiegelung, eine Projektion symbolischer Formen oder durch ein Wesen, das sich wie ein lebendes verhält, ohne zu leben? Ich weiß nicht; aber die Abwesenheit des Menschen scheint mir unerläßlich. Sobald der Mensch in eine Dichtung tritt, löscht das dichterische Potential seiner Gegenwart alles um ihn herum aus." (PkS, 54f.).

> "Pour moi c'est là la marque du poète, *sa muse* comme on dirait, quelle forme de femme a-t-il créée, ou émane de ses oeuvres, alors même qu'il n'en aurait pas parlé / c'est le noyau de feu auquel le paysage, décor, pensées se subordonne." (CB, 116).[67]

Auch wenn sich der Charakter der Frauengestalten im Laufe der Zeit von der schwachen, willenlosen, von ihrem Unbewußten und den Schicksalsmächten gelenkten Mädchenfrau zur starken, psychisch integrierten Persönlichkeit wandelt, bleiben die Frauen in Maeterlincks Dramen zentral.

Für Maeterlinck ist die Frau ein zutiefst mystisches Wesen und steht daher höher als der Mann, der für ihn rein diesseitsbezogen lebt:

> "La femme est plus près de Dieu que l'homme. [...]. La femme a plus de raison et moins d'intelligence que l'homme. Elle ne voit rien isolément. [...]. Tout ce qu'elle voit, elle le voit à la fois dans trois mondes. Tous ses sens sont mystiques. [...] Elle s'ignore moins que nous, mais elle ne se sait qu'à son insu. [...]. Au fond d'elle-même elle ne se trompe jamais; [...]. Il y a des *sous-entendus* introuvables entre la femme et la mort par exemple. Elle ne meurt pas comme nous, elle meurt comme les animaux et les petits enfants. Il y a là une entente dont nous sommes exclus. Elle a l'air de savoir où elle va; [...]. Rien n'est plus semblable à la femme qu'un mourant; et l'homme, sur son lit de mort, est plus près que jamais de la femme." (IPS, 57).[68]

Die Idealisierung der Frau als Heilige, die der gängigen Dichotomisierung "Heilige - Hure" in dieser Zeit entspricht, spiegelt nicht nur die allgemeine männliche Unsicherheit gegenüber der Frau, sondern auch Maeterlincks persönliche, die wohl zum großen Teil der radikal-katholischen Erziehung im Jesuitenkolleg zu verdanken war. Das hier skizzierte Frauenbild liefert einen wichtigen Hintergrund zum Verständnis der zentralen Dramenfiguren des Frühwerks.

---

[67] "Für mich ist das Markenzeichen eines Dichters, *seine Muse*, wie man sagt, welche Art von Frauengestalten er geschaffen hat oder welche aus seinen Werken hervorscheint, selbst wenn er nicht darüber gesprochen haben sollte. Sie ist der Ausgangspunkt/Brandherd, dem sich Landschaft, Ausschmückungen und Gedanken unterordnen." (PkS, 27; dt. n. Groß).

[68] "Die Frau ist Gott näher als der Mann. [...]. Die Frau hat mehr Vernunft und weniger Verstand als der Mann. Sie sieht nichts isoliert. [...]. Alles, was sie sieht, sieht sie gleichzeitig in drei Welten. Alle ihre Sinne sind mystisch. [...]. Sie kennt sich besser als wir uns, doch ist ihr Wissen unbewußt. [...]. Im Grunde ihres Selbst täuscht sie sich nie; [...]. Es gibt beispielsweise unergründliche *hintersinnige Heimlichkeiten* zwischen der Frau und dem Tod. Sie stirbt nicht wie wir, sie stirbt wie die Tiere und die kleinen Kinder. Es gibt da eine Übereinkunft, von der wir ausgeschlossen sind. Sie scheint zu wissen, wohin sie geht. [...]. Nichts ist der Frau ähnlicher als ein Sterbender, und auf seinem Sterbebett ist der Mann der Frau näher als jemals sonst." (PkS, 61; dt. n. Groß). (Anm.: Mit den drei Welten ist die gnostische Einteilung in materielles, psychisches und spirituelles Leben gemeint - vgl. dazu auch die Anmerkung in der Ruysbroeck-Einleitung, in der Maeterlinck zusätzlich die Klassifikationen von Plotin und dem Zohar anführt: IPS, 66; PkS, 72, Anm. 1).

3. Intermediale Rezeption der frühen Dramen

Die frühen Dramen Maeterlincks wurden in anderen Kunstmedien wie Theater, Bildende Kunst und Musik verarbeitet. Der Vollständigkeit halber wird hier deren Einfluß auf die Literatur, gewissermaßen deren „Intertextualität" mitbehandelt.

3.1 Literatur

Maeterlincks frühe Dramen wurden - wie seine Gedichte und Essays - weltweit rezipiert. Dies belegen die zahlreichen Übersetzungen in über vierzig Sprachen, die überwiegend um die Jahrhundertwende, teilweise aber auch erheblich später erschienen.[69] Das Vorliegen von landessprachlichen Übersetzungen förderte den Einfluß von Maeterlincks frühen Dramen auf die jeweiligen europäischen, amerikanischen und asiatischen Literaturen. Teils kamen diese Übersetzungen aber bereits auf Betreiben von Dichtern zustande, die sich für Maeterlincks Werke einsetzten.

In **Belgien**, wo die Rezeption von Maeterlincks frühen Dramen durch die soziolinguistische Teilung des Landes sowie durch den ästhetisch-politischen Zwei-Parteienstreit beeinträchtigt wurde, war es vor allem die frankophone Schriftstellergeneration nach 1900, die Maeterlinck rezipierte. Wie Lilar und Mallinson zeigen, sind die ersten beiden Dramen von Fernand Crommelynck von 1911 und 1913 stark von Maeterlinck beeinflußt. Für Crommelynck war Maeterlinck jedoch nur der Startpunkt für die Entwicklung hin zum expressionistischen Theater (vgl. Lilar, 1952, 50-56, 81; Mallinson, 1966, 172f.). Ähnliches gilt für Michel de Ghelderode, der mit seiner Hinwendung zum Satanischen über Crommelyncks Konzept des Bösen noch hinausgeht.

Bis 1892 waren die Kritiken über Maeterlincks frühe Dramen in den französischsprachigen Literaturzeitschriften durchaus positiv. Erst danach richtete sich die klassizistische Gegenbewegung gegen seine Werke. Albert Giraud, selbst gebürtiger Flame und streng klassizistisch orientiert, warf den flämischen Symbolisten mangelnde Beherrschung der französischen Sprache vor.[70] Obwohl Maeterlinck und sein Freundeskreis Verbindungen zu flämischschreibenden Autoren wie Buysse und van de Woestijne hatten, blieben ihre Werke fast ohne Einfluß auf die flämischsprachige Literaturentwicklung. Das flämischsprachige Drama partizipierte kaum am Symbolismus, sondern entfaltete sich im Stilbereich des Expressionismus (vgl. Nachtergaele, 1992, 19-24; Lilar, 1952, 80f.).

In **Frankreich** wurden erfolgreiche belgische Autoren wie Verhaeren oder Rodenbach nicht mehr als ausländische Dichter gesehen, sondern stillschweigend in den französischen Symbolismus integriert. Dies erklärt, weshalb in französischen Abhandlungen oft kein Unterschied zwischen französischem und belgischem Symbolismus gemacht wird. Diesen durchaus erkennbaren Unterschied herausgearbeitet

---

[69] Z. B. *Intérieur* und *Pelléas et Mélisande* auf Türkisch: 1940 und 1944. Eine Zusammenstellung von Übersetzungen bietet der von Warmoes 1962 herausgegebene Ausstellungskatalog *Maurice Maeterlinck - le Centenaire de sa Naissance*.

[70] Giraud, dessen *Pierrot Lunaire* Schönberg vertonte, hieß in Wirklichkeit Kayenberg und benutzte, um seine flämische Herkunft zu verschleiern, ein Pseudonym (vgl. Otten, 1992, 11).

zu haben, ist das Verdienst belgischer Wissenschaftlerinnen und Wissenschaftler.[71] Einen Grund für das Verschweigen der belgischen Herkunft der in Frankreich geschätzten Autoren sieht Hanse (1962, 51-53) in den politischen Spannungen zwischen beiden Ländern um 1890. Das französische Kulturmilieu ließ um diese Zeit ungern Ausländer zu Ruhm kommen, am wenigsten die "Barbaren des Nordens".[72] Nach Hanse (ebd., 43) war Maeterlinck bis 1902 in Paris berühmt, danach verblasste sein Ruhm in Frankreich. In den 1890er Jahren begeisterten sich André Gide und Paul Claudel für Maeterlinck, wobei man bei beiden jeweils von reziproken Einflüssen ausgehen kann. Gides Bewunderung für Maeterlinck war anfangs beinahe grenzenlos; die Lektüre von *La Princesse Maleine* war für ihn eine Offenbarung. Umgekehrt schätzte Maeterlinck Gides erstes Werk *Les Cahiers d'André Walter*. Bereits 1891 plante Gide eine Drei-Autorengruppe mit Maeterlinck, Mallarmé und sich selbst, die die symbolistische Bewegung repräsentieren sollte (vgl. Barr, 1966, 43-47). Ähnlich wechselseitig waren die Einflüsse zwischen Claudel und Maeterlinck. Der frühe Claudel läßt Maeterlinck-Einfluß erkennen; Maeterlinck seinerseits war begeistert von Claudels *Tête d'Or*, das dieser ihm 1890 geschickt hatte. Einige Elemente des Claudel-Dramas könnten in Maeterlincks nachfolgend entstandene Dramen *L'Intruse* und *Les Aveugles* Eingang gefunden haben, wie Postic vermutet (vgl. Postic, 1970, 155-157).

Eine andere Generation französischer Schriftsteller, die sich von Maeterlinck inspirieren ließen, waren die Surrealisten. Apollinaire, Breton, Cocteau und Artaud gehörten zu den Bewunderern von Maeterlincks Frühwerk, vor allem der *Serres chaudes* (vgl. Hanse, 1962, 110f.; Otten, 1962, 466). Cocteau plante, über *Pelléas et Mélisande* einen Film zu drehen (vgl. Lucet, 1994, 28). Antonin Artauds Einleitung zu einer Ausgabe der *Douze Chansons* (1923) ist eine umfassende Würdigung und (surrealistische) Interpretation des Maeterlinck-Symbolismus. Für Artaud ist der Symbolismus bei Maeterlinck eine tiefe Art zu fühlen. Maeterlincks Größe besteht für ihn im Analysieren des geheimnisvollen Zusammentreffens der Schicksalsmächte in einem sonst unbewegten Leben und in dem Verdienst, als erster die Vielfalt des Unbewußten in die Literatur eingeführt zu haben. Eher noch als ein Dichter ist Maeterlinck für ihn ein Denker, Exeget und Schöpfer (vgl. Artaud, 1974, 96f.).

Maeterlincks frühe Dramen weisen außerdem auf das "Theater des Absurden" voraus. Hier wie dort findet man Statik, zyklische Momente ohne Lösung am Schluß und gestörte Kommunikation. Das absurde Theater ist essentiell ein "Theater des Wartens", ein Merkmal, das auch schon in Maeterlincks frühen Dramen stark ausgeprägt ist. Postic (1970, 157-159) zeigt die Parallelen zwischen Maeterlincks *Les Aveugles* und dem etwa sechzig Jahre später entstandenen Beckett-Drama *Warten auf Godot* auf, ohne einen direkten Einfluß zu behaupten. Corbineau-Hoffmann und Kesting (1981, 336) meinen, daß Ionesco seine Karriere als Maeterlinck-Epigone begann. Allgemein läßt sich zumindest feststellen, daß das Theater Becketts, Ionescos, de Gelbers und Genets Maeterlincks Dramaturgie als Grundlage hat. Für Kesting ist es vor allem der Parabelcharakter, der in Maeterlincks frühen Dramen vorgebildet ist und der außer auf das absurde Theater auch auf das Theater Brechts und Adamovs gewirkt hat (vgl. Kesting, 1963, 539). Grimm (1982, 35) sieht in Maeterlinck den ersten Autor, der in Frankreich im Hinblick auf die Dialogform der Kommunikationslo-

---

[71] Auf diese Unterschiede zwischen den beiden Symbolismen haben vor allem Paque (1989, 140), Damblemont (1992, 56) und Gorceix (1978, 78f., 95) hingewiesen. Sie führen diese auch im einzelnen näher aus.

[72] In einem Brief an Hartmann (9. 8. 1898) bedient sich Debussy Maeterlinck gegenüber dieser Art von Abwertung (vgl. Debussy - in: Lesure, 1980, 92f.).

sigkeit zum kompromißlosen Neuerer und damit zum Vorläufer des absurden Theaters wird.

Um 1900 begann sich der Einfluß Maeterlincks in **Skandinavien** zu verbreiten. Auch wenn seine frühen Dramen vereinzelt schon kurz nach ihrem Erscheinen dort aufgeführt wurden (z.B. *L'Intruse* 1892 in Helsinki), so macht sich der Einfluß Maeterlincks auf Schriftsteller wie Järnefeld und Strindberg erst nach 1900 bemerkbar. Strindberg blieb bei der ersten Begegnung mit den frühen Dramen davon unbeeindruckt. In einem Essay von 1908 stellte er rückblickend fest, daß ihm das Verständnis für Maeterlinck fehlte, weil er selbst zu tief im dramatischen Realismus verankert war. Erst nach der "Inferno-Phase" (1896-1899) fand er Zugang zu Maeterlincks Welt (vgl. Strindberg, 1966, 299f.). Ein Eintrag im *Okkulten Tagebuch* vom 4. Februar 1901 belegt die Lektüre von Maeterlincks *La Princesse Maleine*. Wie zahlreiche andere Autoren entdeckte auch Strindberg Vertrautes in Maeterlincks frühen Dramen. Für ihn waren sie eher Lesedramen als Bühnenstücke:

> "I believe, however, that Maeterlinck is best unperformed. His Inferno World is in the spirit of Swedenborg, but there is light in the darkness, beauty in the suffering, and sympathy with everything that lives. But it is [a world of] despair, disaster, heaviness." (Strindberg, 1966, 300).

Neue Impulse für seine Theaterkonzepte erhielt er von Maeterlincks Essaysammlung *Le Trésor des Humbles* Ende des Jahres 1900. Ab dann war für ihn das Avantgarde-Theater gleichbedeutend mit Maeterlinck. Während seiner Parisaufenthalte (1894/95 und 1897/98) interessierte sich Strindberg lebhaft für den Okkultismus. Unter diesem Blickwinkel betrachtete er später auch Maeterlincks Schriften und rückte sie bedenkenlos in die Nähe von Sar Peladan (vgl. Pasche, Bd. VIII/2, 1992, Nachwort, 1057f.). Strindbergs lyrisches Märchendrama *Schwanenweiß* (1901) ist in unverkennbarer Anlehnung an Maeterlincks *Maleine* geschrieben.[73]

> "Then Maeterlinck got in my way, and under the influence of his marvelous marionette plays, which were not intended for the stage, I wrote my Swedish stage play: *Swanwhite*. One can neither steal nor borrow from Maeterlinck; one can hardly become his disciple (before *Monna Vanna*), because there is no free admission into his world of beauty; but one can be inspired to hunt for gold in one's own refuse heaps, and in that I admit my ties with the master." (Strindberg, 1966, 305).[74]

---

[73] Wie in *Maleine* gibt es auch in *Svanewit* eine tyrannische Herrscherin, die die Liebe einer Prinzessin zu einem Prinzen hintertreibt, weil sie diesen für ihre häßliche (!) Tochter gewinnen will. Eine Parallele zu *Pelléas et Mélisande* besteht im Motiv eines Heiratsarrangements von Schwanenweiß mit einem älteren, jähzornigen König. Ansonsten besitzt das Drama stärkere irrationale Märchen-Anklänge als die Dramen Maeterlincks (das Leben Schwanenweiß' unter der bösen Stiefmutter => *Aschenputtel*; die Auferweckung des Prinzen vom Tod => *Schneewitchen*). Überdies besteht eine Parallele zum Tristan-Stoff: Schwanenweiß und der Prinz, der als Werber für den alten König zu ihr kommt, verlieben sich ineinander.

[74] Schwanenweiß wurde in Strindbergs "Intimem Theater" zwischen dem 30. 11. 1908 und dem 5. 11. 1910 hundertfünfzigmal aufgeführt; die Uraufführung fand im April 1908 im Schwedischen Theater Helsinki statt (mit der Schauspielmusik von Sibelius). Auch *Die Kronenbraut* ist in gewisser Weise von Maeterlinck beeinflußt. Strindberg schreibt selbst, er habe mit diesem Drama versucht, in die "wundervolle Welt Maeterlincks einzutreten". (Tagebucheintrag vom 18. 2. 1901; vgl. Meyer, 1985, 415).

Järnefelds *Kuolema* (1903)[75] enthält nach Kurki (1995, 9-13) Anklänge an Maeterlincks *L'Intruse*. Weitaus größer sind jedoch die Parallelen zu van Lerberghes *Les Flaireurs*, was Inhalt, Aufbau und Figurenkonstellation betrifft. Ein weniger bedeutender Autor, der zeitweise unter Maeterlinck-Einfluß schrieb, war Hjalmar Bergmann. Eines seiner Werke, in dem dieser Einfluß wirksam ist, ist *Das wunderbare Lächeln* (1908).[76]
Finnland importierte den Symbolismus sozusagen aus Paris. In den 1880er und 1890er Jahren waren die Kunst- und Literaturströmungen in der französischen Hauptstadt für finnische Künstler Orientierungspunkte. Wichtige Mittlerfiguren waren die Brüder Kasimir und Eino Leino. Kasimir Leino, der in Paris studierte, brachte 1890 symbolistische Literatur nach Finnland. Sein Artikel über den französischen Symbolismus (1891) gilt in gewisser Hinsicht als Startsignal für die Entwicklung des finnischen Symbolismus. Maeterlincks Dramen erregten seit ihrem Erscheinen in Paris in Finnland Aufmerksamkeit. Kasimir Leino übersetzte *L'Intruse*, und 1892 erschien ein französischer Artikel über Maeterlinck in finnischer Übersetzung. Die in Finnland erscheinende schwedische Literaturzeitschrift *Euterpe* brachte 1902-03 fortlaufend Artikel und Besprechungen über Maeterlinck und seine Werke. Der finnische Nobelpreisträger Frans Emil Sillanpää (1888-1964) nahm sich zu Beginn seiner Karriere (ca. 1915) Maeterlinck als Vorbild für seine sensuelle Stimmungskunst. Er übersetzte einige Werke Maeterlincks (vgl. Rantavaara, 1982, 595f.). Eino Leino war vom französischen Symbolismus geprägt und nahm auch Anregungen des dänischen Symbolismus auf, der stark zum Mystizismus tendierte. 1898 schrieb er eine Studie über Burne-Jones. 1894 erzielte der Symbolismus in der finnischen Malerei seinen Durchbruch. In diesem Jahr wurde erstmals symbolistische Malerei in einer Ausstellung gezeigt, wobei Galléns Bild "Symposium" (mit Sibelius als Figur) großes Aufsehen erregte. Insgesamt fand der Symbolismus in Finnland keine vorbehaltlose Aufnahme - vielmehr war die Haltung der meisten Künstler ihm gegenüber ambivalent. Einerseits wurden seine neuen Ausdrucksmittel begrüßt, andererseits seine Décadence-Züge abgelehnt. Die Basis der neuen finnischen Literatur war ein Realismus, der durch nationale Romantik, europäischen Symbolismus und Mystizismus erweitert wurde (vgl. ebd., 597-601).

Maeterlinck gehörte zu den wenigen französischsprachigen Autoren, deren Popularität in **England** kurzzeitig außergewöhnlich groß war. Ein Grund dafür war der "déjà-vu"- Effekt, den Maeterlincks Dramen beim englischen Publikum auslösten. Auch eine Reihe englischer Schriftsteller war mehr oder minder deutlich von Maeterlinck beeinflußt:

> "W. B. Yeats, Oscar Wilde, J. M: Barrie, Walter de la Mare - to name only a few of the outstanding - have overtones in their work that can only derive, directly or indirectly, from Maeterlinck." (Halls, 1955, 9).

Oscar Wilde kannte Maeterlinck persönlich. In einem Interview, das 1895 in einer Londoner Zeitschrift erschien, äußerte Wilde, er sei „von keinem einzigen Dramenautor seiner Zeit beeinflußt worden". Nur zwei hätten ihn interessiert: Hugo und Maeterlinck (vgl. Mikhail, Bd.1, 1979, 249). Er war begeistert von Maeterlincks frühen Dramen und schickte ihm ein Exemplar seiner *Salomé*, die Maeterlinck sehr

---

[75] Auch zu diesem Drama schrieb Sibelius die Schauspielmusik.
[76] Vgl. dazu Gustafson/Alrik: 1961, 385 und Brøndsted, 1984, 470-473; zu Sillanpää außerdem: Virtanen, 1990, 553-555.

lobte. Der entsprechende Brief Maeterlincks an Wilde ist teilweise bei Ellmann (1987, 354) wiedergegeben. Wilde schrieb *Salomé* auf Französisch, weil Französisch seiner Meinung nach *die* Dramensprache war. In diesem Zusammenhang verwies er auf Maeterlinck als Vorbild, der als Flame ebenfalls in einer Fremdsprache geschrieben habe, was einen besonderen Sprachcharakter erzeugt habe. Auf enge Dialogparallelen zwischen *Salomé* und *Maleine* hat Powell hingewiesen.[77] Yeats setzte sich in den 1890er Jahren mit den frühen Dramen Maeterlincks auseinander. Von diesen schätzte er besonders *Les Aveugles* und *L'Intruse*. Er hielt die Maeterlinck-Dramen aber nicht für echte Meisterwerke, weil sie lediglich "die Nerven und nicht das Herz" ansprächen und es ihnen an "erhabenem Gefühl und Weisheit" mangele (vgl. Yeats, Brief vom 7. 4. 1895 - in: ders., 1986, 459f.).

Schon 1891 gab es Maeterlincks erste Dramen in den **USA** in englischer Übersetzung. So erschienen *Les Aveugles* und *Pelléas et Mélisande* 1892 in Washington. Eine frühe Aufführung von *Les Aveugles* in den USA (1894) weist der Brüsseler Ausstellungskatalog nach (vgl. Warmoes, 1962a, 143f.). Der amerikanische Autor Eugene O'Neill profitierte anfangs von Maeterlincks Dramenansatz (vgl. Mallinson, 1966, 73; 80; Lilar, 1952, 36).

Auf starke Resonanz stießen die frühen Dramen Maeterlincks in **Deutschland** und **Österreich**. Die Rezeption setzte sehr früh - fast zeitgleich mit Paris - ein und endete abrupt mit dem ersten Weltkrieg. Einen der frühesten Artikel über Maeterlinck schrieb der Schriftsteller und Kritiker Hermann Bahr für die Januar-Ausgabe 1891 von *Das Magazin für die Litteratur des In- und Auslandes*. Darin bespricht er die *Serres chaudes* sowie die ersten drei Dramen Maeterlincks. In seinem Artikel, der offenbar auf einer fundierten Kenntnis der damaligen französischen Literaturszene beruht, bietet Bahr eine überraschend treffsichere Einordung des belgischen Dichters. Für ihn ist Maeterlinck kein eigentlicher Neuerer, sondern der glückliche Verwirklicher und Vollender symbolistischer Ideen, dem es gelungen ist, symbolistische Ästhetik in (Dramen-)Literatur umzusetzen. Bereits zu diesem Zeitpunkt hält er es für möglich, daß Maeterlincks frühe Dramen den Beginn der literarischen Moderne markieren, falls sie sich in der Literaturszene behaupten sollten. Zwei Aspekte des Artikels geben die Tendenz vor, die in der deutschsprachigen Maeterlinck-Kritik vorherrschend werden sollte: Die Vereinnahmung Maeterlincks als "germanisch" oder im Extremfall "deutsch", die zur nationalistischen Kritik mit deutlicher Polemik gegen die französische Sprache und Kultur führt - Bahr zitiert hier einen Kritiker, der Maeterlinck in Verkehrung des Mirbeau-Ausdrucks als "deutschen Shakespeare, der in französischer Sprache dichtet" bezeichnet - und Maeterlinck als "Heilmittel" gegen den Naturalismus (vgl. Bahr - in: Groß, 1985b, 16). Auf Maeterlincks flämische Herkunft, die seine Zugehörigkeit zum "germanischen Kulturkreis" begründen würde, wird in der Folgezeit geradezu notorisch verwiesen. Die nationalistischen Entgleisungen, die damit verbunden sind, hat Riemenschneider aufgezeigt (1969, 4-7). Sie reichen von Oppeln-Bronikowskis Empfehlung an Maeterlinck, doch "um himmelswillen deutsch zu schreiben", weil das oberflächliche Französisch nicht in der Lage sei, wirkliche dichterische Tiefe hervorzubringen (vgl. Oppeln-Bronikowski - in: Groß, 1985b, 98f.), bis zu Meyer-Befeys Bedauern, daß dem "Gesamtgermanentum"

---

[77] Vgl. Powell, 1990, 44-47 und Aquien, 1993, 19-23, der einzelne Parallelstellen aufführt. An Wildes vorheriger Kenntnis von *Maleine* ist nicht zu zweifeln: Er wollte dieses Drama 1890 auf Englisch herausgeben.

die belgische Literatur an die Franzosen verlorengegangen sei (vgl. Meyer-Benfey, 1923, 19f.).[78]
Nicht nur die Maeterlinck-Rezeption selbst, auch ihr plötzliches Ende war von politischen Gegebenheiten bestimmt. Als im ersten Weltkrieg Deutschland das neutrale Belgien besetzte, schlug Maeterlincks Bewunderung für die deutsche Kulturnation in unkontrollierten, irrationalen Haß um, dessen Entgleisungen selbst die ihn bewundernden pazifistischen deutschen Literatenkreise brüskierte. Sie, die von Maeterlincks Denken beeindruckt waren und daher mehr Differenzierungsvermögen von ihm erwartet hatten, brachten allerdings selbst kaum Verständnis für das durch die völkerrechtswidrige Militäraktion Deutschlands verletzte Nationalgefühl des Belgiers auf.[79] Insgesamt gesehen ist die Maeterlinck-Kritik in Deutschland und Österreich verhalten positiv. Das Urteil über die frühen Dramen ist trotz häufig geäußerter Begeisterung differenziert: Sie werden eher als Durchgangsstadium denn als vollendete Meisterwerke angesehen; ihr Autor nicht "als der Erlöser, aber so etwas wie sein Johannes" (Harden, 1897, XVI). Die Hinwendung Maeterlincks zum Aktionsdrama nach 1900 wurde im deutschsprachigen Raum als radikale Kehrtwende eingestuft. Die Diskrepanz zwischen dem Erfolg der frühen Dramen in Buchform und ihren anfänglichen Mißerfolgen auf der Bühne wurde früh festgestellt. Von den Befürwortern Maeterlincks wurden Mängel der traditionellen Theaterregie dafür verantwortlich gemacht, wie ein Zitat von Carl August Klein aus dem Jahr 1893 zeigt:

„erster versuch eines ganz originellen dramas kommt von Belgien. Maeterlinck mit seinen traumhaften gestalten seinen puppen und seiner perversen schmächtigkeit hat eine gewaltige erschütterung hervorgerufen. Es ist viel unschuldig unwissendes auch viel misswilliges über diesen dichter gesagt worden. Sei hier bemerkt, daß der versuch mit schauspielern, und gar mit modischen, seine werke aufzuführen ein völliges verkennen beweist, daß Maeterlinck in wirklich literarischen kreisen sogleich erkannt und gewürdigt war [...]." (Klein, 1967, 113; Original-Orthographie).

Von allen deutschen Schriftstellern setzte sich Rainer Maria Rilke besonders intensiv mit den frühen Dramen Maeterlincks auseinander. Da er in diesen eine richtungsweisende Modernität entdeckte, machte er sich zu ihrem Fürsprecher, wovon mehrere Essays und Zeitungskritiken zeugen. Seine Kritik zur Berliner Aufführung von *Pelleas und Melisande* am 12. 2. 1899 (Neues Theater Berlin) macht deutlich, wie klar Rilke das Problem der Inszenierung dieser Dramen erkannt hat:

"Das war auf der Bühne ein beständiger Kampf mit diesem Drama, das sich nicht hergab, [...]. [...]. Maeterlinck begleitet seine Stücke nur mit den nötigsten Bemerkungen. Er gibt ihnen nicht viele Ratschläge auf die Bühne mit, und sie sind wehrlos gegen die Anordnungen des Regisseurs, und die Auffassungen der Schauspieler zerreißen ihnen das Herz. Maeterlinck denkt nicht an diese Gefahren. Er kennt kaum die starre Konvention der modernen Bühne und die Unentschlossen-

---

[78] Diese Aussage findet sich in der Einleitung des *Maeterlinck-Buches*, in der Meyer-Benfey auch einen langen Abschnitt der Geschichte und Kultur Belgiens gewidmet hat. Neben unverhohlen nationalistischen bzw. rassistischen Äußerungen steht unvermittelt eine Vision von der "Annäherung der Völker" und von einer "europäischen Kultur" (ebd., 24). Trotz aller Entgleisungen und Ungereimtheiten muß man Meyer-Benfey zugestehen, daß er wohl der erste war, der auf die Besonderheit und Eigenständigkeit des belgischen Symbolismus hingewiesen hat.
[79] Als Beispiel für eine verständnisvolle Reaktion mag eine Schrift von Arthur Schnitzler dienen, die 1916 entstand (abgedr. bei Groß, 1985b, 373-375); als Beispiel für eine ausfällige ein Artikel von Emil Lucka: "Maeterlincks Untergang" (Frankfurter Zeitung, 14. 5. 1916, Sp. 2-3; abgedruckt bei Groß, 1985b, 364-372).

heit der Darsteller, welche zwischen dem Pathos, das sie nicht vergessen können, und der Einfachheit, für welche ihnen die Mittel fehlen, hin- und herraten." (Rilke - in: Groß, 1985b, 113f.).

Bis 1902 verfolgte Rilke die Maeterlinck-Veröffentlichungen und kommentierte sie; danach wandte er sich enttäuscht von ihm ab. 1902 hielt er einen Vortrag über Maeterlincks Dramaturgie in Bremen, der eine von ihm inszenierte Aufführung von *Schwester Beatrix* vorbereiten sollte (vgl. Riemenschneider, 1969, 80).[80] Paque (1989, 145) sieht Rilkes dramentheoretische Vorstellungen als ganz von Maeterlincks "Alltagstragik" inspiriert. Riemenschneider (1969, 197, 214) stellt in Rilkes Gedichten nur einen sehr vagen Maeterlinck-Einfluß fest. In seinen Dramenversuchen ist dagegen Maeterlinck als Vorbild deutlich zu erkennen - *Die weiße Fürstin* (1898) ist geradezu ein "maeterlinckeskes" Drama.

Einer der Dichter, die sich am frühesten mit Maeterlinck zu beschäftigen begannen, war der Österreicher Hugo von Hofmannsthal. Bereits 1892 übersetzte er *Les Aveugles* für eine Wiener Aufführung, die nicht zustande kam, las *Pelléas et Mélisande* gleich nach dessen Erscheinen und erwähnte eine Privataufführung von *La Princesse Maleine* in einem Literaturzirkel um Ferdinand von Saar, ebenfalls im Jahr 1892, für die dieser eine Übersetzung anfertigte.[81] Im gleichen Jahr initiierte Hofmannsthal die deutschsprachige Erstaufführung von *L'Intruse* am Theater in der Josefstadt in Wien (2. 5. 1892). In Hofmannsthals bis etwa 1898 entstandenen Dramen haben sich deutliche Maeterlinck-Anklänge niedergeschlagen. Diese bestehen in der szenisch-atmosphärischen Gestaltung sowie in Motivparallelen. Die Titelheldin in *Die Frau im Fenster* ist für Paque (1989, 144) eine "Melisanden-Figur", die ihren Ehemann betrogen hat und als Strafe die Ermordung durch ihren jähzornigen ("Golaud")-Mann erwartet. Auch Sobeide steht zwischen zwei Männern: ihrem Ehemann, den sie nicht liebt, und ihrem Ex-Geliebten, der sie verschmäht. Ihr Selbstmord gleicht bis ins Detail dem von Maeterlincks Sélysette (Sturz von einem verfallenden Turm).[82]

Ähnlich wie bei Rilke ist bei Stefan George der Maeterlinck-Einfluß nur in seinen frühen Dramenversuchen erkennbar. *Umschreibungen aus Manuel* (nach 1892 zum Drama umgearbeitet) und *Die Herrin betet* (1894) sind in Anlehnung an Maeterlincks

---

[80] Groß (1983b, Bd. 2, 171) weist darauf hin, daß Rilke eine Inszenierung von *Les Aveugles* 1896 in Prag plante, die nicht zustande kam.
Vgl. allgemein zu Rilkes Maeterlinck-Rezeption seine Aufsätze *Das Theater des Maeterlinck* (1901 - in: Groß, 1985b, 159f. und *Maurice Maeterlinck* (1902, ebd., 200-202). Über diese Aufsätze vgl. Riemenschneider, 1969, 73-80.
[81] Da es bis 1949 keine Aufführung von *Maleine* auf Französisch gab und die erste deutschsprachige (öffentliche) Aufführung 1922 in Berlin stattfand, kann diese Wiener Privataufführung als Uraufführung angesehen werden (vgl. dazu Szondi, 1975, 352; Riemenschneider, 1969, 160; Groß, 1983, Bd. 2, 169, 171).
[82] Riemenschneider (1969, 186-192) führt noch weitere einzelne Übereinstimmungen zwischen *Die Hochzeit der Sobeide* und *Aglavaine et Sélysette* an, ebenso für *Elektra* und *La Mort de Tintagiles*. Weiterreichende Parallelen zwischen Maeterlincks frühen Dramen und einigen Dramen Hofmannsthals zeigt Anâm (1995) auf, außer bei *Pelléas et Mélisande* und *Die Frau im Fenster* (184-188) unter anderem zwischen *Les Aveugles* und *Der Tod des Titian* (175-178) sowie zwischen *Maleine* und *Alkestis* (181-184). Sein Ansatz ist dabei die Rezeption der Maeterlinckschen Todesauffassung durch Hofmannsthal.

"théâtre statique" konzipiert. Dabei sind die Anklänge mehr atmosphärischer als motivischer Art.[83]
Riemenschneider stellt einen kurzzeitigen Einfluß auf Gerhart Hauptmann fest. Hauptmann habe schon früh versucht, den Naturalismus zu transzendieren. In dieser kurzen Phase entstanden Dramen wie *Hanneles Himmelfahrt* oder *Und Pippa tanzt*, die durchaus eine Nähe zu Maeterlincks frühen Dramen aufweisen (vgl. Riemenschneider, 1969, 134-144, 155). Einflüsse weist Riemenschneider auch bei Johannes Schlaf und Max Dauthendey und dessen neuromantischen Dramen nach. Letzterer habe versucht, Maeterlincks statisches Theater folgerichtig weiterzuentwickeln (vgl. ebd., 242-248). Dauthendey versuchte nach eigenen Schilderungen bereits 1892 in Berlin ein "intimes Theater" zu gründen, in dem als erstes Maeterlincks *L'Intruse* gespielt werden sollte - in einer von Dauthendey 1891 angefertigten Übersetzung. Die Freie Bühne Berlin lehnte das Projekt schließlich mit der Begründung ab, daß die Voraussetzungen für die Aufnahme von Maeterlincks "intimer Kunst" zur damaligen vom Naturalismus geprägten Zeit fehlten (vgl. Dauthendey - in : Groß, 1985b, 42f.).

Zu den Maeterlinck-Bewunderern gehörten auch Thomas und Heinrich Mann. Heinrich Mann übersetzte Gedichte von Maeterlinck. Schon 1892 schrieb er einen Artikel über *Pelléas et Mélisande* und vermutete darin als eine der Quellen des Dramas die Legende der heiligen Genoveva (vgl. Mann, H. - in: Groß, 1985b, 59).

Thomas Manns Beschäftigung mit Maeterlincks frühen Dramen war intensiv, wie er selbst in einem Rückblick (1937) schreibt:

> "Meine Bewunderung für das Genie Maurice Maeterlinck schreibt sich aus den frühen Jugendtagen her, als zuerst der Zauber seiner symbolischen Dramen *Princesse Maleine, Pelléas et Mélisande, L'Intruse, Les Aveugles, La Mort de Tintagiles* - mich berührte und ich ganz im Bann des völlig neuen und süß beklemmenden dichterischen Lautes stand, der zu uns allen aus diesen so raffinierten und so ursprünglich-seelenvollen, so gebrechlichen und so suggestionsstarken Gebilden sprach." (Mann, Th. - in: Groß, 1985b, 406).

Thomas Manns Novelle *Tristan* (1902) weist viele Parallelen zu *Pelléas et Mélisande* auf: Gabriele ist eine femme fragile, kränklich und sensibel wie Mélisande, verheiratet mit einem robusten, realistischen Geschäftsmann (ähnlich Golaud), der sie nicht verstehen kann, weil ihm die Welt der Kunst und Ästhetik verschlossen ist. Die Begegnung mit dem knabenhaft-schwächlichen Dichter Spinell (entspricht der Pelléas-Figur) bringt Gabrieles verdrängte Sensibilität wieder zum Vorschein, beide fühlen sich wesensgleich und daher zueinander hingezogen und "vereinen" sich im Musikgenuß. Gabrieles begonnene Selbstfindung führt in den Tod.[84] Noch pointierter als Maeterlincks Drama ist Manns *Tristan* ein antipositivistisches Stück Literatur,

---

[83] Vgl. Riemenschneider, 1969, 230-237. Dieser deutet einen Einfluß Maeterlincks auf Georg Trakl nur an, während Grimm (1959, 535-541) sprachliche, metaphorische und motivische Parallelen zwischen Trakls lyrischem Frühwerk und Maeterlincks *Serres chaudes* aufzeigt.

[84] Weitere Motivparallelen zu *Pelléas et Mélisande* sind der kräftige, ganz dem Vater ähnelnde Sohn (=> Yniold), das Motiv des Sterbens der Mutter durch die Geburt ihres Kindes, die erste Begegnung des Geschäftsmannes mit Gabriele an einem Springbrunnen (!), Spinells Phantasiebild von einer goldenen Krone in Gabrieles Haar, als sie ihm die Springbrunnen-Episode erzählt, die Koppelung des Sterbens Gabrieles an den Sonnenuntergang.
Daemmrich (1972, 87f.) führt *Tristan* wie *Pelléas et Mélisande* auf das archetypische Motiv des Frühlingsritus zurück, ohne auf die Motivähnlichkeiten im Detail einzugehen.

in dem die beiden Welten des Idealismus und Realismus ungebremst aufeinanderprallen.

3.2 Theater

Die frühen Dramen Maeterlincks wurden als der lange erwartete Beitrag des Symbolismus zur Theaterliteratur begrüßt. Was ein symbolistisches Theater ausmacht, versucht Köhler zu umreißen:

> „Symbolism in the theater means individualism, subjectivism and an interior vision, offered, imposed or suggested to the divinatory capacities of the spectator-reader by means of the spoken word - by linguistic as well as extra-linguistic signs." (Köhler, 1982, 415).

Obwohl einige Symbolisten wie Mallarmé und auch Maeterlinck selbst an der Bühnenrealisierbarkeit der Werke zweifelten bzw. diese gar nicht für erstrebenswert hielten, wurden die frühen Dramen fast alle kurz nach ihrem Erscheinen aufgeführt. Die Inszenierung der Werke, die völlig mit der herkömmlichen Theatertradition brachen, stellte die Regisseure vor große Probleme, die, da die dramatische Qualität der Stücke durch ihre Buchrezeption hinlänglich erwiesen zu sein schien, nur durch die Entwicklung neuer Aufführungstechniken zu lösen waren. So gaben die frühen Dramen Maeterlincks letztlich den Anstoß zur Entwicklung eines modernen Theaters in Europa. Zentren dieser Entwicklung waren Paris, Berlin und Moskau.[85]

Paris: Lugné-Poe
Der Erfolg der Avantgarde-Theaterbewegung in Frankreich in den letzten Jahrzehnten des 19. Jahrhunderts war zu einem großen Teil dem kläglichen Zustand des französischen Schauspieltheaters zu verdanken. Henderson (1971, 19) bewertet es kurz und knapp als "steril, mechanisch und ästhetisch wertlos".
Die neu gegründeten Theatergruppen der 1880er und 1890er Jahre schlossen sich grundsätzlich den beiden großen Literaturströmungen Naturalismus und Symbolismus an, wobei die Ausrichtung im Gegensatz zur Literaturszene hier durchaus variabel war.

> "The achievement of the avantgarde is the establishment of a young and vital dramatic movement of multiple tendencies, rather than the supremacy of one or other theatrical style." (Henderson, 1971, 36).

Gemeinsam war den Theatern der Experimentiercharakter, der Versuch, Grenzen zu erweitern und neue Inszenierungsmöglichkeiten zu suchen. Sie spielten neue, unbekannte französische Dramatiker ebenso wie ausländische Autoren, außerdem Bühnenadaptionen von Romanen und Gedichten. Die große Entdeckung war dabei Ibsen. Nach der Pariser Weltausstellung wurden auch Anregungen des japanischen Theaters aufgenommen (vgl. ebd., 37f., 52).

---

[85] Für Felten (1986, 328f.) liegt die Bedeutung der frühen Dramen weniger auf literarischem als auf dramaturgischem Gebiet. Die Werke seien deshalb in Vergessenheit geraten, weil man das "Symbolistische" überbewertet und das eigentlich Traditionsbildende, die "Bühnentechnik" vernachlässigt habe.

Die erste Phase der Theater-Avantgarde in Paris ist gleichzusetzen mit dem Bestehen des erfolgreichsten und wichtigsten Theaters dieser Zeit, dem naturalistisch orientierten "théâtre libre" von André Antoine. Zwischen 1887 und 1894 produzierte es mehr als hundert neue Werke und bewies, daß ein Avantgarde-Theater in Frankreich existieren konnte (vgl. ebd., 70). Ein stilistisches Gegenstück - mehr eine Ergänzung als eine Konkurrenz zum Théâtre Libre - bildete das im November 1890 von dem jungen Paul Fort gegründete "Théâtre de l'Art". Dieses Theater hatte sich zum Ziel gesetzt, symbolistische Dramen und andere symbolistische Literatur durch neue Formen des Spielens und der Dekoration angemessen in Szene zu setzen. Finanznot und Mangel an Organisation ließen dieses Theater bereits im März 1892 nach sieben Produktionen schließen (vgl. ebd., 90-93). Gleich zu Beginn bemühten sich sowohl Fort als auch Antoine um die Aufführungsrechte von Maeterlincks von Mirbeau hochgelobtem Erstlingsdrama *La Princesse Maleine*. Überraschenderweise gab Maeterlinck dem Théâtre Libre den Zuschlag, wahrscheinlich deshalb, weil das Libre das etabliertere und vertrauenswürdigere Theater war (vgl. Deak, 1993, 158f.). Antoine bemerkte jedoch während der Vorbereitungen, daß das Stück seinen Inszenierungsmethoden nicht angemessen war und gab das Projekt auf.[86] Inzwischen hatte sich Fort die Aufführungsrechte für *L'Intruse* und *Les Aveugles* gesichert. Die Uraufführung von *L'Intruse* fand im Mai 1891 im Rahmen einer Benefizveranstaltung für Paul Gauguin und Paul Verlaine statt. Auf die Proben für dieses Drama hatte Fort wenig Sorgfalt verwandt. Er übertrug die Verantwortung für die Inszenierung Lugné-Poe, der eine der Hauptrollen in dem Stück spielte, und dem Maler Maurice Denis. Erst der überraschend große Erfolg des Stücks machte Fort dessen Bedeutung bewußt. Im Dezember desselben Jahres fand die Uraufführung von *Les Aveugles* mit Lugné-Poe in der Rolle des ersten Blinden statt. Von den fünf an diesem Abend gespielten Stücken war das Maeterlinck-Drama die herausragende Inszenierung, auch wenn es weniger publikumswirksam erschien als *L'Intruse*.[87] Für Lugné-Poe waren diese beiden Produktionen wegweisend. Sie weckten sein Interesse für Maeterlincks Dramen und begründeten seine persönliche Beziehung zu dem Dichter, dessen Anregungen die Inszenierungsneuerungen Lugné-Poes prägten.

Nach der notgedrungenen Schließung des Théâtre de l'Art plante Fort eine Wiedereröffnung seines Theaters für Anfang 1893. Statt dem ursprünglich für diesen Anlaß vorgesehenen Drama *Axël* wählte Fort schließlich das neueste Drama von Maeterlinck, *Pelléas et Mélisande*. Mit Hilfe einer russischen Adligen als Sponsorin sollte das Drama am 11. März 1893 uraufgeführt werden. Doch die Sponsorin zog plötzlich aus nicht erkennbaren Gründen ihre Unterstützung zurück und ließ die Uraufführung platzen. Das Théâtre de l'Art blieb daraufhin geschlossen. Da die Proben bereits liefen, wollte Lugné-Poe das Projekt in Eigenregie mit eigener Truppe und der Ausstattung des Théâtre de l'Art weiterführen. Unter großen finanziellen Opfern brachte er schließlich die Uraufführung als singuläre Matineevorstellung am 17. Mai 1893 in den Räumen des Theaters "Bouffes Parisien" zustande (vgl. ebd., 163f.). Anschließend ging die Lugné-Poe-Truppe mit dem Stück auf Europatournee. Erfolge

---

[86] Nach Groß (1983b, Bd. 2, 170) ist es bis 1949 zu keiner französischen Aufführung des Dramas gekommen. Möglicherweise fand die französische Erstaufführung am 8./9. 8. 1962 in Marvejols statt.

[87] Die Aufführungsabende des Théâtre de l'Art waren für ihren Mangel an Organisation und ihre immense Länge berüchtigt. So dauerte das erste Programm des Jahres 1892, das unter anderem van Lerberghes *Les Flaireurs* enthielt, bis drei Uhr morgens (vgl. Henderson, 1971, 99f.). Deak (1993, 162) schreibt zu der Inszenierung von *Les Aveugles*, daß die Bühne in blaues Halbdunkel (Licht und Blauglas) getaucht war.

gab es in Skandinavien, Holland und England, wo Shaw es lobte; in Brüssel wurde es eher negativ aufgenommen (vgl. Costaz, 1970, 133; Mallinson, 1966, 82). Das Wegweisende dieser erfolgreichen, weil kongenialen Inszenierung lag in der Stilisierung des gesamten Bühnengeschehens, das für Grimm (1982, 38) den ersten Schritt zur theatralischen Abstraktion bildet. Für das Bühnenbild, das der Maler Paul Vogler gemalt hatte, verweist Deak auf die Ähnlichkeit mit den Bühnenbildern des Elisabethanischen Theaters (vgl. Deak, 1993, 165f.).
Von Anfang an korrespondierte Lugné-Poe mit Maeterlinck, der erstaunlicherweise bereit war, selbst größere Textstreichungen und Textänderungen hinzunehmen, wenn nötig.[88] Das wichtigste Element der Bühnengestaltung war für ihn offensichtlich die farbliche Nuancierung der Kostüme und deren Abstimmung mit den Farben des Bühnenbildes. In seinem Farbensystem spielte die Hell-Dunkel-Symbolik eine wichtige Rolle. So war z. B. Mélisandes Kostüm das hellste. Abstrahierend und enthumanisierend wirkten die maskenartige Schminke der Schauspieler, ihr monotones Sprechen sowie ihre holzschnittartige Gestik. Besondere Sorgfalt verwendete Lugné-Poe auf die Lichteffekte, die zusammen mit den bleichen Farben einen obskuren, vagen, fließenden Eindruck machten. Das gesamte Bühnenbild inklusive Figuren wurde von Kritikern mit alten flämischen Gobelins oder mittelalterlichen Gemälden verglichen (vgl. ebd., 164-167; Lugné-Poe, 1931, 223-229, sowie einige im Anhang abgedruckte Maeterlinck-Briefe, die Inszenierung betreffend).
Eine wichtige Konsequenz aus dem relativen Erfolg der Pelléas-Inszenierung war die Gründung des "Théâtre de l'Oeuvre" durch Lugné-Poe 1893, das zum wichtigsten Avantgarde-Theater in Paris nach dem Théâtre Libre wurde und bis zu Lugné-Poes Tod (1940) und - mit Unterbrechungen - bis weit nach dem zweiten Weltkrieg existierte (vgl. Henderson, 1971, 156). Seine erste (symbolistische) Phase reichte bis 1899. Zwar war der Maeterlinck-Anteil an der Gesamtproduktion quantitativ gering, dafür aber umso bedeutender. Neben *L'Intruse* und *Les Aveugles*, die Lugné-Poe 1893/94 spielte, fand im l'Oeuvre die Uraufführung von *Intérieur* statt (15. 3. 1895) und möglicherweise auch die von *Aglavaine et Sélysette*.[89]
Lugné-Poes Interesse an belgischen Autoren war anhaltend. 1895 plante er ein großes belgisches Projekt, ein "Théâtre de l'Oeuvre" in Brüssel, das der erste Schritt zu einer Internationalisierung des l'Oeuvre sein sollte. Doch das Projekt kam nicht zustande. Das l'Oeuvre trug viel zur Bekanntmachung belgischer Dramenautoren bei. Als Echo des Pariser Erfolgs kamen Werke von Maeterlinck, Crommelynck und Ghelderode nach Brüssel, wo sie dann vom Publikum selten als belgische Werke wahrgenommen wurden (vgl. Emond, 1987, 91-95).[90]

---

[88] Auf Maeterlincks Verlangen wurde das Lied der Mélisande in Szene 10 (*Mes longs cheveux*) durch ein anderes ersetzt, das die Darstellerin dieser Figur angeblich unter 30 anderen Gedichten Maeterlincks auswählen konnte. Sie wählte *Les Trois Soeurs aveugles*. Für die erste englische Übersetzung (London 1895, von Tadema) wurde *J'ai cherché trente ans* übersetzt und von Maeterlinck autorisiert. Als englische Nachdichtung (und nicht nur als Übersetzung) von *Les Trois Soeurs aveugles* muß *The King's Three Blind Daughters* angesehen werden, das in Mackails Übersetzung für die Londoner Aufführung von 1898 erschien. 1937 schließlich schrieb Maeterlinck für den Gedichtband *La Grande Porte* ein auf Mélisande bezogenes Gedicht mit dem Titel *La Dernière Chanson de Mélisande*. (Zur Ersetzung des ersten Liedes von *Pelléas et Mélisande* vgl. Lugné-Poe, 1931, 238f.; zu den verschiedenen Mélisande-Liedern vgl. Hermans, 1971, 67-76).

[89] Vgl. Groß, 1983b, Bd. 2, 174f.. Zur Uraufführung dieses Dramas finden sich dort drei verschiedene Daten und Orte, unter anderem das Théâtre de l'Oeuvre, 14. 12. 1896. Nach Costaz (1970, 134) verweigerte Maeterlinck Lugné-Poe die Zustimmung zur Aufführung.

[90] Lugné-Poe inszenierte Maeterlincks *Monna Vanna* (1902) und van Lerberghes *Pan* (1906). 1920 verhalf er Crommelyncks *Le Cocu magnifice* zum Durchbruch; außerdem führte er in den 1920er Jahren drei Mysteriendramen des Belgiers Henri Soumagne auf, den Maeterlinck als "szenischen

Maeterlincks Zusammenarbeit mit Lugné-Poe beeinflußte in den ersten Jahren die Werkauswahl des Theaters. Neben den bedeutenden Ibsen-Inszenierungen, von denen die eine oder andere von Maeterlinck angeregt gewesen sein könnte, spielte das l'Oeuvre auch Elisabethanisches Theater. Maeterlincks Übersetzung von John Fords T's Pity She's a Whore geschah im Auftrag dieses Theaters (Aufführung am 6. 11. 1894). Auch die Aufführung indischer Sanskrit-Dramen könnte auf einen Vorschlag Maeterlincks zurückgehen, da dieser sich schon vor 1889 damit beschäftigt hatte (s. CB). (Vgl. Henderson, 1971, 158f.; Costaz, 1970, 134).

Berlin: Max Reinhardt
Der junge österreichische Schauspieler und Regisseur Max Reinhardt machte als Schauspieler im deutschen Theater Berlin unter Otto Brahm Bekanntschaft mit Maeterlincks *Pelléas et Mélisande*. In der deutschen Erstaufführung vom 12. 2. 1899 spielte er den König Arkel. Ab 1901 gehörte Reinhardt der freien Künstlervereinigung "Schall und Rauch" an, die mit Parodien, Kabarett und Sketchen zeitweise sehr erfolgreich war. Am 12. 10. 1901 wurde auf der Schall und Rauch-Bühne eine Maeterlinck-Parodie mit dem Titel *Carleas und Elisande* aufgeführt, als deren Verfasser Reinhardt galt.[91] Im Sommer 1902 erhielt die Gruppe den Status eines regulären Theaters und durfte abendfüllende Stücke spielen. Ab diesem Zeitpunkt wurde es "Kleines Theater" genannt und von Reinhardt geleitet. Daneben übernahm er die Leitung des Neuen Theaters, wo er am 2. 4. 1902 *Pelleas und Melisande* inszenierte. Die Erinnerungen des Schauspielers E. v. Winterstein, der damals die Rolle des Golaud spielte, unterstreichen die wegweisende Bedeutung dieser Inszenierung für Reinhardts Neuerungen am Theater:

> "Es begann mit der Aufführung eines Dramas von Maurice Maeterlinck: "Pelleas und Melisande". In diesem Stück wirkte Reinhardt zum ersten Male als Regisseur und mit diesem Stück wurde der Grundstein gelegt für die neue Zeit des Theaters." (v. Winterstein , 1974, 376).

In dieser Inszenierung übernahm Reinhardt selbst wieder die Rolle des Arkel. Die Erinnerungen von Wintersteins zeigen, daß für Reinhardt die Schauspieler der zentrale Faktor der Bühnenrepräsentation waren. Seine Neuerungen lagen in der Art der Darstellung, der Gestik und der Sprache. Was v. Winterstein wie viele andere Schauspieler an Reinhardt faszinierte, war die Art, mit der er das "darstellerische Potential" jedes einzelnen Schauspielers erschloß. Diese neue, nuancierte Art des Spielens kam in der Pelleas-Inszenierung voll zur Geltung und war bei der ersten Probe für v. Winterstein eine Offenbarung:

> "Was Reinhardt mir da sagte, wie er den Inhalt nicht nur jedes einzelnen Wortes, sondern auch der Gedankenstriche, die der Dichter dazwischen gesetzt hatte, zum

---

Erfinder" schätzte (vgl. Costaz, 1970, 135; Mallinson, 1966, 174, 185). Im Laufe seiner langen Existenz trat das l'Oeuvre immer wieder als Avantgarde-Theater im eigentlichen Wortsinn auf: es führte 1912 als erstes Theater ein Drama von Claudel auf (*L'Annonce fait à Marie*) und machte ihn berühmt. Ebenso inszenierte es Dramen von Giraudoux, Anouilh und Cocteau. Nach dem zweiten Weltkrieg wandte sich das l'Oeuvre dem absurden Theater zu und sorgte für den Ruhm von Beckett, Ionesco und Genet (vgl. Henderson, 1971, 91, 159).

[91] Vgl. Braulich, 1969, 40. Die Maeterlinck-Parodien sind bei Groß (1985b, 172-179 und 180-182) abgedruckt. Nach Groß gibt es inzwischen Hinweise darauf, daß diese Parodien nicht von Max Reinhardt, sondern von Christian Morgenstern stammen.

Leben und zur Geltung gebracht haben wollte, das war nicht das einzige und Beste, was er mir gab." (ebd.).

Die Mittelpunktstellung des Schauspielers in seinem Theater unterstrich Reinhardt auch in seiner 1901 verfassten Schrift *Über ein Theater, wie es mir vorschwebt* (in: Fetting, 1974, 64-67). Es ging ihm um die Befreiung des Schauspielers von den disziplinierenden Zwängen seiner Zeit zu einer Spontaneität und Echtheit im Sinne der commedia dell'arte. Darüber hinausgehend entwickelte er die Vorstellung von einem theatralischen "Gesamtkunstwerk" unter Einbeziehung von Musik und Malerei. Das zeitgenössische symbolistische oder lyrische Drama hatte für Reinhardt zwar eigenständige Bedeutung, war jedoch nicht das Endziel seiner Interessen:

> "Ich denke mir ein kleines Ensemble der besten Schauspieler. Intime Stücke, deren Qualität sich von selbst versteht, von guten Schauspielern gut gespielt; [...]. Das, was mir vorschwebt, ist eine Art 'Kammermusik des Theaters'. [...]. Und dann, wenn ich mein Instrument so weit habe, daß ich darauf spielen kann wie ein Geiger auf seiner kostbaren alten Geige, wenn es mir gehorcht, wie ein gut gespieltes Orchester dem Dirigenten, dem es blindlings vertraut, dann kommt das Eigentliche: Dann spiele ich die 'Klassiker'." (ebd., 66).

Vor allem dachte Reinhardt dabei an Shakespeare. Langfristig wünschte er sich zwei nebeneinander existierende Bühnen: "eine große für die Klassiker, und eine kleinere, intime, für die Kammerkunst der modernen Dichter." (ebd., 67).
Eine wichtige Rolle spielte bei Reinhardts Inszenierungen die Musik. Nach Nilson (1919, 186-191) setzte Reinhardt Musik zur Darstellung des Unaussprechlichen auf der Bühne ein, weil ihm die Musik das einzig mögliche Mittel dafür zu sein schien. Der hohe Stellenwert, den Klänge für Reinhardt hatten, belegen seine Regiebücher, in denen die Musik als Teil der Gesamtinszenierung bis ins Einzelne festgelegt ist, sowie die Tatsache, daß er im Deutschen Theater Berlin eine Orgel einbauen ließ, um flexibel mit Klängen und Geräuschen arbeiten zu können. Nilson bezeichnet Reinhardt als "Reformator" auf dem Gebiet der Klänge im Schauspiel.

Moskau: Wsewolod E. Meyerhold
Der Theaterpraktiker, der sich am umfassendsten mit Maeterlinck auseinandergesetzt und sein neues Theaterkonzept konsequent aus der Inszenierung von zwei frühen Maeterlinck-Dramen entwickelt hat, war der russische Regisseur Wsewolod Meyerhold. Sein "stilisiertes Theater" geht nach seinen Aussagen auf zwei Anregungen zurück: die Propagierung und Entwicklung eines "neuen Dramas" durch russische Autoren in diversen Literaturzeitschriften und die frühen Dramen Maeterlincks. In seinem Essay "Literarische Vorboten des Neuen Theaters" beschreibt er, wie er aus Maeterlincks "tragique quotidien" für das Theater praktische Konsequenzen zieht. Er konkretisiert die Idee eines "unbewegten Theaters" und operationalisiert den "Dialog zweiten Grades", der nach seiner Auffassung in jedem Drama vorhanden ist:

> "Jedes dramatische Werk enthält ja zwei Dialoge - einen 'äußeren' in Form der Worte, die die Handlung begleiten und erklären, und einen 'inneren', den der Zuschauer nicht aus den Worten heraushören soll, sondern aus den Pausen, nicht aus Schreien, sondern aus Schweigen, nicht aus Monologen, sondern aus der Musik körperlicher Bewegungen." (Meyerhold, Bd. 1, 1979, 118).

Wie für Reinhardt steht für Meyerhold der Schauspieler/die Schauspielerin im Mittelpunkt des Interesses. Aber im Unterschied zu Reinhardt fordert er ein einheitliches Theater, mit dessen Methoden alle Arten von Dramen inszeniert werden können. Das verdeutlicht seine nachträgliche Kritik an Reinhardts *Pelléas et Mélisande*-Inszenierung: Reinhardt habe nur vereinzelte Korrekturen der Regie vorgenommen, grundsätzlich aber an der naturalistischen Bühnentechnik festgehalten. Meyerholds Reform dagegen ist ein ausgesprochener Kampf gegen den Naturalismus auf der Bühne. Wie Maeterlinck sieht Meyerhold das "théâtre statique" bereits im antiken Theater verwirklicht und strebt daher letztlich dessen Wiederbelebung an (vgl. ebd., 116-120, 133-136).

Die ersten beiden Stadien der Entwicklung des stilisierten Theaters bildeten die Inszenierungen von *La Mort de Tintagiles* (Studio-Theater Moskau, Sommer 1905) und *Pelléas et Mélisande* (Komissarshewskaja-Theater Moskau, 1907). Anstöße, andere Wege dabei zu gehen, lieferte der Versuch des Moskauer Künstlertheaters (MCHT), drei frühe Maeterlinck-Dramen zu inszenieren:[92]

> "Daß der Versuch des Moskauer Künstlertheaters, Maeterlinck zu inszenieren (eine interessante, bedeutsame Phase im Leben dieses Theaters), nicht allzu gut gelang, läßt sich nicht damit erklären, Maeterlincks Dramatik sei nicht bühnengerecht, sondern damit, daß die Schauspieler des MCHT zu gewohnt sind, mehr realistische Stücke zu spielen und keine darstellerischen Mittel für ein neues mystisch-symbolistisches Drama finden konnten." (ebd., 85).

Die Gründe für den aus seiner Sicht geringen Erfolg der Inszenierung beschreibt Meyerhold an anderer Stelle so:

> "An Maeterlinck ging es [das MCHT; Anm. d. A.] nicht über die Musik Tschechows [gemeint ist die "szenische Stimmung"; Anm. d. A.] heran, sondern wie üblich über das rationale Moment. Die handelnden Personen in *Die Blinden* wurden in Charaktere eingeteilt, und der Tod in *Der Eindringling* erschien als Wolke aus Tüll. Alles war, wie überhaupt im naturalistischen Theater, sehr kompliziert und überhaupt nicht stilisiert, während gerade in Maeterlincks Stücken alles stilisiert ist." (ebd., 115).

Für Meyerhold lagen die ersten gelungenen Ansätze zu einem stilisierten Theater in der Inszenierung von *La Mort de Tintagiles*. Daher widmet er der Beschreibung dieser Inszenierung ein ganzes Kapitel (*Erste Versuche zur Schaffung eines stilisierten Theaters*, Bd. 1, 1979, 120-130) und entfaltet dort seine Ideen, deren wichtigste die schöpferische Freiheit für Schauspieler und Zuschauer - Meyerhold fordert ein aktives und intellektuell bewegliches Publikum, das auch Maeterlincks frühe Dramen voraussetzen - und die Verschmelzung aller kreativen Kräfte des Theaters ist. Die Schauspielmusik von Elias Satz entspricht diesem Ansatz (s. Abschnitt "Musik"). In der Anfangszeit seiner theatralischen Entwicklung befürwortet und unterstreicht Meyerhold noch ausdrücklich den mystisch-religiösen Charakter der Maeterlinck-Dramen, denen er die Bedeutung eines "Heiligtums" und die Funktion der "Katharsis der Seele" zuschreibt, da sie mit der Unvermeidlichkeit des Schicksals versöhnen und damit eine Lösung für religiöse Probleme anbieten würden:

---

[92] Die drei Einakter *Les Aveugles*, *L'Intruse* und *Intérieur* wurden an einem Abend aufgeführt. Premiere: 2. 10. 1904 (vgl. ebd., 321, Anm. 114).

"Eine Maeterlinck-Aufführung ist ein Mysterium: entweder eine kaum wahrnehmbare Harmonie aus Stimmen, ein Chor leiser Tränen, unterdrücktem Schluchzen und belebender Hoffnung (wie in 'Tod des Tintagiles'), oder aber eine Ekstase, die gemeinsame religiöse Aktion, einen Tanz zum Klang der Orgel und Trompete fordert, ein Bacchanal des triumphierend großen Wunders (wie im zweiten Akt von 'Schwester Beatrix').[...]. So war unsere Sicht des Maeterlinck-Theaters, von der aus wir dann auch an die Proben gingen." (ebd., 126).

Auch wenn Meyerhold in den 1920er Jahren mit seinem konstruktivistischen Theateransatz andere Wege ging - eine der wichtigsten Wurzeln seiner Neuerungen war der metaphysische Symbolismus Maeterlincks.

3.3 Bildende Kunst

Gemälde und Zeichnungen zu Maeterlincks frühen Dramen entstanden oft für konkrete Theateraufführungen oder für Buchausgaben.
Die Malergruppe der Nabis hatten engen Kontakt zu symbolistischen Dichtern in Paris, von denen sie Maeterlinck besonders schätzten. Im Rahmen ihrer berühmten "Soirees des Marionettes" fand die Uraufführung von *Les Sept Princesses* mit Marionettenkostümen und einem Bild von Maurice Denis statt. Weitere Bilder von Denis zu frühen Dramen Maeterlincks wie *L'Intruse* (*Les Deux Soeurs*, 1891) und *Intérieur* (*Deux Femmes*, 1895) sind seinen Beziehungen zu Lugné-Poe zu verdanken, der ihm auch den Auftrag für die Gestaltung des Titelblattes des Programmhefts zur Uraufführung von *Pelléas et Mélisande* gab (vgl. Warmoes, 1962b, 30f.). Sein Bild *Marthe au Piano - Menuet de la Princesse Maleine* besitzt möglicherweise eine gewisse musikwissenschaftliche Relevanz. Es zeigt das Titelblatt eines Manuskripts von Eric Satie mit diesem Titel. Da das Manuskript verschollen ist, ist Denis' Bild der einzige konkrete Hinweis dafür, daß es eine solche Komposition gegeben haben könnte.[93] Von einem weiteren Nabis-Maler, Paul Sérusier, stammt ein Titelblattentwurf zu dem Programmheft von *L'Intruse* von 1891 (vgl. Aitken, 1993, 402). Edouard Vuillard war kurzzeitig einer der Direktoren des "Théâtre de l'Oeuvre". Er schuf das Bühnenbild zu *Les Sept Princesses*. Außerdem ist von ihm ein Bildentwurf zu *L'Intruse* erhalten; das Bild selbst ist verschollen (vgl. Frèches-Thory u.a., 1993, 101f.).
Die englische Malerin Myrrha Bantock malte "Six Illustrations for Maeterlinck's *Pelléas et Mélisande*" (o.J.), möglicherweise für die Harvey-Produktion des Stücks (1911). Der Maler Lovis Corinth zeichnete Bühnenbilder für die *Pelleas und Melisande*-Inszenierung von Max Reinhardt. Ebenfalls für eine Reinhardt-Inszenierung gedacht war der Bühnenbildentwurf des Malers Ludwig von Hofmann zu *Aglavaine et Sélysette* (Berliner Kammerspiele, April 1907). Die Broschüre zu der Ausstellung *Maeterlinck in Deutschland* (Darmstadt 1962) verzeichnet darüber hinaus zwei Bühnenzeichnungen für *Les Aveugles*: von Otto Reigbert für eine Freiburger Inszenierung (1912) und von Leo Hornecker für Wien (ca. 1925). Zwei anglo-

---

[93] Das Titelblatt bildet Saties Schrift mit den typischen gotischen Lettern ab. Nach Orledge hatte Satie mit der Vertonung von Maeterlincks Drama begonnen, ohne dessen Einwilligung einzuholen und die Arbeit abgebrochen, als Debussy die Einwilligung zur Vertonung desselben Dramas versagt wurde (Brief von Maeterlinck vom 23. Juni 1891). Orledge wertet das Gemälde von Denis, das im Oktober 1891 entstand, als Beleg für die Existenz dieses Menuetts (vgl. Orledge, 1990, 47f., 272).

amerikanische Bühnenbildentwürfe sind bei Compère (1990, o.S.) wiedergegeben: von dem Amerikaner Robert Edmond Jones zu *Les Sept Princesses* (ca. 1920) und von dem Engländer Charles Ricketts zu *Tintagiles*. Die Schauspielmusik zu dieser Inszenierung von *Tintagiles* im Londoner St.-James'-Theatre (1912/13) stammt von Vaughan Williams (s. 3.4 Musik).
Häufig wurden Maler zur Illustration bibliophiler Ausgaben der frühen Dramen herangezogen oder malten Maeterlinck-Sujets für symbolistische Zeitschriften. Die wichtigsten Buchillustratoren für Maeterlinck-Werke waren die belgischen Künstler Georges Minne, Charles Doudelet und Fernand Khnopff. Khnopff fertigte 1927 fünf Federzeichnungen für eine bibliophile Ausgabe von *Pelléas et Mélisande* an. Eine Portraitzeichnung von Melisande zu dem Gedicht *La Dernière Chanson de Mélisande* stammt ebenfalls von ihm. Außerdem schuf Khnopff eine Zeichnung für eine deutsche Übersetzung von *Tintagiles*: *Ygraine an der Pforte* (1898). Über siebzig Xylographien von Doudelet enthält die italienische Ausgabe von *Pelléas et Mélisande* (1922). Auch der Bildhauer Georges Minne, der mit Maeterlinck befreundet war, illustrierte verschiedene Buchausgaben wie die Erstausgabe der *Serres chaudes* und eine Ausgabe von drei frühen Dramen von 1894 (vgl. Warmoes, 1962b, 32-35). Der Schweizer Maler Carlos Schwabe, der überwiegend in Paris lebte, illustrierte um 1900 eine *Pelléas et Mélisande*-Ausgabe (vgl. ders., 1962a, 62). In *Die Insel* (Nr. 10, Juli-Sept. 1900, S. 95) erschien ein Bild des Malers Savage zu *Der Tod des Tintagiles*. In *Pan* (Jg. 3, 4/1897, S. 259) ist das Gemälde *Sélysette* von Anton van Welie abgedruckt. Die österreichische Malerin Marianne Stokes, die in England lebte und sich stark an praeraffaelitischer Malerei orientierte, schuf ein Ölgemälde mit dem Titel *Mélisande*, das Mélisande in der Waldszene an der Quelle zeigt.[94]
Der Einfluß Maeterlincks auf Kandinsky wirkte nicht als Sujet-Anregung für Bilder, sondern allgemein auf Kandinskys Ästhetik der abstrakten Kunst. Eine Stelle aus *Das Geistige in der Kunst* (1912) verdeutlicht dies:

> "Das Hauptmittel von Maeterlinck ist die Anwendung des Wortes. *Das Wort ist ein innerer Klang*. Dieser innere Klang entspringt teilweise (vielleicht hauptsächlich) dem Gegenstand, welchem das Wort zum Namen dient. Wenn aber der Gegenstand nicht selbst gesehen wird, sondern nur sein Name gehört wird, so entsteht im Kopfe des Hörers die abstrakte Vorstellung, der dematerialisierte Gegenstand, welcher im 'Herzen' eine Vibration sofort hervorruft." (Kandinsky, 1952, 45).

Insistierende Wortwiederholungen sieht Kandinsky als vorzügliches Mittel an, den inneren Klang zum Wachsen zu bringen und nicht geahnte Eigenschaften des Wortes hervortreten zu lassen (s. Maeterlinck über Ruysbroeck !), bis das Wort durch weitere Wiederholung zum reinen Klang entblößt wird. Die Weiterentwicklung dieses Maeterlinck-Ansatzes stellt für Kandinsky die Perspektive für die Literatur der Zu-

---

[94] Das Bild von Stokes hängt im Wallraff-Richards-Museum Köln. Myrrha Bantocks Bilder sind den Materialien der Martin-Harvey-Produktion beigefügt (Brüssel, B-Br; Musik-MS III/322). Die deutsche Übersetzung von *Tintagiles* erschien zusammen mit dem Bild von Khnopff in der Wiener Zeitschrift *Ver Sacrum*. Groß wählte dieses als Titelbild für seine Ausgabe der frühen Dramen (1983, Bd. 2). Viele der Bilder zu Maeterlincks Dramen sind in Compères Maeterlinck-Buch (1990) abgedruckt.
Eines der späten Dramen, *Monna Vanna*, inspirierte Franz Stuck zu einer die Titelfigur darstellenden Skulptur. Den Titel dieses Dramas könnte Maeterlinck dem gleichnamigen Bild von D. G. Rossetti aus dem Jahr 1883 entnommen haben (vgl. Halls, 1955, 17).

kunft dar (vgl. ebd., 44-47). Einen eigenen Versuch in dieser Richtung unternahm er mit seinem Drama *Der gelbe Klang* (Blauer Reiter).

3.4 Musik

Maeterlincks Dramen und Gedichte regten weltweit zahlreiche Komponisten zu Vertonungen an, in der Mehrzahl jedoch weniger bekannte. In verschiedenen Abhandlungen über Maeterlinck wird die Tatsache, daß eine so große Anzahl so unterschiedlicher Komponisten sich dem Werk eines vollkommen a- und antimusikalischen Dichters zuwandte, als erstaunliches und zu hinterfragendes Phänomen dargestellt und der Versuch unternommen, Gründe hierfür zu finden. In seinem Aufsatz über die Stellung Maeterlincks innerhalb des europäischen Theaters stellt Sion (1962, 419f.) fest, daß die Maeterlinck-Nachfolge vor allem im gesungenen Theater liege, das Maeterlinck nicht liebte. Während man von einer Ibsen- oder Shaw-Oper nicht sprechen könne, gebe es eine Maeterlinck-Oper von quantitativ beträchtlichem Ausmaß. Für Sion liegt der Hauptgrund für die Anziehungskraft von Maeterlincks Dramen auf Komponisten darin, daß Maeterlinck ihnen nicht nur Sujets, sondern ein zusammenhängendes Universum, eine Ideenwelt lieferte. Das Unaussprechliche mittels Musik zu vervollständigen, sei eine ungeheure Versuchung für Musiker gewesen, die ihnen die Möglichkeit gegeben habe, sich vom Realismus abzuwenden. Ähnliche Begründungen bietet der "früheste" Maeterlinck-Komponist Pierre de Bréville, dessen Ansichten Feschotte in seinem Aufsatz beschreibt. Demnach faszinierte ihn die mysteriöse, außerhalb von bekannten Raum- und Zeitvorstellungen angesiedelte Welt Maeterlincks, in der nichts deutlich ausgesprochen, sondern alles nur suggeriert wird (vgl. Feschotte, 1962, 152). Pasquier (1963, 279) stellt einen peripheren, aber vielleicht interessanten Zusammenhang fest: Die meisten Komponisten, die sich von Maeterlinck angezogen fühlten, hatten sich vorher - wie der flämische Dichter selbst - für Edgar Allan Poe begeistert.

Die Liste der Dramenvertonungen umfaßt 110 Werke verschiedener Gattungen (Oper, Sinfonische Dichtung, Ouvertüre, Schauspielmusik; Kompositionsvorhaben eingeschlossen).[95] Die 63 zu den frühen Dramen existierenden Kompositionen oder Kompositionsentwürfe stammen größtenteils aus der Zeit vor 1930. Die nach dem Zweiten Weltkrieg entstandenen Werke sind entweder an konkrete Theaterprojekte geknüpft oder stellen - wie im Fall von *Les Aveugles* - einen bewußten Rückgriff auf ein Drama der frühen Moderne dar. Die Komponisten stammen aus mehreren europäischen Ländern sowie aus den USA. Naturgemäß sind die Länder vertreten, in denen Maeterlincks frühe Dramen als Bühnenwerke und/oder Lesedramen kurzzeitig eine größere Resonanz hervorriefen. Neben im Druck erschienenen und/oder aufgeführten Kompositionen gibt es Fragmente, Skizzen, Entwürfe oder Pläne zu Maeterlinck-Vertonungen, letztere vor allem von bekannteren Komponisten, die diese - vielleicht aufgrund der schwierigen Urheberrechtslage (Maeterlinck gab seine Einwilligung zur Vertonung nur ungern und meist für ein Drama nur einmal) - dann nicht ausführten. Außerdem kommen verschollene oder von den Komponisten selbst vernichtete Werke vor. Nachfolgend werden die wichtigsten Kompositionen zu den frühen Dramen nach Gattungen dargestellt.

---

[95] Insgesamt enthält die Liste der Maeterlinck-Vertonungen ca. 200 Titel, darunter mehr als 100 Lieder . Die bedeutenderen Liedkomponisten und -innen sind Lili und Nadja Boulanger, Chausson, Ibert, Schmitt, Schönberg, Tanejew, Zemlinsky.

Oper:
Zu Maeterlincks frühen Dramen gibt es zahlreiche Opern- oder Musiktheaterkompositionen sowie einige nicht verwirklichte Projekte. Saties und Debussys Opernpläne zu dem Drama *La Princesse Maleine* wurden durch Maeterlincks fehlende Erlaubnis zunichte gemacht. Dieser hatte bereits d'Indy das Drama zur Vertonung überlassen, doch auch d'Indy verwirklichte das Projekt nicht, so daß fünfzehn Jahre später Lili Boulanger die Zusage Maeterlincks erhielt. Diese Komponistin hinterließ - bedingt durch ihren frühen Tod - lediglich ein Opernfragment, zu dem möglicherweise im Jahr 2009 vervollständigende Skizzen von der Hand der Komponistin auftauchen werden.[96] Anton von Webern plante Opern zu *Alladine et Palomides* (1908) und *Les Sept Princesses* (1910). Von Weberns erstem Versuch auf dem Gebiet des Musiktheaters, der Oper *Alladine et Palomides*, ist ein Skizzenblatt erhalten.[97] Interessant ist in diesem Zusammenhang ein Brief Weberns an seinen Librettisten Diez, in dem Webern seine Vorstellungen von einem "Theater der Innerlichkeit" entwirft. Der Brief drückt die Absicht aus, die epischen Tendenzen des Maeterlinck-Dramas zu erweitern, quasi zu radikalisieren. Die Oper soll zu einer Folge lyrischer Situationen gemacht und damit einem dramatisierten Liederzyklus angenähert werden. Wie aus einem Brief an Berg vom 12. 7. 1912 hervorgeht, hatte Webern scheinbar schon einen größeren Teil der Komposition zu seinem zweiten Opernprojekt fertiggestellt (vgl. Noller, 1992, 503). Von dieser Musik ist nichts erhalten.
Auch Carl Orff plante zwei Opern zu frühen Dramen von Maeterlinck in seiner Jugendzeit. Zu *La Mort de Tintagiles* und *Aglavaine et Sélysette* existierten Entwürfe. Sie wurden zusammen mit anderen Jugendwerken von Orff zurückgezogen und vernichtet (vgl. Laaff, 1962, Sp. 199-204).
Bei den sechzehn vollendeten Opern sind einige Besonderheiten festzustellen. So inspirierte *Alladine et Palomides* gleich drei tschechoslowakische Komponisten zu Opernvertonungen: Burghauser (1934), Burian (1923) und Chlubna (1921/22). Drei Opern existieren auch zu *L'Intruse*. Der bekannteste der Komponisten ist hier Louis Durey, der kurzzeitig Mitglied der "Groupe de Six" war und 1933 eine Marionettenoper zu dem Drama schrieb. Die beiden anderen Opern stammen von dem Italiener Guido Pannain (1926) und dem Belgier Léon van der Haegen (1914). Ausschließlich Opern- bzw. Musiktheater-Kompositionen gibt es zu *Les Aveugles*. Von den sechs Opern entstanden fünf in den 1970er und 80er Jahren. Bezeichnend ist hierbei, daß die Komponisten-Avantgarde auf das Drama Maeterlincks zurückgreift, das wie kein anderes der frühen Dramen eine neue dramaturgische Richtung vorgezeichnet hat. Bei einigen der Kompositionen handelt es sich um Musiktheater im weiteren Sinn. Im einzelnen stammen die Vertonungen von dem Amerikaner Joseph Achron (1919), dem ostdeutschen Komponisten Paul Heinz Dittrich (1983/84), dem Polen Jan Astriab (1980), dem Engländer Stephen Oliver (1972), dem Schweizer Beat Furrer (1989) und dem (West-) Deutschen Walter Zimmermann (1984). Einzelne Opern schrieben der Russe Nechajew (*Les Sept Princesses*, 1923), der Fran-

---

[96] Vgl. den Aufsatz von Fauser: *femme fragile - Zu Lili Boulangers Opernfragment "La Princesse Maleine"* - in: Programmheft des 3. Internationalen Komponistinnenfestivals, Kassel 1993, 72-76. Lili Boulanger hinterließ eine Kiste, in der französische Musikwissenschaftler/-innen weitere Skizzen oder gar eine fertige Oper vermuten. Boulanger verfügte, daß diese Kiste erst 30 Jahre nach dem Tod ihrer Schwester Nadja geöffnet werden darf. Nadja Boulanger starb 1979. In Fausers späterem Aufsatz über das Werk (1997, 68-108) wird die Kiste nicht erwähnt; dafür bemerkt die Autorin, daß sie das Particell der Oper trotz intensiver Suche nicht gefunden habe (1997, 107).

[97] Dieses befindet sich in Basel (Paul Sacher Stiftung) und ist in dem Aufsatz von Noller (ÖMZ, 9/1992, 505) abgedruckt.

zose Nougues (*La Mort de Tintagiles*, 1905) und der Engländer Collingwood (*La Mort de Tintagiles*, 1950 im Sadlers Wells Theater London konzertant aufgeführt). Innerhalb der Opernkompositionen nimmt Debussys *Pelléas et Mélisande* eine herausragende Stellung ein.

Ouvertüre/Prelude/Sinfonische Dichtung
Die meisten textungebundenen Kompositionen haben *Tintagiles* als Vorlage. Die sechs Komponisten stammen aus sechs verschiedenen Ländern: Absil (Belgien; sinfonische Dichtung op. 3, 1923-26), Carse (England, Ouvertüre, 1902), Loeffler (USA, sinfonische Dichtung, 1897/1900), Martinu (CSSR, Ouvertüre op. 15, 1910), Santoliquido (Italien, sinfonische Dichtung/Prelude, 1907) und Vormoolen (Niederlande, Prelude, 1913; verschollen). Die früheste Maeterlinck-Komposition überhaupt ist eine Ouvertüre von Pierre de Bréville (Frankreich) zu *La Princesse Maleine* (1891). Zu diesem Drama gibt es noch eine Ouvertüre für Orchester und Frauenchor des Litauers Maximilian Steinberg (1916), die möglicherweise zu einer kompletten Schauspielmusik gehörte, sowie eine Ouvertüre mit Schlußchor von Cyrill Scott (1907). Dieser führte sein Werk 1913 auf Einladung Alma Mahlers in Wien mit großem Erfolg auf und arbeitete es später zur "Festival-Ouvertüre" (1933) um (vgl. Ewen, 1969, 512-515). Scott, der eine ausgeprägte Neigung zum Okkultismus besaß und eng mit Stefan George befreundet war, gehörte der "Francfort-Group" an, einer Gruppe junger englischer Komponisten, die am Hoch-Konservatorium in Frankfurt studierten. Von ihm stammen zwei weitere Ouvertüren zu frühen Maeterlinck-Dramen: *Pelléas et Mélisande* und *Aglavaine et Sélysette* (beide 1912), die Scott zurückzog und vernichtete (vgl. Blom, 1961, 666f.). Zu *L'Intruse* existiert ein Praeludium für Orchester von dem Engländer John Davis und zu *Aglavaine et Sélysette* ein Frühwerk von Arthur Honegger (Prelude, 1917). Die musikgschichtlich wohl bedeutendste Komposition in dieser Gruppe schuf Schönberg mit seiner Sinfonischen Dichtung *Pelleas und Melisande*.

Schauspielmusik
Die meisten Schauspielmusiken zu frühen Dramen sind für *Pelléas et Mélisande* nachgewiesen, ein Drama, das in verschiedenen europäischen Ländern auch nach dem Siegeszug von Debussys Oper als Schauspiel auf die Bühne gebracht wurde (s. nächster Abschnitt). Theatergeschichtlich von Bedeutung ist die Meyerhold-Inszenierung von *Tintagiles*, für die Elias Satz die Schauspielmusik komponierte. Eine Beschreibung dieser Inszenierung hebt die Rolle der Musik hervor. Demnach war die gesamte Vorstellung musikalisch untermalt. Orchester und a-cappella-Chor waren sowohl für die äußeren Effekte (Geräusche, Stimmengemurmel) als auch für die Darstellung des "inneren Dialoges" verantwortlich. Diese beinahe filmmusikalisch anmutende Idee Meyerholds hatte der Komponist offenbar zufriedenstellend umgesetzt (vgl. Meyerhold, Bd. 1, 1979, 237). Für *Tintagiles* schrieb der englische Komponist Vaugham Williams 1913 eine Schauspielmusik, die die BBC für eine Hörspielsendung des Dramas am 30. 8. 1975 verwendete.[98] Weitere Schauspielmusiken schrieben Pierre de Bréville zu *Les Sept Princesses* (1895), der Portugiese Francisco de Lacerda zu *L'Intruse* und der englische Musikwissenschaftler Donald Tovey zu *Aglavaine et Sélysette*.

---

[98] Im selben Jahr komponierte Vaughan Williams eine Schauspielmusik zu Maeterlincks *L'Oiseau Bleu*. Beide sind nachgewiesen in dem von Kennedy erstellten Werkverzeichnis (vgl. Kennedy, 1996, 72f.).

Kompositionen zu *Pelléas et Mélisande*
Mit fünfzehn ausgeführten und einer geplanten Komposition gehört *Pelléas et Mélisande* zu den am häufigsten vertonten frühen Dramen. Überdies befinden sich unter diesen Kompositionen auch die musikalisch bedeutendsten.
Debussys erste und einzige vollendete Oper (1893-1902) machte ihn als Komponisten berühmt; während der neunjährigen Arbeit an dem Werk entwickelte er seinen Kompositionsstil. Die sinfonische Dichtung op. 5 ist Schönbergs erstes großes Orchesterwerk. In diesem setzt er sich mit der sinfonischen Wagner-Mahler-Strauss-Tradition auseinander. Auch wenn die Schauspielmusik von Fauré für die Londoner Aufführung von *Pelléas et Mélisande* (1898) eine Auftragskomposition war, die unter Zeitdruck entstand, beweist sie doch eine beachtliche Einfühlung Faurés in das Drama Maeterlincks. Das Werk ist außerdem Faurés erste vollendete und gelungene Komposition für das Theater. Die Schauspielmusik von Sibelius (1905) begleitete die skandinavische Erstaufführung des Dramas und gehört in eine Reihe von Schauspielmusiken, die Sibelius für das symbolistisch ausgerichtete Schwedische Theater in Helsinki schrieb (vgl. Kurki, 1995, 10).
In England gab es neben der Schauspielmusik von Fauré, die aufgrund ihrer Entstehungszusammenhänge der englischen Rezeptionsgeschichte des Dramas zugerechnet werden muß, eine weitere von William Wallace (1900/1903), einem weniger bedeutenden schottischen Komponisten. Dieses Werk wurde als Orchestersuite in England mehrfach aufgeführt. Die Komposition von W. H. Hudson für die Martin-Harvey-Produktion des Dramas in London (1911) wird, da sie lediglich ergänzende Sätze zu Faurés Schauspielmusik liefert, nicht als eigenständige Komposition angesehen.
Obwohl Charles Koechlin als Komponist der Lyrik der französischen Symbolisten um Mallarmé eher fernstand, war er von Maeterlincks Drama fasziniert. Er war an der Entstehung, Einstudierung und Aufführung der Schauspielmusik seines Lehrers Fauré beteiligt und schrieb ein enthusiastisches Buch über Debussys Oper (unveröffentlicht). Seine Liebe zu dem Werk ging so weit, daß er sich mit der Figur des Arkel identifizierte und sich ein entsprechendes Aussehen gab; außerdem schlug sie sich in einer programmatischen Orchesterkomposition nieder: dem zweiten Satz der *Suite Légendaire* op. 54 (1901-1915), der den Beginn der Waldszene darstellt.
Nach dem Zweiten Weltkrieg entstanden ein Ballett des Berliner Komponisten Max Baumann (op. 44; UA: 20. 9. 1954; Auftragskomposition der Städtischen Oper Berlin) sowie eine belgische Schauspielmusik von Robert Ledent für eine Aufführung des Dramas im Château de Beersel 1956. Die nicht datierte Schauspielmusik von Pierre Moulaert stammt wahrscheinlich ebenfalls aus der Zeit nach 1945. Nicht erhalten sind die Schauspielmusik von Friedrich Bermann (Deutschland) für die Berliner Max - Reinhardt - Inszenierung von 1904 und die polnische Erstaufführung des Dramas in Krakau 1906 und die sinfonische Dichtung für Soli, Chor, Orchester und Orgel von Horst Platen (1925). Zu der *Pelléas et Mélisande*-Ouvertüre von Cyrill Scott schreibt Parrot: "His ouverture *Pelleas and Melisanda,* composed in 1900, was given in Frankfurt before Debussy's Pelléas was staged in Paris (!)." (Parrot, 1993, 253). Die von Puccini geplante Oper scheiterte an Maeterlincks fehlender Einwilligung.[99]

---

[99] Puccini reiste um 1895 nach Gent, um Maeterlincks Erlaubnis für die Vertonung einzuholen. Maeterlinck sah sich gezwungen, diese zu verweigern, weil er bereits Debussy die Zusage gegeben hatte. Angeblich bedauerte Maeterlinck dies, weil Puccini auf ihn einen besseren Eindruck machte als Debussy. Trotz Maeterlincks Ablehnung zog Puccini 1899 erneut eine Vertonung von

4. Das Drama *Pelléas et Mélisande*

Das Drama *Pelléas et Mélisande* gilt als ein Prototyp des symbolistischen Dramas. Daher soll es im folgenden auf die Spezifik hin untersucht werden, die es zu einem Drama der frühen Moderne macht. Der Akzent liegt dabei auf der Darstellung von Struktur (Aufbau), Zeit und Figuren. Diese Elemente bieten bevorzugt Möglichkeiten zur kompositorischen Gestaltung und Anregungen zur Suche nach neuen musikalischen Ausdrucksmitteln.

Für die Dramenanalyse im allgemeinen bietet das Buch von Manfred Pfister (1977;1994/8) gute methodische Anregungen. Pfister widmet den Gestaltungsmomenten des modernen Dramas besondere Aufmerksamkeit und bemüht sich um eine möglichst wertungsfreie Darstellung. Aufgrund seiner quantitativen und informationstheoretischen Ausrichtung ist dieser Analyse-Leitfaden jedoch für die Untersuchung eines symbolistischen Dramas nur begrenzt einsetzbar, da zu dessen Grundprinzipien Antirationalismus und Informationsverweigerung gehören.[100] Für die Analyse von *Pelléas et Mélisande* sind hinsichtlich der Aspekte Ort, Zeit und Figuren einzelne Untersuchungspunkte von Pfister hilfreich.

Da für *Pelléas et Mélisande* verschiedene Zählungen der Szenen in der Literatur kursieren (z. B. andere Numerierung der Szenen in Debussys Oper als in Maeterlincks Drama), werden die Szenen zusätzlich zu ihrer Numerierung durch Titel charakterisiert. Dadurch, daß sich das Wesentliche jeder Szene in einem Bild zusammenfassen läßt, kann jede Szene eindeutig benannt werden, was eine einfachere Verständigung möglich macht:

I   1. Schloßtorszene
      2. Waldszene
      3. Briefszene
      4. Meeresszene

II   5. Brunnenszene
      6. Pferdsturzszene
      7. Grottenszene
      8. Verhinderungsszene

III   9. Spinnradszene
      10. Haarszene
      11. Abgrundszene
      12. Terrassenszene
      13. Verratsszene

Pelléas et Mélisande in Betracht (vgl. Wilson, 1997, 111f. und Carner, 1996, 191f., 217. In keiner dieser Biographien wird eine genaue Jahreszahl für Puccinis Gent-Reise angegeben). Belege und Nachweise für die Daten in diesem Kapitel (I/3.4) s. Liste der Maeterlinck-Vertonungen im Anhang.

[100] Wie wenig ergiebig ein einseitig informationstheoretischer Ansatz für die Betrachtung der frühen Dramen ist, zeigt ein Aufsatz von Felten. Für ihn lassen sich die Dramen auf eine Grundaussage reduzieren, die durch Symbole mit gleichem Aussagegehalt lediglich vervielfältigt wird. Folgerichtig kritisiert er diese Redundanz, erkennt dabei aber immerhin, daß sie vom Autor intendiert ist (vgl. Felten, 1986, 321; 323f.).

IV 14. Verabredungsszene
    15. Gewaltszene
    16. Herdenszene
    17. Liebesszene

V   18. Dienerinnenszene
    19. Sterbeszene

4.1 Entstehung

Maeterlinck schrieb das Drama *Pelléas et Mélisande* zwischen Februar 1891 und Januar 1892 mit einer Unterbrechung von sechs Monaten ab Juli 1891.[101] Dies belegen die beiden Skizzenbücher ("agendas"), in denen Maeterlinck in lockerer Folge Ideen, Dialoge und Kommentare notierte. Nach Angelet (1994, 50, Anm. 1) sind diese zusammen mit dem Manuskript des Dramas nach dem Tod von Maeterlincks Frau 1970 verlorengegangen. Davor wurden sie von zwei belgischen Wissenschaftlerinnen, Rondelet und Schillings, ausgewertet. Die kritische Ausgabe des Dramas von Rondelet (1968) sowie der Aufsatz von Schillings sind daher die einzigen Quellen für die Entstehungsgeschichte von *Pelléas et Mélisande*. Sie enthalten viele Zitate aus den "agendas". Dieses Material benutzte Christian Angelet für seinen Aufsatz, der den Weg des Maeterlinck-Textes von den ersten Skizzen bis zum Libretto Debussys nachzeichnet (vgl. Angelet, 1994, 49-58). Aus den diversen Untersuchungen lassen sich folgende für das Verständnis des Dramas relevante Informationen ableiten:

a) Maeterlinck ging beim Schreiben nicht der Reihe nach vor; er arbeitete grundsätzlich an mehreren Szenen gleichzeitig. Dieses Hin- und Hergehen war offenbar nötig, um die subtilen Zusammenhänge zwischen den Szenen zu erzeugen (s. dazu I/4.3: Aufbau). Die einzigen Szenen, an denen er die ganze Zeit über fast ununterbrochen arbeitete, waren die Liebes- und die Sterbeszene (17+19). Dies unterstreicht deren Wichtigkeit auch für den Autor (vgl. Angelet, 1992, 51; Schillings, 1970, 120).
b) Das wichtigste Gestaltungsmoment auf dem Entstehungsweg von den Skizzen zum endgültigen Drama ist die Reduktion. Dies betrifft sowohl die Anzahl der Figuren als auch der Szenen sowie den Umfang der Dialoge.
Zu Beginn der Skizzenphase ging Maeterlinck von einer wesentlich größeren Besetzung für das Drama aus. Gestrichen wurden die blinde Großmutter Mélisandes, die im Schloß thront wie das Schicksal und die Heirat mit Golaud arrangiert, ebenso ein Zwillingsbruder des Pelléas und ein Vertrauter Golauds (vgl. Schillings, 1970, 120, 128). Maeterlinck strich auch eine statische, bildhafte Szene aus dem ersten Akt, die die Ankunft Golauds und Mélisandes in Allemonde schildert und damit eine Verbindung zwischen Brief- und Meeresszene herstellte.

---

[101] Diese Arbeitsunterbrechung könnte im Zusammenhang mit dem Tod von Maeterlincks Bruder Ende Mai 1891 stehen. In den *Bulles Bleues* (1992, 123f.) beschreibt er als Folge dieses Verlusts Symptome, die auf eine Herzneurose hindeuten.

Diese ist im Manuskript noch erhalten.[102] Die Kürzungen innerhalb der Dialogentwürfe betreffen hauptsächlich Erklärungen des Geschehens. Damit werden kausale Zusammenhänge zunehmend eliminiert, das Drama wird Schritt für Schritt in eine Sphäre des rational nicht zu Erfassenden gerückt. Allegorien werden von Maeterlinck weggelassen oder durch vieldeutige Symbole ersetzt (vgl. Angelet, 1992, 53). Offensichtlich hat Maeterlinck zunächst eine "private" Fassung des Dramas mit subjektiven, allumfassenden Erklärungen, die nicht für die Veröffentlichung bestimmt waren, konstruiert.

c) Häufiger werden in den Skizzenbüchern Orte wichtiger Ereignisse sowie Namen der Hauptfiguren ausgetauscht. Auf der Suche nach definitiven Lösungen zog Maeterlinck eine Reihe von Möglichkeiten in Erwägung. So hieß Mélisande zunächst "Claire", dann "Geneviève". Pelléas wurde zunächst "Yniold", Golaud "Uther" genannt.[103] Auch für den Ort des Ringverlustes gibt es verschiedene Varianten: im Wald, unter einem Felsen, im Brunnen. Hier wie bei den Namen werden Ideen oft nicht einfach fallengelassen, sondern an anderen Stellen wiederverwendet.[104] Einzelne Ideen werden auch innerhalb des Komplexes der 9 frühen Dramen verschoben. So regiert die blinde alte Königin aus dem Skizzenbuch für *Pelléas et Mélisande* später in *La Mort de Tintagiles*. Die Idee von der Flucht Pelléas' und Mélisandes in die Berge, die sofort wieder verworfen wurde, taucht zumindest als Vorhaben in *Alladine et Palomides* wieder auf.

Die Beschreibungen der Skizzen durch Angelet und Schillings lassen vermuten, daß Maeterlinck nach einer Art Bausteinprinzip vorging: er entwarf verschiedene Dramenelemente wie Symbole und Orte und jonglierte bis zum Erreichen eines endgültigen Stadiums mit deren Zusammensetzung.

d) Die beiden Hauptszenen Liebes- und Sterbeszene besitzen von Anfang an ihre endgültige Gestalt. Die Notizen zu diesen bestehen aus ständigen Wiederholungen. Sie sind ein statisches Festhalten an der ersten Idee, wie um sie sich immer wieder selbst vor Augen zu führen. Schillings spricht in diesem Zusammenhang von Fixierung (vgl. a.a.O., 121).

Die Uraufführung des Dramas fand am 17. Mai 1893 als singuläre Matineevorstellung im Théâtre des Bouffes Parisien statt. Die Erstausgabe erschien 1892. Für die folgenden Ausgaben überarbeitete Maeterlinck den Dramentext immer wieder, so daß nach Angelet (1994, 56) mindestens acht Fassungen existieren. Die einschneidendsten Änderungen sind in der zweiten und dritten Ausgabe von 1898 und 1902 festzustellen. Hier verfolgt Maeterlinck erkennbar das Ziel, die Durchschaubarkeit und Plausibilität des Dramas zu erhöhen und es so letztlich seiner gewandelten Lebenseinstellung anzugleichen.[105] Bei den nach 1902 auftretenden Abweichungen

---

[102] Diese Szene charakterisiert Pelléas als intuitionsbegabte Figur. Pelléas eilt dem ankommenden Schiff nicht entgegen wie die übrigen Schloßbewohner, sondern verharrt schweigend, bevor er den anderen folgt. Vgl. zu dieser Szene Angelet, 1992, 55 und Grayson, 1997, 28f.. Grayson hat diese Szene als Anhang in seinem Aufsatz mit abgedruckt (a.a.O:, 46-48).

[103] Vgl. dazu Schillings, 1970, 123-125. "Geneviève" verrät die Beziehung zu Tiecks *Leben und Tod der Heiligen Genoveva*; "Uther" erinnert an Roderick Usher aus Poes berühmter Erzählung und kommt außerdem in der Artussage vor (Merlin und Uther).

[104] "Yniold" geht von Pelléas auf das Kind Golauds über, "Geneviève" wird der Name von Pelléas' Mutter. In der Endfassung des Dramas rollt nicht Mélisandes Ring unter den Felsen, sondern später Yniolds goldener Ball.

[105] Beispiele für Änderungen:

handelt es sich nur um unerhebliche Detailretuschen. In Ermangelung einer endgültigen Fassung muß die Ausgabe von 1902 innerhalb der von Maeterlinck selbst herausgegebenen und mit einem Vorwort versehenen zweibändigen Ausgabe seiner frühen Theaterstücke als maßgeblich angesehen werden.

4.2 Quellen

Die stofflichen Wurzeln des Dramas *Pelléas et Mélisande* sind auf mehrere verschiedene Dramen, Erzählungen und Märchen verteilt. Diese Art von Rückgriff auf traditionelle Literatur kann man mit gutem Recht als eklektisch bezeichnen. Das Originelle liegt im Umgang mit den Quellen, in ihrer Verarbeitung und Verschmelzung zu einer neuen Einheit. In diesem Sinne gilt für die frühen Dramen und besonders für *Pelléas et Mélisande*, was Waschek (1990, 241f.) für die französische symbolistische Malerei herausgearbeitet hat: Das symbolistische Kunstwerk stellt grundsätzlich einen Balance-Akt zwischen Eklektizismus und Originalität dar.[106]

Die Figurenkonstellation von *Pelléas et Mélisande* ist am deutlichsten in Dantes *Paolo und Francesca* aus der *Göttlichen Kommödie* vorgezeichnet. Auch hier löst Schwagerliebe den Bruder- und Gattinnenmord aus Eifersucht aus.[107] Allgemeinere Vorbilder für die Konstellation "eine Frau zwischen zwei Männern" sind Tiecks Schauspiel *Leben und Tod der heiligen Genoveva*, das neben Namensparallelen

---

a) Waldszene: Streichungen von Wort- und Phrasenwiederholungen in Mélisande-Repliken: "Ne me touchez pas!" (1892: 2x; 1898 und 1902: 1x); "... perdue!" (1892: 3x; 1898 und 1902: 2x); "... enfuie!" (1892 und 1898: 3x; 1902: 2x).

b) Haarszene: Starke Änderungen der Pelléas-Monologe in der Ausgabe von 1902 gegenüber den beiden früheren. Die Monologe erscheinen hier sprachlich elaborierter; die Figur erhält mehr Sprachkompetenz.

c) Änderungen in den Golaud-Repliken: Sie haben allgemein die Tendenz, Elemente von Verstörung oder Verzweiflung zu eliminieren und so der Figur mehr Würde zu verleihen. Deutliche Beispiele hierfür enthält die Sterbeszene: "... éloigner un instant, s'il vous plaît, s'il vous plaît ... ?" (1892 und 1898) => "... éloigner un instant, mes pauvres amis ...?" (1902); "Ce n'est pas ma faute!" (2x, 1892 und 1898) => "Elle ferme les yeux ..." (1902). Im ersten Beispiel erhält Golaud durch die Anrede der anderen Figuren in der dritten Fassung mehr Distanz zum Geschehen, im zweiten wird aus seinem Klagen in den beiden ersten Fassungen eine sachliche Feststellung. Die Figur wird dadurch mehr dem Typ des traditionellen Dramenhelden angenähert, die ihr ursprünglich eigene Täter-Opfer-Ambivalenz abgeschwächt.

[106] Die ausführlichsten Quellenhinweise liefert Lutaud (1978) in seiner sehr umfassenden Studie über das Motiv des im Wasser versinkenden goldenen Ringes. Viele Quellen zählt auch Smith in seinem Aufsatz *The Play and its Playwright* (1989, 1-29) auf, der der Analyse von Debussys Oper vorangestellt ist (*Cambridge Opera Handbook*). Da die Quellen zu *Pelléas et Mélisande* "unerschöpflich" sind, wie Aron (1994, 35) zutreffend feststellt, kann und will dieses Kapitel keinen Anspruch auf Vollständigkeit erheben. Vielmehr sollen einzelne hervorstechende Modelle für das Drama beschrieben werden.

[107] Grauby (1994, 147) bezeichnet diesen Stoff als Inspiration für Maeterlinck, jedoch ohne Beleg. In der Tragödie *Francesca da Rimini* von Silvio Pellico (1815) wird der mittelalterliche Stoff romantisiert. Der betrogene Ehemann wird als ein an Eifersucht Leidender dargestellt, der im Jähzorn tötet, die Liebenden als bedauernswerte Opfer seines Hasses. Die Figurenkonturierung ist hier der bei Maeterlinck sehr ähnlich. Maeterlincks frühe Kenntnis von Dantes Werk ist wahrscheinlich; für seine Kenntnis des Dramas von Pellico gibt es keine Hinweise.
Der von Maeterlinck verehrte D. G. Rossetti malte ein Bild über *Paolo and Francesca* (Aquarell, 1855; vgl. Halls, 1955, 17).

auch eine Reihe von Detailübereinstimmungen mit *Pelléas et Mélisande* aufweist und deshalb als eine der Hauptquellen für Maeterlincks Drama angesehen werden muß, sowie Poes Dramenfragment *Politian*. Beide Werke kannte Maeterlinck nachweislich vor Beginn der Arbeit an *Pelléas et Mélisande*.
Auch *Tristan und Isolde* enthält eine solche Dreiecksbeziehung. In Maeterlincks *Cahier Bleu* wird das Stück nicht erwähnt; ein Brief van Lerberghes an Mockel (5. Februar 1891) macht aber deutlich, daß Maeterlinck das Wagner-Libretto vor seiner Arbeit an *Pelléas et Mélisande* kannte:

„Il [Maeterlinck; Anm. d. A.] m'a parlé l'autre jour ici [(...)] de *Siegfried*. Il n'en connaît pas une note, mais il avait lu le livret en allemand. [...]. Mais il préfère *Tristan et Yseult*, 'plus humainement pur et sans tout ce fatras de puérile mythologie, plus surhumainement beau...'." (van Lerberghe, 1986, 147).[108]

In Maeterlincks Schriften findet keine Auseinandersetzung mit dem Stück statt. Trotz einiger auffallender Parallel-Elemente (Isolde kommt wie Mélisande mit dem Schiff; Kontrastierung von Tag und Nacht in der Liebesszene; die Metapher vom „Tor des Todes", das hinter Tristan zuschlägt {3. Akt}/das Tor, das Pelléas und Mélisande in der Liebesszene aussperrt) ist *Tristan und Isolde* wohl eher als periphere Einflußquelle aufzufassen, auch wenn diese Assoziation naheliegend erscheint.[109]
Lutaud (1978, 68, Anm. 10) nennt als weitere Quelle für diese Figurenkonstellation Ibsens *Die Frau vom Meere* (1888). Dieses Drama erschien jedoch erst 1892 auf französisch, und der erste Beleg für eine Ibsen-Kenntnis Maeterlincks findet sich 1893 (vgl. PkS, 88), so daß das Drama als Quelle zumindest fraglich erscheint.
Einzelne Motive und Szenen sind in folgenden literarischen Werken vorgebildet:

- Kalidasa: *Sakuntala* (=> Waldszene, Ringverlust)
- Poe: *The Fall of the House Usher* (=> Abgrundszene: Risse in den Wänden spiegeln innere Prozesse[110]
- Villiers de l'Isle-Adam: *Axël*
- Shakespeare: *Othello* (=> Eifersuchtsszene: heiße Hände; für Postic {1970, 85} ein Plagiat).

Einzelne Inspirationen bieten die Märchen der Brüder Grimm:

- Froschkönig (=> Wald- und Brunnenszene)
- Rapunzel (=> Haarszene)
- Eisenhans (=> Herdenszene).

---

[108] „Er hat mit mir ein anderes Mal [(...)] über *Siegfried* gesprochen. Er kannte davon keine einzige Note, aber er hatte das Libretto auf Deutsch gelesen. [...]. Doch er bevorzugt *Tristan und Isolde*, 'menschlich viel reiner und ohne diesen ganzen Wust von kindischer Mythologie, mehr übermenschlich großartig...'."
[109] So für Smith (1989a, 2) oder „vage" für Schmidt-Garre (1969, 87). Abbate (1981, 120) versteigt sich dazu, *Pelléas et Mélisande* als „essentiell Wagnerisches Libretto" zu bezeichnen, was aufgrund der Gegensätze von Dramenstruktur und Figurenzeichnung bei Wagner und Maeterlinck als absurd angesehen werden muß.
[110] Auf diese Quelle weist bereits van Lerberghe in seinem Tagebucheintrag 1892 hin (vgl. van Nuffel, 1968, 19).

Maeterlincks Kenntnis der Dramen Kalidasas beschränkte sich nicht auf *Sakuntala*. Wieland-Burston weist in der Einleitung zum *Cahier Bleu* darauf hin, daß Maeterlinck schon 1890 die Lektüre zweier weiterer Dramen des indischen Dichters in deutscher Übersetzung erwähnt (vgl. CB, 38f., Anm. 109). Seine Beschäftigung mit indischer Literatur ging aber noch weiter, wie Zitate aus Cazalis' *L'Histoire de la Littérature Hindoue* zeigen (vgl. CB, 121). *Sakuntala* beginnt mit einer der Waldszene von *Pelléas et Mélisande* ähnlichen Jagdszene.[111]
Villiers' *Axël* liefert ein Vorbild für die Verbindung einer höheren Liebe mit dem Tod. Der Beweggrund für den gemeinsamen Selbstmord ist hier die Weltverachtung der Décadence.[112]
Auf Tiecks *Leben und Tod der heiligen Genoveva* als eine der Hauptquellen für *Pelléas et Mélisande* hat Lutaud (1978, 64f., Anm. 5) hingewiesen. In beiden Dramen ist die Figurenkonstellation die gleiche, jedoch werden bei Maeterlinck die Rollen anders definiert. Maeterlinck verteilt Schuld und Unschuld relativ gleichmäßig auf die Hauptfiguren. Zwar ist es Golaud, der tötet und dessen Aktionen die Tragödie beschleunigen, aber er wird nicht als "böse" im Sinne des klassischen Dramas dargestellt. Vielmehr ist auch er Opfer des allgewaltigen Schicksals. Seine "Schuld" besteht darin, daß er Realist ist und daher die Zusammenhänge einer umfassenden Wirklichkeit, wie der Symbolismus sie sieht, nie verstehen wird. Vor allem deshalb und weniger aufgrund seiner Handlungen erscheint er als Negativ-Figur. Der fatalistische Relativismus Maeterlincks erlaubt keine moralischen Wertungen. So bleibt die Liebe von Pelléas und Mélisande schuldig-unschuldig; sie ergibt sich, und die Figuren ergeben sich ihr.[113]
Einzelne Elemente und Stellen in Tiecks Drama weisen signifikante Parallelen zu *Pelléas et Mélisande* auf und können daher als direkte Inspirationsquellen angenommen werden:

- Tiecks Golo ist sowohl ein Modell für die Figur des Golaud als auch für die des Pelléas. Insgesamt scheint es, als habe Maeterlinck die Figur des Golo von Tieck "zerschnitten", deren Züge auf zwei Brüder verteilt und daraus seine dramatische Konstellation gewonnen.[114]

---

[111] König Duschjanta verfolgt eine Gazelle und gerät so in einen unbekannten, heiligen Waldbereich, wo er Sakuntala entdeckt, sich in sie verliebt und sie heiratet. Im Gegensatz zu Mélisande verliert Sakuntala ihren Ehering unabsichtlich und bemerkt den Verlust erst später (Akt V). Der Ringverlust bedeutet die Zerstörung der Liebesbeziehung: Der König ist mit "Blindheit" geschlagen und erkennt Sakuntala nicht mehr. Nur das Wiedererlangen des Ringes kann die Beziehung wiederherstellen.

[112] Einzelne Parallelmotive sind Axels von dichten Wäldern umgebene und mit tiefen, unterirdischen Gewölben ausgestattete Burg, die Rose als Symbol der aufblühenden Seele (hier auch ein Rosenkreuzer-Symbol), der Vergleich Saras mit einer Blume, die im Dunkeln erblüht, Saras Liebe zum Meer sowie Axels Aussage, er wolle die Augen Saras für immer schließen.

[113] Bei Tieck ist Genoveva das unschuldige Opfer; ihr Ehemann Siegfried, der die Tötung seiner vermeintlich ehebrecherischen Frau befiehlt, wird ebenfalls als Opfer einer bösartigen Intrige dargestellt. Der "Böse" ist Golo, der in die intakte Ehe der beiden vergeblich einzudringen versucht und die Intrige gegen Genoveva anzettelt. Doch gibt es auch bei Tieck entlastende Momente für Golos erdrückende Schuld und Bosheit. Eine Art Schicksalsdetermination wird zur Erklärung von Golos Verworfenheit von dessen Stiefvater herangezogen: Die Kinder büßen für die Vergehen der Eltern. Und Golo selbst gibt die Schuld den Sternen, die das Schicksal der Menschen bestimmen, gegen das man nichts ausrichten kann.

[114] Das Brudermotiv im Märchen dient oft dazu, zwei verschiedene (meist gegensätzliche) Seiten einer Person darzustellen. Darauf hat Bettina Knapp im Zusammenhang mit *Pelléas et Mélisande* hingewiesen. Sie versteht das Drama als Märchen und bietet eine von Psychoanalyse und pythagoreischer Metaphysik bestimmte Interpretation (vgl. Knapp, 1975, 67-76).

- Golos erster Auftritt bietet eine Verkettung von schicksalshaften Ereignissen, bei denen höhere Mächte im Spiel zu sein scheinen. Sein Pferd scheut plötzlich vor dem Bach, in den später die zum Tode verurteilte Genoveva ihren Ehering werfen wird. Gleichzeitig erklingt Hirtengesang, dessen Text Golos unglückliches Schicksal andeutet (s. *Pelléas et Mélisande*, Brunnen- und Pferdsturz- sowie Briefszene - der Brief an Pelléas entspricht dem Hirtengesang).
- Wie Pelléas liebt Golo die schwangere (!) Frau eines anderen; wie Pelléas in der Brunnenszene provoziert Golo eine übernatürliche Koinzidenz zweier Ereignisse: Während er Genoveva bedrängt, wird ihr Mann Siegfried in der Ferne verletzt.
- Die Naturschilderungen des verliebten Golo in der Nacht enthalten Elemente, die bei Maeterlinck in der Haarszene vorkommen: Mondschein, das Zusammenwirken von "liebesroter" Rose und grünem Moos.
- Golos Lobpreis des Frühlings erinnert in ihrem Enthusiasmus an die Terrassenszene von *Pelléas et Mélisande*, ebenso die Warnung des Stiefvaters an Golo, Genoveva nicht zu nahe zu treten.
- In Tiecks Vorstellung, daß die Zeit kalt und gleichgültig an den Menschen vorübergehe, ist viel von Maeterlincks Schicksalskonzept vorgebildet, ebenso in der von dem verurteilten Golo verkündeten vorläufigen Quintessenz des Dramas, daß weder Tugend noch Laster gegen das Schicksal etwas ausrichten können.

Einige Szenen aus *Pelléas et Mélisande* knüpfen an verschiedene Märchen der Brüder Grimm an. Dabei lassen sich besonders gut Techniken der Motivtransformation erkennen, die grundlegend für Maeterlincks Dramenstil sind.
Die Waldszene ist eine Anspielung auf *Der Froschkönig*. Das Motiv "Versinken eines goldenen Balles und dessen Wiederbeschaffung" wird hier ironisiert: die Prinzessin möchte ihr verlorenes Kleinod um keinen Preis wiederhaben, und der, der als "Retter" in ihrer Not auftaucht, zeigt von vornherein seine originale, wenig attraktive Gestalt: die einer alternden Vaterfigur, die sich nie in einen jungen Prinzen verwandeln wird (über die allerdings der Weg zu einem jungen Prinzen führt). Das *Froschkönig*-Motiv vom goldenen Ball, der in den Brunnen fällt, wird nicht nur parodiert, sondern zusätzlich in seine Bestandteile zerlegt, variierend ergänzt und so vervielfältigt. In der Waldszene sind die Elemente "weinende Prinzessin an einer Quelle" und "Nahen eines Retters" erhalten; der goldene Ball wird durch die goldene Krone ersetzt. Die direkte Parallelszene zur Waldszene, die Brunnenszene, bietet als ursprüngliche Märchenelemente den tiefen Brunnen und das Spielen mit dem Kleinod, das hier aber ein Ring ist. Der Verlust ist irreversibel, daher ist die Figur des Retters mit dem von Anfang an anwesenden Pelléas nur angedeutet. In der Herdenszene taucht schließlich mit dem goldenen Ball das Originalkleinod des Märchens auf, doch wird dieses von einem Jungen verloren und fällt unter einen Felsen.[115] Auch hier ist der Verlust endgültig, die Retterfigur ist vollkommen eliminiert.
Die Haarszene hat ihre Parallele in dem Märchen *Rapunzel*.[116] Dort hat das Herablassen der Haare eindeutig sexuelle Bedeutung: Rapunzel wird durch den Besuch des Prinzen im Turm schwanger, ihre Haare sind der Weg, über den der Prinz zu ihr

---

[115] Der Junge, der einen goldenen Ball verliert, kommt in dem Märchen *Eisenhans* vor. Mit dem Verlust des Balles beginnt für das Kind der "Ernst des Lebens", eine Zeit voller Aufgaben und Prüfungen. Den Hinweis auf diese Quelle gibt Lutaud (1978, 64).

[116] In seinen *Notes critiques* zu *Pelléas et Mélisande* von 1892 - einer unmittelbar nach Fertigstellung des Dramas abgefaßten handschriftlichen Interpretation (Tagebuch), deren Transkription in *Annales* 14/1968 veröffentlicht ist - weist Maeterlincks Freund van Lerberghe nur allgemein auf Grimms Märchen als Quelle für diese Szene hin. (vgl. van Lerberghe, 1968, 18).

gelangt. Im Unterschied zu *Rapunzel* ist das Haar in *Pelléas et Mélisande* nicht Mittel zum Zweck, sondern Selbstzweck, erotischer Fetisch im Sinne der Symbolismus-Décadence.
Maeterlinck benutzt die Märchenmotivik zur Abbildung seiner Sicht von Wirklichkeit. Die Einbeziehung der irrealen Märchenwelt in normales Alltagsgeschehen ermöglicht eine totale Weltsicht im symbolistischen Sinn, in der weder die reale noch die transzendente Welt ausgeklammert bleiben. Maeterlinck schiebt die verschiedenen Realitätsebenen derart ineinander, daß ein Oszillationseffekt zwischen ihnen entsteht. Das ständige Umkippen von einer in die andere Ebene beläßt das Publikum auf schwankendem Terrain. Ein augenfälliges Beispiel hierfür bietet die Waldszene. Sie wird von Märchenhaftem eingerahmt und durchzogen. Der im Wald jagende Königssohn verirrt sich und findet (dadurch) ein schönes Mädchen an einer Quelle (Fee, Nixe, Hexe ...?). Bis dahin bleibt die Szene im märchenhaft-irrealen Bereich. Der Dialog zwischen beiden bewirkt das Umspringen auf eine reale Ebene, das übersinnliche Moment wird ausgeblendet oder bis zur Andeutung reduziert (z. B. "Mélisande schließt nie die Augen"). Die im Dialog sich konstituierende reale Ebene ist jedoch keine rein vordergründige materielle, sondern auch eine psychologische. Dabei bietet Maeterlinck im historischen Sinn prae-psychoanalytische Phänomene wie Verdrängung, Trauerarbeit (Mélisande) und Wunschprojektion (Golaud) auf. Die reale Ebene wird unterschwellig von einer märchenhaften überlagert - die "Fee" Mélisande stellt dem Prinzen Golaud trotz ihrer Hilflosigkeit Aufgaben bzw. erteilt ihm Lehren:

- Die Schönheit kann nicht mit Gewalt erobert werden.
- Sie kann nur erfahrbar werden, wenn man der materiellen Welt und ihren Werten (Krone) entsagt.

Beide Forderungen erfüllt Golaud nur widerstrebend und unter äußerstem Druck von seiten Mélisandes. Daß er die Lektionen dieser Szene nicht wirklich gelernt hat, zeigt der weitere Dramenverlauf. Der Schluß der Szene kehrt zum Märchen zurück: beide Figuren erkennen, daß sie in derselben Situation sind und suchen einen Ausweg (s. *Hänsel und Gretel*; auch hier ist der "Mann" der aktivere).

Eine nicht immer so offenkundige, aber für alle frühen Dramen ausgiebig genutzte Bezugsquelle ist die Bibel. Der Bruch Maeterlincks mit dem Katholizismus bedeutete keine Abkehr von den Bildern und Symbolen des Alten und Neuen Testaments, die ihn in seiner Schulzeit wie selbstverständlich umgaben. Wie die Märchenmotive werden die biblischen Elemente oft ihres ursprünglichen Sinnes beraubt, verfremdet und in die symbolistische Weltsicht integriert. In *Pelléas et Mélisande* werden die biblischen Motive meist metaphorisch oder allegorisch gebraucht. Die "Wasser der Sintflut" (Schloßtorszene) illustrieren die Vergeblichkeit der Bemühungen der Dienerinnen, den Boden von Blutflecken zu reinigen, d. h., eine Schuld zu sühnen. Die geöffneten Tore und Türen (Schloßtor-, Gewaltszene) sind Verbindungen zwischen zwei Welten oder Zeiten und damit mit dem biblischen Bild von der Himmelstür verknüpft. Die Heilung von Blinden (z. B. Joh. 9,17), im Neuen Testament als eschatologische Hoffnung auf Befreiung von allen irdischen Beschränkungen gemeint und allegorisch den Istzustand des Menschen in der Welt (blind = verständnislos) und den zukünftigen im Reich Gottes (sehend = verstehend) darstellend, wird bei Maeterlinck (Brunnenszene) in ihr Gegenteil verkehrt und zum Zeichen der Hoffnungslosigkeit: Der Blindenbrunnen hat seine Kraft verloren. Die Herdenszene ist ein biblisches Bild. In Jes. 53,7 wird es mit dem leidenden Gottesknecht in Verbindung gebracht: Er verteidigt sich nicht gegen die Schmähungen, sondern verstummt vor seinen Peinigern wie das Schaf vor dem Scherer oder das Lamm, das zur Schlachtbank geführt wird. Im Neuen Testament wird dieses Bild auf die Passion Jesu übertragen. Durch die Anknüpfung an dieses Bibelmotiv erhält die Herdenszene zusätzlich zu ihrem fatalistischen Aspekt den des Leidens im Angesicht des Todes. Das Leiden hebt auch die Anspielung auf die Dornenhecke in der Gewaltszene hervor, die die Assoziation "Dornenkrone - Passion Jesu" weckt. Golaud wird dadurch nicht nur als Täter, weil eifersüchtig und aggressiv, sondern auch als leidendes Opfer gezeichnet. In der Verratsszene wird ein biblisches Bild zur Beschreibung der Dreieckssituation zwischen den drei Hauptfiguren aus der Sicht Golauds herangezogen. Golauds Schilderung des Geschehens im Wald, wo ein Gärtner sich vergeblich bemüht, einen quer über den Weg gefallenen Baum wegzuräumen, ist beinahe ein Zitat von Koh. 11,3. Die abstrakte Aussage des Predigers über die Vergeblichkeit menschlichen Bemühens wird in Maeterlincks Drama auf einen konkreten Sachverhalt übertragen und damit vom Symbol zur Allegorie reduziert.

An zwei Stellen im Drama werden biblische Namen assoziativ benutzt. In der Gewaltszene ruft Golaud den Davidssohn Absalom an und kündigt damit unbewußt oder halbbewußt seine Mordtat an. In diesem biblischen Namen steckt die ganze Tragik Golauds: Es wird nicht nur auf die vergleichbare Tat, sondern auch auf sein Oszillieren zwischen Schuld und Unschuld angespielt.[117] In Mélisandes Lied (Haarszene) kommen drei alttestamentliche Figuren vor: die Erzengel Rafael, Michael und der Prophet Daniel. In der ersten Fassung des Dramas (1892) singt Mélisande bereits in der Spinnradszene einen Teil ihres späteren Liedes mit diesen drei Namen. Die drei Heiligen haben eine besondere Beziehung zu Mélisandes Situation: Sie stehen für Rettung vor Verleumdung (Ehebruch), Todesgefahr und den Wunsch zu fliehen.[118]

Auch die Figuren- und Ortsnamen des Dramas - grundsätzlich handelt es sich um sprechende Namen - sind mit mehreren verschiedenen Quellen verbunden. Durch

---

[117] Der Brudermörder Absalom erschlug seinen Halbbruder Amnon aus Rache dafür, daß dieser seine Schwester Tamar vergewaltigt hatte. Die Tat des einen rechtfertigt aus damaliger Sicht die des anderen; andererseits ist Brudermord nicht zu rechtfertigen.

[118] Von den zahlreichen Taten und Abenteuern des Daniel fügt sich am besten die Episode von der frommen Susanna in den Kontext des Dramas ein. Susanna wird von Verleumdern des Ehebruchs bezichtigt, angeklagt und zum Tode verurteilt. Daniel überführt die Verleumder und rettet Susanna. Erzengel Michael besiegt Luzifer im Kampf und rettet die Frau mit dem Kind vor dem Drachen (s. NT-Apokalypse). Außerdem wird er als Patron der Sterbenden und Seelengeleiter angesehen. Seine Aufgabe ist es, die Seelen der Verstorbenen ins ewige Licht zu führen (s. Requiem-Text, Offertorium). Erzengel Rafael galt im Mittelalter als Schutzengel und Patron der Reisenden.
Zur Rolle biblischer Texte für Maeterlincks Werke vgl. Lutaud, 1971, 39-127. Lutaud analysiert Maeterlincks Bibellektüre anhand der Anstreichungen in dessen *Vulgata* und stellt fest, daß Maeterlinck die Bibel als Darstellung menschlichen Unglücks, als Verteidigung der menschlichen Kreatur gegen die Ungerechtigkeit des Schöpfergottes auffaßte und letztlich als unmoralisches Werk ansah, da die Menschen hier zu Opfern eines grausamen Schicksals gemacht würden (vgl. ebd., 46). Maeterlinck benutzt biblische Grundmotive wie "Blindheit" als Ausgangspunkt für die Schaffung eigener Mythen (vgl. ebd., 101-109). In Lutauds Aufsatz werden die frühen Dramen weniger berücksichtigt, biblische Motive in *Pelléas et Mélisande* - mit Ausnahme des Schafes - nicht erwähnt. Als Beispiele für die Modellfunktion biblischer Texte werden hier hauptsächlich die späten Dramen *Monna Vanna* (=> Judith) und *Marie Magdeleine* (=> Martha - Lazarus - Judas) behandelt.

die sorgfältige Auswahl der Namen aus mythischen, historischen und literarischen Vorlagen einerseits und phonetische Assoziationen andererseits werden semantische Räume eröffnet, die für die Drameninterpretation von Bedeutung sind.
"Pelléas" ist eine Figur der Artussage. Er ist Titelheld des Gedichts *Pelleas and Ettarre* aus der Sammlung *Idylls of the King* von Tennyson. Dieser schrieb seine Gedichte in Anlehnung an Malorys *King Arthur*. In der antiken griechischen Sagenwelt kommen zwei ähnliche Namen vor: "Pelias" heißt der alte König in der Argonautensage, "Peleus" ist der Vater des Achilles.[119] Eine weitere mögliche Anknüpfung ist phonetischer Art: "the bust of Pallas" (man beachte die englische Aussprache !) in *The Raven* von E. A. Poe. Poe schreibt in seinem Essay *The Philosophy of Composition* (1984, 22), daß er diesen Namen unter anderem wegen seines Klanges gewählt habe.
Der Name "Mélisande" kommt in originaler Form nur in dem historisch-politischen Zusammenhang der Kreuzzüge vor. Melisande (auch Melisende) war die Tochter König Balduins II. und von 1131 bis 1150 Königin von Jerusalem. Sie wird als sehr weise, gebildet und hoch angesehen charakterisiert.[120] In dem Mittelalter-Roman *Valentine und Orson* heißt die weibliche Hauptfigur "Bellisant". Sie wird - ähnlich wie Tiecks Genoveva - vor ihrem Gatten verleumdet und unschuldig verbannt. Auf diese Verbindung wird in der Maeterlinck-Literatur ebenso hingewiesen wie auf die Ähnlichkeiten der Namen Mélisande - Mélusine. Eine phonetische wie semantische Beziehung besteht zu "Melissa" (= griech. für "Biene"; vgl. Lutaud, 1977, 46, Anm. 29).[121] Auf eine weitere, phonetisch begründetet Assoziation verweist Lutaud (1977, 40, Anm. 11): Mélisande - Melos. In seinem Aufsatz untersucht er die implizite Musik in Maeterlincks Drama und vertritt die Ansicht, daß Allemonde vor allem eine klingende Welt sei, da die kommunizierten Wahrnehmungen überwiegend akustischer Art seien. Mélisande ist für ihn vor allem die Inkarnation der Melodie oder des Gesangs, da sie die einzige Figur des Dramas ist, die singt.
Das eindeutigste literarische Vorbild von allen Figuren aus *Pelléas et Mélisande* hat Golaud. Mit der Intrigenfigur Golo aus Tiecks *Genoveva* hat er nicht nur den Namen gemeinsam; es gibt auch deutliche Übereinstimmungen von Charakterzügen und Verhalten der Figuren sowie von einigen sie betreffenden Ereignissen. Ein weiteres Vorbild ist Shakespeares Othello. Auf die phonetische Ähnlichkeit der Namen hat Lutaud (1978, 64f., Anm. 5) hingewiesen (vgl. auch Postic, 1970, 85). Lutaud bietet

---

[119] Bei Malory heißen die beiden "Pelles and Ettarde". Maeterlinck kannte beide Werke (vgl. Wieland-Burston, 1976, 36). In der Artussage ist Pelleas ein naiver, in der Liebe unerfahrener Jüngling, der sich in die adlige Ettarre verliebt, die jedoch für seine ungeschickte Anhänglichkeit nur Spott und Verachtung übrig hat.
Pelias weigert sich, Jason die Macht zu übergeben, obwohl dieser ihm das geforderte goldene Flies überbracht hat. Deshalb wird Pelias von Jasons Gattin Medea durch eine List grausam getötet.
Peleus tötet auf der Jagd aus Versehen seinen Schwiegervater und heiratet später die Meeresgöttin Thetis. Nach der Geburt ihres Sohnes Achilles kehrt Thetis ins Meer zurück.

[120] Vgl. Schein, 1993, Sp. 495-496 - ebenso den Hinweis bei Zenck-Maurer, 1990, 263. Es gibt keinen Beleg dafür, daß Maeterlinck diesen Namen aus der Geschichte kannte und damit auch keine Anhaltspunkte für assoziative Spekulationen wie die von Zenck-Maurer.

[121] Da sie sich von Blumen und deren Duft angezogen fühlt, galt die Biene als Symbol der Reinheit; im alten Ägypten in Verbindung mit der Sonne als Symbol der Seele. Außerdem wurde sie durch ihr scheinbares Sterben im Herbst und ihre Wiederkehr im Frühjahr mit Frühlingsmythen von Wiedergeburt bzw. Tod und Auferstehung in Verbindung gebracht. Alle diese Züge sind in gewisser Weise auch in der Figur der Mélisande vorhanden. Maeterlinck interessierte sich zeit seines Lebens für Bienen. Nach Maenner (1965, 64) sind für ihn die Bienen eine besondere Form der beseelten Unendlichkeit.

hier auch ein interessantes, wenn auch vielleicht etwas weit hergeholtes Deutungsexempel: Golaud = gold (englisch und deutsch) + eau (französisch) => Golaud ist derjenige, durch den das Gold ins Wasser fällt. Er tötet Illusionen und ertränkt Ideale.

Für Arkel ist kein unmittelbares literarisches Vorbild auszumachen. Der Name erinnert an griechische Begriffe wie αρχαιος (= alt), αρχη (= Anfang/Herrschaft) oder αρχον (= Herrscher ;vgl. Lutaud, 1992, 89). Zwei Personen der griechischen Antike tragen ähnliche Namen und könnten auch durch ihr Leben und Wirken für die Figur des Arkel Pate gestanden haben: Archelaos, der König von Makedonien und der Scholarch Arkesilaos, der die Urteilsenthaltung in seiner Schule einführte.[122]

Ein größeres Bedeutungsfeld eröffnet der Name des Reiches Allemonde. Klar ist hier nur, daß es sich um eine bilinguale Konstruktion handelt, wie sie bei Maeterlinck häufiger anzutreffen ist (vgl. Lutaud, 1977, 49f., Anm. 34). Relativ eindeutig ist der zweite Wortteil (monde = Welt). "Alle" kann verschieden interpretiert werden. Faßt man es als deutsches Wort auf, so ergibt sich die Bedeutung "alle Welt/ganze Welt" oder auch "überall auf der Welt". Für letzteres plädiert Maenner (1965, 64). Das griechische Adjektiv "αλλος, αλλη" (= ein anderer) ergibt die Bedeutung "eine/die andere Welt". Diese Deutung bietet Hirsbrunner (1985, 170). Man muß allerdings nicht wie dieser das lateinische "alter" bemühen, um zu diesem Sinn zu gelangen; das griechische "αλλος" ist phonetisch wesentlich naheliegender. Diese Bedeutung verweist auf die keltische Mythologie. Dort ist "Anderswelt" die Bezeichnung für das Jenseits.

Ein literarisches Vorbild für diesen Ortsnamen bietet Villiers' *Axël*. In einer Erzählung des Helden kommt ein Tafelberg in Palästina mit einem Schloß vor, der "Alamont" heißt.[123]

4.3 Aufbau

Das Drama *Pelléas et Mélisande* besitzt einen zweifachen Aufbau. Neben der formalen Einteilung in Szenen und Akte gibt es eine vertikale Schichtung, die quer durch das gesamte Drama verläuft. Das Drama spielt auf drei verschiedenen Wirklichkeitsebenen, von denen nur zwei als "Bühne" (äußere Welt) und "Nicht-Bühne" (Jenseits, transzendente Welt) lokalisierbar sind.[124] Die dritte (innere, psychische

---

[122] Archelaos (4. Jh. v. Chr.) holte zahlreiche berühmte Dichter und Künstler an seinen Hof nach Pella (!), unter anderem Euripides, der als Meister der Darstellung des Seelenlebens seiner Helden galt und als erster Frauen in den Mittelpunkt einer Tragödie stellte. Arkesilaos (3. Jh. v. Chr.) lehrte, daß nur Wahrscheinlichkeit erreichbar sei, diese aber zum Leben genüge. Diese skeptische Haltung paßt zur Weisheit des Arkel, der wie Sokrates "weiß, daß er nichts weiß" und daher eine Relativität aller Wahrheiten vertritt. Eine weitere phonetische Parallele könnte man auch zwischen König Marke aus *Tristan und Isolde* und Arkel sehen.

[123] Die phonetische Assoziation „Allemonde - allemand" drängt sich zwar auf, war aber von Maeterlinck wohl nicht beabsichtigt. Das Wort „monde" ist der verbindende Bestandteil seiner Dramenreiche (Ysselmonde, Stilmonde, Orlamonde usw.) und ist so mit der Bedeutung „Welt" belegt. Überdies ist es unwahrscheinlich, daß Maeterlinck die von ihm zu dieser Zeit noch über alles verehrte Kulturnation Deutschland mit dem untergehenden „Allemonde" gleichsetzen wollte, wie es später in Frankreich das Publikum von Debussys Oper tat.

[124] Groß (1985a, 92) unterscheidet drei literarische Bedeutungsebenen: materiell, allegorisch, symbolisch. Daran zeigt er die Relativität der Wahrheiten bei Maeterlinck auf.

Welt) ist an die Figuren gebunden, konstituiert sich also im Spiel und hat nach Maeterlincks Sicht der Psyche Anteil an den beiden anderen Ebenen (vgl. Maenner, 1965, 35). Die erste Wirklichkeitsebene ist der Realität, dem äußeren Geschehen vorbehalten. Die "Handlung" ist ein einfaches Eifersuchtsdrama, eine Dreiecksgeschichte zwischen einer Frau und zwei Brüdern, wie sie in der Literatur häufig vorkommt. Sie ist in wenigen Sätzen erzählt und dient in ihrer Banalität dazu, sich selbst als aktives Moment des Dramas ad absurdum zu führen. Dieses Handlungsgerüst, das weder Übernatürliches noch Unerklärliches enthält, füllt Maeterlinck mit Symbolen, Vorahnungen, überzufälligen Koinzidenzen und läßt so ein "drame statique" entstehen, in dem die innere und die transzendente Welt weitaus mehr Gewicht haben als die äußere.

Grundeinheit des Dramas ist die Szene. Die Akteinteilung besitzt keine dramaturgische Funktion mehr - sie ist rein äußerlich. Nur Akt IV und V stellen durch die relativ kontinuierliche Zeitdisposition ihrer Szenen geschlossene Einheiten dar. Mit der Funktionslosigkeit der Akteinteilung korrespondiert die Episodenhaftigkeit der 19 Einzelszenen. Die Beziehung der Szenen untereinander ist gelockert; sie sind in sich selbst ruhende Tableaus. Daher ist ihre Reihenfolge grundsätzlich unabhängig von einem fortlaufenden Handlungsstrang; sie sind tendenziell austauschbar. Groß (1985a, 93) vergleicht ihre variable Anordnung mit einem Puzzle. Der übergreifende Handlungsstrang, der den Zusammenhalt des traditionellen Dramas gewährleistet, wird durch ein subtiles Beziehungsnetz der Szenen untereinander ersetzt. Zusammenhangstiftend wirken hier neben Ort und Zeit vor allem Motive und Symbole.[125]

Die Anlage des Dramas ist mittelpunktzentriert. Die Haarszene ist nicht nur arithmetisch, sondern auch inhaltlich das Zentrum des Dramas. In dieser Szene werden die Weichen für die dramatische Entwicklung gestellt. Mélisande wird sich ihrer Liebe zu Pelléas bewußt (Rose) und verliert dadurch ihre "Unschuld" (die Tauben fliegen weg). Pelléas gibt sich ganz seiner erwachenden Liebe hin. Weil diese noch unbewußt oder allenfalls halbbewußt ist (er sieht die Rose nicht), ist er in dieser Szene so übermütig und ausgelassen wie nirgends sonst im Drama. Golauds erwachende Eifersucht wird hier erstmals nach außen hin sichtbar; von dieser Szene an steigert sie sich bis zur Katastrophe. Die Haarszene (10) besitzt mit Abstand die meisten Motivverbindungen zu anderen Szenen und ist eine Vorbereitung der Liebesszene - im Keim sind dort alle Elemente der Liebesszene bereits enthalten. Die Mittelpunktfunktion der Haarszene wird auch dadurch bedingt, daß die Szenen 1-9 ihre Verbindungen meist zu einer Szene aus den Szenen 11-19 haben.

Besonders ausgeprägt sind die motivischen Beziehungen zwischen den vier ersten und den drei letzten Szenen:

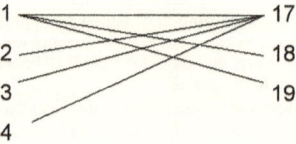

---

[125] Vgl. dazu auch Lutaud (1977, 36), der die wiederkehrenden Motive und das subtile Beziehungsnetz im Drama als musikalisches Kompositionsprinzip auffaßt.

Diese Motivstreuung erzeugt eine formale Scheingeschlossenheit bei gleichzeitig inhaltlich offenem Ende des Dramas.
Die Schlüsselszenen hierbei sind die Schloßtor- und die Dienerinnenszene. Diese "Rahmenszenen" wirken wie das Öffnen und Schließen einer Marionettenbühne. Sie sind nur lose mit dem Geschehen des inneren Dramas (Sz. 2-17) verbunden und tragen deutlich auktoriale Züge.[126]

Die Verklammerung der Szenen durch einzelne Symbole läßt sich graphisch veranschaulichen. In der Übersicht werden nur die wichtigsten wiederkehrenden Symbole berücksichtigt; sie erhebt daher keinen Anspruch auf Vollständigkeit. Die Mittelpunktstellung der Haarszene manifestiert sich dadurch, daß sie mit Abstand die meisten Motivverbindungen zu anderen Szenen besitzt. Diese werden gesondert dargestellt.
Graphik 1 bietet eine Übersicht über die die Szenen verbindenden Motive. Aus Graphik 2 geht hervor, daß die Haarszene außer zur Schloßtor-, Abgrund-, Herden- und Dienerinnenszene zu allen anderen Szenen motivische Bezüge hat und daß die Anfangsszenen am stärksten mit den Endszenen verflochten sind. Daß die beiden Rahmenszenen 1 und 18 ausgespart bleiben, unterstreicht ihre Distanz zum eigentlichen Geschehen des Dramas. Die "außerhalb" liegende Sterbeszene ist lediglich durch ein peripheres Motiv mit der Haarszene verknüpft. Mit den Kurzszenen 3, 8 und 14 hat die Haarszene nur das Abreisemotiv gemeinsam. Die "Golaud-Szenen" 2, 6 und 13 sind locker mit der Mittelpunktszene verklammert, die übrigen "Pelléas und Mélisande - Szenen" dagegen eng. Die meisten Verbindungen existieren zur Liebesszene; bedeutsame gibt es zur Brunnenszene.

4.4 Orts- und Zeitstrukturen

Die Semantisierung von Raum und Zeit in *Pelléas et Mélisande* hat einen metaphysischen Hintergrund. Da Maeterlinck die religiös-christliche Auffassung teilte, daß Raum und Zeit irdische Begrenzungen des Menschen sind, die durch den Tod aufgehoben werden und in der anderen Welt nicht existieren, ist es folgerichtig, das Wirken der "personnage sublime" vor allem durch Diskontinuität von Ort und Zeit im Drama darzustellen. Die raum-zeitliche Entgrenzung findet man als Grundziel in der Mystik fast aller Religionen.

---

[126] Das Schließen des Tores geschieht zwar schon in Szene 17, die auktorialen Dienerinnenfiguren informieren das Publikum aber erst in Szene 18 über Hintergründe des Geschehens. Die beiden Szenen, in denen sie aktiv auftreten, bilden formal den Anfang und den Schluß des Dramas. Durch diese Konstruktion wird die Sterbeszene aus dem eigentlichen Drama herausgenommen; sie liegt "jenseits" des Geschehens. Auch Descamps (1986, 81-84) setzt einen möglichen Dramenschluß nach der Liebesszene an, betont aber - nicht zuletzt aufgrund der teilweisen zeitlichen Simultanität - die Einheit der beiden letzten Szenen. Für sie ist Akt V ein Supplement. In seinen *Notes critiques* zu *Pelléas et Mélisande* (in: *Journal* 1892, 3e cahier, S. 184-196; abgedruckt in *Annales*, 1968) bezeichnet van Lerberghe die Schloßtorszene als eine Art Prolog, der nur symbolisch mit dem übrigen Drama verbunden ist (vgl. van Lerberghe, 1968, 14).

Graphik 1

1
- Tor geöffnet/geschlossen, Riegel quietschen — 17
- Treppe blutbefleckt, Tor öffnen, Dienerinnen — 18
- Aufgehende/untergehende Sonne über dem Meer — 19

2
- Quelle/Brunnen, Kronen-/Ringverlust, Beziehungsbeginn M-G/M-P — 5
- Hand geben (Versuch von G/P => M) — 10
- Gs Haare und Bart (grau) — 13
- Kronen-/Ballverlust — 16
- G jagt im Wald, G hinter/neben einem Baum, M flieht vor Ehemann/G — 17

3
- Abreise, Krankheit von Ps Vater — 8
- Abreise — 10
- Abreise, Krankheit von Ps Vater — 14
- Abreise, Ms Kleid von Dornen zerrissen — 17

4
- Am Meer, Dunkelheit, Hand geben (P => M) — 7
- Abreise, Hand geben (P => M) — 10
- Wind: P bemerkt Aufkommen/Abflauen — 17

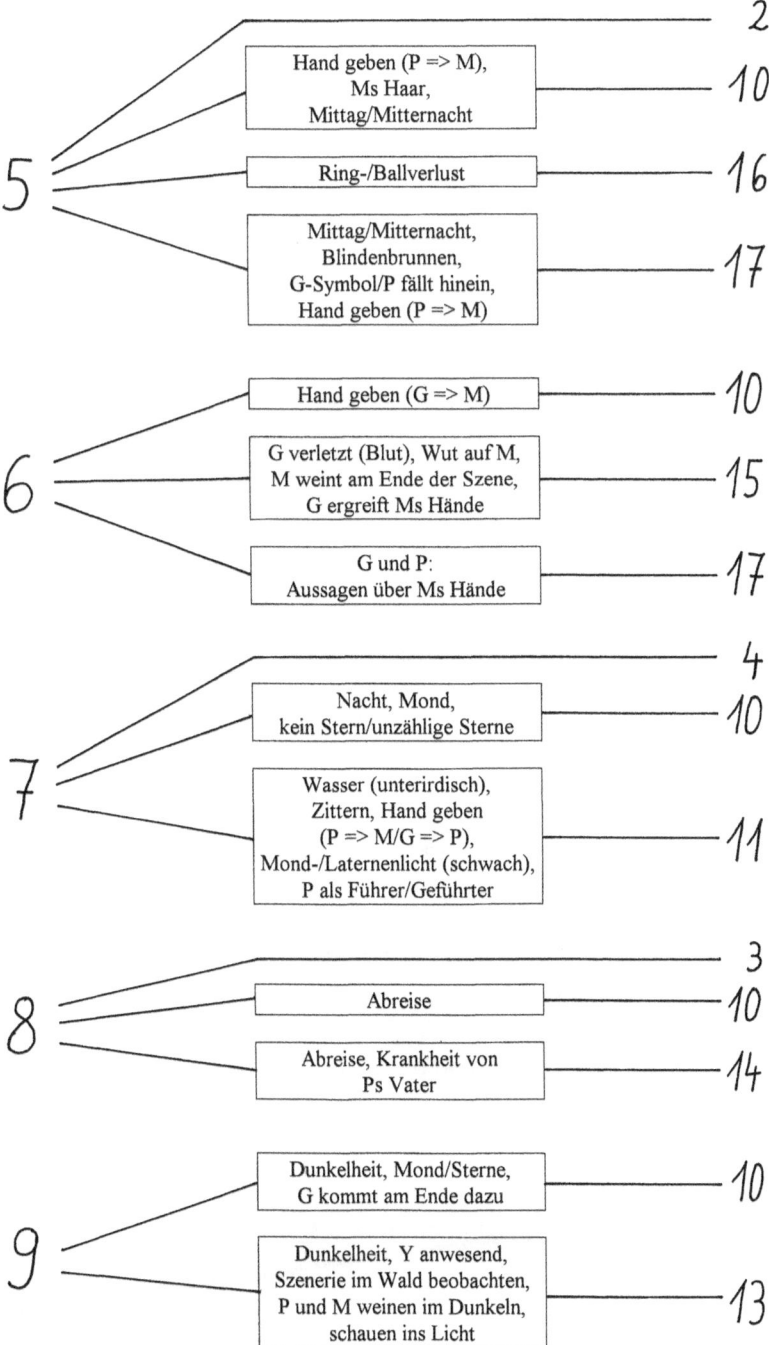

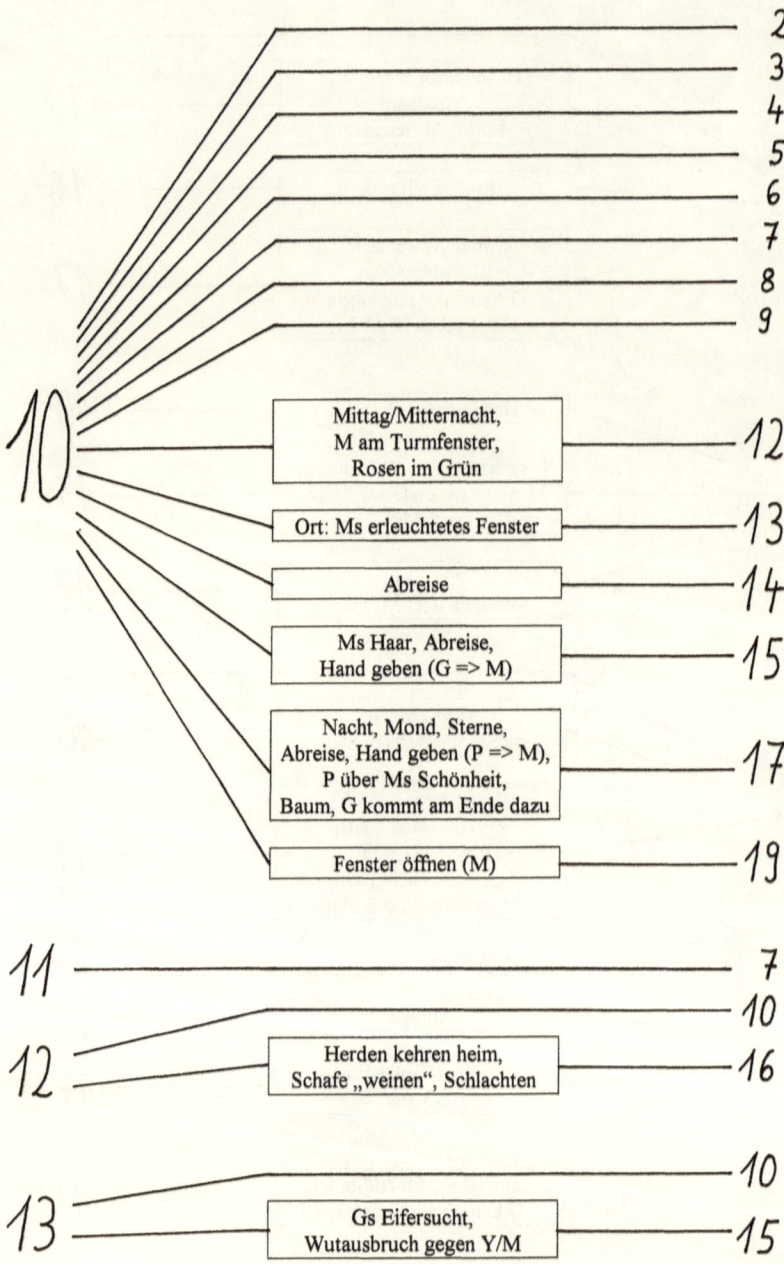

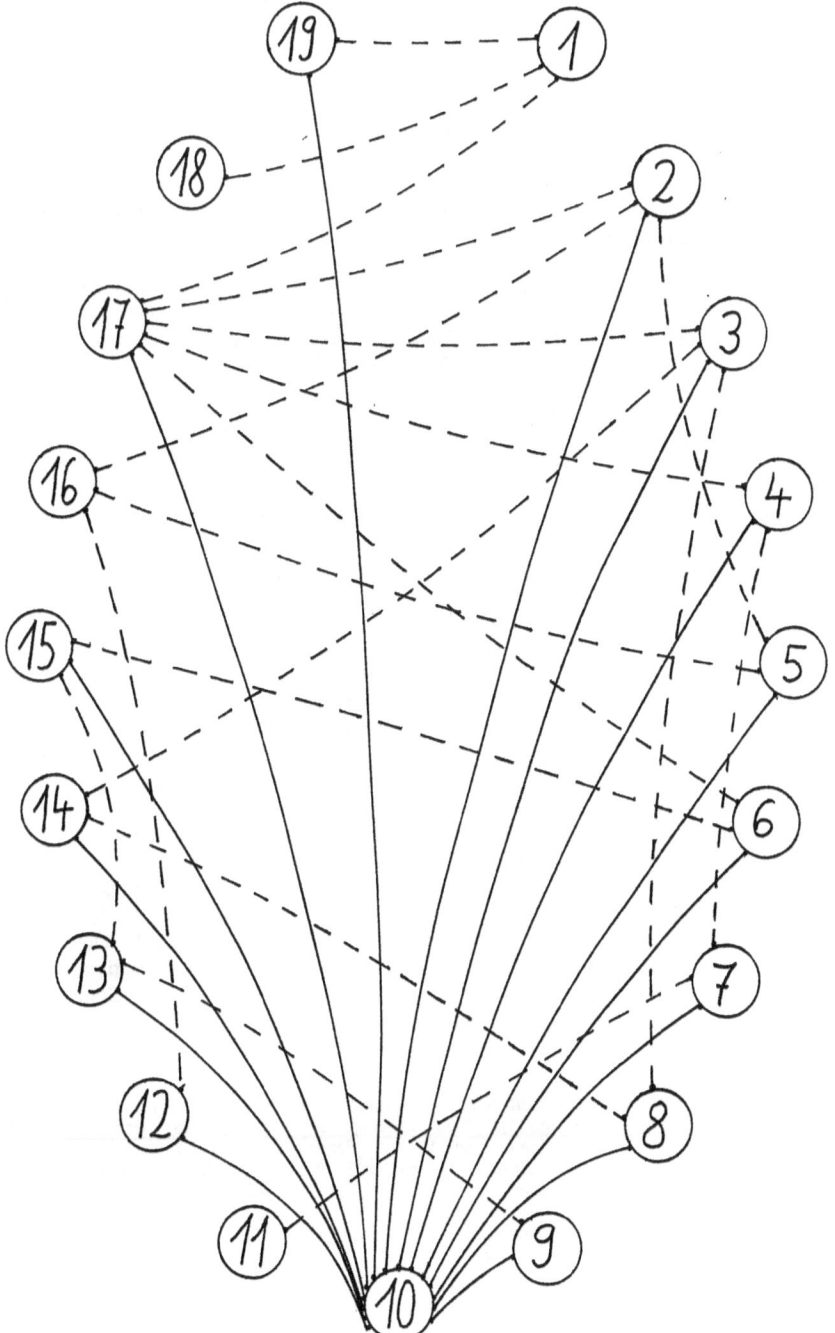

Graphik 2

Ort

In *Pelléas et Mélisande* bedeutet Szenenwechsel zugleich Ortswechsel. Von den 19 Szenen spielen 17 an verschiedenen Orten; nur die Terrasse und der Blindenbrunnen werden zweimal eingesetzt.[127] An die Stelle einer Raumübersicht treten eine Fülle von Raumausschnitten oder -fragmenten, die Allemonde als verwirrendes Labyrinth erscheinen lassen. Diese Konzeption ist Teil der Informationsverweigerung, die Maeterlinck in seinen frühen Dramen systematisch betreibt (vgl. Groß, 1985a, 89f.). Die Möglichkeit der Wahrnehmung und Vorstellung des Gesamtraumes geht verloren; die Teilräume lassen sich nicht mehr zu einer Einheit zusammenfügen. Der dem Raum immanente Aspekt der Simultaneität in der Wahrnehmung und der Vorstellung wird zurückgedrängt. Baier sieht darin das wichtigste Raumgestaltungsmoment in Maeterlincks frühen Dramen:

> "Synekdoche seems to be the fundamental synthesizer which enriches the dramatic universe of Maeterlinck by weaving together a tight network of interrelationships. The binding of offstage and onstage spaces is the crucial step in the generation of Maeterlinck's poetic system." (Baier, 1975, 194).

Die Aufsplitterung in zahlreiche Detailräume verleiht dem Raum tendenziell das eigentlich der Zeit vorbehaltene Merkmal der Sukzessivität. Gleichzeitig verlieren viele Teilräume durch die in ihnen herrschende Bewegungslosigkeit ihre dritte Dimension und erstarren zum Bild (z. B. Meeresszene, Spinnradszene, Herdenszene). Die einzige Szene, die außerhalb von Allemonde spielt, ist die Waldszene. Ihr Ort ist durch das Meer vom Hauptort des Dramas getrennt.

Die Orte des Dramas sind in den drei Wirklichkeitsebenen unterschiedlich vertreten. Die realen Räume werden durch den knappen Nebentext benannt und in den Dialogen der Figuren durch Wahrnehmungsmitteilungen entfaltet. Diese führen auch zum "Stehenbleiben" der Zeit. In der Meeresszene werden fast ausschließlich Wahrnehmungen ausgetauscht. So erfährt man dort durch die Kommunikation der drei Figuren, daß das Schloß von dichten Wäldern umgeben ist und daß sich das Meer in der Nähe befindet. Besonders stark von Wahrnehmungsäußerungen durchzogen sind die Szenen, in denen Pelléas und Mélisande im Freien zusammen sind (neben der Meeresszene sind dies die Brunnen-, Grotten-, Haar- und Liebesszene). Meist ist es Pelléas, der genauere Ortsbeschreibungen liefert.

Rein quantitativ existiert eine Balance zwischen Innen- und Außenszenen. Neun Szenen spielen im Schloß, davon fünf in einem Zimmer ("appartement"), zwei in einem Saal ("salle"), eine in einem Korridor und eine in den Schloßgewölben. Auffallend ist die semantische Belegung von "innen" und "außen" für die Beziehung der Figuren: von den sieben Szenen, in denen Pelléas und Mélisande miteinander kommunizieren, spielen fünf draußen. Die Natur bildet die Basis und Bedingung dafür, daß sich die beiden Titelfiguren entscheidend näherkommen. Golaud und Mélisande dagegen begegnen sich nur beim ersten Mal draußen. Die drei anderen Szenen zwischen den beiden finden in Schloßzimmern statt und sind konflikthaft

---

[127] Die einzige eindeutige Ortswiederholung ist "une fontaine dans le parc". Sie wird nicht durch den Neben-, sondern durch den Haupttext eindeutig identifiziert (Pelléas' Bezeichnung als "Blindenbrunnen"). Die Terrasse in Szene 12 ist möglicherweise eine andere als in Szene 16, da sie nur in Szene 12 näher lokalisiert wird. Groß (1985a, 89) nimmt mehrere Ortswiederholungen an (die Zimmer im Schloß). Doch auch hier ist es durchaus plausibel - besonders im Hinblick auf die unterschiedliche szenische Atmosphäre - von verschiedenen Zimmern auszugehen. Durch die Wiederholung wird der Ort der Liebesszene besonders hervorgehoben; die Szene selbst bekommt ein Moment von "Vertrautheit".

(Pferdsturz-, Gewalt-, Sterbeszene). Damit wird das Gefühl des Eingeschlossenseins, das Mélisande in Allemonde hat, an die Bindung zu Golaud geknüpft. Doch auch die Außenräume vermitteln dieses Gefühl (dichte Wälder, Mikroräume ohne Bewegung). Ein wesentliches Element der psychischen Ebene ist die Korrespondenz von Außen und Innen. Die Orte spiegeln die psychischen Befindlichkeiten der Figuren. So ist der Wald der Ort der Krise Golauds ("Verirrtsein"), die ganz nach Märchenart zur Begegnung mit dem Ungewöhnlichen führt. Die Meeresszenerie in Szene 4 bietet Mélisande einen Lichtblick in ihrer Depression ("dichte Wälder"). Die drei "Brunnenszenen" 2, 5 und 17 stehen für die Entwicklung innerer Bindungen zwischen Mélisande und Golaud oder Mélisande und Pelléas. Die Tiefe der Quellen spiegelt die Qualität der Beziehung (vgl. Konrad, 1986, 46 und Postic, 1970, 86). In der Pferdsturzszene wird der Ort als Ganzes thematisiert und als bedrückend charakterisiert (altes, düsteres, kaltes Schloß). Gefangensein an diesem Ort bedeutet für Mélisande psychisches Leiden und Tod, wie sie selbst in dieser Szene klar erkennt. Die blaue Grotte in Szene 7 wird als künstliches Paradies beschrieben. Sie ist das Reich der Wünsche, Träume, Phantasien und vor allem der Liebesillusionen (s. *Alladine et Palomides, L'Oiseau Bleu* sowie die "blaue Blume" bei Novalis). Der Turm als abgeschlossene Einheit symbolisiert Mélisandes Unschuld und ihr Verhaftetsein in Konventionen (legale Bindung zu Golaud); ihr weites Hinauslehnen den Wunsch, sich daraus zu befreien. Der Ort der Abgrundszene kann als Spiegelung von Golauds Innerem aufgefaßt werden. Die von ihm bemerkten Risse in den Mauern und der befürchtete Einsturz zeigen seine eigene psychische Zerrüttung an. Ebenso sind sie ein Hinweis auf den Zustand der Welt, in der die Figuren leben. Die üppige Natur, die Pelléas in der Terrassenszene umgibt, begleitet seine "Wiederbelebung" und sein Aufatmen nach überstandener Gefahr. Der Blindenbrunnen, der den Anfang der Beziehung zwischen Pelléas und Mélisande begleitet, macht Pelléas in der Liebesszene psychisch "sehend" (vgl. Konrad, 1986, 47). Er öffnet ihm die Augen für die Schönheit und die Liebe als Nahrung für die Seele.

Allemonde als Ganzes steht auch für den Aufbau der Seele. Ein Vorbild dafür ist die Allegorie, die Ruysbroeck in *Die Zierde der geistlichen Hochzeit* aufstellt. Darin vergleicht er das Seelenleben mit einem Königreich und die verschiedenen Seelenkräfte mit den verschiedenen Bewohnern.[128] Begrenzt man diese Allegorie auf die Räume, so ist es auch denkbar, das ganze Drama als Blaubartgeschichte aufzufassen. In diesem Fall wäre Allemonde Golauds Seelenreich, Pelléas die unterdrückte Seite seiner Psyche, quasi seine (Jungsche) Anima.[129]

Auch wenn das Jenseits nicht durch reale Räume auf der Bühne dargestellt wird, wird es doch durch einige Raumdetails suggeriert. Das Schloßtor in Szene 1, das die Bühne in einen Innen- und einen Außenraum teilt, öffnet sich auf symbolischer Ebene zur "anderen Welt" hin (s. die Tür in *Tintagiles*). Dadurch, daß Mélisandes

---

[128] Vgl. dazu Ruysbroeck (Ruusbroec), 1987, 47f.. Die Deutung des Ortes als Seelenzustand favorisiert Maenner (1965, 66; 71).

[129] Vgl. Smith, 1989, 18f.. Er zieht allgemeine Parallelen zwischen Golaud und Blaubart und weist darauf hin, daß dieser Zusammenhang von den ersten Golaud-Darstellern in Debussys Oper gesehen wurde. Maeterlinck beschäftigte sich mit dem Blaubart-Stoff lange vor der Entstehung von *Pelléas et Mélisande* (s. CB, 135).
Golaud sperrt Mélisande in seine "Seele" (= Schloß) ein, öffnet ihr aber allmählich auch die sensibleren Seiten seines Wesens (= Pelléas). Diese fremden psychischen Anteile erschrecken und verunsichern ihn zutiefst, so daß er sie tötet und damit auch Mélisande, die diesen zugetan ist, psychisch vernichtet. Für Mélisande endet der Versuch, Golauds erstarrte Seele aufzubrechen, tödlich. Aus moderner psychologischer Perspektive wäre das Drama in dieser Deutung nichts anderes als ein mißglückter "Therapieversuch" innerhalb einer Mann-Frau-Beziehung.

Herkunft nicht lokalisierbar ist und sie übers Meer nach Allemonde kommt, wird der metaphysische Grundzug dieser Figur unterstrichen (s. Kap. I/4.5). Die Quellen/Brunnen sind für die beiden Männer aus Allemonde Orte der Begegnung mit dieser Repräsentantin der anderen Welt - ganz im Sinne der keltischen Mythologie. Die Grotte als künstliches Paradies (Sz. 7) transzendiert die Realwelt, bleibt aber aufgrund ihrer Eigenschaft als menschliche Illusion an diese gebunden, weshalb prompt die Desillusionierung in Gestalt der Armen erfolgt. Mélisande durchschaut das Trugbild von Anfang an und begegnet ihm mit Ablehnung. Die Auslieferung der Titelfiguren an die überirdischen Mächte "Liebe" und "Tod" wird durch deren Aussperrung aus dem engeren Schloßbereich in der Liebesszene auch räumlich manifestiert. Das Tor, das die "transzendente" Figur Mélisande zu Beginn des Dramas eingelassen hat, sperrt sie nun mit ihrem "Opfer" Pelléas wieder aus, weil sie sich nicht in die Konventionen der realen Welt fügen kann und will.

Der vertikale Aufbau des Schlosses kann als Querschnitt durch die verschiedenen Welten gelesen werden. "Oben" liegt Pelléas' Vater, in seiner Unsichtbarkeit eine gottähnliche Gestalt, die zwar aufgrund ihrer Krankheit entmachtet erscheint, aber gerade durch ihre Ohnmacht eine lähmende Wirkung auf die übrigen Schloßbewohner ausübt. In den tieferen Etagen spielt sich das Alltagsleben ab. Die Schloßgewölbe sind das Totenreich - Pelléas' Euphorie nach dem Aufstieg in der Terrassenszene gleicht einer "Auferstehung".

Zeit

Das Drama umschließt etwa den Zeitraum eines Jahres. Die historische Epoche, in der es angesiedelt ist, bleibt unklar. Maeterlinck selbst deutet ein vages, "legendäres Mittelalter" an[130], was der Ansicht, daß es sich um ein prinzipiell ahistorisches Drama handelt, nicht unbedingt widerspricht, denn die wenigen Faktoren, die darauf hinweisen, lassen dieses Mittelalter zugleich idealisiert und stilisiert erscheinen. Es gibt weder Jahreszahlen noch Daten. Der Zeitverlauf wird durch kosmische Zyklen gemessen und läßt sich meist nur indirekt aus den Repliken erschließen. Die Angaben sind bewußt vage und zum Teil nicht in Einklang miteinander zu bringen. Sichere Anhaltspunkte gibt es nur für wenige Szenen: In der Pferdsturzszene ist es Frühling (Golaud sagt, daß der Sommer unmittelbar bevorsteht); die Terrassenszene spielt im Sommer; in der Sterbeszene bemerkt Mélisande den beginnenden Winter. Daraus läßt sich schließen, daß sich das Geschehen in Allemonde vermutlich innerhalb eines halben Jahres zwischen Frühling (Meeresszene: Mélisandes Hände voll Blumen und Blättern) und Spätherbst abspielt. Einen zwingenden zeitlichen Rahmen für das Geschehen in Allemonde bildet Mélisandes Schwangerschaft, die in der Pferdsturzszene angedeutet (Golaud: "Et puis l'année prochaine ...") und in der Terrassenszene offen angesprochen wird. Von der alten Dienerin (Szene 18) erfährt man, daß Mélisandes Kind eine Frühgeburt ist. Die Zeitellipsen lassen sich nur ungefähr bestimmen. Der größte Zeitraum wird zwischen der Wald- und Briefszene (2+3) ausgespart (mindestens sechs Monate). Zwischen der Brunnen- und der Liebesszene sind mehrere Monate vergangen. Relativ klar ist die Zeitdisposition bei

---

[130] Dies findet man in einem Brief Maeterlincks an Lugné-Poe, die Inszenierung des Dramas betreffend: "Pour les costumes XIe, XIIe siècles, ou bien selon Memling (XVe).[...]." (Abgedruckt bei: Lugné-Poe, 1931, 237).

den Szenen, die sich zu einer überschaubaren Zeiteinheit gruppieren. Die übrigen sind zeitlich unbestimmt zwischen diesen Blöcken angeordnet.[131]

1.	Schloßtorszene	Sommer/zeitlos
2.	Waldszene	Herbst (ca. 6 Monate vor Sz. 3)
3.	Briefszene	Frühling
4.	Meeresszene	Frühling
5.	Brunnenszene	Frühling
6.	Pferdsturzszene	
7.	Grottenszene	
8.	Verhinderungsszene	Frühling/Sommer
9.	Spinnradszene	Sommer
10.	Haarszene	Sommer
11.	Abgrundszene	
12.	Terrassenszene	
13.	Verratsszene	Hochsommer/Frühherbst
14.	Verabredungsszene	Herbst
15.	Gewaltszene	
16.	Herdenszene	
17.	Liebesszene	
18.	Dienerinnenszene	Spätherbst
19.	Sterbeszene	

Die Szenen 5-7, 10-12 und 14-17 spielen an einem Tag; sie umfassen etwa einen Zwölf-Stunden-Zeitraum. Die Zeitandeutungen der Brunnen- und Pferdsturzszene stehen in einem gewissen Widerspruch zueinander: In der Brunnenszene vermutet man aufgrund der großen Hitze, daß es Sommer ist; in der Pferdsturzszene sagt Golaud aber, daß der Sommer bevorsteht. Daß es in der Waldszene Herbst ist, läßt sich nicht nur aus der Angabe Golauds schließen, er habe Mélisande vor sechs Monaten geheiratet, sondern ist auch inhaltlich-symbolisch zu begründen. Mit der Begegnung mit Golaud beginnt Mélisandes Sterben ("Je commence à avoir froid"), das dann ebenfalls im Herbst vollendet wird.

Der Schein, daß sich das Drama überwiegend im Dunkeln abspielt, trügt. Fast die Hälfte der Szenen spielen am Tag. Auch die Bilanz zwischen Mittag (in Szene 5 und 12) und Mitternacht (in Szene 10 und 17) ist ausgewogen; die Anordnung der Szenen ist gleich: Zwischen den Mittags- und Mitternachtsszenen befinden sich jeweils sieben Szenen.

Der Austausch von Wahrnehmungsäußerungen, der räumliche Details offenbart, hat zusätzlich den Effekt, den Verlauf der Zeit zu bremsen oder anzuhalten, da währenddessen "nichts geschieht". Das Gefühl für die Sukzessivität von Zeit geht verloren; der Autor möchte den Menschen vermitteln, daß ihre Zeitwahrnehmung defizitär

---

[131] Descamps (1986, 86-88) ordnet das gesamte Drama in den Ablauf eines Jahres (von Januar bis Dezember) ein, um dessen zyklische Struktur zu untermauern. Sie orientiert sich dabei stark an kalendarischen Jahreszeitenanfängen, was mit den zeitlichen Andeutungen im Drama nicht immer in Einklang zu bringen ist. So setzt sie Szene 5-7 im Juli an, obwohl nach Szene 6 der Sommer erst bevorsteht.

ist. Grayson (1997, 26-28) beschreibt in diesem Zusammenhang das Divergieren von "realer" und "dramatischer" (d. h. für ihn "psychologischer, intuitiver") Zeit in *Pelléas et Mélisande*. Referenzen der Figuren auf die (Uhr-) Zeit dienen dazu, die höhere Bedeutung der psychischen gegenüber der realen Zeitdauer zu manifestieren. Damit wird ein weiteres antirationalistisches Moment in das Drama hineingenommen. Ein Beispiel dafür ist der Streit von Pelléas und Golaud um die Dauer ihres Aufenthaltes in den Schloßgewölben zu Beginn der Terrassenszene. Pelléas erscheint diese Episode länger, weil sie für ihn bedrohlich war. Auch zyklische Gestaltungsmomente tragen zur Störung des Zeitverlaufs bei. Durch Arkels Schlußsatz mündet das Ende des Dramas in den Anfang; das Spiel kann von neuem beginnen. Der Anfang kann zugleich als Vorwegnahme des Endes gelesen werden, wenn man das Blut auf der Treppe in der Schloßtorszene als von Golaud und Mélisande stammend betrachtet. In eine noch fernere Zukunft wird diese Szene projiziert, wenn man sie als Ankündigung der Hochzeit von Mélisandes Tochter deutet, eine der Möglichkeiten, die Grayson gedanklich durchspielt (vgl. ebd., 31). Zu einer einleuchtenderen Deutung kommt man, wenn man die übrigen frühen Dramen als Kontext mit berücksichtigt. Wie Kesting (1963, 533) festgestellt hat, handelt es sich bei *Les Aveugles* und *Intérieur* um analytische Dramen. Nimmt man dies auch für *Pelléas et Mélisande* an, dann würden die auf die Schloßtorszene folgenden siebzehn Szenen das Geschehen im Nachhinein entfalten. Erst mit der Dienerinnenszene wäre die in der Eingangsszene konstituierte Gegenwart wieder eingeholt. Eine ähnliche Auffassung vertritt Descamps (1986, 77), für die sich das ganze Drama auf den Motiven der Schloßtorszene aufbaut. In jedem Fall kommt der Schloßtorszene eine Schlüsselfunktion für die Zeitdisposition des Dramas zu.

Einzelne Szenen erscheinen wie Varianten vorangegangener (z. B. 5 - 10 - 17; 7 - 11; 6 - 15). Auch durch dieses zirkuläre Moment wird der Eindruck einer teleologischen Zeitentwicklung zunichte gemacht. Als Zeitbremse fungieren die Überlappung von Dienerinnen- und Sterbeszene sowie die Rückblende in Akt I.[132] Die Inkonsistenz der Zeit durchzieht das ganze Drama. Die "ewige Gegenwart" (vgl. Abels, 1993, 82), die dadurch entsteht, wird durch die Präsenz von Vergangenheit und Zukunft in ihr gleichermaßen bedroht. Belastet die Vergangenheit die Gegenwart der Figuren dadurch, daß sie nicht zu bewältigen ist (z. B. die Traumatisierung Mélisandes durch ihre frühere Beziehung), so die Zukunft dadurch, daß sie als böses Omen und unbewußte Vorahnung allgegenwärtig ist (z. B. die Pferdsturzszene, in der Mélisande ihren Tod vorausahnt).

---

[132] Daß es sich bei Szene 18 und 19 nicht einfach um unmittelbar aufeinanderfolgende Szenen handeln kann, geht schon aus dem späten Zeitpunkt des Auftretens der Dienerinnen in Szene 19 hervor. Ab dann hat die Zeit der einen die der anderen Szene eingeholt (vgl. dazu Descamps, 1986, 82-85). Diese Deutung der Zeitdisposition liegt also nahe und ist nicht bloß eine "intriguing possibility", wie Grayson meint.
Nimmt man an, daß das Tor in der Schloßtorszene für Mélisande geöffnet wird, so sind die Szenen 2 und 3 als zeitliche "flashbacks" anzusehen, da sie vor Mélisandes Ankunft in Allemonde spielen. Diese zirkuläre Konstruktion des ersten Aktes wird wesentlich deutlicher, wenn man die von Maeterlinck gestrichene Wachtturmszene (nach Sz. 3) mitberücksichtigt, wie Grayson einleuchtend darlegt (vgl. Grayson, 1997, 29f.).

4.5 Figuren

Eine grobe Einteilung der Figuren in zentrale und periphere ergibt sich durch das Kriterium "Name". Danach agieren in *Pelléas et Mélisande* sechs Zentralfiguren: Pelléas, Mélisande, Golaud, Arkel, Yniold und Geneviève. Die drei erstgenannten treten als Hauptfiguren, die übrigen als Nebenfiguren in Erscheinung, was schon durch die unterschiedliche dramatische Präsenz hinreichend begründet wird.[133]

Mélisande: 2, 4, 5, 6, 7, 9, 10, 14, 15, 17, 19   (= 11x)
Pelléas: 3, 4, 5, 7, 8, 9, 10, 11, 12, 14, 17   (= 11x)
Golaud: 2, 6, 9, 10, 12, 15, (17), 19   (= 8x (9x))
Arkel: 3, 8, 15, 19   (= 4x)
Yniold: 9, 13, 16   (= 3x)
Geneviève: 3, 4   (= 2x)

Die peripheren Figuren haben dadurch, daß sie lediglich Funktionsbezeichnungen tragen, einen deutlichen Abstand zu den Namensträgern. Die wichtigsten von ihnen sind die Dienerinnen. Aus Szene 1 und 18 geht ihre Anzahl (10) hervor. In der Schloßtorszene stehen sie quasi außerhalb des Geschehens und bereiten die Bühne für das eigentliche Stück vor; sie hat dadurch stark symbolische Züge. In der Dienerinnenszene besitzen sie auktoriale Funktion; sie liefern dem Publikum Hintergrundinformationen und führen die Ereignisse damit in einen realer erscheinenden Alltagskontext zurück. Ihr letzter Auftritt in der Sterbeszene ist nur szenisch, ihre Geste des Kniefalls aber von höchster dramatischer Bedeutung.

Figurenkonstellation
Die dramatisch präsenten Figuren bilden überwiegend Zweier-Konstellationen.[134] Neun Szenen enthalten reine Zweier-Konstellationen, weitere drei (Meeres-, Haar-, Liebesszene) überwiegend. Die Herdenszene ist eine Soloszene; in sechs Szenen treten drei und mehr Figuren auf (Schloßtor-, Brief-, Spinnrad-, Gewalt-, Dienerinnen-, Sterbeszene). In der Schloßtor- und der Dienerinnenszene werden durch Figurenoppositionen (Dienerinnen - Pförtner; alte Dienerin - übrige Dienerinnen) verdeckte Zweiergruppierungen gebildet. In die Sterbeszene, die die komplizierteste Konfiguration aufweist, ist die Zweiergruppe "Golaud - Mélisande" eingearbeitet. Meist sind die Konfigurationen konstant. Auf- und Abtritte innerhalb einer Szene sind eher selten; häufiger dagegen zeitlich versetzte (emphatisierende) Auftritte von Hauptfiguren bei Szenenbeginn. Golaud tritt dreimal als "Beender" von Szenen auf, in denen Pelléas und Mélisande sich näherkommen (Spinnrad-, Haar-, Liebesszene). Durch die Statik der Konstellationen ist die Konfigurationsdichte mit 0,26 entsprechend gering.[135]

---

[133] "Dramatische Präsenz" wird hier definiert als sprachliches und physisches Auftreten einer Figur innerhalb einer Szene, szenische Präsenz als stummes Auftreten einer Figur. In der Übersicht wird szenische Präsenz durch Einklammerung der entsprechenden Szene gekennzeichnet.

[134] Die Dienerinnen werden als Einheit angesehen, da sie immer als Gruppe auftreten; der Hirte ist wegen seiner Unsichtbarkeit (Stimme aus dem "off") der Sphäre der "personnage sublime" zugeordnet und wird daher und wegen seines geringen Sprechanteils hier nicht berücksichtigt.

[135] Nach Pfister, 1994[8], 239. Der höchste mögliche Wert ist 1; bei durchgehender Zweierkonstellation ergibt sich in diesem Fall 0,22.

Daß sich die eigentliche Geschichte zwischen den Titelfiguren abspielt, wird bereits durch die häufigen Pelléas-Mélisande-Konstellationen deutlich gemacht: Während Golaud und Mélisande nur viermal miteinander kommunizieren - davon dreimal mit konflikthaftem Ausgang - verbringen Pelléas und Mélisande immerhin siebenmal die Zeit redend miteinander, davon nur einmal leicht konflikthaft (Grottenszene). Ein weiteres Mal schweigen sie zusammen, sind aber für das Publikum nicht sichtbar (Verratsszene). Die Häufigkeit der Zweierkonstellation ist also in diesem Drama ein Merkmal für die Qualität der Mann-Frau-Beziehungen der drei Hauptfiguren.

Charakterisierung der Einzelfiguren
Die Figuren in *Pelléas et Mélisande* sind wie in allen frühen Dramen Maeterlincks psychisch schwach konturiert, auch wenn ihre Marionettenhaftigkeit nicht so ausgeprägt erscheint wie in den drei Einaktern der Todestrilogie. Die Eindimensionalität der Figuren findet ihren Niederschlag in der grundsätzlich einfachen Sprache. An die Stelle von individueller Charakterisierung der Hauptfiguren treten äußere Attribute im Sinne von "Totems", deren Eigenschaften die der Figuren ausdrücken[136] sowie Typisierungen gemäß der auf Galen gründenden mittelalterlichen Temperamentenlehre, deren Viererschema zusätzlich noch die Figur des Arkel erfaßt. Maeterlinck übernimmt das Modell nicht einfach, sondern setzt dessen Elemente anders zusammen.[137] Die assoziativen Namen bilden ein weiteres Element der Figurenbeschreibung (s. I/4.2).

a) Mélisande
Mélisande ist nach der mittelalterlichen Typologie am ehesten als melancholisch zu bezeichnen. Ihre Depressivität drückt sich durch den Satz "je ne suis pas heureuse" (in der Pferdsturzszene wiederholt; in der Gewaltszene am Schluß) und ihr häufiges Weinen aus. Mit vier "weinenden" Auftritten und vier Szenen, in denen andere Figuren in Repliken ihr Weinen thematisieren, ist Mélisande die Figur des Dramas, die am häufigsten Tränen vergießt. Weinend erscheint sie erstmals auf der Bühne oder in der Welt, mit Tränen in den Augen verläßt sie diese am Schluß des Dramas. Das Element Mélisandes ist das Wasser. Ihre Beziehungen zu den beiden Männern beginnen jeweils an einer Quelle; ihre Selbstmorddrohung in der Waldszene zielt auf die Vereinigung mit ihrem Element; nach Allemonde kommt sie übers Meer, was einige Male thematisiert wird. Neben dem Weinen bieten ihre langen Haare eine zusätzliche Wasser-Assoziation: In der Brunnenszene "vereinigen" sie sich mit dem Wasser. In der Liebesszene beschreibt Pelléas ihre Stimme als "klarer und erfri-

---

[136] Lutaud (1977, 37) stellt fest, daß die Figuren allgemein durch Gegenstände und Symbole charakterisiert werden. Er verzichtet dabei jedoch auf konkrete Zuordnungen.

[137] Vgl. dazu das Schema der Humorallehre von K. Bergdolt und G. Keil (1991, S. 211f.), wonach sich unter anderem folgende Zuordnungen ergeben:
sanguinicus: Luft, Jugend, Frühling
cholericus: Feuer, Erwachsenenalter, Sommer
melancholicus: Erde, Greisenalter, Herbst
phlegmaticus: Wasser, Kindheit, Winter.
Diese rein medizinischen Kategorien wurden seit dem Spätmittelalter durch Charaktereigenschaften zu Konstitutionstypen erweitert. Besonders der Typ des "melancholicus" erfuhr dabei eine Umdeutung. Denkbar ist, daß Maeterlinck sich für seine Figurenkonturierung auch späterer populärwissenschaftlicher Typenlehren wie der von Kretzschmar bediente.
Vedder analysiert in ihrer Dissertation die frühen Dramen ausschließlich aus der Perspektive des mittelalterlichen Melancholia-Modells, was für eine umfassende Analyse zu kurz greift.

schender als das Wasser". In der Grottenszene fungiert das Element Mélisandes als ihr Stimmungsbarometer: Pelléas sagt, daß das Meer "nicht glücklich" sei. Diese Wasserverbundenheit läßt Mélisande den Nixen und Nymphen aus Märchen und Legenden verwandt erscheinen, ebenso einer Figur wie Shakespeares Ophelia. Wie das Wasser ist Mélisande fließend, unbändig, passiv und nicht zielgerichtet. Sie ist "lebensspendend" ("belebt" die Männer des Dramas durch ihr Wesen und ihre Schönheit, weckt das lethargische Allemonde), verliert aber ihre Lebendigkeit, wenn sie in feste Formen gezwungen wird.
Verschiedene andere Attribute wie Blumen und Blätter (Meeresszene) und ihre wiederholte Wahrnehmung dieser (Haar-, Liebes-, Sterbeszene) charakterisieren sie als Naturwesen. Sie ist schön wie die Blumen, unschuldig wie ihre Tauben und frei wie die Vögel (von Pelléas wird sie in den zentralen Szenen 10 und 17 mit einem Vogel verglichen).[138] Die freie Natur ist Ort und Bedingung für die Entfaltung ihrer Liebe. Trotz ihrer Melancholie, der in der Mittelalter-Typologie der Winter zugeordnet ist, ist Mélisande ein Frühlingswesen, das im Frühling in die "Welt" (Allemonde) kommt und im Herbst "ohne Grund" vergeht wie die Vegetation. Mélisande ist außerdem ein Wesen, das zum Licht strebt, aber auch in der Finsternis wirken kann (Spinnradszene). Damit ist sie von allen Figuren am stärksten in die Licht-Finsternis-Symbolik eingebunden. Die Verbindung zu beiden Bereichen läßt sie als ganzheitliches, zutiefst mystisches Wesen erscheinen, das "alle Dinge gleichzeitig in drei Welten sieht". Mélisande besitzt ein reiches Unbewußtes, das oft an ihrer Stelle handelt und das sie nicht durchschaut. Angst, Unsicherheit und Befangenheit sind häufige Zustände Mélisandes. Sie resultieren aus ihrer Intuitionsfähigkeit, die sie über die anderen Figuren erhebt und sie den desolaten Zustand der Welt spüren läßt. Da ihr Leben primär gefühlsbestimmt ist, versteht sie das nüchtern kalkulierende Treiben der Welt nicht.
Ihre Intuitionsgabe läßt Mélisande den Augenblick erleben. Erscheint sie durch diese Augenblicksgebundenheit schon im Leben tendenziell zeitlos, so wird sie es im Sterben vollends. Ihre Distanz zur Welt, am schärfsten ausgedrückt in ihrer Unkenntnis ihrer Mutterschaft und ihrer nüchternen Haltung ihrem Kind gegenüber, zeigt an, daß sie bereits auf einer Stufe angekommen ist, auf der der Augenblick die Ewigkeit bedeutet und Reflexionen als Distanzierung vom eigenen Sein nicht mehr möglich sind.
Mélisande ist die Figur, die von anderen wahrgenommen wird. Da sie sich ihrer selbst nicht richtig bewußt ist, kann sie sich auch selbst nicht darstellen. Ihre Selbstaussagen beschränken sich auf momentane Zustands- und Situationsbeschreibungen. Diese sind überwiegend mehrdeutig. Der fehlende Selbstbezug macht sie zur geeigneten Projektionsfläche für die anderen Figuren. Wesensaussagen machen vor allem die drei Männer des Dramas über sie. Daß sich Arkel und Pelléas dabei oft der Metaphorik bedienen, ist ein Indiz für Mélisandes Zugehörigkeit zur Sphäre des "Unsagbaren", dem man sich nur mit Bildern und Symbolen nähern kann. Die umfassendsten Aussagen über Mélisande stammen von Arkel. Für ihn ist sie diejenige, die die Tür zu einer neuen Zeit aufstoßen wird. Er erkennt ihren ungewöhnlichen Ernst, Zeichen derer, die jung sterben (s. Gewaltszene). Auch die Schlußworte Arkels nach Mélisandes Tod sind der Versuch einer umfassenderen Charakterisierung. Demgegenüber beziehen sich die Aussagen der übrigen Figuren über Mélisande auf Details. Golaud hebt ihre Kindlichkeit hervor, oft verbunden mit dem Appell, vernünftig (d. h. "erwachsen") zu werden (Wald-, Pferdsturz- und Ter-

---

[138] S. dazu die Vogelmetaphorik bei Mélisandes dramatischer Vorgängerin Maleine!

rassenszene; in der Haar- und Sterbeszene ist Pelléas mitgemeint) und bemängelt ihre Undurchschaubarkeit (Brief- und Gewaltszene). Pelléas bemerkt hauptsächlich ihre äußeren Attribute wie Haare, Hände und Stimme und bewundert ihre Schönheit (Brunnen-, Haar-, Liebesszene). Außerdem zeigt er Einfühlsamkeit in ihre Stimmungen (Grottenszene: "Zittern, Angst"; Liebesszene: "gehetzter Vogel"). Yniold ist Prophet ihres Unglücks und ihres baldigen Todes (Spinnradszene: befürchtet den Weggang von Mélisande; Verratsszene: bemerkt das Weinen und die "leichenhaften", d. h. immer geöffneten Augen von Pelléas und Mélisande).
Die Repliken Mélisandes sind kurz und syntaktisch einfach. Sie bestehen oft aus Einzelsätzen oder Ausrufen. Ihr Sprechpart enthält keine Monologe. Selten initiiert oder dominiert sie die Dialoge oder bestimmt semantische Richtungswechsel. Ihre Sprechrolle ist überwiegend reaktiv. Typisch für Mélisandes Sprache sind zeitweises Stammeln und Wort- bzw. Satzwiederholungen. Diese kommen sonst nur noch ansatzweise bei Pelléas vor. Die vielen Pausen in ihren Repliken (im Text gekennzeichnet durch [...]) nähern ihr Sprechen dem Schweigen an. Die Sprachgewalt, die eine traditionelle Dramenheldin auszeichnet, fehlt Mélisande. Da Maeterlinck bekanntlich das Schweigen als Kommunikationsmittel höher bewertet als das Sprechen, trägt Mélisandes geringer Sprechanteil zur Idealisierung der Figur bei. Einzigartig unter den Figuren ist die Verwendung von Paradoxa bei Mélisande. Dieses Ausdrucksmittel läßt Mélisande als mystische Figur erscheinen. Die "Lügen" Mélisandes sind vielschichtig und wenn überhaupt nur auf der realen Ebene als solche aufzufassen.[139] Häufig zählt Mélisande konkrete Naturerscheinungen auf, die als Grundsymbole des Dramas fungieren (Licht, Dunkelheit, Wasser). Damit ist sie entscheidend am Aufbau des Symbolnetzwerkes beteiligt. Daß sie über diese Symbole verfügt und mit ihnen umgeht, kennzeichnet sie als Mittlerin zwischen den Welten.
Im ganzen Drama finden sich Indizien dafür, daß die Figur der Mélisande grundsätzlich der transzendenten Welt angehört:

- Ihr mysteriöser, zeitlos erscheinender Aufenthalt an einer Quelle im Wald
- Ihre nicht lokalisierbare Herkunft: Sie ist die einzige Figur, die nicht aus Allemonde stammt; für sie wird das "Jenseitstor" in der Schloßtorszene geöffnet
- Ihre übernatürliche Intuition und Schönheit
- Ihre Unfähigkeit, sich in der "Normalwelt" zurechtzufinden
- Ihr als medizinisch nicht erklärbar dargestelltes Sterben.

Mélisande trägt die Züge zweier transzendenter Figurentypen: der Frühlingsgöttin nordischer Mythologien[140] und der christlichen Erlöserin. Ihre enge Verbindung mit

---

[139] Den Hinweis auf die mystische Dimension des Lügens gibt die Figur selbst: In der Liebesszene macht sie Pelléas gegenüber diesbezüglich eine paradoxe Aussage (sie lüge nie, sie belüge nur dessen Bruder). Mélisandes "Lügen" sind also an die Figur des Golaud gebunden und charakterisieren in erster Linie diese: Golaud, der "Wahrheitsfanatiker", verträgt die "wirkliche" Wahrheit nicht. Dieses Verhalten als "Unaufrichtigkeit" und Wesenszug Mélisandes aufzufassen, wie oft zu lesen ist (z. B. bei Nichols, 1989, 68, 75f.; Groß, 1985a, 85; Maurer Zenck, 1990, 264; Postic, 1970, 77 - letzterer lotet immerhin psychologische Gründe für das "Lügen" Mélisandes aus), greift zu kurz. Am weitesten in diese Richtung geht Debussy in einer ironischen Briefpassage (17. 8. 1895; Zitat s. II/1.1 Debussy: Entstehung), in der er verallgemeinernd die Männer vor den "lügenden kleinen Mädchen" warnt. Wie wenig ernst man diese Sätze auch nehmen mag, sie zeigen dennoch, daß Debussy die transzendente Dimension der Figur der Mélisande weitgehend ausgeklammert und sie vorwiegend als "menschlich" aufgefaßt hat.

[140] Die Frühlingsgöttin stirbt im Herbst, um im Frühjahr wiedergeboren zu werden. Vgl. dazu Daemmrich (1972, 86), der Märchen- und Mythenelemente in der Literatur der europäischen

der Natur, ihre Abneigung gegen den Winter und Angst vor dem Frost und ihr Sterben im Herbst macht sie der Frühlingsgöttin vergleichbar. Gleichzeitig wirkt Mélisande wie eine jesuanische Erlöserfigur. Sie ist ein Ideal aus einer anderen Welt, die Inkarnation von Liebe und Schönheit, die sie den Menschen bringen will.[141] Doch die Menschen, anfänglich von ihrer Erscheinung angezogen, verstehen ihr Wesen nicht. Derjenige, der von ihr in seinem Innersten ergriffen wird und sie erkennt, wird getötet, ihr "Licht" von der Finsternis des Unverständnisses der Welt erstickt, so daß Arkel, der auf sie hoffte wie ein "Johannes der Täufer" (Gewaltszene), resignierend zurückbleibt, als sie zugrunde geht. Die Deutung Mélisandes als christus-ähnliche Erlöserinnenfigur läßt sich durch einen Skizzenbucheintrag Maeterlincks belegen:

"Elle vient du midi, elle devait être la joie et la clarté de la maison; mais les ténèbres ne l'ont pas comprise." (Carnet, 18. 3. 1891; zt. n. Schillings, 1970, 126).[142]

b) Pelléas
Das Schwanken zwischen jugendlichem Ungestüm und ernster Zurückhaltung zeichnet Pelléas als sanguinisch aus. Auch er tritt zum ersten Mal weinend auf bzw. hat kurz vor seinem Auftritt geweint, was ihn von Anfang an mit Mélisande verbindet. Diese Figur durchlebt die breiteste Stimmungspalette von Trauer (Briefszene), Angst (Abgrundszene) bis zum Begeisterungsausbruch (Haarszene). Pelléas ist sensibel und empfänglich für das Schöne und Sinnliche. Vor allem seine jugendliche Unerfahrenheit macht ihn unbekümmert. Seine Stimmungswechsel sind auch dadurch motiviert, daß er ein Suchender ist.
Das der Figur des Pelléas zugeordnete Element ist die Luft. Assoziativ damit verbunden sind Wind und Himmel (=> Sterne, Mond). Anfang und Ende seiner Geschichte mit Mélisande werden durch die Windwahrnehmung verklammert: In der Meeresszene stellt Pelléas fest, daß Wind aufkommt; außerdem prophezeit er Sturm - dies symbolisiert sein eigenes "Aufleben" durch die Begegnung mit Mélisande und die durch sie ausgelösten, bevorstehenden "Turbulenzen" in Allemonde. Der Wind tritt auch in der Terrassenszene parallel zu seinem "Aufatmen" nach überstandener Gefahr auf. In der Liebesszene verkündet Pelléas mit der Feststellung, daß der Wind sich gelegt hat, unbewußt sein eigenes nahendes Ende. Sein "Totem" begleitet und kommentiert seinen Lebensweg. Durch seine Beziehung zu Mond und Sternen wird Pelléas außerdem als Nachtwesen charakterisiert. Seine Funktion ist es, die Dunkelheit und das Hereinbrechen der Nacht wahrzunehmen (Sz., 4, 7, 10) und

---

Moderne untersucht und *Pelléas et Mélisande* in diesen Zusammenhang stellt. Knapp (1975, 67-76) interpretiert Mélisande im Rahmen der pythagoreischen Schöpfungsmythologie als "Erosprinzip", während Grauby (1994, 147-151) das Legendenhafte und Verführerische (Mélusine, Lorelei) sowie das Wesenhaft-Geheimnisvolle der Figur betont, um sie in den Kontext ihrer Darstellung der Sphinx als einen grundlegenden Mythos des Symbolismus einreihen zu können.

[141] Ganz ähnlich charakterisiert Nichols (1989, 174f.) die religiöse Erscheinung der Mélisande. Für ihn befindet sie sich in einem "zen-artigen Zustand der Akzeptanz".

[142] "Sie kommt vom Süden, sie sollte die Freude und die Klarheit des Hauses sein, doch die Finsternis hat sie nicht verstanden."
Vgl. dazu Joh. 1,5: "Und das Licht leuchtete in der Finsternis, und die Finsternis hat es nicht ergriffen." Für "ergriffen" sind zwei Lesarten möglich: "nicht überwältigt" oder "nicht verstanden" (vgl. die Anm. der Jerusalemer Bibel). Dieses Bibelzitat spielte in der Gnosis eine immense Rolle. An diese wiederum knüpfte der literarische Symbolismus an.

damit die zentrale Symbolik der Liebesszene vorzubereiten. Von den sieben Szenen mit Pelléas und Mélisande spielen fünf abends bzw. nachts. Außer in der Meeresszene thematisiert Pelléas in diesen Szenen das Vorhanden- bzw. Nicht-Vorhandensein von Mond und Sternen. Dies dient unter anderem als Gradmesser für die Stimmung zwischen den beiden.[143] Weitere Pelléas zugeordnete Motive sind die Abreise - damit verbunden Hinweise auf Schiffe und Schiffbrüche (Wald- und Grottenszene) - und die "Grotten", die er als Führer und Geführter aufsucht.

Die wenigen Selbstaussagen des Pelléas sind implizit und situationsgebunden. Daß Pelléas ein gewisses Verhältnis zum Tod hat und es versteht, "zwischen den Zeilen zu lesen", erfährt man bereits in der Briefszene. Seine schwach ausgeprägte Risikobereitschaft bekundet er in der Grottenszene mit der Äußerung, er wage sich ohne Führer nicht tief in die Grotte hinein. Ironischerweise ist es gerade der Führer in der analogen Situation der Abgrundszene, der ihm fast zum Verhängnis wird. Auch sein besorgtes Verhalten in der Brunnenszene (Angst vor der Entdeckung) und in der Liebesszene (Schließen der Tore) belegt, daß er eher vorsichtig und bereit ist, sich gegebenen Ordnungen zu fügen. Die Selbstaussagen des Pelléas zeichnen seine Entwicklung hin zur Selbsterkenntnis nach, die ihre Höhepunkte in dem Monolog zu Beginn der Liebesszene und nach der Liebeserklärung hat. Während Pelléas in der Verabredungsszene seine Gefühle von Vorfreude und drohender Gefahr noch nicht versteht, erkennt er zu Beginn der Liebesszene seine gefährliche Lage, in die ihn die bis dahin allenfalls halbbewußte Liebe zu Mélisande gebracht hat. Nach der Liebeserklärung macht Pelléas eine profilierte Selbstaussage, die Zeichen seines psychischen "Erwachens" ist: Er war ein Getriebener, auf der Suche nach etwas nicht Definierbarem, das sich erst mit Erreichen des Ziels offenbarte - Pelléas hat die Schönheit und die Liebe gefunden.

Weit häufiger wird Pelléas von den anderen Figuren beschrieben. Es handelt sich hierbei weniger um Wesens-, sondern eher um momentgebundene Einzelaussagen, die aber zusammengenommen doch ein - wenn auch vages - Bild von ihm ergeben. Er ist die einzige Figur des Dramas, deren Auftritte mehrmals von einer anderen Figur angekündigt werden (Brief- und Meeresszene). Dies suggeriert eine gewisse Abhängigkeit und Unselbständigkeit des Pelléas. Sein Auftritt in der Grottenszene wird von Golaud initiiert und ist ein Beispiel für Maeterlincks literarischen "Sadismus": Um den Ring wiederzubekommen, schickt Golaud gerade den "Verursacher" des Verlusts mit Mélisande auf die Suche und riskiert damit, auch sie zu verlieren. In der Verhinderungsszene erfährt man, daß Pelléas sein inaktives Leben leid und auf der Suche nach unbestimmten "Ereignissen" ist. Da die Kranken und Sterbenden der transzendenten Welt am nächsten stehen, ist es Pelléas' Vater, der das Schicksal seines Sohnes am deutlichsten erahnt. Auch hier kommt Maeterlincks "sadisme" zum Ausdruck: Ausgerechnet der, durch den das Reisevorhaben des Pelléas immer wieder vereitelt wurde, rät ihm nun dringend zu reisen, doch der Rat kommt zu spät.

---

[143] In der Grottenszene ist kein Stern zu sehen; der Mond erscheint nur kurz: es herrscht ein gestörtes Verhältnis. In der Spinnradszene sind Mond und Sterne zu sehen: Pelléas und Mélisande kommunizieren hier auf höherer Ebene. Die Haarszene ist eine Steigerung der Intimität der Spinnradszene: es gibt eine Überfülle an Sternen. In der Liebesszene werden die Sterne im Moment der Liebesekstase (als fallend) wahrgenommen.

Ein durchgehend auftretendes Merkmal der Sprache des Pelléas ist die Verwendung von Metaphern.[144] Am häufigsten kommen diese in der Haar- und Liebesszene vor, wodurch das metaphorische Sprechen zum bevorzugten Mittel des Ausdrucks von Pelléas' Liebesempfinden wird. Die Metaphorik ist nicht unmittelbar gleichsetzend, sondern meist komparativ. Dies hebt das Bild von der Realität ab. Zwei Stellen charakterisieren Pelléas als sensibel wahrnehmend und naturverbunden: zum einen das gewissermaßen synästhetische Bild in der Brunnenszene ("das Wasser schlafen hören"), zum anderen die Bezeichnung des Meeres als "nicht glücklich" in der Grottenszene. Die Länge der Pelléas-Repliken variiert stark. Sie reicht von kurzen Frage-Antwort-Sequenzen bis zu ausführlichen Beschreibungen und Monologen in der Grotten-, Terrassen-, Verabredungs- und Liebesszene. Die Länge der Repliken ist bei Pelléas oft ein Merkmal seiner Über- bzw. Unterlegenheit gegenüber einer anderen Figur. Besonders deutlich ist dies in der Verabredungsszene, wo er gegenüber Arkel kaum zu Wort kommt. Dies gilt jedoch nicht für die Briefszene, in der er den quantitativ höheren Sprechanteil besitzt, es ihm aber dennoch nicht gelingt, sich gegen Arkel durchzusetzen. Pelléas' Verhältnis zu Golaud ist eindeutig von Unterlegenheit bestimmt. Seine Repliken in der Abgrundszene sind wesentlich kürzer als die Golauds, enthalten jedoch auch Widerspruch und Eigeninitiative (z. B. den Aufstieg aus den Gewölben einleitend). Nicht nur durch den größeren Sprechanteil, sondern auch durch ein bestimmtes Kommunikationsmuster wird seine anfangs leichte Überlegenheit Mélisande gegenüber unterstrichen: In der Meeres- und Brunnenszene nimmt Mélisande Phänome wahr, die Pelléas anschließend erklärt. Dieses Verhalten zeigt, daß Pelléas trotz seiner Intuitionsfähigkeit eine gewisse Affinität zum Bereich des Rationalen besitzt, was ihn wiederum im Sinne von Maeterlincks Geschlechterdefinition als "Mann" ausweist. Ein weiteres Merkmal der Sprechrolle des Pelléas sind die bisweilen abrupten Wechsel von Über- und Unterlegenheit, die darauf hindeuten, daß Pelléas' soziale Rolle in der Familie durch sein Erwachsenwerden nicht mehr und noch nicht wieder klaren Schemata unterworfen ist. In der Grottenszene bestreitet Pelléas die Unterhaltung fast allein, während Mélisande nur Ausrufe und Einzelsätze beisteuert. In der darauffolgenden Verhinderungsszene dagegen bietet Pelléas knappe Repliken, während Arkel lange Reden hält. In der Haarszene ist Pelléas zunächst die dominierende, weil um Mélisande werbende Figur. Durch Golauds Auftreten verwandelt sich seine Überlegenheit in die Verlegenheit eines ertappten Kindes. In der Verabredungsszene wiederum ist Pelléas der führende Sprecher. Er bietet einen langen Monolog, initiiert das Treffen mit Mélisande und bestimmt Ort und Zeit. Die Liebesszene wird von einer gewissen Gleichheit zwischen den Dialogpartnern bestimmt. Zwar macht Pelléas als Mann traditionsgemäß das Liebesgeständnis, ermuntert von einer mehr oder weniger gespielten Ahnungslosigkeit der Frau, doch agiert Mélisande in dieser Szene mit einer Selbstsicherheit wie nirgends zuvor im Drama und bestimmt damit den Verlauf der Szene entscheidend mit, auch wenn ihr Sprechanteil quantitativ geringer ist als der des Pelléas.
Eine gewisse Stereotypie der Sprache des Pelléas ist vor allem durch Wiederholungen von Satzanfängen bedingt, weniger durch Wortwiederholungen. Ein Beispiel für eine als musikalisch zu bezeichnende Sprachstruktur findet sich in der "Exposition" der Liebesszene durch die motivische Verwendung des "viens ici". Weniger häufig als bei Mélisande kommt bei Pelléas mehrdeutiges Sprechen vor.

---

[144] Beltrando-Pathier (1990, 75f.) stellt im vierten Akt des Dramas ein gehäuftes, ausschließlich an die Figur des Pelléas gebundenes Auftreten metaphorischer Ausdrucksweisen fest und wertet dies als einzigartig im Drama.

Dadurch wird er als stärker dem profanen Bereich zugewandt gekennzeichnet. Dennoch machen ihn seine sensible Wahrnehmungsfähigkeit und Intuition empfänglich für transzendente Phänomene. Er ist der einzige Bewohner Allemondes, der sich bedingungslos auf eine Begegnung mit der anderen Welt einläßt und für den es kein Zurück mehr gibt. Mit der Figur des Pelléas exponiert Maeterlinck im Drama den Typ des "Frühvollendeten, Todgeweihten", den er in seinem Aufsatz *Les Avertis* beschreibt (vgl. Maeterlinck, 1913, 47-58).

c) Golaud

Golaud ist die psychisch am deutlichsten konturierte Figur, vordergründig betrachtet ohne Tiefe, durchschaubar und direkt. Golaud sagt, was er denkt. Die Warnungen an Pelléas und Mélisande in der Terrassen- und Gewaltszene sind unmißverständlich. Mit seiner Neigung zu heftigen, unbeherrschten Gefühlsäußerungen und seinem dominanten Verhalten entspricht er am ehesten dem Typ des Cholerikers. Sein Charakter wird durch zwei scheinbare Gegensätze bestimmt: leidenschaftliche Emotionalität und nüchterne Rationalität. Golauds Weltbild ist von kausalen Beziehungen geprägt; er glaubt, daß es für alles einen Grund gibt. Das Unsagbare ist für ihn nicht existent (Pferdsturzszene). Doch seine selbstsichere Fassade trügt; seine Rationalität entspringt dem Drang, alles zu kontrollieren. Bei genauerem Hinsehen erscheint Golaud als ein von Verlustangst und Minderwertigkeitsgefühlen getriebener Zwangscharakter, der weder sich selbst noch andere und schon gar nicht die transzendente Schicksalsmacht - mit der er als Positivist natürlich nicht rechnet - beherrschen kann. Prinzipien und äußere Ordnung gehören zu den notwendigen Regulativen seines Lebens. In dieses Charakterbild passen Wahrheitsfanatismus (Pferdsturz- und Sterbeszene) und Zweckrationalismus; für Golaud gilt "Wahrheit statt Schönheit/Liebe" und "Haben statt Sein". Sein Materialismus drückt sich in der Gier nach Kleinoden aus (Wald- und Pferdsturzszene). Mélisandes Schönheit ist für ihn nutzlos; ihre Haare dienen ihm nur zur Aggressionsabfuhr (Gewaltszene). Mit der Kinderunlogik Yniolds kann er nichts anfangen (Verratsszene). Da er unfähig ist, Zuneigung adäquat auszudrücken, neigt er zum Sadismus, der aufbricht, als seine Eifersucht bereits ein hohes Maß erreicht hat (Gewaltszene).

Golauds Attribut ist der Baum und damit verbunden der Wald als sein Hauptaktionsbereich (Jagd). Sein erster Auftritt zeigt ihn verirrt zwischen Bäumen. In derselben Szene sucht er Kontakt zu seinem Attribut - er lehnt sich gegen einen Baum als Zeichen der Sicherheit für Mélisande. Auch bei seinem Sturz spielt ein Baum eine wichtige Rolle, was durch die Verwendung der Metapher "den ganzen Wald auf der Brust haben" zusätzlich unterstrichen wird. Pelléas verbindet die Wahrnehmung von Mondschein und Sternen über den Bäumen mit der Feststellung, daß Golaud nicht mehr kommt (Spinnradszene). Den eindeutigsten Beleg für den Baum als Emblem Golauds bietet die Verratsszene: dort benutzt Golaud das Bild des Baumes indirekt für sich selbst.[145] Schließlich "unterstützt" sein Attribut ihn auch bei der Mordtat: er lauert den Liebenden hinter einem Baum auf. Zusätzlich werden Pelléas und Mélisande in den beiden "Liebesszenen" 5 und 17 von Golauds Emblem "beschattet". Beginn und Ende seiner Beziehung zu Mélisande (Wald- und Liebesszene) zeigen Golaud - wie Pelléas - zusammen mit seinem "Totem". Der

---

[145] An seine Beschreibung der Waldszenerie mit dem quer über den Weg gefallenen Baum schließt sich abrupt die Bemerkung "Ich glaube, Pelléas ist verrückt !" an. Vgl. dazu auch die Deutung von Groß (1985a, 80): Der Baum Golaud kann vom Gärtner Pelléas nicht weggeräumt werden. Dieser interpretiert allerdings den Baum als Metapher für Golaud nur für diese Szene.

Baum steht für Eigenschaften wie Standhaftigkeit, Unbeugsamkeit und Kraft. Das dem Baum am nächsten stehende Element ist die Erde. Sie ist damit indirekt das Golaud zugeordnete Element. Die "Erdverbundenheit" Golauds äußert sich in seinem Realismus und seinem Versuch, ein "normales" Leben in geordneten Bahnen zu führen.
Oft spiegeln räumliche Gegebenheiten psychische Zustände Golauds.[146] Von allen Figuren des Dramas wird Golaud besonders durch wiederkehrende Motive charakterisiert. Seine Haupttätigkeit, die Jagd, zeichnet ihn als aktiv, zielstrebig und gewalttätig aus. Eng damit verbunden ist das Motiv des Blutes und des Blutvergießens.[147] Die "Wahrheit" ist ein überwiegend an die Figur des Golaud geknüpftes Motiv.[148]
Zum Selbstbewußtsein Golauds gehört es, daß er häufiger explizite Selbstaussagen macht. Einige zeigen seinen Realismus (Waldszene: "ein Mensch wie die anderen"; Briefszene: Golaud räumt die "Verücktheit" seiner Heirat ein), andere dienen der großtuerischen Selbstinszenierung. Diese reichen von männlichem Imponiergehabe bei der namentlichen Vorstellung gegenüber Mélisande in der Waldszene über das Prahlen mit seiner robusten physischen Konstitution (Pferdsturzszene) bis hin zur theatralisch überzogenen Reuebekundung vor der sterbenden Mélisande. Es gehört zu den typischen Merkmalen eines solchen Charakters, sich in den Mittelpunkt der Aufmerksamkeit zu stellen und die anderen Figuren an den Rand zu drängen.
Die zahlreichen Fremdaussagen über Golaud belegen die Dominanz dieser Figur. Die anderen Figuren sind gezwungen, sich mit ihm zu beschäftigen, wodurch er auch in Szenen präsent ist, in denen er nicht oder nur kurz auftritt (Brief-, Brunnen-, Spinnradszene). Als im engeren Sinn einzig Handelnder des Dramas nimmt er mehr Raum ein als die anderen Figuren, erzeugt Bewegung, die die Schicksalsmacht auf ihn aufmerksam werden läßt. Außerdem enthalten die Fremdaussagen die nötigen Informationen, die Golaud zu einem klar umrissenen Charakter machen. Einige Aussagen beziehen sich auf sein Äußeres, das zugleich Abbild seiner Psyche ist.[149] Informationen über Golauds früheres Leben liefert die Briefszene. Hier wird angedeutet, was am Ende des Dramas offensichtlich wird: Mélisandes Schicksal ist die Wie-

---

[146] Waldszene: Der Wald als Symbol für innere Krisen (s. Märchen).
Pferdsturzszene: Der Sturz als Symbol für die innere Verletzung Golauds durch Mélisandes Ringverlust.
Abgrundszene: Die Risse in den Wänden entsprechen unter anderem Golauds Seelenzustand.
Gewaltszene: Golauds vermeintliches Durchschauen der Situation wird durch das Aufleuchten des Lichts in Mélisandes Zimmer illustriert.

[147] Die Jagd kommt in der Wald-, Pferdsturz, Spinnrad- und Gewaltszene vor (manchmal nur thematisiert). Am Ende der Liebesszene geht Golaud auf "Menschenjagd".
In der Waldszene folgt er den Blutspuren des von ihm verwundeten Tieres; in der Terrassenszene assoziiert er die Schafe mit dem Schlächter und freut sich über den "guten Ertrag"; in der Gewaltszene behauptet er, der Degen nicht zum Töten von Menschen zu benutzen und vergießt damit in der Liebesszene das Blut seines Halbbruders. Er selbst blutet in der Pferdsturz- und Gewaltszene; in der Dienerinnenszene wird davon berichtet. Zu seiner Selbstdarstellung verwendet er den Begriff "aus Blut und Eisen" (Pferdsturzszene).

[148] Pélléas hat gelernt, daß man Golaud die Wahrheit sagen muß (Brunnenszene, Ende). In der Pferdsturzszene will Golaud von Mélisande "die ganze Wahrheit" über ihr Unglücklichsein wissen, und in der Sterbeszene wird deutlich, was Golaud unter "Wahrheit" versteht: nämlich nur das, was sich in seine Sicht der Dinge fügt.

[149] Seine imposante Körpergröße wird in der Waldszene ("Riese") und in der Dienerinnenszene ("der große Golaud"; "er konnte sich nicht töten, weil er zu groß ist") beschrieben. Wählt man als Bezugspunkt die Märchenfigur des Riesen, so steht die physische Größe für Dominanz und Autorität, aber auch geringe Flexibilität. Graue Haare und grauer Bart geben Golauds fortgeschrittenes Alter an, das, weil es einen weiteren Gegensatz zu Mélisande bildet, ein wunder Punkt in seiner Psyche ist.

derholung des Schicksals von Golauds erster Frau. Diese Intention belegen Skizzenbuch-Einträge (vgl. Schillings, 1970, 129). Seine Mutter Geneviève bezeichnet ihn als "stolz, ernst und verschlossen" und hebt die Gegensätzlichkeit der beiden Halbbrüder hervor. Die sterbende Mélisande, die allen Respekt vor den Menschen abgelegt hat, deckt seine Verlegenheit auf ("die Wände betrachten") und spricht schonungslos über seinen Zustand ("mager und alt"). Die tiefste Einsicht in das Wesen Golauds beweist Arkel in der Sterbeszene. Sein Ausspruch, Golaud verstehe nichts von der Seele, trifft den Kern dieses Charakters.
Golauds Sprache ist zusammenhängend und logisch. Seine Repliken enthalten vergleichsweise wenige Pausen und Wortwiederholungen. Letztere werden zur Akzentuierung von Befehlen und Aufforderungen eingesetzt (Gewaltszene) oder verraten Erregung (Ende der Haarszene; Gewaltszene). Hohe Sprechanteile in der Pferdsturz- und Abgrundszene unterstreichen seine Überlegenheit, wie die stimmige Struktur seiner Sprache insgesamt die Visitenkarte eines sich selbst Sicheren ist, der die Dinge vordergründig und oberflächlich betrachtet und keine Probleme im Leben sieht. Golauds Repliken tragen nicht zum Dialog zweiten Grades bei; Doppeldeutigkeiten sind selten (Verratsszene: "Il fait clair"). Die Egozentrik des außer sich Geratenen wird in der Gewaltszene sprachlich dadurch wiedergegeben, daß Golauds Sätze jeweils mit "je" beginnen; die sich steigernde Wut wird von dem motivisch wiederkehrenden "une grande innocence" unterstützt. Gelegentlich kommt metaphorisches Sprechen vor (so in der Pferdsturz-, Verrats-, Gewalt- und Sterbeszene). Dabei fällt die mehrmalige Verwendung der Blindenmetapher auf: in seltenen Augenblicken begreift Golaud seine Tragik als Unwissender. In diesem Zusammenhang sind die häufigen Fragen Golauds zu sehen. Als Rationalist möchte er Gewißheit erlangen und die Dinge durchschauen.
Golaud benutzt die Sprache auch direkt zum Erreichen seiner Ziele, indem er sie gegebenenfalls der des jeweiligen Dialogpartners anzupassen versucht. Damit erzeugt Maeterlinck in seinem Drama eine sprachliche Meta-Ebene. In der Waldszene übernimmt Golaud die Worte Mélisandes, um ihr nahezukommen; in der Verratsszene manipuliert er Yniold, indem er sich auf dessen sprachliches Niveau begibt. Der Verhör-Charakter seiner Befragung Mélisandes in der Sterbeszene wird durch die Verwendung des mittelalterlichen "Ars-moriendi"-Formulars (Frage nach dem Verzeihen, litaneiartige "Anrufung" des Namens der Sterbenden) anfangs verschleiert. Dieses Formular diente dazu, den Sterbenden zu einem ruhigen Tod und ewiger Seligkeit zu verhelfen.[150] Dadurch, daß es als Einleitung zu Golauds "Verhör" fungiert, wird die Rücksichtslosigkeit und Egozentrik dieser Figur drastisch hervorgehoben: anstatt um den Seelenfrieden der Sterbenden besorgt zu sein, geht es Golaud nur um seinen eigenen.
Arkels Urteil zeigt Golaud als einen, der durch seine seelische Blindheit sein Leben lang dazu verdammt ist, sich und andere ins Unglück zu stürzen. Die Schicksalsmacht benutzt ihn als Werkzeug, weil er ein bereitwillig Handelnder ist, ein "Sisyphos", der die Vergeblichkeit seiner Bemühungen nie einsehen wird. Seine Tragik und Ironie liegt darin, daß er als der Realist des Dramas nichts versteht. Als männliche Figur ist Golaud "veraltet", ein leidenschaftsgeschütteltes Relikt aus der Vergangenheit des Theaters, das nach Maeterlincks Ansicht den zeitgenössischen Theaterbesuchern nichts mehr zu sagen hat. Wo Intuition und Emotion als neue Werte über andere gestellt werden, disqualifiziert sich eine Figur wie Golaud auto-

---

[150] Der von Thomas Peuntner 1434 verfaßte Formulartext ist in Auszügen für die heutige praktische Anwendung wiedergegeben bei: Berger, 1993, 41-43.

matisch. Golaud repräsentiert einen Typ Mann (oder Mensch), der keine Geheimnisse in sich hat (s. das Maeterlinck-Zitat im Abschnitt "Ästhetik", IPS, 80). Mit Golaud hat Maeterlinck einen Scheinhelden konzipiert, dem er traditionelle heroische Züge verliehen hat. Diese werden aber auf subtile Weise unterhöhlt, die vordergründige Stärke der Figur wird als Schwäche entlarvt. In dieser in der Figur angelegten Selbstdemontage liegt ihre eigentliche Tiefendimension.[151]

d) Arkel

Arkel vertritt das phlegmatische Temperament. Die Ereignisse bringen ihn nicht aus der Fassung; er tritt ihnen mit Gelassenheit entgegen. Die Figur besitzt zwei Rollenvorbilder: die des Stoikers der griechischen Antike und die des biblischen Propheten.

Van Lerberghe bezeichnet Arkel als Inkarnation der überlegenen Vernunft und Weisheit. Nach ihm repräsentiert die Figur den Chor der Greise im antiken Drama (vgl. van Lerberghe, 1968, 15). Arkel ähnelt einem stoischen Weisen, der sich in Urteilsenthaltung übt, weil er die Relativität aller Wahrheiten erkannt hat. Seine hervorstechenden Charakterzüge sind Weisheit und Güte. Die stoische Leidenschaftslosigkeit bedingt fehlende psychische Konturen der Figur; dies wiederum prädestiniert sie, als Sprachrohr des Autors zu fungieren. Daß Arkel die einzige reflektierende Figur des Dramas ist, ist notwendige Konsequenz dieser auktorialen Funktion. Seine Reden enthalten vor allem stoische Ideale: Glaube an den Sinn der Ereignisse, Schicksalsergebenheit, unerschütterliches Tragen des Leidens und Glaube an die Weiterentwicklung der Welt. Aus diesen Quellen speist sich seine feste Hoffnung auf die Zukunft. Am Schluß des Dramas ist es Arkel, der dafür sorgt, daß der tote Kreislauf des Ewiggleichen in Gang bleibt. Mit seinem skeptischen Optimismus ist er der einzige Lichtblick inmitten der Lähmung und Apathie des Dramas. Die Hoffnung zeichnet auch den Propheten, das zweite Rollenvorbild Arkels, aus. Die oft irrtümlich als Hauptaspekt der alttestamentarischen Prophetie angesehene Zukunftsvorhersage zeigt Arkel auf der realen Ebene als fehlbar: alle seine Annahmen über Bevorstehendes erweisen sich als falsch oder fatal, können aber auf einer höheren Ebene eine andere Bedeutung annehmen und sinnvoll erscheinen.[152] Der "Erlöserfigur" Mélisande ist er als "Wegbereiter" zugeordnet; in der Gewaltszene enthüllt er ihr seine Hoffnung. Mélisandes Reaktion, das Niederschlagen der Augen, verdeutlicht, daß sie um die Wirkungslosigkeit ihrer "Mission" weiß.

Arkels Selbstdarstellung bezieht sich auf seine geistig-seelischen Fähigkeiten und entfaltet vor allem verschiedene Aspekte seiner Weisheit, die als "Altersweisheit" am

---

[151] In vielen Dramenanalysen werden die parodistischen Züge der Figur des Golaud außer acht gelassen.
Ein völlig anderes Bild der Figur entwirft Aron in seiner soziologisch motivierten Dramenbetrachtung. Golaud ist für ihn der Hoffnungsträger, weil er aktiv ist und versucht, die Zustände zu ändern (er steigt in die Souterrains hinab, um den Verfall des Schlosses {= Familie} zu verhindern). Wegen zweier "Christus-Analogien" (Dornenhecke; Wunde in seiner Seite) sieht Aron ihn gar als die Erlöserfigur des Dramas (vgl. Aron, 1994, 37f.). Dabei läßt er die Züge der Figur außer acht, die gegen eine solche Interpretation sprechen. Diese haben eindeutig stärkeres Gewicht. Außerdem ist „Aktivität" in Maeterlincks Konzept negativ besetzt.
Gerade im Zusammenhang mit der Oper Debussys wird Golaud oft einseitig als tragischer Dramenheld gesehen. Die dramenimmanente, verdeckte Infragestellung der Figur wird auch von einigen Komponisten nicht bemerkt.

[152] Marcellus, der Freund des Pelléas, stirbt; Mélisande ist nicht diejenige, die das Tor zu einer neuen Ära öffnet; die Verhinderung der Reise bringt Pelléas den Tod. Aber: Die Begegnung mit Mélisande beschert Pelléas die lange gesuchte höchste Erkenntnis.

Ende eines langen Lebensweges steht (s. Gewaltszene). In der Briefszene demonstriert er mit Aussagen über Golauds Schicksal, über Pelléas' Vater und mit seiner Haltung Pelléas gegenüber, daß er den Überblick über das Leben der anderen Figuren in Allemonde hat. Seine physische Blindheit erwähnt er in der Verhinderungsszene nur, um sie mit seiner psychischen "Sehkraft" zu kontrastieren und sich Pelléas als Lehrer anzubieten. Damit erscheint die äußere Blindheit geradezu als Bedingung für die Fähigkeit des inneren Sehens, wie es auch in den Dramen *Les Aveugles* und *L'Intruse* dargestellt wird.

Aus Fremdaussagen über Arkel erfährt man lediglich zwei physische Details: daß der König alt und blind ist (s. Wald- und Brunnenszene). Das beinahe völlige Fehlen von Fremddarstellung verstärkt den Eindruck von Arkel als einer Figur, deren Dasein inmitten der übrigen Figuren unmittelbar und unangefochten ist. Arkel ist eine Respektsperson, der sogar Golaud mit Ehrfurcht begegnet. Brief- und Verhinderungsszene zeigen, daß Arkel eine natürliche Autorität besitzt, die er nicht dazu gebraucht, über andere zu verfügen.

Die Auftritte Arkels in der Brief-, Verhinderungs- und Gewaltszene sind von langen Monologen geprägt, deren Sprache ganz auf philosophische Reflexion ausgerichtet ist und sich durch komplexere Syntax von der der übrigen Figuren abhebt. Dazu gehören die häufigere Verwendung von Nebensätzen, die manchmal ineinander verschränkt sind, sowie von motivischen Satzanfängen (Briefszene: "Cela vous semble étrange"; Gewaltszene: "À mon âge..."). Die Pausen in seinen Reden sind grundsätzlich nicht auf Verstörung oder Angst zurückzuführen, sondern als Denkpausen aufzufassen. Metaphorik kommt in Arkels Sprache gelegentlich zur Verdeutlichung von "Unsagbarem" vor - besonders in der Gewaltszene. Insgesamt spielt sie eher eine untergeordnete Rolle. Arkels Sprechanteil in den Dialogen ist gering und belegt seine Zurückhaltung gegenüber den anderen Figuren, die er nur in den Monologen aufgibt. Er besitzt Würde und hat es nicht nötig, diese sprachlich zu untermauern.

e) Yniold

Mit lediglich drei Auftritten gehört Yniold zu den marginalen Figuren des Dramas. Doch jeder seiner Auftritte rückt ihn ins Zentrum der Aufmerksamkeit, er bestimmt jedesmal "den Ton entscheidend mit", wie Groß es ausgedrückt hat.[153] Die Figur scheint nach entwicklungspsychologischen Gesichtspunkten entworfen zu sein. Gemäß der in dieser Altersstufe üblichen Egozentrik beansprucht Yniold die Aufmerksamkeit der Erwachsenen in der Spinnrad- und Verratsszene, wobei er deren Geduld erheblich strapaziert. Da seine Fähigkeit zu Reflexion und logischem Denken noch nicht ausgeprägt ist, ist seine Selbstdarstellung durchgehend implizit. Yniold präsentiert sich durch seine Anwesenheit. Die Einfachheit seiner Sprache ist durch sein Kindsein begründet. Die Tendenz zu Generalisierungen und die Unfähigkeit, logische Zusammenhänge herzustellen, lassen darauf schließen, daß die Figur sich noch im Kleinkindalter befindet. Diese Sprachmerkmale benutzt Maeterlinck auf beinahe perfide Weise dazu, Doppeldeutigkeit und Hintersinn zu installieren. Einerseits ist Yniold sehr eng mit seiner unmittelbaren Umwelt verflochten und nur um sich selbst bemüht, andererseits beschert ihm seine noch unverdorbene Intuition die deutlichsten Vorahnungen der Katastrophe. Er ist allerdings nicht in der Lage, die Regungen seines Unbewußten verständlich auszudrücken - geschweige denn zu verstehen. Yniolds Intuition ist an sein Kindsein gebunden. Der zivilisatorische De-

---

[153] Groß (1985a, 90-93) zeichnet ein einfühlsames psychologisches Portrait Yniolds.

formationsprozeß, der ihn dieser berauben wird, steht ihm noch bevor, wie der Hinweis in der Verratsszene, er werde einmal "so groß wie Golaud", andeutet.

f) Geneviève
Die unbedeutendste der sechs zentralen Figuren ist Geneviève. Dies zeigt sich schon daran, daß sie merkwürdigerweise in der Sterbeszene fehlt und nur zwei kurze Auftritte zu Beginn des Dramas hat. Mit dem Herumführen Mélisandes in Allemonde, das im "Erzwingen" des Zusammenseins von Pelléas und Mélisande gipfelt, ist ihre Aufgabe im Drama erfüllt. Neben der Weitergabe von Informationen an das Publikum in der Briefszene ist sie dazu da, die Verwandtschaftsbeziehungen in Allemonde komplizierend zu erweitern und so die zyklische Struktur auch in diesem Bereich zu manifestieren: Das Schicksal der beiden Brüder-Väter, die nacheinander dieselbe Frau (Geneviève) hatten, wiederholt sich ansatzweise bei Golaud - Pelléas und Mélisande. Wie Geneviève war Golaud zweimal verheiratet und hat aus jeder Ehe ein Kind. Yniold und Mélisandes Tochter sind wie Golaud und Pelléas Halbgeschwister.[154]
Weil sie eine Frau ist, hat Geneviève Kontakt zum psychischen Bereich, was durch die Einschätzung ihrer Söhne (Briefszene) und durch die Interpretation von Pelléas' Verhalten in der Meeresszene zum Ausdruck kommt.

Einen breiten Raum in der Kommunikation der Figuren nimmt das Austauschen sinnlicher Wahrnehmungsdaten ein. Dadurch vergewissern sie sich ihrer unsicheren Situation. Besonders ausgeprägt ist dieses Verhaltensmuster zwischen den beiden Titelfiguren. Pelléas ist die Figur, die am meisten hörend wahrnimmt (Meeres-, Grotten-, Haar-, Terrassen-, Verabredungs-, Liebesszene), was die Einordnung als "Luftwesen" zusätzlich untermauert. Mélisande hört vor allem sich nähernde Figuren (in der Meeres-, Haar- und Liebesszene), die Pelléas in der Regel entgehen. Golaud "hört" im ganzen Drama erkennbar nur einmal: das Weinen Mélisandes im Wald, als er sich in einer Ausnahmesituation befindet. Die visuelle Wahrnehmung ist bei Pelléas und Mélisande etwa gleich stark betont. Während diese beiden Figuren Dinge wahrnehmen, die einen Ausblick auf die transzendente Sphäre ermöglichen (Himmel, Sterne, Sonne, Tiefe des Brunnens, Meer) oder Dinge so betrachten, daß sie zu Symbolen werden, bleibt Golauds Sehen am Materiellen haften (Krone, Schafherde als Ertrag). Bereits die Augen Mélisandes sind für ihn nicht mehr "durchschaubar" (Gewaltszene). Golauds Sicht ist - im Gegensatz etwa zu der des fast blinden Arkel - beschränkt. Typisch für das "Luftwesen" Pelléas ist die Wahrnehmung von Gerüchen. Während Pelléas vor allem die Düfte der Blumen nach dem Gestank in den Souterrains genießt, nimmt Golaud nur die üblen Gerüche der toten Wasser wahr.[155] Berühren und Fühlen tritt als unterschiedlich ausgeprägter Wunsch der drei Männer gegenüber Mélisande auf, während von dieser nie ein solches Ver-

---

[154] Die zyklische Funktion der Generationenkette hebt auch Postic (1970, 90) hervor, ebenso Maurer Zenck (1990, 265), für deren sozio-psychologischen Interpretationsansatz dieses Moment bedeutsam ist. Der von Orledge (1982, 55) aufgestellte Stammbaum ist falsch. Nichols (1989, 65) hat diesen offenbar übernommen und stellt ihm den richtigen Stammbaum nur als unwahrscheinliche Möglichkeit gegenüber. Im Drama sind die Verwandtschaftsbeziehungen der Figuren jedoch eindeutig.

[155] Die Abgrundszene erinnert nicht nur an Poes Erzählung, sondern auch an die Höllenschilderungen bei Swedenborg (*Himmel und Hölle):* Die Geister, die für die Hölle bestimmt sind, ertragen nur Gestank. Die guten Geister, die sich in die Hölle verirren, können den Gestank dort nicht ertragen und werden nahezu ohnmächtig davon (vgl. Swedenborg, 1977, 301f. - § 428+429).

langen ausgeht - sie versucht, diese Art von Kontakt zu vermeiden und erscheint so als "Unberührbare".

Figurendimensionen und -allegorien

Die Eindimensionalität der Figuren auf der realen Ebene ist nicht gleichzusetzen mit Einfachheit und Durchschaubarkeit. Vielmehr ist sie Ausgangspunkt für die Projektion der Figuren auf andere Wirklichkeits- und Bedeutungsebenen. Dadurch erhalten sie eine verdeckte Tiefenstrebung, die mit der der mehrdimensionalen Figuren des klassischen Dramas nur bedingt zu vergleichen ist. Durch das Gegensatzpaar "intuitiv - rational" lassen sich die Zentralfiguren schwerpunktmäßig der transzendenten oder der profanen Sphäre zuordnen:

intuitiv (transzendent) =====➔	======➔ rational (profan)
Mélisande - Pelléas - Yniold	Arkel - Geneviève - Golaud

Mélisande und Golaud bilden hinsichtlich dieses Merkmals die beiden Gegenpole. Yniold gehört noch der Intuitionssphäre an. Da er die Intuition jedoch am wenigsten von allen versteht und zu erwarten ist, daß er ein zweiter Golaud wird, steht er an der Grenze zum rationalen Bereich. Arkel bleibt zwar als Denker der rationalen Welt verhaftet, hat sich aber im Laufe seines Lebens eine große Fähigkeit zur philosophischen Reflexion angeeignet, was ihn in größtmögliche Nähe zur Intuition und zum transzendenten Bereich rückt. Geneviève sorgt sich um das reale Familienleben, besitzt aber durch ihre psychologische Einfühlung mehr Affinität zur intuitiven Sphäre als Golaud, der "nicht weiß, was die Seele ist" und daher keine Verbindung zur Transzendenz hat.

Innerhalb der Bedeutungsebenen können die Figuren als verschiedene Allegorien aufgefaßt werden. Zum einen sind sie Repräsentanten der Menschheit. So gesehen beschreibt das Drama verschiedene, schicksalsdeterminierte Menschentypen:

a) Diejenigen, die mit besonderer Intuition begabt sind und keine psychische Entwicklung (mehr) durchmachen. Sie haben von vornherein tiefe Einsicht in die Zusammenhänge des Lebens (Mélisande). Zu dieser Gruppe gehören auch die Kinder (Yniold).

b) Diejenigen, die Träume und Illusionen haben und intuitiv auf der Suche nach ihrem Ideal sind. Die psychische Entwicklung dieser "Frühvollendeten" ist kurz; das Zusammentreffen mit dem Ideal katapultiert sie meist vor Erreichen der Adoleszenz aus ihrer "Laufbahn" - in der Regel bringt es ihnen den vorzeitigen Tod (Pelléas).

c) Diejenigen, die zunächst wenig verstehen, aber im Laufe ihres langen Lebens eine mühsame Entwicklung durchmachen und letztlich ein gewisses Maß an Erkenntnis ("Altersweisheit") erreichen (Arkel).

d) Diejenigen, die die Zusammenhänge des Lebens nicht verstehen und nie verstehen werden, so sehr sie sich auch darum bemühen. Positivisten, die glauben, daß die Welt rational gänzlich zu erfassen, zu beherrschen und durch Handeln zu bewältigen ist. Auch durch ständiges Scheitern sind sie keines Besseren zu belehren (Golaud).[156]

---

[156] Vgl. hierzu auch Nichols (1989, 76f.), der in seiner Synopse zu Debussys Oper für diese Allegorie drei Gruppen von Menschen beschreibt und damit versucht, die Unmöglichkeit der Verständigung zwischen Golaud und Mélisande zu erklären - für ihn die "crux" des Dramas.

Eine andere Figurenallegorie, die aus dem Drama abgeleitet werden könnte, deutet die drei Hauptfiguren als Personifikation von Prinzipien und Anschauungen. Danach kann Mélisande für die Schönheit, Pelléas für Kunst oder Ästhetik und Golaud für den Positivismus stehen. Kunst und Positivismus werden gleichermaßen von der Schönheit angezogen. Doch während der Positivismus nur ihre materielle Seite, ihren äußeren Schein sieht und versucht, sie zu besitzen und zu nutzen, erkennt die Kunst ihr Wesen und kann sich, da sie ihre Freiheit akzeptiert, mit ihr vereinigen. In einer Welt aber, in der der Positivismus dominiert, sind beide nicht lebensfähig. Der Positivismus, der die Kunst (weil nutzlos) tötet, beseitigt die Schönheit ungewollt gleich mit.

Auf der innerweltlichen Ebene sind die sozialen und biologischen Rollen der drei Hauptfiguren nur offiziell klar definiert: Golaud ist der ältere Halbbruder des Pelléas, Mélisande seine junge Frau, Pelléas und Mélisande Schwager und Schwägerin. Doch diese Rollenzuweisungen werden im Drama durch das Verhalten der Figuren unterminiert. Golaud erscheint durch sein autoritäres Verhalten wie der Vater von Pelléas und Mélisande, diese durch ihre Gefügigkeit und Unterwürfigkeit ihrerseits wie Sohn und Tochter und damit Bruder und Schwester. Hinweise für das Oszillieren zwischen zwei Rollenschemata geben folgende Szenen:

- Briefszene: Golaud liebt Pelléas "mehr als einen Bruder".
- Brunnenszene: Nach dem Ringverlust verhalten sich Pelléas und Mélisande wie Kinder, die etwas angestellt haben, Pelléas dabei wie ein "vernünftiger großer Bruder".
- Pferdsturzszene: Die ganze Szene wirkt wie ein Gespräch zwischen Vater und Tochter und nicht wie zwischen Eheleuten.
- Haarszene: Golauds Auftreten ist das einer Vaterfigur (er erwischt die "Kinder" nachts beim "Spielen").
- Abgrund-/Terrassenszene: Golaud führt Pelléas wie einen Sohn in die Schloßgewölbe und ermahnt ihn, sich von Mélisande fernzuhalten, indem er an die "Vernunft des Älteren" appelliert.
- Sterbeszene: Die Feststellung, Mélisande sähe aus wie die Schwester ihres Kindes.

Dieses unterschwellige zweite Rollenschema impliziert die Anspielung auf inzestuöse Beziehungen wie Vater-Tochter und Bruder-Schwester (vgl. Maurer Zenck, 1990, 271f.). Da Maeterlinck sich sehr für tabuisierte sexuelle Beziehungen interessierte, ist es denkbar, daß er ein Inzestdrama geplant hatte, wie es das von ihm übersetzte Ford-Drama ist, diese Thematik dann aber aus Angst vor einem Skandal nur versteckt auftreten ließ.

4.6 Motivik und Symbolik[157]

Die grundlegenden Symbole des Dramas sind Licht und Finsternis (vgl. Lutaud, 1992, 91f.), Wasser sowie Raum- und Zeitsymbole. Zum Symbolkreis "Licht" gehören der Himmel und die Himmelskörper, künstliche Lichtquellen wie Lampen und Leuchttürme, durch Reflexe entstehende Lichteffekte ("briller", "rayonner") sowie die Feuer-Metaphorik in der Haar-, Verrats- und Liebesszene. Zur Finsternis gehören neben der Nacht die Schatten und der Nebel (Sz. 17, 4). Die Dunkelheit wird durch Begriffe wie "obscurité", "ténèbres", "noir" und "sombre" evoziert. Obwohl Tag und Nacht im Drama in ausgewogenem Verhältnis zueinander stehen (s. I/4.4), erweckt die stärkere Thematisierung der Finsternis den Eindruck vorherrschender Dunkelheit.

Das Wasser ist emblemhaft an die Figur der Mélisande gebunden. Auch Pelléas besitzt eine Affinität zum Wasser. Golauds Beziehung zu diesem Element beschränkt sich auf die Wahrnehmung des verfaulenden, „toten" Sees in der Abgrundszene - nur dieses Wasser sucht er aus eigenem Antrieb auf. Daraus ergibt sich ein weiteres Merkmal seiner Opposition zu Mélisande. Auf den Gegensatz der beiden "Quellen" innerhalb Allemondes - des Blindenbrunnens und der toten Wasser unter dem Schloß - hat Konrad (1986, 73) hingewiesen.

Die Raum- und Zeitsymbolik wird in *Pelléas et Mélisande* verschiedenartig entfaltet. Einzelne Räume werden tendenziell bestimmten Figuren zugeordnet, so der Wald und die Souterrains (Wald-, Pferdsturz-, Spinnrad-, Terrassen-, Verrats-, Liebesszene sowie Abgrundszene) dem Golaud und der Turm (Haarszene) der Mélisande. Die Zeitwenden "Mittag" und "Mitternacht" beschwören bedeutende Ereignisse wie den Ringverlust herauf und wirken als Katalysator für die Handlung. Um diese Zeiten beschleunigt sich die Entwicklung von Liebe (Brunnen-, Haar- und Liebesszene) und Eifersucht (Spinnrad-, Haar-, Terrassen- und Liebesszene).

Einige Szenen haben per se symbolischen Charakter - sie bilden, wie Kesting es ausdrückt, "ein einziges Zeichen" (vgl. Kesting, 1963, 536). Durch ihre betont statische Gestaltung kommt die Suggestivwirkung stärker zu Geltung. Zu diesen gehören die Schloßtor-, Meeres-, Grotten-, Spinnrad-, Abgrund-, Terrassen- und Herdenszene. Hier werden einzelne, im Bedeutungszusammenhang von Religion oder Mythos stehende Symbole wie Tor, Grotte, Spinnrad, Arme oder Schafherde eingesetzt und damit der semantische Gehalt dieser Szenen erhöht. Brunnen-, Haar- und Liebesszene sind um einzelne Symbole herum zentriert. Die Brunnenszene steht und fällt mit dem Brunnen und dem Ring; in der Haarszene stehen Haare und Turm im Mittelpunkt; die Liebesszene entfaltet die Licht-Finsternis-Symbolik.

Die Symbole "Brunnen/Quelle" und "Grotte" werden in der Maeterlinck-Literatur ausgiebig gedeutet. Jane R. Baier untersucht deren Übereinstimmung mit den jeweiligen Archetypen. Die Quelle ist für sie ein Beispiel für den Ort als Falle. In der Wald- und Brunnenszene verführt sie Melisande beinahe zum Selbstmord, in der Liebesszene

---

[157] In der Sekundärliteratur begegnet man immer wieder Versuchen, einzelne Symbole des Dramas zu deuten. Meist wird dabei nur eine Möglichkeit angeboten oder eine favorisiert. Diese Festschreibung beraubt die Symbole der frühen Dramen ihrer intendierten Vieldeutigkeit. Eine Synopse von Deutungsmöglichkeiten wäre adäquater, da hierdurch die Assoziationsräume des jeweiligen Symbols angedeutet und abgesteckt werden können. Dies würde allerdings den Rahmen dieser Arbeit sprengen, wie die sehr umfangreiche Dissertation von Lutaud zeigt, in der es um den Symbolkreis "Wasser/Ring" geht.

schließlich "holt" sie sich ihr Opfer (vgl. Baier, 1975, 121-125). Für Maenner (1965, 39) ist der Blindenbrunnen der symbolische Zentralpunkt des Dramas. Er ist "Ausfluß des Weltgeistes", der die "Blinden" zum Bewußtsein ihrer Personalität führt: die Liebenden werden hier zu Sehenden. Postic (1970, 75; 86) führt das Motiv des Blindenbrunnens auf die keltische Mythologie zurück und interpretiert es dementsprechend als "Ort der Entscheidung" und der "Offenbarung des Mysteriums". Die unterschiedliche Tiefe der beiden Quellen in der Wald- und Brunnenszene spiegelt seiner Ansicht nach die Qualität der Beziehungen zwischen Mélisande und Golaud bzw. Pelléas. Konrad (1986, 46; 73) betrachtet die beiden Quellen als grundlegende Symbole, da sie durch ihre Placierung am Anfang und am Ende des Dramas dessen zirkuläre dramatische Bewegung repräsentierten. In diesem Zusammenhang weist sie auch auf die beiden gegensätzlichen "Quellen" in Allemonde hin: den Blindenbrunnen und die toten Wasser der Abgrundszene. Abels (1994, 74-78) deutet das Zentralsymbol "Brunnen" psychoanalytisch: als Ort der Trennung von überirdischer/bewußter und unterirdischer/unbewußter Sphäre erzeuge es eine "Magie der Innenwelt".

Die wichtigste Deutung der Grottenszene stammt von van Lerberghe. In seinen *Notes critiques* (1892) gibt er Maeterlincks Vorstellungen wieder und betont, daß es sich bei der Grotte um ein hermetisches Symbol handelt:

> "Dans la pensée de Maeterlinck la grotte merveilleuse où la destinée elle même les conduit par les conseils aveugles de Golaud, c'est l'embûche de la faute seduisante et fatale. Ils ont sur son seuil d'étranges inquiétudes. L'orchestre des symboles chante lointainement au delà de leurs pensées un hymne de trouble et de nuptial émoi. Mais au moment de franchir ce seuil de tentations, la pureté de leur âme l'illume. Ils découvrent la triste misère qui est au fond du mal. Ce sens caché de la scène ne peut être saisi que des initiés." (van Lerberghe, 1968, 18).[158]

Spätere Deutungen sehen die Grottenszene vor allem als böses Vorzeichen. Die drei Armen werden als Symbol für die drei Hauptfiguren aufgefaßt - so von Postic (1970, 77) und Groß (1985a, 79f.). Letzterer bietet eine soziologisch bestimmte Sichtweise. Nach Maenner (1965, 38) zeichnet die Grotte den Schicksalsweg der beiden Titelfiguren in der Welt nach, wie sie ihn innerlich erleben. Konrad (1986, 65-67) stellt die beiden "Grottenszenen" 7 und 11 als kontrastierend einander gegenüber. Demgegenüber betont Baier (1975, 104-110) eher die atmosphärische Einheit des Symbols: beide Grotten wirken bedrohlich und entsprächen damit der archetypischen Vorstellung von der Grotte als mysteriösem und gefährlichem Ort, assoziiert mit "Initiation", "Begräbnis" und "Abstieg ins Unbewußte". In psychoanalytisch orientierten Interpretationen wie der von Maurer Zenck (1990, 268f.) steht die Grotte für die Frau; die Szene ist somit ein erster sexueller Annäherungsversuch des Pelléas, der fehlschlägt. Eine weitere Deutungsmöglichkeit ergibt sich im Hinblick auf die in der Grotte verborgenen Schätze, die Pelléas beschreibt. Da bei Maeterlinck an anderen Stellen Schätze als Metaphern für seelische Qualitäten auftreten (s. *Aglavaine*

---

[158] "Im Denken Maeterlincks ist die wundersame Grotte, wohin das Schicksal sie [Pelléas und Mélisande; Anm. d. A.] durch die blinden Ratschläge Golauds führt, die Falle einer verlockenden und fatalen Verfehlung. Sie sind auf der Schwelle seltsamer Unruhe. Das Orchester der Symbole spielt von fern jenseits ihrer Gedanken eine Hymne der Verwirrung und der hochzeitlichen Erregung. Aber in dem Moment, in dem sie im Begriff sind, diese Schwelle der Versuchungen zu überschreiten, wird diese von der Reinheit ihrer Seele erleuchtet. Sie entdecken das jämmerliche Elend auf dem Grund des Bösen. Dieser verborgene Sinn der Szene kann nur von Eingeweihten verstanden werden."

et Sélysette und *La Beauté intérieure* in *Le Trésor des Humbles*), kann man die Grotte auch als Psyche des Pelléas auffassen. Der Annäherungsversuch wäre dann eher platonischer Natur - für Maeterlinck war die platonische Liebe das höchste Ideal.

4.7 Zusammenfassung

Das Drama *Pelléas et Mélisande* ist gleichnishaft - wie die anderen frühen Dramen Maeterlincks deutet es auf eine tiefere, verborgene Wirklichkeit und den (Seins-)Zustand des Menschen in der Welt hin. Diese Wirklichkeit wird als vielschichtig dargestellt; wie in Kap. I/4.4 und I/4.5 ausgeführt wurde, können allegorische Deutungen auf mehreren Sinnebenen vorgenommen werden (z. B. Figurenallegorien). Die verschiedenen Allegorien zeigen, daß das Drama die komplexe Wirklichkeit in ihrer Gesamtheit evozieren möchte. Dies impliziert, daß unterschiedliche, zum Teil auch gegensätzliche Deutungen nebeneinander stehen können und als Optionen erhalten bleiben sollen. Eine Auflösung in Eindeutigkeit würde der Totalitätsintention widersprechen.

Die einzelnen Dramenkategorien wirken an der Erzeugung dieses Gesamtbildes mit. Zentral ist in *Pelléas et Mélisande* das Kreisen um das „Unsagbare", das Schicksal, Liebe und Tod umfaßt. Die für die Erfahrung des „inconnu" nötige Konzentration auf die Innerlichkeit erfordert ein „Verstummen" äußerer Gegebenheiten wie Sprache und Aktion. Eine allgemeine Zurücknahme der Gestaltungsmittel, Momente der Andeutung, Untertreibung und Retardierung sind in allen Kategorien feststellbar.

Der Aufbau des Dramas, der wesentlich durch die Reihung von relativ eigenständigen Einzelszenen bestimmt wird, trägt zur Lähmung des übergreifenden Handlungsstranges bei. Zusammenhänge zwischen den Szenen werden nur durch wiederkehrende Motive gestiftet, wobei eine Zentrierung um die Mittelpunktszene 10 entsteht. Gleichzeitig wird durch nicht näher bestimmbare Ellipsen zwischen den Szenen und den Einsatz von Zyklik und Gleichzeitigkeit zeitliche Diskontinuität vermittelt. Eine Entrealisierung des Geschehens bewirkt die Rahmenstruktur (Sz. 1 ⇔ 18), die den Transzendenzbereich andeutet („Jenseitslage" der Sterbeszene).

Der kaum als Ganzes überschaubare Raum wird vor allem durch die Wahrnehmungsäußerungen der Figuren suggeriert, die das Bühnenbild weitgehend ersetzen sollen (=> Maeterlincks Ideal der leeren, abstrakten Bühne). Diese Art der Ortsentfaltung bremst zugleich die Sukzessivität der Zeit. Durch die Verklammerung von Außen und Innen ist der Raum an der Skizzierung der Psyche der Figuren beteiligt. Die transzendente Sphäre wird durch einige räumliche Details suggeriert (Tor öffnen/schließen; Souterrains).

Statik und Informationsdefizit-Erfahrungen werden besonders durch den Faktor „Zeit" erzeugt, um unter anderem vor Augen zu führen, wie unzureichend die menschliche Zeitwahrnehmung entwickelt ist.

Die beiden Titelfiguren sind Ideale im Sinne von Maeterlincks metaphysischer Weltsicht. Mit Mélisande wird eine Frauenfigur exponiert, die einerseits menschliche Züge trägt (Leidensfähigkeit, Angst) und andererseits der transzendenten Sphäre angehört. Sie ist zugleich unvollkommenes Ideal, ohnmächtige Erlöserin und unbewußte Verführerin - letztlich eine Marionette des Schicksals wie die anderen Figuren und dennoch Mittlerin zwischen den Welten.

Die sprachlich durch geringe Selbst- und Fremddarstellung erzeugte schwache psychische Figurenkonturierung wird durch das Heranziehen schematischer Zuordnungen (z. B. Humoralpathologie) unterstrichen. Die Figuren repräsentieren Typen und ermöglichen damit eine weitgehende Identifikation und eine aktive Rezeption mit verschiedenen eigenkreativen, das Figurenbild ergänzenden Deutungen. Die Figurenopposition Golaud - Mélisande steht (auf der höchsten Bedeutungsebene) im Dienst der Präsentation einer Weltsicht (Aufeinanderprallen von Positivismus und Idealismus).

Die durchgehende Entfaltung der Licht-Finsternis-Symbolik, einer Grundlage aller Mythologien und Religionen, dient der Andeutung der transzendenten Wirklichkeit und erhöht insgesamt die Zeichenhaftigkeit des Dramas.

Pelléas et Mélisande bietet mit seiner bewußt konstruierten Vagheit und Offenheit eine ideale Ausgangsbasis für aktive und produktive Rezeption. Wie im Bereich der Musik mit dem Skizzen- und Andeutungscharakter des Dramas produktiv umgegangen wurde, soll in Teil II untersucht werden.

II. Pelléas et Mélisande - Vertonungen

Vorbemerkungen

Die musikalische Analyse der jeweiligen Komposition erfolgt unter einer spezifischen Fragestellung. Sie betrachtet die musikalische Gestaltung als Deutungsversuch eines symbolistischen Dramas, dessen hervorstechende Merkmale Vieldeutigkeit, Suggestivität und Handlungsarmut sind. Eine derartig perspektivische Analyse muß sich auf einzelne Werkaspekte konzentrieren; sie kann die Komposition nicht umfassend Schritt für Schritt erarbeiten. Bei der dramenorientierten Untersuchung muß also eine mehr oder weniger mosaikartige Darstellung in Kauf genommen werden. Den allgemeinen Leitfaden für die Musikanalyse bilden folgende Fragen:

- Welche Merkmale des Dramas werden durch die Musik hervorgehoben oder musikalisch analog gestaltet?
- Welcher Grad von Kongruenz bzw. Divergenz ist zwischen der Musik und den spezifisch symbolistischen Merkmalen des Dramas festzustellen?

Da es in der Analyse um den Einfluß von literarischer auf musikalische Gestaltung geht, wurden die Kategorien hierfür aus der Dramenanalyse gewonnen. Die Verschiedenartigkeit der Kompositionen läßt einen flexiblen Umgang mit den Kategorien sinnvoll erscheinen - nicht alle Punkte werden bei jeder Komposition angewendet.

Kategorien/Ergebnisse aus der Dramenanalyse:
Aufbau/Form:
- Drei Wirklichkeitsebenen: real - psychisch - transzendent
- Szene als Grundeinheit; Episodencharakter
- Geschlossenheit des Dramas: Sz. 1, 2, 3, 4 ⇔ 17, 18, 19
- Mittelpunktzentrierung um Sz. 10
- Szenenverklammerung/Motivbeziehungen

Ort/Raum:
- Eigenständigkeit der Teil-Räume; Bildhaftigkeit der Einzelszenen
- Eingeschlossensein („enclos")
- Korrespondenz von Innen und Außen/Psyche und Raum
- raumentfaltende Wahrnehmungen der Figuren als Bühnenbild-Ersatz

Zeit:
- Historische Epoche: legendäres Mittelalter
- Hervorhebung natürlicher Zeitzyklen (Jahres-, Tageszeiten); Zeitkontraste und Wendezeiten (Tag/Nacht, Mittag/Mitternacht)
- zeitliche Diskontinuität, Statik (Wiederholungen, zyklische Momente)

Figuren:
- insgesamt schwache psychische Konturierung; motivische Charakterisierung (Zuordnung von Elementen und Attributen)
- unterschiedliche Wirklichkeitszugehörigkeit der Figuren (real/transzendent - intuitiv/rational)
- Emotionalität der Figuren => Reaktion auf omnipräsente Bedrohung durch die Schicksalsmacht
- Haupt- und Idealfigur = Mélisande, Opposition zu Golaud

Motivik/Symbolik:
- Grundsymbole: Licht-Finsternis-Dualismus; Wasser, Raum-Zeit-Symbole
- symbolische Szenen: Sz. 1, 4, 7, 9, 11, 12, 16
- Einzelsymbole: Krone - Ring - goldener Ball; Schiff; Grotte/Gewölbe; Spinnrad; Schafe

1. Claude Debussy: *Pelléas et Mélisande*. Drame lyrique

Die wichtigste und wohl bekannteste *Pelléas et Mélisande*-Vertonung ist die Oper von Claude Debussy. Ihre Bedeutung für die kompositorische Entwicklung Debussys ist kaum zu überschätzen. Mit *Pelléas et Mélisande* gelang ihm der Durchbruch als Komponist; während der fast zehnjährigen Auseinandersetzung mit dem Drama entwickelte er seinen musikalischen Stil und seine ästhetischen Anschauungen. Obwohl sich Debussy nach dem Erfolg seiner Oper um einen kompositorischen Neuansatz bemühte, weil er der Meinung war, daß ein Komponist sich nicht wiederholen, schon gar nicht einen Erfolg zur musikalischen "Masche" weiterspinnen sollte, blieb das Werk für seine späteren Kompositionen richtungsweisend - es gelang ihm nicht, eine Oper "après *Pelléas*" zu schreiben.

1.1 Ästhetischer Hintergrund

Debussys ästhetische Vorstellungen lassen sich aus zwei Quellen ableiten, die als komplementär anzusehen sind: die in *Monsieur Croche* gesammelten Artikel und Interviews[159] und die Briefe. In seinem Vorwort zu der großen Debussy-Briefausgabe weist Lesure auf die Schwierigkeiten hin, aus den mit Ironie angereicherten und oft widersprüchlich erscheinenden Äußerungen Debussys ein einheitliches ästhetisches Bild zu gewinnen (vgl. Lesure, 1980, VII). Die Wertungen des Komponisten sind äußerst differenziert und lassen sich nicht auf Pauschalurteile reduzieren. Ähnlich wie Maeterlinck bedient sich Debussy oft des Paradoxons. Man ist gezwungen, zwischen den Zeilen zu lesen, will man Debussys Ansichten ergründen:

> "Il convient donc de ne pas toujours lire Debussy au premier degré. Comme beaucoup de symbolistes, il aime à s'entourer de mystère ou d'ambiguïté. Aime-t-il ou non Wagner, les Ballets russes? Ses déclarations sur ces sujets ne paraîtront contradictoires qu'à ceux qui ne cherchent pas à déceler les intentions du moment. Pour les autres l'ensemble est d'une unité et d'une cohérence extrêmes." (Lesure, 1980, VIII).[160]

Die hier betrachteten Äußerungen Debussys sollen einen Hintergrund zur Analyse von *Pelléas et Mélisande* bieten. Besonders berücksichtigt werden dabei Aussagen, die eine Nähe zu Maeterlincks symbolistischer Ästhetik aufweisen. Zur besseren Übersicht ist eine Einteilung in Themenbereiche sinnvoll:
a) Äußerungen zur Musik allgemein
b) Natur, Naturnähe
c) Mystère, Andeutung, Suggestion
d) Theater

---

[159] Abkürzungen: MCr-f = *Monsieur Croche*, französische Ausgabe; MCr-dt = *Monsieur Croche*, deutsche Ausgabe.
[160] "Es empfiehlt sich, Debussy nicht immer oberflächlich zu lesen. Wie viele Symbolisten liebte er es, sich mit Geheimnis und Vieldeutigkeit zu umgeben. Liebte er nun Wagner oder das russische Ballett oder nicht? Seine Äußerungen darüber erscheinen nur denen widersprüchlich, die nicht versuchen, die Intentionen des Augenblicks zu enthüllen. Für die anderen ist das Ganze von großer Einheitlichkeit und Stimmigkeit."

a) Äußerungen zur Musik allgemein

Debussy wird durch sein Eintreten für eine "wahrhaft französische Musik" als genuin französischer Komponist angesehen. Für ihn ist der "französische Geist" in der Musik durch überbordenden Einfluß von außen (vor allem deutsche Romantik und Wagner) verlorengegangen (vgl. Debussy, 1962, 22: Brief an Laloy, 10. 9. 1906). Die Restauration einer französischen Musik müsse von der Wiederentdeckung Rameaus und Couperins ausgehen, nach Debussy echte französische Komponisten, die französische Musik schufen, ehe Gluck kam und alles "zertrampelte".[161]

Bei Rameau sieht Debussy jene französische Empfindsamkeit und Klarheit, die der deutschen Sucht, "alles mit dem Holzhammer zu unterstreichen", diametral entgegengesetzt sei (1903; vgl. MCr-f, 93; MCr-dt, 91). Dies gelte besonders für seine Harmonik:

> "L'immense apport de Rameau est ce qu'il sut découvrir de la 'sensibilité dans l'harmonie'; ce qu'il réussit à noter certaines couleurs, certaines nuances dont, avant lui, les musiciens n'avaient qu'un sentiment confus." (1912; MCr-f, 211).[162]

Als weitere musikalische Vorlieben zählt Debussy Renaissance- und Frühbarock-Komponisten wie Palestrina, Lasso oder Vittoria auf. Seine besondere Verehrung gilt Johann Sebastian Bach, dem "lieben Gott der Musik" (1913; vgl. MCr-dt, 229; MCr-f, 228f.). Bei all diesen Komponisten findet und schätzt Debussy die von ihm als „Arabeske" bezeichnete ornamentale Kurvenfigur, die letztlich auf den gregorianischen Choral zurückgeht.[163] In der Ungebundenheit der Arabeske liegt für Debussy eine Haupteigenschaft der Musik begründet: die Freiheit. Dies bedeutet einerseits Freiheit von Traditionen und Regeln, andererseits auch "Musik im Freien oder fürs Freie". Diese Vorstellung, die Debussy an verschiedenen Stellen ausformuliert hat, läßt die Musik eins werden mit der Natur (1911; vgl. MCr-f, 318; MCr-dt, 299 und: Debussy, 1980, 166: Brief an Durand, 3. 9. 1907).

Debussys Musikdenken ist von der ihn umgebenden Literaturästhetik geprägt (der des Mallarmé-Symbolismus), sein Musikstil entwickelte sich unter anderem in Auseinandersetzung mit literarischen Werken, die er als Grundlagen zur Vertonung benutzte. Bereits 1885 hatte er klare Vorstellungen von seinem literarischen Idealwerk:

> "J'aimerai toujours mieux une chose où, en quelque sorte, l'action sera sacrifiée à l'expression longuement poursuivie des sentiments de l'âme. Il me semble que là, la musique peut se faire plus humaine, plus vécue, que l'on peut creuser et raffiner les moyens d'expression." (Debussy, 1980, 10: Brief an Vasnier, 4. 6. 1885).[164]

---

[161] Siehe dazu die drastischen Äußerungen in MCr-f, 278f. (MCr-dt, 277f.). Auf Glucks Rolle in der französischen Musik geht Debussy ausführlich in seinem *Offenen Brief an Herrn Christoph Willibald Ritter von Gluck* ein (1903; MCr-dt, 103-106; MCr-f, 100-103).

[162] "Rameaus immense Hinterlassenschaft, die man nicht hoch genug einschätzen kann, ist die Entdeckung der 'Sensibilität in der Harmonik'. Und darum gelangen ihm bestimmte Farben, gewisse Tönungen, Nuancen, von denen die Musiker vor ihm nur eine verschwommene Vorstellung besaßen." (MCr-dt, 214).

[163] Vgl. MCr-f, 34+65f.; MCr-dt, 36f.+70. Zur Arabeske bei Debussy vgl. den fundierten Aufsatz von Françoise Gervais in RM, Nr. 241, 1958, 3-22. Sie legt einleuchtend dar, daß Debussys Musik vor allem als eine Kunst der Linie aufzufassen ist.

[164] "Ich bevorzuge vielmehr eine Sache, bei der in gewisser Weise die Handlung einem langsam den Empfindungen der Seele folgenden Ausdruck unterworfen wird. Es scheint mir, daß hier die Mu-

Einige Monate später bekräftigt Debussy diese Ideen im Zusammenhang mit der Begründung für den Abbruch des Kompositionsprojekts *Zuleima*. In einem weiteren Brief an Vasnier vom 19. 10. 1885 schreibt er, daß er eine Musik kreieren möchte, die biegsam und kontrastreich genug sei, um sich den lyrischen Bewegungen der Seele anzupassen (vgl. ebd., 12). Diese Äußerungen zeigen, daß Debussy nach einem literarischen Werk suchte, das ihm bei der Verwirklichung seiner musikalischen Visionen entgegenkommen würde. Die beiden Briefstellen sind Vorboten des berühmten, von Emmanuel wiedergegebenen Interviews mit Giraud (angeblich Oktober 1889), in dem Debussys Vorstellungen von der Musik so dargestellt werden:

> "La musique y commence là où la parole est impuissante à exprimer; la musique est faite pour l'inexprimable; je voudrais qu'elle eût l'air de sortir de l'ombre et que, par instants, elle y rentrât; que toujours elle fût discrète personne." (Emmanuel, 1926, 35).[165]

Seinen Wunschdichter oder -librettisten beschreibt Debussy laut Emmanuel folgendermaßen:

> "Celui qui, disant les choses à demi, me permettra de greffer mon rêve sur le sien; qui concevra des personnages dont l'histoire et la demeure ne seront d'aucun temps, d'aucun lieu; qui ne m'imposera pas, despotiquement, la "scène à faire" et me laissera libre, ici ou là, d'avoir plus d'art que lui, et de parachever son ouvrage. Mais qu'il n'ait crainte! Je ne suivrai pas les errements du théâtre lyrique, où la musique prédomine insolemment; où la poésie est reléguée et passe au second plan, étouffée par l'habillage musical, trop lourd. Au théâtre de musique, on chante *trop*." (ebd., 35f.).[166]

Diese Beschreibung zielt so eindeutig auf Maeterlincks frühe Dramen, daß ihre Echtheit oft angezweifelt und sie als im Nachhinein konstruiert angesehen wurde. Die um dieses Interview geführte Echtheitsdebatte ist jedoch von untergeordneter Bedeutung, da Debussys Briefe von 1885 bereits ähnliche Einstellungen enthalten. Die in dem Interview ausgeführten Ideen können daher als essentiell authentisch gelten.[167] Zusammen mit den Briefzitaten demonstrieren sie eine wie auch immer

---

sik viel menschlicher und wahrer werden kann, daß man hier die Mittel des Ausdrucks vertiefen und verfeinern kann."

[165] "Die Musik beginnt dort, wo die Möglichkeiten des Wortausdrucks enden; die Musik ist für das Unaussprechliche gemacht; ich möchte, daß sie so wirkt, als ob sie aus einem Schatten hervortritt und daß sie zeitweise dorthin zurückgeht; daß sie immer ein verschwiegenes Wesen ist."
Das Interview, von Emmanuel auf Oktober 1889 datiert, handelt hauptsächlich von Debussys Wagner-Erlebnis in Bayreuth. In Auseinandersetzung mit Wagners Kunst entwickelt Debussy sein musikalisches Konzept.

[166] "Der, der mir erlaubt, meinen Traum auf seinen zu setzen, indem er die Dinge nur halb ausspricht; der, der sich Figuren ausdenkt, deren Geschichte und Situation nicht an eine bestimmte Zeit oder einen bestimmten Ort gebunden sind; der mir nicht despotisch die "Szene zu vertonen" aufzwingt und der mir die Freiheit läßt, hier oder da mehr Kunst als er zu besitzen und sein Werk zu vollenden. Aber er braucht nichts zu befürchten! Ich werde den Irrtümern des Musiktheaters nicht folgen, wo die Musik frech dominiert; wo die Dichtung auf den zweiten Platz verbannt wird, erstickt von einer zu dicken musikalischen Umkleidung. Im Musiktheater wird zuviel gesungen."

[167] Angezweifelt wird bei dem Guiraud-Interview hauptsächlich die Zeitangabe. Diese Gedanken, heißt es, seien nur auf dem Hintergrund der Kenntnis des Dramas *Pelléas et Mélisande* möglich. Denkbar ist aber, daß Debussy um diese Zeit bereits *La Princesse Maleine* kannte, das Modelldrama für *Pelléas et Mélisande*, das 1890 in Frankreich erschien. 1891 jedenfalls versuchte

zustande gekommene hohe Übereinstimmung zwischen der Ästhetik Debussys und Maeterlincks. In den Dramen *La Princesse Maleine* und *Pelléas et Mélisande* hatte Debussy das dichterische Pendant zu seinen musikalischen Idealen gefunden.

b) Natur, Naturnähe
Debussys Naturanschauung ist nicht die realistische der Impressionisten, sondern die metaphysisch-mystische der Symbolisten. Für ihn ist die Natur geheimnisvoll-zeichenhaft und nimmt den Platz der Religion ein:

> "Je suis moi-même bien loin de cet état de grâce. Je ne pratique pas selon les rites consacrés. Je me suis fait une religion de la mystérieuse nature." (1911; MCr-f, 324).[168]

Debussy betrachtet Musik und Natur als wesensgleich; die Musik ist nicht einfach naturähnlich oder bloße Naturnachahmung:

> "La musique est une mathématique mystérieuse dont les éléments participent de l'Infini. Elle est responsable du mouvement des eaux, du jeu de courbes que décrivent les brises changeantes; rien n'est plus musical qu'un coucher de soleil! Pour qui sait regarder avec émotion c'est la plus belle leçon de développement écrite dans ce livre, pas assez fréquenté par les musiciens, je veux dire: la Nature ... ." (1903; MCr-f, 176).[169]

In seiner Vision von einer "Musik fürs Freie", bei der Musik und Natur miteinander verschmelzen, bedient sich Debussy erkennbar Baudelaires "Correspondance-Theorie":

> "[...]; il ne s'agit pas non plus d'ennuyer les échos à répéter d'excessives sonneries, mais d'en profiter pour prolonger le rêve harmonique dans l'âme de la foule. La collaboration mystérieuse des courbes de l'air, du mouvement des feuilles et du parfum des fleurs s'accomplirait, la musique pouvant réunir tous ces éléments dans une entente si parfaitement naturelle qu'elle semblerait participer de chacun d'eux ... ." (1903; MCr-f, 76).[170]

---

er von Maeterlinck die Erlaubnis zur Vertonung dieses Dramas zu bekommen (s. Brief-Antwort Maeterlincks vom 23. 6. 1891). Maeterlinck hatte das Drama bereits an d'Indy vergeben. Der Komponist Charles Koechlin ließ sich das Datum des Interviews für seine unveröffentlichte Studie über Debussys Oper extra von Emmanuel brieflich bestätigen (vgl. Orledge, 1982, 49), was die Zweifel nicht unbedingt beseitigt.

[168] "Ich selbst bin weit entfernt von diesem Zustand der Gnade. Ich bin kein praktizierender Christ im kirchlichen Sinn. Ich habe die geheimnisvolle Natur zu meiner Religion gemacht." (MCr-dt, 304; über *Le Martyre de Saint-Sébastien*).

[169] "Die Musik ist eine geheimnisvolle Mathematik, deren Elemente am Unendlichen teilhaben. Sie lebt in der Bewegung der Wasser, im Wellenspiel wechselnder Winde; nichts ist musikalischer als ein Sonnenuntergang ! Für den, der mit dem Herzen schaut und lauscht, ist das die beste Entwicklungslehre, geschrieben in jenes Buch, das von den Musikern nur wenig gelesen wird: das der Natur ... ." (MCr-dt, 179).

[170] "Es geht nicht mehr darum, die Echos mit wiederholten, exzessiven Klangwirkungen zu langweilen, sondern diese dazu zu benutzen, den Traum von Harmonie in der Seele der Menge zu vertiefen. Ein geheimnisvolles Ineinanderweben der wehenden Lüfte, des Säuselns der Blätter und des Blumendufts entstünde, und die Musik könnte all diese Elemente zu einer so vollkommenen

So wirkt für Debussy die geheimnisvolle Natur auch auf den Prozess des Komponierens ein, der für ihn ebenso halb- bzw. unbewußt ist wie für Maeterlinck das Schreiben:

> "Qui connaîtra le secret de la composition musicale? Le bruit de la mer, la courbe d'un horizon, le vent dans les feuilles, le cri d'un oiseau déposent en nous de multiples impressions. Et, tout à coup, sans que l'on y consente le moins du monde, l'un de ces souvenirs se répand hors de nous et s'exprime en langage musical. Il porte en lui-même son harmonie. Quelque effort que l'on fasse, on n'en pourra trouver de plus juste, ni de plus sincère. Seulement ainsi, un coeur destiné à la musique fait les plus belles découvertes." (1911; MCr-f, 325).[171]

c) Mystère, Andeutung, Suggestion

In einem Interview über *Le Martyre de Saint-Sébastien* (1911) bekennt sich Debussy zu einer Art "Alltagsmystik", die mit der Maeterlincks vergleichbar ist. Da er überall und in allem Geheimnisse sähe, habe es ihm keine Mühe gemacht, den Mystizismus des Dramas von d'Annunzio zu verstehen (vgl. MCr-f, 326f.). Für Debussy ist die Musik im "mystère" verwurzelt. Sie ist für dessen magische Kräfte offener als die anderen Künste. Er bedauert, daß in seiner Zeit der Sinn für das Geheimnisvolle mehr und mehr verlorengeht und plädiert dafür, das Geheimnis wenigstens im Kunstwerk zu erhalten. Auch gründliche Analyse sei nicht in der Lage, erschöpfend zu zeigen, "wie es gemacht ist."[172] Daher hat Komponieren für ihn in erster Linie mit Intuition zu tun und ist im Kern weder lehr- noch lernbar (1913; vgl. MCr-f, 246). Bereits 1901 schreibt er gegen das Aufdecken und Sezieren des künstlerischen Geheimnisses an:

> "Les hommes se souviennent mal qu'on leur a défendu, étant enfants, d'ouvrir le ventre des pantins ... (c'est déjà un crime de lèse-mystère): ils continuent à vouloir fourrer leur esthétique nez là où il n'a que faire. S'ils ne crèvent plus de pantins, ils

---

natürlichen Einheit verbinden, daß es schiene, als hätte sie an jedem von ihnen teil." (dt. nach MCr-dt, 79).
In *Pourquoi j'ai écrit Pelléas* (April 1902) schreibt Debussy, daß er der Musik eine Freiheit verleihen wollte, die auf den "geheimnisvollen Entsprechungen zwischen Natur und Phantasie" beruhen sollte (vgl. MCr-f, 62).

[171] "Wer wird das Geheimnis der musikalischen Komposition ergründen? Das Rauschen des Meeres, der Bogen des Horizonts, der Wind in den Blättern, ein Vogelruf hinterlassen in uns vielfältige Eindrücke. Und plötzlich, ohne daß man das mindeste dazutut, steigt eine dieser Erinnerungen in uns auf und drückt sich in der Sprache der Musik aus. Sie trägt ihre Harmonie in sich selbst. Wie man sich auch bemühen würde, man würde keine stimmigere und wahrere finden. Nur auf diese Weise macht ein Herz, das sich der Musik verschrieben hat, seine schönsten Entdeckungen." (dt. n. MCr-dt, 305).

[172] Vgl. MCr-f, 228; 230 (1913) und ebd., 134 (1903 - im Zusammenhang mit der Abwägung zwischen Flucht der Musik in den Traum und Hingabe an die Alltäglichkeit des Lebens. Letzteres erscheint Debussy noch unnützer als ersteres.).
Das "mystère" Debussys ist nicht unbedingt metaphysisch aufzufassen; jedenfalls vermeidet der Komponist - anders als Maeterlinck - den Brückenschlag zur transzendenten Sphäre. Sein "mystère" bleibt als Unergründbares dem innerweltlichen Bereich verhaftet.

expliquent, démontent et, froidement, tuent le mystère: c'est plus commode et alors on peut causer. " (MCr-f, 23).[173]

Daß die Musik dort beginnt, wo das Wort endet, daß sie das Irreale evozieren soll, hat Debussy außer im Giraud-Interview später an mehreren Stellen seiner Aufsätze dargelegt, z. B. im Zusammenhang mit dem Lob über C. M. v. Weber und dessen Opern:

> "En effet, la musique a seule le pouvoir d'évoquer à son gré les sites invraisemblables, le monde indubitable et chimérique qui travaille secrètement à la poésie mystérieuse des nuits, à ces mille bruits anonymes que font les feuilles caressées par les rayons de la lune." (1903; MCr-f, 84).[174]

Die Musik gehört zur Welt der Illusionen und des Traumes, nicht zu der des Alltags, die ihr die "Tristesse einer Fabrikhalle" verleihen würde (1902; vgl. MCr-f, 66). Daher kann sie nur zurückhaltend, im Sinne des Mallarméschen "suggérer" eingesetzt werden. Mehrfach plädiert Debussy für das Andeuten und gegen zuviel Musik bei der Textvertonung, oft im Zusammenhang mit einer konkreten Musikwerk-Kritik (z. B. 1901; vgl. MCr-f, 40 und 1903; vgl. ebd., 70f.).

d) Theater

Debussys ästhetische Vorstellungen über das Theater stimmen mit denen Maeterlincks grundsätzlich überein. Das ist nicht verwunderlich, wenn man bedenkt, daß für beide Mallarmé den Ideenhintergrund lieferte. Einige auffallend an Maeterlinck erinnernde Passagen lassen vermuten, daß Debussy auch die theoretischen Überlegungen des belgischen Dichters zumindest in Ansätzen kannte - möglicherweise aus dem Gespräch mit Maeterlinck in Gent. In einem Brief darüber äußert er sich anerkennend über Maeterlincks Aussagen über das Theater (vgl. Debussy, 1980, 60: Brief an Chausson, o. D. [Dez. 1893]). Wie dieser nahm er eine kritisch-distanzierte Haltung zum Theaterbetrieb ein und kämpfte gegen die Unnatürlichkeit der Bühnendarstellung. So erscheint ihm die Realisierung von *La Boîte à Joujoux* in der Opéra comique beinahe unmöglich, da diese nur ein "normales Theater" und daher nicht imstande sei, natürliche Einfachheit auf der Bühne wiederzugeben (1914; vgl. MCr-f, 330). Für die Bühnendarstellung fordert Debussy einen psychologischen Realismus, der innere Bewegungen erfahrbar macht und sich in der Präsentation der äußeren Handlung an der Wahrscheinlichkeit des Alltagsgeschehens orientiert. Damit kommt er Maeterlincks "tragique quotidien" nahe. In Bezug auf das Musiktheater kritisiert Debussy die Vordergründigkeit und Falschheit des italienischen Verismo (vor allem Verdis), der das "Leben in Lieder faßt" und dadurch die Gesamtheit der psychischen Bandbreite negiert: "Trotz der traurigen Begebenheiten scheint ständig die Sonne" (MCr-dt, 101; MCr-f, 98). Ebenso mißfallen ihm die un-

---

[173] "Die Menschen haben ein schlechtes Gedächtnis dafür, daß man ihnen als Kinder verboten hat, den Hampelmännern den Bauch aufzuschneiden (was bereits ein Verrat am Geheimnis ist): Sie wollen immer noch ihre ästhetische Nase überall hineinstecken, wo es nur geht. Wenn sie auch keine Hampelmänner mehr aufschlitzen, so erklären sie doch das Geheimnis, zerlegen es und töten es kaltherzig: Das ist bequemer und bietet überdies Stoff zum Reden." (dt. n. MCr-dt, 25).

[174] "In der Tat hat einzig die Musik die Fähigkeit, nach Belieben das Unwahrscheinliche zu evozieren, die sichere und trügerische Welt, die ihre Kraft heimlich in der geheimnisvollen Poesie der Nacht entfaltet, mit tausendfachen unbekannten Geräuschen, die die vom Mondlicht liebkosten Blätter erzeugen." (dt. n. MCr-dt, 86f.).

natürlich in die Länge gezogenen Sterbeszenen - nicht nur in italienischen Opern. Ein Auszug aus der Kritik an Massenets *Werther* illustriert dies:

> "Puis, que voulez-vous, je n'admettrai jamais, sans difficulté, qu'un homme qui vient de se tirer un coup de pistolet pour de vrai, continue ses doléances sur la vie, au lieu de recommander son âme à Dieu; on avouera même qu'il n'y a pas de temps à perdre ... . Puis, l'émotion ne s'augmente pas du spectacle de ces tristes derniers moments, au contraire, puisque l'on est presque tenté de "minuter" cette agonie ... (parce qu'elle est invraisemblable)." (1903; MCr-f, 161).[175]

Wie Maeterlinck empfindet auch Debussy eine Diskrepanz zwischen innerer Dramenvorstellung und Bühnenrepräsentation, trennt "inneres" und "äußeres" Theater:

> "La réalisation scénique d'une oeuvre d'art, si belle soit-elle, est presque toujours contradictoire au rêve intérieur qui, tour à tour, la fit sortir de ses alternatives de doute et d'enthousiasme. Le beau mensonge dans lequel vécurent si longtemps les personnages du drame, et vous-même - où il semble parfois qu'ils vont se dresser d'entre les pages du muet manuscrit et qu'on va les toucher -, n'excuse-t-il pas l'effarement à les voir vivre devant vous par l'intervention de tel ou tel autre artiste? [...]. A partir de ce moment, plus rien ne semble vous appartenir de l'ancien rêve, une volonté étrangère s'impose entre vous et lui: [...]." (1908; MCr-f, 200).[176]

Debussy bewahrte sich sein Leben lang eine tiefe innere Bindung zum Drama *Pelléas et Mélisande*. In seinen Briefen und Aufsätzen verwendet er manchmal Zitate aus dem Drama, um andere Sachverhalte darzustellen.[177]

1.2 Kompositorischer Kontext

Debussy suchte - wie Maeterlinck - nach neuen Wegen für seine Kunst. Dazu wandte er sich den Pariser Avantgarde-Kreisen zu, die hauptsächlich von Dichtern

---

[175] "Denn was wollen sie, ich werde immer Schwierigkeiten haben zu akzeptieren, daß ein Mensch, der sich gerade eine Kugel in den Kopf gejagt hat, mit seinen Herzensergießungen fortfährt, anstatt seine Seele Gott zu empfehlen; schließlich hat er keine Zeit zu verlieren ... . Und dann verstärkt sich ja durch das Schauspiel dieser jämmerlichen letzten Augenblicke das Mitfühlen auch nicht, im Gegenteil, man ist fast versucht, bei diesem Todeskampf auf die Uhr zu schauen ... (weil er so unglaubwürdig ist)." (dt. n. MCr-dt, 164).

[176] "Die szenische Realisation eines Kunstwerks, so gut sie auch sein mag, steht fast immer im Widerspruch zu dem inneren Traum, der das Werk aus seinem Wechsel zwischen Zweifel und Enthusiasmus hervorsprießen läßt. Die schöne Welt der Täuschung, in der die Figuren des Dramas so lange lebten, und man selbst auch - manchmal scheint es, als ob sie den Blättern des stummen Manuskriptes entstiegen und man sie berühren könnte -, entschuldigt sie nicht die Verstörung, die einen befällt, wenn man sie lebend vor sich sieht durch die Intervention dieses oder jenes Künstlers? [...]. Von diesem Augenblick an scheint Ihnen nichts mehr von dem alten Traum zu gehören, ein fremder Wille schiebt sich zwischen Sie und ihn." (dt. n. MCr-dt, 203).

[177] Beispiele: 1901: MCr-f, 52; Debussy, 1980, 119: Brief an Messager vom 8. 7. 1902; 1913: MCr-f, 248f.; Debussy, 1980, 238: Brief an Godet vom 9. 6. 1913; ebd., 273: Brief an Durand vom 21. 7. 1916. Zwei Zitate benutzt der krebskranke Komponist gegen Ende seines Lebens zur Beschreibung seines Zustandes (Debussy, 1980, 274: Brief an Godet vom 4. 9. 1916; ebd., 281: Brief an Toulet vom 20. 6. 1917).

und Malern gebildet wurden. In diesen Nachbarkünsten lagen seine ästhetischen Hauptinspirationsquellen; in der Musik seiner Zeit konnte er keinen Aufbruch in eine Moderne entdecken. Die Idee der Nutzung von Stil- und Ausdrucksmitteln anderer Künste für die eigene geht auf Mallarmé zurück und bildet eine der Grundlagen des Symbolismus. Mallarmés große Bedeutung für die Entwicklung von Debussys Ästhetik ist verschiedentlich dargestellt worden und kann kaum angezweifelt werden.[178] Bekannt ist, daß Debussy die Dienstagabende bei dem Dichter besuchte und aus diesem Kreis engere Freunde hatte (z. B. Pierre Louÿs oder Ernest Chausson). Debussys Vorliebe in der Malerei galt weniger den sogenannten "Impressionisten" als vielmehr Künstlern aus den Reihen der Nabis, der Symbolisten oder des Art Nouveau. Die wichtigsten waren Turner, Whistler, Redon, Denis, Puvis de Chavannes, Rodin und Camille Claudel (vgl. Metken, 1985, 336). Die Liste der von Debussy bevorzugten Dichter und Künstler ist fast deckungsgleich mit der Maeterlincks. Hervorstechende Übereinstimmungen sind Villiers, Swedenborg, Carlyle, Swinburne, die Praeraffaeliten und vor allem Edgar Allan Poe.

Debussy schrieb mehrere Kompositionen für das Theater, jedoch nur eine vollendete Oper. Ungleich größer als die Zahl der fertiggestellten oder begonnenen Theatermusiken ist die der geplanten. Zu den Opernvorhaben gehören *Salammbo* (1886; Flaubert), *Le Grande Bretèche* (1895; Balzac), *Cendrelune* (1895-98; Louÿs), *Comme il Vous Plaira* (1902;Toulet/nach Shakespeare), *Histoire de Tristan* (1907-09; Mourey) und *L'Orestie* (1909; Laloy/nach Aischylos). Der Streit mit Maeterlinck vor der Uraufführung von *Pelléas et Mélisande* hinderte Debussy nicht daran, ein weiteres Drama des belgischen Dichters als Opernlibretto ins Auge zu fassen: 1903 wollte er *Joycelle* vertonen.

Debussy hinterließ vier Opernfragmente: *Axël* (1888; Villiers), *Rodrigue et Chimène* (1890-92; Mèndes), *Le Diable dans le Beffroi* (1902-11; Poe), *La Chûte de la Maison Usher* (1908-17; Poe).[179] Mit den beiden Poe-Vertonungen wollte Debussy sich vom *Pelléas et Mélisande*-Stil lösen. Auf dem Hintergrund von Maeterlincks Poe-Verehrung ist es allerdings befremdlich, daß Debussy die Erzählungen des amerikanischen Dichters als Gegensatz zu Maeterlincks Dramen empfand (1908; vgl. MCr-f, 284).

Zu den Theatermusiken Debussys gehören drei vollendete, zum Teil nicht von ihm selbst instrumentierte Ballette (*Jeux, Khamma, La Boîte à Joujoux*) sowie ein fragmentarisches (*No-ja-li*), alle aus der Zeit zwischen 1911 und 1914. Die bekannteste und einzige fertiggestellte Bühnenmusik ist *Le Martyre de St. Sébastien* (1911; d'Annunzio), außerdem eine unvollständige zu Shakespeares *Lear* (1904).

Einige wenige thematische Querverbindungen zwischen *Pelléas et Mélisande* und anderen Debussy-Werken konnten festgestellt werden. In dem Mallarmé-Lied *Apparition* (1884) wird die Oktavenfigur vom Beginn der Haarszene vorweggenommen; das Lied *Nuit d'Etoiles* (1880) enthält in der Klavierbegleitung das Mélisande-Kopfmotiv (vgl. Orledge, 1982, 95f.). Am ausführlichsten hat Jarocinski die Querverbindungen zu anderen Werken Debussys dokumentiert, wobei allerdings fraglich

---

[178] So von Phillips, 1932, 298-311; Court 1987, 55-79; Hertz, 1987, 56-84; Brown, 1993, 59-71.

[179] *Rodrigue et Chimène* wurde dem jungen Komponisten von dem einflußreichen Mendès geradezu aufgedrängt. Debussy nahm es auch auf elterlichen Druck hin an. Es ließ hoffen, daß diese Komposition ihm den Durchbruch als Opernkomponist bringen würde. Nach zwei Jahren fruchtloser Quälerei mit dem Sujet, das ihm offenkundig nicht lag, gab er das Projekt auf. (B.w.).
Einen Versuch der Vollendung von *La Chûte de la Maison Usher* unternahm Juan Allende-Blin. In dieser Fassung wurde die Oper 1977 in Frankfurt uraufgeführt (vgl. Nichols, 1980, 294; zu den Werkdaten das daran anschließende Werkverzeichnis, ebd., S. 310f.)

bleibt, ob diese bewußt eingesetzt wurden. Zu berücksichtigen ist hierbei die grundsätzlich schwache Konturierung der Motive bei Debussy und dessen Neigung, bestimmte Phrasen und Figuren beinahe formelhaft zu verwenden. Jarocinski (1976, 112-118) zeigt neben den genannten Zusammenhängen die Übereinstimmung einer melodischen Phrase in *Apparition* auf den Text "... dans le calme des fleurs vaporeuses ..." mit *Pelléas et Mélisande*, Brunnenszene: "Voulez-vous vous asseoir au bord du bassin de marbre?"; ebenso die Verwandtschaft des Klaviermotivs in *Nuit d'Etoiles* mit dem Anfang von *Des Fleurs* (aus *Proses Lyriques*, 1892-92) und mit dem Hauptthema von *La Damoiselle Elue*. Letzteres könnte ein intendierter musikalischer Hinweis auf die Verwandtschaft der beiden praeraffaelitischen Frauenfiguren sein: Rossettis Damoiselle als Vorläuferin der Mélisande.

1.3 Entstehungszusammenhänge

Debussy komponierte eine erste Fassung von *Pelléas et Mélisande* zwischen 1893 und 1895. Er vertonte dabei nicht das gesamte Drama, sondern strich vier Szenen, verschiedene Dialogabschnitte sowie Einzelsätze und -wörter. Die Streichung der Schloßtor- (Sz. 1), Verhinderungs- (Sz. 8), Spinnrad- (Sz. 9) und der Dienerinnenszene (Sz. 18) erfolgte vor Kompositionsbeginn (vgl. Grayson, 1983, 51). Quantitativ stärker von Kürzungen betroffen sind die Brief-, Pferdsturz-, Grotten-, Abgrund-, Terrassen-, Verrats-, Verabredungs-, Gewalt- und Liebesszene. Größere Textabschnitte wurden zum Beispiel in den Arkel-Monologen in der Brief- und Gewaltszene sowie in den Pelléas-Monologen in der Grotten- und Verabredungsszene weggelassen. Laut eigener Notiz ("commencé en septembre 1893", vgl. ebd., 34) begann Debussy im September/Oktober mit der Liebesszene und arbeitete danach ausgiebig an der Sterbeszene. Zuletzt komponierte er die drei ersten Szenen von Akt II (Sz. 5-7).
Die Chronologie der Entstehung zeigt, daß Debussy jeweils die Szenen eines Aktes nacheinander vertont hat. Grayson folgert daraus, daß er den Akt als dramaturgische Einheit verstanden und entsprechend musikalisch gestaltet hat (vgl. Grayson, 1989, 37).
In der Zeit nach 1895 versuchte Debussy, verschiedene Theater für seine Oper zu interessieren. Es folgten Revisionen und der Beginn der Instrumentation, die erst während der Proben zur Uraufführung 1902 fertiggestellt wurde. Ebenfalls in die Probenzeit fiel die Erweiterung der Interludes, die aus umbautechnischen Gründen notwendig wurde (vgl. Grayson, 1983, 153; 161f.). Debussy nahm auch nach der Uraufführung noch Veränderungen an der Instrumentation vor. Diese beschäftigten ihn sein Leben lang: "Debussy's apparently unceasing, and in some cases, perhaps provisional retouching of his orchestration makes a definite edition an impossibility." (Grayson, ebd., 9).
Grayson sieht die Durand-Ausgabe der Oper von 1950 als verläßlich in Bezug auf die Instrumentation an. Aufgrund der mangelnden Übereinstimmung zwischen der Partitur von 1904 und dem 1902 erschienenen Klavierauszug ist auch im Hinblick

auf den Vokalpart keine verbindliche Fassung zu ermitteln. Bisher gibt es keine kritische Ausgabe von *Pelléas et Mélisande*.[180]

Dramenrezeption

Debussys Briefe, Aufsätze und Interviews zu *Pelléas et Mélisande* liefern wichtige Informationen über seine Auffassung des Dramas. Aufschlußreich ist hierzu auch ein Blick auf die frühen Manuskripte.

In *Pourquoi j'ai écrit Pelléas*, einer Notiz, die er Anfang April 1902 im Auftrag der Opéra comique verfaßte, schreibt Debussy, daß er das Drama 1893 kennengelernt habe und hebt die Begeisterung beim ersten Lesen hervor (vgl. MCr-f, 62-64). Ob er dem Drama zum ersten Mal in Buchform oder auf der Bühne begegnet ist, ist nicht geklärt. Die Tatsache, daß sich keinerlei Äußerungen Debussys zu der Uraufführung in Paris finden lassen, hat dazu geführt, daß seine Teilnahme daran von verschiedenen Seiten angezweifelt worden ist.[181] Diese Folgerung ist aber nicht überzeugend; es könnte ebenso daraus zu schließen sein, daß diese Aufführung wenig Eindruck auf ihn gemacht hat. Wie auch immer - die entscheidenden Impulse erhielt Debussy offenbar beim Lesen des Stücks. Dies fügt sich auch in seine Theaterästhetik, die wie die Maeterlincks das "innere Theater" der realen Bühne vorzieht. In der Notiz zu seiner Oper beschreibt Debussy explizit seine allgemeine Auffassung des Dramas sowie seine kompositorischen Ziele:

> "Le drame de *Pelléas* qui malgré son atmosphère de rêves contient beaucoup plus d'humanité que les soi-disant 'documents sur la vie' me parut convenir admirablement à ce que je voulais faire. Il y a là une langue évocatrice dont la sensibilité pouvait trouver son prolongement dans la musique et dans le décor orchestral. J'ai essayé aussi d'obéir à une loi de beauté qu'on semble oublier singulièrement lorsqu'il s'agit d'une musique dramatique; les personnages de ce drame tâchent de chanter comme des personnes naturelles et non pas dans une langue arbitraire faite de traditions surannées. C'est là d'où vient le reproche que l'on a fait à mon soi-disant parti pris de déclamation monotone où jamais rien n'apparaît de mélodique ... . D'abord cela est faux; en outre, les sentiments d'un personnage ne peuvent s'exprimer continuellement d'une façon mélodique; puis la mélodie dramatique doit être tout autre que la mélodie en général ... ." (MCr-f, 63).[182]

---

[180] Vgl. dazu Grayson, 1983, 432-465 (Kap. 9 der Dissertation). Die verschiedenen Manuskript-Phasen hat Grayson in Kap. 8 seines Buches (280-431) sehr ausführlich dargestellt. Eine Kurzfassung davon bietet sein Aufsatz für das *Cambridge Opera Handbook* (1989, 30-61).

[181] Als Beweis für Debussys Anwesenheit bei der Uraufführung wird auf die von ihm unterschriebene Eintrittskarte verwiesen (abgedruckt mit den frühen Skizzen, 1977). Diese belegt jedoch nur die Absicht der Teilnahme. Lugné-Poe gibt in seinen Theatermemoiren die Subskriptionsliste wieder und schreibt, daß Debussy ihm mitgeteilt habe, er sei interessiert, kenne aber weder das Stück noch den Autor (vgl. Lugné-Poe, 1931, 229). Letztere Angabe ist nachweislich falsch (s. Debussys Vorhaben, 1891 *La Princesse Maleine* zu vertonen). Dieser eher zweifelhafte Bericht kann also auch nicht als Beweis dafür herangezogen werden, daß Debussy das Drama zuerst auf der Bühne gesehen hat.

[182] "Das *Pelléas*-Drama, das trotz seiner traumhaften Atmosphäre bei weitem mehr Menschlichkeit enthält als all die sogenannten 'lebensechten Stoffe', schien mir auf wunderbare Weise dem zu entsprechen, was ich wollte. Es herrscht hier eine zauberisch beschwörende Sprache, deren sensible Nuancen ihre Weiterführung in der Musik und im orchestralen Klangkolorit finden konnten. Auch habe ich versucht, einem Schönheitsgesetz zu gehorchen, das man seltsamerweise zu vergessen scheint, sobald es sich um Musik für das Theater handelt. Die Personen des

Daraus geht hervor, daß für Debussy zwei Aspekte des Maeterlinck-Dramas von grundlegender Bedeutung waren: die "Menschlichkeit" und die suggestive Sprache, die ein Weiterdichten mit Musik erlaube. Der von Debussy aus dem Drama herausgelesene und fokussierte psychische Realismus, die "Lebensnähe", führte ihn zu einer natürlichen Deklamation im Vokalpart der Oper.
Auch das Interview mit Louis Schneider am Vorabend der Uraufführung der Oper unterstreicht das Lesen des Dramas als Offenbarung für Debussy. Hier wird der Ansatz des psychischen Realismus weiter ausgeführt: Symphonische und dramatische Entwicklung seien in der Oper nicht miteinander in Einklang zu bringen, daher seien Wagners Musikdramen nicht theatergerecht. Verdis ständigen Lyrismus in der Oper verwirft Debussy mit dem Hinweis auf das reale Leben, in dem etwas Derartiges nicht vorkomme (vgl. MCr-f, 272f.).

Die die Entstehung der Oper begleitenden Briefe beschreiben den Fortgang der Komposition; sie enthalten darüber hinaus aber auch Einzelheiten über Debussys Dramenauffassung und seine musikalischen Ausdrucksintentionen. Bereits am 3. 9. 1893 teilt Debussy seinem Freund Chausson mit, daß er die Liebesszene fertiggestellt habe (vgl. Debussy, 1980, 52). Einen Monat später stellt er fest, daß er den "Geist Klingsors" darin entdeckt habe und fährt fort:

> " [...], j'ai donc tout déchiré, et suis reparti à la recherche d'une petite chimie de phrases plus personnelles, et me suis efforcé d'être aussi Pelléas que Mélisande, j'ai été chercher la musique derrière tous les voiles qu'elle accumule, même pour ses dévots les plus ardents! J'en ai rapporté quelque chose qui vous plaira peut-être, pour les autres ça m'est égal, je me suis servi, tout spontanément d'ailleurs, d'un moyen qui me paraît assez rare, c'est-à-dire du silence (ne riez pas), comme un agent d'expression et peut-être la seule façon de faire valoir l'émotion d'une phrase, [...]." (Debussy, 1980, 55: Brief an Chausson, 2. 10. 1893).[183]

Die Entdeckung der Stille für die Vertonung des Liebesgeständnisses wird in gewisser Hinsicht richtungsweisend für die gesamte Komposition.
Aus den zitierten Briefen geht hervor, daß Debussy bereits vor Erhalt der Einwilligung Maeterlincks mit der Komposition seiner Oper begonnen hatte. Am 25. 11. 1893 reiste er in Begleitung seines Dichter-Freundes Pierre Louÿs nach Gent. Das Gespräch mit Maeterlinck beschreibt er in einem Brief an Chausson von Anfang Dezember 1893 als sehr zufriedenstellend und wegweisend. Er erwähnt auch, daß

Pelléas-Dramas versuchen ganz natürlich zu singen und nicht in einem willkürlichen Tonfall, der aus veralteten Traditionen stammt. Das hat mir den Vorwurf der Parteinahme für monotone Deklamation eingetragen, in der es nicht die geringste Melodik gebe. Zum ersten ist das falsch; zum zweiten lassen sich die Gefühle einer Person nicht unausgesetzt auf melodische Art ausdrücken; zum dritten muß die dramatische Melodie ganz anders beschaffen sein als die Melodie im allgemeinen." (MCr-dt, 66f.).

[183] "[...], ich habe daraufhin alles zerrissen und bin zu der Suche nach einer kleinen Chemie intimerer Phrasen zurückgekehrt, und ich bemühe mich, sowohl Pelléas als auch Mélisande zu sein, ich habe die Musik hinter allen Schleiern gesucht, die sie angesammelt hat, selbst für ihre glühendsten Verehrer! Ich habe von etwas erzählt, das Ihnen vielleicht gefällt, bei den anderen ist es mir egal, ich habe mich, ganz spontan übrigens, eines Mittels bedient, das mir sehr selten zu sein scheint, der Stille sozusagen als Ausdrucksmittel (lacht nicht); es ist vielleicht die einzige Art, den Emotionengehalt einer Phrase zur Geltung zu bringen, [...]."

Maeterlinck ihm freie Hand bei den Kürzungen gelassen und selbst "sehr nützliche" vorgeschlagen habe.[184]
Debussys starke Identifikation mit dem Drama und den beiden Titelfiguren dokumentieren zwei Briefe an Louÿs (20. 7. 1894 und 22. 1. 1895), deren relevante Stellen so lauten:

> "Moi, je vis dans la seule compagnie de Pelléas et Mélisande, qui sont toujours des petits jeunes gens très accomplis; je me suis décidé à faire la scène du souterrain, mais d'une façon que tu me feras le plaisir de trouver curieux quand tu la verras." (Debussy, 1980, 66).

> "Pelléas et Mélisande sont mes seuls petits amis en ce moment; [...]; puis, finir une oeuvre, n'est-ce pas un peu comme la mort de quelqu'un qu'on aime ? ..." (a.a.O., 70).[185]

Bedeutende Informationen zu Debussys Dramenrezeption enthalten zwei Briefe an den Maler und Amateurgeiger Henri Lerolle, der zu dem Kreis um Chausson gehörte. Am 28. 8. 1894 beschreibt Debussy drei fertiggestellte Szenen (Abgrund-, Terrassen- und Herdenszene) sowie die sich in Arbeit befindende Gewaltszene. Besonders aufschlußreich für Debussys Sicht des Dramas ist der Bericht über den Versuch, die Stimmung der jeweiligen Szene musikalisch einzufangen:

> "Et la scène des souterrains fut faite, pleine de terreur sournoise, et mystérieuse à donner le vertige aux âmes les mieux trempées, et aussi la scène au sortir des mêmes souterrains, pleine de soleil, mais du soleil baigné par notre bonne mère la mer, ça fera, je l'espère, une jolie impression; d'ailleurs, vous verrez tout cela, car pour n'importe quel galion, je ne voudrais vous influencer.
> J'ai terminé également la scène des petits moutons, où j'ai essayé de mettre un peu de la compassion d'un enfant à qui un mouton donne d'abord une idée du jouet auquel il ne peut toucher, et aussi un pitié que n'ont plus les gens inquiets et confortable. Maintenant, j'en suis à la scène du père et du fils, et j'ai peur, il me faut des choses si profondes et si sûres! Il y a là un 'petit père' qui me donne le cauchemar." (ebd., 68).[186]

---

[184] Ganz anders und nicht ohne Ironie beschreibt Louÿs 1914 in einem Brief an seinen Bruder das Treffen: Da sowohl Debussy als auch Maeterlinck zu schüchtern gewesen seien und keine Unterhaltung aufkommen wollte, habe er als Vermittler fungiert und für Debussy gefragt und auch gleich für Maeterlinck geantwortet (vgl. Debussy, 1980, 60; Anm. 3 von Lesure).

[185] "Ich lebe in alleiniger Gesellschaft von Pelléas und Mélisande, die immerhin kleine, sehr vollkommene junge Leute sind; ich habe mich entschlossen, die Abgrundszene zu schreiben, aber in einer Weise, daß Du mir den Gefallen tun wirst, sie kurios zu finden, wenn Du sie siehst." - "Pelléas und Mélisande sind meine einzigen kleinen Freunde im Moment; [...]; im übrigen, ein Werk zu beenden, ist das nicht ein bißchen wie der Tod eines geliebten Menschen ? ..."

[186] "Und die Abgrundszene ist entstanden, voll mit hinterhältigem Schauer und mysteriös genug, um selbst die standhaftesten Gemüter ins Wanken zu bringen, außerdem die Terrassenszene, voll Sonne, aber einer von unserer guten Mutter Meer gebadeten Sonne, das wird, hoffe ich, einen hübschen Eindruck machen; übrigens, Ihr werdet das alles sehen, denn egal für welche Kriegspartei, ich will Euch nicht beeinflussen. Ebenso habe ich die Herdenszene fertiggestellt, wo ich versucht habe, ein wenig das Mitgefühl eines Kindes auszudrücken, auf das ein Schaf in erster Linie wie ein Spielzeug wirkt, das es nicht anfassen kann, und auch ein Bedauern, das die unruhigen und bequemen Leute nicht mehr fühlen. Im Moment bin ich bei der Szene mit Vater und Sohn, und ich habe Angst, ich brauche so tiefgehende und zuverlässige Dinge! Es gibt da ein 'Väterchen', das mir Alpträume beschert."

Deutlich zu erkennen ist hier die Akzentuierung des Finsternis-Licht-Dualismus zwischen Szene 11 und 12 sowie der Versuch, sich in eine Kinderpsyche einzufühlen. Ein Jahr später, am 17. August 1895, teilt Debussy Lerolle die Fertigstellung der Oper mit und offenbart dabei seine Interpretation des Stimmungsgehalts der Pferdsturz- und Grottenszene:

> "Car c'est là [Sz. 6; Anm. d. A.] où l'on commence à remuer des catastrophes, là où Mélisande commence à mentir à Golaud et à s'éclairer sur elle-même, et qui démontre qu'il ne faut pas être tout à fait franc, même avec les petites filles; je crois que la scène devant la grotte vous plaira, ça essaye d'être tout le mystérieux de la nuit où parmi tant de silence, un brin d'herbe dérangé de son sommeil fait un bruit tout à fait inquiétant; puis, c'est la mer prochaine qui raconte ses doléances à la lune, et c'est Pelléas et Mélisande qui ont un peu peur de parler dans tant de mystère." (ebd., 75).[187]

Die frühen Manuskripte (Meyer, Bréval) zeigen, daß die zentrale Szene für Debussy die Liebesszene war. Diese Szene vertonte Debussy zuerst; sie erfuhr die weitreichendsten Modifikationen. Eine weitere Szene, zu der umfangreiche Skizzen existieren, ist die Sterbeszene (s. Meyer-MSS). Debussys kompositorisches Vorgehen weist also große Ähnlichkeit zu Maeterlincks Prozess der Schreibens auf.

Die Veränderungen zwischen den verschiedenen Manuskriptstadien zeigen die Tendenz zu verstärkter Textausdeutung durch zunehmenden Einsatz von Figurenmotiven - besonders in der Liebesszene. Zu dieser Einsicht kommt auch Schumann in ihrer Analyse der Manuskripte der Herdenszene.[188] D'Estrade-Guerra schließt aus den frühen Skizzen, daß Debussy die einzelnen Szenen als Ganzes aufgefaßt und zunächst deren Umriß in einer rasch hingeworfenen Skizze festgehalten habe, um anschließend die Detailausarbeitung vorzunehmen (vgl. D'Estrade-Guerra, 1957, 22f.), was sich ohne weiteres aus den Skizzen entnehmen läßt.[189] Dies würde bedeuten, daß Debussy sich an Arbeitsweisen der Bildenden Kunst orientiert hat. Für Grayson ist die der Chronologie der Entstehung zu entnehmende Tendenz des zusammenhängenden Arbeitens an jeweils einem Akt ein Hinweis dafür, daß Debussy die Akte als (musik-) dramaturgische Einheiten ansah (vgl. Grayson, 1983, 53; 61). Dies läßt sich durch die musikalische Analyse jedoch nicht belegen (s. II/1.5).

---

[187] "Denn es ist dort [Sz. 6], wo die Katastrophen ins Rollen kommen, dort, wo Mélisande beginnt, Golaud zu belügen und sich über sich selbst klar zu werden, was übrigens zeigt, daß man nicht völlig offen sein sollte, selbst gegenüber den kleinen Mädchen nicht; ich denke, daß die Szene vor der Grotte Euch gefallen wird, die versucht, alles Geheimnisvolle der Nacht einzufangen, wo inmitten von soviel Stille ein in seinem Schlaf gestörter Grashalm ganz und gar beunruhigende Geräusche erzeugt; schließlich ist es das nahe Meer, das seine Klagen dem Mond erzählt, und da sind Pelléas und Mélisande, die ein wenig Angst haben zu sprechen in diesem großen Mysterium."

[188] Vgl. Schumann, 1993-94, 47; 50. Zu weiteren Einzelproblemen die Manuskripte betreffend s. auch Abbate: *Tristan in Pelléas*, 1981, 117-141. Außerdem geben viele der musikwissenschaftlichen Analysen die Entstehungsgeschichte wieder, so daß hier nur für die Fragestellung der Arbeit relevante Punkte herausgegriffen werden.

[189] Ein Blick auf das früheste Manuskript (Meyer-MSS) verdeutlicht die "Raster-Arbeitsweise". Debussy komponierte nicht Schritt für Schritt am Text entlang, sondern arbeitete nur gewisse Fixpunkte einer Szene - meist deren Höhepunkte - aus. Anhand der Liebesszene, die sowohl in der Meyer- als auch in der späteren Bréval-Handschrift vorhanden ist, lassen sich die beiden Stadien (Umriß-Skizze und Detail-Ausfüllung) gut vergleichen (s. Debussy: *Esquisses de Pelléas et Mélisande*, 1977).

Die Uraufführung der Oper am 30. 4. 1902 in der Opéra comique unter Messager wurde bekanntlich von dem Streit zwischen Debussy und Maeterlinck überschattet, der vordergründig die Nichtbesetzung der Titelrolle mit Maeterlincks Lebensgefährtin Georgette Leblanc zum Gegenstand hatte. Debussy hatte Maeterlinck die Besetzung der Rolle mit Leblanc ganz zu Beginn der Arbeit an der Oper zugesagt. Abgesehen davon, daß für die (Um-)Besetzung der „Mélisande" der Direktor der Opéra comique, Carré, verantwortlich war und Debussy kaum Mitspracheschmöglichkeiten hatte, gab es schon seit einigen Jahren Spannungen zwischen dem Dichter und dem Komponisten wegen der aus London georderten Schauspielmusik, die schließlich Fauré schrieb. Die Besetzung der „Mélisande" mit der schottischen Sängerin Mary Garden war allenfalls der Tropfen, der das Faß zum Überlaufen brachte. In Wirklichkeit war Maeterlinck über Debussys Dramenkürzungen verärgert, die seiner Meinung nach das Werk entstellten, außerdem über die "Enteignung" durch den Komponisten, da er merkte, daß er keinen Einfluß mehr auf Gestalt und Aufführung des Werks in Opernform haben würde. Trotz voreiliger Erteilung einer Blanko-Vollmacht hatte er sich bei den Kürzungen offenbar eine gewisse Zusammenarbeit vorgestellt. 1898 fertigte er eine um sechs Szenen gekürzte Librettofassung von *Pelléas et Mélisande* eigens für Debussys Zwecke an. Dieser lehnte aber ab - die Komposition war zu diesem Zeitpunkt im wesentlichen fertig.[190]

Eine Auseinandersetzung Debussys mit den Kritiken der Uraufführung seiner Oper findet im Interview mit R. de Flers statt (*Le Figaro*, 16. 5. 1902). Hier nennt Debussy als sein kompositorisches Hauptziel die Verschmelzung von Drama und Musik sowie die musikalische Deutung des Dramas, wobei die Figuren im Mittelpunkt stehen und ihr psycho-dramatisches Eigenleben behalten sollen. Gegen die Behauptung von Mendès, er habe die dichterische Substanz des Dramas nicht erfaßt, setzt Debussy sein kompositorisches Selbstverständnis:

> "J'ai pourtant tâché de tous mes efforts et de toute ma sincérité d'identifier l'une à l'autre. J'ai respecté, avant tout, le caractère, la vie de mes personnages; j'ai voulu qu'ils s'exprimassent en dehors de moi, d'eux-mêmes. Je les ai laissés chanter en

---

[190] Vgl. Angelet, 1994, 56f.. Er weist ebenfalls darauf hin, daß die Unstimmigkeiten zwischen Maeterlinck und Debussy mit den Streichungen im Drama begannen.
Zum Streit um die Besetzung der Mélisande mit Leblanc vgl. Carré (1950, 240). Er beschreibt Leblanc in der Rolle der "Carmen" an seinem Theater (1898). Damals sei sie ihm "stimmlich ungenügend" und "schauspielerisch übertrieben" erschienen. Nach dieser Erfahrung sei es ihm klar gewesen, daß er Leblanc auf keinen Fall die Rolle der Mélisande singen lassen würde, zumal er sie von der Statur und Persönlichkeit her dafür als unpassend empfand. Carré betont, er selbst habe Debussy von seinem Versprechen Maeterlinck gegenüber entbunden und alle Verantwortung für die Umbesetzung der Rolle auf sich genommen (vgl. ebd., 277f.). Leblanc selbst räumt in ihrer Autobiographie - in der sie, nebenbei bemerkt, mit der Darstellung der Ereignisse recht freizügig umgeht - den Streit mit Carré wegen ihrer eigenwilligen Carmen-Interpretation ein und gibt zu, daß die Rollenbesetzung in *Pelléas et Mélisande* nicht Debussys Schuld war (vgl. Leblanc, 1931, 165f.; 170f.). Aus dem offenen Brief Maeterlincks in *Le Figaro* (14. 4. 1902) geht hervor, daß Maeterlinck die Rolle Carrés in der Besetzungsaffäre durchaus richtig eingeschätzt hat. Debussy wird von ihm vor allem wegen der "absurden Textkürzungen" angegriffen, die das Drama unverständlich machten. Da er alle Rechte an seinem Werk durch Carré und Debussy verloren habe, wünsche er der Oper einen prompten Mißerfolg. Zusätzlich führte Maeterlinck eine Verhandlung vor der "Société des auteurs et compositeurs dramatiques" herbei, um die Aufführung zu verhindern. Diese gab jedoch Debussy recht (Abdruck des Verhandlungsprotokolls bei Lesure, 1992, 253-255). Die Besetzungsstreiterei verdeckte also einen viel tiefgründigeren Zwist: den über anteilige Rechte von (eigenständigem) Schriftsteller und Komponisten an einer Oper. Hier taucht ein Grundproblem von "Literaturoper" auf.

moi. J'ai tâché de les entendre et de les interpréter fidèlement. Voilà tout." (MCr-f, 276).[191]

Die Musik muß zugunsten eines so verstandenen "Bühnenrealismus" ihre Eigenständigkeit aufgeben:

"J'ai voulu en effet que l'action ne s'arrêtât jamais, qu'elle fût continue, ininterrompue. J'ai voulu me passer des phrases musicales parasites. A l'audition d'une oeuvre, le spectateur est accoutumé à éprouver deux sortes d'émotions bien distinctes: l'émotion musicale d'une part, l'émotion du personnage de l'autre; généralement il les ressent successivement. J'ai essayé que ces deux émotions fussent parfaitement fondues et simultanées. La mélodie, si je puis dire, est presque anti-lyrique. Elle est impuissante à traduire la mobilité des âmes et de la vie. Elle convient essentiellement à la chanson qui confirme un sentiment fixe. Je n'ai jamais consenti à ce que ma musique brusquât ou retardât, par suite d'exigences techniques, le mouvement des sentiments et des passions de mes personnages. Elle s'efface dès qu'il convient qu'elle leur laisse l'entière liberté de leurs gestes, de leurs cris, de leur joie ou de leur douleur." (ebd.).[192]

Einige Hinweise auf Debussys Sicht des Dramas finden sich in zwei Textdokumenten zur Londoner Erstaufführung der Oper: einem Interview mit R. d. C. (Name unbekannt) für die Daily Mail (28. 5. 1909) und einer Briefantwort an den englischen Musikwissenschaftler Evans. Dieser hatte Debussy um Erläuterungen zu seiner Oper für einen Vortrag vor der "Royal Academy of Music" gebeten. In dem Interview hebt Debussy allgemein seine Absicht hervor, die Musik so lebensnah wie möglich zu gestalten (vgl. Debussy - in: Dietschy, 1981, 176; 177).
Aufgrund des zeitlichen Abstandes zur Opernentstehung ist grundsätzlich immer damit zu rechnen, daß bestimmte, vorher nicht feststellbare Aussagen eine im Nachhinein entwickelte Deutung des Dramas wiedergeben, die für die Frage nach der musikalischen Rezeption von untergeordneter Bedeutung ist. Dies ist möglicherweise bei der Darstellung der Mélisande der Fall:

"Remarquez que le motif qui accompagne Mélisande ne se transforme jamais; il revient en tous points semblable au 5e acte, parce que en réalité, Mélisande est

---

[191] "Aber ich habe mich mit all meinen Kräften und mit ganzer Aufrichtigkeit darum bemüht, beides miteinander in Einklang zu bringen. Vor allem habe ich den Charakter, das Leben meiner Figuren respektiert; ich wollte, daß sie sich - losgelöst von mir - aus sich selbst heraus ausdrücken. Ich habe sie in mir singen lassen und versucht, sie getreu zu übersetzen. Das ist alles." (dt. n. MCr-dt., 275).

[192] "Es war wirklich meine Absicht, die Handlung nie stocken zu lassen, sie sollte ohne Unterbrechung weitergehen. Ich wollte mich parasitärer musikalischer Phrasen entledigen. Der Opernhörer ist gewohnt, zwei sehr unterschiedliche Ausdruckswelten zu empfinden: den musikalischen Ausdruck auf der einen, den der Personen auf der anderen Seite; im allgemeinen erlebt er sie nacheinander. Ich habe versucht, die beiden Ausdrucksebenen miteinander zu verschmelzen und eine Gleichzeitigkeit zu erzeugen. Die Melodie ist, wenn ich so sagen darf, beinahe antilyrisch. Sie ist unfähig, die Beweglichkeit der Seele und des Lebens wiederzugeben. Sie gehört grundsätzlich zum Lied, das ein konstantes Gefühl unterstreicht. Ich habe es nie zugelassen, daß meine Musik aus technischen Gründen die Bewegung der Gefühle und Leidenschaften meiner Figuren beschleunigt oder verzögert. Sie tritt bescheiden zurück, sobald es nötig erscheint, ihren Gesten oder Ausrufen, ihrer Freude oder ihrem Schmerz volle Freiheit zu lassen." (dt. n. MCr-dt, 275f.).

toujours pareille à elle-même et meurt sans que personne - peut-être le vieil Arkel? - l'a jamais comprise." (Debussy, 1993, 246: Brief an Evans, 18. 4. 1909).[193]

Ein weiteres Zitat zur Figur der Mélisande stammt aus einem Artikel über die Sängerin Mary Garden von 1908 und belegt einmal mehr Debussys Ideal eines "inneren Theaters", das der Bühnenrealisation vorgezogen wird:

"Le personnage de Mélisande m'avait toujours paru difficilement réalisable. J'avais bien essayé d'en noter musicalement la fragilité, le charme distant; il restait son attitude, ses longs silences qu'un geste faux pouvait trahir, ou même rendre incompréhensibles. Et surtout, la voix de Mélisande, secrètement entendue si tendre, qu'allait-elle être? - tant la plus belle voix du monde peut devenir l'ennemie inconsciente de l'expression propre à tel personnage." (MCr-f, 201).[194]

Golaud wird von Debussy als Unglücklicher gesehen, der in der Sterbeszene alles bedauert, was er zu tun oder sagen unterlassen hat. Dies geht aus einer Erläuterung für den belgischen Bassisten Dufranne hervor, der die Rolle des Golaud sang (vgl. Debussy, 1980, 155: Brief an Dufranne, 26. 10. 1906). Damit zeigt er eine gewisse Sympathie für die Figur des "Gehörnten" und interpretiert diese als tragischen Helden im Sinne des traditionellen Theaters, ohne die ironische Figurenkonzeption Maeterlincks zu bemerken oder bemerken zu wollen.

Die große künstlerische und psychologische Bedeutung, die die Arbeit an *Pelléas et Mélisande* für Debussy hatte, deutet ein resignierender Brief an Messager (19. 9. 1904) an, in dem der Komponist dieser Zeit nachtrauert:

"[...], je regrette le Claude Debussy qui travaillait si joyeusement à "Pelléas", car, entre nous, je ne l'ai plus retrouvé - ... ." (Debussy, 1980, 137).[195]

1.4 Studien und Esssays zu *Pelléas et Mélisande*

Die Oper Debussys hat neben einer Aufführungstradition auch eine musikwissenschaftliche Analysetradition hervorgebracht. Dabei sind Unterschiede zwischen einzelnen Ländern festzustellen, vor allem zwischen dem französischen, dem angloamerikanischen und dem deutschsprachigen Raum. Umfassende Abhandlungen

---

[193] "Bedenken Sie, daß das Motiv, das Mélisande zugeordnet ist, sich niemals verändert; es kehrt in jeder Hinsicht gleich im 5. Akt wieder, weil Mélisande in Wirklichkeit immer dieselbe ist und stirbt, ohne daß irgend jemand - außer vielleicht der alte Arkel? - sie je verstanden hat."
(Hier stellt sich die Frage, was mit "Unveränderlichkeit des Motivs" gemeint ist; schließlich treten sowohl rhythmische als auch diastematische Varianten des Mélisande-Themas in nicht geringerem Maß als bei den anderen Figurenthemen auf - s. II/1.5).

[194] "Die Figur der Mélisande erschien mir schon immer schwer darstellbar. Zwar habe ich versucht, Mélisandes Zerbrechlichkeit, ihren zurückhaltenden Charme musikalisch umzusetzen; doch blieben immer noch ihre Haltung und ihr langes Schweigen, die durch eine falsche Bewegung verdorben oder gar unverständlich werden konnten. Und vor allem die im Geheimen so zart gehörte Stimme der Mélisande, was würde mit ihr geschehen? - denn die schönste Stimme der Welt kann zum unbewußten Feind des dieser Figur eigenen Ausdrucks werden." (dt. n. MCr-dt., 204).

[195] "[...], ich vermisse den Claude Debussy, der so glücklich an "Pelléas" arbeitete, denn unter uns, ich habe ihn nicht wiedergefunden - ... ."

kommen aus Frankreich, England und den USA, während im deutschsprachigen Raum Aufsätze zu Einzelaspekten überwiegen. Insgesamt gibt es einige übereinstimmende Aussagen. Fast alle Untersuchungen werten das Drama Maeterlincks ab und begrüßen die Kürzungen durch Debussy. Die Motivik der Oper wird meist in Abhängigkeit von Wagners Leitmotivik dargestellt, der Orchesterpart übereinstimmend als "Kommentar" zum Dramentext gewertet. Immer wiederkehrende Diskussionspunkte sind "Rezitativik contra Belcanto" und "Impressionismus contra Symbolismus". Letzterem Punkt ist wegen der Materialfülle ein Exkurs gewidmet.

Emmanuel

Naturgemäß stammen die frühesten großangelegten Analysen aus Frankreich. Die erste bedeutende und vielrezipierte ist die von Maurice Emmanuel (1926), der den Vorteil der Zeitgenossenschaft und Bekanntschaft mit Debussy hatte.

Etwa die Hälfte des umfangreichen Buches nehmen die Biographie Debussys, die Entstehungsgeschichte der Oper und die Betrachtungen zum Libretto ein. Die darauf folgende Analyse besteht aus zwei Teilen: der erste enthält eine allgemeine Beschreibung von Debussys Kompositionsstil, gegliedert in Harmonik, Rhythmik, Thematik und Instrumentation; der zweite bietet eine narrative Akt-für-Akt-Analyse. Auffallend ist, daß Emmanuel bei der Motivzuordnung sehr zurückhaltend verfährt. Seine dreizehn Motive tragen statt Benennungen römische Zahlen; nur in der Übersicht werden sie - meist in Klammern - betitelt. Grundsätzlich möchte Emmanuel sie als Hypothesen aufgefaßt wissen. Sicher ist er offenbar nur bei der Zuordnung seiner fünf Figurenmotive: Golaud, Mélisande, Pelléas, Yniold, das Kind (134f.). Grundsätzlich stellt Emmanuel fest, daß Debussy nicht mit der Tradition gebrochen, sondern sie erweitert und fortgesetzt habe - eine Aussage, deren apologetischer Zug nicht zu überhören ist (96). So stehe die Harmonik auf dem Boden von Franck und Fauré, orientiere sich aber in Richtung auf eine "schwankende, unsichere Sprache voller Andeutungen" (99).

Emmanuel hebt die abwechslungsreiche und sehr variable Rhythmik Debussys in *Pelléas et Mélisande* hervor, die unerschöpfliche, immer neue Muster hervorbringe (115) - ein Punkt, der später besonders von Messiaen aufgegriffen wurde (s. dort). Das Rezitativ sieht er in der Tradition Rousseaus, der mit seinen Vorstellungen den Vokalpart von *Pelléas et Mélisande* quasi "vorausgefühlt" habe (126-128).[196] Zur Beschreibung der Thematik bei Debussy wird Wagners Leitmotivik als "Folie" herangezogen. Debussys Motive entsprächen der Leitmotivik im *Tristan*, nur seien sie viel subtiler und diskreter als bei Wagner und hätten assoziativen Charakter. Für Emmanuel enthält *Pelléas et Mélisande* eine Art "verborgener musikalischer Mystik" (135).

Koechlin

Die groß angelegte, unveröffentlichte Analyse des Komponisten Charles Koechlin (Typoskript, 1949) hat deutlich apologetischen Charakter. Ziel der Arbeit ist es, die im Zusammenhang mit der Uraufführung der Oper laut gewordenen Vorwürfe gegen

---

[196] Darin zitiert er Rolland, der 1907 im *Berliner Morgen* (29. 11.) mit einem Aufsatz über *Pelléas et Mélisande* versuchte, dem deutschen Publikum diese Oper näherzubringen. Der Aufsatz enthält eine stark national gefärbte Interpretation, die Debussys Oper als "genuin französisch" der deutschen Wagner-Oper entgegenstellt. Letztere entspräche dem französischen Geist in keiner Weise. *Pelléas et Mélisande* sei ein "manifeste de la révolte" gegen den Wagner-Einfluß in Frankreich (vgl. Rolland, 1909, 199). Rolland richtet sich allerdings nicht gegen Wagner selbst, sondern gegen den französischen "wagnerisme".

die Musik (kein Rhythmus, keine Melodien, keine Konstruktion, Mißachtung der Harmonik-Regeln, Mangel an Form, verschwommener Impressionismus) zu widerlegen (19). Darüber hinaus soll die Abhandlung wohl auch für die Oper werben, die in den 1920er und 1930er Jahren vergessen war und erst seit den 1940er Jahren in Paris vereinzelt wieder gespielt wurde. Dazu setzt sich Koechlin mit dem Drama auseinander, dessen "Symbolismus" in dieser Zeit offenbar schwer zu vermitteln war - Koechlin selbst läßt kein tieferes Verständnis dafür erkennen. Um die "Zeitlosigkeit" von *Pelléas et Mélisande* zu beweisen, deutet er das Drama auf der rein psychologischen Ebene und kritisiert dessen vage Symbolik:

> "La légende, le mystère, les symboles [...] - l'exquis, le rare, le précieux, l'étrange, tout cela répondait aux préférences des esthètes de 1900. Mais il y avait autre chose aussi pour légitimer le goût du mystère qui fut celui de Maeterlinck [...]: il y avait - surtout - ce grand drame humain, en premier plan, où ne jouent plus (sinon comme accessoire) ni la grotte, ni les phares, ni les moutons. Or, il se trouve que maintenant cet élément purement humain résiste au vieillissement, [...]." (94).[197]

Koechlin wendet sich auch gegen zu tiefgründige symbolische Drameninterpretationen. Symbole wie Leuchtturm und Schafe erscheinen ihm unnötig; sie seien in den "besten Szenen" (für Koechlin die Verrats-, und Liebesszene sowie der Dialog "Arkel - Mélisande" in der Gewaltszene) auch gar nicht vorhanden.

> "Maeterlinck en a fait un drame profonde et sérieux, dans un pays indeterminé, le "royaume d'Allemonde" avec ses forêts mystérieuses, son château sombre et sa fontaine magique. Cela convenait admirablement à la musique. Tout ici est dans la nuance, les détails de éxpression, les images saisissantes, si bien trouvées, et l'éternel mystère qui plane sur les choses et les êtres vivants." (12f.).[198]

Aufgrund seiner Skepsis gegenüber einer bestimmten Art von Symbolik erscheinen Koechlin die Kürzungen Debussys logisch und notwendig; er findet, daß das Drama dadurch gewinnt (7). Ein Moment von Ordnung in der Komposition sieht Koechlin in der Verwendung von Leitmotiven, die zwar vom Charakter her nicht denen Wagners entsprächen, aber dennoch als solche bezeichnet werden müßten. Koechlin unterscheidet Figuren- und Szenenmotive ("dessin") und interpretiert die Szene als musikalische Grundeinheit bei Debussy:

> "Il apparaît alors que chaque scène a son caractère propre (la grotte, les souterrains, etc.) et que ce caractère se manifeste à la fois par des <u>harmonies</u>

---

[197] "Die Legende, das Geheimnis, die Symbole [...] - das Auserlesene, Seltene, Wertvolle, Merkwürdige, alles das entsprach den Vorlieben der Ästheten um 1900. Aber es gab auch etwas anderes, das die Neigung Maeterlincks zum Geheiminsvollen begründen konnte [...]: es stand da - vor allem - dieses große menschliche Drama im Vordergrund, wo nicht mehr die Grotte und auch nicht die Leuchttürme oder die Schafe spielen (höchstens als Beiwerk). Nun also fügt es sich, daß heute gerade dieses rein menschliche Element der Veralterung widersteht, [...]."
[198] "Maeterlinck hat damit ein tiefgründiges und ernstes Drama geschaffen, in einem unbestimmten Land, dem Königreich "Allemonde" mit seinen geheimnisvollen Wäldern, seinem düsteren Schloß und seiner magischen Quelle. Dies kommt der Musik auf bewundernswerte Weise entgegen. Alles dort ist Nuance, die Ausdrucksdetails, die erschütternden, so treffend kreierten Bilder und das ewige Mysterium, das auf den Dingen und Lebewesen liegt."

typiques (avec une orchestration appropriée), et par un <u>dessin</u>, qui lui confèrent son unité." (64).[199]

Für die atmosphärische Gestaltung der Einzelszenen stellt Koechlin zwei Prinzipien fest : "Description, le décor" und "Expression du sentiment" (71; 89).
Koechlins Studie ist in drei Kapitel gegliedert:

I. Historique de l'oeuvre
II. Etude de l'oeuvre: 1. Le livret
                  2. La musique (étude du style de l'oeuvre)
III. La sensibilité debussyiste - Pelléas et Mélisande dans l'histoire musicale contemporaine - la "leçon" de l'oeuvre

Den breitesten Raum nimmt die musikalische Analyse ein, der seitenweise Notenbespiele hinzugefügt sind. Es handelt sich um eine Parameter-Analyse. Einzelne interessante Punkte daraus sind:

- Koechlin verwendet für die schweifende Harmonik Debussys den sehr treffenden Begriff "tonalité instantanée" ("Augenblickstonalität"), die typisch für die modale Harmonik sei. Bereits in *La Damoiselle Elue* verwende Debussy kurz aufeinanderfolgende Tonalitäten. Alle harmonischen Mittel Debussys seien aber in der Tradition verankert, Debussy grundsätzlich als tonal aufzufassen (28-30).
- Die Orchestration zeichne sich durch Sparsamkeit der Mittel und Fehlen von Extremen aus. Debussy habe hier der ihn umgebenden Ästhetik der Quantität eine Ästhetik der Qualität entgegengesetzt (52).
- Wie Emmanuel weist Koechlin auf Debussys flexible und lebendige Rhythmik hin, ein Moment, das seine eigenen Kompositionen bestimmt (20).

Die vollkommene kompositorische Freiheit, das "Ganz du selbst sein", das die zentrale Maxime des Komponisten Koechlin ist, liegt aus seiner Sicht auch Debussys *Pelléas et Mélisande* zugrunde: "Debussy a crée pour sa satisfaction, une musique dictée par son être intérieur, par son rêve de beauté, - par son inspiration." (96).[200]

Van Ackere
Der belgische Musikwissenschaftler Jules van Ackere verbindet in seiner 1952 erschienenen Abhandlung wie Emmanuel allgemeine Parameter-Analyse mit narrativer Werkanalyse. Auch sonst bezieht er sich häufig auf den französischen Beitrag, so daß seine Schrift als darauf aufbauend angesehen werden kann. Weit stärker noch als Koechlin interpretiert van Ackere das Drama und die Oper psychologisch. Für Maeterlincks Dramensymbolismus besitzt er im doppelten Wortsinn kein Verständnis (8-11). Seine Dramenabwertung dient dazu, die Musik Debussys als "Retterin" des handlungslosen, schwachen Dramas hinzustellen. Debussy habe die Phantomfiguren Maeterlincks durch seine musikalische Lyrik wiederbelebt und psychisch intensiviert (11-12). Er sei "bis ins Herz" seines Sujets vorgedrungen und habe in gewisser

---

[199] "Es ist offensichtlich, daß jede Szene ihren eigenen Charakter hat (die Grotte, die Gewölbe, etc.) und daß dieser Charakter sich gleichzeitig durch typische Harmonien (mit einer passenden Orchestrierung) und durch eine Konturierung, die ihm seine Einheit verleiht, manifestiert."
[200] "Debussy hat zu seiner Zufriedenheit eine Musik geschaffen, die von seinem Inneren, von seinem Traum von Schönheit, von seiner Inspiration diktiert ist."

Weise das Drama wiedererschaffen ("récréant") (20). Wie Koechlin bewertet van Ackere die symbolischen Szenen des Dramas als nichtssagend und peripher und hält Debussys Kürzungen für gerechtfertigt. Die Grundannahme für die Ananlyse ist, daß es unzählige subtile Musik-Text-Verbindungen gibt. Ziel van Ackeres ist es, diese aufzuspüren und darzustellen.
In der Parameter-Analyse werden verschiedene allgemeine Gestaltungsmerkmale aufgezeigt:

- Bei Debussy gibt es keine Trennung zwischen szenischem Ereignis und Psychologie, sondern eine perfekte Verschmelzung von Innen und Außen (19f.).
- Die Szenen sind grundsätzlich eigenständig. So hat z. B. jede Szene ihre eigene Instrumentation (21).
- Debussys Motive zeigen keine Objekte oder Figuren an, sie suggerieren Gefühle und Seelenzustände (22).
- Die Harmonik ist sehr subtil und ebenfalls eng mit der psychischen Situation verbunden. Manchmal genügt ein Akkord, um eine Stimmung zu evozieren (23).

Im Gegensatz zu Emmanuel zeigt van Ackere keinerlei Scheu vor Motivzuordnungen. Insgesamt benennt er 25 Motive, die teils von Emmanuel übernommen wurden, teils dessen Zuordnung widersprechen (1. Motiv: "Schicksal" contra "Wald"). Übereinstimmung mit anderen Arbeiten herrscht bei den Hauptfigurenthemen (36; 40). Van Ackere empfindet die Musik von *Pelléas et Mélisande* bis in Einzelheiten als ganz vom Dramentext bestimmt.

In frühen Untersuchungen zu Debussys Oper wurde behauptet, daß die Rezitative die "natürliche französische Sprachdeklamation" abbildeten. Zwei Aufsätze aus neuerer Zeit versuchen dies zu widerlegen.

Beltrando-Pathier
Beltrando-Pathier (1990) bezeichnet die natürliche Sprachdeklamation bei Debussy als Mythos. Debussys Rezitative seien durch Uneinheitlichkeit der Wortakzente gekennzeichnet (Beispiel: verschiedene Betonungsvarianten von "Mélisande"); die häufigen Anti-Wortakzente erzeugten eine Beweglichkeit der Sprache, die dem Maeterlinckschen "vie intérieure" entspräche. Noch 1902 sei es in der französischen Musik völlig ungebräuchlich gewesen, gegen den Wortakzent zu vertonen. Die Originalität und das Neue von Debussys Rezitativen sei allein von den Strukturen der Sprache Maeterlincks inspiriert und weder von der Gregorianik noch von der französischen musikalischen Tradition - wie oft behauptet. Ein Modell könnte die russische Musik geliefert haben, da das Russische im Gesang seine Wortakzente verlöre. (76-79).
Beltrando-Pathier unterscheidet zwei Arten von Rezitativik: das "quasi-parlando", das Dialoge und erzählende Monologe musikalisch umgibt und durch kurze Phrasen, Repetitionen, meist stufenweise Fortschreitung bzw. kleine Intervalle gekennzeichnet ist, und das "récit lyrique", das dem metaphorischen Sprechen zugeordnet ist und sich durch großen Tonumfang, harmonische Fülle (Nonen- und Undezimenakkorde) auszeichnet. Das metaphorische Sprechen sei eine Besonderheit der Figur des Pelléas (als Beispiel wird der Pelléas-Monolog der Liebesszene geboten); Debussy "antworte" musikalisch darauf mit dem "récit lyrique" (75f.).

Spieth-Weissenbacher

Auch Spieth-Weissenbacher (1982) sieht die konstatierte Natürlichkeit der Sprachdeklamation in Debussys *Pelléas et Mélisande* nur bedingt als gegeben an. Aus linguistischer Sicht blieben ohnehin viele "Sprech-Informationen" beim Gesang unberücksichtigt; das musikalische Tonhöhenraster sei zu grob, um die feinen Tonfallnuancen beim Sprechen wiedergeben zu können (83f.).[201] Eher als einen sprachdeklamatorischen Realismus habe Debussy einen psychischen angestrebt.

In ihrem semiotisch fundierten Aufsatz unterscheidet Spieth-Weissenbacher zwischen "prosodes", die der Sprachdeklamation möglichst nahe zu kommen versuchten und eine emotionale Situation ausdrückten und "symboles", die Verweisungsfunktion hätten (z. B. Intervallsymbolik). Sie hebt die Symbolik von Pentatonik (Reinheit, Licht, Unschuld, Schönheit) und Ganztonleiter (das Gegenteil: Verirrung, Schatten, Dunkelheit, Böses) hervor und bietet ein plastisches Beispiel für die Gestaltung der Figurenopposition von Golaud und Mélisande in der Sterbeszene: Das "pardonner" bei Golaud ist ganztönig, bei Mélisande pentatonisch (85; 88f.).

Zwei Komponisten der Neuen Musik, die beide auf unterschiedliche Weise von Debussy gelernt haben, haben ebenfalls Beiträge zur Interpretation der Oper geleistet: Pierre Boulez und Olivier Messiaen.

Pierre Boulez

Boulez sieht die Oper als "Theater der Grausamkeit und der Angst" und knüpft damit an surrealistische Maeterlinck-Interpretationen an (1979, 29). Folgerichtig fordert er für das Stück neue Interpretationsansätze: jähe Ausdruckswechsel, stärkere dynamische Kontraste, d.h., musikalische Dramatisierung und Abkehr vom "Einzwängen in ein winziges Ausdrucksregister". Diese Umdeutung mag dazu angetan sein, die Oper in der heutigen Zeit attraktiver zu machen; tendenziell wird sie dadurch zu einem expressionistischen Werk, das mit dem vagen, verhaltenen Symbolismus des Ursprungs nicht mehr viel gemein hat. Die Kritik am Drama zielt denn auch genau in diese Richtung: Die Charaktere seien saftlos und es fehle die Dramatik (20-22).

Die Leitmotive Debussys sind für Boulez weit entfernt von denen Wagners. Statt motivischer Arbeit gebe es hier rein dekorative Motive und Arabesken. Ebenso wichtig wie die Thematik sei die je eigene stilistische Charakterisierung der Szenen (26). Darin stimmt Boulez mit den anderen Analytikern überein.

Olivier Messiaen

Olivier Messiaen hebt in *Pelléas et Mélisande* hauptsächlich zwei Kompositionsparameter hervor, die er selbst weiterentwickelt hat: Rhythmus und Farbe.[202] Bei Debussy findet er eine außerordentliche rhythmische Beweglichkeit, die vor allem die Farben der Oper befreie. Farbe ist hier für ihn in einem umfassenden Sinn auskomponiert: von der Harmonik (er selbst assoziiert einzelne Akkorde mit bestimmten Farben) über die Klangfarbe bis hin zu Linienbewegung und Lage. Die Motive in

---

[201] Es fragt sich, ob dies vom Komponisten überhaupt beabsichtigt war. Außerdem ist der Begriff "natürliche Sprachdeklamation" in musikwissenschaftlichen Abhandlungen wie denen von Rolland oder Emmanuel sicher nicht linguistisch zu verstehen.

[202] Grundlage der Messiaen-Aussagen bildet eine gefilmte Analysestunde, die Messiaen am Pariser Conservatoire gehalten hat (Film von Denise Tual, F 1972). Der Filmdialog wurde von Boivin in seinem Buch über Messiaens Kompositionsklasse wiedergegeben (1995, 214-224). Messiaen befaßt sich hier hauptsächlich mit der ersten Partiturseite von *Pelléas et Mélisande*.

Pelléas et Mélisande beschreibt auch Messiaen als den Wagner-Leitmotiven ähnlich, nur mit ganz anderer Funktion. Sie seien nicht so klar und kraftvoll, sondern "toujours embrumées". Das Schicksalsthema bewertet Messiaen als Atmosphären- oder Szenenthema, das darüber hinaus in das allgemeine Mysterium der Oper hineinführt. Es breite die "Landschaft" aus, in der der ganze Pelléas, der ganze Maeterlinck und der ganze Debussy liege (vgl. Messiaen - in: Boivin, 1995, 214f.).

"Nous sommes dans une sorte de brouillard bleuté tout le long de la pièce, quelque chose d'atemporel et d'irréel, d'autant plus que c'est dominé par les deux amoureux - [...] - et les personnages semblent marcher, dans cette brume irréelle, vers un destin ..." (Messiaen - in: Boivin, 1995, 215).[203]

Messiaens Blick auf die Oper ist ein mystischer. Dies zeigt auch der Ansatz, im Text nach Schlüsselwörtern zu suchen, die seiner Meinung nach musikalische "Ereignisse" initiiert haben ("loin", "brille", "l'eau"). Die wichtigste Symbolverbindung sei für Debussy die von Licht und Wasser gewesen (vgl. Messiaen - in: Boivin, 1995, 222). Beeindruckend an Messiaens sehr subjektiver Analyse ist der mikroskopische Blick auf unterschwellige Details sowie die Konzentration auf Wortassoziationen, Momente, die auch in seinen eigenen Kompositionen eine zentrale Rolle spielen. Die Bedeutung der einzigen Oper Debussys für seine kompositorische Entwicklung hat Messiaen selbst immer wieder hervorgehoben (vgl. z. B. das Messiaen-Zitat in Smalley, 1968, 128).

Orledge
Richtungsweisend für neuere englische Interpretationen der Oper ist die Untersuchung von Robert Orledge. Er widmet Pelléas et Mélisande in seinem Buch Debussy and the Theatre ein großes Kapitel (1982, 48-101), in dem er Debussys Absichten, die Entstehung der Oper mit genauerer Manuskript-Betrachtung, den musikalischen Gehalt und die Wirkungsgeschichte behandelt. Für seine Analyse greift er bestimmte Aspekte heraus und diskutiert einige frühere englische und amerikanische Studien. Die Motivik steht für ihn klar in der Nachfolge von Wagners Leitmotivik. Debussy benutze Wagners System als Ausgangspunkt für die Entwicklung einer "besseren" Kompositionsweise, was ihn im Klangergebnis von Wagner entfernt habe (91f.). Orledge weist auch auf Motivzusammenhänge hin, die bisweilen abwegig erscheinen.[204] Ansonsten bezieht er sich ebenfalls auf Emmanuel. Ein weiterer Aspekt seiner Studie sind motivische Querverbindungen der Oper zu anderen Werken Debussys wie Nuit d'Étoiles oder Apparition (95f.). Musikalische Symbolik stellt Orledge bei Tonalität und Klangfarbe fest. Er sieht Fis-Dur oder E-Dur als mit Licht und Wasser und dem Ideal "Mélisande" verbunden, C-Dur als mit den Sinneserfahrungen "Sehen" oder "Fühlen". Diese Analogien seien aber nicht konstant. Das Orchester sei die einheitsstiftende Kraft; es kreiere Atmosphäre und drücke das Unaussprechliche aus (97).

---

[203] "Wir befinden uns während des ganzen Stücks in einer Art bläulichem Nebel, es ist etwas Zeitloses und Irreales, umso mehr, als dies von den beiden Liebenden dominiert wird - [...] - und die Figuren scheinen in diesem irrealen Nebel auf ein Schicksal zuzugehen ...".

[204] So empfindet er das Golaud-Motiv als rhythmisierte Variante des Schicksalsmotivs. Plausibler wäre hier die umgekehrte Sicht: Das Schicksalsmotiv umschließt das Sekundintervall der Figurenmotive => die Figuren sind vom Schicksal umfangen.

Nichols/Smith
Die ausführliche Studie von Nichols/Smith (1989), die in der Reihe der *Cambridge Opera Handbooks* erschienen ist, wirkt wie eine Ausarbeitung des Analyse-Abrisses von Orledge. Leider wird bei der Dramenanalyse auch der Stammbaumfehler von Orledge übernommen (Geneviève ist nicht Arkels Tochter!). Die Abhandlung ist eine der ganz wenigen, die davon ausgeht, daß ein adäquates Verstehen des gesamten Dramas Voraussetzung für eine Beschäftigung mit der Oper ist. Dementsprechend wird viel Material geboten, um Maeterlincks symbolistischen Hintergrund zu erhellen, etwa aus Maeterlincks frühen Schriften (CB; *Trésor des Humbles*) oder den anderen frühen Dramen (s. Aufsatz von Smith: *The Play and its Playwright*, 1989a, 1-29). Bei der Beschreibung der verschiedenen Einflüsse auf die frühen Dramen ist allerdings die Perspektive zugunsten der englischen Einflüsse verschoben. Die Basis für die musikalische Analyse bildet die Annahme, daß Debussy eine möglichst detaillierte und vielschichtige Spiegelung des Dramas in seiner Musik anstrebte. Ziel der beiden Analyse-Aufsätze von Smith ist es, aufzuzeigen, daß es auch in der Musik ein subtiles Netz von Andeutungen und Assoziationen gibt.
In *Motives and Symbols* (1989b, 78-106) geht es weniger um Motivzuordnungen - von diesen werden nur wenige, teils mit Verweis auf Emmanuel, geboten - sondern um deren allgemeine Beschaffenheit und Funktion im Zusammenspiel mit dem Drama. Auch hier wird - wie in anderen Arbeiten - Wagners Leitmotivik als Vergleichsgröße herangezogen, mit der nicht ganz einleuchtenden Begründung, daß Wagner starken Einfluß auf den literarischen französischen Symbolismus gehabt habe (79). Smith erkennt bei Debussy zwei Arten von musikalischen Symbolen, die als komplementär zu Maeterlincks literarischen anzusehen seien: Orts- und Augenblickssymbole, die vorwiegend an Objekte der Außenwelt gebunden sind (Krone, Ring, Tauben usw.) und elementare Symbole mit tieferer Bedeutung (Licht, Wasser, Wärme und Kälte). Insgesamt seien Debussys Motive und Symbole die perfekte Ergänzung zu Maeterlincks Theater des Unaussprechlichen.
In *Tonalities of Darkness and Light* (1989c, 107-139) versucht Smith, die harmonischen und tonalen Gegebenheiten der Oper semantisch auf die wichtigste Symboleebene des Dramas, den Licht-Finsternis-Dualismus, zu beziehen. Die Grundlage für diese perspektivische Analyse bildet ein Herauspräparieren der entsprechenden literarischen Symbolik, wozu auch philosophische Schriften Maeterlincks herangezogen werden. Smith stellt fest, daß Debussy Maeterlincks komplexe, differenzierte Licht-Finsternis-Symbolik in ein System von Tonarten und Skalen kleidet. Am auffallendsten sei die Verwendung der Gegenpole des Quintenzirkels Fis-Dur (für Licht, Ideal, Mélisande) und C-Dur (für Dunkelheit). Diese Tonartenopposition sei bereits in *Rodrigue et Chimène* vorgebildet (113-117; 138).

Den Versuch, strukturelle Analogien zwischen symbolistischer Literatur und darauf bezogener Musik (hauptsächlich der Debussys) zu finden und so eine "symbolistische Musik" zu beschreiben, unternehmen vor allem amerikanische Studien. Dabei gehen diese manchmal von unhinterfragten Voraussetzungen aus und ziehen verallgemeinernde oder vereinfachende Parallelen und Schlußfolgerungen, die dem komplexen Sachverhalt nicht immer gerecht werden.

Kerman

Ausgangspunkt für die meisten amerikanischen Untersuchungen bildet Josef Kermans Kapitel über *Pelléas et Mélisande* in *Opera as Drama* (1956). Er meint, daß das Drama in Debussys Oper seinen literarischen Eigenwert behalten hat und daher das Verstehen der Oper das des Dramas voraussetzt. Seine eigenen Betrachtungen zum Drama sind eher allgemein gehalten, offenbaren jedoch Sinn für dessen Eigenheiten (175-177). Das zentrale Moment in der Musik Debussys ist für Kerman "Stimmung" ("mood"). Debussys Musik greife nicht in das Drama ein, sondern stütze und unterstreiche seine Dramaturgie (173). So würden vor allem die Stimmungen von Objekten und Szenen eingefangen. Jede Szene besitze ihre eigene Variante der allgemeinen Stimmung und ihr eigenes Thema. Debussys Musik vertiefe die dramatische Grundkonzeption Maeterlincks in einen Bereich hinein, in dem Worte keine Aussagekraft mehr hätten (179; 183). Die Motive sieht Kerman in der Tradition von Wagners Leitmotiven, wobei er allerdings ihre grundsätzlich andere Wirkweise betont. Debussys Motive würden durch gezielte Wiederkehr so eingesetzt, daß sie im (Halb-) Bewußtsein ein Assoziationsnetz entstehen ließen, das die jeweiligen Stimmungen zu einem komplexen Ganzen verschmelze. Als Beispiel wählt er Mélisandes Motiv, das für ihn das Hauptmotiv der Oper ist und weniger die Figur als vielmehr die übergeordnete Stimmung des Dramas ausdrückt (186-188).

Van Appledorn

Eine frühe umfassende amerikanische Studie stammt von Jeanne van Appledorn (1966). Ihre stilistische Analyse von *Pelléas et Mélisande* ist eine primär quantitativ ausgerichtete Parameter-Analyse. Sie geht von der Grundvoraussetzung der Wagner-Ähnlichkeit von Debussys Oper aus. Diese Voraussetzung wirkt präskriptiv, so daß Verzerrungen nicht ausbleiben, etwa wenn die meisten Szenen analog zu Wagners ternärer Aktform in eine dreiteilige Bogenform gezwungen werden, die allein aus dem Einsatz der "Leitthemen" begründet wird. Grundsätzlich erscheint ein quantitativer Ansatz gerade bei diesem antirationalistischen Werk fragwürdig. Das Auszählen von Nonenakkorden sagt über diese Oper noch weniger aus als über andere.

Mit den von ihr aufgestellten 32 "Leitmotiven" erfaßt van Appledorn weit mehr thematisches Material der Oper als andere Beiträge, sie differenziert dieses aber nicht nach Funktion und Auftreten. Bei der Zuordnung gibt es zum Teil stärkere Abweichungen gegenüber den anderen Studien; bisweilen ist die Benennung nicht aus dem textlichen Umfeld abzuleiten ("Prenez-garde"- Motiv als "awakening desire").[205]
Tonale Zentren werden von van Appledorn so konstruiert, daß sie die von ihr postulierten Formschemata stützen (398). Insgesamt versteht sie Debussys Oper als Bindeglied zwischen Wagners *Tristan* und Bergs *Wozzeck* oder *Lulu*. Es herrsche das Gesamtkunstwerksprinzip Wagners. Entgegen ihrer Behauptung (395f.) finden sich Motive auch in den Rezitativen von *Pelléas et Mélisande*. Die Arbeit bietet zwar einige quantitative Details der Oper (Häufigkeit von Nonenakkorden, Modi, Themenmetamorphosen), sie sagt aber nichts über den musikalischen Textbezug aus. Ge-

---

[205] So wird das Golaud-Motiv als "Schicksalsthema" bezeichnet, das Todesmotiv dafür als "Golaud-Thema". Das Mélisande-Motiv wird in zwei Motive aufgeteilt: a) "Mélisande", b) "Mélisandes Naiveté" (33-36). Das Brunnenmotiv besteht bei van Appledorn aus der Holzbläserterz; die Sechzehntel-Arabeske (in dieser Arbeit als Brunnenmotiv bezeichnet) bleibt gänzlich unberücksichtigt, obwohl sie zweifellos motivische Qualität besitzt (45). Das Kindmotiv ist bei ihr mit "sorrow" betitelt (91). Übersicht über die Motive s. II/1.5 Analyse.

rade hier herrscht ein Moment von Antisystematik, das van Appledorn aufgrund ihres Ansatzes aus ihrem Blickfeld ausklammern mußte.

Hertz

David Hertz möchte in seinem Buch "The Tuning of the Word" (1987) das Thema "literarischer und musikalischer Symbolismus" umfassend darstellen. Ausgehend von der Literatur des französischen Symbolismus versucht er zu zeigen, daß der Symbolismus um Mallarmé zur frühen Moderne gehört und Debussy durch seine Übereinstimmung mit der Ästhetik Mallarmés daran teilhat. Wie beinahe überall fungiert auch hier Wagner als der Hintergrund, vor dem sich die Andersartigkeit und Eigenheit von Debussys Musikstil abheben soll. Allzu vereinfachend - trotz stringenter Argumente - erscheint die Einstufung von Wagner und Baudelaire aufgrund des Zusammenspiels von Emotionen und deskriptiven Elementen in deren Dichtung als "spätromantisch" und von Mallarmé und Debussy aufgrund der Isolation von Emotionen als "symbolistisch/modern" (60f.).

Die musikalischen Kapitel erstrecken sich auf "Lied", "Symphonische Dichtung" und "Symbolistische Oper". Die Parallelsetzung von "lyric play" und "tone poem" in einem Kapitel mit dem Beispiel "l'après-midi d'un faun" von Debussy einerseits und einigen Seitenhinweisen auf die symphonischen Dichtungen von Richard Strauss andererseits erscheint überaus problematisch, handelt es sich doch um unabhängig voneinander entstandene Gattungen mit unterschiedlichen ästhetischen Implikationen - von den verschiedenen Kunstmedien einmal abgesehen. Debussys *Pelléas et Mélisande* wird in dem Kapitel "Symbolist Opera" behandelt. Hier werden die Opern *Pelléas et Mélisande* und *Ariadne auf Naxos* (Strauss/Hofmannsthal) auf ihren "Symbolismus" hin untersucht und einander gegenübergestellt. Die Auswahl der Beispiele stützt sich allein auf literarische "Gegebenheiten": Maeterlinck und Hofmannsthal seien die Hauptvertreter des lyrischen Dramas gewesen (194). Die von Hofmannsthal für Strauss verfaßten Libretti enthalten jedoch kaum (noch) symbolistische Momente.[206] Daher greift auch die Bewertung nicht recht, Maeterlinck habe das Glück gehabt, mit Debussy einen Komponisten "gefunden" zu haben, der die symbolistischen Qualitäten des Dramas bestehen ließ, während die der Dramen Hofmannsthals von Strauss' spätromantischer Klangwucht förmlich überrollt worden seien (194).

Abgesehen von musikalisch falschen Darstellungen (Mèlisandes Lied steht nicht in g-lydisch, sondern in e-dorisch; 200) sind auch die Analogsetzungen von Mallarmés Dichtungsprinzipien und Debussys Kompositionsweise in *Pelléas et Mélisande* nicht ganz überzeugend. Es läßt sich nicht nachweisen, daß Debussy seine Harmonik und Tonalitäten allein in Anlehnung an Mallarmés "Zerstörung der syntaktischen Ordnung" organisiert hat (205f.; 212f.).[207] Zuzustimmen ist Hertz bei der Konstatierung einer hohen Kongruenz zwischen Drama und Musik in *Pelléas et Mélisande* (216).

---

[206] Will man Strauss' musikalische Annäherung an den literarischen Symbolismus untersuchen, kann man allenfalls auf *Salomé* nach dem symbolistisch-dekadenten Drama von Oscar Wilde zurückgreifen. Hier finden sich deutliche Maeterlinck-Einflüsse (s. Kap. I/3.1).

[207] Die vagierende Harmonik Debussys hat zumindest auch eine wichtige musikalische Quelle: die "Wiederbelebung" des gregorianischen Chorals und die Harmonisierung modaler Melodien in Frankreich zu Beginn des 19. Jahrhunderts. Sie ist bereits bei Cesar Franck und Gabriel Fauré zu finden. Von einer voraussetzungslosen musikalischen Entwicklung bei Debussy, wie Hertz' Beschreibung sie nahelegt, kann also kaum ausgegangen werden.

Brown
Einen ganz ähnlichen Ansatz verfolgt Jennifer Brown in ihrer Dissertation "Debussy and Symbolism" (1993). Sie vergleicht zunächst Debussys Ästhetik mit der Verlaines, Baudelaires und Mallarmés anhand von wiederkehrenden Grundthemen (Mysterium, Natur, Stille usw.) und zeigt, wie Debussys Ästhetik in der literarisch-symbolistischen verwurzelt ist (12-16). Nicht ganz schlüssig wirkt die Übertragung der aus dem literarischen Teil gewonnenen, durchaus erhellenden Erkenntnisse auf die Musik Debussys, da sie hier nicht - wie zu erwarten - Vertonungen von Gedichten der drei Dichter wählt, sondern *Pelléas et Mélisande*, ohne dabei gesondert auf die Dramenvorlage einzugehen. Dieses Vorgehen rechtfertigt sie mit einer recht pauschalen Definition von "Symbolismus" (16-19) und der Zuordnung von *Pelléas et Mélisande* zum französischen Symbolismus (74f.). Weil sich ihre Kategorien nicht auf die Dramenvorlage gründen, produziert deren Anwendung auf konkrete musikalische Sachverhalte in *Pelléas et Mélisande* Schieflagen. Außerdem widerspricht Brown mit ihrem notorischen Hang zu eindeutigen Interpretationen musikalischer Phänomene ihrer eigenen Definition von "Symbolismus", in der sie zutreffend das Vage, Unbestimmte, Mehrdeutige als ein Hauptmoment hervorhebt.[208] Debussys musikalische Gestaltungsmittel als "symbolist techniques" zu bezeichnen, ist ohne genauere Belege ebenfalls gewagt (Kap. IV, 72-133). Wie Hertz setzt auch Brown die mehrdeutige Wirklichkeit des Dramas mit dem Abweichen Debussys von traditionellen harmonischen und tonalen Ordnungsprinzipien in Beziehung (111-117).

Abbate
Mit der Leitmotivfrage befaßt sich Carolyn Abbate (1981). Für sie ist Debussys *Pelléas et Mélisande* ein Kommentar zu Wagners *Tristan und Isolde* und somit Teil der Wagner-Rezeption (141) - überspitzt formuliert, nichts anderes als ein *Tristan*-Derivat. Zur Stützung ihrer Behauptung zieht sie die Entstehungsgeschichte der Debussy-Oper heran und bietet eine eingehende Analyse der Skizzen sowie eine Auflistung von Parallelstellen in *Tristan* und *Pelléas* (138-140). Problematisch erscheint bei diesem Ansatz die Unterstellung eines bewußten Vorgehens von seiten Debussys:

> „The identification of quotation in *Pelléas* is a sort of game sanctioned and even secretly encouraged by the composer. The game is meant to be discovered, and ist discovery changes the music for *Pelléas* into something more than an adequate - or exquisite - reading of Maeterlinck. The opera becomes a commentary on an earlier musical corpus, and the listener's knowledge of that corpus is in turn meant to enter into his own interpretation of *Pelléas*." (Abbate, 1981, 138).

---

[208] Das Triolenmotiv aus der Waldszene wird ohne Begründung mit "Angst" assoziiert, die Wiedergabe der Aussage von Pelléas' Vater durch Pelléas in der Verabredungsszene mittels 1-Ton-Rezitation als "fatale Resignation" gedeutet (80). Der Monolog des Pelléas trägt jedoch eindeutig enthusiastische Züge; die besondere Rezitationsart verweist zunächst einmal darauf, daß hier die Rede eines anderen wiedergegeben wird, dann auf die prophetische Qualität des Diktums (Todesankündigung, vgl. das Rezitativ des Hirten in der Herdenszene!). Das Cis-Dur am Schluß der Oper wird auf die Bedeutung "Unsicherheit des Königreiches" eingeengt (zu dessen Symbolik s. Kap. 1.5 - „Motivik und Symbolik").

Diese „Anspielungs- oder Abhängigkeitsthese" wirkt auf dem Hintergrund von Debussys Äußerung, er habe den Geist Klingsors in seiner Kompositon entdeckt und daraufhin alles zerrissen (s. II/1.3), nicht sehr überzeugend. Dies deutet eher auf einen unbewußten und ungewollten Wagnereinfluß hin. Der Aufsatz illustriert Stirnemanns Einschätzung der Pro- und Contra-Debatte.[209]

Die Untersuchungen aus dem deutschsprachigen Raum betreffen überwiegend Einzelfragen der Oper.

Maurer Zenck
Ein recht ausführlicher Aufsatz stammt von Maurer Zenck (1990). Ihr soziologischer Blick auf die Geschlechterrollen im Drama wird durch psychoanalytische Interpretationsmuster ergänzt. Dies ist eine der ganz wenigen Studien, die vom ungekürzten Maeterlinck-Drama ausgehen und die verschiedenen Fassungen vergleichen. Diese werden hauptsächlich als Beleg für die These herangezogen, daß Debussy die Tendenz verfolgt habe, das Schicksal zu entmachten und das Drama stärker zu psychologisieren. Die Auswahl der Kürzungsbeispiele ist selektiv und berücksichtigt nicht, daß Debussy neben der Psychologisierung des Dramas auch eine gewisse Informationsreduktion und damit eine Vergrößerung des "mystère" angestrebt hat.[210] Insgesamt bestimmen soziologische und psychoanalytische Voreinstellungen das Deutungsvorgehen und das Ergebnis, wobei Einseitigkeiten und Verzerrungen nicht zu vermeiden sind. Die öfter anzutreffende Einengung der Interpretation auf eine Deutungsmöglichkeit widerspricht zudem einem Grundzug des symbolistischen Dramas, der komplexen und paradoxen Mehrdeutigkeit. So fehlt für die Behauptung, Golaud zittere in der Abgrundszene vor Angst, nicht aus unterdrückter Mordlust (270), die Begründung und die Berücksichtigung einer Quelle[211]. Die Funktion der Figur des Vaters von Pelléas auf die Wiederholung des Vater-Sohn-Motivs zu beschränken, greift zweifellos zu kurz (266); ebenso die Festlegung des Grottensymbols auf die psychoanalytische Deutung als weibliches Genitalorgan. Vor allem das Argument, Mélisande fliehe vor der Grotte, weil ihr "die Liebe noch nicht bekannt sei" (268f.), erscheint auf dem Hintergrund ihrer angedeuteten Schwangerschaft in der vorausgehenden Pferdsturzszene absurd. Wie andere Symbole bei Maeterlinck ist auch dieses ein polyvalentes, das diese Deutung zwar nicht ausschließt, sich aber keineswegs in ihr erschöpft.
Das Inzestmotiv ist im Drama zwar latent vorhanden, aber nicht so bedeutend, wie Maurers Zencks Beschreibung glauben machen will. Das von ihr in seiner Funktion allein auf diese Sicht hin eingeengte Abreisemotiv (Pelléas) hat noch andere und im Drama weitaus wichtigere Bedeutungen (Exponierung des "enclos", Maeterlincks

---

[209] Einige Nachweise des *Tristan*-Akkords und ein paar identische Vokallinien in den beiden Opern beweisen noch keine tiefergehende Abhängigkeit. Wenn man als Beleg für einen von Debussy selbst zugegebenen Wagner-Einfluß den Brief an Chausson wertet, müßte man konsequenterweise im *Parsifal* nach Parallelstellen suchen: Debussy verflucht hier den "Geist Klingsors" (s. Kap. "Entstehung").

[210] Die Streichung der Dienerinnenszene hat - neben der ganz pragmatischen Besetzungsfrage - vor allem den Sinn, Informationen zu reduzieren und den Bezug zu einer Alltagswelt mit sozialen Standesunterschieden zu kappen, weniger - wie Maurer Zenck (281) meint - die berichtete "wiederentstandene Nähe" zwischen Mélisande und Golaud zu eliminieren.

[211] Maeterlinck selbst bietet die Interpretation der Mordversuchung Golauds - es handelt sich hier nicht um ein Erfindung Debussys (vgl. Maeterlinck: Brief an Lugné-Poe, o. D. [Dezember 1892 oder Januar 1893] - in: Lugné-Poe, 1931, 237f.).

"sadisme", Fatalität, Handeln wider bessere Ahnung, Prophezeiung des Todes von Pelléas: Reise = letzte Reise). Die von Maeterlinck angelegten Rollenkonfusionen werden überzeugend herausgearbeitet. Insgesamt vernachlässigt diese aktualisierende Analyse, die das Drama durch die Brille der modernen Soziologie und Psychologie liest, dessen historischen Kontext (d. h. seinen "Symbolismus").

Hilbk

Iris H. Hilbk hat ein Kapitel ihrer *Studien zum Verhältnis von Sprache und Musik bei Debussy* (1996) *Pelléas et Mélisande* gewidmet. Wie der Rest der Arbeit besteht auch dieses aus einer Aneinanderreihung von Zitaten, die sich teilweise direkt widersprechen. Die Zwischentexte, deren Aussageabsicht oft unklar bleibt, enthalten keine Erläuterungen oder Kommentare. Etwas genauer werden die Brunnen-, Brief-, Verrats- und Liebesszene betrachtet. Die Äußerungen zum Text zeigen, daß Hilbk kein tieferes Verständnis für das Drama entwickelt hat. Das von Yniold berichtete Schweigen Pelléas' und Mélisandes in der Verratsszene mißdeutet sie als gestörtes Verhältnis und Kommunikationslosigkeit zwischen den Liebenden, die auch in der Liebesszene nicht durchbrochen werde (122f.). Statt Komplexität und mystischem Ausdruck sieht sie in den paradoxen Aussagen "Ausweglosigkeit"; Pelléas und Mélisande "lieben aneinander vorbei" (124f.).

Kunze

Stefan Kunzes Aufsatz über *Pelléas et Mélisande* trägt den Titel *Der Sprechgesang und das Unsagbare* (1984). Er untersucht die Funktion der Sprache in Maeterlincks Drama und Debussys kompositorischen Umgang damit. Sein Beitrag ist eher aus literaturwissenschaftlicher Sicht konzipiert. Maeterlincks Sprache und Debussys Sprachvertonung seien einander adäquat, da beide kaum Reflexion enthielten. Die Figuren in *Pelléas et Mélisande* benutzten Sprache, um damit "eine ihnen verschlossene Realität abzutasten"; Debussys Vokallinien entsprächen dem, indem sie lediglich registrierten und nicht emotional vergegenwärtigten (342f.). Auch Kunze geht auf den Bezugspunkt "Wagner" ein. Während er in der musikalischen Erscheinungsform den denkbar schärfsten Gegensatz zwischen Debussy und Wagner sieht, erkennt er auf einer höheren Ebene eine Übereinstimmung: beide überschritten die Grenze des "durch Sprache Sagbaren": Debussy durch Zurücknahme des emotionalen Ausdrucks, Wagner durch dessen emphatische Übersteigerung (340).
Unter dem Aspekt der Sprachvermittlung betrachtet Kunze die Brief-, Wald-, Haar- und Brunnenszene genauer.[212] Wie andere Autoren sieht er im Orchester das "inconnu" abgebildet: "Debussys Sprachvertonung ist gleichsam die Oberfläche, auf der sich das im Orchester realisierte Unaussprechliche mit der Sprache trifft." (358). Eine solche Sicht impliziert eine enge Verquickung von Vokal- und Instrumentalpart. Kunze hebt die Adäquatheit der Sprache Maeterlincks und der Vertonung Debussys hervor (1984, 342f.; 356f.). Die musikalische Gestaltung gebe den Wirklichkeitsverlust wieder, der ein zentrales Moment der Maeterlinckschen Sprache sei. Zwar stehe die vokale Gestaltung in *Pelléas et Mélisande* in der Tradition von Rameau und

---

[212] Die Beschreibung satztechnischer Einzelheiten ist nicht immer ganz zutreffend. So erkennt Kunze die dorische Tonart des Liedes von Mélisande nicht und spekuliert stattdessen ausgiebig über mögliche "Materialreihen", "Quartgerüste" und Zentraltöne (348-352).

Lully, doch handele es sich nicht um Rezitativik im engeren Sinn. Die spezifische Vokallinie in Debussys Oper sei von Maeterlincks Text geprägt.

Ein Aufsatz befaßt sich explizit mit dem musikalischen Einfluß Wagners auf Debussys *Pelléas et Mélisande*.

Stirnemann
Ein grundlegender Beitrag zur Frage der Leitmotivik in *Pelléas et Mélisande* stammt von Stirnemann (1980). Dieser geht von einer allgemeinen Begriffsdefiniton des Leitmotivs und dessen Bedeutung bei Wagner aus und bietet einen Überblick über die Behandlung des Themas in der *Pelléas et Mélisande*-Literatur. Die von ihm dabei gemachte Feststellung, es hänge von der Perspektive des Schreibers ab, ob Leitmotive in *Pelléas et Mélisande* propagiert würden (Wagner-Anhänger) oder nicht (Wagner-Gegner) ist nicht von der Hand zu weisen (153-156). Stirnemann selbst favorisiert eine vermittelnde Position, wie sie etwa van Ackere vertritt und plädiert für eine Begriffsänderung (=> "rapports sonores"), um die Wagner-Assoziation zu beseitigen (159-161). Um Zusammenhänge zwischen Motivik und Dramentext aufzudecken, wählt Stirnemann einen strukturalistischen Analyse-Ansatz. Mittels Segmentierung von Motiven und Textfragmenten und Klassifikation werden die Golaud-Motiv-Varianten im ersten Akt untersucht. Die wichtigste Erkenntnis dabei ist, daß Debussy seine Motive nicht systematisch bestimmten Textaussagen zuordnet, sondern intuitiv und bisweilen "planlos" einsetzt. Die tieferen (psychologischen) Schichten dieser Zusammenhänge aber könne eine rationale Untersuchung nicht erfassen - wie Stirnemann folgerichtig einräumt (169).

> "Die *rapports sonores* sollen vor allem andeuten, was in Maeterlincks Worten unausgesprochen bleibt. Debussy legt den Text psychologisch aus und intensiviert so in seiner Partitur den psychologischen Hintergrund der Gestalten. Dies gelingt ihm mit Hilfe seiner feinen motivischen Struktur, die selten den Text so illustriert, daß dies dem Zuhörer bewußt wird." (170).

Grayson
Grayson verwendet ein ganzes Kapitel seiner Dissertation über die Entstehung von *Pelléas et Mélisande* (1983), um dem Wagner-Einfluß mit Blick auf die Skizzen auf den Grund zu gehen. Als Hintergrund beschreibt er Debussys Auseinandersetzung mit Wagners Opern und seine Entwicklung vom Wagner-Fanatiker zum Wagner-Gegner (466-471). Zusätzlich bietet er einen Abriß der Rezeptions- und Analysegeschichte zu dieser Frage, um die Uneinigkeit bei der Motivzuordnung zu zeigen (480-489). Die Motivik, so Grayson, durchlaufe in den verschiedenen Manuskript-Stadien mehrere Revisionen. So kämen das Mélisande- und das Golaud-Motiv in dem ältesten Manuskript (Meyer; Liebesszene) gar nicht vor und seien erst später eingefügt worden (485f.).[213] Offenbar sei es Debussy in späteren Stadien nicht um die Eliminierung der "Leitmotive" (und damit um die Verdeckung des Wagner-Einflusses) gegangen, sondern um eine Änderung ihres Einsatzes (499). Häufiger seien Wagner-Zitate in den verlängerten Interludes anzutreffen (540). Insgesamt richtet sich Grayson gegen gedankenlose Motivdetektei und hält Laloys Hinweis, daß die

---

[213] Das ursprüngliche G-Motiv war nach Grayson das Todesmotiv. Erst in einem späteren Manuskriptstadium (Bréval) tritt das endgültige G-Motiv auf (vgl. Grayson, 1983, 489; 513).

Motive in *Pelléas et Mélisande* nicht an Figuren, sondern an Gefühle gebunden seien, für ein hilfreiches Deutungskorrektiv. Debussys Motive wollten oft gerade nicht klären oder festlegen, sondern die Doppeldeutigkeit und das Unbestimmbare der Gefühle der Figuren ausdrücken. Grayson sieht ein Moment "planvoller Verdunkelung" im Einsatz der Motive, das eher auf intuitive als auf rationale Zusammenhänge abziele (542f.).

Exkurs: Impressionismus contra Symbolismus
Die voreilige und zunächst abwertend gemeinte Etikettierung Debussys als "musikalischen Impressionisten", die aus Journalistenkreisen stammte, war kein Eintags-Schlagwort - es blieb an Debussy und seiner Musik bis heute haften. Mit derselben Unreflektiertheit, mit der es verbreitet wurde, wurde es von der Musikwissenschaft aufgegriffen und zum Stilbegriff für die Musik Debussys und andere, stilistisch ähnliche Musik gemacht.[214] Dies führte zu endlosen Diskussionen über die Berechtigung des Begriffs und machte den "musikalischen Impressionismus" zum Dauerstreitfall in der Musikwissenschaft.
Grundsätzlich wirken Schlagwörter verkürzend und simplifizierend - eine Tatsache, die bei deren Verwendung in Kauf genommen werden muß. Wenn aber, wie im Fall Debussy, der Effekt der Verfälschung hinzukommt, bedarf es einiger klärender Hinweise.
Der Impressionismus in der Malerei ist ästhetisch dem Realismus zuzuordnen. Ziel der so titulierten Maler war es, die Objektwelt - vorzugsweise die Natur - möglichst wirklichkeitsgetreu abzubilden, wobei verschiedene Perspektiven und vor allem Lichteinwirkungen eine wichtige Rolle spielten. Die Erkenntnis, daß die Erscheinungen der Objektwelt nicht zeitkonstant, sondern nur in einer Momentaufnahme "realistisch" zu erfassen seien, führte zu einem geschärften Blick auf die Dinge. Die verschwimmenden Konturen in der impressionistischen Malerei sind nichts anderes als der Versuch, mehrere Momente der Objektwelt-Erscheinung gleichzeitig auf das Bild zu bannen, um einen Eindruck von der Gesamtrealität zu geben. In diesem "Hyper-Realismus" ist keimhaft bereits der Übergang zum Idealismus enthalten, auch wenn der malerische Impressionismus Metaphysik und Transzendenz ausklammerte.[215] Dem Symbolismus dagegen liegt eine idealistische Anschauung zugrunde. Der Blick auf die Natur - wenn sie nicht gänzlich abgelehnt wird, wie bei einigen französischen "Décadents" - ist ein grundlegend anderer: Sie wird nicht als Realität für sich angesehen, sondern als Zeichen für eine hinter den Dingen stehende irreale oder transzendente Sphäre (vgl. hierzu auch Jarocinski, 1976, 5-10; 39).
Schon rein historisch gesehen ist es schwierig, Debussy der Ästhetik des Impressionismus zuzurechnen - diese war zu seiner Zeit bereits überholt. Debussys kompositorische Entwicklung fällt in die Blütezeit der symbolistischen Ästhetik; die Kreise,

---

[214] Am weitesten geht hier wohl Christopher Palmer mit seinem Buch *Impressionism in Music*, London 1973, eine Art nach Ländern geordneter "impressionistischer" Konzertführer, der versucht, das Etikett mit stilistischen Merkmalen zu füllen.

[215] Das Umkippen eines übersteigerten Realismus ins Übernatürliche läßt sich am besten bei den englischen Praeraffaeliten beobachten: ihre detailüberladenen Bilder erscheinen unwirklich. Das hat der Interpret dieser Malergruppe, John Ruskin, mit dem Versuch einer ästhetischen Vermittlung zwischen Realismus/Naturalismus und Idealismus klar herausgearbeitet. Von seiner Ästhetik war auch Debussy angetan.

in denen er verkehrte, bestanden aus symbolistischen Dichtern (die "Dienstagabende" bei Mallarmé) und Malern, und die Ideen, die er in Briefen und Schriften verkündet, zeugen eher von einer idealistischen Grundhaltung. Selbst die von Debussy bevorzugten Maler wie Redon, Whistler, Moreau, Denis oder Puvis de Chavannes werden überwiegend als "symbolistisch" eingestuft (vgl. Schaeffner, 1965, 159-162; Metken, 1985, 336f.; Lesure, 1984, 7f.). Debussy selbst stand allen Etikettierungen ablehnend gegenüber, wie einige Aussagen zeigen. In einer fiktiven Unterhaltung mit Monsieur Croche (1901) lehnt er beide Bezeichnungen ab:

> "J'osai lui dire que des hommes avaient cherché, les uns dans la poésie, les autres dans la peinture (à grand-peine j'y ajoutai quelques musiciens) à secouer la vieille poussière des traditions, et que cela n'avait eu d'autre résultat que de les faire traiter de symbolistes ou d'impressionistes, termes commodes pour mépriser son semblable ... ." (MCr-f, 52).[216]

Spätere Äußerungen wenden sich zum Teil massiv gegen den Begriff "Impressionismus".

> "J'essaie de faire "autre chose" [in den *Images* - Anm. d. A.] - en quelque sorte, des 'réalités' - ce que les imbéciles appellent "impressionisme", terme aussi mal employé que possible, surtout par les critiques d'art qui n'hésitent pas à en affubler Turner, le plus beau créateur de mystère qui soit en art!" (Debussy, 1980, 169: Brief an Durand, März 1908).[217]

Das letzte Zitat ist insofern bemerkenswert, als es zeigt, daß Debussy den Impressionismus zutreffend als ästhetischen Realismus aufgefaßt und sich inhaltlich von diesem distanziert hat. Das "mystère", ein Kernbegriff in der Ästhetik Debussys, ist demnach ein Merkmal für "Nicht-Impressionismus".
Im Interview mit R. de C. (1909) lehnt er das Impressionismus-Etikett im Zusammenhang mit einer generellen Zurückweisung von inhaltsleeren Schlagworten ab. Er ersetzt die Bezeichnung nicht durch eine andere, sondern stellt ihr eine Beschreibung seiner musikalischen Absichten entgegen (vgl. Debussy - in: Dietschy, 1981, 176).
Bei den zahlreichen Veröffentlichungen zum Thema "Debussy und Impressionismus" lassen sich drei Meinungsrichtungen feststellen:

a) zumindest teilweises Festhalten am Begriff "Impressionismus" und der Versuch, musikalische Analogien zur impressionistischen Malerei zu beschreiben (z. B. Rolland {1909}, Emmanuel {1926}, Kölsch {1937}, Heyer {1963}, Dömling {1971}).
b) Einordnung von Debussys Musik unter "Symbolismus" (z. B. Metken {1985}, Goldman {1991}, Hertz {1987}, Brown {1993}).

---

[216] "Ich wagte einzuwerfen, daß manche versucht hätten, die einen in der Dichtung, die anderen in der Malerei (mit Mühe kratzte ich auch ein paar Musiker zusammen), den Staub der alten Traditionen abzuschütteln, mit dem einzigen Ergebnis, daß man sie Symbolisten oder Impressionisten genannt hat; bequeme Begriffe, um Seinesgleichen verächtlich zu machen." (dt. n. MCr-dt, 56).

[217] "Ich versuche, etwas anderes zu machen - gewissermaßen 'Wirklichkeiten' - das, was die Schwachköpfe "Impressionismus" nennen, ein Begriff, der so falsch wie nur möglich verwendet wird, vor allem von Kunstkritikern, die nicht zögern, Turner damit auszustaffieren, den großartigsten Schöpfer des Geheimnisses, den es in der Kunst gibt."

c) gegen den Begriff "Impressionismus" und gegen jede andere Etikettierung von Debussys Musik (z. B. Phillips {1932}, Court {1987}, Koechlin {1949}, Boulez {1979}, Stegemann {1986}, Kunze {1984}, Lesure {1992}, Jarocinski {1970/76}).

Zur ersten Gruppe gehören die frühen Debussy-Analytiker Rolland und Emmanuel, die mit zu dieser Begriffsbildung beigetragen haben dürften. Für Rolland ist Debussys Musik eine Art klassischer, feinfühliger ("délicat") Impressionismus. Wie die impressionistischen Maler seiner Zeit (!) male er mit reinen Farben (vgl. Rolland, 1909, 203f.). Emmanuel (1926, 143f.) zitiert und bestätigt Rolland.
Dömling (1971, 290-292) kritisiert "Impressionismus" als Stilbegriff. Da er nur für einen Komponisten gelte und überdies eines der wichtigsten Stilelemente Debussys, die Arabeske, nicht erfasse, könne der Begriff diese Funktion nicht erfüllen. Analogien zum malerischen Impressionismus sieht er in dem Wunsch nach "naturhafter Unmittelbarkeit" als Opposition zum akademischen Kunst- bzw. Musikbetrieb und der Hervorhebung der Farbe gegenüber der Zeichnung.
Zu der zweiten Gruppe gehören überwiegend amerikanische Autoren. Mit umfangreichen Dissertationen wollen Hertz und Brown belegen, daß Debussy nicht Impressionist, sondern Symbolist ist.
Die meisten Autoren lehnen die Bezeichnung "Impressionismus" für Debussys Musik ab, ohne diese durch einen anderen Terminus zu ersetzen. Stattdessen wird meist dargelegt, daß Debussy der Ästhetik des Symbolismus nahestand.[218]
Boulez geht nicht gegen den Begriff als solchen, sondern gegen das seiner Meinung nach daraus abgeleitete Interpretationsklischee ("Kitsch, verzuckerte Albernheit") für *Pelléas et Mélisande* vor (1979, 28-30). Den Aspekt der Interpretation hat auch Stegemann im Auge. Sein Aufsatz ist vor allem eine Kritik an gängiger "impressionistischer" Interpretationspraxis. Das Verschwimmenlassen zum "Klangbrei" widerspreche Debussys Ästhetik der "clarté", die unter anderem besage, daß Linien und Einzelfarben in ihrer Eigenheit erhalten bleiben müßten (vgl. Stegemann, 1986, 8f.).
Zwei Abhandlungen beschreiben Debussys Nähe zum Symbolismus, ohne auf das Schlagwort "Impressionismus" einzugehen: Kunze und Lesure.
Kunze (1984, 357) sieht in der Einordnung von *Pelléas et Mélisande* als "Oper des Symbolismus" eine unzulässige Vereinfachung, die der Singularität des Werkes nicht gerecht werde, betont aber, daß der Symbolismus die Vertonung geprägt habe.
Lesures Buch *Claude Debussy avant "Pelléas" ou les années symbolistes* (1992) stellt den literarischen Symbolismus in seinen vielfältigen Erscheinungsformen als den Einfluß dar, der Debussy maßgeblich geprägt hat. Sein Resümee trifft den Kern der Sache sicher am ehesten:
"Le symbolisme ne suffit certes pas à expliquer Debussy, mais on ne peut comprendre sans lui la formation de son langage." (Lesure, 1992, 218).[219]
Die ausführlichste Darstellung zu diesem Thema bietet das Buch von Jarocinski (*Debussy - Impressionism and Symbolism*, London 1976). Er untersucht, ob und inwieweit der Begriff "Impressionismus" auf Debussys Musik angewandt werden kann. Überdies will er zeigen, daß die ästhetische Bewegung, die Debussy am stärksten

---

[218] ... z. B. von Phillips: *The Symbolists and Debussy*, 1932, 298-311.
Court hebt die ästhetische Nähe von Mallarmé und Debussy hervor. Seine präzise Darstellung zielt auf die Einzigartigkeit der beiden Künstler ab, wobei er aber den Begriff "Impressionismus" für Debussy nicht direkt als falsch zurückweist (vgl. Court, 1987, 67).
[219] "Der Symbolismus reicht sicher nicht aus, um Debussy zu erklären, aber ohne ihn läßt sich die Entwicklung seiner Musiksprache nicht verstehen."

beeinflußt hat, der Symbolismus war (vgl. Jarocinski, 1976, 1-4). Jarocinski ist gegen Etikettierungen, weil ihre Generalisierungen falsche Vorstellungen erzeugen. Bei Debussys Musik von Symbolismus statt von Impressionismus zu sprechen würde bedeuten, einen groben Fehler durch einen leichteren zu ersetzen (vgl. ebd., 159). Außerdem weist er darauf hin, daß auch die vermeintlich stärkste Affinität Debussys zum Impressionismus, die Naturverbundenheit, einer genaueren Betrachtung nicht standhält. Debussys Blick auf die Natur sei vom Geheimnis, von etwas Dahinterstehendem, bisweilen Bedrohlichem bestimmt. Diese Vorstellung habe wenig gemeinsam mit Monets friedlichem Naturbild (vgl. ebd., 153-156).

In Debussys Schriften gibt es durchaus Anklänge an den malerischen Impressionismus, etwa die Idee von einer "Musik im Freien und fürs Freie" (1903; MCr-f, 76). Diese vereinzelten Stellen rechtfertigen jedoch keineswegs eine derartige Titulierung. Auf Debussys Ästhetik insgesamt angewandt weckt der Begriff "Impressionismus" falsche Assoziationen. Daher sind die Versuche, diesen durch Aufzeigen der Verankerung Debussys in der Ästhetik des Symbolismus wirkungslos zu machen, sehr zu begrüßen. Das zentrale Moment in Debussys Stil ist nicht - wie "Impressionismus"-Befürworter behaupten - die verschwimmende Klangfläche oder die vage Harmonik, sondern im Gegenteil die Linie und die Arabeske, wie Gervais (1958, 3-22 und 1964, 77-88) überzeugend ausgeführt hat. Sie meint, daß die Analysen von Debussys Musik grundsätzlich von der Linie ausgehen müßten. Akkorde entstünden bei Debussy eher zufällig aus dem Zusammentreffen von Linien; Mixturen seien nichts weiter als verbreiterte und eingefärbte Linien (vgl. Gervais, 1958, 14-17). Der Primat der Linie geht aus Debussys Schriften hervor.[220]

1.5 Analyse

Debussys Komposition ist die einzige der sechs hier untersuchten, die den Text als integralen Bestandteil enthält. Daher spielen das Verhältnis und das Wechselspiel von Musik und Text sowie die musikalische Textgestaltung und -deutung in der Analyse eine zentrale Rolle. Durch das Vorhandensein einer Textebene lassen sich solche Momente oft konkret aufzeigen. Weitere wichtige Aspekte sind der Umgang mit der musikalischen Zeit sowie der illustrativ-szenische Einsatz von Motiven.[221] (Themenübersicht s. Ende des Kapitels).

Aufbau
Debussys Eingriffe in den Dramentext werden oft als unbedeutend hingestellt. Auf dem Hintergrund einer genaueren Dramenanalyse läßt sich jedoch leicht feststellen, daß die Streichung der vier Szenen zu einschneidenden formalen Veränderungen im Drama führte. So ist Szene 10 nicht mehr arithmetische Mitte des Dramas, womit ein

---

[220] Die malerische Analogie ist übrigens, wie Maurer Zenck (1974, 137) festgestellt hat, wenn überhaupt im Art Nouveau zu suchen. Dieser war aber sicher nicht, wie Maurer Zenck meint, der Haupteinfluß für die Entstehung dieser musikalischen Figuration bei Debussy. Debussy selbst verweist in diesem Zusammenhang bekanntlich auf musikalische Vorbilder (Gregorianik, Renaissancemusik, Rameau, Couperin, Bach).
[221] Die Stellenangaben beziehen sich auf die Ordnungsziffern der Durand-Partitur (in [...]). Da hier jeder Akt gesondert mit Ziffern versehen wurde, wird der Akt mit angegeben (römische Zahl).

die Mittelpunktzentrierung konstituierender Aspekt wegfällt. Auch musikalisch wird diese nicht umgesetzt - eine stärkere motivische Korrespondenz mit den übrigen Szenen ist nicht feststellbar. Die "neue Mitte" in Debussys Oper ist die Abgrundszene (11).

Die Distanzierung zum Geschehen in Allemonde, die sich durch die Rahmenszenen 1 und 18 ergab, geht durch deren Streichung ebenso verloren wie die formal bedingte Symbolik der Sterbeszene (ihre "Jenseitsposition"). Debussy reduziert das Drama auf das innere Geschehen in Allemonde und betont damit das Moment der kontinuierlichen Handlung, was dem Maeterlinck-Konzept eines multiplen Aufbaus widerspricht. Die Eliminierung des komplexen Spiels mit und auf verschiedenen Wirklichkeits- und Bedeutungsebenen ist ein essentieller Eingriff in die Struktur des Dramas.

Neben der Straffung des Dramentextes haben die Streichungen erkennbar die Funktion der Informationsreduktion und der Zurückdrängung des transzendenten Bereichs. So ließ Debussy die Hintergründe für Golauds Reise weg, die Arkel in seiner Rede in der Briefszene thematisiert. Die Verhinderungsszene (8) diente vorwiegend der Information des Publikums über die Gründe, die gegen Pelléas' Abreise sprechen. In der Abgrundszene wurde der Anlaß für den Abstieg in die Souterrains gestrichen. Die dialogische Entfaltung von Mélisandes "je suis heureuse, mais je suis triste" in der Liebesszene ist in der Debussy-Fassung ebenfalls nicht mehr enthalten.[222] Der paradoxe, alogische Zug der Aussage kommt dadurch, daß die Passage gestrichen wurde, stärker zum Tragen.

Dadurch, daß einerseits die Obskurität des Dramas erhöht und andererseits der transzendente Bereich weitgehend ausgeblendet wird, macht Debussy das Drama zum innerweltlichen Mysterium. Von Maeterlincks philosophischer Konzeption bleibt nur eine profane Rätselhaftigkeit übrig. Mélisandes diffuses Unglücklichsein in der Pferdsturzszene deutet Debussy rein innerweltlich-psychologisch als Liebe zu Pelléas und streicht konsequent die Vorahnung ihres Todes und die Beteuerung, keinen Grund für ihre Niedergeschlagenheit zu kennen. Ein Einschränken der transzendenten Späre bewirken auch die Kürzungen in den Pelléas-Repliken in der Verabredungsszene (14; Beschreibung des Zustandes von Pelléas' Vater mit Erwähnung der "anderen Welt" und der ambivalenten Gefühle des Pelléas, durch die sich seine Vorahnung eines nahenden Unheils ausdrückt).

Kürzungen von Einzelpassagen betreffen manchmal das Symbolnetzwerk. In der Briefszene fehlt bei Debussy der Hinweis auf Mélisandes zerrissene Kleider. Die Wiederholung dieses Motivs in der Liebesszene steht folglich isoliert und hat ihren formbildenden Sinn, die Stiftung von Geschlossenheit, verloren. Die Metapher von dem über den Weg gefallenen Baum in der Verratsszene dient der Unterstreichung des Baumes als Attribut für Golaud. Dieses durchzieht das ganze Drama, doch erst durch diese von Debussy eliminierte Stelle wird die Zuordnung offenkundig.

Terrassen- und Herdenszene sind durch das Motiv der Schafe miteinander verbunden. Golauds Beobachtung der Schafherde, die zum Schlachten geführt wird und seine materialistische Genugtuung über den "reichen Ertrag" kontrastiert mit der Beobachtung der gleichen Szenerie durch Yniold. Rationalistischer und idealistischer Blick auf dieselbe Wirklichkeit werden in Maeterlincks Drama einander gegenüber-

---

[222] Anfang der gestrichenen Passage: P: „On est triste, souvent, quand on s'aime..." - M: „Je pleure toujours lorsque je songe à toi..." - P: „Moi aussi... moi aussi, Mélisande... Je suis tout près de toi; je pleure de joie et cependant... [...]." --- (P: „Man ist oft traurig, wenn man sich liebt..." - M: „Ich weine immer, wenn ich an dich denke..." - P: „Ich auch... ich auch, Mélisande... Ich bin ganz nahe bei dir; ich weine vor Freude und währenddessen... [...]."

gestellt und demonstrieren die idealistische Perspektivenverschiebung, die Alltägliches zum metaphysischen Symbol auflädt. Gleichzeitig zeigt das Schafmotiv die Steigerung der Bedrohung des Liebespaares Pelléas und Mélisande an - in der Terrassenszene ist es gerade Pelléas, der Zeuge von Golauds Lust am Töten wird. Durch die Streichung dieser Passage wird das Schafmotiv einer wesentlichen Facette beraubt.

Debussy gestaltet jede Szene musikalisch gesondert, wobei er versucht, deren spezifische Stimmung oder Atmosphäre auszudrücken. Dadurch, daß er jeder Einzelszene ein eigenes musikalisches "Design" verleiht, betont er deren Tableaucharakter. Dem steht auch die Tatsache nicht entgegen, daß alle Szenen eines Aktes ohne Zäsur ineinander übergehen. Die Interludes führen einen musikalischen Szenenwechsel herbei. Rein formal erscheinen die Akte jeweils dadurch als Einheit, daß sie durch Pausen voneinander separiert sind. Motivische Akt-Geschlossenheit kommt jedoch nicht vor.

Die Mehrfachgeschlossenheit von Dramenanfang und -ende wird durch das in der Sterbeszene wieder aufgegriffene **Schicksals-Wald-Motiv** (Notenbeispiel s. Motivübersicht bei „Motivik und Symbolik") lediglich angedeutet. Es ist an Mélisandes rückerinnernde Frage ("Y a-t'il longtemps que nous nous sommes vus?" - 4T v. [10/V]) gekoppelt und wirkt daher eher assoziativ und weniger auf die Unterstreichung der Dramenstruktur gerichtet. Außerdem enthält die so herbeigeführte Geschlossenheit ein subjektives Deutungsmoment: Debussy rückt die Geschichte von Golaud und Mélisande nachträglich in den Mittelpunkt.

Tritt die Mehrfachgeschlossenheit des Dramas musikalisch nur rudimentär in Erscheinung, so wird dafür umso stärker eine musikalische Geschlossenheit von einzelnen Szenen kreiert. Alle Szenen von Akt I sowie die Brunnen-, Grotten- und Verabredungsszene weisen eine motivische Entsprechung von Anfang und Ende auf.

Die wenigen motivischen Querverbindungen zwischen den Szenen stellen zum Teil eigene, über die Motivzusammenhänge des Dramas hinausgehende Setzungen Debussys dar. Außerdem verzichtet er weitgehend auf die Verdopplung der (ihm wohl zu offensichtlichen) literarischen Querverbindungen auf musikalischer Ebene und deutet stattdessen weitergehende, verborgenere an. So werden die drei "Liebesszenen" zwischen Pelléas und Mélisande (5, 10, 17) musikalisch nicht verknüpft, dafür aber die Brunnen-, Pferdsturz- und Verabredungsszene (mittels **Brunnenmotiv**; s. u.). Die Verbindung zwischen Szene 5 und 6 ist aufgrund der Gleichzeitigkeit eines Ereignisses unmittelbar einleuchtend. In Szene 14 wird mit dem Einsatz des Brunnenmotivs prophetisch auf den Treffpunkt der Liebesszene hingewiesen und nicht - wie bei Szene 5 und 17 - die Gleichheit des Ortes damit musikalisch unterstrichen. Dieser zukunftsweisende Aspekt der Verabredungsszene wird durch eine Rückerinnerung an die Waldszene verstärkt; es erscheint die Umkehrung des **Triolenmotivs** (ab 5T n. [3/IV]): die in der Waldszene initiierte Beziehung Golaud - Mélisande wird durch die Liebesszene zerstört werden. Außerdem zeigt die Wiederkehr der **Holzbläserterz** (6T v. [6/IV]; s. „Motivik und Symbolik", c) aus der Brunnenszene an, daß hier die Weichen für die Weiterentwicklung der Liebe zwischen den Titelfiguren gestellt werden. Die Verabredung in Szene 14 führt die am Brunnen beginnende Liebe zwischen Pelléas und Mélisande fort und hebt die Begegnung zwischen Golaud und Mélisande auf. Entsprechend beschreibt Debussy die dramatische Entwicklung in Szene 6 (s. II/1.3: Brief an Lerolle).

Das **Septmotiv** verbindet die Verabredungsszene (6T n. [2/IV] und bei [3/IV]), die Gewaltszene (Nachspiel ab [24/IV]) und die Sterbeszene (Vorspiel) miteinander, womit Debussy musikalisch einen weiteren Entwicklungsstrang gestaltet (Liebe => Eifersucht/Aggression => Tod). Brunnen- und Pferdsturzszene sind als "Paar" angelegt - das **Brunnenmotiv**, das im Vor- und Nachspiel von Szene 5 erscheint, wird im Nachspiel von Szene 6 wieder aufgegriffen. Szene 2 und 3 werden durch das **Quartmotiv**, das variiert im Zwischenspiel nach Szene 3 wiederkehrt, zu einer Einheit. (10T v. [35/I]; VI.):

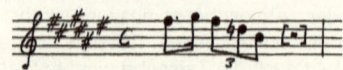

Dies ist auch dramaturgisch sinnvoll. Was in der Waldszene begann, wird in der Briefszene berichtet und ist in der Meeresszene Realität: Mélisande ist als Frau Golauds in Allemonde eingetroffen. Die Szenen 5 und 6 sind durch das **Brunnen**-, das „**Prenez-garde**"- und das **Ringmotiv** miteinander verknüpft.[223] Damit wird die mysteriöse Koinzidenz der Ereignisse durch mehrere musikalische Verweise auf die Brunnenszene untermauert. Das „**Prenez-garde**"- **Motiv** tritt zu diesen Worten an zwei Stellen in der Brunnenszene auf (bei [7/II] und [9/II]). Es untermalt in dieser Szene auch Pelléas' Trösten nach dem Ringverlust. In der Pferdsturzszene illustriert es Golauds Erzählung vom Pferdsturz; bei "A-t'il vu quelque chose extraordinaire?" (G; ab [17/II], Oboe) verweist es direkt auf seine Ursprungssemantik (Vorsicht) zurück. Außerdem erscheint es, als Golaud die Rede auf Pelléas lenkt und Mélisande dessen Verhalten ihr gegenüber beschreibt (ab [23/II]). Auch die Verabredungsszene bestätigt die semantische Zuordnung "Vorsicht - Sorge um etwas". Leicht variiert wird es eingesetzt, als Pelléas von der Sorge seines Vaters um ihn berichtet (4-2T v. [3/IV]), in der Umkehrung, als er sagt, daß sein Vater außer Gefahr sei und das Haus aufatme (ab 2T n. [3/IV]). Im Vorspiel zur Sterbeszene wird es an das Mélisande-Motiv angehängt.

Eng mit dem „**Prenez-garde**"- Motiv verwandt ist das „**Perdue**"- **Motiv**, das erstmals zu Mélisandes Ausruf „Je suis perdue!" in der Waldszene vorkommt (6-5T v. [13/I], Streicher).

Die transzendente Ebene des Dramas spielt für Debussys Vertonung erwartungsgemäß eine untergeordnete Rolle. Die einzigen musikalischen Elemente, die darauf bezogen werden könnten, sind das **Todes**- und das **Schicksals-Wald-Motiv**.

---

[223] Zum „Prenez-garde"- Motiv und zum Ringmotiv s. auch den Abschnitt „Figuren". Stellenangaben: „Prenez-garde"- Motiv: Sz. 5: bei [7] und [9/II]; Sz. 6: bei [17] und [23/II]. Ringmotiv: Sz. 5: 6 und 2T v. [12/II], 1 und 7T n. [12/II]; Sz. 6: 6T v. [17/II].

Szenenübergreifende Motive

Das einzige wirklich szenenübergreifende Motiv ist das **Todesmotiv**. Es durchzieht die ganze Oper von der ersten bis zur letzten Szene und erscheint in verschiedenen Varianten, wobei die diastematische Kontur stets gewahrt bleibt (4T v. [59/IV]; Fg.):

Waldszene	G: "cette bête m'a mené [...]; blessée à mort" (vermindert; ab [4/I]; Holzbläser):	
	Namensnennung G (Dur; 2T v. [16/I])	
Meeresszene	M: "[Le navire] [...] peut-être naufrage" (Moll; 6T v. [45/I], [44/I]). Bsp.: 3T n. [44/I]; Oboen:	
Brunnen-/ Pferdsturzszene	Zwischenspiel: G-Pferdsturz (Moll; 10T n. [15/II], 6T v. [16/II]).	
Pferdsturzszene	G: "chercher [...] dans l'obscurité! [L'anneau] [...]. J'aimerais mieux avoir perdu tout [...] cette bague" (Dur mit übermäßiger Quarte; 5T n. [32/II]).	
Haarszene	Vorspiel (augmentiert; Dur, 6/4; 2T n. [1] - [2/III]; Oboen).	
	M: "J'ai ouvert la fenêtre [...]; il fait trop chaud" (Dur, 6/4; 5-4T v. [6/III]).	
	Gs Auftritt (4T v. [21], 2-4T n. [21/III]; Fagotte):	
	Nachspiel/Ende der Szene (vermindert; 4T v. [25/III]; Trompeten):	

Verratsszene	Demonstration des Kusses (nur angedeutet: B+, diminuiert; Oboen und Klarinetten; 1T v. [55/III]).
Gewaltszene	G: „J'attendrai le hasard [...]; simplement parce que c'est l'usage" (Morddrohung; B+; 4T v. [23/IV]; Posaunen+Tuba):
Liebesszene	P: „Les grandes chaînes [...], il est trop <u>tard</u>" (Moll; ab [50/IV]; Streicher).
	M: „Il y a quelqu'un derrière nous [...]; entendu du bruit [...]; craquer des feuilles mortes" (Dur/übermäßig; 1T, 5T, 10T n. [52/IV]; Kontrabässe => Oboen):
	P: "C'est le vent qui s'est tû" (vermindert; 13T n. [52/IV], Flöten).
	M/P: "Ah! Il est derrière un arbre" bis: "au bout de nos ombres" (Dur; 7T v. - 2T n. [54/IV]; Kontrabässe).
	Nachspiel: Engführung nach "Je n'ai pas de courage" (M; Dur/übermäßig; ab 4T v. [59/IV]).
Sterbeszene	A: "Attention [...]; il faut parler à voix basse, maintenant" (augmentiert; zusammen mit Liedmotiv, gefolgt von Dunkelheitsmotiv; Moll, 6/4; ab [34/V]; Kontrabässe).

Wie die Häufigkeit seines Auftretens in der Liebesszene zeigt, wird das Todesmotiv vor allem zum Anzeigen des bevorstehenden, drohenden Todes eingesetzt. In der Sterbeszene kommt es nur noch an einer Stelle vor - es unterstreicht die letzten Sätze Arkels vor dem Tod Mélisandes. Auch in der Haarszene taucht es mehrmals auf. Hier verweist es auf die Entfaltung zweier in dieser Szene bereits enthaltenen Momente in der Liebes- und Sterbeszene: Golauds Dazwischentreten am Ende der

Szene als Vorbereitung auf den Mord und das Öffnen des Fensters, das den baldigen Tod ankündigt.[224] Das mehrmalige Auftreten des Todesmotivs in der Liebesszene hat außerdem dramaturgische Funktion: Es unterstreicht die von Maeterlinck zur Steigerung der Bedrohung des Liebespaares gesetzten Ereignisse. Die Todesschlinge legt sich immer enger um Pelléas und Mélisande, bis sie sich mit der Entdeckung Golauds zuzieht und es kein Entrinnen mehr gibt. Momente der Bedrohung und des Unglücks werden mit diesem Motiv auch sonst zu einem Assoziationsraum zusammengefaßt: der bevorstehende Schiffbruch in der Meeresszene, Golauds Pferdsturz und die Bedeutung des Ringverlusts für ihn (Brunnen-/Pferdsturzszene). Eine Fokussierung der wachsenden Mordbereitschaft Golauds bewirkt es in der Verrats- und Gewaltszene. Es kommt dort jeweils mit den für Golaud kennzeichnenden B+ - Harmonien vor.[225] An einigen Stellen werden Wortassoziationen (Tod, töten) gebildet, so in der Liebesszene, wo das Motiv zwei "mort" und "tuer" enthaltenden Idiomen („feuilles mortes"/„welke Blätter"; „Le vent s'est tû"/„Wind legt sich") unterlegt wird.

Eng mit dem Todesmotiv verwandt ist das **Dunkelheitsmotiv** (auf das Stichwort "noir"), das in drei zentralen Szenen erscheint (10, 17, 19).

- Haarszene: P: „Il fait noir" (vor Golauds Auftritt; bei [20/III]; Fagotte)

- Liebesszene: P: „Viens ici dans l'ombre du tilleuil." ([38] - 2T v. [39/IV]). P: „Nous sommes déjà dans l'ombre."(ab [48/IV]) - Bsp.: [38/IV]; Hr.:

- Sterbeszene: Unmittelbar vor Ms Tod (ab 4T v. [34/V]; 2. Violinen)

---

[224] Dahinter steckt die archaische Vorstellung der Trennung von Körper und Seele im Todesmoment. Die Seele kann in einem geschlossenen Raum nicht entweichen (s. Arkels Äußerungen über die Seele in der Sterbeszene). Der aus dem Volks- und Aberglauben stammende Gedanke, man könne nicht in einem geschlossenen Raum sterben, wird vor allem in *La Princesse Maleine* breit ausgeführt.

[225] Das Auftreten des Motivs im Zusammenhang mit Golaud - vor allem bei dessen namentlicher Vorstellung in der Waldszene - stützt Graysons These, das Todesmotiv sei ursprünglich das G-Motiv gewesen (s. II/1.4).

Während es in der Haarszene durch Tritonusumfang und tiefe Instrumentenlagen die drohende Gefahr von Golauds Kommen beschwört, ist es in der Liebes- und Sterbeszene durch das Rahmenintervall der Quarte und höhere Instrumentenlagen "entschärft" und der Pentatonik Mélisandes angenähert. In der Sterbeszene ist es nicht mehr an die Wörter "noir" oder „ombre" gebunden, sondern begleitet Arkels Aussagen über die Seele kurz vor Mélisandes Tod.

Ein weiteres Beispiel für die wortassoziative Verwendung von Motiven ist eine wenig konturierte, abwärtsgerichtete, chromatisch-diatonische Phrase, die in der Waldszene (7-8T n. [16/I], 2. Flöten), in der Brunnenszene (ab [4/II]; Streicher) und in der Liebesszene (6T n. [49/IV]; Oboen, Englischhörner) das Wort "yeux" unterstreicht (Bsp. Brunnenszene):

Es geht hier um das Bedeutungsfeld "Mélisandes Augen betrachten (z. B.: G: „Je regarde vos yeux" - Blindenbrunnen, der die Augen öffnet). Generell setzt Debussy diese motivischen Wortassoziationen nicht systematisch, sondern nur punktuell ein und erzeugt damit subjektive Vernetzungen.

Ort
Für die Gestaltung der Szene als Stimmungseinheit ist der situative Kontext von grundlegender Bedeutung. Der Raum ist in den verschiedenen Szenen des Dramas unterschiedlich stark gewichtet.
Musikalisch spielt der Raum in der Brief-, Haar-, Verrats-, Gewalt- und Sterbeszene kaum eine Rolle. In der Briefszene wird die Situation des Brieflesens durch eine besondere Rezitativgestaltung (melodische Floskeln, Kadenzwendungen, Tenor/Rezitationston) unterstrichen; die übrigen der genannten Szenen zielen auf die innere Ebene ab. In der Pferdsturz- und Verabredungsszene kommt der Ort lediglich als Rückblick bzw. Vorausschau vor. Die anderen Szenen weisen mehr Orts- und Situationsgestaltung auf. Situative Motive treten in der Wald-, Brunnen- und Grottenszene auf. Das **Schicksals-Wald-Motiv** kommt ausschließlich in der Waldszene (und als Erinnerung an diese in der Sterbeszene) vor, wodurch eher die Bezeichnung "Waldmotiv" (s. Analyse-Literatur) gestützt wird. Das **Brunnenmotiv** suggeriert vom musikalischen Ausdruck her die Beweglichkeit des Wassers und bezieht sich damit indirekt auf den Ort der Szene. Atmosphärische Wirkung erzeugt das Motiv des Grottengeräusches (**Grottenmotiv**; s. „Motivik und Symbolik") in Szene 7, das mit zwei Varianten die Ambivalenz dieses "schaurig-schönen" Naturphänomens illustriert (3 und 1T v. [35], 2-1T v. [36], bei [41/II]).
Die musikalisch ähnliche Anlage des Szenenbeginns von Meeres- und Grottenszene könnte durch deren gemeinsamen Ort, das Meer, inspiriert sein. Die Abgrund- und Terrassenszene bilden in lokaler, psychischer und symbolischer Hinsicht ein Kon-

trastpaar. In der Abgrundszene ist das ganze musikalische "setting" auf die Evokation eines gefährlichen, abstoßenden Schauer-Ortes à la Poe ausgerichtet. Nach der musikalisch im Interlude vollzogenen szenischen Verwandlung malt Debussy den Pelléas-Monolog zu Beginn von Szene 12 als Naturidylle aus. Die situative Musikgestaltung in der Herdenszene bezieht sich auf das Herannahen und Verstummen der Schafe. In der Liebesszene ist der Ort ins Psychologisch-Symbolische hineingenommen.

Dem literarischen Moment des Eingeschlossenseins, des Nicht-Entrinnenkönnens, entspricht musikalisch die Geschlossenheit einiger Szenen (2-5, 7, 14). In den ersten vier Szenen wird auf diese Weise der Eindruck vermittelt, die Figuren seien in der Situation gefangen wie in einem Bild. Dies wirkt auf die gesamte Oper nach. Einige Szenen bieten direkte Anknüpfungspunkte für die Musikalisierung des "enclos". Die Waldszene zeigt das Verirrt- und damit Eingeschlossensein im Wald an, die Meeresszene das irreversible "Gefangensein" Mélisandes in Allemonde. Der Dialog zu Beginn der Wald- und Meeresszene thematisiert den dichten, undurchdringlichen Wald als einen besonderen Aspekt des "enclos". Beiden Textstellen geht jeweils unmittelbar eine triolische Wellenbewegung voraus, die schon rein strukturell ein statisches In-sich-Kreisen abbildet (Sz. 2: ab [3/I]; Sz. 4: 2T v.- 3T n. [36/I]). Aufgrund der gleichen textlichen Zuordnung könnte man fast von einem gemeinsamen "enclos"-Motiv der beiden Szenen sprechen. Die Waldszene ist auch vom Text her bogenförmig angelegt: die erste und letzte Replik Golauds sagen dasselbe aus („verirrt im Wald"). Die Geschlossenheit der Brunnen- und Grottenszene akzentuiert deren Bildcharakter: die Figuren sind von der Naturszenerie umfangen. Die beiden kurzen Nebenszenen 3 und 14 bieten - außer daß sie in einem Innenraum spielen - keine unmittelbare Rechtfertigung für musikalische Geschlossenheit. In beiden Szenen werden aber Weichen für die dramatische Entwicklung gestellt. Für die Verabredungsszene hat Debussy dies besonders durch den Einsatz zusätzlicher musikalischer Mittel hervorgehoben (s. II/1.5 "Aufbau").

Die Ausmalung der Szenerie steht im Mittelpunkt der Vertonung von Abgrund- und Terrassenszene. Die Korrespondenz zwischen Psyche und Raum ist hier am deutlichsten ausgeprägt. Debussy setzt vor allem die atmosphärischen Qualitäten des Ortes musikalisch um, um damit die psychischen zu evozieren: Der Wut Golauds und der drohenden Gefahr für Pelléas entsprechen die dunklen Gewölbe; dem befreiten Aufatmen des Pelléas auf der Terrasse entspricht die Lebendigkeit der Natur an einem sonnigen Sommertag. In der Abgrundszene wird musikalisch das Bild eines düsteren, unterirdischen Raumes gezeichnet. Daß es sich hier primär um "Ortsmusik" handelt, zeigt die entwicklungslose Struktur, durch die die Szene von Anfang bis Ende den gleichen musikalischen Ausdruck behält, in dem die Figuren agieren. Die musikalische "Naturschilderung" in der Terrassenszene ist dagegen nicht aus einem Guß, sondern beleuchtet mosaikartig verschiedene Facetten des Szenenbildes. Dies ist durch den Monolog des Pelléas gewissermaßen vorgegeben. Während sich dem Publikum in Szene 11 eine Simultanansicht bietet, ist das Bild von Szene 12 durch die Perspektive des Pelléas tendenziell sukzessiv geworden und nimmt damit eine vorwiegend der Zeit eigene Qualität an. Diesem dramatischen Vorwurf folgt Debussy mit seiner Vertonung.

Zeit

Eine der wichtigsten Neuerungen Debussys ist der musikalische Umgang mit der Zeit. Daran knüpften Avantgarde-Komponisten wie Messiaen an, der die Befreiung des Rhythmus durch Debussy hervorhebt (s. Kap. II/1.3).

Die tendenziell statische Satzgestaltung ist ein grundlegendes Merkmal der Musik Debussys. Sie hat ihre Parallele in der Metaphysik des Symbolismus, der durch das Medium der Kunst die Vision einer Befreiung des Menschen von der Begrenzung durch Raum und Zeit heraufbeschwören wollte. Denkbar ist, daß Debussy seine Satztechniken in Analogie zum Drama *Pelléas et Mélisande* entwickelt hat. Sein musikalisches Zeitkonzept würde sich dann allgemein auf die frühen Dramen Maeterlincks gründen.

Wie in der Dramenanalyse gezeigt wurde, wird die zyklische Zeitstruktur des Dramas wesentlich von den beiden Rahmenszenen 1 und 18 bestimmt. Durch die Streichung der beiden Szenen verlieh Debussy der Handlung größere Kontinuität, beraubte sich aber weitgehend der Möglichkeit, musikalische Äquivalente für diese Art zeitlicher Diskontinuität zu entwickeln.

Die Satzstruktur von Debussys Oper wirkt der Sukzessivität der Zeit grundsätzlich entgegen und folgt damit der Zeitkonzeption des Dramas. Statt tonaler Spannungs-Lösungs-Fortschreitungen finden sich Reihungen von Tonalitäten, fließende Übergänge ohne Kadenzierungen sowie Rückungen. Hinzu kommen Einzelelemente gemäß dem Prinzip von Reihung und Wiederholung: Wellen- und Trillerfiguren, Repetitionen, Mixturen, Liegetöne und -akkorde und kurze, fragmentarische Motive (z. B. Intervalle). Tonale oder motivisch-thematische Entwicklungen, sequenzierende Steigerungen und Fortspinnungen bleiben überwiegend ausgespart. Die ständige Bewegung des Immergleichen erzeugt ein mit der bildhaften Anlage des Dramas korrespondierendes Statikgefühl.

Bereits der Beginn der Oper exponiert retardierende Elemente: Reihung der Themen im Vorspiel, ihre Pentatonik oder Ganztönigkeit und teilweise Bogenform (Triolenmotiv), die Unterlegung mit Repetitionen.

Die Motive erscheinen oft zweimal oder mehrmals hintereinander oder werden sequenziert. Die Sequenzierung von kurzen, konturlosen Partikeln wirkt gegenteilig zur sequenzierenden (zielgerichteten) Themenfortspinnung. Anstelle der Sequenzierung oder Wiederholung eines Motivpartikels kann auch das Spiel mit Vorzeichen auftreten. Die minimale diastematische Veränderung erzeugt einen oszillierenden Effekt, was besonders deutlich an der Liedarabeske zu Beginn der Haarszene zu beobachten ist (4T v. [1/III]; Fl.):

Im Vorspiel zur Sterbeszene wird die zweimalige Aufeinanderfolge der Motive konsequent angewendet, wodurch der Zeitablauf gehemmt wird.

Bildhaftigkeit der Szene und Statik treten besonders in der Meeresszene hervor, deren Satzstruktur auf einem Vordergrund-Hintergrund-Prinzip basiert. Der Hintergrund wird fast durchgehend von statischen Elementen wie Wellenbewegungen, Tremoli und Tonrepetitionen gebildet. Darin eingebettet sind die Orchestermotive

sowie der Rezitativ-Part. Mélisande und Geneviève betreten das "Tableau", begleitet von einer ausgeterzten Flöten-Wellenbewegung (1T n. [45/I]). Diese kehrt wieder, als Geneviève das Zeichen zum Aufbruch gibt ("Il est temps de rentrer") und damit die Betrachtung der Meeresszenerie unterbricht. Der Schlußdialog zwischen Pelléas und Mélisande nach Genevièves Abtritt wirkt dadurch wie ein Epilog.
Der oft mosaikartige Orchestersatz dient der assoziativen Textillustration, indem er die Mehrdeutigkeit des Wortsinns vor Augen führt und teilweise die Funktion des Maeterlinckschen "deuxième dialogue" übernimmt. Der rezitativische Vokalpart ist im Sinne einer fortlaufenden Rede konzipiert; es geht darum, den Text musikalisch zu transportieren. Darüber hinaus demonstrieren flexible Höhen und Rhythmen sowie subtile Worthervorhebungen eine interpretatorische Arbeit mit dem Text auch in dieser musikalischen Schicht. Die durchgehend rezitativische Gestaltung des Vokalparts trägt mit zu dem Eindruck bei, daß die Zeit stehenbleibt.

Figuren
Das Ziel Debussys war es, den Figuren in seiner Oper ihren "eigenständigen Ausdruck" zu lassen. Besondere Aufmerksamkeit widmete er daher der Figurenmotivik. Grundsätzlich hebt Debussy die psychologische Ebene des Dramas hervor; es geht ihm um die Darstellung der psychischen Zustände seiner Figuren.[226] Auch wenn seine Motive sich in ihrer Subtilität und Suggestivität sowie der Diskretion ihres Einsatzes klar von den Wagnerschen Leitmotiven unterscheiden, ist ein gewisser allgemeiner Einfluß von dieser Seite kaum zu leugnen, wie auch Debussys Brief an Chausson vom 2. 10. 1893 belegt (s. Kap. II/1.2). Wie sehr sich Debussy beim Komponieren offenbar in das Drama hineinversetzt hat, ist unter anderem an einem allgemeinen Merkmal der Figurenthematik abzulesen: Die Motive besitzen ausnahmslos wenig Prägnanz; ihre Konturierung ist so schwach, daß Varianten nicht immer eindeutig zu erkennen und zuzuordnen sind. Dies entspricht Maeterlincks psychisch schwachen Figuren mit Tendenz zur Marionette.
Die Themen der drei Hauptfiguren sind durch ihr gemeinsames Ausgangsintervall (große Sekunde aufwärts) miteinander verbunden.[227] Mélisandes Motiv weist eine zyklisch-kreisende Struktur auf, ist aber melodisch wie rhythmisch sehr variabel. Momente des Fließenden, nicht Greifbaren (Fortspinnung in die Tiefe) werden hierdurch vermittelt. Die pentatonische, musikalisch ausbalancierte Phrase ist geeignet, Wesenszüge der Figur wie emotionalen Reichtum und Intuitionsbegabung zu unterstreichen. Daß Debussy die Figur der Mélisande als Ideal verstanden hat, deutet die Aussage an, sie ändere sich nie und werde von niemandem verstanden (Brief an Evans; s. Kap. II/1.1). Auch der auf diese Figur bezogene Umgang mit der Tonalität ist ein Hinweis darauf.[228]

---

[226] Andreani (1987, 24) ist da anderer Meinung. Sie glaubt, daß Debussys Figurenmotive keine Augenblicks-Emotionen ausdrücken, sondern allgemein den Charakter der Figuren symbolisieren.

[227] Vgl. dazu auch Andreani (1987, 27f.), die bei der Interpretation von Motivverbindungen sehr weit geht. So schließt für sie das Schicksals-Wald-Motiv die Golaud-Sekunde ein, diese wiederum umschließt das Todesmotiv. Zur Beschreibung des Golaud-Motivs vgl. auch ebd., 24.

[228] Pentatonik des Mélisande-Themas; Äußerungen Mélisandes oft im Fis-Bereich, "Transzendierung" des Quintenzirkels (=> Cis) nach ihrem Tod. Vgl. dazu auch: Smith, 1989c, 113f.; 133f..

Golauds Motiv ist ein reines Intervallmotiv; die kreisende große Sekunde weckt die Assoziation einer in sich gefangenen, starren Persönlichkeit ohne Entwicklungsmöglichkeiten.
Auffallend wenig Prägnanz besitzt das Pelléas-Motiv, dessen Zentrum eine pendelnde Quarte ist. Es wirkt wie ein Entwurf, sprunghaft und unentwickelt und kann damit die Unreife und Unerfahrenheit dieser Dramenfigur andeuten.
Von den drei Nebenfiguren haben nur zwei eigene Motive. Arkels Hauptmotiv ist ein Ineinandergreifen zweier Quinten aufwärts im Terzabstand (meist eine reine und eine verminderte), deren Töne zusammen verschiedene Septakkorde ergeben. Unmittelbar vor der ersten Rede Arkels in der Oper (Briefszene, bei [26/I]: „Je n'en dis rien.") wird das Motiv aus zwei reinen Quinten gebildet, ebenso in der Sterbeszene zu Arkels Worten „Vous ne savez pas ce que c'est que l'âme..." (3T n. [33/V]). Wichtige Erkenntnisse Arkels zu Beginn und am Schluß des Dramas werden mit dieser Motivvariante unterstrichen. Das Yniold-Motiv verkörpert in seiner rhythmischen Klarheit die eindimensionale Wahrnehmung des Kindes. Eine Variante dieses Motivs (rhythmischer Krebs) fungiert als Szenenmotiv der Herdenszene (s. „Motivik und Symbolik").

Die Figurenoppositionen und -liaisons der drei Hauptfiguren zeigen sich vor allem in tendenziellen tonalen Zuordnungen bei den Motiven: Golaud = ganztönig; Mélisande = pentatonisch; Pelléas = diatonisch mit modalem Einschlag. Demgegenüber sind die Motive der Nebenfiguren klar diatonisch.
Mélisandes Motiv bildet einen deutlichen Gegensatz zu dem Golauds, womit Debussy die von Maeterlinck vorgegebene Figurenopposition musikalisch unterstreicht. Ein wesentlich schwächerer Kontrast besteht zwischen dem Mélisanden- und dem Pelléas-Motiv. Beide Themen werden im Verlauf der Oper verschiedenartig einander angenähert (z. B. Nachspiel der Pferdsturzszene: M-Motiv mit P-Quarte).
Bedeutungsvoll ist diese Art der Motivsynthese in der Liebesszene bei "Je ne savais pas que tu étais si belle!" (P; 7T n. [46/IV]; Violinen):

Eine über die große Sekunde hinausgehende Gemeinsamkeit ist das Pendelintervall (Terz bzw. Quarte).
Die Hauptfiguren und Arkel besitzen zusätzliche mit bestimmten (Gefühls-) Äußerungen verbundene Motive. Bei Mélisande sind diese zum größten Teil strukturell mit ihrem Motiv verwandt. Das Kind-Motiv, das in der Sterbeszene im Zusammenhang mit Äußerungen über das Kind Mélisandes auftritt, entspricht etwa dem zweiten Teil des Mélisande-Motivs (Achtel-Sechzehntel-Fortspinnung). Die Liedarabeske ist die Umkehrung der ersten beiden Intervalle des Mélisande-Motivs. Das **Liebesthema** enthält die Pendelterz des Mélisande-Motivs als Umkehrung. Andere mit Mélisande verbundene Motive sind das **Septmotiv** (Weinen Mélisandes; vor allem in der Sterbeszene, angedeutet in der Waldszene), ein **Mollakkordmotiv** in der Waldszene zu den Worten "Je ne peux/veux pas le dire" (ab 6T n. [10/I]) und das **Quartmotiv**, ein Szenenmotiv der Waldszene (s. II/1.5 „Motivik und Symbolik").

Das Pelléas-Motiv besitzt strukturelle Beziehungen zum Yniold-Motiv (Quarte), wodurch die Figur als dem Kindsein noch nicht ganz entwachsen gekennzeichnet wird. Das **"Prenez-garde"-Motiv** verwendet die ersten drei Töne des Pelléas-Motivs (bei [7/II] und [9/II]).

[7/II]; Klar.: „Pelléas":

Die Sekundwechselnote, aus der Golauds Motiv besteht, kommt im Schicksals-Wald-Motiv und dessen "Kontrapunkt", dem Triolenmotiv, vor. Der Matrosenruf in der Meeresszene bedient sich des Golaud-Motivs, das Motiv des verlorenen Rings ist ein abgewandeltes, erweitertes Golaud-Motiv:

5T n. [11/II]; Vl.: „Golaud"

Im Motiv der Zuneigung Arkels zu Mélisande (Sz. 15; s. „Motivik und Symbolik") ist ebenfalls eine Sekundwechselnote enthalten, die unmittelbar zu Golauds Auftrittsmotiv hinführt. Das **Grottenmotiv** ist eine Synthese aus Golaud-Punktierung und Pelléas-Quarte (Die Grottenszene wurde von Golaud veranlaßt; die "Exkursion" von Pelléas durchgeführt). Bsp.: [41/II]; Ob.:

Für eine nur in drei Szenen der Oper präsente Nebenfigur ist Arkel musikalisch erstaunlich reich ausgestattet. Mindestens drei Motive sind ihm zugeordnet. Neben dem Hauptmotiv, das erstmals in der Waldszene bei seiner Namensnennung erscheint, in der Brief- und Gewaltszene als Auf- und Abtrittsmotiv fungiert und in diesen beiden Szenen sowie in der Sterbeszene die weisen Aussagen des greisen Königs wie eine Art Heiligenschein umleuchtet[229], gibt es für Arkel zwei melodische

---

[229] Besonders häufig kommt es in dem Arkelmonolog der Gewaltszene vor: beim "Nichtwissen" Arkels ("Je ne puis pas l'expliquer") quasi als Umkehrung (6T n. [10/IV]); bei "Ouvrir la porte à l'ère nouvelle" triolisch und punktiert ("enthusiastisch"; 3T n. [12/IV], Englischhorn, Klarinetten,

Mollphrasen (s. „Motivik und Symbolik"). Die erste ist an die Briefszene gebunden und eine Art "Ratschlagmotiv", da sie die Stelle mit Arkels politischen Absichten untermalt (7-8T n. [27] {Englischhorn} und ab [28/I]). Die zweite, abwärtsgerichtete, kommt nur in der Gewaltszene vor und markiert die Textstelle, an der Arkel seine Zuneigung zu Mélisande ausdrückt (10T v. [13], 2T n. [13], 1T n. [14/IV]). Diese musikalische Behandlung zeigt, wie bedeutsam die Figur des Arkel für Debussy war.

Die Figurenmotive erfüllen unterschiedliche Funktionen. Neben der in der Oper gängigen Anzeige der physischen Präsenz (Auftrittsmotiv) drücken sie emotionale Zustände der jeweiligen Figur aus und repräsentieren sie bei Nichtanwesenheit (z. B., wenn über sie gesprochen wird). Der Orchesterpart übernimmt in Debussys Oper teilweise die Funktion des Maeterlinckschen "deuxième dialogue" (assoziative Motivverwendung); teilweise wirkt er als dessen Gegenteil (Einschränkung der Mehrdeutigkeit). In jedem Fall besitzt er auktoriale Qualitäten: er verrät mehr oder minder deutlich Debussys Sicht des Dramas. In diese Funktion werden auch die Figurenmotive einbezogen.

Einer Figur wird ihr Motiv als Auftrittsmotiv meist dann beigegeben, wenn sie in der Szene später dazukommt (Pelléas in Sz. 3+4; Golaud in Sz. 15+17). Auftrittsmotive zu Szenenbeginn zeigen meist an, daß die betreffende Figur hier eine wichtige Rolle spielen wird (Pelléas in Sz. 5+14; Golaud in Sz. 6; Yniold in Sz. 13; Arkel in Sz. 3+15; Mélisande in Sz. 4+19). Verschiedene emotionale Zustände werden durch - bevorzugt rhythmische - Motivvarianten ausgedrückt. So wird das Mélisande-Motiv bei aversiven Zuständen wie Angst oder Ablehnung oft synkopiert oder atomisiert und auf diese Weise rhythmisch "verzerrt" (Sz. 2: 4T v. [20/I], Oboen; Sz. 4: 2T v. [47/I]; Sz. 6: 6T n. [31/II], Violinen). - Bsp.: Sz. 2:

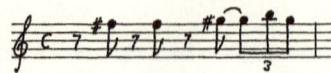

Die gleichrhythmische Variante kommt bei Hilflosigkeit der Figur zum Einsatz (z. B. Schlaf/Todesnähe in Sz. 19). Abweichend davon wird in der Gewaltszene nicht die Emotion der Figur selbst (Golauds Wut), sondern der Auslöser und Adressat dieser Emotion motivisch präsentiert ("Pelléas est fou!" {G} => markant akzentuiertes Pelléas-Motiv; 3T n. [58/III]).

Für assoziative Motivverwendungen gibt es verschiedene Beispiele. Genevièves Schilderung ihrer Ankunft in Allemonde (Sz. 4; ab [37/I]) wird vom Mélisande-Motiv begleitet. Dies weckt die Assoziation "Schicksalsverwandtschaft der beiden Frauen". Die im Drama vorgegebene Verbindung "Golaud - Blut" unterstreicht Debussy durch Verwendung des Golaud-Motivs an den entsprechenden Stellen (bei "sang": Sz. 2: 3T v. [5/I]; Sz. 6: 10-11T n. [18/II]; Sz. 15: 4T v. [15/IV]).

Prophetische Funktion erhalten Figurenmotive z. B. in der Verrats- und Verabredungsszene. Yniolds unbestimmte Angst am Ende der Verratsszene (ab 64/III) bekommt durch die sie begleitenden Pelléas- und Mélisande-Motive eine zukunftswei-

---

Hörner). Das über Golaud gesprochene Urteil in der Sterbeszene, das dessen positivistisch begrenzten Charakter offenlegt, unterlegt Debussy ebenfalls mit dem Arkel-Hauptmotiv, hier synkopiert (3T n. [32/IV]).

sende Richtung: das Kind ahnt den Tod der beiden unbewußt voraus. Dies steht in Einklang mit Maeterlincks Assoziationskette ("ils ne ferment pas les yeux" {Y} => Leichen, Tod).
Bisweilen lassen sich eigenwillige Deutungen Debussys erkennen, die nicht ohne weiteres aus dem Dramentext abzuleiten sind. In der Pferdsturzszene interpretiert Debussy Mélisandes Unglücklichsein und das metaphysische Gefühl einer Macht, die "stärker als sie ist", als ihre unbewußte Liebe zu Pelléas (Pelléas-Motiv; 4T v. [21/II]). Damit klammert er die transzendente Ebene aus. Hier wird die allgemeine Tendenz Debussys, das Dramengeschehen auf eine innerweltliche Dreiecksgeschichte einzuschränken, besonders greifbar.[230] Golauds Ausruf "Misère de ma vie" (Sz. 13; 2T v. [51/III]) wird durch die Unterlegung mit dem (synkopierten) Mélisande-Motiv auf die Figur der Mélisande konzentriert, obwohl der Kontext eher auf das philosophische Grundproblem des Golaud verweist: Blindheit, Nichtwissen, vergebliches Suchen. Das Spiel mit dem Ring wird - ganz im Sinne Maeterlincks - musikalisch als Spiel mit Golaud entlarvt. Mit gezielten Einsätzen des Pelléas-Motivs bietet Debussys eine angedeutete Antwort auf die von Maeterlinck bewußt offengelassene Frage des Ehebruchs durch Pelléas und Mélisande (ab 4T v. [19/V]). Er verschiebt die Gewichte der in Golaud nagenden Grundfrage "Avez-vous été coupables" zugunsten des "schuldig" und ergreift damit Partei für Golaud, indem er ihm eine Rechtfertigung für den Mord an Pelléas zubilligt. In der Gewaltszene wird der Verhöhnung der Unschuld Mélisandes durch Golaud wiederholt die Pelléas-Quarte zugeordnet (1-7T n. [17], 8-7T v. [18/III]), ebenso den Antworten Mélisandes auf Golauds Fragen in der Sterbeszene ("Pourquoi n'ai-je pas dit la vérité?" - 3-4T n. [19/V]). Aus Debussys Sicht lügt Mélisande im Hinblick auf ihre Beziehung zu Pelléas fortwährend (s. Brief an Lerolle, 17. 8. 1895). Damit wird deutlich, daß Debussy der mystischen Konzeption der Figur nicht folgt. Mélisande ist hier für ihn vor allem eine profane Ehebrecherin.
Geläufige Opernpraxis ist die motivische Hörbarmachung einer Figur vor ihrer Entdeckung. Dies geschieht in der Verrats- und Liebesszene. Pelléas' Anwesenheit wird vor der entsprechenden Aussage Yniolds in der Verratsszene musikalisch angekündigt (augmentiertes Pelléas-Motiv in Klarinetten/Violoncelli/Kontrabässen bei der Regieanweisung "Il soulève l'enfant" - ab [60/III]). In der Liebesszene begleitet das Golaud-Motiv Mélisandes Schilderung ihres "unbemerkten Entkommens" und des zurückgelegten Weges (ab [39/IV]) und legt nahe, daß Golaud ihr nachgegangen ist. Die Verabredungsszene enthält möglicherweise eine deutende Hinzufügung Debussys: Die Präsenz des Golaud-Motivs (7-10T n. [6/IV]; Violinen => Flöten) soll vielleicht zeigen, daß Golaud die beiden belauscht hat. Damit würde ein Plausibilitätsmoment eingefügt, das dem Informationsverweigerungskonzept Maeterlincks entgegenwirkt. Eine Einengung der Vieldeutigkeit bewirkt auch der Einsatz des Kindmotivs[231] in der Sterbeszene (3T v. [6/V]). Die vage Erinnerung Mélisandes wird damit auf das Kind beschränkt, metaphysische Züge werden zurückgedrängt. Ironischerweise widerspricht Debussy mit der Akzentuierung der biologischen Mutterrolle Mélisandes einer wichtigen Facette des symbolistischen Frauenbildes, in dem Schwangerschaft und Geburt keinen Platz hatten (Ideal der Kindfrau oder femme

---

[230] S. als zusätzlichen Beleg auch die Bedeutung, die Debussy dieser Szene zuschreibt: Brief an Lerolle, 17. 8. 1895 - s. Kap. II/1.3. Dieses Vorgehen zeigt vielleicht auch, wie wenig der vom französischen Symbolismus geprägte Komponist der Akzentuierung der Metaphysik im belgischen Symbolismus zu folgen vermochte oder folgen wollte.

[231] Dieses Motiv wird erst im Nachhinein am Ende der Sterbeszene semantisch eindeutig: durch die Zuordnung von Mélisandes und Arkels Aussagen über das Kind.

fatale).[232] Letztlich nimmt Debussy hierbei die Position des (positivistischen) Arztes ein, dessen Aussagen aufgrund der Geschehnisse in der Sterbeszene ad absurdum geführt werden.[233]

Auch im Vokalpart sind lediglich Tendenzen im Einsatz von Gestaltungsmitteln erkennbar, keine systematische Verwendung. Zwischen den einzelnen Figurenrezitativen gibt es kaum grundsätzliche Unterschiede. Die Rezitativgestaltung zielt weniger auf allgemeine Figurencharakterisierung als vielmehr auf situative Textausdeutung ab. Deutlicher von den übrigen Figuren abgehoben sind die Rezitative von Yniold (Höhe, mehr Sprünge, rhythmisch oft regelmäßig) und Arkel (unterdurchschnittlich wenig Sprünge, längere Notenwerte). Doch auch bei diesen Figuren wird das Rezitativ der Art und Emotionalität des Sprechens angepaßt.

Einige wenige allgemeine Merkmale der Rezitativgestaltung unterscheiden die drei Hauptfiguren. Der Mélisandenpart enthält auffallend viele Mollphrasen, wobei a-Moll bevorzugt wird. Außerdem ist das Rezitativ Mélisandes stärker chromatisch als das der beiden Männer. Golauds musikalische Rede bedient sich vieler verminderter und übermäßiger Akkorde. Ganztönigkeit ist hier etwas häufiger anzutreffen als bei den anderen Hauptfiguren. Tonal besteht eine Tendenz zu B und Des. Pelléas besitzt den variabelsten Rezitativpart. Spezifisch sind hier viele Sprünge (vor allem Quarten - vgl. sein Thema) und Dreiklangsmelodik. Die "Sprunghaftigkeit" des Rezitativs ist auch szenenbedingt. Sie tritt deutlich stärker in den beiden "Vor-Liebesszenen" 5 und 10 auf. In der Liebesszene selbst dagegen gibt es eine auffallende Häufung von verminderten Akkorden und Tritonus-Phrasen.

Zwar hat Debussy verächtlich über Wagners Leitmotiv-Einsatz im Vokalpart berichtet (1903; vgl. MCr-f, 180), doch auch seine Figuren singen hin und wieder ihre eigenen Personalmotive und die anderer Figuren (gegen Appledorn, 1966, 396!). Damit werden verborgene Zusammenhänge angedeutet.[234] Die Sprache wird insgesamt in ihrem Duktus belassen, aber die Rezitative folgen nicht sklavisch dem Sprechtonfall. Bewußt gesetzte Akzentuierungen und Worthervorhebungen, Anti-Wortakzente und musikalische Linienführungen zeigen, daß eine Vertonung von Sprache im Sinne einer aktiven musikalischen Gestaltung der Sprechphrasen vorliegt.

Einige Merkmale gelten für die Rezitativgestaltung in *Pelléas et Mélisande* allgemein. Ausrufe sind oft mit aufwärtsgerichteten Sprüngen verbunden. Spitzentöne (besonders häufig bei Golaud) signalisieren Erregung, Wut oder (vor allem bei Arkel) Enthusiasmus. Tieftöne kommen in Verbindung mit "Tod" in der Gewaltszene vor (z. B. 1T v. [13/IV]). Die a-cappella-Stellen dienen der besonderen Unterstreichung des Gesagten. Neben dem Liebesgeständnis (ab 3T v. [43/IV]) ist das Schuldgeständnis (ab 5T v. [12/V]) und das Wahrheitsverlangen Golauds (ab 4T v. [16/V]) derartig gestaltet. Diese Textstellen geben grundlegende Haltungen der Figuren wieder. Während für Pelléas die Liebe (zu Mélisande) existentiell ist, ist dies

---

[232] Vgl. Dramenanalyse: Die Figur der Mélisande ist so konzipiert, daß eine Schwanger- und Mutterschaft kaum vorstellbar ist.

[233] Daß die sterbende Mélisande ihre Arme nach dem Kind ausstreckt, erscheint nach der distanzierten Behandlung dieser Tochter mehr als unwahrscheinlich - gerade im Hinblick darauf, daß sich Mélisande zuvor an das Kind überhaupt nicht mehr erinnern konnte. All dies konterkariert die biologische Mutterrolle. Zum Ausstrecken der Arme kurz vor Eintritt des Todes vgl. Maeterlincks Beschreibung seiner Todesnähe-Erfahrung.

[234] Beispiele: Sz. 2: M: „Je commence à avoir froid." => M-Motiv (ungefähr Umkehrung; 4T v. [19/I]; G: „Vous ne pouvez pas rester ici, Mélisande." => M-Motiv (5T n. [19/I]). Sz. 13: Y: „Ils ne font rien, petit père." => M-Motiv ([64/III]). Sz. 17: M: „Il y a quelqu'un derrière nous ..." => G-Motiv (2T n. [52/IV]).

für Golaud die Frage nach den moralischen Instanzen Schuld und Wahrheit. Das Verstummen der Musik an diesen bedeutenden Stellen bildet eine Analogie zu Maeterlincks "silence"-Konzept: wirklich Wichtiges offenbart sich in der Stille. Pentatonik schlägt sich tendenziell dann in den Rezitativen nieder, wenn es um Schönheit, Liebe oder verzückende Naturwahrnehmung geht. Sie kommt in den Rezitativen aller Hauptfiguren vor. Chromatik wird meist bei schwierigen, undurchsichtigen und komplexen Sachverhalten eingesetzt, darüber hinaus bei Gefahr (Liebesszene: Pelléas hat Golaud gesehen - 4T n. [54/IV]; Haarszene: "Je vois une rose" {M} - 8T v. [9/III]). Chromatisch absteigende Linien im Rezitativ wie bei Golauds "Je ris déjà comme un vieillard" (Sz. 15; ab [22/IV]) und Mélisandes "Je n'ai pas de courage" (Sz. 17, Schluß, ab 7T n. [58/IV]) dienen dem Spannungsabau nach emotionalen Höhepunkten. Besondere Bedeutung kommt dem Intervall des Tritonus und dem verminderten Akkord zu. Allgemein drücken diese gesteigerte Emotionalität und Anspannung aus; sie stehen oft bei Agitation, Gefahr, Drohung, Finsternis, Tod und werden damit relativ konventionell eingesetzt. Auffallend häufig tritt der Tritonus in der Liebesszene auf, der Szene mit dem dramatischen Höhepunkt.

An zwei Stellen werden Licht und Finsternis sprachlich einander gegenübergestellt: In der Haarszene bemerkt Pelléas die zahlreichen Sterne und die "Finsternis" des Mondes; in der Verratsszene möchte Yniold ins Licht gehen, Golaud dagegen im Schatten bleiben. Musikalisch erfolgt die Gegenüberstellung durch # - (Licht) und b - Tonarten (Finsternis) im Rezitativ (Haarszene: 1T n. 6 ⇔ 4T n. [6/III]; Verratsszene: 12T v. [58] ⇔ 3T v. [58/III]).

Die Seltenheit lyrischer, melodischer oder arioser Partien erklärt sich aus Debussys angestrebtem Bühnenrealismus. Die Sprache und das Verhalten der Figuren sollte grundsätzlich den Alltagsnormen angepaßt und plausibel sein; lediglich der Reflex auf das Unsagbare durfte Irrationalität hervorrufen. Der spezifische sprachliche Realismus Debussys wird im Interview zur Londoner Erstaufführung der Oper deutlich, wo Debussy auf die Frage, wieso Mélisande in der Waldszene keine Auftrittsarie singen würde, antwortet:

> "Comment le pourrait-elle! [...] Elle est épuisée, s'étant égarée dans la forêt. Votre voisin pense-t-il réellement que dans ces conditions Mélisande aurait le coeur à chanter une romance de trois ou quatre strophes?" (Debussy, 1909 - in: Dietschy, 1981, 176).[235]

Die wenigen Ariosi und lyrischen Stellen innerhalb der Partitur sind gemäß dieser Aussage besonderen, emphatischen Gefühlslagen vorbehalten.[236]

---

[235] "Wie könnte sie das? [...] Sie ist erschöpft, müde, hat sich im Wald verirrt. Glaubt Ihr Nachbar im Ernst, daß Mélisande unter solchen Umständen in der Lage ist, eine Romanze von drei oder vier Strophen Länge zu singen?" (Anm.: In der Frage wurde als Aufhänger die Meinung des Sitznachbarn des Interviewers bei der Aufführung wiedergegeben).

[236] Mélisandes Lied (Haarszene); Liebeseuphorie des Pelléas: "On dirait ..." (Liebesszene; ab [44/IV]); Arkels Aussagen über die menschliche Seele (Sterbeszene; ab 6T n. [34/V]; Mélisande: "Je vois une rose" und Pelléas' Antwort darauf (Haarszene; ab 8T v. [9/III]); 3x "Pardonne"- Motiv in der Sterbeszene im Mélisandenrezitativ (bei [9], [12] und 4T v. [20/V]), 1x bei Arkel (2t n. [34/V]).

Motivik und Symbolik

Bei den nicht figurengebundenen Motiven handelt es sich überwiegend um Szenen- oder Episodenmotive, d. h. um Motive, die vorwiegend in einer bestimmten Szene vorkommen und dort entweder eine grundlegende psychische Situation illustrieren oder auf die Unterstreichung einer Episode oder Aussage begrenzt sind. Diese Motive können assoziativ in einigen anderen Szenen wieder aufgegriffen werden; ihr "Sitz" ist jedoch die jeweilige Ursprungsszene. Die Tendenz zum Szenenmotiv zeigt, daß Debussy der Einzelszenenausmalung größere Bedeutung beimaß als der Nachzeichnung des fortlaufenden Handlungsstranges.

a) Szenenmotive

Die Wiederkehr von Motiven ist meist durch die (textliche) Rückerinnerung an ihre Ursprungsszene motiviert. Auffallend viele Motive rekapituliert die Sterbeszene. Dies ist dramaturgisch einsichtig: das Sterben als Moment der Erinnerung. Gleichwohl handelt es sich um eine subjektive Deutung Debussys, die sich aus der Struktur des Dramas nicht unmittelbar ableiten läßt (die Sterbeszene gehört zu den Szenen mit den wenigsten Querverbindungen).[237]

Das **Motiv des herabfallenden Haares** tritt wie das Septmotiv vor seiner eigentlichen Exposition in der entsprechenden Szene bereits in einer vorangehenden keimhaft auf. Debussy trägt der Einführung des literarischen Motivs vom herabfallenden Haar in der Brunnenszene und dessen Ausweitung in der Haarszene auch musikalisch Rechnung
(Sz. 5: 4-3T v. [8/II]; Fl./Ob./Harfe - Sz. 10: 7T n. [10/III] u. 5T n. [11/III]; Vl.+Va.):[238]

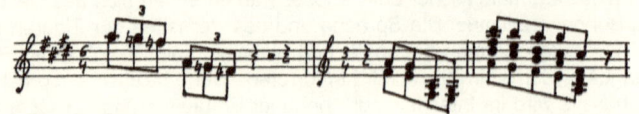

Das **Schicksals-Wald-Motiv** bildet in der Waldszene das "Stichwort" für Golauds Auftrittssatz "Je ne peux pas sortir cette forêt" und folgt im Nachspiel auf den letzten Satz Golauds, der ebenfalls das Verirrtsein im Wald zum Inhalt hat. Sonst untermalt es die schicksalshafte Begegnung Golauds und Mélisandes im Wald, die erste Frage, die Golaud an Mélisande richtet (ab [7/I]), die Sicherheit, die er bietet (=> Baum; 2T v. [9] - [9/I]) und die Beschreibung der Situation im Wald ("très froide et noir"; bei [20], 1. Violinen). Mit seinem erhabenen und archaischen Gestus ist es geeignet, Maeterlincks "alten Wald mit Ewigkeitscharakter" (s. Beginn von *Les Aveugles*) zu evozieren.[239]

---

[237] Rein musikalisch gesehen liegt es durchaus nahe, ganz entfernt an das Modell der Wagnerschen "Erinnerungsmusik" zu denken.

[238] In der Brunnenszene kommt es nur angedeutet während der Haarepisode vor; in der Haarszene (in dem Moment, wo das Haar herabfällt) wird es zum lydischen Tetrachord abwärts ausgebaut, nachdem es kurz davor augmentiert wiedergekehrt war (P: "Mes lèvres ne peuvent pas atteindre ta main"). Außerdem knüpft das Liedmotiv daran an. In der Liebesszene wird daraus - leicht verändert - der Beginn des Liebesthemas. Insgesamt handelt es sich um eine sehr subtile Verknüpfung.

[239] Die Streitfrage, wie das Motiv semantisch zu belegen sei, mit "Wald" oder "Schicksal", läßt sich nicht ohne weiteres entscheiden. Für "Waldmotiv" sprechen seine szenische Gebundenheit an die Waldszene und bestimmte Textbezüge ("forêt", "arbre"), für "Schicksalsmotiv" neben dem

Das **Triolenmotiv** ist in der Waldszene meist kontrapunktisch an das Schicksals-Wald-Motiv gebunden. Seine Wiederkehr in verschiedenen Szenen ist mehr oder weniger Rückerinnerung - besonders bei der Arkel-Replik in der Gewaltszene (ab 6T n. [9/IV], Violen und Celli). In der Sterbeszene erscheint das Motiv quasi als Umkehrung (Hoffnung auf Änderung der Verhältnisse; bei [7/IV]) - in der Verabredungsszene wird die Rückkehr zur Normalität nach überstandener Krankheit von Pelléas' Vater ebenfalls mit der Umkehrung des Motivs belegt (4T v. [4] - [4/IV]). Im übrigen ist es so unspezifisch, daß man bei ähnlichen Gebilden nicht immer von einer bewußten Variante des Motivs ausgehen kann.

Das **Quartmotiv** ist ein Motiv der Waldszene. Erstmals tritt es zwischen den ersten beiden Sätzen auf, die Golaud zu Mélisande sagt ("Pourquoi pleures-tu?" und "N'ayez pas peur!" - 4T n. [7/I], Solo-Viola). Bei Maeterlinck steht an dieser Stelle ein Nebentext: Mélisande erzittert und versucht zu fliehen. Das Orchester tritt an die Stelle dieser Regieanweisung, wodurch das Motiv mit Mélisandes Angst und Fluchtabsicht verknüpft zu sein scheint. So gesehen liefert es in der Verbindung mit Golauds Ausbruch "Oh! Vous êtes belle!" (1T v. [8/I]) die Rechtfertigung für Mélisandes Angst. Die übrigen Stellen bieten verschiedene Angst-Assoziationen.[240]

Das **Brunnenmotiv** ist eine bewegliche Phrase, eine typische Debussy-Arabeske, die "Wasser" evoziert, zugleich aber als Ortskennzeichnung eingesetzt wird, so in der Pferdsturzszene (M: "On ne voit jamais le ciel ici. Je l'ai vu pour la première fois ce matin" = Rückverweis auf die Brunnenszene; 1T v. [27/II]) und der Verabredungsszene (1-2T n. [5/II]; s. II/1.5 "Aufbau").

Das **Mitleidsmotiv** prägt über weite Strecken den Dialog der Pferdsturzszene ([18] - [28/II]). Zunächst illustriert es Mélisandes Sorge um den verletzten Golaud, dann deren Bedrückung und Golauds Suche nach Gründen hierfür.

Das **Grottenmotiv** ist nicht nur suggestives Geräuschmotiv, sondern auch Illustration der faszinierenden Naturerscheinung der kurz vom Mondschein beleuchteten Grotte (lyrische Variante; ab [42/II], Flöten/Oboen => Klarinetten).

Die Haarszene enthält mehrere Motive, mit denen einzelne Abschnitte gestaltet werden, so z. B. Pelléas' Bemerken von Mélisandes Schönheit und Versuche der Annäherung (h-Moll-Motiv; 2T v. [7/III], Streicher) oder Pelléas' Spiel mit Mélisandes Haar (zwei Varianten eines **Mollakkordmotivs**; ab [11], Klarinetten; ab [15], Violen, Violinen/Klarinetten). Zu dem Pelléas-Monolog über die Haare ("Mes deux mains ne peuvent pas les tenir" [...] "ils vivent comme des oiseaux"; 8T v. [14] - [14/III], Klarinetten/Violen) erklingt die melodische Fortsetzung des Mélisande-Motivs aus dem Vorspiel zur Meeresszene, die dort ein weiteres Mal bei der Identifizierung des Schiffes durch Mélisande auftaucht (2T n. [43/I], Holzbläser).

Zwei Varianten einer aufwärtsgerichteten **Ganztonleiter** bilden das motivische Grundmaterial für die Evokation des Schreckens in der Abgrundszene. Diesen ist das **Eifersuchtsmotiv** nachgebildet, das den ganzen ersten Teil der Verratsszene bestimmt.

Das **Liebesmotiv** dient der Steigerung auf den Höhepunkt der Liebesszene hin. Sein Einsatz an der Textstelle "Toutes les étoiles tombent" (5-6T n. [56], [57] -

---

Gestus die reine Quinte und die Verwandtschaft mit dem Arkel-Motiv. Wahrscheinlich ist beides gemeint. Debussy dürfte den Wald als (Märchen-)Symbol aufgefaßt haben, als Ort der Schicksalsbegegnung.

[240] G: "Qui est-ce qui vous a fait du mal?" - M. "Tous! Tous!" (ab 4T n. [10/I]).
M: "Je suis perdue" (1-2T n. [12/I]); "née loin d'ici" (2T v. [13/I]).
G: "Voyons, ne pleurez-pas ainsi!" (3-4T n. [11/I]; "Vous ne pouvez pas rester ici, toute seule, [...] toute la nuit." (1-3T n. [19/I]).

[58/IV]) belegt, daß Debussy diese Stelle als Moment größter Liebesekstase im Angesicht des Todes aufgefaßt hat.

Das **Septmotiv** wird in Akt IV meist nur angedeutet, bevor es in der Sterbeszene entfaltet wird. Es erscheint kurz in der Verabredungsszene bei "mon père va mieux" (P; 6T n. [2]). Dies weist auf seinen Einsatz in der Sterbeszene voraus (Besorgnis um Mélisandes Zustand). Auch Mélisandes Unglücklichsein, das im Nachspiel zur Gewaltszene mit diesem Motiv weitergeführt wird, hat eine Parallele in der Sterbeszene, die motivisch entsprechend belegt ist: "C'est son âme qui pleure" (3T v. [31/V], Flöten). Ein ähnliches, aber semantisch ganz anders besetztes Intervallmotiv erscheint in der Liebesszene in Verbindung mit "täuschen, lügen" (5-6T n. [45/IV], 1. Violinen):

Ein weiteres Szenenmotiv der Sterbeszene ist das **"Pardonne"-Motiv**, das vor allem ein Rezitativmotiv ist und zu dem Wort „Pardonne" bei [12/V] auftritt. Bis auf Arkels a-cappella-Stelle "Il faut parler à voix basse" (2T n. [34/V]) taucht es immer im Orchester- und Vokalpart gleichzeitig auf, neben der genannten Stelle noch bei "Est-ce vous, Golaud?" (ab [9/V]) und "Qui est-ce qui va mourir?" (M; 4-3T v. [20/V]).

Neben diesen häufiger auftretenden Motiven gibt es solche, die nur kurzen Episoden oder einzelnen Aussagen zugeordnet sind. Dazu gehören das Kronenmotto aus der Waldszene (2T n. [13/I]; Hörner)[241],

das die "Fallen des Schicksals" ausdrückende, abwärtsgerichtete Motiv beim Pelléas-Monolog zu Beginn der Liebesszene (ab 2T v. [34/IV], Celli)

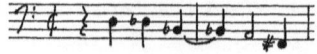

---

[241] ... bei 2T n. [13] und 4T n. [16/I]. Anklänge daran finden sich in der Brunnenszene beim Beginn des Ringspiels (3-2T v. [10/II]; Flöten/Klarinetten) und in der Verratsszene („Votre barbe [...] devient toute grise" {Y}; ab [55/III], Violinen => Flöten). Hier unterstreicht Debussy literarische Querverbindungen.

sowie die akustische Verdeutlichung des sich schließenden Tores in der Liebesszene. Letzteres ist eine der wenigen lautmalerischen Stellen in der Oper; das Hochziehen der Ketten wird auch optisch vorgeführt (ab 2T n. [50/IV], Holzbläser):

Weitere akustisch-optische Untermalungen finden sich in der Brunnenszene (Ringwurf, Versinken des Ringes).

b) Tonalitäten
Die symbolische Verwendung von Tonalitäten erfolgt ebenfalls nicht systematisch. Die Dur-Moll-Tonalität ist bei Debussy erweitert - die Vorzeichnungen haben weniger tonal-harmonische als assoziativ-semantische Funktion. Vorzeichenwechsel erfolgen oft nicht aus harmonischen Entwicklungen heraus, sondern unterstützen als gezielt gesetzte Um-Schreibungen die Tonartensymbolik. Oppositionen wie Ganztönigkeit - Pentatonik, Dur - Moll und Fis - C spielen eine wichtige Rolle. Der Fis-Bereich vertritt das Ideal, das Schöne und Gute, Licht und Wasser. Fis-Dur bzw. Fis-Pentatonik tritt oft in Zusammenhang mit Mélisande, ihrem Motiv und die Annäherung an sie auf (z. B. Aufforderung zum Handgeben; z. B. Sz. 2: 1T v. [20/I]; Sz. 4: 2T v. [47/I]; Sz. 6: 4-5T n. [28/II]). C steht wie die Ganztonleiter meist für Dunkelheit, Böses und Tod.[242] Die Abgrundszene steht in c-Moll, die Terrassenszene beginnt mit C-Dur-Vorzeichen (solange Pelléas über die schreckliche Erfahrung in den Gewölben redet) und wechselt zu Fis-Vorzeichen, als Pelléas den Duft der gewässerten Blumen wahrnimmt (bei [37/III]). Vorzeichenwechsel zwischen C - Fis/H bestimmen die Liebesszene, deren verbale Licht-Finsternis-Symbolik so auch musikalisch gestaltet wird. Die Befürchtungen und Ängste, die Pelléas in seinem Monolog ausdrückt, stehen unter C-Vorzeichen; erst nach der Liebeserklärung erfolgt der Wechsel nach Fis (Arioso des Pelléas ab [44/IV]). Pelléas' erneute Zweifel, ob Mélisande ihn denn wirklich liebe, bewirken eine Rückkehr nach C ("Non, je ne mens jamais" {M}; 4T v. [46/IV]), seine Euphorie über die gefundene Schönheit einen Wechsel zu H-Vorzeichen (bei [47/IV]). Der letzte Wechsel nach C findet statt, als Mélisande Pelléas' Aufforderung, aus dem Schatten heraus ins Licht zu gehen, ablehnt (5T n. [48/IV]). Diese Vorzeichnung bleibt grundsätzlich bis zum Ende bestehen und schließt aversive Ereignisse wie das Schließen der Tore, die Entdeckung Golauds und den Mord an Pelléas mit ein.
Ein ähnliches Spiel mit Vorzeichenwechseln enthält die Verratsszene, wobei die C-Vorzeichnung „rondoartig" wiederkehrt. Die Wechsel nach C stehen jeweils an ne-

---

[242] Diese Opposition wird auch von Smith beschrieben (s. II/1.4). Abbate sieht dagegen einen ganz anderen Dualismus von Tonalitäten: den zwischen F und Fis bzw. deren Dominanten C und Cis. Dies versucht sie anhand der Liebesszene zu belegen (vgl. Abbate, 1981, 134f.). Die mehrfach in der Literatur konstatierte Opposition C -Fis ist einleuchtender, nicht zuletzt aufgrund struktureller Merkmale der Tonalitätssymbole (weiteste Entfernung im Quintenzirkel; Überwiegen schwarzer bzw. weißer Tasten bei Klavier/Orgel).

gativen Textstellen (Y: "Vous m'avez fait mal" - 1T n. [48/III]; G: "Misère de ma vie!" - 2T v. [51/III]), außerdem zu Beginn der letzten Fragephase vor dem Hochheben Yniolds, wo die Angst vorherrscht ([52/III]).
C-Dur- bzw. C-Akkorde unterstreichen neben Aussagen zu Tod, (Gewaltszene, 5T v. [11/III]), Alter (A: „À mon age", Sz. 15: ab [11/IV]) und Dunkelheit (Sz. 7: 5T n. [37/II], Sz. 10: 1T n. [20/III]) auch die Assoziationskette Krone (Sz. 2: 2T n. [13] und 4T n. [16/I]) - König (Sz. 6: 5T n. [20/II]) - Dornenhecke (Sz. 15: 1T n. [15/IV]). Andererseits wird auch der Beschreibung des Wassers in der Brunnenszene durch Mélisande ("L'eau est claire"; 2T n. [3/II]) und Pelléas ("Fraîche comme l'hiver"; 4T n. [3/II]) ein C-Akkord zugeordnet. Die beiden Frageabschnitte in der Verratsszene, in denen Golaud nach Themen der Unterhaltung zwischen Pelléas und Mélisande fragt, haben cis/E-Vorzeichnung, Vorzeichen, die öfter mit der Figur des Pelléas verbunden sind (Meeresszene; Vor- und Nachspiel der Brunnenszene; Pferdsturzszene: "Est-ce Pelléas?" {G}; 6T n. [20/II]).
Golaud wird häufiger von ganztönigen Des- und B-Akkorden begleitet. Bei seinem ersten Auftreten stehen übermäßige Des-Akkorde, bei seiner Namenspräsentation Des- und B-Dur-Akkorde (auch mit Sept und None; 2T v. [16/I]). Zu Mélisandes Frage "Vous êtes un géant?" erklingen die Töne einer Ganztonleiter auf B (Sz. 2: 4T n. [17/I]), ebenso bei der Demonstration des Kusses durch Yniold (Sz. 13: 1T v. [55/III]). Ein übermäßiger B-Akkord ist Golauds Drohung „Simplement parce que c'est l'usage" am Ende der Gewaltszene (ab 4T v. [23/IV]), ein fünftöniger Ganztonakkord seinem Nahen am Ende der Haarszene (4-1T v. [20/III]) unterlegt. Mit der Tendenz zur Ganztönigkeit wird die Figur des Golaud dem Bereich des Negativen, Gefährlichen, Bedrohlichen angenähert.
Als mehrdeutiges Symbol setzt Debussy die Tonart Cis-Dur am Ende seiner Oper ein. Sie tritt ab der Liebesszene zunehmend häufiger auf. Der entscheidende Übergang von Fis nach Cis erfolgt während der letzten Worte Arkels in der Sterbeszene ("C'est au tour de la pauvre petite"; ab [40/V]). Die Überschreitung des Quintenzirkels symbolisiert zum einen die Überhöhung des Ideals (Fis => Mélisande), dessen Erlösung und transzendente Seinsweise nach dem Tod. Die Jenseitsbedeutung wird schon allein durch die Struktur des Symbols selbst vermittelt ("jenseits" des Quintenzirkels); zusätzlich wird sie durch eine Textstelle der Liebesszene nahegelegt, die eine Vorahnung von Pelléas' Tod ausdrückt und an der ein Übergang von Fis nach Cis erfolgt (M: "Je te voyais ailleurs"; 10T n. [49/IV]). Die "Überhöhung des Ideals" läßt sich auch ganz profan auf die Tochter Mélisandes beziehen: Sie ist nun einzige Hoffnungsträgerin, auf ihr lastet die Erwartung, daß sie das vollbringen werde, was ihre Mutter nicht vermochte. Zum anderen steht die Tonart für die Zyklik des Geschehens, für den Maeterlinckschen toten Kreislauf des Immergleichen: Alles wiederholt sich, nur unter anderen "Vorzeichen", auf einer anderen Ebene.

c) Sonstige Gestaltungsmittel
Ein Orchestereffekt, der zur Hervorhebung von Aussagen sowie zur lautmalerischen Gestaltung benutzt wird, ist das Streichertremolo. In einigen Szenen (2, 4, 6 ,7) begleitet es die zentralen Dialogstellen, so daß der Gehalt der jeweiligen Szene mit den tremolierten Sätzen erfaßt werden kann. In anderen unterstreicht es als dramatisierendes Mittel Höhepunkte (Grottenszene: "Voici la clarté" {P} - ab [42/II]; Terrassenszene: "Tout l'air de toute la mer" {P} - ab [35/III]; Verratsszene: "Je vais crier" {Y} - ab 8T v. [68/III]; Gewaltszene: "Vos longs cheveux" {G, absoluter Rezitativ-Spitzenton fis'} - 5T n. [20/IV]). Lautmalerisch wird es in Zusammenhang mit der

Wahrnehmung des Meeres verwendet (Meeres-, Grotten-, Sterbeszene). Andere lautmalerische Einsätze sind das Flattern der Tauben (Haarszene), das Zittern oder Außer-Atem-Sein Mélisandes (Gewalt- und Liebesszene) oder das Schwanken der Laterne (Abgrundszene). Am häufigsten erscheint dieser Effekt in den beiden letzten Szenen. In der Liebesszene wird damit das Dunkelheit-Licht-Spiel der beiden Liebenden ebenso hervorgehoben wie die Einleitung zum Liebesgeständnis und das Mordgeschehen; in der Sterbeszene neben den Meeresbeschreibungen die Höhepunkte der Golaud-Befragung und der Sterbemoment Mélisandes.

Ein signalartiger Effekt, der kaum als Motiv bezeichnet werden kann, aber dennoch wichtige, zum Teil zusammenhangstiftende Funktion hat, ist eine Holzbläserterz mit Vorschlag (3T v. [2/II]; Ob.):[243]

Sie kommt in den beiden unterirdischen Szenen (7+11) vor und begleitet dort jeweils die wahrzunehmende Gefahr, die von der Grotte oder den Gewölben ausgehen kann (Grottenszene: "Attendons que la lune [...] éclairera toute la grotte et alors nous pourrons rentrer sans danger" {P} - 3T v. [38] - [38/II]; Abgrundszene: "Voyez-vous le gouffre - Pelléas?" {G} - 3T und 5T n. [29/III], mit Trompeten). Die Holzbläserterz verbindet außerdem die Brunnen- und die Liebesszene. In der Brunnenszene unterstreicht sie die Beschreibung des Blindenbrunnens durch Pelléas (3T v. [2] - 6T n. [4/II]); in der Liebesszene die Erinnerung an das erste Treffen dort (2-3T n. [41/IV]). Als aufmerksamkeitserregendes Signal erscheint sie in der Verabredungs- (P: "Tu auras beau regarder" - 6-2T v. [6/IV]), der Gewalt- (G: "À genoux devant moi!" - 1-2T n. [20/IV]; "Vous voyez - je ris déjà comme un vieillard" - 4T v. - 3T n. [22/IV]) und der Herdenszene (Y: "Tiens - il n'a plus de soleil" - 2-1T v. [28]).

Eine spezielle Klangfarbensymbolik ist nicht zu erkennen. Meist wird das Mélisande-Motiv von Oboeninstrumenten gespielt; das Pelléas-Motiv von hohen Holzbläsern und Streichern. Innerhalb seiner kammermusikalischen Orchesterbesetzung folgt Debussy offenbar eher dem Prinzip der variablen Farbgebung der Linien als der systematischen instrumentalen Zuordnung.

Der Einsatz der Dynamik-Vorzeichnungen zeigt einen subtilen Umgang mit diesem Parameter. Die Dynamik der Oper bewegt sich überwiegend im piano-pianissimo-Bereich; einzelne Höhepunkte (Gewaltszene: Euphorik Arkels, Wut/Eifersucht Golauds) werden durch forte unterstrichen. Dem Charakter der Figur gemäß besitzt der Golaud-Part die meisten forte-Vorschreibungen. Die einzige Szene, in der eine variable und sehr vielfältige dynamische Gestaltung herrscht, ist die Liebesszene. Hier sind mezzoforte und forte keine Ausnahmen von der piano-Regel. Das grundsätzliche piano in der Oper korrespondiert mit der "silence", dem Hang zum Verstummen im Drama.

---

[243] Van Appledorn (1966, 45) bezeichnet diese als "Brunnenmotiv".

1.6 Zusammenfassung

Debussy ist es gelungen, mit *Pelléas et Mélisande* seine musikalischen Grundvorstellungen umzusetzen. Seine Ästhetik der Andeutung und Untertreibung, der Sensibilität und Subtilität entsprach zeitgenössischen Vorstellungen, wie eine genuin französische Musik - in Abgrenzung zu Wagner - beschaffen sein sollte. An deren Konstituierung mitzuwirken war Debussys Ziel. Die hohe Übereinstimmung zwischen Debussys und Maeterlincks Ästhetik ist auf einen gemeinsamen Ausgangspunkt - den des literarischen Symbolismus - zurückzuführen, nicht auf gegenseitigen Einfluß. Die Orientierung an einer primär literarischen Ästhetik und die Unzufriedenheit mit der üblichen Komponierweise von Opern führten Debussy zur Suche nach Alternativen in der musikalischen Gestaltung. Seine Gestaltungsmittel entwickelte er auch und vielleicht vor allem in der konkreten Auseinandersetzung mit dem Drama *Pelléas et Mélisande*. Debussys kompositorisches Vorgehen erschöpft sich nicht in der Schaffung von Detailanalogien zur literarischen Vorlage; er versucht vielmehr, grundsätzliche dramaturgische Elemente des symbolistischen Dramas musikalisch umzusetzen. Dazu gehören die „silence" als Ausdrucksmittel und ausdruckgebender Kontext (z. B. a-cappella-Stellen zur Hervorhebung wichtiger Aussagen), die tendenzielle Aufhebung der Zeitsukzession, die Betonung der Einzelszene als Einheit gegenüber der fortlaufenden Handlung und die motivisch schwache Konturierung der psychisch vage konzipierten Figuren. Mit der Einbeziehung von Gestaltungsmomenten aus Literatur und Malerei (z. B. ikonische Verwendung von Harmonik und Tonalität, Reihung, mosaikartige Satzanlage, Sprechnähe des Vokalparts) folgt Debussy der symbolistischen Idee einer Kunstsynthese im Sinne der Erweiterung der eigenen Kunst durch Mittel von Nachbarkünsten.

Die musikalische „Ausmalung" der jeweiligen Szenerie kann als Entsprechung zu Maeterlincks Versuch der Bühnenabstraktion gesehen werden. Sie zielt wie die Wahrnehmungsäußerungen der Figuren auf die Ersetzung des Bühnenbildes.

Insgesamt setzt Debussy die verschiedenen Gestaltungsmittel nicht systematisch ein, was auf ein intuitives, vom Augenblickseindruck geleitetes Komponieren hindeutet. Offensichtlich war ihm nicht an der Ausbildung eines musikalischen Allegoriensystems oder einer musikalischen Idiomatik für seine Oper gelegen.

Maeterlincks metaphysisch determinierter Fatalismus wird in Debussys Komposition weniger berücksichtigt, wie schon seine Äußerungen zeigen (s. Kap. 1.1). Sein „mystère" ist eher das an die Natur gebundene, innerweltlich Geheimnisvolle, das nicht unbedingt zeichenhaft auf eine übermächtige transzendente Sphäre weist. Debussys „geheimnisvolle Natur" steht dem Pantheismus van Lerberghes (s. Kap. 4. Fauré) näher als der Metaphysik Maeterlincks.

In Debussys Oper gibt es kein dominierendes Schicksalsthema; Mehrdeutigkeiten im Drama werden stellenweise durch gezielten Einsatz semantisch belegter Motive auf eine Deutung festgelegt, der Transzendenzbezug auf diese Weise zurückgedrängt. Durch den spezifischen Einsatz der Motive wird deutlich, daß Debussys Lesart des Dramas eine primär psychologische ist.

Die Vorstellung des Komponisten von einem psychischen Realismus auf der Bühne wurde durch eine Zurücknahme der Musik in der Oper umgesetzt: Die Figuren behalten ihr „Eigenleben", der Komponist übernimmt die Rolle des „Übersetzers" ihrer Psyche. So konnte ein musikalisches Äquivalent zu Maeterlincks Theater der Innerlichkeit entstehen; die Kongruenz zwischen Musik und Drama ist trotz einiger subjektiver Interpretationselemente relativ hoch. Aufgrund der subjektiven Momente der musikalischen Dramendeutung könnte man fast von einer „Verschiebung" des Dramas in die Sphäre des französischen Symbolismus sprechen; denn Debussy berücksichtigt gerade diejenigen Dramenmomente in seiner Vertonung kaum, die den belgischen vom französischen Symbolismus unterscheiden. Diese Tendenz ist auch in seinen Textkürzungen erkennbar.

Figurenmotive

Mélisande

Pelléas (2 Varianten)

Golaud

Arkel (2 Varianten)

Yniold

Kind Mélisandes
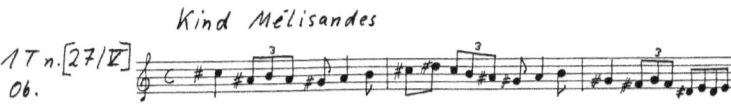

Szenenmotive

Waldszene (2)

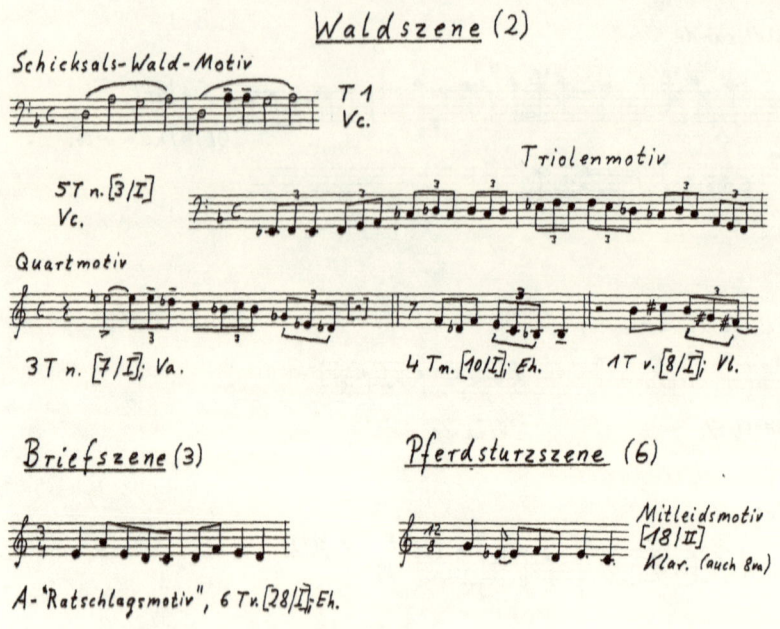

Briefszene (3)

Pferdsturzszene (6)

Brunnenszene (5)

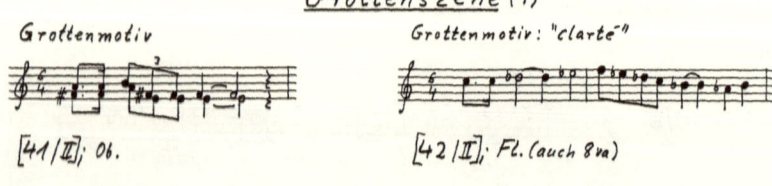

Grottenszene (7)

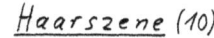

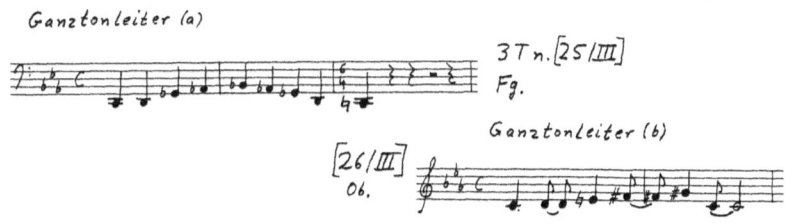
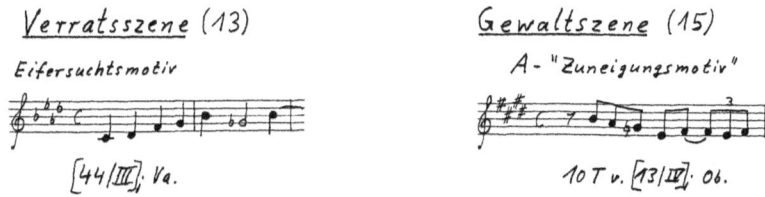

Liebesszene (17)

Liebesmotiv

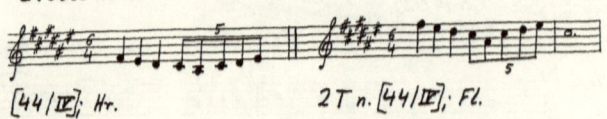

[44/Ⅳ]; Hr.   2 T n. [44/Ⅳ]; Fl.

Sterbeszene (19)

Septmotiv

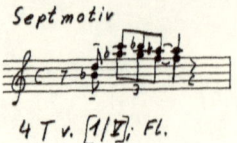

4 T v. [1/Ⅴ]; Fl.

"Pardonne"-Motiv

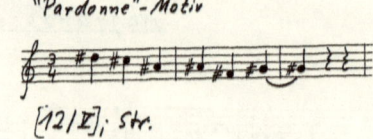

[12/Ⅴ]; Str.

Szenenübergreifende Motive

Todesmotiv

[21/Ⅲ]
1. Vl.

Dunkelheitsmotiv

[20/Ⅲ]
Fg./Vc./Kb.

2. Schönberg: *Pelleas und Melisande*. Symphonische Dichtung op. 5

Die 1902/03 entstandene symphonische Dichtung *Pelleas und Melisande* op. 5 ist ein Frühwerk Schönbergs. Seine Gattungszugehörigkeit und Schönbergs weitere kompositorische Entwicklung führten dazu, daß das Werk vor allem in der Musikwissenschaft nahezu tabuisiert wurde. Dies bildet einen auffallenden Gegensatz zu seiner Bedeutung für Schönbergs stilistische Entfaltung und zu Schönbergs eigener Haltung gegenüber op. 5.
Der musikwissenschaftliche Blick auf die Form wurde einseitig von Bergs *Thematischer Analyse* bestimmt. Diese sieht eine vierteilige Sonatensatzform als Grundlage des Werks an. Der programmatische Aspekt wird dabei vernachlässigt, obwohl die Gattungszugehörigkeit von op. 5 und Schönbergs Aussage, er habe in seiner Komposition versucht, jede Einzelheit des Dramas zu spiegeln (s. II/2.5 Analyse: Aufbau) vermuten läßt, daß die Form wesentlich - wenn nicht ausschließlich - von der Dramenanlage bestimmt ist.

2.1 Ästhetischer Hintergrund

a) Kunst, Künstler, Kunstwerk
Schönbergs Äußerungen über Kunst und Künstlertum lassen an vielen Stellen eine metaphysisch geprägte Grundhaltung erkennen. Dabei zeigen sich häufig Übereinstimmungen mit Maeterlincks Ästhetik. Wie diesen faszinierten Schönberg Geheimnisse, sah er in ungewöhnlichen Koinzidenzien überzufällige, schicksalsgelenkte Gegebenheiten - so in den Verhältnissen von Geburts- und Todesjahren bei Brahms und Wagner:

> "Läßt die mystische Übereinstimmung der Zahlen ihrer Lebensdaten nicht irgendeine geheimnisvolle Beziehung zwischen ihnen vermuten? Das Jubiläum des hundersten Geburtstages von Brahms 1933 war das Jubiläum des fünfzigsten Todestages von Wagner. Und jetzt, da dieser Aufsatz umgeschrieben wird, feiern wir den fünfzigsten Todestag von Brahms. Geheimnisse verbergen eine Wahrheit, aber sie drängen die Neugierde, diese Wahrheit zu enthüllen. " (Schönberg, 1933/1947 - in: Stil und Gedanke, 1976, 38).[244]

Wie Maeterlinck hat Schönberg einerseits das Verlangen, dem Geheimnis forschend auf den Grund zu gehen, er spürt aber andererseits, daß er es durch "Entmystifizierung" zerstören würde:

> "Nur wenn die Unnatürlichkeit - das Widernatürliche, Übernatürliche - zur Gewohnheit wird, ist sie unsympathisch: dann ist sie wieder Natürlichkeit." (Schönberg: Frühe Aphorismen, 1910 - in: Schöpferische Konfessionen, 1964, 14).[245]

Über das Wesen der Kunst äußert sich Schönberg mit einem Beinahe-Maeterlinck-Zitat (s. IPS, 79f.):

---

[244] Im folgenden zitiert als „StG".
[245] Im folgenden zitiert als „SchK".

"Kunst ist der Notschrei jener, die an sich das Schicksal der Menschheit erleben. Die nicht mit ihm sich abfinden, sondern sich mit ihm auseinandersetzen. Die aber oft die Augen schließen, um wahrzunehmen, was die Sinne nicht vermitteln, um innen zu schauen, was nur scheinbar außen vorgeht. Und innen, in ihnen, ist die Bewegung der Welt; nach außen dringt nur der Widerhall: das Kunstwerk." (1910; SchK, 12).

Das Schaffen des Künstlers ist für Schönberg eine innere Notwendigkeit. In Übereinstimmung mit dem literarischen Symbolismus sieht er den Künstler als Mittler zwischen realer und transzendenter Sphäre, er ist "Ausführender eines ihm verborgenen Willens, des Instinkts, des Unbewußten, eines Triebes, irgendeiner Macht". In seiner *Harmonielehre* drückt Schönberg das so aus:

"Der Künstler tut nichts, was andere für schön halten, sondern nur, was ihm notwendig ist." (Schönberg, 1922, 495).

"In seinem Instinkt, seinem Unbewußten liegt ein Schatz von altem Wissen, den er heben wird, ohne daß er es will." (ebd., 497).

Eine derartige psychische und metaphysische Determinierung hat natürlich Auswirkungen auf die Sicht des Kompositionsunterrichts. Für Schönberg kommt es auf die Fähigkeit an, "sich selbst zu hören, in sich tief hineinzuschauen"; dies kann "kaum erworben und nicht gelehrt werden." (ebd., 493).

"So könnte der Unterricht, der einen Künstler erziehen soll, höchstens darin bestehen, daß man ihm hilft, sich selbst zu hören. Die Technik, die Kunstmittel helfen ihm nicht. Die sollten womöglich Geheimwissenschaft sein, zu welcher nur Zugang hat, wer ihn selbst findet." (ebd., 494).

Aus der Sicht des Künstlers als einer Art Medium erwächst auch Schönbergs Ästhetik der Wahrhaftigkeit und Aufrichtigkeit. Der so verstandene Künstler kann nicht anders als dem "inneren Zwang zu gehorchen, das Niegesagte zu sagen". Diese Haltung gleiche sogar gewisse handwerkliche Unzulänglichkeiten aus. Künstlerische Unehrlichkeit mache sich als "Kunstlosigkeit" (= bloßes Handwerkertum) bemerkbar (vgl. Stuckenschmidt, 1958, 166; 178).
Dem intuitiv Schaffenden steht nach Schönberg mit der Musik eine Sprache des Unbewußten zur Verfügung, die sich seit Wagner immer mehr von der Poesie als Sprache des Bewußtseins losreißt. Die rein symphonische (absolute) Musik vermeide den Umweg, "die unbewußten Empfindungen erst durch die Sprache des Bewußtseins auszudrücken und diese Übersetzung zurückzuübersetzen in die Sprache des Unbewußten." (1909; StG, 161).
Schönbergs Ansichten zur Textvertonung sind ausführlich in dem Aufsatz *Das Verhältnis zum Text* dargelegt, der 1912 zusammen mit der Maeterlinck-Vertonung *Herzgewächse* in Kandinskys Almanach *Der blaue Reiter* erschien. Die Vermutung von Ruf, dieses Lied sei die praktische Umsetzung der theoretischen Ausführungen Schönbergs - und nicht die in seinem Aufsatz erwähnten *George-Lieder* - ist durchaus erwägenswert (vgl. Ruf, 1984, 258). In seinem Aufsatz beschreibt Schönberg Text und Musik als organische Einheit.[246] Da das Kunstwerk ein vollkommener Or-

---

[246] An anderer Stelle meint er, die Musik sei dazu da, den Ausdruck des Textes zu steigern (1949; vgl. StG, 152).

ganismus sei, sei es möglich, es ganz zu erfassen, wenn man nur einen Teil davon aufnimmt. Als Beispiel hierfür bietet er sein Hörerlebnis von Schubert-Liedern. Dieses wird durch die Beschreibung seines eigenen intuitiven Vorgehens bei Gedichtvertonungen ergänzt:

> "Noch entscheidender als dieses Erlebnis war mir die Tatsache, daß ich viele meiner Lieder, berauscht von dem Anfangsklang der ersten Textworte, ohne mich auch nur im geringsten um den weiteren Verlauf der poetischen Vorgänge zu kümmern, ja ohne diese im Taumel des Komponierens auch nur im geringsten zu erfassen, zu Ende geschrieben habe und erst nach Tagen darauf kam, nachzusehen, was denn eigentlich der poetische Inhalt meines Liedes sei. Wobei sich dann zu meinem größten Erstaunen herausstellte, daß ich niemals dem Dichter voller gerecht geworden bin, als wenn ich, geführt von der ersten unmittelbaren Berührung mit dem Anfangsklang, alles erriet, was diesem Anfangsklang eben offenbar mit Notwendigkeit folgen mußte." (1912; StG, 5).

Auch wenn diese Darstellung vielleicht nicht in allen Punkten einer kritischen Betrachtung standhält - sie steht quer zu Schönbergs akribischer Genauigkeit, die sich in seinen Liedkompositionen nachweisen läßt - drückt sie doch eine Tendenz aus, die sich auch bei *Pelleas und Melisande* beobachten läßt: ein eigenkreativer, freier Umgang mit dem Text, bei dem aus einem Teil ein Ganzes (re-)konstruiert wird, die Akzentuierung eines Gesamteindrucks gegenüber der Detailgestaltung, das Abzielen auf eine "Essenz", die hinter der Wortoberfläche liegt. Hier offenbart sich die Verwurzelung in einer romantischen, an Schopenhauer orientierten Ästhetik. Dies führt Schönberg in seiner Analyse der *Vier Orchesterlieder* op. 22 noch weiter aus:

> "Meine Musik aber nahm von den bildhaften Worten auf dieselbe Art Notiz, wie von den abstrakten: sie förderte den sinnfälligen Vortrag des Ganzen und auch seiner Einzelheiten: nach Maßgabe ihrer Bedeutung im Ganzen. [...]. Auch ein Bild gibt nicht seinen ganzen Gegenstand wieder: es gibt nur einen bewegungslosen Zustand, und ein Wort beschreibt den Gegenstand und seinen Zustand; der Film gibt ihn ohne Farbe, und ein Farbfilm gäbe ihn ohne organisches Leben. Dieses letztere aber kann die Musik allein ihm geben: darum darf sie sich hinsichtlich der Nachahmung Beschränkungen auferlegen: indem sie vorträgt, 'trägt' sie das Ding und sein Wesen 'vors geistige' Auge." (1932; StG, 290).

b) Maeterlinck-Rezeption
Schönbergs Maeterlinck-Rezeption war intensiv und tiefgehend, auch wenn dies nicht ohne weiteres ersichtlich ist. Ein Grund für diese Verborgenheit dürfte darin liegen, daß Schönberg sich - wie viele andere deutschsprachige Künstler und Intellektuelle - nach Maeterlincks antideutschen Äußerungen enttäuscht von dem einst bewunderten belgischen Dichter abwandte. Einen äußeren Beleg für Schönbergs Maeterlinck-Faszination bildet seine Bibliotheksliste von 1914, worin nicht weniger als 19 Maeterlinck-Bände verzeichnet sind. Damit nimmt Maeterlinck hinter Strindberg (33 Bände) unter den Dichtern in Schönbergs Bibliothek quantitativ den zweiten Platz ein (vgl. Steuermann, 1979, 204f.; 216). In gewissem Sinne komplementär zu seiner Maeterlinck-Bewunderung war Schönbergs starkes Interesse für Strindberg und Swedenborg. Strindberg gehörte - wie erwähnt - kurzzeitig zu den Maeterlinck-Anhängern; Swedenborg bildete für beide Dichter eine wichtige Inspirationsquelle (vgl. Föllmi, 1996, 111). An zwei Stellen seiner Schriften nennt

Schönberg Maeterlinck im Zusammenhang mit Strindberg und anderen, die er für bedeutend hielt. Im Vorwort zu seiner *Harmonielehre* (1911) setzt er diese Namen gegen den "Komfort als Weltanschauung":

"Der Denker, der sucht jedoch, tut das Gegenteil. Er zeigt, daß es Probleme gibt, und daß sie ungelöst sind. Wie Strindberg, daß 'das Leben häßlich macht'. Oder wie Maeterlinck, daß 'drei Viertel unserer Brüder zum Elend verdammt' sind. Oder wie Weininger und alle anderen, die ernsthaft gedacht haben." (Schönberg, 1922, IV).

In dem Aufsatz *Kunst und Film* (1940) drückt Schönberg seine Enttäuschung über die "triviale Entwicklungsrichtung" aus, die der Massenfilm eingeschlagen hat und benutzt Maeterlinck zur Illustration höherer geistiger Bedürfnisse:

"[...], obwohl es Werke gab, die den gebildeteren ebenso wie den durchschnittlichen Bürger ansprachen, blieben dennoch diejenigen geistig unbefriedigt, deren Bedürfnisse mit der Religiosität eines Calderón, eines Tolstoi oder mit einer Messe von Bach oder Schubert gedient gewesen wäre; oder mit Maeterlincks "Jakob Boehmas" oder Swedenborgs Mystik oder mit Ibsens Gesellschafts- und Strindbergs Eheproblemen." (StG, 364).

In seinem Rundfunktext zur Sendung von *Pelleas und Melisande* nennt Schönberg rückblickend Gründe für die allgemeine Maeterlinck-Begeisterung:

"It was around 1900 when Maurice Maeterlinck fascinated composers, stimulating them to create music to his dramatic poems. What attracted all was his art of dramatizing eternal problems of humanity in the form of fairy tales, lending them timelessness without adhering to imitation of ancient styles." (Schönberg, 1950, o.S.).

Die Schönberg-Schüler Webern und Berg dokumentierten Schönbergs Maeterlinck-Rezeption auf unterschiedliche Weise. Webern, der sich selbst zu Maeterlincks frühen Dramen hingezogen fühlte (s. Kap. I/4.4), sah eine tiefe, metaphysisch begründete Affinität zwischen dem Dichter und dem Komponisten:

"Es ist merkwürdig, einerseits Beethoven und Kant und anderseits Wagner und Schopenhauer lebten ungefähr gleichzeitig. Ich spüre da immer eine geistige Gemeinschaft. Der Einfluß Schopenhauers auf Wagner existierte ja tatsächlich in hohem Maße. Und bei dem anderen erlauchten Paar spüre ich eine Übereinstimmung, obwohl ein Einfluß Kants auf Beethoven gar nicht existierte, im Sinne, wie bei dem anderen Paar. Und Strindberg und Mahler? Maeterlinck und Schönberg? Auch Strindberg und Schönberg! Ausstrahlungen Gottes." (Webern: Brief an Berg, 21. 12. 1911 - Wien, A-Wn, Musiksammlung).

In einem Brief vom 6. Mai 1913 berichtet Berg Schönberg über seine Lektüre von Maeterlincks "Der Tod". Darin drückt er seine Enttäuschung darüber aus, daß Maeterlinck lediglich wissenschaftliche Erkenntnisse referiere. Berg hatte etwas "Sublimeres" zu dem Thema erwartet. Webern, der das Buch zur gleichen Zeit las, teilte Bergs Enttäuschung (vgl. Berg: Brief an Schönberg - Arnold Schönberg Center, Wien).

Die symphonische Dichtung *Pelleas und Melisande* berührt drei Aspekte des Schaffens von Schönberg, die von der Musikwissenschaft überwiegend als problematisch empfunden werden: "Tonalität", "Programmusik" und „kompositorische Entwicklung". Die Forschung stellt Schönberg überwiegend als den Meister der Atonalität und Schöpfer des Zwölftonsystems dar, wobei der Akzent auf der Darstellung einer konsequent teleologischen Kompositionsentwicklung liegt. Schönbergs frühe tonale Werke werden dabei als experimentelle "Jugendsünden" von geringem ästhetischem Wert, die späteren als "Entgleisungen" im eigentlichen Wortsinn, als Anbiederung an den (amerikanischen) Publikumsgeschmack angesehen. Zwar beschreibt Schönberg selbst seine Entwicklung hin zur Atonalität gern als folgerichtig und stringent, doch betont er andererseits, daß seine tonalen Kompositionen bewußt so geschaffene, vollgültige Werke seien:

> "Ich war nicht dazu ausersehen, in der Art der 'Verklärten Nacht' oder der 'Gurrelieder' oder selbst von 'Pelleas und Melisande' weiterzumachen. Der oberste Befehlshaber hatte mich auf einen beschwerlicheren Weg beordert. Aber eine Sehnsucht, zu dem älteren Stil zurückzukehren, war immer mächtig in mir; und von Zeit zu Zeit mußte ich diesem Drang nachgeben.
> Also schreibe ich manchmal tonale Musik. Für mich haben stilistische Unterschiede dieser Art keine besondere Bedeutung. Ich weiß nicht, welche von meinen Kompositionen besser sind; sie gefallen mir alle, weil sie mir gefielen, als ich sie schrieb." (1948; StG, 147).

> "Ich habe nicht aufgehört das Gleiche und auf die gleiche Art zu komponieren wie ganz von Anfang an. Der Unterschied ist nur, daß ich es heute besser mache, konzentrierter, reifer." (o.J. [1937]; StG, 338).

Schönberg konkretisiert diesen Kontinuitätsgedanken am Beispiel von *Pelleas und Melisande* im Zusammenhang mit einem möglichen Einfluß Mahlers auf seinen Stil. Er führt aus, daß

> " 'Pelleas und Melisande' ein rascheres Vordringen in der Richtung der erweiterten Tonalität hätte erwarten lassen. In diesem Werk finden sich Merkmale, die viel zur Entwicklung meines Stils beigetragen haben. Viele dieser Themen enthalten außertonartliche Intervalle, die ein spezifisches Verhalten der Harmonie erfordern." (1949; StG, 399).

Nachfolgend bietet er Beispiele für das Aufweichen der Tonalität aus op. 5. Der Konstruktion von Kontinuität in seinem Schaffen entspricht Schönbergs Ansicht, daß das Neue in der Tradition wurzele. Ähnlich nivellierend wie den Gegensatz von Tonalität und Atonalität beschreibt Schönberg den von absoluter und programmgebundener Musik. In einem Interview für eine amerikanische Rundfunksendung (19. 11. 1933) betont er, daß er nicht gegen Programmusik sei. Es komme nicht darauf an, ob der Auslöser der künstlerischen Fantasie ein poetischer oder musikalischer Gedanke sei, da ein Komponist ohnehin nur die Musik sehen könne. Allein das Ergebnis, das Werk sei entscheidend (vgl. StG, 302).

2.2 Kompositorischer Kontext

Einen werkgeschichtlichen Kontext für *Pelleas und Melisande* bilden Schönbergs frühe Programmusikkompositionen, hier vor allem das Streichsextett *Verklärte Nacht* (op. 4, nach Dehmel; entstanden 1899), dessen Ansatz, Außermusikalisches in die Kammermusik - eine Domäne der absoluten Musik - hineinzunehmen, seinerzeit ein gewisses Aufsehen erregte, obwohl Smetana Schönberg damit zuvorgekommen war (=> *Aus meinem Leben*, 1876).[247] In diesen Zusammenhang gehören außerdem die zwischen 1899 und 1906 entstandenen Werke der komplexen, integralen Einsätzigkeit - neben op. 4 und 5 das 1. Streichquartett (op. 7, 1905) und die 1. Kammersinfonie (op. 9, 1906). Über die komplexe Einsätzigkeit bei Schönberg, die ein Aufgreifen und Fortführen der Lisztschen Modelle (Klavierkonzert A-Dur und Klaviersonate h-Moll) bedeutet und deren Hauptmerkmal die Konzentration der Satzcharaktere einer Sonate oder Sinfonie in einem Satz ist, ist viel geschrieben worden.[248] Die vier dieser Formidee folgenden Werke umschließen zeitlich eine Phase, die Schönberg selbst als seine "1. Periode" bezeichnet hat (o.J., [1949]; vgl. StG, 440).

Einen weiteren Kontext bilden Vertonungen aus dem Umfeld des belgischen Symbolismus. Schönbergs Maeterlinck-Lied *Herzgewächse* (1911) weist eine subtile Analogie zu der Dichtung auf. Corbineau-Hoffmann und Kesting (1981, 349; 362f.) stellen ausführlich und überzeugend dar, daß Maeterlincks Gedichtsammlung *Serres Chaudes* in ihrer radikalen Subjektivität den Rahmen der traditionellen Lyrik überschreitet und damit auf den literarischen Surrealismus vorausweist. Nicht von ungefähr wurde sie von Vertretern des Surrealismus intensiv rezipiert. In diese Richtung geht Schönbergs Vertonung. Er umgibt das Gedicht mit einem musikalischen "Expressionismus", der die Grenzen der Gattung "Lied" zu sprengen droht.[249]

Für den 1912 entstandenen Liedzyklus *Pierrot Lunaire* lieferte ebenfalls ein belgischer Dichter die Vorlage. Zwar gehörte Giraud nicht mehr zum Kreis der belgischen Symbolisten, doch gibt es in seiner Metaphorik einige Anklänge daran.

Eine mehr oder weniger enge Beziehung zum Maeterlinck-Symbolismus haben die frühen Musiktheaterwerke Schönbergs. Die Szenerie der *Erwartung* (1909) ähnelt dem angsterzeugenden Wald in *Les Aveugles*. Hier wie dort finden die Protagonisten nicht aus dem Wald heraus, sind verirrt und treffen auf den Tod.[250] Überdies

---

[247] Mehrere Programmusiken Schönbergs aus der Zeit um 1900 liegen als Fragmente vor: Vor *Verklärte Nacht* entstanden die symphonischen Dichtungen *Toter Winkel* (nach Gustav Falke) für Streicher (35 T., o.J.; vgl. Rufer 1959, 94) und *Hans im Glück* (13 T., ca. 1898; vgl. Bailey, 1984, 44f.). Der letzte Versuch auf diesem Gebiet ist *Ein Stelldichein* (nach Dehmel, 1905). Am weitesten gediehen war die symphonische Dichtung *Frühlings Tod* (nach einem Gedicht von Lenau), die in T. 254 mit dem Datum 20. 7. 1898 abbricht (vgl. Rufer, 1959, 97f.). Durch seine Besetzung für großes Orchester kann das Werk als Vorläufer für *Pelleas und Melisande* angesehen werden.

[248] Vgl. Schibli: *Ein Stück praktisch gewordener Ideologie* - in. AfMW 4/1984, 274-294; Dahlhaus: *Schönberg und die Programmusik*, 1978, 125-133. Auch Bergs Analyse versucht dies nachzuweisen.

[249] In seinem Aufsatz über Schönbergs *Herzgewächse* konstatiert Ruf eine starke Affinität Schönbergs zu Maeterlinck. Dadurch, daß Schönberg den Gesang entmusikalisiert und die Sprache musikalisiert habe, habe er letztere ihrer gegenständlichen Begrifflichkeit beraubt, um in tiefere Seinsschichten vorzudringen (vgl. Ruf, 1984, 270-273). Ruf versäumt es aber darauf hinzuweisen, daß dies bereits in Maeterlincks Gedicht geschieht und damit eine gestalterische Parallele bei Autor und Komponist vorliegt.

[250] Daß Marie Pappenheim, die das Libretto für *Erwartung* schrieb, eine Maeterlinck-Kenntnis nicht nachgewiesen werden kann, ist hier von untergeordneter Bedeutung, da Schönberg selbst den Entwurf für die Szenerie anfertigte.

verlangt Schönberg in seiner Regieanweisung von 1930 einen "wirklichen Wald", in dem die Frau sich fürchtet. Er möchte das gesamte Stück als Angsttraum aufgefaßt wissen.
Maeterlinck-Nähe weist auch Schönbergs eigene Operndichtung *Die glückliche Hand* auf. Neumann stellt allgemein fest, daß "dieses Drama mit Musik sprachlich und choreographisch dem Maeterlinckschen Symbolismus verpflichtet" ist (1990, 450). Dies läßt sich konkret an einigen Elementen festmachen:
Der Chor aus sechs Frauen und sechs Männern hat die gleiche Besetzung wie Maeterlincks Drama *Les Aveugles*; seine Funktion als allwissender Kommentator entspricht der Maeterlinckschen Blindheitssymbolik. Die Bühnenanweisung für den Chor (die Gestalten sollen in der Dunkelheit wie ausgelöscht sein, nur ihre Augen (!) sollen zu sehen sein) verstärkt den Eindruck, daß es sich hier um eine - möglicherweise bewußte - Anspielung auf *Les Aveugles* handelt. Mit der Liebes- und Werkstattgrotte bedient sich Schönberg eines Maeterlinck-Grundsymbols.[251]

Ein weiteres Opernprojekt Schönbergs, *Und Pippa tanzt* (o. J., vielleicht um 1908, nach dem Drama von Gerhart Hauptmann), gehört indirekt in diesen Zusammenhang.[252]

Zwischen *Pelleas und Melisande* und den *Gurreliedern* lassen sich zwei bedeutungsträchtige motivische Zusammenhänge aufzeigen. Bei Toves „Nun sag ich dir zum ersten Mal: Ich liebe dich" erscheint in der Klarinette ein ähnliches Motiv wie „Melisandes Liebeserwachen" (= M2, ebenfalls Klarinette !). Das Orchesterzwischenspiel vor dem „Lied der Waldtaube", das Toves Tod verkündet, enthält das „Seufzermotiv", das in op. 5 die Erinnerung Golauds nach dem Tod Melisandes einrahmt (bei [63] und [68]; Notenbeispiel s. II/2.5, „Aufbau").

2.3 Entstehungszusammenhänge

Schönberg schrieb seine symphonische Dichtung *Pelleas und Melisande* op. 5 von Juli 1902 bis Februar 1903 in Berlin, wo er von Dezember 1901 bis Juli 1903 lebte. Ein Skizzenblatt trägt das Datum 4. 7. 1902; die letzte Manuskriptseite das Schlußdatum "Berlin, 28. Februar 1903". Nach Wellesz (1985 [1920], 25) hat Schönberg *Pelleas und Melisande* im Jahr 1902 fertig komponiert und bis zur Abgrundszene

---

[251] In seiner musikdramatischen Untersuchung beschreibt Kämmerer (1990, 47-72) den Schönberg-Einakter als episch und damit anti-illusionistisch. Seine Darstellungen und Ergebnisse zu *Die glückliche Hand* lassen sich bruchlos auf die frühen Maeterlinck-Dramen übertragen. Hier wie dort gibt es den ausweglosen Kreislauf des Immergleichen (49), die Aufhebung der Zeitsukzession, statische Bilder, wo seelische Vorgänge zu entfalten sind Entindividualisierung der Figuren (52f.). Bei beiden ist ein Rezipient gefordert, der die Überdeterminierung des Bühnengeschehens aktiv assoziierend aufnimmt (63). Den offenkundigen Bezug zu Maeterlinck sieht Kämmerer jedoch nicht. Ohne sich dessen bewußt zu sein, beschreibt er hier einen dramaturgischen Einfluß Maeterlincks auf Schönberg, der tiefergehend ist als der der direkten "Verarbeitung" eines Maeterlinck-Dramas in op. 5.
[252] Interessant ist, daß auch Berg dieses Drama als Grundlage für eine Oper verwenden wollte, das Projekt aber wegen überzogener Tantiemenforderungen von Hauptmann fallenlassen mußte (vgl. Berg: Brief an Schönberg, 26. 4. 1928 - Arnold Schönberg Center, Wien).

instrumentiert; die Fertigstellung der Instrumentation erfolgte zu Beginn des Jahres 1903. Vermutlich war es Richard Strauss, der Schönberg das Maeterlinck-Drama als Libretto vorschlug.[253] Schönberg kannte das Drama aber möglicherweise schon früher. In seinem Kalender von 1900 findet sich im März folgender Eintrag: "Pelleas und Melisande/Maeterlinck".[254]
Die Frage, welche Übersetzung des Dramas Schönberg benutzte, ist bislang offen. In Schönbergs Nachlaß befindet sich lediglich die Übersetzung von Oppeln-Bronikowski in der Ausgabe von 1903, die als Grundlage für das 1902 geschriebene Werk ausscheidet. Die erste Übersetzung von Oppeln-Bronikowski erschien 1902; sie folgt noch der Dramenfassung Maeterlincks von 1898. Schönberg könnte aber auch die Übersetzung von George Stockhausen (1897) verwendet haben.
Warum Schönberg die ursprüngliche Absicht, eine Oper zu dem Drama zu komponieren, fallenließ, ist unklar. Die Art, wie er sich rückblickend darüber äußert, läßt Zweifel an der Behauptung aufkommen, er habe von der Existenz der Oper Debussys nichts gewußt:

> "I had first planned to convert "Pelleas and Melisande" into an opera, but I gave up this plan, though I did not know that Debussy was working on his opera at the same time. I still regret that I did not carry out my initial intention. It would have differed from Debussy's. I might have missed the wonderful perfume of the poem; but I might have made my characters more singing. On the other hand, the symphonic poem helped me, in that it taught me to express moods and characters in precisely formulated units, a technique which an opera would perhaps not have promoted so well. Thus my fate evidently guided me with great foresight." (Schönberg, 1950, o.S.).

Die Uraufführung von Debussys Oper in Paris am 30. 4. 1902 wurde in allen führenden deutschsprachigen Musikzeitschriften im März/April 1902 angekündigt und bis zum Juni 1902 ausführlich besprochen. Schönbergs anstelle eines Grundes für die Aufgabe des Opernplanes angeführte Versicherung ("obwohl ich von Debussys Oper nichts gewußt habe") klingt ein wenig nach konstruierter Apologetik, die den Grund für die kompositorische Umorientierung verschleiern soll. Dieser könnte außer in dem Wissen um die Existenz der Debussy-Oper in der Einsicht gelegen haben, daß Maeterlincks Einverständnis für ein solches Vorhaben nur mit großen Schwierigkeiten zu erlangen gewesen wäre. Es ist durchaus denkbar, daß Schönberg zu einem Zeitpunkt von Debussys Oper erfahren hat, zu dem er bereits gedanklich so stark in das Projekt involviert war, daß er es nicht mehr aufgeben wollte. Der Gattungswechsel erschien da als die eleganteste Lösung. Gestützt wird diese Annahme durch spätere Texte. Zum einen bemüht sich Schönberg in seiner Harmonielehre (1910) auffallend darum nachzuweisen, daß es keinen Einfluß

---

[253] Schönberg hatte Strauss im Frühjahr 1902 kennengelernt und ihn nach einem Operntext gefragt. Vgl. Stuckenschmidt, 1974, 58; Schibli, 1984, 283; Bailey, 1984, 59 und ausführlich zur Schönberg-Strauss-Beziehung Föllmi, 1996, 174f.: In Schönbergs erster Berliner Zeit spielte Strauss für diesen die Rolle eines musikalischen Mentors und unterstützte ihn auch finanziell. Er regte neben der Komposition von *Pelleas und Melisande* die der *Fünf Orchesterstücke* op. 16 an. Beide Werke entsprachen jedoch nicht Strauss' Vorstellungen.

[254] Das Datum des Eintrags kann nicht als gesichert gelten, da Schönberg seine Kalender später oft als Notizbücher verwendete. Die Schrift wirkt gegenüber der von anderen Notizen auf dieser und den folgenden Seiten leicht verändert. Für die Richtigkeit des Datums könnte das Faktum sprechen, daß *Pelléas et Mélisande* im Juli 1900 an der Wiener Secessionsbühne aufgeführt wurde. Dies dürfte Schönberg schwerlich entgangen sein.

Debussys auf satztechnische Neuerungen in seiner symphonischen Dichtung gegeben haben könne:

> "Ich verwende die Ganztonakkorde beispielsweise in meiner symphonischen Dichtung 'Pelleas und Melisande', die 1902, ungefähr zur selben Zeit wie Debussys Oper 'Pelléas et Mélisande' komponiert ist (in der dieser, soviel ich höre, auch zum ersten Mal die Ganztonakkorde und die Ganztonleiter verwendet), jedenfalls aber mindestens drei bis vier Jahre bevor ich seine Musik kennen lernte - [...]." (Schönberg, 1922, 470).
>
> "Wie wahrscheinlich mancher andere, habe auch ich Quartenakkorde geschrieben, ohne Debussys Musik gehört zu haben. Vielleicht sogar früher, sicher aber zur gleichen Zeit wie er. Soviel ich weiß, zum erstenmal in meiner schon erwähnten symphonischen Dichtung 'Pelleas und Melisande'." (ebd., 481).
>
> "Dann habe ich lange nachher erst in meiner Kammersinfonie die Quartenakkorde wieder aufgenommen, ohne mich an diesen Fall [*Pelleas und Melisande*; Anm. d. A.] zu erinnern, und ohne Debussys oder Dukas' Musik inzwischen kennengelernt zu haben." (ebd., 482).[255]

Zum anderen gibt es einen frühen Aufsatz von Wellesz über Schönberg, in dem dieser ausführlich auf op. 5 eingeht. Die hierbei relevante Textstelle lautet:

> "Es braucht wohl nicht gesagt zu werden, daß sie [die sinfonische Dichtung op. 5; Anm. d. A.] vollkommen unabhängig von der Oper Debussy's entstanden ist; denn wer kannte um diese Zeit schon in Deutschland etwas von den Jungfranzosen. Merkwürdigerweise hatte Schönberg ursprünglich auch die Absicht, das Drama Maeterlinck's zu komponieren, gab sie aber auf und gestaltete aus dem poetischen Vorwurfe eine sinfonische Dichtung." (Wellesz, 1911, 344).

Statt eines Belegs für Schönbergs Unkenntnis von Debussys Musik liefert Wellesz eine affirmative Floskel, die eher dazu verleitet, seine Behauptung in Zweifel zu ziehen. Auch er nennt keinen Grund für die Aufgabe der Opernidee. Es ist anzunehmen, daß die Behauptung, Schönberg habe nichts von Debussys Oper gewußt, von den meisten Schönberg-Forschern aus diesen Quellen unhinterfragt übernommen worden ist.

Ein interessantes Dokument ist eine Interviewpassage aus der Zeitschrift *Bohemia* (2. 3. 1912), die eine Wertung Schönbergs von Debussys Oper enthält. Das Interview kam nach der Prager Erstaufführung von op. 5 zustande.

Frage:
„Und wie steht es mit Debussy ? [...]. Ihr Pelléas entstand ja ungefähr gleichzeitig mit dem französischen Musikdrama; wie urteilen Sie über Debussys Auffassung des dichterischen Inhalts, die von der Ihrigen wohl ziemlich abweicht?" -

Schönberg:
„Debussy gefällt mir sehr gut, [...], er war reifer als ich, als wir beide an das Werk herantraten, und er hat wohl auch Maeterlincks Stil richtiger getroffen." (Schönberg, 1912, 3).

---

[255] Möglicherweise bilden diese Textstellen die Grundlage für die allgemein der Schönberg-Literatur zu entnehmende Angabe, Schönberg habe Debussys Musik erst ab etwa 1907 kennengelernt. Föllmi (1996, 196-199) führt darüber hinaus aus, wie stark Schönberg von Debussys Musik beeindruckt war.

Bemerkenswert ist hier, daß Schönberg einräumt, Debussys Oper habe eine höhere Übereinstimmung mit dem Drama erzielt als sein Werk.
Schönberg hat sich sein Leben lang für *Pelleas und Melisande* interessiert und sich zu seinem Werk bekannt. Abgesehen von seinem Brief an Zemlinsky (1918), in dem eine kritische und distanzierte Haltung vorherrscht - die aber zum größten Teil Schönbergs Bestreben, Zemlinskys Streichungsabsichten buchstäblich in letzter Minute zu verhindern, entsprungen sein dürfte - äußert sich Schönberg grundsätzlich positiv über op. 5 und verweist auf dessen wichtige Rolle für seine Entwicklung.
1947 plante Schönberg, seine symphonische Dichtung zusammen mit Antony Tudor zu einem Ballett umzuarbeiten. Er versuchte, mit der Universal-Edition in Wien über eine Änderung des Copyright zu verhandeln, was aber erfolglos blieb.[256] Nach Schönbergs Tod griffen jedoch einige Choreographen die Idee auf: 1952 führte Peter van Dyk op. 5 als Ballett in Wiesbaden auf; 1955 brachte es Erich Walther in Wuppertal auf die Bühne und 1969 schließlich das Royal Ballett unter R. Petit in London. Walthers Choreographie wurde außerdem in Zürich (1967), in der Deutschen Oper am Rhein (1969), in Berlin (1975) und der Staatsoper in Wien (1977 und 1982) aufgeführt. Eine weitere Version präsentierte Gray Veredon 1975 im Tanzforum Köln (vgl. Koegler, 1972, 450 und Bailey, 1984, 74f.).

2.4 Studien und Essays zu *Pelleas und Melisande*

Die ältesten Untersuchungen zu Schönbergs *Pelleas und Melisande* stammen von Wellesz, Webern und Berg. Letzterer hat mit seiner detaillierten Formanalyse, die für das Werk ein traditionelles Formschema propagiert, die nachfolgenden Arbeiten einseitig beeinflußt. Erst in jüngster Zeit zeichnet sich eine Hinterfragung oder Erweiterung der Bergschen Sichtweise ab, bei der aber meist die Akzentuierung der Form beibehalten wird. Ein alternativer Ansatz fehlt bislang. Dies soll aufgrund der Fragestellung dieser Arbeit Gegenstand des Analysekapitels (II/2.5) sein.

Wellesz
Die früheste Betrachtung zu op. 5 stammt von Egon Wellesz. In einem Zeitschriftenaufsatz (1911) stellt er Schönbergs Entwicklung als "Übergang von den klassischen Formen zum musikalischen Impressionismus" dar. Wellesz hebt die Bedeutung von *Pelleas und Melisande* für Schönbergs weitere Entwicklung hervor; er sieht in dem Werk "Keime eines neuen Stils". Außerdem weist er auf die "neue Art der Themenverarbeitung" hin: jedes aufgestellte Thema werde sofort durchgeführt (344). Zwar ist *Pelleas und Melisande* für Wellesz in tektonischer Hinsicht ein Vorläufer zu Strauss' *Sinfonia Domestica* - mit der op. 5 in der Tat vom Grobaufbau her identisch ist - dennoch bezeichnet er die Form als "frei". In seiner späteren Schönberg-Monographie (1920/21) betont er allerdings - vielleicht unter dem Einfluß von Bergs Analyse - die vierteilige sinfonische Anlage. Jetzt ist für ihn in dieser symphonischen

---

[256] ... aufgrund der schwierigen Urheberrechtssituation und der politischen Lage: Formal befand sich Österreich 1947 mit den USA nach wie vor im Kriegszustand. Schönbergs in Wien lebender Schwiegersohn, der sich sehr für das Projekt einsetzte (s. Briefwechsel), konnte letztlich nichts ausrichten.

Dichtung "aufs Glücklichste die Durchdringung des poetischen Vorwurfs mit einer festen Form vollzogen" (1921/1985, 80).

Webern

In seinem Beitrag zu dem 1912 erschienenen Buch *Arnold Schönberg* stellt Anton Webern die Werke seines Lehrers bis zur *Glücklichen Hand* dar. Der Aufsatz trägt deutlich apologetische Züge; Webern möchte die Musik Schönbergs als etwas Besonderes, Originelles darstellen. Dies bedingt die Betonung der Unabhängigkeit Schönbergs von der Tradition. Auf diesem Hintergrund ist Weberns Bewertung der frühen Werke Schönbergs als "formal ganz frei" zu verstehen.[257] Diese freien Formen entstünden, so Webern, aus dem subjektiven Empfinden und Ausdrucksbedürfnis Schönbergs, dem dieser ausschließlich folge (22f.). Die Anlage von *Pelleas und Melisande* charakterisiert Webern als rhapsodisch:

> "Sein Bau ist ganz frei. Riesengroß ist die Anzahl der Themen. Sie sind meist kurz - eine Ausnahme bilden ein scherzoartiges und ein lang ausgesponnenes Adagio-Thema -, treten frei phantasierend ein und werden sofort äußerst kunstvoll verarbeitet. Unübersehbar ist der Reichtum dieser Durchführungen und Variationen." (27f.).

Berg

Von Alban Bergs Analyse, die dieser im Auftrag der Universal Edition schrieb, liegen zwei Fassungen vor: die veröffentlichte *Kurze thematische Analyse* (1920) und die handschriftliche, inzwischen im Rahmen der Berg-Gesamtausgabe erschienene ausführlichere *Thematische Analyse* (um 1920; 1994). Welche der beiden Fassungen die ältere ist, ist bisher nicht geklärt (vgl. Stephan/Busch, Vorwort - in: Berg, 1994, XXXI).[258]

Bergs Analyse von *Pelleas und Melisande*, die den Aufbau des Werks als Verquickung traditioneller Formschemata darstellt, ist in ihrer einseitigen Hervorhebung des Formmodell-Aspekts apologetisch, im Vergleich zu Webern aber in entgegengesetzter Richtung. In einer Zeit, in der man durch das Verschwinden der Gattung "Programmusik" deren propagierte ästhetische Minderwertigkeit bestätigt sah, war es nötig, ein Werk dieser Gattung durch den Nachweis von "Gütekriterien" der absoluten Musik (in diesem Fall eines traditionellen Formschemas) zu legitimieren.[259]

---

[257] Gemeint sind *Verklärte Nacht*, *Pelleas und Melisande* und die *Fünf Orchesterstücke*. Eine Verschmelzung klassischer Satzformen sieht Webern dagegen in den nach *Pelleas und Melisande* komponierten Werken: *1. und 2. Streichquartett, Kammersinfonie* (30).

[258] Die *Thematische Analyse* bietet denselben Formaufriß wie die *Kurze thematische Analyse*. Sie ist gegenüber jener nur um mehrere Notenbeispiele, Dramenzitate und einige zusätzliche Themenzuordnungen erweitert.

[259] Der Annahme einer Sonatensatzform in op. 5 widerspricht im Grunde Schönbergs Einleitung zur *Analyse der Kammersinfonie* (1949): "Die Kammersymphonie, 1906 komponiert, ist das letzte Werk meiner ersten Periode, das aus nur einem durchgehenden Satz besteht. Sie hat noch eine gewisse Ähnlichkeit mit meinem ersten 'Streichquartett op. 7', das auch die vier Satztypen der Sonatenform kombiniert, und in mancher Hinsicht mit den symphonischen Dichtungen 'Verklärte Nacht op. 4' und 'Pelleas und Melisande op. 5', die unter Außerachtlassung der herkömmlichen Reihenfolge der Sätze Typen zuwegebringen, die der kontrastierenden Wirkung unabhängiger Sätze ähnlich sind." (Schönberg, StG, 440).

Zusätzlich galt es im Fall Schönberg, dessen frühe Werke in eine stimmige Entwicklungslinie einzupassen. Da lag es nahe, das Formmoment hervorzuheben, das sich in der Zeit des Übergangs zur Zwölftontechnik als tragendes Konstruktionsprinzip der Werke Schönbergs erwies. Auf diese Weise konnte op. 5, obwohl im Hinblick auf die Gattung eher als Sackgasse der Entwicklung bezeichnet, dennoch für die Darstellung einer kontinuierlichen Kompositionsentwicklung Schönbergs "gerettet" werden. Die ästhetische Legitimierung von *Pelleas und Melisande* als quasi-absolute Musik durch Berg war um 1920 auch deshalb angezeigt, weil Schönberg selbst zu dieser Zeit dem Werk eher skeptisch gegenüberstand. (s. Brief an Zemlinsky, 1918).

Felber
Wie Wellesz verweist Erich Felber (1927, 30-33) auf die Bedeutung von op. 5 für Schönbergs Entwicklung. Rückblickend sieht er in der extrem dichten Polyphonie des Werks "embryonal" die Zwölftontechnik aufscheinen. Seine Formauffassung folgt der Bergs. Indem er die symphonische Dichtung als absolute Musik umwertet, die zum Verständnis kein Programm benötige, geht er noch über diesen hinaus (32f.).

Schubert
Giselher Schubert befaßt sich im Rahmen seiner Studie über Schönbergs frühe Instrumentation (1975) auch ausführlicher mit op. 5. Zwar nimmt auch er Bergs Analyse zum Maßstab für die Formdarstellung, er betont aber die Mehrdeutigkeit der Formkonzeption, die sowohl programmatisch als auch immanent musikalisch aufgefaßt werden könne (131). Dem Formschema von Berg stellt er die Szenenabfolge in Debussys Oper gegenüber, wobei sich für Schönbergs op. 5 einige Szenenzuordnungen ergeben, die über die gesicherten hinausgehen. Da Schubert nicht darauf eingeht, scheinen diese rein zufällig zustande gekommen zu sein - dabei ließe sich etwa die Annahme einer Meeres- und einer Pferdsturzszene in Schönbergs Werk durchaus musikalisch begründen. Wie Schubert zu der Behauptung kommt, Berg habe zur Identifikation der Szenen nicht Maeterlincks Drama, sondern eher die Oper Debussys benutzt, ist unverständlich.[260] Dieser Gedanke führt Schubert bei dem Versuch, die "Reprise" Schönbergs als dramenmotiviert darzustellen, auf einen Irrweg. Seiner Meinung nach habe sich Schönberg hier auf die Schloßtor- und Dienerinnenszene bezogen, was Berg nicht gemerkt habe, da in der Debussy-Oper diese beiden Szenen gestrichen seien (129). Schönbergs eigene Äußerungen belegen jedoch, daß er die Schloßtorszene ausgelassen hat (s. Programmnotiz für Zemlinsky, Kap. II/2.5). Auch Schuberts Feststellung, Schönbergs Reprisenteil enthalte dramenfremde Zusätze, ist durch Analyse zu widerlegen. Im Umgang mit den beiden *Pelleas und Melisande*-Vertonungen kommen weitere kleine Ungenauigkeiten vor. So wird "Absalom" - wenn auch in "..." - bei der Aufzählung der szenenpräsenten Dramenfiguren mit eingereiht (125).[261]

---

[260] Berg zitiert in seinem Führer nicht den Text des Klavierauszugs zu Debussys *Pelléas et Mélisande* von Otto Neitzel (1906) - der, nebenbei bemerkt, von verbalen Wagnerismen geradezu strotzt - sondern die Übersetzung von Oppeln-Bronikowski.

[261] Folgenschwerer ist ein durch ein falsch wiedergegebenes Zitat zustande gekommener Fehlschluß. Schubert läßt bei der Wiedergabe der Briefstelle Debussys über Yniolds notorischen Ausruf "petit père" (Sz. 13) die Anführungsstriche weg, die signalisieren, daß es Debussy um das Problem der Vertonung dieser zwei Wörter ging und folgert, daß Debussy Schwierigkeiten mit der

Aufgrund der Fragestellung seiner Arbeit interessiert sich Schubert vor allem für Schönbergs Haar- und Abgrundszene, in denen "primär das Timbre gestaltet" sei, aber auf ganz unterschiedliche Art. Während in der Haarszene die extreme Dichte der Motive und Themen zu deren Nivellierung und zur Klangfläche führe, sei die Abgrundszene eher geräuschhaft konzipiert (113f.; 131).
Die vergleichende, allzu vereinfachende Wertung, Debussys Oper habe die Atmosphäre der Szenen kompositorisch eingefangen, während Schönbergs Komposition die "innere Handlung" des Dramas schildere (125), gründet sich wohl eher auf Schlagworte wie "Impressionismus" als auf eine genauere Werkanalyse.

Dahlhaus
Auch Dahlhaus betrachtet in seinem Aufsatz *Schönberg und die Programmusik* (1978) op. 5 unter formalen Gesichtspunkten. Für ihn liegt ein vierfaches Formkonzept vor. Er erweitert die Bergsche These von der Verschmelzung von Sinfonie- und Sonatenform durch zwei vom Sujet bestimmte Strukturierungsansätze: das Werk als musikalische Szenenfolge und eine sich durch das Zusammenwirken von "Leitmotiven" ergebende mehr oder minder kontinuierliche "Erzählung".[262] Insgesamt sieht Dahlhaus ein Gleichgewicht von Sujetbezug und eigenständiger musikalischer Form.

Bailey
Ein Verdienst von Baileys ausführlicher Betrachtung von *Pelleas und Melisande* (1984) ist die Veröffentlichung der Notizen Schönbergs zu seinem Werk. Bailey folgt Dahlhaus mit der Ansicht, daß die Form von op. 5 auf einer komplexen Kombination programmatischer und absolut-musikalischer Elemente beruhe. Diese Meinung konkretisiert er, indem er der formalistischen Gliederung Bergs ein eigenes dreiteiliges, an den Tonarten der Dramenszenen orientiertes Formraster gegenüberstellt (72f.). Die Analyse der Tonartenfolgen führt Bailey zu der Einsicht, daß Golauds Thema unter diesem Aspekt eher die Qualitäten eines Seitensatzes besitze, woraus er jedoch keine weiteren Schlußfolgerungen zieht.[263]

Ackermann
Ackermann (1992, 146-156) resümiert die wichtigsten Untersuchungen über *Pelleas und Melisande*, wobei Bergs Analyse im Mittelpunkt steht. Seine Kritik an Bergs Formsatz setzt bei der Reprise an, die für ihn keine ist, da sie durch starke Modifikation und das Auftreten neuer Elemente ihren formalen Charakter verliere. Auch der Epilog komme als Reprise nicht in Betracht, da dessen kaleidoskopartige Themenrekapitulation sich auf das gesamte Werk erstrecke und eine Art Erinnerungsmusik im Sinne Wagners darstelle (151). Die ständige Durchführungsarbeit, die zur Auflösung des Reprisencharakters beitrage, lasse auch den zweiten Formumriß, den der vier sinfonischen Sätze in einem, verschwimmen. So sei der Scherzogestus des II. Teils (nach Berg) nur in den ersten Takten wirksam. Das tragende Strukturprinzip,

---

    Identität seiner Charaktere gehabt habe. Das "Väterchen", das Debussy Alpträume verursacht, wird hier offenbar irrtümlich für die Dramenfigur gehalten.

[262] Darauf, daß dies bereits im Drama angelegt ist, weist Dahlhaus nicht hin.

[263] ... etwa zu kritisieren, daß Melisandes Thema in Bergs Sonatenform überhaupt nicht berücksichtigt wird und dieses als erstes Thema vorzuschlagen.

das den Zusammenhalt von Schönbergs *Pelleas und Melisande* bewirke, sei die motivisch-thematische Arbeit, wodurch das Werk ständig im Fluß bleibe. In der Dissoziation der Großform in op. 5 sieht Ackermann eine Vorbereitung auf die Phase der freien Atonalität bei Schönberg (152).

Frisch
In seinem Kapitel über Schönbergs op. 5 konzentriert sich Walter Frisch (1993) auf die motivischen Zusammenhänge der Hauptthemen sowie auf Harmonik, Tonartenfolge und Form. Zunächst zeigt er motivische Verbindungen zwischen dem 1. Melisande-Thema und den Themen der beiden Brüder auf und interpretiert diese inhaltlich als Abbild der Beziehung zwischen Melisande und Golaud/Pelleas (160-162).[264]
Frisch stellt fest, daß Thematik und Harmonik sich wechselseitig bedingen. Die drei Hauptthemen würden grundsätzlich von konventionellen Harmoniefolgen begleitet. Wie Bailey entwirft Frisch ausgehend von Berg ein auf Tonartenfolgen basierendes Formschema, allerdings unter Auslassung des "Epilogs". Im ersten Teil erkennt er eine große Bogenform, im dritten (Liebesszene) eine Rondo-Sonatensatz-Anlage, die aber durch ständige, zu immer neuen Höhepunkten strebende Entwicklungsprozesse überlagert werde (172-174).
Im Unterschied zu den meisten anderen Autoren wagt Frisch eine qualitative Wertung von Schönbergs Werk - in Relation zu *Verklärte Nacht* und den *Gurreliedern*. Während er letztere für Meisterwerke hält, ist ihm *Pelleas und Melisande* zu "aufgebläht", seine Mängel träten stärker hervor als in den beiden anderen. Seiner Meinung nach sind in op. 5 die fundamentalen kompositorischen Unsicherheiten des frühen Schönberg zu erkennen, besonders an der Themenredundanz und dem Umgang mit der Tonalität (176f.).

Puffett
In seiner Untersuchung der Berg-Analyse kritisiert Derrick Puffett (1995) die vorbehaltlose Übernahme des Bergschen Formschemas durch fast alle Musikwissenschaftler. Es gebe viele Form-Postulate bei Berg, die einer unvoreingenommenen Analyse des Werks nicht standhalten würden. Berg manipuliere Fakten zu ideologischen Zwecken: Ziel seiner Analyse sei die Distanzierung von der Programmusik und die Legitimierung von op. 5 als absolute Musik (216-219). Bergs Analyse sei zwar nirgends eindeutig falsch, verzerre aber die Proportionen der kompositorischen Parameter zugunsten eines aufgezwungenen Formschemas (223). Sie vertrete eine historische Wahrheit: die des Schönberg-Kreises um 1920. Darüber hinaus sei sie erkennbar im Geiste Wagners geschrieben.
Um der Bergschen Formidee eine eigene entgegenstellen zu können, bietet Puffett in seinem Aufsatz auch eine Untersuchung von Schönbergs *Pelleas und Melisande*. Er sieht die Maeterlinck-Rezeption Schönbergs als kreatives Mißverständnis, das auf den Wagnereinfluß zurückzuführen sei. Nicht nur musikalisch, auch textlich habe dieses "Mißverständnis" für Schönberg nahegelegen; denn die von Schönberg benutzte Oppeln-Bronikowski-Übersetzung des Dramas sei im Sprachstil Wagners ge-

---

[264] Die Verbindung zwischen dem 1. Melisande-Thema und den beiden Pelleas-Themen ist nachzuvollziehen; im Golaud-Thema dagegen kommt das betreffende Melisande-Motiv nur als harmonischer Übergang vor. Für die Postulierung eines Motivzusammenhangs erscheint dies zu unspezifisch.

halten, zudem stelle Wagner für die frühen Dramen Maetherlincks den Haupteinfluß dar.[265] Mit seiner "Wagnerischen Musik" mache Schönberg den impliziten Wagnerismus des Dramas musikalisch explizit. Weil das Drama letztlich auf einer anderen Ästhetik basiere, werde Schönberg dessen Subtilität nicht gerecht. Puffetts eigener Formvorschlag behält Bergs Vierteilung bei und verzichtet lediglich auf die Benennung als Sonatenform. Der rote Faden des Werks ist für ihn das fünfmal wiederkehrende Schicksalsthema, das eine Art Rondo-Aufriß bewirke.[266] Im Gegensatz zu Berg sieht er den ganzen letzten Teil als integralen Satz an, dessen Rekapitulationscharakter nur von der Sterbe-Episode unterbrochen wird. Er lehnt daher die Bezeichnung "Epilog" für den Schlußteil ab.

2.5 Analyse

Schönberg konzentriert sich in seiner Komposition hauptsächlich auf die Gestaltung von Form und Thematik, die bei ihm im Dienst des musikalischen Ausdrucks stehen. Bei diesen Parametern ist die Auseinandersetzung mit dem Drama am deutlichsten zu erkennen.
Schon aufgrund der Fragestellung dieser Arbeit wird eine kritische Auseinandersetzung mit Bergs Formschema und der Entwurf eines alternativen, am Dramentext orientierten Modells nötig, wobei Schönbergs Aussage, er habe versucht, jede Einzelheit des Dramas zu spiegeln, als heuristischer Leitfaden dient. Wichtige Informationen liefern Schönbergs eigene, die Beziehung „Drama - Komposition" betreffenden Äußerungen. Auf sie wird in der Analyse eingegangen.
(Themenübersicht s. Ende des Kapitels).

Aufbau

a) Formanlage: Entwurf einer neuen Formdeutung zu op. 5
Durch genaue Dramen- und Kompositionsanalyse lassen sich alle Teile von Schönbergs symphonischer Dichtung bestimmten Dramenszenen zuordnen. Diese Zuordnungen werden zum Teil durch Schönberg selbst gestützt.

Die **Waldszene** ist situativ und szenisch konzipiert. Der Anfang wird von M1-W, einer motivischen Vorform des 1. Mélisande-Themas, sowie vom Schicksalsmotiv bestimmt. Nach der Einführung in die verworrene, bedrohliche Situation im Wald

---

[265] Diese Behauptung ist nicht haltbar und keineswegs "common sense", wie Puffett meint. Wagner spielte schon allein wegen der Musikphobie Maeterlincks als Einfluß eine geringere, höchstens indirekte Rolle. Die Übereinstimmungen lassen sich durch die Nutzung der gleichen oder ähnlicher Quellen erklären. Zu den von Maeterlinck verarbeiteten literarischen Einflüssen s. Kap. I/2.2.

[266] Damit macht Puffett im Grunde das, was er an Berg kritisiert. Er bewertet ein Moment über, das in Wirklichkeit nicht stärker im Vordergrund steht als andere und konstruiert damit einen klassischen Formtyp. Die Fokussierung des Schicksalsthemas mag durch Puffetts alleiniges Ausgehen vom Höreindruck zustandegekommen sein. Dessen Fortissimo ist zweifellos besonders sinnfällig.

(melodischer Tritonus, Ganztonakkord-Spannungen) erzählt Schönberg quasi an der Literaturvorlage entlang. Auf dem Höhepunkt des "Waldchaos' " tritt Melisande mit ihrem 1. Thema (M1) in Erscheinung, das metrisch (4/4) in Konflikt zur „Umgebung" (12/8) steht (bei [1]). Ihr Thema zerfließt in der Engführung der Holzbläser (bei [2]; Weinen oder "Ausstrahlung der Schönheit" ?). Golauds Thema wird sukzessiv aufgebaut; er nähert sich in drei Anläufen ([3] bis 3T n. [4]). Nach Melisandes Abwehr (4T n. [4]; s. Symbolik) stellt Golaud sich mit seinem kompletten Thema vor [5] und gewinnt Melisandes Vertrauen. Danach folgt die Schilderung der Heirat Golauds und Melisandes. Die Exponierung des die Hochzeit/Ehe symbolisierenden Ringmotivs sowie das gleichzeitige Erklingen des Golaud- und Melisande-Themas begründen diese Zuordnung hinreichend. Dies würde bedeuten, daß Schönberg hier Informationen der Briefszene mit verarbeitet hat. Das Ringmotiv wird zunehmend verselbständigt und mit dem Brunnenmotiv kombiniert ([6]).[267] Nach [7] wird das Brunnenmotiv von gegenläufigen Streicher-/Klarinetten-Sextolen sowie Harfenglissandi abgelöst, die eine optisch auffallende Wellenbewegung erzeugen und vielleicht die Überfahrt nach Allemonde darstellen sollen. Diesen folgt ein rhythmisch geglättetes, "domestiziertes" M1-Kopfmotiv (7T n. [8]; 1. Violinen):

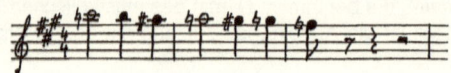

Die Einblendung einer bösen Vorahnung in Gestalt des bedrohlich verzerrten Ringmotivs (mit Tritonus) zusammen mit dem dramatisch gesteigerten Schicksalsmotiv, das hier seinen ersten Höhepunkt erreicht [8] zeigt, daß die Ehe zwischen Golaud und Melisande für Schönberg von Anfang an zum Scheitern verurteilt zu sein scheint.[268] Doch die Schreckensvision hält nicht lange an: noch, so suggeriert Schönberg im Gegensatz zu Maeterlinck, ist das Zusammensein der beiden ungetrübt (G-Kopfmotiv und M1 in der Solo-Viola, "expressiv"; 6T v. [9]).

Die **Briefszene** ist der Ort des ersten Auftritts von Pelleas. Schönberg exponiert das P1- und P2-Thema jedoch im Kontext eines mit "lebhaft" überschriebenen Satzes (ab [9]), dessen "Übermut" sich kaum mit der gedrückten Stimmung dieser Szene in Einklang bringen läßt. Wahrscheinlicher ist, daß er mit diesem bewegten Gestus an die **Meeresszene** anknüpft, in der Pelleas zu Geneviève und Melisande hinaufsteigt. Diese Annahme wird durch das Erscheinen des stark diminuierten M1-Themas (4T n. [9]; Klarinette) unmittelbar nach P1 gestützt. Dessen Auftreten zusammen mit dem Schicksalsmotiv kann auf symbolischer Ebene als Vorzeichen für Pelleas gelesen werden: sein Schicksal ist durch das Treffen mit Melisande ebenso besiegelt wie das von Golaud. Mehr als um einen konkreten szenischen Bezug geht es Schönberg an

---

[267] Dies könnte zweierlei anzeigen: zum einen den Ort (Brunnenmotiv => Quelle im Wald), was bedeuten würde, daß man sich noch in der Waldszene befindet; zum anderen eine Prophezeiung für das Schicksal des Ringes (Verknüpfung von Ring- und Brunnenmotiv = der Ring wird ins Wasser fallen; Wagner-Anklang !?).

[268] Dieser dramatische Höhepunkt besitzt wohl kaum Überleitungscharakter, wie Berg meint, allenfalls die letzten 5 Takte vor [9].

dieser Stelle aber wohl um die Darstellung des Charakters von Pelleas, den er vor allem als "jugendlich" empfindet. Dabei verarbeitet er offensichtlich in freier Form Informationen aus beiden Szenen.[269] Die Exposition von P1+2 wird auf das Zusammentreffen mit M1 hin gesteigert (4T v. [12]). Ob Schönberg das erste Treffen in die Brunnenszene verlegt oder als Schluß der Meeresszene sieht, ist nicht mit Sicherheit festzustellen. Sehr wahrscheinlich gehört die Exposition von M2, dem "Liebesthema" der Melisande (6T v. [13]), zur Brunnenszene, wie die Rückbezüge darauf in der Liebesszene zeigen.[270]

Breiteren Raum (94 Takte) nimmt bei Schönberg die **Brunnenszene** als eine erste "Liebesszene" zwischen Pelleas und Melisande ein. Aufgrund gewisser Parallelen mit der Liebesszene lassen sich Schlüsse bezüglich ihres Umfangs ziehen. Einiges deutet darauf hin, daß Schönberg die verschiedenen Episoden der Szene wiedergibt, wobei das "Spiel mit dem Ring" am ausführlichsten dargestellt wird. Wie die Liebesszene ist die Brunnenszene zweiteilig angelegt.[271] Der erste Teil (4T v. [12] - [16]) enthält neben der Exposition von M2 die durch Pelleas initiierte Erinnerung an das Treffen Golaud - Melisande an der Quelle im Wald ([14]-[15]: Wendung nach F-Dur; variiertes P1-Thema - 3T v. [14]; Vc., die Erinnerung einleitend):

Nach dieser Interpolation taucht ein ornamentales Thema (M3) zusammen mit P1 und dem Waldmotiv auf. Streichertremoli und Brunnenmotiv (variiert) zeigen an, daß diese Episode ([15]-[16]) unmittelbar mit dem Brunnen selbst zu tun hat. Aus einigen Bezügen zur Haarszene läßt sich vermuten, daß es sich um die Haarepisode innerhalb der Brunnenszene handelt, bei der Melisandes Haar ins Wasser fällt.[272] Diese wäre gegenüber dem Drama mit der Erinnerung an die Waldszene vertauscht.
Der zweite Teil der Brunnenszene (ab [16]) behandelt ausschließlich das Spiel mit dem Ring, dessen Verlust und Golauds gleichzeitigen Sturz vom Pferd (ab [22]). Alle Motive und Themen sind in der Ringspiel-Episode mehr oder weniger zu ostinaten Figuren stilisiert. Das Ringmotiv-Ostinato zu Beginn des Abschnitts ([16]-2T n. [16])

---

[269] Daß die Briefszene als Bezugspunkt in Frage kommt, geht aus dem "Plan" Schönbergs hervor, wo Arkel erwähnt wird, der danach erst wieder in der Verhinderungsszene (8) auftritt.

[270] Vieles spricht dafür, das erste Treffen zwischen Pelleas und Melisande in Schönbergs symphonischer Dichtung in die Brunnenszene zu verlegen und diese bei 4T v. [12] mit der Wiederkehr von M1 beginnen zu lassen. Zum einen tritt dieses Thema zusammen mit dem M1-W-Motiv-Kontrapunkt auf, was eine Verbindung der beiden Szenenorte implizieren würde (Quelle - Brunnen, Wald - Park), zum anderen setzen ab [12] die für die Brunnenszene (und Liebesszene) typischen Streicher-Terz-Tremoli ein. Eine Aufteilung des Abschnitts auf zwei Szenen ist auch wegen dessen einheitlicher musikalischer Gestaltung nicht sinnvoll. Daß das M2-Thema zur Brunnenszene gehört, läßt sich aus den Skizzenblättern 1406 und 1408 schließen. Auf beiden ist dessen Exposition zusammen mit dem "Scherzo"-Beginn enthalten - ein möglicher Hinweis auf die Zusammengehörigkeit der beiden Teile.

[271] Durch Schönbergs Zuordnungen nur für die Liebesszene eindeutig belegt. Für die Brunnenszene benennt er nur die Ring-Episode.

[272] M1 gleichrhythmisch diminuiert, quasi ornamental (Sechzehntel, z. T. Sextolen), Tremoli, P1 in den Violoncelli, häufiges Auftreten von M2, Tendenz des Satzes zur Klangfläche.

hat die rhythmische Gestalt des Brunnenmotivs, womit Schönberg möglicherweise das Schicksal des Ringes, der im Brunnen landen wird, musikalisch vorwegnimmt. Dies geschieht in Analogie zum Drama, in dem Melisande vor dem Ringspiel bereits ein Glitzern auf dem Grund des Brunnens wahrzunehmen meint.

Das Ringmotiv-Ostinato wird mit P2 und der lyrischen Floskel von M2 kombiniert - die Liebe zwischen Pelleas und Melisande wird die Ehe von Golaud zerstören. Die Verknüpfung von Brunnenmotiv (Umkehrung), Ringmotiv und G-Kopfmotiv verdeutlicht musikalisch die Tragweite des harmlos erscheinenden Spiels: Melisande spielt mit Golaud und beendet damit innerlich-unbewußt die Beziehung zu ihm.

Die **Pferdsturzszene** (3T n. [22] - 4T n. [24]) wird von der beginnenden Eifersucht Golauds dominiert (s. "Eifersuchtsmotiv"). Das Eifersuchtsmotiv wird hier zu einem ersten dramatischen Höhepunkt, der Wut Golauds über den verlorenen Ring, geführt (bei [24]). Das Ringmotiv, das in diesen Eifersuchts-Höhepunkt eingeschrieben ist (Hörner und tiefe Streicher), deutet den Grund von Golauds Wut an. Daß es sich bei diesem Abschnitt nur um die Pferdsturzszene handeln kann, läßt sich aus den Themenverläufen ableiten: Melisandes Klage über den verlorenen Ring (M1 + Ringmotiv + G-Kopfmotiv; 3T n. [22] - [23]), Auseinandersetzung Golauds mit Melisande, in der Pelleas erwähnt wird (G-Eifersucht + M2 + P1-Kopfmotiv + M1 "heftig" + Schicksal; das Ganze 2x; [23] - [24]). Überdies wird mit der den Pferdsturz symbolisierenden G-Themenvariante eine wichtige literarische Motivverbindung zur Brunnenszene nachgezeichnet (ab 2T n. [24]; Violinen).[273]
Denkbar ist aber durchaus, daß Schönberg den Szenenbezug hier nicht zu eng sehen und allgemein Golauds "Stimmung gegen Melisande" darstellen wollte.

Im Drama geht die Pferdsturzszene unmittelbar in die **Grottenszene** über. Für das Vorhandensein dieser Szene in Schönbergs Komposition (4T n. [24] - [25]) gibt es einige Anhaltspunkte.[274] Bei 4T n. [24] erscheinen zusammen das P1-Kopfmotiv und M1 im Originalrhythmus (vorher diminuiert), danach diminuiert und ornamental fortgesponnen (letzteres besonders bei P1 => dessen euphorische Grottenschilderung?). - Bsp.: 6-7T n. [24], M1 (Va. solo), P1 (Vc.):

---

[273] Golauds Sturz vom Pferd wird von Berg eingehend beschrieben. Er bietet die G-Themenvariante und weist auf ihre Wiederkehr in dem nachfolgenden Teil hin (vgl. Berg, 1994, 106).

[274] Das Hauptidentifikationsmoment für die Grottenszene bildet die visionäre Klanglichkeit bei 4T v. [24] bis [25]. Auch das "Zusammengehen" der P- und M-Themen unmittelbar nach dem Eifersuchtsausbruch von Golaud, der das "Grotten-Abenteuer" der beiden Titelfiguren auslöst, deutet auf diese Szene hin. In Schönbergs "Plan" ist überdies "Ring gesucht" vermerkt.

Mit Harfenarpeggien-Akkorden (B - E7 - Fis9/7 - Cis9/7; die ersten 3 in Hörnern und Harfen; der vierte in Streichern mit Harfenglissando) skizziert Schönberg die Grotte als luminöses Paradies und reduziert damit die Szene auf ein friedlich-visionäres Bild. Weder die Entzauberung des "Paradieses" durch die drei Armen noch die konflikthafte, angstbeladene Grundstimmung der Szene (die einzige gespannte zwischen Pelleas und Melisande im Drama) haben in Schönbergs Komposition Eingang gefunden. Die beiden Figurenthemen sind lyrisch gehalten, "gehen" einträchtig miteinander und "betrachten" das Naturwunder.

Die **Haarszene** ([25] - 5T n. [30]) besteht aus zwei gegensätzlichen Teilen. Zu Beginn wird das Spiel mit dem Haar dargestellt ([25] - 4T n. [27]). Dies ist eine der wenigen statischen Stellen in op. 5 (s. ausführlicher bei „Zeit"). Der zweite Teil (4T n. [27] - 5T n. [30]) schildert Golauds „Dazwischentreten" (s. dazu c: Szenenübergreifende Entwicklungsstränge).

In der **Abgrundszene** (5T n. [30] - [33]) entfaltet Schönberg unter Einsatz aller erdenklichen klanglichen Mittel orchestrale Dramatik. Hier treten auch die von ihm verschiedentlich beschriebenen Spezialeffekte wie Posaunenglissandi auf (s. ausführlicher bei „Zeit").

Die **Liebesszene** ([33] - [50]) ist deutlich zweigeteilt. Der erste Teil ([33] - [36]) hat einleitenden Charakter. Die einzige dazu passende Dramenstelle ist der Pelleas-Monolog zu Beginn der Liebesszene, in dem Pelleas seine verfahrene Situation erkennt und reflektiert. Schönberg trägt dem dadurch Rechnung, daß er alle Figurenthemen stark diminuiert auftreten läßt. Zu Beginn werden M2 und das Ringmotiv, M1 und P2 sowie das Schicksalsmotiv übereinandergesetzt, wobei M2 eine dominierende Rolle spielt. Das stark diminuierte P1-Thema tritt erst ab [34] auf und gewinnt dann Oberhand. Das gleichzeitige Vorkommen von M1 (diminuiert) mit angehängter, punktierter P1-Oktave (auch Sept oder None) und M2 mit angehängter G-Terz in einem sich steigernden Satz gegen Ende des Teils deutet das Nahen Melisandes auch psychisch an: weg von Golaud und hin zu Pelleas. Ein kurzes Zitat des Brunnenmotivs leitet zur "Realität" der Liebesszene über - Melisande trifft mit Pelleas zusammen (M1 und P1 genau übereinander, Originalrhythmus; 3T v. [36]). Insgesamt handelt es sich um eine sehr dichte, fast „verworrene" Satzstruktur, die eine mögliche Entsprechung in der Gedankenflut des Pelleas hat.[275]

---

[275] Gestützt wird die Annahme, der Abschnitt [33]-[36] beziehe sich auf den Pelleas-Monolog, auch durch die dynamische Hervorhebung von P1 bei [34] (bereits in Schönbergs Dirigierpartitur).

Im zweiten Teil ([36] - [50]) wird die Entfaltung der Liebe zwischen Pelleas und Melisande und der Mord an Pelleas geschildert. Die Exposition des Liebesthemas leitet diesen Teil ein. Dieser Themenkomplex erscheint zweimal hintereinander ([36] und [38]), dazwischen das teils variierte M1-W-Motiv (7T n. [36]: 3. Fagott + Kontrafagott; 7T v. [37]: Baßklarinette; 2T v./1T n. [37]: Viola), womit bereits hier auf den Anfang der Komposition zurückverwiesen wird. Beim zweiten Mal wird das Liebesthema von dem diminuierten und zum Begleitmuster geformten M2-Thema begleitet, wodurch Schönberg Melisandes Liebe in den Mittelpunkt rückt und der Figur etwas Aktiv-Verführerisches verleiht. Nach einer weiteren Passage mit M1-W-Motiv und der lyrischen Floskel des Liebesthemas sowie M1-Sextolen treten M1 und P2 zusammen auf (ab [42]) - wie zu Beginn des ersten Teils dieser Szene ([33]), M1 aber diesmal rhythmisch original, was ihre szenische Präsenz unterstreicht. Damit wird die Rückerinnerung an die Brunnenszene eingeleitet ([43]-[44]). Durch das Beinahe-Zitat aus der Brunnenszene (5-1T v. [44]) bekommt diese Stelle eine zentrale Bedeutung, so daß man sie als Moment der Liebeserklärung ansehen könnte, zumal ihr die vorläufig letzte Wiederkehr des Liebesthemas unmittelbar folgt ([44]). Das Liebesthema wird unter Einbeziehung von M2 und M1-W zu einem Höhepunkt ([46], "sehr ausdrucksvoll, etwas breiter") ausgebaut, der P1 und M2 einschließt. Dieser wird von dem Gefühl Melisandes, daß sie beobachtet würden, unterbrochen (7T v. [47]: Schönberg verrät die Figur bereits hier => G-Kopfmotiv {tiefe Streicher und Fagotte} + M1-Fünftole {Flöten, hohe Lage, "hastig"}) und nach diesem kurzen Erschrecken unvermindert fortgesetzt bis zur Entdeckung Golauds (6T v. [48]: G-Kopfmotiv + M1 gleichzeitig einsetzend, P1 zwei Zählzeiten später => Melisande macht Pelleas auf die Anwesenheit Golauds aufmerksam?). Die Szene enthält vier vom Liebesthema bestimmten Höhepunkte, wobei die Abspaltung und Fortspinnung der lyrischen Floskel eine zunehmend wichtige Rolle spielt. Der letzte Höhepunkt (vor [48]), der bereits Teil des Mordgeschehens ist, wird von den gleichzeitig erklingenden Themen M1, P1 und G-Kopf und der darauf folgenden augmentierten lyrischen Floskel des Liebesthemas gebildet.

Der Beginn der **Sterbeszene** (etwa [50] - 12T v. [69]) ist nicht eindeutig. Zwar tritt unmittelbar nach M1-W das für die Szene typische Todeszenenmotiv zusammen mit M1 (in cis-Moll) auf, Schönberg betitelt die Stelle jedoch nur mit "Die sterbende Melisande". Dies könnte sich ebenso auf das Ende der Liebesszene beziehen und wäre dann noch im Wald lokalisiert. So gesehen würde die Stelle zwischen 3T v. [50] und 2T v. [51] das in der Regieanweisung und dem Bericht der Dienerin enthaltene Geschehen im Park wiedergeben: Golaud verfolgt Melisande (G-Kopfmotiv + Eifersucht + Ringmotiv + P1 in Kontrafagotten und Celli/augmentiert, zusammen mit M1/synkopiert), holt sie ein (M1-Umkehrung, Oboe; 4T v. [51]) und verwundet sie. Die neue Variante des M1-Themas mit "Pelleas-Punktierung" und der lyrischen Floskel des Liebesthemas (2T v. [51]) würde dann für die verwundete/sterbende und ohnmächtige/schlafende Melisande der Sterbeszene stehen.[276] Diese tritt erstmals nach dem G-Komplex auf (Posaunen und Fagotte; 4T v. [51]), welcher scheinbar M1 in M1' transformiert. Der zweite Ansatz mit M1-W ([51]) leitet eine Erinnerungspassage ein, die neben dem G-Eifersuchtsmotiv und dem Ringmotiv zusammen mit M1' unmittelbar nacheinander M1 (Flöten/diminuiert) und P1 (1.Hörner/stark synkopiert) bringt (1T v. - 2T n. [52]; möglicher Textbezug: "Sie haben sich umarmt wie Bruder

---

[276] Mélisandes unerklärlicher Tod hängt eng mit dem von Pelléas zusammen. „Sterbend" ist sie bereits im Park, spätestens, nachdem Golaud sie verwundet hat.

und Schwester, und ich mußte gleich ..." {G}). Die reale Ebene vertritt das M1'-Thema, welches nach einer Generalpause mit seiner Umkehrung und dem Todesszenenmotiv enggeführt wird. Ein deutlicher Neuansatz ist bei [53] zu erkennen. Der Satz wird belebter und steigert sich bis zum Ausbruch des Schicksalsmotivs (5T n. [54]). Die Stelle könnte sich auf das Erwachen Melisandes beziehen; denn es folgt die Befragung Melisandes durch Golaud, eingeleitet mit einem aus vier Themenfragmenten zusammengesetzten Thema (G-Kopfmotiv + G-Eifersucht + M1' + P1; 4T v. [55]; Celli+Kontrabässe), das vom G-Kopfmotiv dominiert wird (Golaud als Fragender) und den Inhalt der Frage umreißt.

In die eifersüchtige Befragung Melisandes durch Golaud ([55] - [59]) hat Schönberg einen Teil der Gewaltszene integriert. Die Episode ist tonartlich abgegrenzt. Golauds Fragen zielen auf die Vergangenheit. Innerhalb des Abschnitts tritt das G-Thema rhythmisch original, aber mit sequenziertem Kopfmotiv (wie kurz vor dem Mord an Pelleas) auf, außerdem wird das G-Eifersuchtsmotiv mit M1' verbunden (4T n. [55] und 1T v. [56]). Musikalisch liest sich die Stelle wie eine Steigerung des Konflikts in der Pferdsturzszene. Nach der Gewaltepisode taucht bei [56] das verzerrte, synkopierte Liebesthema auf, gefolgt von der lyrischen Floskel aus M2, an die die P1-Oktave angehängt ist (2T v. [57]; Vc.):

Die Episode endet mit dem M1'-Thema (4T n. [58] - [59]; Englischhorn), das signalisiert, daß Melisande schon "zu weit weg von der Welt ist", um Golauds Fragen beantworten zu können (=> Auflösung der Themen in ostinate Fragmente, M1' als Tonrepetition mit dem punktierten Rhythmus des Themas).
Die musikalische Gestaltung des Todesmomentes Melisandes kann als eine allgemein-philosophische Aussage Schönbergs zum Tod interpretiert werden. Das Kommen der Dienerinnen wird durch ein Flötenthema signalisiert ([59]; Flöten+Klarinetten):

Es kündigt den unmittelbar bevorstehenden Tod Melisandes an, der während der drei Takte nach [61] eintritt. Diese drei Takte unterbrechen das Flötenthema, das danach wieder einsetzt und nach zwei Takten in die leere Quinte b-f mündet. Den Eintritt des Todes charakterisiert Schönberg, indem er M1 und M2 gegenläufig übereinandersetzt: M1 von oben nach unten sequenziert, gleichrhythmisch-sextolisch, M2 von unten in höchste Höhen (fes'''') aufsteigend (=> Trennung von Leib und Seele; "Abstieg" des Körpers/"Aufsteigen" der Seele ?).

Der von Berg als „Epilog" bezeichnete Abschnitt ([62] - 5T n. [68]) gehört inhaltlich zur Sterbeszene. Er bezieht sich auf Arkels allgemeines Resümee über Melisandes Leben unmittelbar nach deren Tod.

Daran schließt sich die schrittweise Demontage des G-Themas an, von dem am Schluß nur noch der Einzelton 'd' übrig bleibt (s. auch „Figuren").

Gliederung nach Dramenszenen

Nr.	Szene	Ziffern der UE-Partitur	Tonarten
2)	Waldszene	[1] bis [9]	d => A
3)/4)	Brief- und Meeresszene (X)	[9] bis 4T v. [12]	E
5a)	Brunnenszene, 1. Teil: (X) – Erinnerung an 1. Treffen Melisande - Golaud – Spiel mit dem Haar	4T v. [12] bis [16] [14] bis [15] [15] bis [16]	E => F
5b)	Brunnenszene, 2. Teil: – Spiel mit dem Ring, Ringverlust – Golauds Pferdsturz	[16] bis 3T n. [22]	A
6)	Pferdsturzszene (X)	3T n. [22] bis 4T n. [24]	A
7)	Grottenszene (X)	4T n. [24] bis [25]	A
10)	Haarszene	[25] bis 5T n. [30]	A => d
11)	Abgrundszene	5T n. [30] bis [33]	d
17a)	Liebesszene, 1. Teil – Pelleas-Monolog (X)	[33] bis [36]	d
17b)	Liebesszene, 2. Teil	[36] bis [50]	E
19)	Sterbeszene: (mit Sz. 15): – Ende Liebesszene (Wald), Beginn Sterbeszene (X) – Golaud-Fragen mit Gewaltszene – Eintritt der Dienerinnen, Melisandes Tod – Resümee	[50] bis 12T n. [69]: [50] bis [55] [55] bis [59] [59] bis [62] [62] bis [68]	cis => d => es => d

Die Tabelle gibt die Zuordnung von Dramenszenen zu Schönbergs symphonischer Dichtung wieder. (X) = eigene Hypothese.

Die Tabelle zeigt, daß sich alle Teile von Schönbergs symphonischer Dichtung mit dem Drama in Einklang bringen lassen. Die Szenenabfolge des Dramas bildet die Grundlage für die Formanlage der Komposition. Durch die Korrelierung von op. 5 mit dem Drama wird auch deutlich, daß Bergs Vierteilung des Werks ein formalistisches Konstrukt ist. Inhaltlich ist eine Dreiteilung, wie Schönberg sie in seinem frühen Plan realisiert, plausibler. Dies wird nicht zuletzt durch die Tonartendisposition gestützt - der große Mittelteil, der das innere Geschehen repräsentiert, beginnt und endet in E-Dur (vgl. auch Bailey, 1984, 72f.). Genauso sinnvoll ist es aber, auf eine Grobgliederung zu verzichten und das Werk als "freie Szenenfolge" aufzufassen.

Die schriftlichen Äußerungen Schönbergs zu op. 5 bieten zusammen mit der Komposition und dem Drama die Möglichkeit, eine „Schönberg-Lesart" des Dramas zu rekonstruieren. Hilfreich sind hierbei auch Bergs Szenenidentifikationen. So lassen sich alle Teile der sinfonischen Dichtung mit dem Drama korrelieren.

Von Schönberg liegen vier Texte vor, die sich auf das "Programm" von op. 5 beziehen:

- Analyse von *Pelleas und Melisande* (1949; StG)
- Brief an Zemlinsky, 20. 2. 1918
- "Symphonische Einleitungsmusik zu Pelleas und Melisande von Maeterlinck" (o. D.; vermutlich um 1900)
- "Plan" (Gliederung des Dramas), Skizzenblatt 1404 (1902)

Diese schriftlichen Quellen bilden zwei Gruppen: rückblickend entstandene analytische Bemerkungen und vor oder während der Komposition von op. 5 niedergeschriebene Texte, die ein Planungsstadium wiedergeben.
Die erste Gruppe bezieht sich auf die vollendete Komposition, ist also im Hinblick auf die ihr zugrundeliegende Materialbasis als definitiv anzusehen. Gleichzeitig spiegelt sie jedoch Schönbergs Einstellung zu seinem Werk zu ganz unterschiedlichen Zeiten. Diese war 1949 deutlich positiver als 1918, zu der Zeit, als Schönberg begann, sein Zwöltonsystem zu entwickeln.

In seiner kurzen Analyse von *Pelleas und Melisande* (StG, 437-439) betont Schönberg den engen Zusammenhang mit dem Drama:

> "Ich komponierte die symphonische Dichtung 'Pelleas und Melisande' 1902. Sie ist ganz und gar von Maurice Maeterlincks wundervollem Drama inspiriert. Abgesehen von nur wenigen Auslassungen und geringfügigen Veränderungen in der Reihenfolge der Szenen, versuchte ich jede Einzelheit zu spiegeln." (Schönberg - in: StG, 437).

Die Analyse bietet vorwiegend Themenzuordnungen. Das Posaunenglissando in der Abgrundszene nimmt Schönberg offenbar mit auf, um auf dessen Originalität hinzuweisen. Die Themen der drei Hauptfiguren bezeichnet er als "in der Art Wagnerscher Leitmotive"; das Pelleas-Thema charakterisiert er als "jugendlich und ritterlich".

In dem Brief an Zemlinsky[277] wehrt sich Schönberg vehement gegen die von diesem vorgeschlagene Streichung des "Reprisenabschnittes". Der Brief enthält einige negative Wertungen des Stückes, die wohl überwiegend der argumentativen Zwangssituation zuzurechnen sind. Interessant sind die allgemeinen Äußerungen zur Funktion der "Reprise" in *Pelleas und Melisande*:

> "Abgesehen davon, daß sie [die "Reprise"; Anm. d. A.] dem Drama folgt (was mir heute nicht mehr als Notwendigkeit erschiene) begründet sie sich mir (was mir wichtiger ist, als die Begründung nach einem Formschema) aus dem Form- und Raumgefühl, das mich immer beim Komponieren, einzig und allein geleitet hat und welchem zufolge ich diese Gruppe als notwendig empfand. Das muß man mir glauben, blind glauben, und das kann mir derjenige glauben, der zu dem Uebrigen Zutraun gefaßt hat, daß ich diesen Teil nicht nur wegen der Reprise, weil ich ihn *formell für notwendig* empfunden habe, dahin gesetzt habe." (Schönberg - in: Weber, 1995, 187).

Diese Äußerung zeigt zum einen, daß Schönbergs "Reprise" vom Drama her motiviert ist, zum anderen, daß dem Werk nicht unbedingt ein Sonatensatzschema zugrunde liegt.[278] Der Schluß des Briefes enthält die einzigen von Schönberg offenbarten Szenenzuordnungen für op. 5:

> „Zum Programm: ich habe nichts dagegen, daß ein Programm dazu gegeben wird. Nur will ich es nicht selbst machen und kann es auch nicht, weil ich meine Bücher in Mödling habe. Deshalb nur einige Hinweise:
> Das Anfangsmotiv (12/8) bezieht sich auf Melisande. Das Motiv im 2. Takt (BssKlar) ist das 'Schicksalsmotiv'. Bei [1] Oboe: Melisande; bei [3] (Horn) *Golaud* (auch [4] [5] etc). [9] (E dur, Trp) Pelleas; [16] Scherzo ist das Spiel mit dem Ring; [25] die Scene Melisandens Haar; [27] Golauds Dazwischentreten; 6. Takt nach [30] in den unterirdischen Gewölben. [33] Am Brunnen im Park. [36] - - - Liebesscene; [50] die sterbende Melisande; [55] Golaud schleift Melisande an den Haaren. [59] Eintritt der Dienerinnen, Melisandens Tod." (Schönberg, ebd., 189).

Daraus geht hervor, daß op. 5 mit der Waldszene beginnt und daß Schönberg die Gewaltszene in die Sterbeszene integriert, d. h., Golauds Gewaltausbrüche zusammengefaßt und zum Schluß hin gesteigert hat, womit sich eine nicht unbedeutende Handlungsverschiebung ergibt. Der Tod Melisandes erscheint nun von Golauds Gewalttat ausgelöst, das Unerklärliche, Schicksalhafte dieses Todes wird zurückgedrängt. In Schönbergs Lesart stirbt Melisande nicht an Unverstandenheit und Liebesverlust, sondern wird von Golaud im Affekt "ermordet". Berg (1994, 115) stellt die Episode als fiktiv (Erinnerung) dar. Vergleicht man den musikalischen Satz mit anderen Stellen, an denen Erinnerungen thematisiert werden, so erscheint er eher real.

Die Skizzen zeigen, daß Schönberg mit dem Text gearbeitet hat. Sein "Plan" zeigt die Tendenz, Szenen und Situationen des Dramas zu Themen- und Stimmungskomplexen zusammenzufassen, wobei es Schönberg offenbar nicht um die Einhaltung

---

[277] Dieser Brief wurde zunächst unvollständig in der Ausgabe von Stein (1958) publiziert. Hier wurden vor allem die programmatischen Hinweise von Schönberg weggelassen. Weber (1995, 185-189) veröffentlichte den Brief erstmals in voller Länge.

[278] Die Abschwächung des Reprisencharakters der betreffenden Stelle ist allerdings auch als Reaktion auf Zemlinskys Brief vom 17. 2. 1918 zu verstehen. In diesem begründet Zemlinsky sein "Strich-Attentat" hauptsächlich damit, daß die Reprise ein Relikt "aus der Zeit des Formalismus" sei (vgl. Zemlinsky - in: Weber, 1995, 184).

der genauen Abfolge ging. Damit trägt er bewußt oder unbewußt dem epischen Charakter des Dramas Rechnung. Schönberg faßt die Dramenvorlage als Materialgrundlage auf, die mit der kompositorischen Idee in Einklang zu bringen ist (vgl. auch Sabbe, 1994, 61).

Schönberg: "Plan", Skizzenblatt 1404, oben links:[279]

I.
I. Melisande, Schicksal
II. Golaud, zaghaft Melisande Schicksal ~ groß
III. Golaud Melisande Schicksal groß Warnung

II.
I. Melisande träumerisch, Pelleas jugendlich (König Arkel Ahnung *Abhaltung* [?]) Liebes- und Schicksalsmotiv (I.)
II. Ring verloren, Golaud *eindringlich*, Ring gesucht   Liebes- und Schicksalsmotiv II größer
III. Golaud argwöhnisch, Eifersucht   Drohung und Argwohn; G. und Yniold, (*Todes* ~[?]) Grotte, Unheil Stimmung, *Brutalitäts* [?] Ausbruch gegen Melisande
IV. Liebesszene (groß und breit)   Schicksalsmotiv, Eifersucht - Golaud tötet Pelleas und verwundet Melisande

III.
I. Unheil - Stimmung
II. Golaud und Melisande, Eintritt der Dienerinnen
III. Melisandens Verlöschen

Schönbergs „Plan" bietet eine Gliederung des Dramas mit Inhaltsstichworten, die die zu vertonenden Episoden festhalten. Der Grobaufbau ist dreiteilig:

I. Begegnung Melisande - Golaud
II. Die Pelleas-Melisande-Geschichte in Allemonde (inneres Geschehen)
III. Sterbeszene

Demnach beginnt die Komposition mit der Waldszene (I.), im zweiten Großteil (II.) sind Brief- und Meeresszene angedeutet (I.), es folgen Brunnen-, Pferdsturz- und Grottenszene („Ring gesucht"; II.). Abschnitt III thematisiert die Eifersucht Golauds; die Stichworte können der Spinnrad- bzw. Haarszene, der Abgrundszene, der Verratsszene (G und Y) und der Gewaltszene („Brutalitätsausbruch") zugeordnet werden. Abschnitt IV ist ganz den Ereignissen der Liebesszene gewidmet. Der dritte Großteil (III.) bezieht sich auf die Sterbeszene. Denkbar ist bei III./I. die Dienerinnenszene als Bezug.
Ob "Arkel" oder die "Verratsszene", die Schönberg später nicht mehr erwähnt, tatsächlich in der Komposition vorhanden sind, ist ungewiß.

---

[279] Kursive Wörter sind bei Bailey (1984, 65f.) nicht wiedergegeben; schwer lesbare sind mit [?] versehen.

Der frühe „Plan" läßt sich bis in Einzelheiten der Partitur zuordnen.[280] Dies könnte ein Hinweis darauf sein, daß Schönberg - gemäß seiner Intuitionsästhetik - seine erste Idee kaum geändert hat. Damit wäre dieses Textstück ein wichtiges Dokument für die Interpretation der Musik-Drama-Beziehung.

Schönberg: "Plan" und endgültige Komposition op. 5 - Versuch einer Korrelierung (Ziffern nach der UE-Studienpartitur):

I.   I. [1] - [3]: Melisande
     II+III. [3] - [9]: Golaud und Melisande ---------- Waldszene

II. I. [9] - [16]; evtl. bis [23]: Brief-/Meeresszene; Brunnenszene, 1. Teil
     II. [16] - [25]; evtl. [23] - [25]: Brunnenszene, 2. Teil; Pferdsturzszene; Grottenszene
     III. [25] - [33]: Haar- und Abgrundszene
     IV. [33] - [50]; evtl. bis [51] oder [52]: Liebesszene

III. I. [50] - [55] (oder bis 4 T. vor [55]): -------------- Sterbeszene
     II. [55] - [61] („Brutalitätsausbruch")
     III. [61] - [62]

Das durchgestrichene Textfragment "Symphonische Einleitungsmusik zu Pelleas und Melisande von Maeterlinck" bezieht sich offenbar auf eine konkrete Szenenfolge innerhalb des Dramas: die Ankunft Melisandes in Allemonde, ihre Begegnung mit Pelleas, den Ringverlust und die Grottenszene. Der erwähnte "Sturm" ist keinesfalls so obskur wie Bailey (1984, 62) meint. Möglicherweise verknüpft Schönberg das Schicksalsmotiv hier mit dem von Pelleas in der Meeresszene prophezeiten Sturm, einem bösen Omen. Es ist denkbar, daß diese Beschreibung in die spätere Komposition eingegangen ist. Sie paßt in etwa auf den Abschnitt [8] bis [25] in der Partitur.

Schönberg: "Symphonische Einleitungsmusik zu Pelleas und Melisande von Maeterlinck" (aus: 7 Fragmente, F)

"Schicksalsmotiv wandelt sich in Sturm.
Aus dem Sturm erhebt sich das <u>Motiv Golauds</u>, dem das zart klagende der <u>Melisande</u> folgt, beide vom Schicksalsmotiv umdroht [?]. Im Melisande-Motiv hört man auch [?] das <u>Liebesmotiv</u>. Pelleas nimmt Melisande mit sich aus dem Sturm. Melisande verliert den Ring und sucht ihn mit Pelleas."[281]

---

[280] Bailey (1984, 62-65) sieht lediglich eine grobe Übereinstimmung mit dem Dramenverlauf.

[281] Unterstreichungen von Schönberg. Bei Bailey steht statt "umdroht" und "auch" (jeweils mit [?] versehen) "eindroht" und "noch", was vom Schriftzug und Wortsinn her weniger wahrscheinlich ist. Der Text ist mit Bleistift geschrieben und durchgestrichen.

Schönberg selbst hat die Waldszene und den zweiten Teil der Brunnenszene, außerdem die Haar-, Abgrund-, Liebes- und Sterbeszene identifiziert.
Aus dem Brief an Zemlinsky geht außerdem hervor, daß die Bezeichnung „Scherzo" für die Ringspiel-Episode von Schönberg stammt.
Berg hat ergänzend dazu die Pferdsturzszene bestimmt, allerdings nur am Rande als Fußnote (vgl. Berg, 1994, 106, Fn. 1). Die formale Etikettierung des Teils als Nachspiel zur Brunnenszene war für ihn offenkundig vorrangig. Die Waldszene benennt er in seiner Überschrift direkt: „Einleitung: (Im Walde)" (ebd., 99).

Exkurs: Anmerkungen zu Bergs Formschema
Bergs *Thematische Analyse* galt bislang unhinterfragt als Modell für die Formbeschreibung von op. 5. Erst in jüngster Zeit kommt es vereinzelt zu kritischen Auseinandersetzungen mit seiner Sichtweise (s. Puffett, Bailey u. a.).
Berg (1994, 85; 113) beschreibt das Werk als in einem Satz komprimierte viersätzige Sinfonie oder große Sonatensatzform.

Alban Berg: Kurze thematische Analyse von Schönbergs op. 5 - Formüberblick:

I. Teil der Symphonie (entspricht etwa einem 1. Sonatensatz):
-- Einleitung (Im Walde)   (bis [5])
-- Hauptsatz   ([5] bis [8])
-- Überleitung   ([8] bis [9])
-- Seitensatz   ([9] bis 8T n. [12])
-- Schlußsatz   (8T n. [12] bis [14])
-- Reprise des Hauptsatzes   ([14] bis [15])
-- Durchführungsartige Überleitung zum II. Teil   ([15] bis [16])

II. Teil der Symphonie
-- Szene am Springbrunnen (Scherzo)   ([16] bis 4T n. [22])
-- Nachspiel   (4T n. [22] bis [25])
-- Szene am Schloßturm   ([25] bis 6T n. [30])
-- Szene in den Gewölben unter dem Schlosse   (6T n. [30] bis [33])

III. Teil der Symphonie
-- Eine durchführungsartige Einleitung (Am Springbrunnen im Park)   ([33] bis [36])
-- Abschieds- und Liebesszene zwischen Pelleas und Melisande (quasi Adagio)   ([36] bis [50])

IV. Teil der Symphonie
-- Reprise der Einleitung des I. Teils   ([50] bis [55])
-- Reprise des Hauptsatzes des I. Teils   ([55] bis [56])
-- Reprise des Adagiothemas   ([56] bis [59])
-- Das Sterbegemach Melisandes   ([59] bis [62])
-- Epilog (dreiteilig)   ([62] bis Ende)

Daß diese Formkonstruktion schon in sich nicht stimmig ist und daher nicht einmal als ernstzunehmende Alternative zu einer vom Drama ausgehenden Gliederung angesehen werden kann, zeigt der Blick auf einige Sachverhalte:

- Das als erstes exponierte Thema (M1), das in der Grundtonart d-Moll steht und der zentralen Dramenfigur zugeordnet ist, wird von Berg in seiner Sonatensatzform nicht als Hauptsatz aufgefaßt, sondern der Einleitung zugewiesen, seine deutlich hervorgehobene Wiederkehr als „Reprise der Einleitung" bezeichnet. Anstelle von diesem wird das als zweites auftretende G-Thema als Hauptsatz angesehen - dieses steht aber in der Paralleltonart F-Dur und kehrt am Schluß in d-Moll wieder, trägt also tonal Seitensatzzüge. Dem M1-Thema fehlt wiederum der Hauptsatzgestus. Das G-Thema zum Hauptsatz zu erklären entpuppt sich als pure Verlegenheitslösung. Das dritte Figurenthema (P1; Bergs „Seitensatz") kommt wegen seiner entlegenen Tonart als Seitensatz einer traditionellen Sonatensatzform nicht in Betracht - überdies fehlt es im Schlußteil (Bergs „Reprise"). Was ein echtes Problem für Bergs Formmodell darstellt, läßt sich aus der dramatischen Handlung heraus leicht erklären.
- Bergs „Überleitung" zwischen Hauptsatz und Seitensatz ([8] - [9]) besitzt keinen Überleitungscharakter. Erstens wird hier eines der zentralen Themen, das Schicksalsmotiv, erstmals vollständig geboten, zweitens wird dieses Thema hier zu einem dramatischen Höhepunkt geführt (vgl. auch Puffett, 1995, 219).
- Die Bezeichnung „Reprise" für die Abschnitte des Schlußteils (ab [50]), in dem wichtige Themen wiederkehren, wirkt aufgezwungen. In der ersten von Berg beschriebenen „Reprise" werden ein neues Thema (Todesszenenmotiv) und eine neue Themenvariante (M1') eingeführt. Die „Reprise des Hauptsatzes des ersten Teils" (ab [55]) bringt nicht das komplette G-Thema, sondern die Variante eines Motivs: das aufwärts sequenzierte G-Kopfmotiv. Dieses kommt bereits kurz vor dem Mord an Pelleas vor und ist offensichtlich inhaltlich motiviert (gewalttätiges Handeln Golauds). Auch die „Reprise des Adagiothemas" bietet nur eine Themenvariante - das Liebesthema in „verzerrter" Form (stark synkopiert), das keineswegs wie eine Wiederkehr des Themas wirkt.

Alle drei von Berg angeführten Stellen haben also keinen wirklichen Reprisencharakter. Einfacher und naheliegender ist die Annahme, daß die Wiederkehr der Themen primär vom Drama angeregt wurde.

Berg verwendet die formale Terminologie nicht durchgehend. Deutliche Unterschiede in der Perspektive bestehen zwischen den "Mittel- und Ecksätzen". Während letztere vorwiegend mittels formtechnischer Termini beschrieben werden, werden in den Mittelsätzen die Szeneninhalte als Gliederungspunkte verwendet. Nur in den lockerer aufgebauten Mittelsätzen, die traditionell Raum für "Charakterdarstellung" bieten, erlaubt Berg das stärkere Hervortreten des Sujetbezugs. Das Changieren zwischen absolut-musikalischer und programmusikalischer Darstellung zeigt die Schwierigkeiten, die bei dem Versuch entstehen, Schönbergs op. 5 in ein traditionelles Formkorsett zu zwängen.

Die Gliederung in vier Teile widerspricht der Dramenanlage und Schönbergs dreiteiligem „Plan", der die große Bogenform des Dramas nachzeichnet, indem er Wald- und Sterbeszene als Rahmen für das „innere Drama" setzt. Dies wird auch durch Tonarten markiert. Mit der Grenzziehung zwischen seinem I. und II. Sinfoniesatz zerschneidet Berg außerdem die Brunnenszene.

195

Der letzte Abschnitt des Werks (ab 62) wird durch die Bezeichnung „Epilog" verselbständigt, obwohl sich mühelos nachweisen läßt, daß er inhaltlich zur Sterbeszene gehört und keine außerhalb des Dramas angesiedelte Rekapitulation ist.[282]
Aus den Unstimmigkeiten läßt sich schließen, daß Bergs Analyse anderen Zwecken als dem der adäquaten Darstellung des Werks dient. Das Überstülpen eines traditionellen Formschemas erscheint für die Beschreibung von op. 5 überflüssig. Sie verfolgt hauptsächlich das Ziel, dem programmusikalischen Werk den Anstrich absoluter Musik zu verleihen, um es ästhetisch zu rechtfertigen. Der Bewertung Puffetts, Bergs Analyse sei ideologisch motiviert (s. II/2.4) ist ohne weiteres zuzustimmen. Puffett stellt allerdings mit seinem eigenen Formvorschlag die vierteilige Gliederung Bergs nicht in Frage, ebensowenig die Anwendung eines traditionellen Formschemas auf das Werk. Er ersetzt die Sinfonie-/Sonatenform lediglich durch einen Rondo-Grundriß und wird dadurch dem Werk in seinem Dramenbezug ebensowenig gerecht wie Berg.

b) Szenenverknüpfungen
Schönberg schafft musikalische Verbindungen zwischen einzelnen Szenen und folgt damit dem symbolistischen Netzwerk des Dramas. Dabei unterstreicht er die Geschlossenheit von Anfang und Ende und läßt die Mittelpunktstellung der Haarszene eher außer acht. Musikalisch wird dies durch die Wiederaufnahme des Satzgefüges vom Anfang der Waldszene nach dem Mord an Pelleas realisiert. Diese sogenannte "Reprise", die lediglich eine kurze Erinnerung an den Beginn darstellt und daher diese Bezeichnung nicht verdient[283], markiert Anfang und Ende der Geschichte zwischen Melisande und Golaud, die Schönberg offensichtlich vorrangig interessierte. Sie ist nichts anderes als die kompositorische Nachgestaltung der literarischen Motivwiederkehr (Waldsituation, Golaud jagt einen Eber {Sz. 2} bzw. verfolgt Melisande {Sz. 17} und vergießt Blut), mit der die Liebesszene endet wie die Waldszene begonnen hat.
Anders als im Drama fungiert die Waldszene bei Schönberg als Motiv- und Themenreservoir, bildet also musikalisch eine Art Exposition. Dadurch hat diese Szene die meisten Verbindungen zu anderen Szenen und erhält eine zentrale Bedeutung, die durch die Literaturvorlage nicht vorgegeben ist. Der Beginn der Brunnenszene bringt das M1-Thema wie bei seinem ersten Auftreten in der Waldszene mit dem M1-W-Motiv als Kontrapunkt. Zusätzlich betont das in beiden Szenen vorkommende Brunnenmotiv die Ähnlichkeit der Situation: Melisande trifft die beiden Halbbrüder jeweils an einer Quelle. Mit der Wiederaufnahme der Engführung von M1 (Waldszene bei [2]) zu Beginn der Haarszene (hier diminuiert) wird ebenfalls die situative Analogie unterstrichen: beidesmal locken die Ausstrahlung der Schönheit Melisandes und ihre Gefühlsäußerungen (Weinen bzw. Singen) einen der Brüder an und betören ihn. Diese Verknüpfung ist ebenso eine subjektive Schönberg-Deutung wie die zwischen dem Ende der Waldszene und dem Beginn der Grottenszene, wo jeweils M1 in der Soloviola zusammen mit dem G- bzw. P-Kopfmotiv auftaucht. Im Drama wird Melisande hier von Golaud bzw. Pelleas "geführt". Beide Zusammenhänge sind im Drama eher peripher.

---

[282] Puffet (1995, 223) kritisiert die Bezeichnung „Epilog" nur allgemein und ohne szenischen Bezug. Bailey (1984, 72) ist einer der wenigen, die die dreiteilige Gliederung von op. 5 für sinnvoller hält als Bergs vierteiliges Schema.
[283] Die Wiederkehr des "Wald-Satzes" kommt nicht plötzlich - sie wird in der Liebesszene durch mehrmaliges kurzes Auftreten des M1-W-Motivs, das teilweise weiterentwickelt wird, vorbereitet.

Auch zwischen den drei "Liebesszenen" mit Pelleas und Melisande stellt Schönberg Verbindungen her. Die Brunnenszene (erster Teil, bei [15]) und die Haarszene sind ornamental konzipiert und enthalten M1 als Sextole, Streichertremoli und das häufig wiederholte M2-Thema.
M1-Sextole (4T. v. [16], 2. Violinen):

Alle diese Elemente sind in der Haarszene gegenüber der Brunnenszenenepisode mit dem Haar gesteigert. Musikalische Ähnlichkeiten weisen auch die "Stürze" von Golaud und Pelleas am Ende der Brunnen- bzw. der Liebeszene auf. Beide Figurenthemen werden im Abwärtsgang aufgelöst.
Die Episode der Sterbeszene "Golaud schleift Melisande an den Haaren" bringt eine ähnliche Figurenthemenfolge wie der Beginn der Pferdsturzszene (G - M - G - M), ist gegenüber dieser aber dramatisch gesteigert. Hier wie dort erscheint das verzerrte M1-Thema mit der Spielanweisung "heftig". Die Mordepisode am Ende der Liebesszene wird musikalisch in vorherigen Szenen angekündigt. So wird Golauds "Dazwischentreten" am Ende der Haarszene und der Liebeszene jeweils mit einer dreifachen, aufwärtsgerichteten Sequenz seines Kopfmotivs (bei [29] und [48]) dargestellt. Auch der Schluß des Golaud-Auftritts ist gleich gestaltet: Auf ein stark variiertes P1-Thema folgt das Schicksalsmotiv in den Tenor- und Baßposaunen (3-5T n. [30] und 4-8T n. [49]). In die dramatischen Schicksalshöhepunkte der Abgrund- und Liebesszene ([32] und 2T v. [49]) ist das Ringmotiv eingeschrieben. Hier wird der "Grund" für Golauds Eifersucht angegeben und gleichzeitig die Abgrundszene als potentielle Mordszene ausgewiesen. Zusätzlich zeigt der in den Streichern auftretende Rhythmus des Brunnenmotivs in der Abgrundszene, der wohl mit den toten Gewässern assoziiert ist, an, wie Pelleas sterben wird: bereits in der Abgrundszene besteht die Gefahr, daß er im Wasser endet. Schönberg faßt offenbar die Abgrundszene als dezidiertes Verweisungszeichen auf die Schlußkatastrophe auf.

Viel Sorgfalt verwendet Schönberg auf innere Prozesse der Figuren wie Fantasien, Gedanken, Erinnerungen und bildet damit eine szenenverknüpfende Ebene des Dramas ab, die dessen epischen Charakter mitbedingt. Insgesamt kommen in op. 5 fünf solcher Rückblenden vor. Hauptmerkmal dieser irrealen Stellen ist die rhythmische Variierung der Themen und Motive. Durch Diminution und Synkopierung werden die Themen "entrealisiert".
Im ersten Teil der Brunnenszene ruft Pelleas das Auffinden Melisandes durch Golaud an einer Quelle in Erinnerung. Diese szenenverbindende Rückblende ([14] - [15]) wird durch das im Violoncello hervortretende P1-Thema eingeleitet (3T v. [14]) und durch Vorzeichenwechsel signalisiert (E => F). In der Haarepisode kommen das diminuierte M1-Thema und das synkopierte und diminuierte G-Kopfmotiv vor.
Der erste Teil der Liebesszene bezieht sich auf den Pélleas-Monolog, in dem dieser seinen Gedanken und Erinnerung freien Lauf läßt. Der imaginäre Charakter wird musikalisch dadurch markiert, daß alle Figurenthemen stark diminuiert auftreten.

Auch die Erinnerung an das erste Treffen am Blindenbrunnen in der Liebesszene durch Pelleas ([43] - [44]) wird von Schönberg musikalisch umgesetzt. Die Stelle (5-1T v. [44]) ist beinahe ein Zitat der entsprechenden Takte in der Brunnenszene (ab 6T v. [13]). Das M2-Thema (hier wie dort auf 'dis' in der A-Klarinette einsetzend) wird wie bei seiner ersten Exposition zusammen mit dem Brunnenmotiv und dem P1-Thema sowie Streichertremoli wiedergegeben. Die Stelle enthält allerdings kleine Abweichungen gegenüber der Brunnenszenenstelle. M1 erscheint hier das erste und einzige Mal in Dur und ist enger mit dem P1-Thema (im Original-Rhythmus) verzahnt (ab 1T v. [43]). Im Gegensatz zu der Passage der Brunnenszene wird hier das Brunnenmotiv zusätzlich fast ostinat eingesetzt. Außerdem ist in der Liebesszene das P1-Thema instrumental stärker besetzt. Dadurch wird die Passage in der Liebesszene zur Überhöhung der entsprechenden Brunnenszenenstelle. Was dort keimhaft-halbbewußt begann, wird hier zur willentlich-wissenden Vollendung geführt. Die Sterbeszene enthält die eifersüchtige Befragung Melisandes durch Golaud. Da Golauds Fragen auf die Vergangenheit abzielen, ist dieser Abschnitt als imaginär einzustufen. Die Erinnerung wird musikalisch durch die Synkopierung des Liebesthemas und die an dessen lyrische Floskel angehängte Pelleas-Oktave gekennzeichnet.

Der letzte Teil der Sterbeszene (ab [62]) wird von einer großen Rückschau bestimmt, die vom G-Thema mit darauf folgendem pathetischem „Seufzermotiv" eingerahmt wird (bei [63] und [68]):

Alle wichtigen Themen treten hier diminuiert und/oder synkopiert auf. Schönberg nutzt diese Rückerinnerung, um musikalisch die Stationen seiner symphonischen Dichtung zeitrafferartig zu rekapitulieren und schafft damit eine eigene, dramenunabhängige Konkretisierung der Aussage Arkels. Das Modell für diesen Abschnitt dürfte in Wagners "Erinnerungsmusiken" zu suchen sein (vgl. auch Ackermann, 1992, 151). Die Erinnerung ist für Schönberg die des Golaud; sie ist in die Steigerung und Fortspinnung seines Themas eingeblendet. Gleichzeitig wirkt diese Rekapitulation formbildend, indem sie eine Coda erzeugt.

c) Szenenübergreifende Entwicklungsstränge
Schönberg ist erkennbar bemüht, das Drama als kontinuierliche Handlung darzustellen. Das "Neue" bei Maeterlinck, die Konzentration auf die Einzelszenen und deren lose Aneinanderreihung wird bei Schönberg zugunsten der Hervorhebung einer eher aristotelischen Dramenstruktur vernachlässigt. Der Akzentuierung von Handlungssträngen dient (neben den geringfügigen Umstellungen und Auslassungen) die Gestaltung szenenübergreifender psychischer Entwicklungen. Eine herausragende Rolle spielen dabei die Themenkomplexe "Eifersucht", "Liebe" und "Schicksal/Tod".

Zur Genese von Golauds Eifersucht, die bis zum Mord an Pelleas als sich stetig vergrößernd dargestellt wird, wird ein Motiv benutzt, das nach Schönberg und Berg

Golauds Verdacht und Eifersucht ausdrücken soll. Dieses **G-Eifersuchtsmotiv** wird in der Pferdsturzszene exponiert. Indem er das Unbewußte Golauds mit musikalischen Mitteln veräußerlicht, liefert Schönberg eine subjektive Deutung des psychischen Zustandes der Figur.[284] In der Haarszene wird das Eifersuchtsmotiv dramatisch breit entfaltet, was etwa die Hälfte der Szene beansprucht. Am Schluß der Szene wird es noch einmal besonders hervorgehoben - ebenso am Schluß der Abgrundszene. Dabei könnte es sich auf die Warnung Golauds an Pelleas beziehen, die die unmittelbar mit der Abgrundszene verbundene Terrassenszene beschließt. Bezeichnenderweise kommt es in der Mordepisode nicht vor; dort ist Golaud weniger psychisch als physisch aktiv. In der Sterbeszene tritt es sehr zurückhaltend auf. Zu Beginn der Befragung (3T v. [55]) wird es mit dem M1'-Thema zu einem Thema verschmolzen - die Eifersucht Golauds bedrängt die sterbende Melisande. Zwei Takte lang ist es innerhalb der Gewaltszenenepisode präsent, dann erscheint es erst wieder im Zuge der allgemeinen Themenauflösung, die zum Todesmoment überleitet ([57] - [59]). Ein letztes Mal ist es in der Erinnerungspassage Golauds im Zusammenhang mit "Liebe zwischen Pelleas und Melisande" (Liebesthema) und „Mordgeschehen" (dreifach sequenziertes G-Kopfmotiv) anzutreffen (zweimal ab 3T v. [66]).

Die Liebe zwischen Pelleas und Melisande wird durch mindestens zwei Themen ausgedrückt: M2 ("Liebeserwachen Melisandes") und das die Liebesszene konstituierende Liebesthema.[285]
M2 drückt konkret die Liebe Melisandes zu Pelleas aus. Das wird schon dadurch deutlich, daß es überwiegend dann erscheint, wenn Pelleas anwesend ist. Es wird nur leicht variiert, meist diminuiert oder rhythmisch egalisiert, um seinen ornamentalen Charakter hervorzuheben. Im Todesmoment Melisandes wird klar, daß es auch allgemein als "Seelenmotiv" gedacht ist (Aufsteigen in höchste Lagen; s. "Figuren").[286] Die Kombination von M2 mit den Pelleas-Themen spiegelt die Entwicklung der Liebesbeziehung. In der Brunnenszene erklingen M2 und P1 meist gleichzeitig; P1 setzt grundsätzlich später ein - Pelleas ist sich der Liebe noch nicht bewußt (er sieht die Rose nicht). In der Haar- und der Liebesszene wird der Abstand des P1-Einsatzes kontinuierlich verringert (Viertel-, Achtelpause). Die Deckungsgleichheit wird zuerst zwischen M1 und P1 hergestellt (Treffen, 3T v. [36]). In der Liebesszene erfährt dieses "Liebesthema" der Melisande eine Steigerung der Einsatzdichte. Zunächst bildet es zu dem Liebesthema (2. Auftreten; ab [38]) einen ostinaten Kontrapunkt und dominiert nach dem Brunnenszenenzitat (ab [44]) mehr und mehr, löst das Liebesthema in seiner Funktion als Ausdruck der Liebe sozusagen ab. Wie in der Haarszene wird es auch hier oft ornamentalisiert.
Das **Liebesthema** ist für den zweiten Teil der Liebesszene konstitutiv. Es wird vorwiegend narrativ eingesetzt und dient der Steigerung auf das Liebesgeständnis und

---

[284] Im Drama ist Golaud hier noch weitgehend arglos. Seine Wut gilt dem materiellen Verlust, dem er vorläufig keine die Beziehung gefährdende Bedeutung beimißt. Sein Mißtrauen richtet sich in diesem Stadium allenfalls gegen Melisande allein ("Willst du mich verlassen?"). In der Pferdsturzszene ist Golaud noch um besseren Kontakt zwischen Pelleas und Melisande bemüht, um die Herstellung einer "Familienordnung".

[285] Ein weiteres "Liebesthema" könnte P2 sein, das einen entsprechenden lyrischen Gestus hat. Bei Schönberg werden P1 und P2 jedoch als ein Thema bezeichnet, außerdem tritt P2 nur sporadisch auf. Deshalb wird es in diesem Zusammenhang nicht behandelt.

[286] An einer besonderen Motivkonfiguration ist M2 zu Beginn der Abgrundszene beteiligt. Es erscheint dort gleichzeitig mit M1, das wiederum an das P1-Kopfmotiv angehängt ist (=> die Liebesverbindung zwischen Pelleas und Melisande verursacht die drohende Gefahr dieser Szene).

den Mord an Pelleas hin. Durch dieses Thema werden die verschiedenen Stadien von Nähe zwischen den Titelfiguren ausgedrückt.

Das **Schicksalsmotiv** durchzieht die ganze symphonische Dichtung; es ist in allen darin vorhandenen Szenen außer in der kurzen Vision der Grottenszene präsent. Drei verschiedene Arten des Auftretens sind festzustellen:

- Als „Umdrohung" (Schönberg) der Figurenthemen
- Als dramatischer Höhepunkt (4x).
- Als Szenenabschluß.

In der Meeresszene (3T n. [9]) tritt das Schicksalsmotiv zusammen mit M1 nach der Exposition von P1 auf, in der Brunnenszene (2T v. [13]) wird es von M2 eingerahmt. Es begleitet auch die Exposition des G-Eifersuchtsmotivs in der Pferdsturzszene ([23] - [24]).
Die Schicksals-Höhepunkte verbinden das erste Treffen zwischen Golaud und Melisande (Waldszene bei [8]) mit dem Tod (Mordversuchung Golauds in der Abgrundszene {[32]}, Mord {2T v. [49]}, Sterben Melisandes {5T n. [54]}). An den ersten beiden Höhepunktstellen erscheint es zweimal hintereinander, bei dem Mord an Pelleas nur einmal. Der letzte Höhepunkt in der Sterbeszene (vor der Befragung Melisandes durch Golaud) ist gegenüber den drei anderen weniger vehement.
Das Schicksalsmotiv steht am Ende der Haar- und der Liebesszene. Beidesmal wird es von den Tenor-/Baßposaunen gespielt. Am Schluß der Haarszene ist es in die Akkordfolge A7 - C7 der Hörner eingebettet; am Schluß der Liebesszene wird es von einer chromatischen Terzfolge in den Fagotten begleitet.

Damit wird das Schicksal als eigentlicher Drahtzieher des Geschehens gezeichnet. Die Figuren werden - konform zu Maeterlinck - als nicht für ihr Tun verantwortliche Marionetten hingestellt.

Ort
Schönberg verzichtet nicht völlig auf die Darstellung von Räumen und situativen Kontexten, doch sind diese meist nicht pittoresker Hintergrund, sondern stehen im Zusammenhang mit psychischen Prozessen. Dies deckt sich mit der Dramenkonzeption hinsichtlich der Entsprechung von Innen und Außen. In Schönbergs symphonischer Dichtung gibt es nur ein Ortsmotiv: das **Brunnenmotiv**. Es besteht aus drei aneinandergehängten Sechzehntel-Triolen und ist hauptsächlich durch den Rhythmus determiniert. Als Pendelfiguren kommen verschiedene Intervalle wie Quarten oder Terzen vor. Weitere Varianten sind Akkordbrechungen oder Läufe bei gleichbleibendem Rhythmus. Durch die besondere Schreibweise sind die Brunnenfigurationen vor allem optisch markant. Die Ursprungsform hat ikonische Qualität: sie bildet mit ihrer U-Form einen Brunnen ab. Brunnen- und Liebesszene (jeweils erster Teil) haben Brunnenmotivik und Tremoli gemeinsam. Hier wird musikalisch auf die im Drama nur zwischen diesen beiden Szenen bestehende Einheit des Ortes hingewiesen. Im weiteren Sinn ist das Brunnenmotiv ein "Wassermotiv" - sein Rhythmus kommt auch in der Abgrundszene vor (Streicher; "tote Gewässer").

Das "enclos", das im Drama eine wichtige Rolle spielt, zeichnet Schönberg nur allgemein übergreifend nach. Hierbei ist das Schicksalsmotiv zentrales Gestaltungsmittel. Die bei Maeterlinck diskret im Hintergrund stehende und als unterschwellige Bedrohung wirkende Schicksalsmacht wird bei Schönberg durch Ausnutzung der klanglichen Möglichkeiten des spätromantischen Orchesterapparates offenkundig gemacht und in den Vordergrund gerückt. Das praktisch allgegenwärtige Schicksalsmotiv mit seinen wiederkehrenden Höhepunkten "umdroht" die Figuren und ihr Handeln.

Die musikalische Verbindung von Innen und Außen ist in der Abgrundszene besonders sinnenfällig. In dieser Szene wird die Eifersuchtssteigerung der Haarszene unmittelbar fortgesetzt. Golauds innerer Zustand und der von Schönberg als "schaurig" bezeichnete Ort werden zu einem musikalischen Höllenszenario verschmolzen, für das Schönberg spezielle Orchestereffekte aufbietet, wie etwa das von ihm mehrfach erwähnte Posaunenglissando (*Analyse von Pelleas und Melisande; Harmonielehre*).

Eine reine Ortsschilderung liegt bei den wenigen vermutlich der Grottenszene zuzuordnenden Takten vor: Pelleas und Melisande nähern sich der Grotte, die vom Mondlicht erleuchtet wird.

Situative Momente enthalten die Wald- und die Sterbeszene. Zu Beginn der Waldszene komponiert Schönberg ein Motivgewebe, dessen verwirrende Dichte die Dramenassoziation "Chaos, verirrt im Wald" zuläßt. Die Sterbeszene enthält als szenisches Moment den Eintritt der Dienerinnen, der von dem ganztönigen Flötenthema begleitet wird. Hierdurch wird die szenische Vorstellung vom prozessionsartigen Einherschreiten der Dienerinnen evoziert; außerdem kann damit das "Nahen des Todes" assoziiert werden.

Zeit

Die musikalische Gestaltung in op. 5 unterstreicht die Sukzessivität der Zeit; der Satz ist spätromantisch-teleologisch mit starken Höhepunkt-Bezügen (vor allem in der Liebes- und Sterbeszene). Durch das musikalische Vorwärtsstreben wird der äußere Handlungsstrang stärker betont als die Erstarrung der Handlung im Drama ("théâtre statique"), wodurch Schönberg die Gewichtung gegenüber dem Drama umkehrt. Tendenziell ist Schönbergs musikalische Zeitgestaltung der des Dramas entgegengesetzt.

Eine statische Satzstruktur ist zumindest ansatzweise im ersten Teil der Haar- und der Liebesszene zu finden. Der erste Abschnitt der Haarszene ist eine musikalische Situationsschilderung: Pelleas spielt mit den Haaren Melisandes. Nach der Engführung des diminuierten M1-Themas tritt Pelleas auf, die Themen (M1, M2, P1) werden überwiegend diminuiert und durch ihr ostinates Auftreten zu ornamentalen Patterns stilisiert. Durch extreme Motiv- und Themendichte geht der Satz in eine irisierende Klangfläche über. Das Primat der Klangfarbe wird zusätzlich durch Tremoli und Harfenglissandi verstärkt. Das "Bild" wird durch das Hinzukommen Golauds wieder zum Geschehen.

Der kurze erste Teil der Liebesszene ist wie der der Haarszene ornamental konzipiert. Er bringt eine Rekapitulation der wichtigeren Themen. Auch hier erzeugt die hohe Themendichte den Eindruck einer Klangfläche.

Zwar ist auch die Abgrundszene klangfarblich gestaltet[287], doch herrscht hier im Gegensatz etwa zur Haarszenen-Episode eine durch Effekte wie Flatterzunge oder Posaunenglissando hervorgerufene "aversive" Klanglichkeit. Trotz ähnlicher Satzstruktur (Stichwort "Orchesterpolyphonie") bildet sie so einen Gegensatz zur Haarszene. Außerdem enthält die Szene (zumindest optisch vermittelte) musikalische "Aussagen". Der Grund für den Ausflug in die widerwärtigen Schloßgewölbe ist die Liebe zwischen Pelleas und Melisande (P1 + M2 bei [31]). Das Gewässer, an das Pelleas geführt wird, ist im Gegensatz zu den beiden anderen Quellen ein abstoßendes und gefährliches (Brunnenmotiv-Rhythmus, rasende Unisonoläufe, Chromatik). Die Steigerung auf einen Höhepunkt hin, durch die die Szene als Vorstufe zum Mordgeschehen erscheint, wirkt statischen Momenten entgegen.

Figuren
Schönbergs symphonische Dichtung konzentriert sich auf die musikalische Präsentation der drei Hauptfiguren. Diesen werden jeweils mindestens zwei Themen zugeordnet, die den Charakter oder die psychischen Zustände der jeweiligen Figur ausdrücken sollen. Auffallend ist eine ungefähre Einteilung der Figurenthemen in "Außen" und "Innen". Während das erste Thema meist die physische Präsenz der Figur oder eine Anspielung darauf signalisiert, bezieht sich das zweite Thema eher auf deren Innenleben oder momentane Gefühle.

a) Melisande
Die Bedeutung der Figur der Melisande innerhalb des Dramas unterstreicht Schönberg dadurch, daß er sie thematisch am reichsten ausstattet. Ihr sind drei Themen zugeordnet.
Das **1. Melisande-Thema** zeigt gewöhnlich die Anwesenheit der Figur an. Es ist aus der Umkehrung von M1-W und dessen allerdings diatonisch gestrecktem Original gebildet; die kleine Sexte abwärts dient als Verbindung. Das Intervall der kleinen Sexte ist für alle Melisandenthemen konstitutiv. Die Tonalität des Themas ist chromatisch erweitert; die durch seine Haupttöne gebildete Melodielinie changiert zwischen D-Dur und d-Moll. Die Verbindung von abwärtsgerichter Chromatik und fallender Sexte erzeugt einen Klage-Seufzer-Gestus, der die Charakterisierung der Figur als "hilflos" spiegelt. Die vage, nicht genau zu bestimmende Tonalität entspricht dem mysteriösen Wesen Melisandes. M1 ist starken rhythmischen Veränderungen (meist Diminutionen) unterworfen. In spielerischen Episoden nimmt es triolische oder sextolische Gestalt an. Im zweiten Teil der Brunnenszene ist es im Scherzomotiv versteckt (vgl. auch Puffett, 1995, 221); in der Haarszene verbindet es sich mit einer triolischen Sechzehntel-Bewegung, die entfernt an das Brunnenmotiv erinnert (=> "fließende" Haare Melisandes, die mit ihrem Element, dem Wasser, assoziiert werden können). Bei 4T v. [14] wird es von P1 "infiltriert": es übernimmt dessen Punktierung. Die Todesszenenvariante des Themas (M1') ist tonartlich klarer festgelegt (Mollthema). Sie hat zwei Elemente anderer Themen in sich aufgenom-

---

[287] In einem Brief an Rufer (9. Januar 1951) definiert Schönberg Klänge als „Kombinationen bewegter Stimmen" und nennt unter anderem als Beispiel die „Gruftszene aus *Pelleas und Melisande*" (vgl. Schönberg - in: Rufer, 1969, 367. Zur klangfarblichen Konzeption dieser Szene vgl. auch Schubert, 1974, 113f.).

men: die P1-Punktierung und die lyrische Floskel des Liebesthemas (diastematisch zusammengezogen: aus der großen Terz/Sexte wird jeweils die kleine).[288]
M2 ist diatonisch, aufsteigend und mit einem Ornament versehen. Dieses 2. **Melisande-Thema** steht für Melisandes Liebe und ihre psychische Lebendigkeit. In seiner lyrischen Floskel (vgl. auch Liebesthema!) ist die kleine Sexte abwärts enthalten:

M3 kommt aussschließlich in der Haarepisode der Brunnenszene vor. In seiner ornamentalen Anlage ist es mit M2 verwandt - mit diesem hat es die Achteltriole gemeinsam. Es ist ein situativ gebundenes, spielerisch-kokettes Thema.
Durch die besondere Motivbehandlung beim Todesmoment Melisandes (ab [61]) wird gleichzeitig die Annahme gestützt, daß M1 ein mehr auf die Präsenz und M2 ein eher auf das Innenleben der Figur bezogenes Thema sein soll.
Insgesamt schildert Schönberg Melisande durch seine Themenkonzeption als eine Figur, deren äußeres Auftreten (ängstlich, hilflos) im Gegensatz zu ihrem reichen, lebendigen Innenleben steht.

b) Pelleas
Das **1. Pelleas-Thema** ist rhythmisch und tonal klar konturiert. Große Intervalle und Punktierungen erzeugen einen sprunghaften, übermütigen Gestus. Dieser drückt die eine Seite des Wesens der Figur ("Luftwesen") treffend aus (für Schönberg: "jugendlich und ritterlich"). In der Regel steht P1 für die Anwesenheit der Figur, es kommt aber auch vor, wenn von dieser nur die Rede ist (Pferdsturzszene, Beginn der Sterbeszene). Wie bei M1 bestehen seine Varianten hauptsächlich aus Diminutionen, stellenweise wird es zum Bewegungsgestus ("Flucht" bzw. "Wegzerren" am Ende der Haarszene) oder zum ornamentalen Ostinato (Haarszene).
P2 wird durch sein seltenes Vorkommen (nur in der Meeres- und Liebesszene) als Nebenthema gekennzeichnet. Es beleuchtet die nachdenkliche, sensible Seite der Figur. P2 bestimmt den Anfang des ersten Teils der Liebesszene, wo sich Pelleas im Drama erstmals seiner Liebe voll bewußt ist. Daher und wegen seiner lyrischen Beschaffenheit könnte man es als eine Art "Liebesthema" des Pelleas auffassen. Wie bei Melisande wirken auch bei Pelleas die beiden auf das "Innen und Außen" bezogenen Themen zueinander gegensätzlich und letztlich komplementär.

c) Golaud
Das **Golaud-Thema** besteht aus mehreren Motiven, darunter dem Ringmotiv, das auch verselbständigt auftritt. Damit deutet Schönberg die Ehe als Anliegen Golauds. Das Kernthema ist diatonisch (F-Dur/d-Moll) und von allen Figurenthemen am regelmäßigsten angelegt. Es unterstreicht den durchschaubaren Charakter der Figur.

---

[288] Hier handelt es sich eventuell um eine "Wagnerisierung" der Figur. Man kann M1' aufgrund dieser Struktur so lesen: Melisande stirbt - wie Isolde - einen Liebestod.

Die das Thema initiierende große Terz aufwärts mit Punktierung und die breite Ausdehnung des Themas (Fortspinnungstyp) sind dazu angetan, Charaktereigenschaften der Figur wie "dominant" und "willensstark" auszudrücken. Auch das aufsteigende, eine Oktave ausfüllende Ringmotiv läßt sich dieser Charakterisierung zuordnen.
Der Golaud-Themenkomplex taucht in seiner Ganzheit nur in der Waldszene auf. Ähnlich ausführlich (aber deutlich "zusammengedrückt") ist sein Erscheinen nur noch nach dem Tod Melisandes. Golauds Präsenz wird oft durch den ersten Teil des Themas, dem eigentlichen G-Thema, angezeigt, manchmal nur durch das Kopfmotiv - dies vorwiegend bei Golauds "Hinzukommen". Die Breite des Themas unterstreicht die Wichtigkeit der Figur für Schönberg: Golaud ist der Dramenheld im traditionellen Sinn, der tragische Held, der handelnd gegen das Schicksal aufbegehrt und scheitert. Die parodistischen Züge, die Maeterlinck in die Figur hineingelegt hat, sieht Schönberg offenbar nicht. Schönberg zeichnet das Drama musikalisch aus der Perspektive seines "Helden" nach. Dies wird in der Waldszene durch den sukzessiven Aufbau und die nachfolgende, alles dominierende Exposition des ganzen Themas deutlich, vor allem aber in der Rückblende der Sterbeszene, bei der Schönberg die Erinnerung Golaud zuweist und ihn damit ins Zentrum des Geschehens rückt. Die breite Ausführung des Leidens dieser Figur am Ende der Sterbeszene könnte als Hinweis auf eine biographisch bedingte, zumindest teilweise Identifikation Schönbergs mit der Figur des Golaud verstanden werden.[289] Der Themenverlauf weist eine gewisse Geschlossenheit auf. Dem sukzessiven Aufbau des Themas bis zur vollständigen Gestalt in der Waldszene entspricht der Abbau am Ende der Sterbeszene, der schon am Ende der Waldszene angekündigt wird. Hier wie dort bleibt nach der Intervention des Schicksalsmotivs von G nur noch die große Terz aufwärts übrig. Die Reduktion des Themas in der Sterbeszene beginnt nach dem akkordischen Abschnitt mit "Seufzermotiv" (5T n. [68]). Danach gewinnt das Schicksalsmotiv die Oberhand. Es alterniert mit dem Kopfmotiv des G-Themas und demontiert dieses nach und nach bis zur Terz, letztlich bis zum Einzelton im Schlußakkord. Golaud ist aus Schönbergs Sicht der wirklich Leidende des Dramas, der "am Boden Zerstörte", dem das Schicksal am härtesten mitgespielt hat.
Insgesamt wird das Thema kaum variiert, was auch als Deutung des starren Figurencharakters interpretiert werden kann.
Das **Ringmotiv** vertritt Golaud selbst sowie dessen vermeintlich wichtigsten Lebensinhalt: die geordnete Verbindung mit Melisande. Die Bedrohung dieser Verbindung wird durch das Einschreiben des Ringmotivs in das Schicksalsmotiv signalisiert.
Das innere Thema des Golaud ist das **Eifersuchtsmotiv**, dessen rhythmisch starke Akzentuierung die Leidenschaftlichkeit dieses Gefühls unterstreicht. Der Anfang des Themas ist ein "Aufschwung" aus kleiner Sekunde und großer Septime und füllt damit ebenso wie das Ringmotiv eine Oktave aus.

---

[289] Bereits bei seinem ersten Berlin-Aufenthalt gab es Krisen in Schönbergs Ehe. Das Interesse Schönbergs an Dreieckssujets, in denen der Mann das Opfer oder der Betrogene ist, ist auch vorher schon auffallend ausgeprägt (*Verklärte Nacht, Gurrelieder*). Die Ironie des Schicksals wollte es, daß er sich einige Jahre später durch die Untreue seiner ersten Frau in einer Golaud-ähnlichen Rolle befand. In dieser Zeit entstand die *Glückliche Hand*.

Motivik und Symbolik
Auch literarische Symbole werden bei Schönberg vorwiegend mit musikalischen Motiven ausgedrückt. Dies trifft vor allem für allgemeine Begriffe wie Liebe, Schicksal, Tod zu.

a) Themen
Das **Schicksalsmotiv** besteht aus einer großen Sept aufwärts und einem Dur-Dreiklang abwärts, so daß ein übermäßiger Akkord mit großer Sept entsteht. Es ist das einzige zweifach determinierte Motiv: ihm wird an den dramatischen Höhepunkten immer die Harmoniefolge „gis - d - f - a" => „f - a - cis" zugeordnet. Zunächst wird es in der Grundtonart d-Moll mit 'd' als Ausgangston exponiert. An den vier Höhepunkten (bei [8], [32], 2T v. [49] und 5T n. [54]) sowie am Schluß (5T n. [68]) tritt es gleichbleibend von 'a' aus auf. Die Spannung zwischen Ganzton-Akkord und Leittönigkeit macht zusammen mit der melodisch-harmonischen Anlage die Ambivalenz des Themas aus. Es "transzendiert" mit seiner melodischen wie harmonischen Tendenz zur Ganztönigkeit die Dur-Moll-Tonalität, was sich symbolisch als "jenseitig", "nicht faßbar" deuten läßt. Als einziges Thema bleibt es fast unverändert, wodurch ebenfalls eine Schicksalssymbolik zum Ausdruck kommt.

Das **Todesszenenmotiv** ist an die Sterbeszene gebunden, es erscheint außerhalb dieser auch nicht in den Erinnerungspassagen. Es ist ein rein situatives, atmosphärenkreierendes Motiv mit klar begrenzter Funktion. Das Todesszenenmotiv setzt sich aus einem aufsteigenden cis-Moll-Akkord mit großer Sept und Durchgangston zusammen. Sein Schluß wird häufig variiert. Ihm wird eine diastematisch gegenläufige Variante an die Seite gestellt. Beide Motivformen wirken an den Steigerungen in der Szene mit. Die erste Steigerungsphase beginnt bei [53] (Tonrepetitionen in den Kontrabässen) und mündet in den Schicksals-Höhepunkt, in den das Todesszenenmotiv eingeschrieben ist - es erklingt gleichzeitig mit dem Schicksalsmotiv in den Hörnern. Die zweite, intensivere setzt beim Eintritt der Dienerinnen ([59]) ein - in der vorangehenden Befragung Melisandes durch Golaud fehlt es völlig. An dieser Stelle wird es kontrapunktisch dem Choralthema der Flöten zugeordnet, wodurch die eintretenden Dienerinnen als Todesbotinnen charakterisiert werden.[290] Hier taucht es mit Punktierung auf, wodurch es eine treibende Dynamik entwickelt. Außerdem wird dem Todesszenenmotiv eine augmentierte Variante unterlegt. Die Steigerung führt direkt zum Todesmoment Melisandes ([61]), wo es fehlt. Danach kehrt es zusammen mit dem Choralthema noch einmal für zwei Takte wieder, ehe es in eine Kadenz mit lang ausgehaltenen Akkorden (es - b+f) mündet. Insgesamt zeigt sein Einsatz, daß das Todesszenenmotiv dazu dient, den Sterbeprozess zu begleiten und nicht dazu, den Todesmoment anzuzeigen.

Bei dem **Liebesthema** handelt es sich um einen großen, breit ausgeführten diatonischen Themenkomplex mit einigen Leittoneinstellungen, wie sie für spätromantische Themen typisch sind. Es kommt ausschließlich in der Liebesszene vor, außerhalb dieser nur als Erinnerung. Vom Ausdruck her ist es ein majestätisch-pathetisches, alles überhöhendes Thema, das raumerobernd wirkt und dessen Eloquenz im Ge-

---

[290] ... eine figurale Entwicklungslinie in den frühen Maeterlinck-Dramen von den ominösen Beginen in *Maleine* über die den Todesmoment wahrnehmenden Dienerinnen in *Pelléas et Mélisande* zu den aktiven Handlangerinnen des Todes in *Tintagiles*. Diesen Zusammenhang könnte Schönberg ohne weiteres bemerkt und hier ausgedrückt haben.

gensatz zu Maeterlincks Gestaltung der Liebesszene als still und tendenziell verstummend steht.

Bildliche oder lautmalerische Darstellungen von Symbolen sind bei Schönberg selten. Eine Ausnahme bildet die "Optik" des Brunnenmotivs. Das Ringmotiv ist dagegen nicht vordergründig abbildend; es enthält eine verdeckte Symbolik: die Oktave, bei der Anfang und Ende „gleich" sind und der „Kreis sich schließt".
Aus dem Verlauf der Waldszene läßt sich schließen, daß Schönberg ein anderes Kleinod, die Krone, andeutet. Ein dort nach dem ersten und dritten "Anlauf" des G-Themas auffallend hervortretender C-Dur-Akkord weckt schon allein wegen seiner leuchtenden Klanglichkeit in Verbindung mit Maeterlincks Dramentext die Assoziation "Krone" (beim ersten Mal in den Hörnern {4T n. [3]}, beim zweiten Mal in den Trompeten + Viola-Flageolett {3T v. [5]} mit Fermate als „Krone" {= ital. „corona"}). Nach dem zweiten C-Dur-Akkord folgt ein mit "heftig" überschriebener Abschnitt, der sich auf Melisandes Abwehr mit den Selbstmorddrohungen beziehen läßt (M1 bei 2T v. [5]). Eine klangfarblich ähnliche Hervorhebung findet sich nur noch bei den vier Akkorden der Grottenszene.
Die Mordepisode am Ende der Liebesszene mit den sich überstürzenden Ereignissen wird von Schönberg motivisch-bildhaft und mit größtmöglicher orchestraler Klangentfaltung gezeichnet: der letzte Höhepunkt des Liebesthemas im Angesicht der drohenden Gefahr, das Hervorstürzen Golauds, die erschreckte Flucht Melisandes (M1 diminuiert und rhythmisch verzerrt), die Ermordung von Pelleas (P1, "abstürzend", "taumelnd"). Melisande bleibt zurück. Ihr klagendes Thema (M1, Englischhorn und Baßklarinette) bildet eine Art Überleitung (2T v. [48] - [50]).

b) Themenverwandtschaften
Außer dem Brunnenmotiv haben alle Themen Beziehungen zueinander. Am stärksten ausgeprägt sind diese bei dem Schicksalsmotiv und den Melisandenthemen. Melisande wird dadurch als die zentrale Figur hingestellt, die nicht nur mit den anderen Figuren involviert ist, sondern auch die größte Affinität zu Liebe, Schicksal und Tod besitzt.
Eng miteinander verwandt sind **Schicksalsmotiv** und **Todesszenenmotiv**. Sie bestehen aus denselben Elementen, die lediglich unterschiedlich angeordnet sind (große Septime als Rahmen, Akkordbrechung). Damit stimmt Schönberg mit Maeterlincks Sicht des Todes als Handlanger des Schicksals überein. In der Variante des Todesszenenmotivs erscheint die Dur-Akkordbrechung des Schicksalsmotivs direkt (2T n. [50]; Eh. => Bkl. - 5T n. [50]; Fl. - T 2+3; Bkl.):

Elemente der beiden "Jenseitsmotive" sind in den meisten Figurenthemen enthalten. Die Haupttöne des zweiten Teils von M1 (b - d - fis) bilden einen Ganztonakkord. Das Ringmotiv ist Umkehrung und Mollvariante des Schicksalsdreiklangs bzw. direkt im Todesszenenmotiv vorhanden. Das G-Eifersuchtsmotiv enthält den großen Septsprung, mit dem das Schicksalsmotiv beginnt. Einen eher vagen Zusammenhang stiftet die große Septime zwischen Schicksalsmotiv und dem Anfang von P2. Das Todesszenenmotiv entspricht diastematisch dem Beginn von M2 - dort findet sich lediglich statt der reinen die verminderte Quinte und statt der großen die kleine Sept. Schönberg legt also in seine Figureninterpretation von Melisande die romantische Verbindung von Liebe und Tod hinein (M2 - Todesszenenmotiv):

Die **Melisandethemen** haben wenig Beziehung zu den anderen Figurenthemen. Der Anfang von M3 ähnelt durch die Folge "kleine Sekunde - großer Intervallsprung" dem von P2 und G-Eifersucht. Im G-Eifersuchtsmotiv finden sich noch andere musikalische Anspielungen auf die Ursache der Eifersucht (P-Quinte abwärts, chromatische Achteltriole aus M1 und M2). Die Verbindungen von Melisanden- und Pelleasthemen bestehen nur in der Aufnahme der kleinen Sexte abwärts in das P2-Thema und der P-Punktierung in das Sterbethema der Melisande (M1').
Außer der Andeutung im G-Eifersuchtsmotiv haben die Golaud- und Melisandenthemen nichts gemeinsam. Sie sind als Gegenpole gestaltet, die die Opposition der Figuren im Drama wiedergeben. Die Verwandtschaft von Pelleas- und Golaudthemen ist ebenfalls vage. Beide Themen haben im Gegensatz zu den Melisandethemen Punktierungen und Quart- und Quintintervalle. Diese eher sporadischen Figurenthemen-Verknüpfungen zeigen, daß Schönberg mit den Themen primär Charakter und Stimmung der jeweiligen Figur zeichnen wollte. Die Figureninteraktion findet musikalisch auf der Ebene der Satzstruktur statt.
Das **Liebesthema** umfaßt mehrere Elemente der Melisandenthemen.[291] In M2 ist die lyrische Floskel vorgebildet, die wiederum die kleine Sexte abwärts aus M1 enthält. M2 und M3 haben die Achteltriole, M3 darüber hinaus eine ähnliche Sextole, wie sie im zweiten Teil des Liebesthemas vorkommt. Umgekehrt erscheint die lyrische Floskel des Liebesthemas wörtlich in M1', wodurch einmal mehr verdeutlicht wird, daß Melisande einen Liebestod stirbt. Intervallisch hat das Liebesthema Affinitäten zu P1. Beide sind auf reinen Intervallen aufgebaut. Insgesamt umschließt das Liebesthema mit seiner melodischen Struktur die beiden liebenden Figuren. Mit dem G-

---

[291] Der von Berg propagierte Zusammenhang zwischen M1-W und dem Liebesthema erscheint etwas weit hergeholt. Zwar könnte eine Programmäußerung Schönbergs („Im Melisande-Thema hört man das Liebesthema") als Rechtfertigung hierfür erscheinen, doch bezieht diese sich klar auf eine Stelle in dem Werk, an der das M1-W-Motiv nicht mehr vorkommt.

Thema ist das Liebesthema nur ganz allgemein vergleichbar (Fortspinnungscharakter).

2.6 Zusammenfassung

Schönberg folgt der Rezeptionstendenz von *Pelleas und Melisande* im deutschsprachigen Raum: Er sieht das Drama als Märchen mit allgemein-menschlicher Aussage, in dem das Wirken der Schicksalsmacht eine wichtige Rolle spielt. Die Dramendeutung ist von Schönbergs Interesse an Dreiecksbeziehungen beeinflußt, wobei erkennbar ist, daß Schönbergs Anteilnahme dem „betrogenen" Golaud gilt.
Die besondere Analyse-Geschichte von op. 5 bedingt, daß der vorliegende, dramenorientierte Ansatz in Opposition zu den gängigen musikwissenschaftlichen Darstellungen des Werks gerät. Es konnte gezeigt werden, daß sich alle Teile von Schönbergs op. 5 auf das Drama beziehen lassen, was bedeutet, daß die Formanlage des Werks dem Dramenaufbau folgt. Das einseitige Rekurrieren auf abstrakte Formschemata ist zur Beschreibung des Werkes unzureichend; es erfaßt den Musik-Text-Zusammenhang nicht. Die symphonische Dichtung spiegelt in der Tat mehr Einzelheiten des Dramas als Berg wahrhaben oder darstellen wollte. Schönbergs Aussage von 1949 kann daher als gültig angesehen werden. Insgesamt wird das Werk durch ein komplexes Ineinandergreifen absolut-musikalischer und programmatisch bedingter Formideen bestimmt.
In seiner Komposition, die durch und durch motivisch-thematisch geprägt ist, realisiert Schönberg vor allem übergreifende Handlungsstränge und psychische Entwicklungen wie die "crescendi" von Liebe und Eifersucht. Damit macht er das Drama zum traditionellen Handlungsdrama und läßt ein wichtiges Element seiner Modernität beiseite: die aktionsverneinende Statik. Schönberg zeichnet die motivischen Verbindungen des Dramas grundsätzlich nach. Ein besonderer Akzent liegt auf der Gestaltung imaginärer Abschnitte wie Erinnerungen und Phantasien. Diese werden meist durch Diminution und/oder Synkopierung der Themen gekennzeichnet. Damit orientiert sich Schönberg an den Gepflogenheiten der Gattung „sinfonische Dichtung" nach Liszt und Strauss.
Der traditionellen Dramensicht entsprechend wird Golaud musikalisch als tragischer Held und nicht als Anti-Held gezeichnet. Die Infragestellung dieser "veralteten" Figur, die außer durch das Drama selbst auch durch Maeterlincks ästhetische Schriften nahegelegt wird, findet bei Schönberg nicht statt. Die eigentlichen Helden dieses neuen "Theaters der Innerlichkeit", Pelleas und Melisande, bleiben in op. 5 eher im Hintergrund. Schönberg reduziert das Drama, das "den Kosmos bedeuten soll", auf eine profane Dreiecksgeschichte mit Schicksalseinwirkung.
Die musikalische Gestaltung von op. 5 bleibt der Wagner-Mahler-Strauss-Tradition verpflichtet. Gemäß dieser veräußerlicht Schönberg in seiner symphonischen Dichtung innere Vorgänge, bietet sozusagen musikalische Übertreibungen auf, um die psychischen Bewegungen klar herauszustellen. Das Maeterlinck-Ideal der "silence" wird durch expressiven Überschwang in sein Gegenteil verkehrt; an die Stelle des "suggérer" treten überdeutliche Hervorhebungen. Damit zielt Schönberg grundsätzlich auf das gewöhnliche, passive Rezeptionsverhalten ab: anders als bei Maeterlinck wird hier vom Publikum kein eigenkreatives Weiterdenken und -dichten des Stoffes erwartet. Das "Geheimnis" bei Schönberg liegt allein in der genaueren

Zuordnung von Dramentext und Komposition - dies umso mehr, als Schönberg offenbar bei Aufführungen von op. 5 keinen Programmtext geboten hat.
Die Rezeption des Dramas hat Schönberg nicht zu einer umfassenden Suche nach neuen kompositorischen Wegen angeregt. Solche Neuerungen finden sich nur in Details, auf die hinzuweisen Schönberg nie versäumt hat. Grundlegende dramaturgische Besonderheiten wie Statik, Bildhaftigkeit der Szenen, „silence" oder Andeutung konnten sich schon wegen Schönbergs Verhaftung in der musikalischen Spätromantik des deutschsprachigen Raumes nicht auswirken. Die Kongruenz von Musik und Drama ist daher eher als gering einzustufen.
Schönberg hat diese Divergenz nachträglich selbst empfunden, wie der Rundfunktext und die in der Zeitschrift *Bohemia* abgedruckte Interviewpassage zeigen (s. Kap. 2.3).
Die motivische Verdichtung, die Tendenz zur totalen motivisch-thematischen Durchgestaltung in op. 5 stellt aber ein bedeutendes und richtungsweisendes Stadium in Schönbergs kompositorischer Entwicklung dar. Darin ist Wellesz, Webern und Felber zuzustimmen.

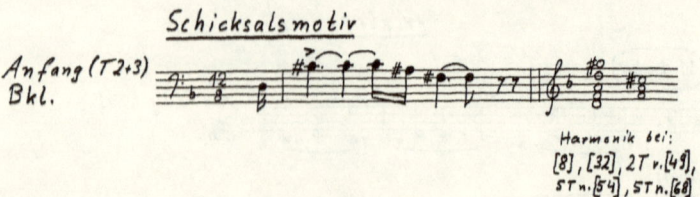

3. Charles Koechlin: *Mélisande* (*Suite Légendaire* op. 54, 2. Satz)

Koechlins unveröffentlichte und bisher unaufgeführte *Pelléas et Mélisande* - Komposition steht im Kontext einer Suite, deren Titel einen Hinweis auf die Dramendeutung des Komponisten gibt: Koechlin sieht das Drama vor allem als märchen- oder legendenhaft an. Der Dramenbezug ist insofern locker, als dem Satz *Mélisande* nur eine Szene des Dramas - die Waldszene - zugrunde liegt. Dennoch ist es möglich, daß sich die musikalische Gestaltung dieses Einzelmoments eng an grundlegende dramaturgische Merkmale des Dramas anlehnt.

3.1 Biographische Notiz und ästhetische Anschauungen

Biographische Notiz

Charles Koechlin wurde als siebtes Kind einer wohlhabenden Elsässer Industriellenfamilie 1867 in Paris geboren. Seine zunächst eingeschlagene militärische Laufbahn mußte er wegen einer Tuberkulose-Erkrankung aufgeben; er beschloß daraufhin, sich ganz der Musik zu widmen. Seine Lehrer am Conservatoire Paris, an dem er zwischen 1890 und 1897 studierte, waren Massenet, Gedalge und zuletzt Fauré, der ihn mit Unterrichtsvertretungen beauftragte und ihn als Assistenten zu einigen seiner Uraufführungen mitnahm (außer zu *Pelléas et Mélisande* auch zu *Prométhée*). Mit Fauré verband Koechlin bis zu dessen Tod ein enges freundschaftliches Verhältnis.

Koechlin bewarb sich vergeblich um eine Professur am Pariser Conservatoire. In den 20er und 30er Jahren erhielt er mehrere Gastdozenturen in den USA, wo er unter anderem Harmonielehre und Instrumentation unterrichtete. Er starb 1950 in Le Canadel im Département Var (vgl. Orledge, 1975, XIX-XXIII).

Ästhetische Anschauungen

„L'esprit de mon oeuvre - et celui de toute ma vie - est surtout un esprit de liberté, avec pour devise: Spiritus flat ubi vult." (Koechlin, 1981, 67).[292]

Dieses Freiheitsideal ist die Grundlage für Koechlins Ästhetik. Als Komponist bedeutete dies für ihn Freiheit von Schulen, Gruppen, Vorbildern und Modeerscheinungen und das Bestreben, einen individuellen Stil zu entwickeln. Koechlins Zugang zur Musik ist universal. Der Zugriff auf Kompositionspraktiken aller Epochen und Völker, den Koechlin praktizierte, war umfassend, trug ihm aber den Vorwurf des Eklektizismus ein. Für ihn ging es dabei in erster Linie um Grenzerweiterungen für den musikalischen Bereich (vgl. Nies, 1986, 521). Eine Zusammenfassung seiner Grundhaltung bietet ein Abschnitt aus den unveröffentlichten Tagebüchern:

---

[292] „Der Geist meines Werkes - und der meines ganzes Lebens - ist vor allem ein Geist der Freiheit, mit der Devise: Der Geist weht, wo er will."

„La vie de l'artiste qui songe avant tout à la beauté est l'une des plus enviables qui soient. Somme tout, elle nous laisse libres, et elle nous permet de nous élever vers l'idéal."
„Sa liberté c'est < d'être soi, décrire pour soi > dans sa tour d'ivoire d'où rayonnera comme d'un phare, la lumière projetée au loin sur le monde." (Koechlin, zt. n. Orledge, 1975b, XXIII).[293]

Koechlins Schönheitsbegriff zielt nicht auf bedingungslose Harmonie und Stimmigkeit der Musik ab, sondern auf Aufrichtigkeit im Sinne eines l'art pour l'art - Prinzips. Musik hat für Koechlin kein anderes Ziel als sich selbst und ihre Schönheit.
Die Kunst ist für Koechlin - wie für Maeterlinck - ein über den Alltag erhabener Bereich. Doch dem Kunstbegriff Koechlins fehlt im Unterschied zu dem Maeterlincks der metaphysische Bezug (vgl. Koechlin, 1981, 42f.; 69-72).

3.2 Kompositorischer Kontext

Koechlins Oeuvre umfaßt über 200 Opus-Nummern, von denen viele unveröffentlicht und unaufgeführt blieben. Bislang wurde ihm als Musiktheoretiker und Publizist größere Bedeutung zuerkannt denn als Komponist. Erst in den letzten zwanzig bis dreißig Jahren finden seine Werke vermehrt Beachtung.
Koechlins musikalisches Denken ist - wie das Debussys - primär literarisch motiviert. Dies zeigt bereits seine Vorliebe für die Gattungen „Lied" und „Symphonische Dichtung". Die symphonischen Dichtungen haben entweder literarische Vorlagen, die Koechlin sehr detailliert in Musik umzusetzen versucht, oder gehen von Natureindrücken aus. Wald, Nacht, Meer und Sternenhimmel sowie das Weite und Unbestimmte sind grundlegende Sujets für seine Kompositionen (vgl. Orledge, 1989, 4; 226f.). Sein Hauptwerk ist der siebenteilige Zyklus *Le Livre de la Jungle* nach Kipling, dessen Entstehungszeit sich über vierzig Jahre erstreckt und damit fast den gesamten Schaffenszeitraum des Komponisten umfaßt. Der aus vier symphonischen Dichtungen und drei Orchesterliedern bestehende Zyklus enthält mit der atonalen symphonischen Dichtung *Les Bandar Log* ein gattungsgeschichtliches Kuriosum.[294] Für seine Liedvertonungen wählte Koechlin fast ausschließlich Gedichte der Parnassiens. Ganz im Gegensatz zu Debussy mied er die Symbolisten. Koechlin

---

[293] „Das Leben des Künstlers, der vor allem über die Schönheit nachdenkt, ist eines der beneidenswertesten, das es gibt. Alles in allem läßt es uns frei sein und erlaubt uns, uns zu dem Ideal zu erheben."
„Seine Freiheit, d. h. < ganz man selbst sein, für sich selbst schreiben > in seinem Elfenbeinturm, von wo aus, wie von einem Leuchtturm, das Licht strahlen wird, das von fern auf die Welt geworfen wird." (Nach Orledge stammen die Zitate aus: *Présentation de Charles Koechlin par lui-même* {Rundfunktext}, MS, S.3 und *De Charles Koechlin sur Charles Koechlin* {pour M. Jean Farger}, 1948, MS, S.17.)

[294] Eine Analyse des Zyklus bietet die unveröffentlichte Magisterarbeit der Autorin.
In *Les Bandar Log* dient die Literaturvorlage Kiplings als Aufhänger für eine musikalische Satire, die sich gegen die Nachahmer bestimmter Stile richtet. Die Affen bei Kipling werden mit epigonalen Komponisten gleichgesetzt, die auf dilettantische und groteske Weise einzelne Stilelemente Bachs, Debussys, Strawinskys und Schönbergs imitieren. Diesen kläglichen musikalischen Versuchen wird jeweils die „wahre", ausdrucksvolle, atonale Musik des Waldes gegenübergestellt.

(1952, 55f.) lehnt den Pessimismus und das gewollt Obskure und Vage des Symbolismus ab. Mallarmé nahm er von dieser Kritik aus; Debussy habe sich, so Koechlin, glücklicherweise aus dieser mystischen Sphäre befreien können. Koechlin komponierte nach eigenen Aussagen stark intuitionsbestimmt (vgl. Koechlin, 1981, 42; 45). Idee und Einfall hatten für ihn große Bedeutung. Trotz seiner eklektizistischen Haltung prägte er einen persönlichen Stil aus, zu dessen allgemeinen Merkmalen eine geringe rhythmische Variabilität, polytonale Schreibweise, die Konzentration auf die Gestaltung der melodischen Linie und der Klangfarbe gehören. Von einigen Autoren wird er als Pionier der Polytonalität angesehen. Polytonalität und Polymodalität sind für Koechlin untrennbar miteinander verwoben (vgl. Myers, 1971, 55; Orledge, 1989, 267-273). Grundelement einer Komposition ist für Koechlin die weitausgesponnene Melodie.[295]

3.3 Entstehungszusammenhänge

Koechlins Beschäftigung mit dem Drama *Pelléas et Mélisande* erstreckt sich beinahe über seine gesamte Schaffenszeit, angefangen bei seiner Mitwirkung bei der englischen Erstaufführung des Dramas mit der Schauspielmusik Faurés bis zu seinem unveröffentlichten Buch über Debussys Oper (1949). Auch wenn Koechlins erster Zugang zu dem Drama über die Lektüre und wenig später über die Aufführung erfolgte, war seine Dramenauffassung nach 1902 wesentlich von Debussys Oper geprägt. Seine reservierte Haltung gegenüber dem metaphysischen Symbolismus Maeterlincks, die ihn zu einer profanen, psychologischen Lesart des Dramas führte, kam bereits 1898 zum Ausdruck:

„J'ai entendu Pelléas et Mélisande, de notre ami Maeterlinck, avec une bien jolie musique de scène de Fauré, infiniment délicate, et très profonde. Dans la pièce de Maeterlinck, à coté d'effets de fantastique un peu truqués et que je n'aime guère, des choses délicieuses, si intimes et si vraies, et qui admirablement jouées à Londres, faisant encore bien plus d'impression à la scène qu'à la lecture."
(Koechlin: Brief an Max d'Ollone, 30. 6. 1898 - in: Correspondance, 1982, 9).[296]

Den metaphysischen Kern des Dramas ignoriert Koechlin weitgehend, wie aus seiner Analyse der Oper Debussys hervorgeht:

---

[295] Typisch für Koechlin sind modale, a-metrische Melodien, bei denen Sext- und Septintervalle ausgespart bleiben. Um diesen melodischen Kern werden dann homophone oder kontrapunktische „Schichten" gelegt, ein Vorgehen, das Ähnlichkeiten mit der indonesischen Gamelan-Musik hat. Diese hörte Koechlin auf den Pariser Weltausstellungen. 1910 fertigte er Gamelan-Transkriptionen für europäisches Orchester an (op. 44 bis). Ein ausgesprochenes Talent besaß er für Instrumentation. Sein vierbändiger *Traite de l'Orchestration* gilt bis heute als Ausbildungsgrundlage für französische Musikstudenten und -studentinnen (vgl. Kelkel, 1996, 56).

[296] „Ich habe Pelléas et Mélisande gesehen von unserem Freund Maeterlinck, mit einer sehr schönen Schauspielmusik von Fauré, überaus einfühlsam und sehr tiefgründig. In Maeterlincks Stück gibt es neben irrealen und ein wenig gezwungenen Effekten, die ich überhaupt nicht mag, köstliche Dinge, so intim und wahr, die in London so bewundernswert dargestellt wurden, daß sie einen größeren Eindruck auf der Bühne als bei der Lektüre hervorgerufen haben."

„Pelléas et Mélisande est, tout simplement, un drame humain, poignant, vrai. Maeterlinck y a prodigué des trouvailles - aussi simples que frappantes." (Koechlin, 1949, 12).[297]

Koechlin hebt die Einfachheit des Dreieckssujets hervor und betont, daß es Maeterlinck gelungen sei, daraus ein tiefgründiges, ernstes Drama zu machen. Zwar sieht Koechlin auch das Mysterium, das Geheimnisvolle des Dramas, das für ihn ausgezeichnet mit den Eigenschaften der Musik korrespondiert, doch ist seine Vorstellung vom Mysterium innerweltlich und liegt in der Natur selbst mit ihren Erscheinungen. Darin stimmt er mit Fauré überein.

Daß Koechlin nicht versuchte, Maeterlincks Symbolismus in seiner schillernden Mehrdeutigkeit zu verstehen, zeigt folgende Äußerung:

„Toute cette pièce reste profondement humaine, et sensible, et vraie. On y peut trouver inutiles (ou même encombrants) certains symboles, - parfois un peu obscurs (la scène d'Yniold et des moutons, avec la balle d'or qu'il a perdue), parfois trop clairs, ou peu logiques (les colombes de Mélisande qui s'envolent, à la fin de la „scène des cheveux": serait-ce „son innocence" qui aurait déjà failli? On ne sait). Et que viennent faire les Phares dans la scène des navires qui sont des destinées? Pour les „vieux pauvres" de la grotte, soit. Mais tout cela date un peu. Et ces scènes symboliques sont moins directement, moins profondément humaine que les autres." (ebd., 17).[298]

Die wichtigsten Szenen des Dramas sind für Koechlin: die Eifersucht Golauds (wahrscheinlich Sz. 15), das Liebesgeständnis (Sz. 17) sowie das „duo entre Arkel et Mélisande" (wahrscheinlich Sz. 15 oder 19). Dies macht deutlich, daß Koechlin in seiner Beurteilung des Dramas vom traditionellen Handlungsdrama ausgeht und das Konzept des „drame statique" in seiner Neuartigkeit nicht erfaßt hat oder nicht erfassen wollte. Die Figur der Mélisande ist für ihn von besonderem Interesse, sie sei „vom Geheimnis umgeben, eine fremde oder befremdliche (étrange) Figur" (ebd., 13).

Koechlin begann die Komposition der dreisätzigen *Suite Légendaire* op. 54 im Jahr 1901 und vollendete das Particell 1915/16. Die Orchestration erfolgte erst im Herbst 1920. Das Werk blieb bis heute unaufgeführt und unveröffentlicht. Ursprünglich wollte Koechlin die *Suite Légendaire* zusammen mit seinem Chorwerk *La Chûte des Étoiles* op. 40 zu einem Ballett zusammenfassen und dieses von Dhiagilew inszenieren lassen, doch dieser war nicht interessiert. Das übergreifende Thema der Suite ist - wie das des gleichzeitig fertiggestellten Orchesterwerks *La Forêt Païenne* op. 45, das ebenfalls als Ballett gedacht war - der „heidnische Wald", der mit Faunen und anderen mythologischen Wesen bevölkert ist. Mit der 1916 komponierten Violinsonate op. 64 verbindet die Suite derselbe Untertitel (*La Nuit Féerique*) sowie dieselbe Vortragsbezeichnung für jeweils den ersten Satz („calme, lumineux et

---

[297] „Pelléas et Mélisande ist ganz einfach ein menschliches, packendes, wahrhaftes Drama. Maeterlinck hat darin geradezu Ideen verschwendet - ebenso einfach wie eindrucksvoll."

[298] „Dieses ganze Stück bleibt tiefgründig menschlich, sensibel und wahr. Man kann dort gewisse unnütze (oder sogar störende) Symbole finden - manchmal ein wenig obskur (die Szene mit Yniold und den Schafen, mit dem goldenen Ball, den er verloren hat), manchmal zu klar oder wenig logisch (die Tauben von Mélisande, die um sie herumfliegen, am Ende der „Haarszene": Sollen sie ihre „Unschuld" darstellen, die schon beinahe verloren ist? Man weiß es nicht). Und was sollen die Leuchttürme in der Szene mit den Schiffen, die das Schicksal symbolisieren? Dasselbe mit den armen Greisen in der Grotte. Aber das alles ist ein wenig veraltet. Und die symbolischen Szenen sind weniger direkt, weniger tiefgründig menschlich als die anderen."

féerique"). Die *Suite Légendaire* ist eine lockere Aneinanderreihung dreier in sich geschlossener Sätze mit unterschiedlichen Sujets und folgenden Titeln:
I. „Sur le Char des Fées"
II. „Mélisande"
III. „Final" („Forêts au petit jour encore très pâle")

3.4 Analyse

Der mit *Mélisande* überschriebene zweite Satz der dreisätzigen *Suite Légendaire* bezieht sich ausschließlich auf die Waldszene. Zwei Aspekte stehen im Mittelpunkt: die Gestaltung der Szene als Bild und die Hervorhebung von Mélisande als Hauptfigur des Dramas. Zu dem Satz existieren zwei programmatische Untertitel:

a) „L'âme de Mélisande revient, la nuit, dans la forêt, près de la fontaine où repose la couronne magique."
b) „L'âme de Mélisande revient, la nuit, dans la forêt où elle pleurait sur la couronne tombée dans l'eau."

In beiden ist die verlorene Krone das zentrale Element. (Themenübersicht s. Ende des Kapitels).

Aufbau
Der Satz ist deutlich zweigeteilt, das quantitative Verhältnis der beiden Teile ist etwa 2:1 (Teil 1: 39T, Teil 2: 21T). Der Charakter des Satzes ist insgesamt ruhig und eher statisch (Tempo: lent, Dynamik im ppp- bis pp-Bereich). Er ist ganz auf melodischen Themen/Motiven aufgebaut, die ohne nennenswerte Entwicklung aneinandergereiht werden. Alle wichtigen Themen/Motive des ersten Teils sind auch im zweiten Teil präsent. Das alles bestimmende Thema ist das der Mélisande. Die harmonische Keimzelle für die Themen/Motive, der Zentralakkord, ist ein zur Pentatonik neigender Dreiklang (h-cis-fis), mit dem der Satz beginnt und endet. Hornsignal und Jagdmotiv bestehen ausschließlich aus diesen drei Tönen.

Der Aufbau des Satzes resultiert aus dem Themen-/Motivverlauf, der in den beiden Teilen unterschiedlich ist. Der erste Teil läßt sich in zwei Abschnitte gliedern, die sich durch Präsenz bzw. Abwesenheit des M-Themas unterscheiden. Eine fünftaktige Coda beschließt diesen Teil:

T 1-21: Dauerpräsenz des M-Themas (Kronenmotto, Jagdmotiv, Quintmotiv)
T 21-34: Fehlen des M-Themas; Einrahmung durch das Hornsignal (Quintmotiv, Jagdmotiv, Kronenmotto)
T 34-39: Coda mit M-Themenfragmenten. Verklingen mit Flageolett-Akkorden.

Im zweiten Teil werden die wichtigsten Themen miteinander kombiniert. Die Coda klingt im Pianissimo aus.

T 40-53: Kombination von M-Thema, Hornsignal und Jagdmotiv. Dynamischer Höhepunkt bei T 47
T 53-60: Coda, eingeleitet von der Umkehrung des M-Themas; Wechsel zwischen Hornsignal und M-Themenfragmenten.

Das im ersten Teil zweimal vorkommende Jagdmotiv ist dort immer quasi kontrapunktisch an das M-Thema gebunden. Im ersten Teil erklingen die Themen/Motive überwiegend nacheinander, im zweiten grundsätzlich gleichzeitig. Ab T 56 wird die Motivdichte ganz im Sinne einer verklingenden Schlußwirkung stark reduziert. In T 56 erscheint das Hornsignal-Fragment zusammen mit dem punktierten Schlußmotiv des M-Themas. T 58 bringt das M-Schlußmotiv isoliert, T 59 das Hornsignal-Fragment, ehe drei h-Akkorde (h7 => h-fis-Bordun => h-cis-fis) den Satz beschließen.

Ort
Der Wald als Ort der Szene wird durch das Hornsignal über die Assoziation „Jagd" vermittelt. Das Geschehen der Szene wird lediglich dadurch angedeutet, daß die mit Golaud zusammenhängenden Motive im Verlauf des Satzes zu dem M-Thema hinzutreten. Der Akzent der Komposition liegt stärker auf der Vermittlung von Emotionen und einer märchenhaften Atmosphäre. Die Bedrohung durch die Schicksalsmacht, die räumlich vor allem durch das Moment des Eingeschlossenseins und der Verirrung ausgedrückt wird, wird nicht erkennbar in Musik umgesetzt.
Koechlin knüpft jedoch mit seiner Kompositionsweise an einen anderen räumlichen Aspekt des Dramas an: den des théâtre statique, in dem die Szene zum Bild erstarrt. Die Tableau-Artigkeit der Musik wird dadurch erreicht, daß es kaum Entwicklungen der Themen/Motive oder sonstige zielgerichtete Strebungen gibt. Die Dynamik tritt nur an einer Stelle aus dem piano-Bereich heraus. Der Grundakkord und die Motive sind tendenziell pentatonisch und neigen somit zur Statik, sie werden mosaikartig eingesetzt. Indem sie die Themen/Motive fast unverändert in immer neuen Kontexten präsentiert, folgt die musikalische Gestaltung offenbar Prinzipien der Malerei.

Zeit
Die im Titel angegebene Realzeit des Satzes ist die Nacht. Damit weicht Koechlin von der Angabe des Dramas ab (die Waldszene spielt vor Einbruch der Nacht). Die Nacht gehört neben dem Wald zu Koechlins bevorzugten Sujets für seine symphonischen Dichtungen. Sie wird dort durch musikalische Zurückhaltung (Dynamik im pp-Bereich, Liegeklänge in hohen Lagen, Flageolett) ausgedrückt. Die musikalische Statik des Satzes ist also nicht nur Maeterlincks Drama nachempfunden, sondern gehört zu den grundsätzlichen Kompositionsprinzipien Koechlins. Die Sukzessivität des musikalischen Zeitverlaufs ist gering; es gibt weder vorwärtsstrebende Spannungen noch starke Kontraste. Die musikalische „Handlungsarmut" entspricht der der Dramenszene.

Figuren

Die musikalische Figurencharakterisierung ist wegen des eingschränkten Szenenbezuges (Waldszene) auf Mélisande und Golaud beschränkt. Das einzige ausgeführte Thema ist das der Mélisande. Golaud als zweite in der Szene in Erscheinung tretende Figur ist nur über die Jagd-Assoziation identifizierbar. Die Figurenthemen sind aus den Tönen des Zentralakkords entwickelt.

a) Mélisande

Bereits der Titel des Satzes zeigt die zentrale Bedeutung, die die Figur für Koechlin hat. Dementsprechend ist das M-Thema das am häufigsten vorkommende.[299] Die geringfügigen Varianten des Themas bestehen meist in Fragmentierungen. Das Thema oszilliert zwischen Pentatonik und h-äolisch. Die rhythmisch öfter variierte Quintole verleiht ihm etwas Fließendes. Das Thema hat einen vagen, unbestimmten Charakter, der dem mysteriösen Zug und der offenen Konzeption der Dramenfigur entspricht. Ein sich auffällig vom Rest des Themas abhebendes Motiv ist das M-Schlußmotiv, ein punktiertes „Anhängsel" an das M-Thema, das häufig abgespalten wird und selbständig auftritt. Es steht seltsam quer zu dem ruhigen Themengestus.

Das M-Thema wird keinem bestimmten Instrument zugewiesen. Häufiger als andere haben Flöte und Viola, oft zusammen, dieses Thema, außerdem Violine und Klarinette. Tiefe Streicher und Bläser werden hierfür nicht eingesetzt.

b) Golaud

Anders als bei Mélisande gibt es für die musikalische Präsenz von Golaud keinen Hinweis im Satztitel. Vielmehr legt dieser seine Abwesenheit nahe. Dennoch treten zwei Motive auf, die eine Zuordnung zu der Figur plausibel erscheinen lassen. Diese sind musikalische Topoi mit relativ eindeutiger semantischer Konnotation (Jagdsignale), die wiederum den Rückschluß auf die Figur erlauben. Jagdmotiv und Hornsignal sind eng miteinander verwandt. Beide bestehen ausschließlich aus den Tönen des Zentralakkords. Das stärker profilierte Jagdmotiv (T 16-17; Vc.) ist aus einer zweifachen kontrapunktischen Transformation des Hornsignals (Krebs und anschließend Umkehrung - T 21; Hr.) gewonnen:

Beide Motive tauchen in dem Satz jeweils achtmal auf, außer in T 45 immer alternierend. Auffallend ist die grundsätzliche Zuordnung zu einer Instrumentalfarbe. Das

---

[299] Das Thema wird auch von Orledge (1989, 134f.) als Mélisande-Thema bezeichnet. Er vergleicht es mit Debussys Mélisande-Thema.

Jagdmotiv ist überwiegend den tiefen Streichern, vor allem den Violoncelli zugeordnet. Außerdem werden Fagott und Baßklarinette eingesetzt. Das Hornsignal ist - wie durch die Bezeichnung verdeutlicht - an die Hörner gebunden. Ausnahmen sind T 44-45, wo das Motiv im Fagott erscheint und T 47, wo am dynamischen Höhepunkt des Satzes das Signal von den Trompeten verstärkt wird. Die simultane Vorform des Hornsignals bildet der Zentralakkord in den Hörnern am Anfang des Stückes, der auch als Begleitung bei dessen erstem Auftreten fungiert.
Motivik und Symbolik
Symbolische Motive und Themen kommen szenisch bedingt spärlich vor. Über deren semantische Bezüge können nur Vermutungen angestellt werden. Das Quintmotiv tritt in dem Satz dreimal auf, und zwar immer in unmittelbarer Nähe zum Jagdmotiv. Es ist daher vorstellbar, dieses dem Golaud-Themenkreis zuzuordnen. Ein Motiv, das vor allem im ersten Teil erscheint und immer zwei der Zentraltöne enthält, ist das Kronenmotto. Einige Male wird es an das Mélisande-Thema angehängt, erstmals in T 6. - Bsp.: T 5-7; Fl. und T 14-15; Fl./Klar.:

Sein erstes selbständiges Auftreten erfolgt in T 8. Es ist diastematisch variabel; sein einziger unveränderlicher Bestandteil ist die Tonrepetition. Seine „Anhänglichkeit" gegenüber dem M-Thema legt die Deutung nahe, daß es für die Krone steht, die im Titel des Satzes ausdrücklich genannt wird.[300]
Große motivische Dichte wird kurz vor dem ersten Auftreten des G-Hornsignals erzeugt (T 18-21). Auf dem Höhepunkt erscheint ein „Seufzermotiv". Diese Satzstruktur unterstreicht die Bedeutung der Stelle, die einen klagenden Ausdruck besitzt.

Der genaue inhaltliche Zusammenhang zwischen Musik und Dramenszene ist nicht überliefert. Der Titel des Satzes suggeriert, daß sich die Musik ausschließlich auf das Geschehen vor der Waldszene bezieht. Dem scheint die Themendisposition zu widersprechen. Sie legt die Annahme nahe, daß zumindest teilweise das Geschehen der Waldszene in die Musik mit einbezogen wurde. Die Deutungsunsicherheit betrifft vor allem den zweiten Teil des Satzes; im ersten wird der programmatische Titel entfaltet. Im zweiten Teil sind Jagdmotiv und Hornsignal häufiger und stärker im Vordergrund anzutreffen. Im Gegensatz zum ersten Teil treten sie dort fast immer gleichzeitig mit dem M-Thema auf. Diese musikalische Gestaltung im zweiten Teil läßt sich folgendermaßen auf die Waldszene beziehen:
    Golaud ist an der Quelle angelangt und entdeckt Mélisande. Es kommt zur Konfrontation (Höhepunkt in T 43-47 mit gleichzeitigem Erklingen der drei Figuren-

---

[300] Das Motiv hat Ähnlichkeit mit Debussys „Kronenmotto". Möglich ist, daß Koechlin dieses als bewußtes Zitat in seine Komposition eingebaut hat, was bei ihm durchaus vorkommt.

themen). Mélisande wird von Golaud zum Mitkommen überredet (Umkehrung und Krebs des M-Themenkopfes in T 53); beide verlassen den Ort (Ausklingen der Themen in der Coda {fragmentarisch}).
Die wichtigste Abweichung vom Drama findet sich gleich zu Beginn des Satzes. Während bei Maeterlinck die Waldszene perspektivisch von Golaud ausgeht, schildert Koechlin die Gefühle der märchenhaft „vor aller Zeit" dasitzenden Mélisande, die den verirrten Jäger „erwartet". Diese Perspektivenumkehr zeigt, daß Koechlin die Figur als Märchenwesen interpretiert. In seiner Komposition ignoriert er die in der Waldszene bereits spürbare, lähmende Schicksalsmacht und den drohenden Tod.
Eine Deutung, die allein den Titel zum inhaltlichen Maßstab macht, muß den Satz als einheitliches Bild sehen. Dies erfordert einmal die Annahme einer Distanz zum Geschehen der Waldszene, zum anderen die Rechtfertigung der Zweiteiligkeit des Satzes. Eine solche Deutung kann nur rein formal-musikalisch erfolgen:
Der erste Teil exponiert getrennt zwei Themengruppen, die den beiden Figuren zugeordnet sind und als Grundlage einen gemeinsamen Akkord haben. Im zweiten Teil werden die Themen vertieft und miteinander kombiniert. Dieser Teil ist im übertragenen Sinn eine Art Durchführung.
Die Deutung des Satzes als Bild impliziert, daß sich die Musik nur auf die an der Quelle sitzende Mélisande bezieht und der sich nähernde Golaud im Hintergrund bleibt. Ein Zusammentreffen der beiden Figuren wäre nicht denkbar, da Golaud im Titel nicht erwähnt wird. Die in der Partitur vorhandene Kombination der Themen würde damit nicht in die Interpretation einbezogen.
Nicht zuletzt auf dem Hintergrund von Koechlins übrigen sujetgebundenen Kompositionen, die eine intensive und mannigfaltige Auseinandersetzung mit der Literaturvorlage offenbaren, erscheint die erste, stärker am Szenenverlauf orientierte Deutung naheliegender.

3.5 Zusammenfassung

Koechlins Suitensatz ist ein musikalisches Szenenbild zur Waldszene. Dessen Deutung ist durch den programmatischen Titel des Satzes und die Bezeichnung der Suite vorgegeben. In seinen Äußerungen hebt Koechlin den menschlichen Aspekt des Dramas hervor.
Die musikalische Orts- und Zeitgestaltung zielt auf die Evozierung von „Statik" ab. Der mosaikartige Einsatz der Themen und das Fehlen von Spannungsverläufen und abrupten Kontrasten läßt die Szene auch musikalisch zum Bild erstarren. Damit erreicht Koechlin in seinem sehr begrenzten Bezug zur literarischen Vorlage eine hohe Übereinstimmung mit einem Grundmoment des Dramas.
Für den Zusammenhang zwischen Musik und Dramenszene gibt es zwei Deutungsmöglichkeiten: die narrative, die die Musik auf das Szenengeschehen bezieht und die ikonische, vom Programmtitel ausgehende, die den Satz als Schilderung der Situation vor der Waldszene auffaßt. Die Schicksalsmacht mit ihren bedrohlichen Aspekten wird von Koechlin außer acht gelassen. Daß er der Metaphysik Maeterlincks nicht zu folgen vermochte, hat Koechlin in seinem Buch über Debussys Oper dargelegt.

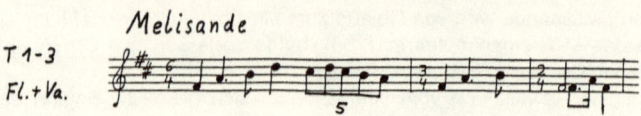

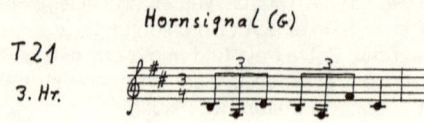

4. Gabriel Fauré: *Pelléas et Mélisande*. Schauspielmusik/Orchestersuite op. 80

Von Faurés *Pelléas et Mélisande* - Komposition existieren zwei Fassungen: die als Manuskript erhaltene Schauspielmusik für die Londoner Dramenaufführung von 1898 und die daraus extrahierte und veröffentlichte Suite op. 80, ein vielgespieltes Werk Faurés. Die Suite enthält die vier mit Abstand umfangreichsten Zwischenaktmusiken der Schauspielmusik. Die Reihenfolge der Mittelsätze ist in der Suite vertauscht. *Mélisande's Song* wurde später als einzelnes Klavierlied herausgegeben.

4.1 Ästhetischer Hintergrund

Gabriel Fauré erhielt seine musikalische Ausbildung an der École Niedermeyer, einem kirchenmusikalischen Institut, das sich der Restauration der Kirchenmusik und vor allem der Wiedererweckung des Gregorianischen Chorals verschrieben hatte. Dieser Ausbildungshintergrund erklärt bereits einen großen Teil der kompositorischen Ausrichtung Faurés: strenger Satz, Vorliebe für Polyphonie, Verwendung modaler Tonarten, besonderer Akzent auf der Gestaltung der Harmonik, klare Formen. Der Schaffensschwerpunkt Faurés lag auf dem Gebiet der Kammermusik, besonders dem Lied. Mit Fauré erreichte die Gattung des französischen Kunstliedes einen Höhepunkt. Er schrieb über einhundert „mélodies", viele davon als Zyklen, und wurde von der Kritik oft als der "französische Schumann" bezeichnet, ein Vergleich, den man allenfalls im Hinblick auf die Gattungspräferenz gelten lassen kann.[301]

Faurés musikästhetische Grundposition ist die der "musique pure". Es geht ihm um den Ausdruck einer musikalischen Idee, um die Essenz der Musik, nicht um deren effektvolle Einkleidung. Aus dieser Haltung heraus lehnt er glanzvolle Orchestrationen ab, die seiner Meinung nach nur dazu da seien, den Mangel an Ideen zu kaschieren, und bevorzugt kammermusikalische Besetzungen (vgl. Nectoux, 1975, 247).[302] Auch bei anderen kompositorischen Parametern gilt für Fauré der Grundsatz des "mesure", der Mäßigung beim Einsatz der Mittel, ein typischer Grundsatz der französischen Musikästhetik des 19. Jahrhunderts, die auf der Suche nach einer nationalen, genuin französischen Musik zur Überwindung des allgegenwärtigen "Wagnerisme" war (vgl. Bäcker, 1962, 74-77). Die Zurückhaltung im Ausdruck ist bei Fauré auch eine Reaktion gegen romantische Klangwucherungen und steht im Zusammenhang mit der Adaption des Klassizismus als Kompositionsprinzip, was sich in der Konzentration auf die Schönheit der reinen Linie und auf die Transparenz von Struktur, Form und Besetzung niederschlägt (vgl. Bernard-Krauß, 1996, 96-98). Dennoch ist Faurés Musik keineswegs ausdruckslos, wie Jankelevitch (1974, 255) betont. Fauré erreicht seine Ausdruckstiefe statt durch Steigerung der musikalischen

---

[301] Zu den „mélodies" von Fauré vgl. die sehr ausführliche Untersuchung von Beltrando-Pathier (1981, 730 S.), eine eher quantitativ ausgerichtete Studie über die Melodik und Sprachvertonung bei Fauré. Außerdem existiert eine quantitative Untersuchung zu den Begleitfiguren des Klavierparts der Lieder Faurés von Winterhager (1996, 114-129).

[302] Faurés geringes Engagement auf dem Gebiet der Orchestrierung - er übertrug die Instrumentation einiger seiner Werke seinen Schülern oder anderen Komponisten - ist also weniger auf mangelnde Fähigkeiten diesbezüglich zurückzuführen, wie in der Literatur oft behauptet wird, sondern eher auf eine klare ästhetische Position, die ein Desinteresse an Orchesterfarben allgemein zur Folge hatte.

Mittel durch den Rückzug auf die Subtilität des Details. Die Nuance als kompositorische Leitlinie führt zu einer Unterschwelligkeit der Veränderungen und des Ausdrucks. Die Wahrnehmung dieser verlangt eine aktive Auseinandersetzung mit der Musik. "Andeutung statt Übertreibung" ist eine grundsätzliche Gemeinsamkeit von Fauré und Debussy, auch wenn sonst große Unterschiede zwischen beiden Komponisten festzustellen sind.[303] Diese ästhetische Position rückt Fauré in die Nähe zu Maeterlinck, in dessen Dichtungen er seit der Arbeit an *Pelléas et Mélisande* gewisse Affinitäten zu seinen Anschauungen spürte. Im Frühjahr 1900 bot Maeterlinck Fauré *Soeur Béatrice* als Opernlibretto an. Obwohl keine Skizzen erhalten sind, geht Nectoux (1990, 299) davon aus, daß sich Fauré mit dem Projekt gedanklich intensiv beschäftigt hat. In diesem Zusammenhang verweist er auf Faurés Gewohnheit "im Kopf zu komponieren", was das Fehlen von Skizzen erklären würde. Noch in einem Brief vom Mai 1902 bekundet Fauré den Willen, die Oper zu schreiben. Im Jahr 1903 ließ er das Vorhaben schließlich fallen.[304]

Faurés Schaffen wird im allgemeinen in drei (Jankelevitch und Beltrando-Pathier) oder vier Phasen (Nectoux) eingeteilt. Da derartige schematische Einteilungen dem Gegenstand meist nicht gerecht werden, soll hier nicht weiter darauf eingegangen werden. Wichtiger sind in diesem Zusammenhang einige Höhe- und Wendepunkte des Komponierens bei Fauré. So ist die Anwendung der zyklischen Form durch Fauré mit seiner Hinwendung zur Dichtung Verlaines Ende der 1880er Jahre verbunden. Mit der Vertonung von dessen Gedichtzyklus *La Bonne Chanson* (1892-94) schuf er ein Novum innerhalb der französischen Liedkunst. Bis in die Mitte der 1880er Jahre bestanden Faurés Textvorlagen überwiegend aus Gedichten von Parnassien-Dichtern, danach wandte er sich zunehmend symbolistischen Autoren wie Villiers und Verlaine zu. Faurés Hinwendung zum Idealismus läßt sich auch quantitativ festmachen: etwa die Hälfte seiner Lieder haben Gedichte von Symbolisten als Grundlage (vgl. Nectoux, 1990, 495).

Ein weiterer Höhepunkt im Werk Faurés ist der Zyklus *Chanson d'Ève* (komponiert 1906-1910) nach Charles van Lerberghe. Der belgische Symbolist gehörte zu den von Fauré am meisten geschätzten Dichtern (vgl. Beltrando-Pathier, 1981, 149f.). 1914 vertonte er van Lerberghes Zyklus *Le Jardin clos*:

> "Je travaille sur des poésies du même auteur que la 'Chanson d'Ève', van Lerberghe. Je ne trouve rien, helas! dans les poètes français actuels, rien qui appelle de la musique." (Fauré, 1951, 223: Brief an seine Frau, Bad Ems, 21.7.1914).[305]

---

[303] Zur Nuance bei Fauré vgl. Jankelevitch, 1974, 263; zu dem wechselhaften Verhältnis zwischen Debussy und Fauré Nectoux: *Fauré et Debussy*, 1979, 13-30.

[304] Vgl. Nectoux, 1990, 299. Ein Brief Maeterlincks an Oppel-Bronikowski vom 31. 8. 1901 belegt die Vergabe des Dramas an Fauré. Darin erteilt Maeterlinck indirekt einem nicht genannten deutschen Komponisten eine Absage:
„Barbe-Bleue et Béatrice ont été exclusivement confies aux compositeurs Paul Dukas et Gabriel Fauré. Pelléas est pris aussi. S'il s'agissait de quelque autre drame je serais très heureux de m'entendre avec votre ami." (Maeterlinck, 1961, 53).
„Barbe-Bleue und Béatrice sind exklusiv den Komponisten Paul Dukas und Gabriel Fauré vorbehalten. Pelléas ist ebenfalls vergeben. Sollte es sich um ein anderes Drama handeln, würde ich mit Ihrem Freund gern ins Gespräch kommen."

[305] „Ich komponiere gerade an Gedichten des Autors, der auch 'Chanson d'Ève' verfaßt hat, van Lerberghe. Ich finde nichts, leider! bei den zeitgenössischen französischen Dichtern, nichts, das nach Musik verlangt."

Chanson d'Ève wird von den meisten Fauré-Forschern als bestimmend für die letzte Schaffensperiode angesehen, so von Beltrando-Pathier (1996, 32f.). Jankelevitch hat vor allem die Reflektierung der geheimnisvollen Naturmystik der Gedichte in der Musik Faurés untersucht (vgl. Jankelevitch, 1974, 182-192; 298). Er stellt eine vollkommene Übereinstimmung zwischen der lyrischen Traumwelt van Lerberghes und den Vorstellungen Faurés über die Musik fest. Für Fauré soll die Musik die Menschen so weit wie möglich über die Realität erheben und das unstillbare Verlangen nach unwirklichen Dingen befriedigen.

> „Il réprouvait que l'on imposât à la musique une signification intellectuelle; la musique dépasse de beaucoup des possibilités de l'intelligence et si elle 'consiste à nous élever le plus loin possible au-dessus de ce qui est', cette élévation n'a d'autre fin qu'elle-même, mais aussi bien elle n'a que faire du monde des sensations ni du jeu plus fugitive encore des impressions, elle s'identifier avec un essor absolu de la pensée." (Fauré-Fremiet, 1929, 67).[306]

Diese Aussage zeigt, daß Fauré kein wirklichkeitsferner Idealist gewesen ist. Metaphysische Hintergedanken und Jenseitsspekulationen, wie man sie in Maeterlincks frühen Dramen antrifft, waren ihm fremd. Sein Realismus war jedoch ein erweiterter. Fauré interessierte das "mystère", das Geheimnis der Nacht, des Traumes, der Seele. Diese supranaturalistische Haltung ist vielleicht am ehesten mit der Strindbergs und Hauptmanns zu vergleichen, die beide um die Jahrhundertwende versuchten, den Naturalismus durch Hineinnahme symbolistischer Elemente zu transzendieren, ohne ihn aufzugeben. Auf die Spannung zwischen "Tag und Nacht", "Dunkelheit und Licht", Klarheit der Strukturen und Vagheit der Wirkung in der Musik Faurés ist von der französischen Musikwissenschaft öfter hingewiesen worden.[307] Der Eindruck des Vagen oder Verschwommenen wird durch eine minutiöse Ausarbeitung des Details hervorgerufen. Dieser Widerspruch zwischen Faktur und Erscheinung macht nach Jankelevitch (1974, 303; 307) das grundlegende Paradox der Musik Faurés aus. Der paradoxale Zug ist, wie bereits dargestellt wurde, ein wichtiges Strukturelement des belgischen literarischen Symbolismus. Dessen literarische und Faurés musikalische Gestaltung entsprechen einander auf einer sehr allgemeinen Ebene.
In einem anderen Punkt hebt sich Fauré deutlich von symbolistischen Vorstellungen ab: Sein Ideal der "musique pure" schließt die Idee einer Synthese der Künste oder eines "Gesamtkunstwerks" aus. In Faurés Musik sind denn auch kaum tiefergehende Anregungen von malerischen und literarischen Gestaltungsformen erkennbar. Seine Musik vermeidet die Deskription; es geht ihm um die Darstellung eines allgemeinen Stimmungsgehalts, des "état d'âme". Dies gilt auch für seinen musikalischen Umgang mit der Literatur in seinen Liedkompositionen, wo er keine Verschmelzung von Musik und Gedicht anstrebt, sondern den allgemeinen poetischen Gehalt als Be-

---

[306] „Er war dagegen, daß man der Musik eine intellektuelle Bedeutung beimaß; die Musik übertrifft die Möglichkeiten der Intelligenz bei weitem und wenn sie 'darauf beruht, uns so weit wie möglich über das zu erheben, was ist', so hat diese Erhebung doch kein anderes Ziel als sich selbst, aber überdies benötigt sie nicht die Welt der Gefühle und auch nicht das noch flüchtigere Spiel der Eindrücke, sie verbindet sich mit einem absoluten Aufstieg des Denkens."
Vgl. auch die von Fauré-Fremiet (1929, 48) wiedergegebene Briefstelle hierzu: Fauré an seine Frau, 29. 8. 1908.

[307] ... unter anderem von Biget-Mainfroy: *Gabriel Fauré und die Nacht* - in: Jost, 1996, 163-170 oder von Jankelevitch: Kap. *Le Mystère de la nuit et l'espace*, 1974, 271-273.

zugspunkt nimmt. Das schließt die Wiedergabe dichterischer Details aus und eine
gewisse Autonomie der Musik von der Literaturvorlage ein (vgl. ebd., 261-264). [308]
Zwei Jahre vor seinem Tod offenbart Fauré in einem Brief an seine Frau (Nizza, 6.
4. 1922) eine Sicht des menschlichen Lebens, die in ihrer Fatalität der Maeterlincks
nahekommt:

> "Tu me parlais dans l'une de tes dernières lettres de ton admiration par la Création
> et de ton mépris pour la Créature. Es-tu juste? L'univers c'est de l'ordre [...],
> l'homme c'est du désordre. Mais est-ce sa faute? On l'a jeté sur cette terre où tout
> nous apparaît harmonieux, et où il va, lui, titubant, trébuchant depuis le jour de sa
> naissance jusqu'au jour de sa mort; on l'a jeté sur cette terre chargé d'un poids
> d'infirmités physiques et morales, [...] il y a garde toute sa vie une mentalité
> d'enfant qui veut bien essayer d'être sage, quoique ce soit difficile et embêtant,
> mais à la condition qu'il en sera recompensé! [...].
> Et ce qui démontre mieux que tout notre misère, c'est cette promesse, la meilleure
> qu'on ait pu lui faire: l'oubli de 'tout', le Nirvâna des Hindous, ou bien notre
> 'Requiem aeternam'.
> Non, ce pauvre paquet de maux qui est l'homme, cet être condamné à 'lutter pour
> la vie' et dont le premier et le plus affreux devoir est de dévorer autrui pour n'être
> pas dévoré soi-même, mérite plus d'indulgence." (Fauré, 1951, 279f.).[309]

Die Schwerpunkte der musikalischen Gestaltung lagen für Fauré auf dem Gebiet der
Melodik, Harmonik und der Form. Seine wenigen Instrumentationen lassen die Bevorzugung reiner Klangfarben gegenüber Mischungen erkennen. Die Rhythmik wird
dem Fluß der melodischen Linie untergeordnet und zeigt grundsätzlich wenig Variabilität - oft hält Fauré an einer bestimmten rhythmischen Formel fest. Hervorstechende Merkmale seiner Harmonik sind die Verquickung von Modalität und Dur-Moll-Tonalität, überraschende Wendungen, Ausweichungen und rapide Modulationen. Der durchgehend modale Eindruck von Faurés Musik entsteht durch Vermeidung von Leittönen und Chromatizismen und durch die häufige Verwendung plagaler Kadenzen.[310] Das Originelle an Faurés Harmonik ist die Subtilität der Erweiterungen. Fauré stellt das "Alte" in ungewöhnliche Kontexte und läßt es so neu erschei-

---

[308] In diesem Sinn kann Nectoux von Faurés Oper *Pénélope* als „a powerful masterpiece, but a masterpiece of pure music" sprechen (Nectoux,J.- M.: Stw. „Fauré" - in: Sadie, S. (Hg.): The New Grove Dictionary of Music and Musicians, Bd. 6, London 1980, 425).

[309] "Du hast in einem Deiner letzten Briefe von Deiner Bewunderung für die Schöpfung und Deiner Mißachtung des Geschöpfes geschrieben. Ist das gerecht? Das Universum ist die Ordnung [...], der Mensch ist die Unordnung. Aber ist das seine Schuld? Man hat ihn auf diese Erde geworfen, wo uns alles harmonisch erscheint, und wo er umhergeht, er, taumelnd und stolpernd vom Tag seiner Geburt bis zum Tag seines Todes; man hat ihn auf diese Erde geworfen, beladen mit einem Gewicht von physischen und moralischen Schwächen, [...] er behält dort sein ganzes Leben lang die Geisteshaltung eines Kindes, das wohl versucht, weise zu sein, obwohl das schwierig und ärgerlich ist, aber zu der Bedingung, daß es belohnt werden wird! [...].
Und das, was am besten unsere ganze Misere beweist, ist diese Verheißung, die beste, die man ihm machen konnte: das Vergessen von 'allem', das Nirvana der Hindus oder unser 'Requiem aeternam'.
Nein, dieses arme Leidenspaket, das der Mensch ist, dieses Wesen, das zum 'Kampf ums Dasein' verdammt ist und dessen vorrangige und schrecklichste Pflicht es ist, andere zu fressen, um nicht selbst gefressen zu werden, verdient mehr Nachsicht."

[310] Zur Instrumentation Faurés vgl. Nectoux, 1975, 243-249. Eine sehr ausführliche Untersuchung über die Harmonik bei Fauré und Debussy stammt von Françoise Gervais und ist in zwei Bänden der *Revue Musicale* erschienen (1971, Nr. 272+273). Zur spezifischen Verbindung von Dur-Moll-Tonalität und Modalität bei Fauré vgl. Gut, 1996, 152-162.

nen. Seine Neuerungen gelten nicht dem harmonischen Vokabular, sondern der Syntax. In seinem Aufsatz über *Faurés Klaviersatz* vergleicht Kabisch dieses Vorgehen mit der Verfremdungspraxis der russischen Formalisten:

> "Auch Fauré geht von Konventionellem aus, macht es auffällig und fremd, indem er seine quasi-natürliche Verfassung zersetzt. Wenn er dann die auseinandergetretenen Momente wieder in der konventionellen Ordnung vereinigt, sind die spezifischen Eigenschaften dieser Konvention hörbar, sind sie wieder frisch. Die Satztechnik ist Träger eines Prozesses, der nicht anders als dialektisch zu nennen ist." (Kabisch, 1996, 87).

In der Verwendung verschiedener Tonalitäten wird Fauré zu einem der Wegbereiter der französischen Polytonalität. Was bei ihm noch zu einer Einheit innerhalb der Dur-Moll-Tonalität verschmolzen wird, wird bei den Polytonalisten zum Sprengsatz der Dur-Moll-tonalen Ordnung.

Die Melodik Faurés ist eng mit der Harmonik verbunden. In früheren Werken, vor allem in den Liedern, erscheint die Melodie lediglich als Oberfläche harmonischer Bewegungen. Grundsätzlich entstehen aus einer harmonischen Zelle Ketten von Melodiesequenzen, die sich zu einer kontinuierlichen Linie formen (vgl. Jankelevitch, 1974, 264).

Fauré bevorzugt traditionelle Formschemata wie ABA und geradzahlige Taktfolgen, die aber durch Verschränkung in kurzzeitige Unordnung gebracht werden. Auch hier ist ein Ansatz zur unterschwelligen Aufweichung der Tradition zu erkennen. In späteren Werken Faurés gibt es einen Trend weg von den klassischen Formen; dennoch bleiben seine Werke von klaren formalen Grundrissen bestimmt.

4.2 Kompositorischer Kontext

Daß Fauré, der jeglichen Kompromissen in der Musik ablehnend gegenüberstand, während seiner gesamten Schaffenszeit immer wieder versucht hat, Theatermusik zu schreiben, mag verwundern. Es gibt dafür aber pragmatische Gründe, wie Nectoux in seinem Kommentar zu den Briefen Faurés dargelegt hat (vgl. Nectoux - in: Fauré, 1980, 114-117). Für einen Komponisten, der in Paris im 19. Jahrhundert berühmt werden wollte, führte kaum ein Weg am Theater vorbei. Komponisten von Orchester- und Kammermusik waren nicht nur weniger angesehen, sie hatten auch massive urheberrechtliche und finanzielle Nachteile in Kauf zu nehmen. Das Theater mit seinen guten Verdienstmöglichkeiten stellte auch für Fauré eine Verlockung dar. Überdies war es vielleicht auch sein Anliegen, das Niveau der von vordergründigen Effekten bestimmten Theatermusik seiner Zeit zu heben, wie es Koechlin in seinem Verteidigungsaufsatz gegen den Vorwurf, Fauré sei kein Theatermusiker, anklingen läßt:

> "Le musicien de théâtre sera donc un excellent musicien d'abord. Ensuite il devra posséder un don très rare: on exigera qu'il devine les êtres. Par une grâce spéciale, sortant de soi-même ou retrouvant en sa propre diversité des

correspondances mystérieuses, il deviendra pour un moment de personnage en scène." (Koechlin, 1921, 221).[311]

Fauré schrieb nur eine Oper, *Pénélope*, an der er von 1907 bis 1913 arbeitete; außerdem die "tragédie lyrique" *Prométhée* (1900) für eine open-air-Aufführung und die musikalische Komödie *Masques et Bergamasques* (1919), für die er überwiegend auf eigene, frühere Werke zurückgriff und die er - wie *Prométhée* - zur Orchestersuite umarbeitete. Zwischen 1877 und 1900 beschäftigte sich Fauré mit einer Reihe von Opernprojekten, die alle im Planungsstadium blieben:

1877	Geneviève de Paris (Louis Gallet)
1879-1883	Faustine (Louis Gallet)
1879	Barnabé (Jules Moinaux)
1879	Manon Lescaut (Prévost)
1885	Mazeppa (Ernest Dupuy, nach Puschkin)
1891	L'Hôpital Watteau (Verlaine)
1891-1892	Bouddha (Samain)
1893	Lavallière (Mendès)
1893-1894	Ondine (Thorel und Appia)
1899-1903	Soeur Béatrice (Maeterlinck)

(Liste nach Nectoux - in: Fauré, 1980, 116).

Zwischen 1888 und 1901 schrieb Fauré mehrere Schauspielmusiken für sehr unterschiedliche Dramenaufführungen:

1888	Caligula (Dumas d. Ä.); 1905 bearbeitet für Shakespeares *Julius Caesar*
1889	Shylock (Haraucourt, nach Shakespeare)
1890	La Passion (Haraucourt); nur 1 *Prélude*
1892-1893	Le Bourgeois Gentilhomme (Molière); 3 Sätze
1898	Pelléas et Mélisande (Maeterlinck)
1901	Le Voile du Bonheur (Clemenceau)

(zusammengestellt aus den Werkverzeichnissen von Nectoux ,1980, 425 und Jost, 1996, 212f.).

Um seine Schauspielmusiken vor dem Schicksal der einmaligen dramengebundenen Aufführung zu bewahren, formte Fauré diese gewöhnlich zu Orchestersuiten um,

---

[311] "Der Theatermusiker muß also vor allem ein exzellenter Komponist sein. Daneben muß er eine sehr seltene Gabe besitzen: es wird verlangt, daß er die Menschen durchschaut. Durch eine besondere Gunst, die aus ihm selbst hervorgeht oder sich in der ihm eigenen Mannigfaltigkeit geheimnisvoller Verbindungen wiederfindet, wird er für einen Moment zur Bühnenfigur."

autonomisierte sie gewissermaßen für den Konzertsaal. Dies geschah mit *Caligula, Shylock* und *Pelléas et Mélisande*.
Erst nach seinem Tod wurde ersichtlich, daß Fauré beim Komponieren öfter Themen oder Fragmente aus seinen früheren Werken wiederverwendete und gern auf unveröffentlicht gebliebene Kompositionen zurückgriff. Dies diente neben der Arbeitserleichterung auch dazu, semantische Verbindungen zu schaffen. Besonders ausgeprägt sind diese in der Schauspielmusik zu *Pelléas et Mélisande*.
Das Streicher-Ostinato und die fallenden Sexten des 1. *Fileuse*-Themas kehren am Anfang des 1. Aktes von *Pénélope* wieder. Hier besteht ein klarer Bedeutungszusammenhang, da auch die erste Szene der Oper eine "Spinnradszene" ist: Pénélope webt das Leichentuch für Laertes. Rückwirkend erhält dadurch die heitere "Spinnrad-Musik" für Mélisande die Assoziation "Tod".
Das Lied der Mélisande, das erst 1937 posthum veröffentlicht wurde, setzte Fauré mit geänderter Melodieführung in *Crepuscule* (Nr. 9) aus *Chanson d'Ève* ein. Das Klavierthema ist außerdem eines der beiden Grundthemen des Zyklus. Es tritt in Nr. 1 (*Paradis*) und Nr. 4 (*Comme Dieu rayonne*) auf. Auch hier sind semantische Verklammerungen erkennbar: Das Thema des Todes von Mélisande wird zum Thema der Erweckung Evas im Paradies. In dem Lied *Paradis* wird der Beschreibung des ersten Morgens im Paradiesgarten und der Abenddämmerung - Werden und Vergehen des Tages - dieses Thema unterlegt. In *Comme Dieu rayonne* unterstreicht das Mélisande-Thema die pantheistische Gottesbeschreibung: Eva findet die Ausstrahlung Gottes in jeder Kreatur, in der gesamten Natur. In Nr. 9 ist die Abenddämmerung ein Gleichnis für den nahenden Tod: Die Seligkeit des Paradieses, dieser "Insel des Vergessens", in der es nur endlose Gegenwart gibt, stört ein Schrei aus der "Vergangenheit oder Zukunft", der Eva erstmals Schmerz empfinden läßt. Im nachfolgenden letzten Lied ersehnt sie den Tod, da die Zeitlichkeit sie eingeholt hat.[312]

4.3 Entstehungszusammenhänge

Faurés Schauspielmusik zu *Pelléas et Mélisande* ist eine Auftragskomposition für die englischsprachige Erstaufführung des Dramas. Die Initiative für diese Londoner Inszenierung ging von der englischen Schauspielerin Beatrice Patrick Campbell aus, die seit der *Pelléas et Mélisande*-Aufführung der Lugné-Poe-Truppe in London im März 1895 von dem Drama fasziniert war und alles daran setzte, einmal die Rolle der Mélisande zu spielen. Campbell suchte Fauré im März/April 1898 während einer seiner Londoner Aufenthalte auf, um Einzelheiten der Schauspielmusik mit ihm zu besprechen. Ob Fauré das Drama schon vorher gekannt hat, ist ungewiß - für eine frühere Dramenrezeption gibt es keinen Beleg (vgl. Orledge, 1979, 124). Den einzigen Hinweis auf eine wesentlich spätere Maeterlinck-Rezeption bietet Faurés Sohn

---
[312] Jankelevitch (1974, 182-184) versucht in seiner mystisch-philosophischen Deutung des *Chanson d'Ève*, den Anschauungen von Dichter und Komponist auf den Grund zu gehen. In den beiden Werken Faurés seien Mélisande und Eva als Verkörperungen der menschlichen Seele aufzufassen.
Auf die Themenzusammenhänge zwischen *Pelléas et Mélisande* und anderen Werken Faurés verweist vor allem Nectoux (1981, 172; 179; 181).

Philippe. In seiner Fauré-Biographie gibt er eine von seinem Vater verfaßte Parodie auf Maeterlincks Gedicht *Les Trois Soeurs aveugles* mit dem Titel „*Les Trois Fils du Roi sourd - à la manière de Maeterlinck*" wieder (vgl. Fauré-Fremiet, 1929, Tafel XLIV; Anhang, MS).
Seit der Londoner Aufführung des Dramas durch Lugné-Poe plante Campbell eine englischsprachige Inszenierung. Bereits im Jahr 1895 fragte sie bei Debussy an, ob dieser aus seiner halbfertigen Oper eine Schauspielmusik für *Pelléas et Mélisande* extrahieren könne. Debussy schrieb drei Jahre später an Hartmann, er habe dieses Ansinnen selbstverständlich abgelehnt, da dies für ihn einer "Degeneration" seines Werkes gleichgekommen wäre (vgl. Debussy, 1980, 92f.: Brief an Hartmann, 9. 8. 1898). Ein weiterer brieflicher Beleg für die Anfrage stammt von Debussys Freund Louÿs (November 1895). Dieser kritisiert Debussys Entscheidung und legt ihm die Vorteile des Auftrags dar. Nach der Fertigstellung der englischen Übersetzung durch Jack Mackail beauftragte Campbell Fauré mit der Komposition der Schauspielmusik, offenbar davon überzeugt, daß ein französischer Komponist am ehesten in der Lage sein würde, eine passende Musik zu dem Drama zu schreiben. Die Premiere war für den 21. Juni 1898 angesetzt worden. Da Fauré im April 1898 durch seine musikalischen Tätigkeiten für die Kirche "Madeleine" und das Conservatoire voll in Anspruch genommen wurde, blieb ihm wenig Zeit für den Londoner Auftrag:

> "Je sais seulement qu'il faudra piocher ferme pour la 'Mélisande' dès mon retour. J'aurai un mois et demi à peine pour écrire toute cette musique. Il est vrai qu'il y en a une partie de faite dans ma grosse tête!" (Fauré, 1951, 32: Brief an seine Frau, Aix-en-Provence, April 1898).[313]

Unter anderem wegen dieses Zeitdrucks beauftragte Fauré seinen Schüler Koechlin mit der Instrumentation der Schauspielmusik und nahm ihn als Assistenten mit nach London. Ferner verwendete er die bereits 1893 für Molières *Le Bourgeois Gentilhomme* komponierte, aber sehr wahrscheinlich nicht aufgeführte *Sicilienne* für *Pelléas et Mélisande*.[314]
Eine weitere arbeitsökonomische Doppelverwendung betrifft das kurze Interlude Nr. 14 e-Moll. Bis auf seine vier Schlußtakte ist es identisch mit den ersten neunzehn Takten der *Fantaisie pour Flûte et Piano* op. 79, die Fauré bis Mitte Juli 1898 für einen Flötenwettbewerb am Conservatoire schreiben mußte. Am 14. Juli schrieb er Saint-Saëns darüber:

---

[313] "Ich weiß nur, daß ich nach meiner Rückkehr mit ganzer Kraft an der 'Mélisande' arbeiten muß. Ich habe kaum eineinhalb Monate Zeit für die gesamte Musik. Immerhin habe ich schon einen Teil davon in meinem großen Kopf!"

[314] Die *Sicilienne* bildet zusammen mit dem Lied *Sérenade du Bourgeois Gentilhomme* und einem kurzen Menuett die ganze - möglicherweise fragmentarische - Schauspielmusik zu Molières Ballett-Komödie, die dieser in Zusammenarbeit mit dem Komponisten Lully verfaßt hatte. Faurés *Sicilienne* war wahrscheinlich als Tanz für das abschließende *Ballett der Nationen* gedacht. Die Premiere des Stückes mit der Musik Faurés sollte am 3. April 1893 im Pariser Theater "L'Éden" sein. Der Bankrott des Theaters und dessen Schließung am 30. März verhinderten die Aufführung.

Fauré schrieb das *Sicilienne*-Particell bereits vor der Integration in die Schauspielmusik zu *Pelléas et Mélisande* zum Kammermusikwerk um (op. 78 für Violoncello und Klavier, datiert 16. 4. 1898). Im gleichen Jahr erschien auch eine Fassung für Klavier solo (vgl. Nectoux, 1990, 542; 185).

"Je n'ai pas composé de morceau d'orgue, c'est vrai, mais j'ai composé le morceau de concours de flûte, andante amabile et allegrofolichono, et je n'ai pas le souvenir que rien au monde ne m'ait donné tant de peine!" (Fauré, 1973, 60).[315]

Daß Fauré dieses Stück nicht mit Blick auf das Drama *Pelléas et Mélisande* komponiert hat, ist daran zu erkennen, daß das Interlude Nr. 14 mit seiner virtuosen Gestik deutlich aus dem Rahmen der übrigen Sätze der Schauspielmusik herausfällt.
Fauré gab die fertiggestellten Sätze jeweils direkt an Koechlin zur Orchestrierung weiter, wie die Datierungen in dessen Autograph, das nur die vier Hauptsätze enthält, zeigen:

Prélude: 1 Juin '98
La Fileuse: 23 Mai 98
Sicilienne: 16 Mai
La Mort de Melisande: 5 Juin (s. MS 15458, F-Pn).

Nach den Datierungen muß Fauré die gesamte Schauspielmusik innerhalb eines Monats (Mai 1898) komponiert haben. Das späteste Datum trägt hier *Chanson de Mélisande* (31. Mai; vgl. Nectoux, 1981, 171-173). Daß Fauré die Instrumentation seinem Schüler Koechlin nicht völlig überließ, sondern eigene Ideen einbrachte und Korrekturen vornahm, belegt ein Brief über ein Detailproblem aus der *Fileuse* vom 26. Mai 1898 (vgl. Fauré, 1980, 231). Aus der Art dieses kurzen Briefes kann man schließen, daß ein intensiver (wohl mündlicher) Austausch zwischen Fauré und Koechlin über die Instrumentation stattgefunden hat. Da Fauré in London nur ein Kammerorchester zur Verfügung stand, waren die Orchestrierungsmöglichkeiten begrenzt. Nach Nectoux (1981, 176f.) war vor Beginn der Komposition lediglich die Stellung der fünf Hauptsätze der Schauspielmusik innerhalb des Dramas durch Beatrice Patrick Campbell festgelegt worden. Die restlichen, kleineren Zwischenspiele tragen alle Faurés Aufschrift "à classer"; sie wurden vermutlich erst während der Proben endgültig placiert. Die in Faurés Handschriften vorhandenen Varianten zeigen, daß vom Theater offenbar flexibel einsetzbare musikalische Versatzstückchen verlangt wurden, was Faurés integraler Ästhetik im Grunde zuwiderlief. Es ist daher zu vermuten, daß Fauré gewisse Vorentscheidungen für den Einsatz der Zwischenspiele getroffen hat und deren Position während der Einstudierung mitbestimmte.
Am 21. Juni 1898 dirigierte Fauré in London die Uraufführung seiner Schauspielmusik im Rahmen der englischsprachigen Erstaufführung von *Pelléas et Mélisande*.[316] Bis zum 1. Juli fanden weitere acht Matineen statt, alle mit Fauré als Dirigenten. Bei der Premiere waren neben Londoner Freunden von Fauré auch Maeterlinck und van Lerberghe anwesend. Van Lerberghe (1986, 217) drückte in einem Brief an Mockel (23. Juni 1898) seine und Maeterlincks große Begeisterung über diese Aufführung aus und unterstrich diese noch einmal zwei Jahre später anläßlich einer aus seiner

---

[315] "Es stimmt, daß ich kein Stück für Orgel komponiert habe, aber ich habe das Stück für den Flötenwettbewerb geschrieben, andante amabile und allegrofolichono, und ich kann mich nicht erinnern, daß irgend etwas auf der Welt mir soviel Mühe gemacht hätte."
[316] Produktion und Rolle des Golaud: Forbes-Robertson; Pelléas: Martin Harvey; Mélisande: Beatrice Patrick Campbell. Kostüme: Burne-Jones. Forbes-Robertson hatte sich von Campbell zu der Produktion überreden lassen. Nach Orledge (1975, 171) stand er dem Stück eher verständnislos bis ablehnend gegenüber.

Sicht mißlungenen Aufführung des Dramas in Berlin (vgl. van Lerberghe, 1924, 149: Brief an Severin vom 22. 1. 1900).
Ebenso beeindruckt zeigte sich Charles Koechlin:

> "Je suis retourné, jeudi, à 'Pelléas et Mélisande'. L'ensemble - pièce, mise en scène, costumes, musique, jeu des acteurs, décoration du théâtre - était exquis et d'une unité d'impression toute particulière. Les costumes et les attitudes étaient très 'préraphaélite anglais'; Mélisande surtout, gracieuse et fine, était charmante. Et la musique de Fauré, souple et un peu vague, allait admirablement à la prose, traduite en anglais, de Maeterlinck." (Koechlin, *Journal de Voyage*, 1898, 47 - auch bei Nectoux, 1981, 174f.).[317]

Die hohe Übereinstimmung von Musik- und Dramenatmosphäre wird auch von den meisten Londoner Zeitungskritiken gelobt. Nur der Kritiker der *Times* liefert in seinem sonst positiven Artikel einen Verriß von Faurés Musik.[318]
Noch im selben Jahr überarbeitete Fauré die Instrumentation von drei der vier längeren Sätze der Schauspielmusik und stellte sie zu einer Orchestersuite zusammen: 1. *Prélude*, 2. *Fileuse*, 3. *Molto Adagio* (*Mort de Mélisande*). In dieser Form wurde op. 80 am 3. 2. 1901 in Paris uraufgeführt und erschien im gleichen Jahr als Partitur. Die orchestrierte Fassung der *Sicilienne* (die im übrigen kaum von der Koechlin-Version abweicht) wurde 1909 separat herausgegeben (vgl. Nectoux, 1990, 542 und Orledge, 1979, 127; 302f.). Auf Wunsch von Fauré wurde sie 1920 in die Suite op. 80 eingefügt, wobei die Reihenfolge von *Fileuse* und *Sicilienne* vertauscht wurde.

> "A ce sujet [*Sicilienne*; Anm. d. A.] je vous serais très obligé, dès que cela vous sera possible, de l'introduire dans la partition d'orchestre de cette suite, car avec la '*Fileuse*', c'est ce morceau qui porte le plus." (Fauré, 1980, 306f.: Brief an Hamelle, 20. 8. 1920).[319]

Die Instrumentationsänderungen von Fauré betreffen überwiegend Details. Neben einer für den Konzertsaal notwendigen Erweiterung der Besetzung ist hierbei die

---

[317] "Ich bin am Donnerstag von 'Pelléas et Mélisande' zurückgekehrt. Das Ensemble - das Stück, die Inszenierung, Kostüme, Musik, das Agieren der Schauspieler, das Bühnenbild - war erlesen und von einer ganz einzigartigen Einheit der Wirkung. Die Kostüme und die Gesten waren sehr englisch-praeraffaelitisch, vor allem Mélisande, grazil und zart, war bezaubernd. Und die geschmeidige und ein wenig vage Musik Faurés stimmte auf bewundernswerte Weise mit der Dichtung von Maeterlinck, in englischer Übersetzung, überein."

[318] Vgl. die teilweise Wiedergabe des Artikels bei Nectoux (1981, 174f.) und Orledge (1975, 172). Die Negativ-Wertungen enthalten sehr zutreffende Aussagen über die Musik Faurés. Der Kritiker ging offenbar von der Vorstellung aus, daß eine Schauspielmusik - losgelöst vom Drama - das Publikum in den Umbaupausen unterhalten solle.

[319] "Diese betreffend wäre ich Ihnen sehr verbunden, wenn Sie, falls es Ihnen möglich ist, diese in die Partitur der Orchestersuite mit aufnehmen würden, denn zusammen mit der *Fileuse* ist es dieses Stück, das am wirkungsvollsten ist."
Die endgültige Form der Suite ist: 1. *Prélude* (Nr.1 der Schauspielmusik), 2. *Fileuse* (Nr.10), 3. *Sicilienne* (Nr. 5), 4. *Molto Adagio* (Nr. 17). Die Vertauschung der beiden Mittelsätze hat Tammaro in seinem vergleichenden Aufsatz über die *Pelléas et Mélisande*-Vertonungen von Debussy, Schönberg, Fauré und Sibelius nicht bemerkt und war daher gezwungen, die *Sicilienne* der Terrassenszene zuzuordnen (vgl. Tammaro, 1981, 112).

Tendenz zu Klarheit und Reinheit der Farben festzustellen.[320] Die Retuschen Faurés bewertet Orledge so:

> "The many subtle changes to Koechlin's orchestration in the suite version, together with works like the 'Requiem', show that Fauré was by no means insensitive to orchestral colour, or inexperienced in this medium in 1898. It was purely a matter of personal preference, his main interest being the creation of absolute music, and the application of his supreme craftsmanship to the organization of the notes themselves, irrespective of medium." (Orledge, 1975, 174).

Trotz der unmittelbaren Umarbeitung zur Orchestersuite op. 80 wurde die Schauspielmusik weiterhin für Aufführungen des Dramas verwendet. Besonders in England und Frankreich entfaltete sie damit eine eigene, dramengebundene Rezeptionsgeschichte. Sicher spielte dabei auch die positive Bewertung von Faurés Schauspielmusik durch Maeterlinck und seine Lebensgefährtin eine Rolle, die nach 1902 diese offen favorisierten, um gegen Debussys Oper zu opponieren.[321]
Die Suite op. 80 wurde schon bald nach ihrer Uraufführung 1901 zum vielgespielten Werk.

4.4 Studien und Essays zu *Pelléas et Mélisande*

Analytische Studien zu Faurés *Pelléas et Mélisande* finden sich meist im Rahmen von Fauré-Gesamtdarstellungen und betreffen dort erwartungsgemäß die vier veröffentlichten Sätze der Suite. Manchmal wird das posthum herausgegebene *Chanson de Mélisande* mitberücksichtigt. In den 1920er Jahren erschienen zwei kurze Betrachtungen von Faurés ehemaligen Schülern Florent Schmitt und Charles Koechlin.
Innerhalb seines Aufsatzes über die Orchesterwerke Faurés betont **Florent Schmitt** die Unabhängigkeit der Suite op. 80 vom Drama - im Gegensatz zur Komposition Debussys, wo das Drama integraler Bestandteil der Musik sei. Schmitts Wertungen erfolgen aufgrund bewußt subjektiver Ausdruckskriterien. Während er die *Sicilienne* und die *Fileuse* als zwar "charmant, aber für Fauré typisch" abtut, begeistert er sich für den "Unvergänglichkeitscharakter" der Musik der beiden Ecksätze. Besonders das *Molto Adagio* drücke mit seiner konzentrierten Emotionalität "die ganze schmerzliche Odyssee der beklagenswerten Mélisande" aus (vgl. Schmitt, 1922, 56).

Charles Koechlin behandelt die Suite innerhalb seines Buches über Fauré (erstmals erschienen 1927; Nachdruck 1983; hier S. 124f.). Das *Prélude* ist für ihn weniger Abbildung der Waldszene als vielmehr "état d'âme", das die Legendenatmosphäre des Waldes ausdrückt. Dieser wird als Symbol der Sensibilität angese-

---

[320] So änderte er die Instrumentation am Ende des *Prélude* für das 2. Thema nach den beiden Hornsignalen folgendermaßen: T. 74-75: Koechlin: Horn+Violoncello => Fauré: Violoncello-Solo (+Violine); T 78-79: Koechlin: Flöte+Violoncello => Fauré: Klarinette solo.
[321] S. dazu den Artikel von Leblanc in *Le Figaro*, 12. 8. 1910. Da Maeterlinck von Musik nichts verstand, übernahm er wohl die Meinung seiner Lebensgefährtin. Beide nutzten das gespannte Verhältnis zwischen Fauré und Debussy zu dieser Zeit, um den einen gegen den anderen auszuspielen (vgl. Nectoux, 1981, 186).

hen, das sich im Schmerz der Mélisande konkretisiere. Inhaltlich deutet Koechlin den Satz mit dem programmatischen Titel seiner eigenen Mélisande-Komposition - ein Hinweis darauf, daß sein Werk durchaus in Beziehung zu dem Fauré-*Prelude* steht, vielleicht sogar als Kommentar zu diesem aufzufassen ist. Das 2. Thema drückt für ihn Mélisandes Verzweiflung aus, das Hornsignal ist die Personifikation Golauds.

Vladimir Jankelevitch untersucht in seinem umfangreichen Buch *Fauré et l'Inexprimable* vor allem musikalische Querverbindungen. Durch die spezifische Themenentsprechung zwischen *Chanson de Mélisande* und *Chanson d'Ève* gehen Anfang und Ende, Tod und Geburt/Auferstehung ineinander über. Die beiden Titelfiguren Mélisande und Eva seien in ihrer "fast inexistenten, unschuldigen Feminität" die Verkörperung ein und derselben menschlichen Seele (182-184). Indem Jankelevitch zum Vergleich zusätzlich das *In Paradisum* von Faurés *Requiem* heranzieht, versucht er aufzuzeigen, daß Fauré vor allem von dem Mysterium des (Neu-)Anfangs fasziniert war. Das Ende (der Tod) sei für diesen zugleich und in erster Linie Anfang; die Seele kehrt zu ihrem Ursprung zurück - der Kreis schließt sich (186f.).

> "Au terme de la 'Chanson d'Ève' on voit mieux ce que pouvait être la mort pour Gabriel Fauré et Charles van Lerberghe: une musique ineffable, une immense nuit de printemps et une poussière d'étoiles." (Jankelevitch, 1974, 192).[322]

Der Aufsatz von **Robert Orledge** (1975, 170-179) über die Schauspielmusik Faurés bietet vor allem Hintergrundinformationen über die Entstehung der Musik sowie die Inszenierung und Aufführung des Dramas. Orledge betont, daß Fauré die Intention hatte, eine einheitliche Komposition zu schaffen, die die mysteriöse Stimmung des Dramas insgesamt spiegelt. Dabei habe jedes Stück eine eigenständige musikalische Geltung und sei gemäß den klassizistischen Idealen Faurés als in sich geschlossen konzipiert. Die modalen Tonarten seien ein Mittel, um die Archaik des Dramas auszudrücken. Die Themenzuschreibungen für das *Prélude* in Orledges Buch über Fauré (1979, 127) decken sich mit denen von Nectoux (s. u.).

Die ausführlichste Studie über Faurés *Pelléas et Mélisande* stammt von dem französischen Fauré-Spezialisten **Jean-Michel Nectoux** (1981, 169-190). Zusätzlich zur Entstehungsgeschichte der Schauspielmusik bietet er als einziger kurze analytische Beschreibungen zu den einzelnen Sätzen (177-183). In seiner früheren Fauré-Monographie (1972, 87) bezeichnet er *Pelléas et Mélisande* als das symphonische Meisterwerk Faurés, das trotz seiner Unterschiede zu Debussys Oper die triste Atmosphäre des Dramas auf ähnliche Art suggeriere. Auch für ihn sind die zentralen Sätze die Ecksätze; der Finalsatz erscheint ihm stark vom *Prélude* inspiriert. Die Themen des ersten Satzes ordnet er Figuren bzw. Ideen zu (1. Thema = Mélisande, 2. Thema = tragisches Schicksal der Liebenden; Hornsignal = Golaud). In seinem Aufsatz liegt ein Akzent auf dem Nachweis des zyklischen Prinzips innerhalb der

---

[322] "Mit den Worten von 'Chanson d'Ève' begreift man besser, was der Tod für Gabriel Fauré und Charles van Lerberghe möglicherweise ist: eine unaussprechliche Musik, eine unendliche Frühlingsnacht und Staub der Sterne."
An anderer Stelle seines Buches (340) bemerkt Jankelevitch, daß das Requiem, *Crepuscule* und *Chanson de Mélisande* die Tonart d-Moll gemeinsam haben.

Schauspielmusik. Themenzusammenhänge postuliert er zwischen *Prélude* und *Fileuse* (jeweils 1. Thema) sowie zwischen *Fileuse* (2. Thema) und dem Klavierthema des Mélisande-Liedes (1981, 177-180).[323] Daneben beschreibt er die offensichtlichen Themenwiederaufnahmen in den verschiedenen Sätzen. Besonderheiten seiner Betrachtung sind die inhaltliche Interpretation der *Fileuse* und der Versuch zu belegen, daß das *Chanson* in der Londoner Aufführung tatsächlich gesungen wurde.[324] In diesem Zusammenhang weist er auf die Deplacierung des Liedes in der Londoner Aufführung hin. *The King's Three Blind Daughters* wurde in die Spinnradszene vorverlegt, wo Mélisande ebenfalls einige Zeilen singt. Für die Haarszene übersetzte Mackail zusätzlich *Mes Longs Cheveux* (vgl. MSS III/322, B-Br, sowie Stichwörter der Dirigierpartitur). Dieses Lied *My Long Hair Falls Over* wurde lediglich rezitiert.

Auch wenn Nectoux alle Sätze der Schauspielmusik behandelt, stehen die vier Suitensätze doch im Vordergrund. Das *Prélude* ist für ihn eines der tiefgründigsten und ausdrucksvollsten Werke Faurés, eine Musik des Traumes, deren 1. Thema die vage Persönlichkeit Mélisandes treffend ausdrückt. Im Gegensatz etwa zu Koechlin hält Nectoux die *Sicilienne* als Einleitung der Brunnenszene für so passend, als ob sie dafür geschrieben wäre. Die *Fileuse* bezeichnet er als "Lied ohne Worte" und sieht darin eine Entsprechung zu der Kontrastierung von Alltäglichkeit und Transzendenz bei Maeterlinck (178f.). Durch ihre subtilen Beziehungen zu den anderen Sätzen habe die *Fileuse* eine tiefere Bedeutung, die weit über die des simplen Charakterstücks hinausgehe, als das sie auf den ersten Blick erscheine:

> "On voit que, sous son apparence souriante et dégagée, la *Fileuse* est l'annonce du destin tragique de l'héroïne; ce présage musical correspond très exactement aux intentions profondes et à la dramaturgie de Maeterlinck dont on sait le goût, parfois puéril, pour la symbolique." (Nectoux, 1981, 180).[325]

---

[323] Der Zusammenhang zwischen dem 2. *Fileuse*-Thema und dem Klavierthema des Liedes besteht lediglich in der Aufwärtsbewegung. Funktionsharmonisch und diastematisch sind die Themen vollkommen verschieden (s. Themenübersicht). Die Behauptung von Nectoux ist daher nicht ohne weiteres nachzuvollziehen.

[324] In seinem Buch über Fauré schreibt Koechlin, daß das Lied nur rezitiert wurde. Die Indizien, die Nectoux dagegen anführt - starke Abnutzung des Manuskripts von Campbell, Beibehaltung des Stichworts für das Lied in der Dirigierpartitur und dessen nachträgliche Übersetzung ins Französische für die Aufführung von 1904 - sind einleuchtend, aber nicht zwingend. Es ist denkbar, daß das Lied für die Aufführung von 1898 zwar geprobt, dann aber im letzten Moment - vielleicht wegen unzureichender stimmlicher Fähigkeiten der Schauspielerin - abgesetzt wurde. Koechlin, der bei den Aufführungen mitgewirkt hat, ist hier wohl eher zu folgen.

[325] „Man sieht, daß die *Fileuse* hinter ihrer heiteren und ungezwungenen Fassade die Ankündigung des tragischen Schicksals der Heldin ist; dieses musikalische Vorzeichen entspricht sehr genau den tieferen Intentionen der Dramaturgie Maeterlincks, dessen manchmal kindische Vorliebe für das Symbolische bekannt ist."

4.5 Analyse

Ein wichtiger Aspekt in Faurés Schauspielmusik sind die subtilen motivischen Verknüpfungen zwischen den einzelnen Sätzen. Ansonsten beziehen sich die Einzelsätze auf die jeweilige Szene oder szenische Momente.
(Themenübersicht s. Ende des Kapitels).

Aufbau
Faurés Schauspielmusik zu *Pelléas et Mélisande* besteht aus neunzehn Musiknummern, die über das ganze Drama verteilt eingesetzt werden sollen. Die neunzehn Nummern reduzieren sich auf sieben Originalkompositionen (in der Übersicht mit ° versehen); die übrigen sind Wiederholungen - teils leicht variiert. Die Variierungen bestehen meist in Uminstrumentierung, manchmal in der Erweiterung um einige Takte oder dem Hinzufügen einer Solostimme. Die vier als Suite op. 80 erschienenen Sätze (entsprechende Nummern in der Übersicht fett gedruckt), die mit jeweils über 60 Takten Länge die mit Abstand ausgedehntesten der Schauspielmusik sind, sind Zwischenaktmusiken.
Die Übersichtstabelle folgt der Numerierung des Manuskripts, das auch als Dirigierpartitur verwendet wurde. Die Nummern wurden wahrscheinlich nachträglich für die Aufführung von 1900 eingetragen. Für die Zusammenstellung und Szenenzuordnung wurden außerdem die Listen von Orledge (1975, 177) und Nectoux (1981, 189) sowie das Textbuch der Harvey-Produktion von 1911 (B-Br, MSS III/322) herangezogen. In der Spalte "Szene" sind in Klammern Manuskript-Einträge zitiert, meist Stichwörter. Die Spalte "Wdh.-Nr." enthält auch Teilwiederholungen oder leichte Varianten.

Nr.	Bezeichnung/Art	vorh. Themen	Wdh.-Nr.	Szene
1°	Prélude G-Dur, 90T, 3/4	1.+ 2. M-Thema G-Hornsignal	2/3, 9, 16 6, 7	vor Beginn (Akt I/Sz. 2)
2+3	Interlude E-Dur, 8T, 4/4	1. M-Thema G-Hornsignal	6, 9, 16 (=> Nr.1)	nach Sz. 2 und vor Sz. 3 (Cue: "I'm lost too" {G})
4°	Interlude a-Moll, 13T, 3/4	Klarinettenthema G-Synkopen 2. Fileuse-Thema, b	8	nach Sz. 4 ("End act I" "Segue 5 entracte")
5°	Sicilienne g-Moll, 86T, 6/8	Sicilienne-Thema	13	vor Akt II; zu Sz. 5
6	G-Hornsignal E-Dur, 4T, 4/4	G-Hornsignal, ausgesetzt	2 (=> Nr.1)	in Sz. 5 (Cue: "Take care, you will loose it!" {P}) *
7	Interlude G-Dur, 21T, 3/4	G-Hornsignal 1.+ 2. M-Thema	1 (Wdh. des Endes)	vor Sz. 6
8	Interlude a-Moll, 13T, 3/4	Klarinettenthema G-Synkopen 2. Fileuse-Thema, b	4	vor Sz. 7 ("Curtain comes down. Wait for No 8")
9	Interlude E-Dur, 14T, 4/4	1. M-Thema	2 (um 6T erweitert)	in Sz. 7 (Cue: "Why did they come to sleep here?" {P} oder: „I had rather walk alone" {M})
10°	Fileuse G-Dur, 74T, 3/4	1.+ 2. Fileuse-Thema	12	vor Akt III/Sz. 9
11°	Mélisande's Song d-Moll, 29T, 3/2	3. M-Thema	----------	in Sz. 9 (Cue: "He can hardly keep his eyes open" {P})
12	Melodram G-Dur, 40T, 3/4	1.+ 2. Fileuse-Thema	10 (Wdh. ab T 35 bis Ende)	Sz. 10, Anfang ("Begin when at window") **

13 ***	Sicilienne g-Moll, 17T, 6/8	Sicilienne-Thema	5 (Wdh. der Takte 1-17)	in Sz. 10; evtl. alternativ zu Nr. 12 (Cue: "at noon" = letzte Liedworte)
14°	Interlude e-Moll, 23T, 6/8	--------------------	-----------	nach Sz. 10 (Cue: "dark". "Between scenes 2+3") ****
15	Entr'acte e-Moll, 23T, 6/8	--------------------	14	vor Akt IV/Sz. 14 ("Rept. No 14")
16	Interlude E-Dur, 14T, 4/4	1. M-Thema	9 (+ Klar. solo), 2	vor Sz. 17 ("When dark scene"; "scene 2"; „End Act IV") ****
17°	Entr'acte d-Moll, 63T, 3/4	2.+ 3. M-Thema 1. Fileuse-Thema, c Klarinettenthema	18, 19	vor Akt V/Sz. 19
18	Interlude d-Moll, 10T, 3/4	3. M-Thema	17, 19	nach Sz. 18 und in Sz. 19 (Cue: "Yes, yes, all the restlessness has gone now" {M})
19	Interlude d-Moll, 10T, 3/4	3. M-Thema	18 (Wdh.), 17	in Sz. 19 (Cue: "King: It is dreadful, but it is not your fault.")

* In späteren Aufführungen wurde Nr. 6 zusätzlich noch zweimal innerhalb der Brunnenszene eingesetzt ("With the ring he gave me" {M}; "Mme Bernardt: La vérité").
** Nr. 12 wurde zur Untermalung der Rezitation von *My Long Hair Falls Over* benutzt (s. auch Textbuch)
*** Nr. 13 ist lediglich grob skizziert; es sind nur einige Stimmeneinsätze angedeutet. Insgesamt ist diese Hälfte des Blattes schwer lesbar, die 13 als Nummer nur zu erraten. Im Textbuch ist Nr. 12 als Alternative nicht vermerkt.
**** Änderungen im Dramentext laut Textbuch:
   Nr. 14: Das Stichwort („dark") ist das letzte Wort der Haarszene; der Rest wurde gestrichen. Zunächst wurde hier Golauds Warnung an Pelléas aus Sz. 12 angefügt; diese wurde wieder gestrichen. Nr. 14 wurde in späteren Aufführungen auch nach der Abgrund- und der Terrassenszene gespielt.

Nr. 16: Sz. 14 und 15 gingen nahtlos ineinander über und wurden als eine Szene gezählt; Sz. 16 wurde gestrichen. Mit „scene 2" ist hier also die Liebesszene gemeint; daher auch „End Act IV". Nr. 16 wurde in einer der Aufführungen offenbar nach der Liebesszene gespielt; ansonsten ist im Textbuch „No music!" vermerkt.

Faurés Schauspielmusik unterscheidet sich in gewisser Hinsicht von den sonst gängigen Gebrauchsmusiken dieses Genres. Auch in der Musik fürs Theater setzt er Gestaltungsmittel ein, die sonst in der absoluten Musik ihren Platz haben, wie thematische Arbeit und klare formale Grundrisse. Selbst die kurzen Interludes sind davon nicht ausgenommen. Die wichtigste kompositorische Grundidee der Schauspielmusik ist das zyklische Prinzip, das von César Franck entwickelt und von anderen französischen Komponisten aufgegriffen wurde. Faurés *Prélude* stellt das musikalische Material auf, das in den anderen Sätzen verarbeitet wird. Durch dieses absolut-musikalische Verfahren werden Zusammenhänge gestiftet, die auch im Drama angelegt sind. Fauré hat dadurch - vielleicht unabsichtlich - verdeutlicht, daß das Symbolnetzwerk Maeterlincks in der zyklischen Form ein von den frühen Dramen unabhängiges musikalisches Pendant hat.
Die meisten Querverbindungen weist neben dem *Prélude* der letzte Satz auf.
Die Schauspielmusik enthält fünf Grundthemen. Diese treten in folgenden Nummern auf (Wiederholungs-Nummern in Klammern):

1. Mélisande-Thema: 1, 2, 9, 10, 16 (3, 7, 12)
2. Mélisande-Thema: 1, 10, 17 (7, 12, 18, 19)
3. Mélisande-Thema: 11, 17 (18, 19)
Golaud-Hornsignal: 1, 2, 4, 6, 8 (3, 7)
Klarinettenthema: 4, 5, 8, 10, 17 (12, 13, 18, 19).

Das 1. und das 2. *Fileuse*-Thema wurde mit einbezogen, da es sich bei beiden um Varianten des 1. Mélisande-Themas bzw. des Klarinettenthemas handelt. Vom 2. M-Thema ist in Nr. 10+17 nur die Sexte abwärts vorhanden; vom Golaud-Hornsignal in Nr.4+8 nur die begleitende Synkopenfigur.

In den vier Suitensätzen bedient sich Fauré traditioneller Formschemata. Grundeinheit der Themengestaltung ist die 4-, 8- oder 16-Takt-Phrase.
Das **Prélude** folgt im Aufbau ungefähr der Sonatenhauptsatzform. Zunächst werden zwei Themen im Quintabstand exponiert, denen jeweils unmittelbar durchführungsartige Fortspinnungsteile folgen. Die Reprise des 1. M-Themas beginnt bei [7]. Gleichzeitig wird das Thema durch Sequenzierung gesteigert und bereitet so den Höhepunkt des Satzes (1T v. - 4T n. [8]) vor. Das G-Hornsignal leitet die Wiederkehr des 2. M-Themas ein (5T n. [8]), das beim ersten Mal den Ton 'es' des Hornsignals übernimmt, beim zweiten Mal in h-Moll erscheint. Das erste Thema beendet den Satz, wodurch formale Geschlossenheit erzielt wird. Die Schlußversion des Themas enthält gegenüber dem Original eine Wendung nach mixolydisch (f statt fis).

Die **Sicilienne** wurde ursprünglich als Tanzsatz komponiert. Zwar hat sie generisch keinen Bezug zum Drama (s. Entstehung), doch war Fauré offenbar bestrebt, den früher geschriebenen Satz musikalisch in die Schauspielmusik einzubinden. In der Suite trägt er den Titel *Sicilienne (de Pelléas et Mélisande)*. Das *Sicilienne*-Thema diente scheinbar als Vorlage für das Klarinettenthema aus Nr. 4, das ebenso in der *Fileuse* und im Schlußsatz vorkommt. Der *Sicilienne* liegt eine rondoartige Reihungsform zugrunde (A/A - B/C - A - D - C - A/A'). Das *Sicilienne*-Thema des Anfangs bestimmt den Satz und bedingt dessen Geschlossenheit. Die zweite Hälfte der Komposition wird von einem deutlich gegenüber dem Rest abgesetzten Es-Dur-Teil (ab [E]) eingeleitet. Die Grundlage der Form bilden 8- und 16-Takt-Einheiten, die manchmal durch Verschränkung verkürzt oder durch Schlußton- bzw. -Akkordverlängerung ausgedehnt werden. Diese "Unregelmäßigkeiten" sind besonders in dem Dur-Mittelteil zu finden. In ihrer gleichmäßigen Anlage ist die *Sicilienne* ein Paradebeispiel klassizistischer Formkonstruktion.

Ein klares dreiteiliges Formschema liegt der *Fileuse* zugrunde:

A: 1. *Fileuse*-Thema, 19T, G-Dur (bis 1T n. [2])
B: 2. *Fileuse*-Thema, 16T mit Verschränkung, g-Moll (1T n. [2] - [4])
AB: Kombination beider Themen, 40T, G-Dur (ab [4])

Neben Dur/Moll und Auftakt-/Volltaktbeginn wird zusätzlich die Art des Ostinato zur Kontrastierung eingesetzt. Das erste Thema wird von einem diastematisch variablen Violin-Ostinato, das zweite von einem statischen Ostinato in Violine und Viola begleitet. Diese Zuordnung wird auch im Kombinationsteil AB beibehalten, wo die beiden Themen oft ineinander verzahnt auftreten.

In *La Mort de Mélisande* werden vor allem die melancholischen Themen wieder aufgenommen. Das Anfangsthema knüpft an den Trauermarschgestus des 19. Jahrhunderts an; es ähnelt dem Trauermarsch aus Beethovens *Eroica* oder aus Chopins b-Moll-Sonate. Formal gesehen handelt es sich bei dem Satz um eine Bogenform mit überwiegend 4- und 8-Takt-Phrasen. Der A-Teil enthält das Trauermarsch-Thema (8T), das 3. Mélisande-Thema (4T) und die Fortspinnung des Trauermarsch-Themas (13T). Daran schließt sich ein kurzer Mittelteil an (9T; ab [2]), ehe der A-Teil variiert wiederkehrt (ab 3T n. [5]). Die drei Abschnitte aus dem Anfangsteil bleiben erhalten, nur die Reihenfolge der letzten beiden Elemente ist vertauscht.

Nr. 2, 9 und **16** sind Varianten des *Prélude*-Anfangs mit dem 1. M-Thema.
Nr. 2 greift die ersten beiden Takte des *Prélude* auf, die metrisch verändert werden (4/4 statt 3/4). Das 1. M-Thema wird mit einer anderen Schlußwendung versehen. Es folgt das G-Hornsignal (zweimal) mit unterlegtem Dis7-Akkord bzw. Wechsel zwischen Dis7 und H7.
Im Interlude **Nr. 9** wird Nr. 2 um 6 Takte erweitert. Diese Erweiterung besteht hauptsächlich in der Wiederholung des 1. M-Themas durch die Flöte. Das G-Hornsignal bleibt ausgespart. Die Liegeakkorde aus Nr. 2 werden hier rhythmisch belebt.
Nr. 16 stellt eine Steigerung von Nr. 9 dar. Dem hier stärker besetzten und in einigen Details veränderten Satz von Nr. 9 wird eine Soloklarinetten-Melodie hinzugefügt (T1-6). Der klagende Ausdruck korrespondiert mit der Stimmung am Ende der Gewaltszene, für die das Stück bestimmt ist.

Nr. 4 beginnt und endet mit der G-Hornsynkope in den Violen. Dieser folgt am Anfang unmittelbar das Klarinettenthema, unterstützt vom Fagott. Das Klarinettenthema spielt eine wichtige Rolle für die Verklammerung der zentralen Sätze der Schauspielmusik. Weitere Motive sind ein Mollakkord abwärts mit Leitton vor der Quinte, dem alternierend die Akkorde Fis7/9 und C7/9 (mit Tritonussprung im Baß) unterlegt sind und 2b des *Fileuse*-Themas (T 4-7).
Mollakkord-Motiv (T 5-6; Klar.):

Das 2. *Fileuse*-Thema wird mit Einschub zwischen dem ersten und zweiten Motiv in Nr. 4 komplett vorgestellt. Der ganze Satz wird von einem synkopierten Orgelpunkt in den Hörnern und teilweise in den Violen durchzogen.
Nr. 8 ist eine Wiederholung von Nr. 4 mit reduzierter und veränderter Besetzung. Der Orgelpunkt der Hörner liegt hier in den Flöten, während die Streicher das Klarinettenthema und das Mollakkordmotiv übernehmen. Die Hörner kommen nur am Schluß zum Einsatz: in T 10-12 spielen sie die Begleitsynkopen des G-Hornsignals.

Das **Interlude Nr. 14** ist der einzige Satz, der keine thematischen Verbindungen zu den übrigen aufweist und der wegen seiner Anlage am wenigsten in die Schauspielmusik paßt. Dies erklärt sich zum Teil aus seiner Doppelfunktion (s. 3.3 Entstehung). Die nachschlagende akkordische Begleitung, die nur in diesem Satz der Schauspielmusik vorkommt, ist nach Kabisch (1996, 85) typisch für den Klaviersatz Faurés in der Kammermusik. - Bsp.: T 1-4; Fl.:

Mélisande's Song komponierte Fauré über die englische Nachdichtung von *Les Trois Soeurs aveugles* von W. Mackail. Diese Fassung ist gegenüber der originalen französischen Version erweitert und verändert. Die Hauptänderung betrifft den strukturellen Bereich. Refrainartige Zeilenwiederholungen innerhalb der Strophen wurden durch zusätzliche inhaltliche Beschreibungen ersetzt. Dadurch wird über die Stropheneinteilung hinweg eine auf das Ende hinzielende narrative Spannung aufgebaut.[326] Fauré unterstreicht diesen Spannungsbogen mit seiner Vertonung, die nicht strophisch angelegt ist. Besondere Eigenständigkeit besitzen die Strophen 1, 2 und 5, während 3 und 4 eine textlich wie musikalische Einheit bilden. In letzteren beiden Strophen, in denen es um die Hoffnung auf das Kommen des Prinzen geht, liegt der melodische Höhepunkt fis''. Die fünfte Strophe, in der diese Hoffnung zerstört wird, enthält den tiefsten Liedton (d') als Rezitationston. Der Melodie liegt eine rhythmische Dactylus-Formel zugrunde, die dem Lied zusammen mit modalen Wendungen (dorische Sexte, phrygische Sekunde) einen archaischen Anstrich verleiht. In der Klavierbegleitung erscheint das 3. M-Thema ostinat. Stellenweise wird es leicht variiert, am Schluß auf drei Akkorde reduziert. Nur nach dem melodischen Höhepunkt ("Oh hope!"), wo die Hoffnung auf das Kommen des Prinzen konkret wird, setzt es zwei Takte lang aus. Die eindringliche Wirkung des Liedes rührt von der Einfachheit und Schlichtheit der Mittel her, die kongenial die Essenz des Gedichtes wiedergeben.[327] Es gehört sicher zu den eindrucksvollsten Liedvertonungen Faurés, fand aber keine rechte Verbreitung, obwohl es 1937 bei Hamelle in der Neuorchestration von Fauré und als Klavierlied erschien. Ein großes Hindernis für die Akzeptanz des Liedes in Frankreich lag wohl in dem englischen Text - es gab auch Versuche eines Rücktransfers ins Französische. Daß Fauré Englisch kaum beherrschte, ist stellenweise an falsch gesetzten Wortakzenten zu bemerken. Dennoch ist die englische Fassung (weil Original) vorzuziehen.

Die wichtigste Analogie zwischen Faurés Schauspielmusik und Maeterlincks Drama besteht in der Verklammerung einzelner Szenen. Nicht alle diese Zusammenhänge sind allein auf die Intention des Komponisten zurückzuführen. Die Aufschrift "à classer" über den kurzen Sätzen läßt vermuten, daß deren Placierung eine Gemeinschaftsarbeit der an der Inszenierung beteiligten Künstler/innen war. Ungeachtet dessen zeigt das Endergebnis ein sicheres Gespür für die subtilen Szenenverbindungen innerhalb des Dramas. Fauré lieferte die Grundlage hierzu, indem er die kurzen Sätze aus dem Material der längeren bildete.
Die Geschlossenheit zwischen Anfang und Ende ist in der Musik Faurés ähnlich indirekt wie im Drama. Das *Prélude* bezieht sich auf die Waldszene und läßt damit den Rahmen des Dramas (Sz. 1 - 18) außer acht. Fauré markiert das Treffen zwischen Golaud und Mélisande als Anfang des Dramas. Bis auf die Sexten abwärts des 2. M-Themas nimmt der Finalsatz kein thematisches Material des Anfangssatzes auf. Diese Wiederaufnahme ist lediglich indirekt: die Sexten sind eigentlich ein Zitat aus der *Fileuse*, die in etwa dem Zentrum des Dramas (Sz. 9+10) zugeordnet ist. Die Unterstreichung dieses auch von Maeterlinck gesetzten "Zentrums" wird schon rein quantitativ durch die Zuordnung von 5 Musiknummern erreicht. Eine derartige Gewichtung erfahren sonst nur noch der Anfang und der Schluß des Dramas mit jeweils 3 Nummern. Musikalisch trägt Fauré damit der Mittelpunktzentrierung des Dramas

---

[326] Textlich gesehen ist dieses Lied mit den blinden Schwestern, ihren goldenen Lampen, die erlöschen und ihrer Hoffnung auf Erlösung eine Paraphrase des neutestamentlichen Gleichnisses von den zehn klugen und törichten Jungfrauen (Mt 25, 1-13) mit ins Pessimistische verkehrtem Schluß.
[327] Ein pragmatischer Grund für die Einfachheit ist natürlich die Tatsache, daß Miss Campbell keine Sängerin war.

Rechnung. Einen deutlicheren musikalischen Rahmen bildet Fauré um das Leben Mélisandes in Allemonde. Das Klarinettenthema aus Nr. 4 tritt in der Sterbeszene wieder auf. Möglicherweise sollte damit ursprünglich auch Anfang und Ende der Liebesgeschichte zwischen Pelléas und Mélisande musikalisch markiert werden.[328] Das Zusammensein von Pelléas und Mélisande wird durch die *Sicilienne* (Brunnenszene) unterstrichen. Deren Anfangsthema erscheint zu Beginn der Haarszene entweder zur Untermalung der Liedrezitation (alternativ zur *Fileuse*) oder unmittelbar danach. Auch wenn es sich um eine nachträgliche Eintragung für eine spätere Wiederaufnahme des Dramas handelt, ist doch die Tendenz festzustellen, die beiden Szenen des Beginns der Liebe zwischen Pelléas und Mélisande, die durch das literarische Motiv des Haares verknüpft sind, auch musikalisch zu verbinden.

Ort
Die Musik Faurés hat nur wenige szenische Bezüge. Einen davon stiftet das G-Hornsignal, das auf den Ort der Waldszene verweist und das Auftreten Golauds ankündigt. Das Hornsignal ist auch der Repräsentant Golauds in der Brunnenszene, in der in seiner Abwesenheit sein Schicksal besiegelt wird. Einen deutlichen Ortsbezug hat das Klarinettenthema, das in seiner Originalgestalt die beiden Szenen verbindet, die am Meer spielen und Unglücksvorzeichen enthalten (Sz. 4: Sturm; Sz. 7: Arme). Ansonsten ist Fauré erkennbar bestrebt, den Stimmungsgehalt einzelner Szenen komprimiert wiederzugeben. Das "enclos" Maeterlincks ist in der Musik Faurés nicht spürbar. Szenische Geschlossenheit spiegeln nur das *Prélude* und Nr. 4/8, womit möglicherweise die Unentrinnbarkeit in der Waldszene und das Festsitzen Mélisandes in Allemonde, das die Meeresszene vermittelt, angedeutet werden sollen.

Zeit
Fauré verwendet so gut wie keine historisierenden musikalischen Topoi. Nur das Lied Mélisandes hebt sich in diesem Punkt durch den archaisierenden Stil von den übrigen Sätzen der Schauspielmusik ab. Es verweist musikalisch auf eine unbestimmte Vorzeit. Klassizistische Tendenzen sind ein gesamtkompositorisches Merkmal bei Fauré und nicht unbedingt Ergebnis der Dramenrezeption. Neben der barocken *Sicilienne*, die bekanntlich für eine Molière-Komödie geschrieben wurde, tritt der Gestus des romantischen Trauermarsches auf, der den Finalsatz in der "Gegenwart" Faurés verankert. Insgesamt ist die musikalische Gestaltung weniger auf Statik als auf zurückhaltende Entwicklung angelegt. Das teleologische Prinzip kommt in sequenzartigen Fortspinnungen, die auf Höhepunkte zulaufen, zum Aus-

---

[328] Die Dirigierpartitur enthält auf einem Blatt zwei Sätze mit der Aufschrift "not used". Der eine ist das G-Hornsignal mit variiertem Satz, dessen Stellung mit "Act 4 No 2" und "Cue - M.: Yours, yours, yours!" eindeutig als Höhepunkt der Liebesszene zu identifizieren ist. Der zweite Satz ist eine "No. 16", die wie eine Skizze zu Nr. 4 und 8 wirkt. Ihrer Nummer nach gehört sie zu Akt IV; vielleicht war sie ebenfalls für die Liebesszene gedacht. Offenbar wollte man in den Londoner Aufführungen dem Maeterlinck-Ideal der "silence" für die Liebesszene entsprechen. Das Harvey-Textbuch enthält den ausdrücklichen Hinweis: "Sz. 17: no music!". Das würde den Wegfall der beiden Sätze erklären.

druck. Meist werden dafür Themenfragmente oder nichtthematisches Material benutzt. Die Themen selbst bzw. ihre Hauptmotive sind selten Gegenstand zielgerichteter Fortspinnungen. Sie werden eher wiederholt präsentiert als verarbeitet. Die beiden Themen des *Prélude* sind in sich kreisend und daher eher statisch, während das Klarinettenthema und das 3. M-Thema zwar offen konzipiert sind, aber durch ihre mangelnden Entwicklungsmöglichkeiten gleichsam wie "hingesetzt" wirken. Im *Prélude* sind Themenpräsentation und Fortspinnungsteile deutlich voneinander abgehoben.

Figuren
Da es Faurés Hauptanliegen war, die Stimmung der einzelnen Szenen und des Dramas insgesamt wiederzugeben, spielt bei ihm die Figurencharakterisierung eine untergeordnete Rolle. Zentralfigur seiner Schauspielmusik ist Mélisande, die mit drei Themen und zwei ihr gewidmeten Sätzen musikalisch am stärksten präsent ist. Golaud wird durch das Hornsignal lediglich angedeutet, Pelléas besitzt kein eigenes Thema.[329]

a) Mélisande
Über die Zuordnung des 1. *Prélude*-Themas zu Mélisande herrscht in der Literatur Übereinstimmung. Das 1. M-Thema ist eine Umspielung des Zentraltones 'h', der Ausgangs- und Schlußton der Phrase ist. Dadurch wirkt das Thema im Gegensatz zur anschließenden Fortspinnung statisch. Harmonisch ist ein Wechsel zwischen G-Dur- und e-Moll-Akkorden festzustellen. Der polyphone Streichersatz erzeugt eine eher unbestimmte Harmonik und läßt das Thema vage und mysteriös erscheinen, wodurch die Besonderheit der Figur der Mélisande umrissen wird. Das 1. M-Thema tritt immer dann auf, wenn Mélisande unglücklich oder verstört ist. Es umrahmt die Waldszene und kehrt am Ende der Pferdsturzszene und der Grottenszene sowie am Ende der Gewaltszene wieder. Damit wird deutlich, daß es sich um ein Stimmungsthema handelt.
Das 2. *Prélude*-Thema wird von Koechlin ebenfalls Mélisande zugeordnet. Für ihn drückt es ihre Verzweiflung aus.[330] Das 2. M-Thema besteht aus einem regelmäßigen achttaktigen Satz (abac), für dessen Kopfmotiv eine kleine Sekunde und eine kleine Sexte abwärts konstitutiv sind. Das verleiht ihm ein gewisses Pathos.
Harmonisch auffallend ist das 3. M-Thema - es endet in Dur (d => B {= sP oder tG}). Trotz seiner aufsteigenden Melodielinie (von d' bis f'') wirkt es statisch und ernst. Dazu tragen die rhythmische Einförmigkeit und das langsame Tempo bei. Der triste Ausdruck des Themas wird durch seine Wiederkehr im Schlußsatz, wo das Thema besonders am Schluß mit "Tod" assoziiert wird, verständlich.

---

[329] In Faurés Komposition handelt es sich nicht um Figurenthemen im eigentlichen Sinn, sondern um Emotions- und Situationsthemen, die einer Figur zugeordnet sind. Das zeigen die drei Mélisande-Themen, die jeweils sehr genau nach der entsprechenden Situation ausgewählt werden.

[330] Nectoux und Orledge interpretieren dieses Thema als eine Art Schicksalsthema, das das tragische Ende von Pelléas und Mélisande ankündigt. Das Thema tritt jedoch bereits in der Waldszene auf und fehlt in den Szenen, in denen die beiden Titelfiguren gemeinsam auftreten. Dagegen kommt es in den beiden Sätzen, die sich allein auf Mélisande beziehen, als Fragment vor. Koechlins Interpretation hat stärkeres Gewicht - nicht zuletzt wegen seiner Beteiligung an der Komposition.

Die *Fileuse* vereinigt zwei entgegengesetzte Stimmungen: zum einen das heitere, fast kokette Spinnen im 1. *Fileuse*-Thema, zum anderen den düsteren, drohenden Einschlag im 2. *Fileuse*-Thema. Die Unruhe, die hier von Fauré umgesetzt wird, ist weniger in der Spinnradszene Maeterlincks als vielmehr im romantischen Spinnradtopos par excellence zu suchen: Goethes *Faust*.[331] Das 1. *Fileuse*-Thema ist eine Synthese aus dem 1. M-Thema (metrisch und rhythmisch variiert) und den Sexten des 2. M-Themas (ebenfalls rhythmisch variiert).
Bsp.: Nr. 10, T 3-7 und T 13-17; Ob. -
Nr. 1, T 1-4; 1. Vl. und T 5-6; Fl.:

Das 2. *Fileuse*-Thema ist eine Variante des Klarinettenthemas, welches dadurch im weiteren Sinn der Sphäre der Mélisande zugeordnet werden kann (s. Variantenübersicht im Abschnitt „Motivik und Symbolik").
Die Figur der Mélisande wird nicht durch ein bestimmtes Instrument repräsentiert. 1. und 2. M-Thema werden überwiegend von den Violinen gespielt, wodurch sich eine leichte Bevorzugung dieses Instruments für Mélisande ergibt. Das 1. M-Thema tritt im *Prélude* auch in den Flöten/Klarinetten und der Oboe auf. Das 3. M-Thema wird im Lied fast ausschließlich, in *La Mort* nur von den Violinen gespielt. Das 1. *Fileuse*-Thema ist dagegen der Oboe zugeordnet, im weiteren Verlauf auch der Klarinette und dem Fagott. Insgesamt ist die Instrumentation nicht figuren-, sondern eher situationsgebunden.

b) Golaud
Golaud wird durch das Hornsignal als Jagender dargestellt.[332] Die rhythmisierte Tonrepetition besteht aus zwei Elementen, die in den auf das *Prélude* folgenden Sätzen getrennt in Erscheinung treten: Sechzehntel-Signal und Achtel-Viertel-Synkopen. Während das Signal an das Horn gekoppelt ist, kommen die Synkopen auch in anderen Instrumenten vor (s. vor allem Nr. 4). Das G-Hornsignal tritt zum letzten Mal in der Schauspielmusik nach Szene 6 auf. Sein Einsatz in Szene 5 (s. die "Cues"!) macht deutlich, daß es nicht in erster Linie als charakterisierendes Figurenmotiv für

---

[331] Es ist durchaus nicht abwegig anzunehmen, daß Maeterlinck mit seiner Spinnradszene bewußt auf "Gretchen am Spinnrad" anspielt. Den *Faust* kannte er nachweislich lange vor der Abfassung der frühen Dramen (s. CB). Der Stimmungsgehalt der Szene ist dennoch ein anderer.

[332] Diese musikalische Figurencharakterisierung ist möglicherweise von Wallace und Koechlin übernommen worden. Bei Koechlin ist die vorherige Kenntnis von Faurés Schauspielmusik bekanntlich erwiesen, bei Wallace ist sie zumindest wahrscheinlich.

Golaud gedacht ist, sondern vor allem für seine Bindung an Mélisande stehen soll, die symbolisch mit der Entdeckung des Ringverlustes beendet ist.[333]

Motivik und Symbolik

Die thematische Symbolik ist in Faurés Schauspielmusik seiner Abneigung gegenüber deskriptiver Musik entsprechend weniger ausgeprägt und bezieht sich allgemein auf "Schicksal" und "Tod". In diesem Zusammenhang muß das Klarinettenthema gesehen werden, das vom Charakter her tendenziell bedrohlich oder unheilverkündend wirkt. Dementsprechend tritt es in Szenen mit Unglücksvorzeichen auf (4, 7), außerdem als Einblendung böser Vorahnungen in der *Fileuse* und als Ankündigung des Todes in *La Mort*. Daher kann es zusätzlich ganz allgemein als Schicksalsthema interpretiert werden. Aus der weitreichenden motivischen Vernetzung des Klarinettenthemas ergibt sich ein zusätzlicher inhaltlicher Zusammenhang. Zieht man alle seine Varianten in Betracht, so zeigt sich, daß das Thema in allen wichtigen Szenen zwischen Pelléas und Mélisande vorhanden ist (Sz. 5, 7, 9, 10), wodurch es besonders mit der tragischen Liebe zwischen den Titelfiguren assoziiert werden kann. Sein Einsatz in der Sterbeszene, der wie ein Verzweiflungsausbruch inmitten des getragenen Trauermarsches wirkt, kann als Ankündigung des Todes der Mélisande oder als Erinnerung an das tragische Geschehen am Ende der Liebesszene gesehen werden. Insgesamt ist das Klarinettenthema vieldeutig.[334]

Klarinettenthema - Verwandtschaften:
a) Nr. 4; b) Sicilienne; c) Fileuse, 2. Th.; d) Nr. 17

Mit der *Fileuse* knüpft Fauré an die Genrestücke mit Spinnrad-Sujet an. Die Bewegung des Spinnrades wie des Spinnprozesses wird musikalisch durch ein Triolen-Ostinato abgebildet. Das ornamenthafte perpetuum-mobile-Motiv erfährt bisweilen kaum merkliche akzidentielle Veränderungen. Die Haupttöne der diastematisch va-

---

[333] Vgl. auch Nectoux (1981, 178), der in diesem Zusammenhang Ähnlichkeiten mit Debussys polyvalenter Themenkonzeption sieht, das Hornsignal allerdings auf das Objekt "Ring" und nicht auf dessen Bedeutung bezieht.

[334] Das Klarinettenthema könnte daher auch als ein zu Pelléas gehörendes Thema interpretiert werden. Dafür gibt es jedoch bei Koechlin keine Anhaltspunkte. In der Schauspielmusik fungiert es auch nicht als „Gegenüber" der M-Themen.

riablen Variante, die mit dem 1. *Fileuse*-Thema zusammen auftritt, bilden ein Motiv, das - wohl rein zufällig - Debussys Liebesmotiv entspricht (oben: Fauré: Nr. 10, Anfang, 1. VI. - unten: Debussy: Liebesmotiv):

Bei Eintritt des 2. *Fileuse*-Themas "erstarrt" das variable Ostinato jedesmal zur Wechselnoten-Triolenbewegung und wird dadurch statisch. Das Unterbrechen der lebendigen Ostinato-Bewegung durch diese Variante des Klarinettenthemas ist ein weiterer Hinweis auf dessen Zugehörigkeit zur Sphäre "Unheil" und "Tod".
In Faurés Vorstellung hat der Tod selbst nichts Schreckliches oder Bedrohliches an sich. Wie schon erwähnt, schlägt sich diese Auffassung besonders im *Requiem* nieder, wo Fauré von vornherein auf die Sequenz *Dies irae* verzichtete und die Psalmstelle *In Paradisum* anfügte. Auch in *La Mort de Mélisande* siegt die Verklärung über die Verzweiflung: Die Coda, die das auf 9 Takte erweiterte 3. M-Thema enthält, ist eine tröstliche Vision vom erlösenden Tod. Die weit ausholende innige Violin-Melodie, die vom 3. M-Thema ausgeht, läßt die Dramatik und den Ernst des Trauermarsches zurück. Das Thema steht gleichzeitig für Ende und Neubeginn (s. 4.2 Kontext).

4.6 Zusammenfassung

Faurés Möglichkeiten der kompositorischen Drameninterpretation sind durch die Spezifik der Gattung von vornherein begrenzt. Dennoch finden sich in seiner Schauspielmusik Analogien zum Drama. Die wichtigste betrifft den formalen Bereich. Durch Rückgriff auf die zyklische Form realisierte Fauré - nicht immer auf den ersten Blick zu erkennende - thematische Querverbindungen zwischen den einzelnen Sätzen, die den Verklammerungen der Dramenszenen folgen. Dabei nimmt das Klarinettenthema die Rolle eines Zentralthemas ein. Interessant ist, daß es mit „Tod" assoziierte motivische Verbindungen zu anderen Werken Faurés gibt, deren Literaturvorlagen zum Teil dem belgischen Symbolismus entstammen.
Die einzelnen Sätze der Schauspielmusik sind nach klassischen Formprinzipien aufgebaut; die Satzstruktur ist eher zielorientiert. Dieses Merkmal wird aber durch den verhaltenen Einsatz der musikalischen Mittel abgeschwächt. Momente von Statik werden durch die Qualität der Themen (kreisend, offen) vermittelt.

Fauré geht es scheinbar um die Darstellung des Stimmungsgehalts der Szenen, weniger um das szenische Kolorit. Die Figurencharakterisierung spielt eine untergeordnete Rolle.

Im Rahmen der Möglichkeiten der Gattung „Schauspielmusik" erreicht Fauré eine relativ hohe Kongruenz mit dem Drama, da seine musikalischen Entsprechungen dramaturgische Grundzüge des Dramas wie „Symbolnetzwerk" und „Andeutung/Suggestivität" betreffen. Die zyklische Form und die Nuance als kompositorische Leitlinie gehören zu den grundlegenden Kompositionsprinzipien Faurés. Sie bilden ein eher zufälliges musikalisches Pendant zu bestimmten Strukturelementen des Dramas.

5. Jean Sibelius: *Pelléas et Mélisande/Pelléas och Mélisande*. Schauspielmusik/Orchestersuite op. 46[335]

Wie bei Fauré gibt es bei Sibelius zwei Fassungen seiner Musik zu *Pelléas et Mélisande/Pelléas och Mélisande*: die Schauspielmusik zur schwedischsprachigen Aufführung des Dramas in Helsinki und die daraus zusammengestellte Suite. In dieser ist das meiste Material der Schauspielmusik enthalten - es wurde lediglich ein Satz weggelassen. Die Reihenfolge der Sätze wurde leicht verändert.

5.1 Ästhetischer Hintergrund

Obwohl Sibelius aus einer schwedisch-finnischen Familie stammte, in der Schwedisch gesprochen wurde und er erst in seiner Schulzeit Finnisch lernte, entwickelte er eine starke finnisch-nationale Identität - besonders unter dem Einfluß der schwierigen politischen Lage in Finnland in den 1890er Jahren. Dazu trug auch die Faszination bei, die das finnische Nationalepos *Kalevala* seit seiner Schulzeit auf ihn ausübte. Die finnische Mythologie wurde für ihn zur wichtigsten kompositorischen Inspirationsquelle - neben der Natur und der Landschaft seines Heimatlandes. Die Sujets seiner symphonischen Dichtungen und die Texte seiner Lieder stammen fast ausschließlich aus diesen beiden Bereichen. Die Naturerfahrung des Individuums war Sibelius stets wichtiger als die Psychologie zwischenmenschlicher Beziehungen. Die starke Naturverbundenheit ist durch Äußerungen des Komponisten hinreichend dokumentiert (s. die Biographien von Ekman und Levas).[336] Die Kontemplation der Naturschönheit nahm bei Sibelius religiöse Dimensionen an (vgl. Levas, 1972, 126; 134). Er vertrat eine Art toleranten Pantheismus, der Raum für subjektive Gottesvorstellungen ließ. Da Sibelius grundsätzlich antipositivistisch eingestellt war - er war davon überzeugt, "daß der Mensch viel mehr braucht als die Sorte Realität, die mit den fünf Sinnen zu erfassen ist" (vgl. ebd., 67) - sah er die Religion als notwendige metaphysische Erweiterung der Wirklichkeit an. Für ihn war ein Leben ohne irgendeine Art von Religion nicht vorstellbar. Zu dieser Ansicht gehört das Gefühl des Wirkens einer unbekannten Macht und der Glaube an ein Leben nach dem Tod. Dies manifestierte sich für Sibelius in supranaturellen Erlebnissen wie Visionen und Vorahnungen, von denen er seinem Sekretär und Biographen Levas berichtete (vgl. ebd., 43-47).[337] Die religiöse Sphäre war für Sibelius das nicht mit Worten Auszudrückende, Unaussprechliche. Da er die Musik "als auf einer höheren Ebene angesiedelt sah als irgend etwas auf der Welt", konnte sie seiner Meinung nach als Spiegel des religiösen Unsagbaren fungieren (vgl. ebd., 80 und Ekman, 1938, 233). Sibelius bekannte sich zu einem "Pan-Musikalismus": nach Levas (1972, 37) sah er

---

[335] Sibelius verwendet überwiegend den französischen Dramentitel, auch auf der ersten Seite seines Autographs. Der schwedische Titel entstammt der der Aufführung zugrundeliegenden Dramenübersetzung (vgl. Kilpeläinen, 1991, 222).

[336] Diese beiden Biographien bilden zur Zeit die Hauptquellen für Äußerungen von Sibelius selbst. Mehrere hundert Sibelius-Briefe sind noch nicht gesichtet und erschlossen. Eine Briefausgabe in Englisch von Glenda Goss ist in Vorbereitung (vgl. Goss, 1998, 80f.).

[337] An anderer Stelle teilt Sibelius mit, daß er an spiritistischen Sitzungen bei der Schriftstellerin Minna Canth als "beobachtender Skeptiker" teilgenommen habe (vgl. Ekman, 1938, 117f.).

das ganze Universum von Musik erfüllt. Auch synästhetische Wahrnehmungen werden berichtet. Eine Besonderheit war seine Faszination für den Vogelgesang. Er glaubte, daß die Vogelgesänge der verschiedenen Erdregionen die Komponisten der entsprechenden Länder prägen würden. Levas bezeichnet den Ruf der Kraniche als "Leitmotiv" des Lebens von Sibelius.
Sibelius war ein sehr subjektiver Komponist, der überwiegend aus innerer Notwendigkeit komponierte:

> "The most unfortunate people are composers for whom their work is an inner urge. I am just such an unfortunate composer." (Sibelius, zt. n. Levas, 1972, 81).

Seine Musik hat eine starke spirituelle Basis. Den Künstler sah er als rein instinktiv Schaffenden an (vgl. ebd., 37; 133f.). Rationale Analysen von Musikwerken waren ihm suspekt:

> "To my mind it is the same with compositions as with butterflies. Once you touch them, their essence is gone - they can fly, it is true, but are no longer so fair." (Sibelius - zt. n. Ekman, 1938, 163).

Eine Anmerkung Sibelius' über die Entstehung seiner 5. Sinfonie, die von Ekman überliefert ist, stimmt in ihrer metaphysischen Tendenz grundsätzlich mit Maeterlincks Auffassung überein:

> "The final form of one's work is, indeed, dependent on powers that are stronger than oneself. Later on, one can substantiate this or that, but on the whole one is merely a tool. This wonderful logic - let us call it God - that governs a work of art is the forcing power." (Sibelius - zt. n. Ekman, 1938, 256f.).

Levas beschreibt Sibelius als "the most subjective, the most personal of all Romantics. He lived his music." (Levas, 1972, 134). Wegen seiner Unabhängigkeit und Individualität blieb Sibelius ein "Einzelner" in der Musikgeschichte; er hatte kaum Nachahmer. Von anderen Komponisten schätzte er Bach, Mozart, Schubert, Mendelssohn und Bartók, am meisten jedoch Beethoven. In seiner Jugend war Tschaikowsky sein großes Vorbild; später war er eng mit Busoni befreundet, der ihn inspirierte. Komponisten, die ihm weniger zusagten waren Liszt, Bruckner, Brahms, Schönberg und Strawinsky. Die größte Abneigung verspürte er gegenüber Wagner:

> "My decided antagonism to Wagner in my youth was, I fancy, dictated to some extent by the fear of being subjected to an influence that I had seen taking possession of so many of my friends, both old and young." (Sibelius - zt. n. Ekman, 1938, 263).

1894 hörte er in Bayreuth zwei Wagner-Opern:

> "I heard *Tannhäuser* and *Lohengrin* performed superbly, but was not able to feel any fervor for Wagner's art and would not be persuaded to stay and hear the other operas." (Sibelius - zt. n. Ekman, 1938, 125).

Sibelius war in erster Linie Symphoniker, der sich an der Orchestermusik Tschaikowskys und der deutschen Spätromantik orientierte. Die Gestaltung instrumentaler Details, die Wiedergabe von Klangeindrücken und ein Hang zum Pittoresken verleihen seiner Musik eine gewisse Affinität zur Malerei (vgl. Tawaststjerna, 1986, 16f. und Matter, 1965, 86f.). Neben einer souveränen und variablen Orchesterbehandlung ist für seinen Kompositionsstil eine starke Motiv- und Themenbezogenheit typisch. Sibelius sah die Themen als größten Reichtum des Komponisten an - die Komposition eines a-thematischen Werkes konnte er sich nicht vorstellen (vgl. Goss, 1996, 222). Zunächst war Sibelius stark in der musikalischen Romantik verwurzelt. Nach 1900 begann eine Hinwendung zu klassischer Konzentration und Klarheit, die sich etwa ab der 3. Sinfonie (1904-1907) bemerkbar macht. Sein Neoklassizismus kommt unter anderem in der Verwendung barocker Satztypen (Gavotte, Sicilienne) oder einer entsprechenden Gestik zum Ausdruck. Die Praxis, einzelne Intervalle fokussierend in den Vordergrund des musikalischen Geschehens treten zu lassen, ist ab der 4. Sinfonie ausgeprägt. Dies führte auf seiten der Sibelius-Theoretiker - besonders in England - zur Ausbildung einer "Keimzellen-Theorie" ("germ motive theory"), nach der Sibelius ab der 2. (bei anderen ab der 4.) Sinfonie aus einer motivischen Urzelle, d. h. einem Intervallmotiv, die ganze Thematik seiner Komposition entwickelt habe.[338] Cherniavsky (1942, 2-6) nennt als Beispiele dafür die fallende Quinte im ersten Satz der 2. Sinfonie, den einheitsstiftenden Tritonus der 4. sowie die Terz aufwärts der 6. Sinfonie. Diese Theorie war in England wegen der isolierten Betrachtung eines Merkmals umstritten. Collins (1962, 241-243) kritisiert daran vor allem, daß der musikalische Zusammenhang einer solchen Intervallkonstruktion nicht deutlich gemacht wird. Unbestritten bleibt das Vorhandensein solcher Intervallmotive. Doch eine Zellenfunktion im Sinne der organischen Entwicklungsvorstellung der Romantik ist in den betreffenden Sibelius-Werken nicht zu erkennen. Vielmehr haben diese Intervalle eine zentrierende Wirkung.

Aufgrund seiner starken Orientierung an der finnischen Mythologie wurde Sibelius im Ausland oft als finnischer Nationalkomponist angesehen und mit Bartók verglichen. Gegen die Behauptung, er verwende wie sein ungarischer Kollege Volkslieder seines Heimatlandes als thematisches Material, hat Sibelius sich stets verwahrt. Es gebe höchstens unbewußte Anklänge an die Runomelodien, da er in dieser Volksliedsphäre aufgewachsen sei (vgl. Levas, 1972, 83-85). Das nationale Element liegt bei Sibelius vorwiegend in den Sujets seiner Kompositionen. Aufgrund seiner bewußten Hinwendung zur russischen und deutschen Sinfonik prägte er keinen finnischen Nationalstil aus.[339] Daß die Musik von Sibelius jene unbewußten Anklänge an finnische Volksmusik enthält, die der Komponist einräumt, haben Studien von de Gorog (1989) und Tawaststjerna (1988) über Ähnlichkeiten von Sibelius-Themen mit altfinnischen Runomelodien gezeigt. Als typische Merkmale des Runoliedes zählt Tawaststjerna (1988, 639f.) Fünfer-Takt, Doppelphrase, geringen Ambitus (meist Quinte) und "finnischen Schluß" (Repetition des Schlußtons) auf. Um ein Vorbild für seine Kullerwo-Sinfonie zu bekommen, studierte Sibelius 1891/92 bei einer ostfinnischen Runosängerin intensiv diese Volksweisen. Die Ergebnisse seiner Studien

---

[338] Goss (1996, 222), gibt eine Sibelius-Aussage aus de Törnes Biographie wieder, in der Sibelius bestreitet, seine Themen aus Fragmenten zu bilden.

[339] Die englische Sibelius-Biographin Rosa Newmarch betont in ihrer Broschüre über Sibelius das nationale Moment bei diesem besonders stark. Sie geht sogar so weit, rassische Merkmale mit Charaktereigenschaften zu verknüpfen und daraus Erklärungen für den Kompositionsstil abzuleiten (vgl. Newmarch, 1906, 4-8; 13f.).

faßte er in einem Vortrag für die Universität Helsinki zusammen.[340] Allgemeine Parallelen zwischen Sibelius' Themen und den Runomelodien sind der "finnische Schluß", der auch in der Volksmusik variiert wurde (z. B. steigende Terz), Doppelphrasen, Windungen um einen Zentralton und bisweilen geringer Tonumfang (vgl. de Gorog zu *Pelléas et Mélisande*, 1996, 82f.).
Einen weiteren Einfluß auf Sibelius' Kompositionsweise beschreibt Lionel Pike in einem Aufsatz (1974, 317-326). Er hebt die Vorliebe des finnischen Komponisten für Renaissance-Polyphoniker wie Palestrina, Lassus und die englischen Tudor-Komponisten hervor und weist auf Renaissancemusik-Elemente wie die Verwendung des Dorischen, der phrygischen Kadenz und allgemein auf eine polyphone Linienbalance in der 6. Sinfonie hin. Wie Sibelius diese Elemente in seine Kompositon einarbeite, sei einmalig und individuell.

5.2 Kompositorischer Kontext

Die Musik, die Sibelius für das Theater schrieb, besteht hauptsächlich aus Schauspielmusiken. 1893 arbeitete er an einem Opernprojekt („Die Erschaffung des Bootes"), das er kurze Zeit später aufgab. Der Grund könnte in seiner Bayreuth-Reise 1894 liegen. Die Konfrontation mit Wagner-Opern ließ ihn möglicherweise davor zurückschrecken, ein post-Wagnerischer Opernkomponist werden zu wollen. Das musikalische Material dieses Opernfragments fand Eingang in die Lemmikänen-Suite. *Der Schwan von Tuonela* war ursprünglich die Ouvertüre zu der Oper; *Lemmikänen in Tuonela* ist auf Themen der Oper aufgebaut (vgl. Layton, 1980, 281).
Seine einzige vollendete Oper schrieb Sibelius 1896. Der Einakter *Die Jungfrau im Turm* (nach Hertzberg) blieb unveröffentlicht; er wurde am 7. 11. 1896 einmalig aufgeführt. Sibelius selbst maß dem Werk anscheinend keine große Bedeutung bei (vgl. Ekman, 1938, 131). 1913 entstand die Ballettpantomime *Scaramouche*.
Seine Beziehungen zu den beiden Theatern Helsinkis, dem Finnischen Nationaltheater und dem Schwedischen Theater, bescherten ihm eine Reihe von Aufträgen für Schauspielmusiken. Insgesamt komponierte er dreizehn, vier davon blieben ohne Opuszahlen. Die meisten arbeitete Sibelius zu Orchestersuiten um.

---

[340] Teilweise übersetzt wiedergegeben im Kongreßbericht Bayreuth 1981 (Kassel 1985, 440-444).

Überblick über die Schauspielmusiken von Sibelius:

- Die Wassernixe (Wennerberg), 1888 (unveröffentlicht)
- Karelia (---), 1893 => Suiten op. 10+11
- König Christian II (A. Paul), 1898/op.27 => Orchestersuite, 1899
- Press Pension Celebration (---)[341], 1899: => *Scenes historiques, Finlandia*
- Twelfth Night/What you will (Shakespeare), 1902/op.62 (2 Lieder)
- Kuolema (A. Järnefelt), 1903/op.44 => *Valse triste*, 1904
- Pelléas et Mélisande (Maeterlinck), 1905/op.46 => Suite, 1905
- Belsazars Gastmahl (H. Procopé), 1906/op.51 => Suite, 1907
- Schwanenweiß (Strindberg), 1908/op.54 => Suite, 1909
- Die Eidechse (M. Lybeck), 1909/op.8 (unveröffentlicht)
- Die Sprache der Vögel (A. Paul), 1911 (unveröffentlicht)
- Jedermann (Hofmannsthal), 1916/op.83 (unveröffentlicht)
- Der Sturm (Shakespeare), 1925/op.109 => 2 Suiten, Prelude

Für Produktionen des Finnischen Theaters wurden *Kuolema, Jedermann* und *Der Sturm* komponiert. Die restlichen Schauspielmusiken waren Aufträge des Schwedischen Theaters (vgl. Goss, 1996, 168f.). Die zwischen 1903 und 1909 entstandenen Kompositionen waren für Dramen bestimmt, die dem mitteleuropäischen Symbolismus zuzurechnen waren oder eine skandinavische Spielart dieses darstellten. So lehnt sich Procopés *Belsazars Gastmahl* an Wildes *Salome* an (s. auch I./3.1: Skandinavien). Daß gerade Sibelius vom Schwedischen Theater mit der Komposition der Schauspielmusiken für diese symbolistischen Dramen beauftragt wurde, erklärt sich aus seinen Verbindungen zu der Avantgarde-Künstlergruppe „Euterpe", die unter anderem aus Schriftstellern, Architekten und Musikkritikern bestand und enge Verbindungen zum Schwedischen Theater hatte. Sibelius nahm häufig an Zusammenkünften der „Euterpe" teil.

> „The Euterpists' aim was to open doors from the national to the international sphere, and they naturally felt greatly drawn to the works of such figures as Wilde and Maeterlinck." (Kurki, 1995, 11).

Die führenden Mitglieder der Euterpe waren die Dramenautoren Lybeck, Procopé und Gripenberg (der Übersetzer von *Pelléas et Mélisande* ins Schwedische).[342]

Zwischen *Pelléas et Mélisande* und anderen Kompositionen von Sibelius lassen sich unschwer motivisch-thematische Zusammenhänge erkennen. Da Sibelius sich aber

---

[341] Diese Musik wurde im Rahmen der Veranstaltungen gegen die russische Besetzung Finnlands (3.-5. November 1899) aufgeführt. Russland hatte um 1900 mit einer Reihe repressiver Maßnahmen versucht, Finnland zu einer russischen Provinz zu machen. Die Proteste, denen sich auch Sibelius anschloß, waren eine Reaktion auf die Entmachtung des Finnischen Landtags 1899. Die Veranstaltungen dienten der Unterstützung der von der russischen Besatzungsmacht verbotenen finnischen Zeitungen. Sibelius' Musik begleitete eine Aufführung im Schwedischen Theater, die Szenen aus der Geschichte Finnlands bot (vgl. Tawastsjerna, 1976, 220f.). Zu der Liste der Schauspielmusiken vgl. Layton, 1980, 286f. .

[342] Eine weitere, allerdings indirekte Affinität zum belgischen Symbolismus zeigt Sibelius' Plan, 1910 ein Orchesterlied über Poes Gedicht *The Raven* zu schreiben. Diese Textauswahl ist für Sibelius einzigartig - er vertonte sonst ausschließlich Kalevala-Texte. Das Poe-Lied blieb unvollendet (vgl. Mäckelmann, 1983, 140f.).

nach dem Vorbild der Wiener Klassik ein gewisses musikalisches Figurenrepertoire schuf, zu dem fallende Quinten oder melodische Windungen um einen Zentralton gehören, kann man derartigen Analogien keine spezifische Semantik unterstellen. Die symphonische Dichtung *Die Waldnymphe* enthält eine ähnliche melodische Windungsfigur wie das 1. Thema der Brunnenszene von *Pelléas et Mélisande*. Einen Anklang an das 2. Thema dieser Szene bietet der erste Satz der 2. Sinfonie, mit der sich Sibelius unmittelbar vor der Komposition der Schauspielmusik intensiv beschäftigte. Der zweite Satz dieser Sinfonie bringt das Motiv von *Am Meer* und das Spinnrad-Ostinato. Der *Tod Mélisandes* nimmt den Gestus des langsamen Satzes der 4. Sinfonie vorweg; *Mélisande am Spinnrad* den des Scherzos. Darauf hat Goss (1996, 169f.) hingewiesen.

Einige Anklänge an *Pelléas et Mélisande* sind auch in der Schauspielmusik zu *Schwanenweiß* enthalten, das Strindberg unter dem Eindruck der Lektüre von Maeterlinck-Dramen schrieb. Die ähnliche musikalische Gestaltung von *Am Wunderbrunnen* und *Schwanenweiß und der Prinz*, die sich beide auf Liebesszenen beziehen, könnte beabsichtigt sein. Das 2. Thema aus *Am Wunderbrunnen* findet sich in Nr. 6 (*Das Rotkehlchen singt*) von *Schwanenweiß* und ist außerdem einer der musikalischen Hauptgedanken der Tondichtung *Die Dryade* (1909). Diese Zusammenhänge könnten durchaus intendiert sein, um die semantischen Verbindungen zu verdeutlichen.

5.3 Entstehungszusammenhänge

Sibelius lernte *Pelléas et Mélisande* vermutlich erst durch den Auftrag des Schwedischen Theaters, eine Schauspielmusik für die Drameninszenierung zu komponieren, kennen. Für eine frühere Dramenrezeption gibt es keine Anhaltspunkte. Denkbar ist, daß Sibelius die Aufführung von *L'Intruse* in Helsinki 1892 sah.

Die Schauspielmusik zu *Pelléas et Mélisande* schrieb Sibelius zwischen Oktober 1904 und März 1905. Er erwähnt die Annahme des Kompositionsauftrags erstmals in einem Brief an Carpelan (Ende September 1904):

> „Of course, I have not been able to resist composing something for the theatre, a bad habit of mine! *Pelléas et Mélisande*!" (Sibelius, zt. n. Tawaststjerna, 1986, 20).

Diese Monate waren für ihn eine Zeit voller Unruhe. Ende September zog er mit seiner Familie in ein eigenes Haus („Ainola") auf dem Land, 30 Kilometer nördlich von Helsinki, was seine Lebensumstände erheblich veränderte. Bis Januar war Sibelius mit der Einrichtung seines neuen Hauses beschäftigt und komponierte nur wenig für die Schauspielmusik. Um diese Zeit machten sich bei ihm auch Hörstörungen bemerkbar, die ihn sehr beunruhigten.

Am 5. Januar 1905 fuhr er nach Berlin, um dort auf Einladung Busonis seine 2. Sinfonie zu dirigieren. Nach deren erfolgreicher Aufführung Mitte Januar nahm Sibelius sich zunächst die Überarbeitung des Violinkonzerts vor und unterbrach diese Ende Januar, um konzentriert an *Pelléas et Mélisande* zu arbeiten. Die Premiere des Dramas war für Mitte März geplant. Am 31. Januar schrieb er an seine Frau:

„All day I laboured over 'Pelléas'. I am also making a piano reduction of the score as I go along, and that takes time." (Sibelius, zt. n. Tawaststjerna, 1986, 27).

Bis Mitte Februar hatte Sibelius acht von zehn Nummern fertiggestellt; der Hauptteil der Schauspielmusik ist also innerhalb von 3-4 Wochen entstanden. Am 17. März 1905 dirigierte Sibelius seine Musik zu der schwedischsprachigen Erstaufführung von *Pelléas et Mélisande* (Übersetzung: Bertel Gripenberg) in Helsinki. Insgesamt wurde das Stück fünfzehnmal gespielt; bei den meisten Aufführungen dirigierte Sibelius selbst (vgl. Tawaststjerna, 1986, 27f.). Noch im gleichen Jahr erschien die Schauspielmusik op. 46 als Orchestersuite. Diese ist bis auf eine Auslassung (Nr. 9) identisch mit der Schauspielmusik. Das Lied Mélisandes wurde zum Instrumentalsatz umgeschrieben. Um den Sujetbezug hervorzuheben, gab Sibelius den Nummern programmatische Titel. Außerdem wurde die Reihenfolge und die Numerierung verändert. Auch der von Sibelius erwähnte Klavierauszug wurde 1905 publiziert. Einige Jahre später erschienen sechs Sätze der Klavierfassung in der Sammlung *Sibeliana: Szenen aus dem Land der 1000 Seen* mit veränderten Programmtiteln, die sich auf allgemeine Naturimpressionen beziehen. Sibelius empörte sich über diese Verfälschung (vgl. Goss, 1996, 170).

5.4 Studien und Essays zu *Pelléas et Mélisande*

Musikwissenschaftliche Abhandlungen über *Pelléas et Mélisande* von Sibelius finden sich meist innerhalb von umfassenderen Darstellungen über Leben und Werk des Komponisten. Dabei werden oft allgemeine Wertungen zur Affinität mit dem Drama Maeterlincks aufgestellt, die in der Regel nicht weiter begründet werden. Interessant ist die grundsätzliche Übereinstimmung der statements.

Die früheste Studie stammt von der englischen Sibelius-Biographin **Rosa Newmarch**, die den Komponisten persönlich gekannt hat, und ist eine Reaktion auf die Londoner Erstaufführung der Suite. Newmarch (1906, 19) meint, daß Sibelius' „Temperament" nicht geeignet sei, Maeterlincks „illusorisches" Drama in Musik umzusetzen. Die *Pelléas et Mélisande*-Suite habe ihn „vom natürlichen Lauf seiner kompositorischen Entwicklung abgelenkt". Dennoch gäbe es darin zwei Sätze von auserlesener Schönheit: *Mélisande am Spinnrad* und *Mélisandes Tod* enthüllten „auf engstem Raum ein ganz verwickeltes Netzwerk von Seelenerlebnissen."

Der Sibelius-Biograph **Karl Ekman** versucht, die Schauspielmusik op. 46 in Richtung absoluter Musik „aufzuwerten":

> „During the spring of 1905 the music for Maeterlinck's drama 'Pelléas et Mélisande' was written, approaching pure music in ist dreamy beauty as closely as is possible in the case of music for a play." (Ekman, 1938, 183).

Der englische Sibelius-Forscher **Robert Layton** (1978) stellt zunächst fest, daß *Pelléas et Mélisande* von allen Schauspielmusiken Sibelius' die bekannteste sei und fährt dann fort:

> „This is a magnificent score, even though Sibelius does not quite capture the mystery and the sultry crepuscule atmosphere of Maeterlinck in the way Debussy and Fauré do. There is a distinct northern accent about the music: the lines are clear-cut, the colours are of great pallor and delicacy, yet he does not fully enter Maeterlinck's world." (Layton , 1978, 94).

Die *Pastorale* und die Spinnrad-Musik hält er für die besten Sätze. *Am Wunderbrunnen* wertet er als „pattern music" ohne irgendeine Art von musikalischer Entwicklung, wie es sonst für die Sibelius-Schauspielmusiken typisch sei. Bei dem Spinnrad-Satz hebt Layton die deskriptiven Aspekte der Musik hervor (Bewegung des Spinnrades), bei der Zwischenaktmusik (Nr.7) die Klassizität der melodischen Linie. *Mélisandes Tod* folge dem klassischen skandinavischen Elegie-Stil (vgl. ebd., 95).

Am ausführlichsten ist die Betrachtung von **Erik Tawaststjerna** (1986) innerhalb seines dreibändigen Werkes über Sibelius. Er behandelt alle Nummern der Schauspielmusik und vergleicht deren Grundtendenz mit der der *Pelléas et Mélisande*-Kompositionen von Debussy und Schönberg:

> „Where Debussy's opera with its dreamlike atmosphere makes the most of the impressionist possibilities offered by the play, and Schoenberg's tone poem can be thought of as an expressionist vision where a Tristanesque dusk descends over Arkel's castle, Sibelius, one could say, sees 'Pelléas et Mélisande' in terms of a legend played out against an art-nouveau backcloth." (Tawaststjerna, 1986, 28).

Den Legendencharakter versucht Tawaststjerna in jeder der Nummern nachzuweisen. So sieht er in *Am Schloßtor* epische Züge; die rezitativische Gestaltung ahme eine Erzählung nach. Interessant ist der Hinweis, daß der bombastisch gesteigerte Schluß sich auf den von den Dienerinnen wahrgenommenen Sonnenaufgang beziehen könnte.
Den zweiten Themenabschnitt in *Mélisande* wertet er als „sich am Rande des Banalen bewegend". In *Das Meer* findet er Anklänge an Debussys *Nuages*, außerdem sei es „the first real instance of impressionist tone-painting in Sibelius" (ebd., 29). *Am Wunderbrunnen* sei ein konventionelles Stück ohne Besonderheiten. Die Spinnradmusik Sibelius' vergleicht er mit der Faurés. Gegenüber dessen wundervollem Satz, der die Träume des jungen Mädchens wiedergebe, fände man bei Sibelius nur Dunkelheit und Tragik. Tawaststjerna bezeichnet die unveröffentlichte Nr. 9 als „wirkungsvolles Stück mit Tschaikowsky-Anklängen", den leidenschaftlichen D-Dur-Ausbruch in *Mélisandes Tod* als Kontrast zu Debussys „silence".

Der allgemeinen Wertung Laytons schließt sich **Lisa de Gorog** (1989, 82f.) an, die der *Pelléas et Mélisande*-Suite von Sibelius zwei Seiten ihres Buches über die finnische Musik widmet:

> „Although Sibelius's Finnish style enhances the gloomy atmosphere of the Maeterlinck work, the heaviness of the writing is not compatible with the play in the way Fauré's and Debussy's lighter touch is." (ebd., 83).

Gemäß der Zielsetzung ihres Buches versucht sie, Einflüsse des altfinnischen Volksliedes in einigen Themen der Suite nachzuweisen. Das 1. Thema der Wunderbrunnen-Musik entspreche der Konstruktion des Runo-Liedes mit Doppelphrase und Verlängerung des Schlußtones. Weitere Parallelen seien die Windung um den Zentralton 'e' und die fallende Kadenz. Die duale Anlage und den geringen Tonumfang in *Mélisandes Lied* führt de Gorog ebenfalls auf Volkslied-Einfluß zurück.

Die zentralen Sätze der *Pelléas et Mélisande*-Komposition von Sibelius sind für **Glenda Goss** (1996, 169f.) *Am Meer* und *Mélisande am Spinnrad*. Diese stehen für sie im Kontrast zu *Mélisandes Lied*, das die mittelalterliche Atmosphäre des Dramas vermittele, indem es „archaisch klingende Kadenzfiguren" biete. Dagegen seien die beiden genannten Sätze ominös, beschwörten böse Vorahnungen herauf und präsentierten damit eine dramatische Realität, die über das Wort hinausgehe. Der Suggestivität des Dramas entspricht nach Goss hier die Suggestivkraft der Musik.

5.5 Analyse

Die Schauspielmusik von Sibelius ist vorwiegend szenisch-bildlich orientiert. Die Kategorie „Ort" ist hier die am stärksten in die musikalische Gestaltung einbezogene. Die Sätze sind dementsprechend relativ unabhängig voneinander. (Themenübersicht s. Ende des Kapitels. Alle Notenbeispiele vgl. Sibelius, *Pelléas et Mélisande*, Taschenpartitur, Berlin: Lienau o.J.).

Aufbau
Übergreifende Motiv- und Themenzusammenhänge spielen in der Schauspielmusik von Sibelius eine geringe Rolle. Sibelius ignoriert das literarische Motivnetzwerk des Dramas weitgehend und komponiert Einzelsätze, die aufgrund ihrer regelmäßigen, fast klassischen Formstruktur eine gewisse Eigenständigkeit gegenüber der Literaturvorlage aufweisen.

Schauspielmusik			Suite	
Nr.	Bezeichnung	Dramenszene	Nr.	Titel
1	Förspel, grave e largamente, C-Dur	vor Akt I, Schlosstorszene	1	Am Schlosstor
2	Andantino con moto, f-Moll	Waldszene	2	Mélisande
3	Adagio d-Moll	Meeresszene (Cue: „Man sieht nichts mehr auf dem Meer." {P})	2a	Am Meer
4	Förspel, commodo, F-Dur	vor Akt II, Brunnenszene	3	Am Wunderborn im Park
5	Förspel, con moto, c-Moll	Spinnradszene	6	Mélisande am Rocken [Spinnrad]
6	Tranquillo, f-Moll	Haarszene (Beginn)	4	Die drei blinden Schwestern (Mélisandes Lied)
7	Andantino pastorale, As-Dur	Terrassenszene (Cue: „Welch herrlicher Tag für die Ernte !" {G})	5	Pastorale
8	Förspel, allegretto, A-Dur	vor Akt IV, Verabredungsszene	7	Zwischenaktmusik
9	ohne Titel, d-Moll	Gewaltszene (Vorspiel)	------	----------------------
10	Förspel, Andante, d-Moll	Sterbeszene (Vorspiel)	8	Mélisandes Tod

Es lassen sich einige vage Motivzusammenhänge feststellen, die jedoch nicht vom Komponisten bewußt eingesetzt worden sein müssen. Da es sich meist um schwach konturierte rhythmische oder intervallische Zellen handelt, können diese ebenso zum allgemeinen stilistischen Figurenrepertoire Sibelius' gerechnet werden.

a) Schlosstorszene ------------- Brunnenszene, 2. Th. -------- Sterbeszene, 2. Th.
    (T 1; Str. - [A]; Vl./Vc.)   (8T v. [A]; Fg.)   (4T n. [A]; Klar.)

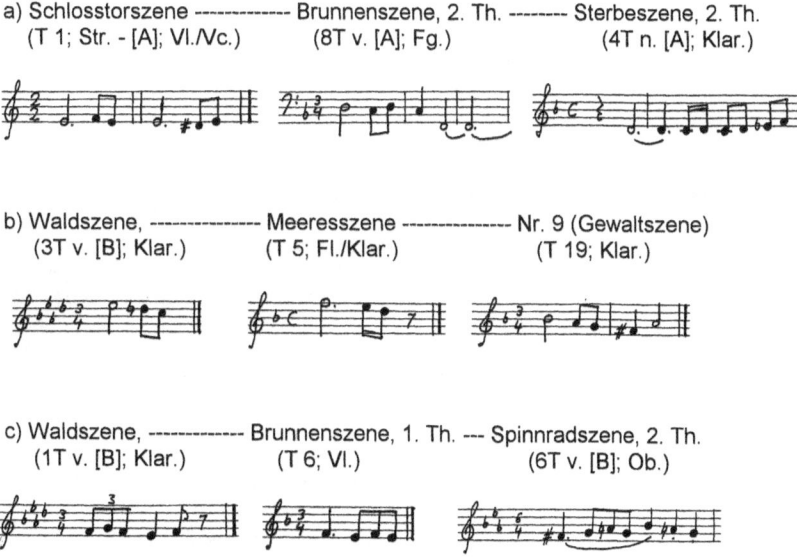

b) Waldszene, ---------------- Meeresszene --------------- Nr. 9 (Gewaltszene)
    (3T v. [B]; Klar.)   (T 5; Fl./Klar.)   (T 19; Klar.)

c) Waldszene, ------------- Brunnenszene, 1. Th. --- Spinnradszene, 2. Th.
    (1T v. [B]; Klar.)   (T 6; Vl.)   (6T v. [B]; Ob.)

Die Art der Behandlung der aufgeführten Motivzellen erlaubt keine semantische Zusammenhangdeutung. Bei anderen motivischen Parallelen könnte die musikalische Unterstreichung von Sujetzusammenhängen durchaus intendiert gewesen sein:

Waldszene (*Mélisande*), 1. Th. (T 5-6; Eh.) - Brunnenszene, 1. Th. (T 4-5; Vl.)

Die literarische Verbindung von Wald- und Brunnenszene - die Begegnung Mélisandes mit jeweils einem Mann an einem Brunnen - wird musikalisch durch rhythmische Gleichheit und die Windung um einen Zentralton ausgedrückt. Gleichzeitig bilden die beiden Themen einen Stimmungskontrast. Die Verzweiflung Mélisandes in der Waldszene wird durch ein Mollthema mit „Seufzergestus" ausgedrückt, bei dem es keinen eindeutig umspielten Zentralton gibt (Rückkehr zu g statt

zu f), während das Brunnenthema in Dur steht und einen Zentralton 'e' hat. Es drückt den Stimmungsgehalt der Szene durch eine Art „Liebeswalzer" aus.
Der Anfang der Liedmelodie mit seiner vierfachen Tonrepetition wird als Themenmaterial für die Zwischenaktmusik (vor Akt IV) verwendet.

Nr. 6: 3T n. [A]; Klar.---------- Nr. 7: Anfang; Vl./Fl.:

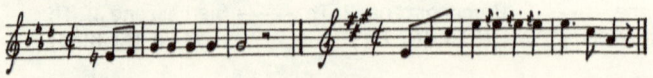

Da die Liebesszene die zentrale Szene in Akt IV ist, könnte hier eine musikalische Verbindung von Szene 10 und 17 intendiert sein.
Mélisandes Lied wird durch eine abwärtsgerichtete Skala und Quinten abwärts (im Englischhorn) eingeleitet. Eine abwärtsgerichtete Skala ist in der Sterbeszene an das 1. Thema gebunden und tritt insgesamt viermal an relevanten Stellen des Satzes in den 1. Violinen auf: am Anfang (7T v. [A]) und am Schluß (9T v. Ende), außerdem bei 2T n. [A] und 6T n. [B]. In Nr. 9 findet sich eine d-Moll-Skala abwärts. Dies läßt sich als musikalische Verknüpfung der Hoffnungslosigkeit des Liedes und Mélisandes Tod interpretieren, wobei die Skala im Lied Mélisandes durch ihr Wiederaufsteigen in der Einleitung noch nicht als Symbol des Todes aufgefaßt werden kann. Die fallenden Quinten am Schluß der Liedeinleitung spielen in Nr. 10 ebenfalls eine wichtige Rolle. Quinten aufwärts und abwärts sind für das 1. Thema des Sterbeszenen-Satzes konstitutiv. Der dramatische Höhepunkt (4T v. [C]) wird durch eine fallende Quinte eingeleitet, das 2. Thema damit abgeschlossen. Außer in Nr. 10 kommt eine auffallende Sequenz fallender Quinten in Nr. 5 vor (6T v. [C] und ab [D]), einem Satz, der in seiner dämonischen Stimmung ebenfalls auf den bevorstehenden Tod der Titelfigur verweist.[343]
Der Aufbau der Einzelsätze ist grundsätzlich dreiteilig (Bogenform; Nr. 1, 2, 9, 10). Dem Brunnenszenensatz und Mélisandes Lied liegen Reihungsformen zugrunde, während die Pastorale als Kombinationsform (A-B-AB) gestaltet ist. Die Zwischenaktmusik Nr. 8 besteht aus zwei etwa gleichgroßen Teilen, von denen der erste in Dur, der zweite in Moll steht.

Ort
Der stärkste Bezug von Sibelius' Schauspielmusik zum Drama besteht in der Anknüpfung an den Ort oder Raum, an situative Elemente der jeweiligen Szene. Sibelius' Sätze sind Moment-Assoziationen mit pittoreskem Charakter, die Stimmungen ausdrücken sollen. Damit wird grundsätzlich die Maeterlincksche Verbindung von Innen und Außen, die den Raum als Ausdruck psychischer Befindlichkeiten instrumentalisiert, betont. Oft wird ein Szenenelement herausgegriffen, vom Kontext isoliert und von Sibelius gemäß seinen Vorstellungen subjektiv gestaltet. Der Satz

---

[343] In diesem Zusammenhang gilt es allerdings zu berücksichtigen, daß die Quinte ein allgemein von Sibelius bevorzugtes Intervall ist.

zur Schlosstorszene ist ein musikalisches Gemälde, das das Szenenbild Maeterlincks erweitert. Der Ausdruck des Satzes ist durch seine blockhaft-akkordische, langsame Bewegung majestätisch und gravitätisch und damit eng an den Titel *Am Schlosstor* gebunden. Drückt der narrative Charakter der Musik den Rahmencharakter der Szene aus, indem er quasi das „Es war einmal ..." des Märchens ersetzt und damit im szenischen Assoziationsfeld bleibt, so erweitern die Streicher-Pizzicati des Mittelteils (10T v. - 7T n. [B]) den Assoziationsraum um einen vor dem Schloßtor stehenden mittelalterlichen Lautensänger, der die Maeterlincksche Evokation eines einsamen, isolierten Schlosses stört.

Die *Pastorale* verfehlt in ihrer Einseitigkeit des Ausdrucks die Aussage der Terrassenszene. Sibelius' Musik läßt einzig und allein die Vorstellung einer friedlichen ländlichen Naturidylle zu. Die Ambivalenz der Szene bei Maeterlinck - hier wird der strahlende Sommertag von der Drohung Golauds gegenüber Pelléas überschattet, neben die blühende Natur der Tod (der Schafe) gestellt - wird von Sibelius außer acht gelassen. Der Widerspruch zwischen Musik und Literatur wiegt umso schwerer, als Nr. 7 dem Stichwort „Welch herrlicher Tag für die Ernte" (Golaud) folgt, das den ominösen Tod der Schafe ankündigt.

Stärkeren gesamtszenischen Bezug haben Nr. 3 (*Das Meer*) und die unveröffentlichte Nr. 9, die auch motivisch miteinander verbunden sind. Beide besitzen den suggestivsten Charakter der Schauspielmusik (angedeutete bzw. fragmentarische Motive, klangliche Effekte, plötzliches Abbrechen von Melodiephrasen).

Nr. 3 ist direkt auf eine Textstelle des Dramas bezogen. Das kurze 20taktige „Melodram" evoziert mit drei knappen musikalischen Elementen eine bedrohliche Meeresszenerie - die „Ruhe vor dem Sturm", die Pelléas kurz zuvor bemerkt hat. Die drei Elemente haben durchaus lautmalerische Qualitäten:
a) ostinater Akkordwechsel E 9/7/5b (verkürzt) - E 7/5, nur in T 13-16 unterbrochen
b) schnelle Violin-Kurvenfigur + Trommelwirbel (T 3; 1. Vl.):

- alternierend mit:
c) kurzem Holzbläsermotiv abwärts (T 5; Fl./Klar.):

Die unveränderte Wiederholung dieser Elemente verleiht dem Satz die Statik eines Bildes. Die Musik greift scheinbar den Schiffbruch assoziativ auf, den Pelléas vorhersagt, und nimmt in ihrem Fortissimo-Höhepunkt (bei A) offenbar seine Worte „Hört Ihr das Meer? Das ist der aufkommende Wind" vorweg. Durch das reine Präsentieren von Klangmomenten, das wie eine Art musikalische Malerei erscheint und dem Satz das Etikett „impressionistisch" eingebracht hat, unterscheidet Nr. 3 sich deutlich von den übrigen Sätzen der Schauspielmusik. Er ist der einzige, der auf regelmäßig gebildete Themen verzichtet.

Evokativen Charakter besitzt auch Nr. 9, auch wenn hier ein ausgeprägtes 1. Thema und eine klare dreiteilige Formanlage vorhanden ist. Das 1. Thema (T 3-6; Vc. und T 9-12; Eh.) wird mit einer nachfolgenden „Antwort" (quasi Umkehrung des 1. Themas) im Englischhorn exponiert, das zweite erscheint als Transmissions-Sequenz (T 17-24; Flöte => Klarinette => Englischhorn):

(© by Robert Lienau Musikverlag, Frankfurt/Main. Mit freundlicher Genehmigung.)

Das Stück steht im ¾-Takt und besteht aus 55 Takten. In den ersten 24 Takten werden das 1. und 2. Thema exponiert. Es folgen 15 Takte Durchführung, die aus der Sequenzierung des 1. Themas aufwärts bestehen. Diese endet mit einer d-Moll-Skala abwärts mit Schlußton 'es' (Es-Dur-Akkord: vgl. den Neapolitanischen Sextakkord der Sterbeszene) und einer zwischen Dur und Moll changierenden Skala abwärts in Englischhorn und Klarinette. Schon die Instrumentierung macht die Verbindung des Satzes zum Sterbeszenensatz deutlich. Die Reprise (16 T) beginnt mit dem 2. Thema, worauf unmittelbar das 1. Thema folgt. Die Coda wird durch dreimalige Wiederholung des Achtelmotivs des 1. Themas gebildet. Der Grundcharakter des Satzes ist verhalten-klagend. Eine Intensivierung der Spannung findet im Mittelteil statt. Dort wird auch der dynamische Höhepunkt erreicht. Auffallend ist die tonale Unbestimmtheit des Satzes. Die ersten Takte bringen einen B-Dur-Akkord, der das 1. Thema in d-Moll begleitet (harmonischer Wechsel: b - A 9/7 - B). Nach Umwegen über h-Moll und G-Dur endet der Mittelteil in Es-Dur, die Coda in f-Moll. Die Numerierung auf der ersten Manuskriptseite („Nr. 7a") läßt vermuten, daß Sibelius eine Veröffentlichung von Nr. 9 in der Suite als unselbständige ad-libitum-Nummer analog zu Nr. 3 (= 2a) plante.

Sowohl Nr. 3 als auch Nr. 9 beziehen sich auf „Katastrophen" im Drama: Nr. 3 auf das erste Treffen zwischen Pelléas und Mélisande, das deren Schicksal besiegelt, was von dem drohenden Schiffbruch unterstrichen wird; Nr. 9 auf Golauds Eifersuchtsausbruch, der den Mord emotional vorbereitet. Da es in der finnischen Aufführung - wie in der englischen - keine Musik zur Liebesszene gab, markiert Sibelius das Ende der Pelléas-Mélisande-Episode bereits vor der Gewaltszene mit dem Aufgreifen des Meeresszenenmotivs: Der Eifersuchtsausbruch Golauds ist die Konsequenz aus der ersten Begegnung der Titelfiguren am Meer.

Die Musiken zur Brunnen- und zur Sterbeszene lassen sich als direkt am Geschehen der jeweiligen Szene „entlangkomponiert" deuten.
Nr. 4 bedient sich des Walzergestus', um auf die spielerische Idylle der Brunnenszene vorzubereiten. Der Satz besteht aus drei Teilen mit jeweils etwa 30 Takten. Der erste Teil enthält das 1. Thema {a}, das eine melodische Windungsfigur

ist, und eine Echofloskel zu diesem {b}, (Fagott; 8-7T. v. [A]). Der Mittelteil (ab 7T v. [B]) baut ein Repetitionsmotiv {c} auf, bei dem das Intervall des Tritonus zentral ist. Es steigert sich bis zu einem Höhepunkt (Beginn des dritten Teils; 9T n. [C]), der durch eine Skala abwärts abgebaut wird. Die Coda wird von einer vierfachen Wiederholung der Echofloskel {b} bestimmt, die wie eine Reminiszenz wirkt. Vorstellbar ist, daß der zweite Teil das Spiel mit dem Ring zum Gegenstand hat. Der Höhepunkt wäre dann das Hochwerfen des Ringes, die Skala abwärts sein Fallen, die verzögerte chromatische Abwärtsbewegung in den 1. Violinen und Hörnern sein Versinken, Motiv b sein Heraufblinken aus dem Wasser. In diesem Fall müßte b als Ringmotiv angesehen werden, zumal es auch auf dem Höhepunkt vorkommt. Das Fallen des Ringes ist in der Partitur auch optisch nachzuvollziehen. Nach Erreichen ihres tiefsten Tones nach dem Höhepunkt (mit sf hervorgehoben) setzen die hohen Bläser aus, die Fagotte spielen bis zum Schluß den Liegeton F (17 Takte lang). In einer visuellen Deutung würde dieser zur „Wasseroberfläche", auf der Ring aufschlägt. Unterhalb dieser fällt er halb so schnell wie vorher (punktierte Halbe statt punktierte Viertel; chromatische statt diatonische Abwärtsbewegung). Der Schluß des Satzes läßt sich also als minutöse, ikonische Bewegungsabbildung interpretieren.

Nr. 10 ist eine musikalische Elegie und steht in der klassischen Requiem-Tonart d-Moll. Es werden zwei Themen aufgestellt. Das 1. Thema ist mehrgliedrig und enthält als zentrale Elemente Quinten auf- und abwärts, eine phrygische Sekunde und eine d-Moll Skala abwärts. Diese pathetische Melodie wird ausschließlich von den 1. Violinen gespielt. Das 2. Thema tritt nacheinander in den Klarinetten (4T n. [A]), Oboen (9T n. [A]) und Flöten (4T n. [C]) auf und beginnt mit einer Wechselnote, einem Element, das auch in der „Mélisanden-Melodie" von Nr. 2 und im ersten Thema des Brunnenszenen-Satzes vorkommt. Dieses Thema kann daher der Figur der Mélisande zugeordnet werden. Während seines dreimaligen Auftretens wird dieses jedesmal nach oben transponiert und verkürzt (von 4 auf 3 und 2 Takte) - möglicherweise ein Symbol für die abnehmende Lebenskraft Mélisandes und ihre selbst von Golaud bemerkte zunehmende Entrückung in jenseitige Sphären. Der Aufbau des Satzes ist übersichtlich. Dem 1. Thema folgt zweimal das 2. Thema, dann setzt wieder das 1. Thema mit leicht veränderter Zusammensetzung der Motive ein. Die zweite Hälfte des Satzes beginnt mit einem dramatischen Höhepunkt (8T n. [B]). Diese leidenschaftliche Zuspitzung wirkt innerhalb der lethargischen Trauerstimmung wie eingeblendet. Ihr folgt unmittelbar das 2. Thema in „entrückter" Höhe (Flöten ab a''), ehe das 1. Thema den Satz beendet. Letztes Element ist die in ihrer Bewegung durch Pausen unterbrochene d-Moll-Skala abwärts, die den Tod Mélisandes als Verlöschen darstellt (Vorschrift: „morendo").
Will man den dramatischen Teil des Satzes unmittelbar auf die Sterbeszene beziehen, so muß man ihn als Golauds cholerische Wahrheitssuche ansehen. Davon losgelöst könnte er allgemein eine Art „Todeskampf" darstellen. Dies würde eine Veräußerlichung innerer Vorgänge bedeuten und damit der Sterbeszene Maeterlincks weniger entsprechen. Das letzte Auftreten des Mélisande zugedachten Themas macht die szenenbezogene Interpretation wahrscheinlicher. Seine Komprimierung und seine Versetzung um eine Oktave nach oben scheinen die Worte Golauds („Sie ist schon zu weit weg von uns") geradezu zu illustrieren.

Zeit
Sibelius verankert das Drama musikalisch im Mittelalter. Deutlich wird dies durch die Nachahmung der Laute in Nr. 1 und die Gestaltung von Mélisandes Lied mit Runomelodik und Fauxbourdon-Satz. In eine nicht näher bestimmbare Vergangenheit verweisen die klassizistische Form- und Themenkonzeption sowie der Rückgriff auf barocke Satztypen wie Siciliano, Pastorale und Gavotte. Stilisierend wirkt der Einsatz des Walzers in der Brunnenszene. Auch wenn die Themen bei Sibelius keine tiefgreifenden, vorwärtstreibenden Entwicklungen erfahren, ist die musikalische Zeitgestaltung grundsätzlich nicht statisch. Teleologische Momente wie Bewegung und klare Konturierung überwiegen. Die einzige Ausnahme bildet die stark situative Nr. 3 (zur Meeresszene).

Figuren
Mélisande ist die einzige Figur, der Sibelius in seiner Schauspielmusik Themen und Motive zuordnet. Vier der zehn Sätze beziehen sich unmittelbar auf sie: Nr. 2, 5, 6 und 10.
Der in der Suite mit *Mélisande* betitelte Satz, der der Waldszene zugeordnet ist, enthält zwei kontrastierende Themen (Moll: klagend, mysteriös; Dur: heiter, naiv), die die zwei Seiten des Wesens der Figur aus der Sicht von Sibelius ausdrücken. Das 1. Thema ist eine aus vier Viertakt-Einheiten + Coda-Fortspinnung zusammengesetzte Windungsmelodie (a-b-a'-b') im Englischhorn, die sich allmählich vom Ausgangston bis fast zu dessen Oktave hochschraubt. Ihre Keimzelle besteht aus einer kleinen Sekunde auf- und abwärts (4-Ton-Motiv). Das zweite Thema steht in der Paralleltonart As-Dur. Es alterniert mit einem homophonen f-Moll-Streichersatz, dessen Melodik aus dem 1. Thema abgeleitet ist und der den zweiten Thementeil einleitet und beschließt. Der zweiteilige Satz greift weniger pittoreske Elemente der Waldszene auf, sondern ist eher eine Stimmungs- und Charakterdarstellung. Die durch das 2. Thema hervorgerufene Dur-Einblendung (ab 12T v. [B]) zeigt eine „andere" Mélisande als die bei Maeterlinck in der Waldszene auftretende. Auch wenn Sibelius hier von der Szene abstrahiert - am Schluß kehrt er mit der Wiederaufnahme der Englischhorn-Melodie zu deren Grundstimmung zurück.
Mélisandes Lied steht - wie Nr. 2 - in f-Moll und hat ebenfalls eine Englischhorn-Einleitung. Der Tonumfang des strophischen Liedes ist mit einer Quinte gering; es trägt durch einfache diatonische, mit Repetitionen durchsetzte rhythmisch einförmige Melodik sowie dem doppelphrasigen Aufbau innerhalb der Einzelstrophen und darüber hinaus (Paar-Strophen) die Merkmale des finnischen mittelalterlichen Runoliedes. Sibelius benutzt dieses Volksweisen-Modell, um die Archaik des Liedtextes zu unterstreichen. Ein weiteres musikalisches Mittelalter-Element ist der Fauxbourdon-Satz über einem C-Orgelpunkt, wodurch Zufallsharmonien entstehen, die die Strophen 1, 3 und 5 des Liedes zwischen Dur und Moll irisieren lassen. Die leichte melodische Variation in Strophe 2 und 4 wird von einem homophonen Satz mit Quintparallelen in den tiefen Streichern begleitet. Die Phrasenkonstruktion der Melodik spiegelt außerdem direkt die Struktur der Gedichtstrophen (a-b-a-b'), die in der schwedischen Übersetzung erhalten geblieben ist.
Im Spinnradsatz, der von dämonischer Bewegung geprägt ist, taucht ein Motiv in Oboen und Flöten/Klarinetten auf, das eine ornamentale Wechselnote enthält. Dies erlaubt zusammen mit der Instrumentation (Englischhorn => Oboe) die Zuordnung des Motivs zur Figur der Mélisande. In Nr. 9 wird die „Antwort" auf das 1. Thema vom Englischhorn gespielt. Dieses Instrument ist außerdem maßgeblich an dem 2.

Thema beteiligt. Das 2. Thema des Sterbeszenen-Satzes erscheint ebenso wie das aus Nr. 9 klangfarblich „aufsteigend" (Klarinette => Oboe => Flöte). In über der Hälfte der Sätze seiner Schauspielmusik nimmt Sibelius musikalisch Bezug auf die Figur der Mélisande. Damit ist sie auch bei ihm als Zentralfigur ausgewiesen.

Motivik und Symbolik
Jeder Satz der Schauspielmusik hat seine eigenen Motive und Themen, die kaum verarbeitet, sondern präsentiert und aneinandergereiht werden, was den Sätzen Collagen- oder Mosaik-Charakter verleiht. Meist liegt eine duale Themenkonzeption vor (Nr. 2, 4, 7, 9, 10). Monothematisch ist Nr. 1, in der ein mehrgliedriger Themenkomplex aufgestellt, in seine Elemente zerlegt und anders wieder zusammengesetzt wird. Dieses Synthese-Prinzip, das in Nr. 1 am deutlichsten ausgeprägt ist, kommt ansatzweise auch in Nr. 3 und 8 vor, die ebenfalls monothematisch sind. Mehrere Motive enthält der Spinnrad-Satz; in dem Satz zur Brunnenszene herrscht tendenziell Bi-Thematik, jedoch gewinnt das an das 1. Thema angehängte Fagottmotiv gegen Ende des Satzes eine so große Eigenständigkeit, daß man es als 3. Thema ansehen kann - dies besonders auch im Hinblick auf eine szenische Deutung des Satzes.
Wie in Nr. 1 geht Sibelius auch in Nr. 5 mit seiner musikalischen Symbolik über die Szenenaussage hinaus. Während bei Maeterlinck das „böse Omen" zugunsten der Darstellung der unterschwelligen erotischen Spannung zwischen Pelléas und Mélisande als Vorbereitung auf die Haarszene im Hintergrund bleibt, steht bei Sibelius die böse Vorahnung im Mittelpunkt. Er versteht offenbar das Spinnrad als faustisches Symbol, das für innere Unruhe wegen eines erahnten bevorstehenden Unglücks steht. Sibelius verbindet die mehrfache musikalische Bewegungsabbildung mit Emotionendarstellung.

5.6 Zusammenfassung

Die ästhetischen Vorstellungen und die Musik von Sibelius sind von der deutschen und russischen Spätromantik sowie der finnischen Volksmusik und Mythologie geprägt. Neoklassizistische Strömungen spielen nach 1900 eine immer größere Rolle. Sibelius' antirationalistische und pantheistische Grundhaltung hat eine gewisse Nähe zum literarischen Symbolismus. Sie wirkte sich jedoch nicht spürbar auf die Art seines Komponierens in *Pelléas et Mélisande* aus. Hier ist insgesamt eine Ausrichtung an musikimmanenten Prämissen festzustellen.
Die Schauspielmusik von Sibelius besteht aus voneinander weitgehend unabhängigen, mit jeweils eigenen Motiven und Themen ausgestatteten Einzelsätzen, die eine gewisse Autonomie gegenüber den Dramenszenen aufweisen. Themenverbindungen zwischen den Sätzen sind selten - es ist lediglich die Wiederkehr bestimmter motivischer Grundzellen festzustellen, deren geringe Prägnanz aber nicht unbedingt auf eine intentionale Szenenverknüpfung schließen läßt. Sicher trägt dieser Nummernaufbau auch der Funktion der Gattung Rechnung.

Im Mittelpunkt von op. 46 steht die Darstellung des Raumes und die musikalische Zeichnung situativer Kontexte. Die Sätze sind Moment-Assoziationen mit pittoreskem Charakter. Sibelius bezieht hier Gestaltungsmittel der Malerei mit ein, die von Mosaik- und Collageprinzipien bis zur Notenbild-Ikonographie reichen. Bisweilen erweitert er das Szenenbild Maeterlincks (Nr. 1) oder verändert dessen Stimmungsgehalt (Nr. 7). Ausgeprägt suggestiven Charakter besitzt Nr. 3, die eine Meeresszenerie mit lautmalerischen Mitteln evoziert. Hier erzeugt Sibelius einen innerhalb seiner Schauspielmusik einzigartigen Eindruck von Statik. Ansonsten wird die Satzstruktur von Bewegung und klaren Konturen bestimmt.

Insgesamt knüpft Sibelius bei der Gestaltung seiner Sätze eher an Details der Szenen an. Von den spezifischen dramaturgischen Gegebenheiten hat nur die Bildhaftigkeit der Einzelszenen Eingang in die Komposition gefunden. Die Kongruenz mit dem Drama beschränkt sich auf dieses Element und ist daher eher als gering anzusehen.

6. William Wallace: *Pelléas et Mélisande*. „Suite on the Subject of Maeterlinck's Play". (Schauspielmusik)/Orchestersuite

Die fünfsätzige Orchestersuite von William Wallace liegt nur als Manuskript vor - sie wurde aber nach 1900 in England mehrfach aufgeführt. Es gibt einen Hinweis darauf, daß dieser Suite eine Schauspielmusik zugrunde liegt, die jedoch nicht erhalten ist. Aufgrund der dürftigen Quellenlage ist eine eindeutige Zuordnung der Sätze zu den Dramenszenen nicht immer möglich - schon deshalb, weil unklar ist, ob die Reihenfolge der Sätze in der Suite gegenüber der der Schauspielmusik verändert wurde.

6.1 Biographische Notiz und ästhetische Anschauungen

Biographische Notiz
Der schottische Komponist William Wallace wurde 1860 in Greenock bei Glasgow als Sohn eines berühmten Chirurgen geboren. Bis 1888 studierte er Medizin in Glasgow und Wien, wobei er sich auf Augenchirurgie spezialisierte. 1889 wandte er sich der Musik zu und begann ein Studium an der Royal Academy of Music in London. Er gehörte zu einer von Granville Bantock angeführten Gruppe von Musikstudenten, die gegen Konservatismus und Cliquenherrschaft an der Akademie rebellierten. Während des ersten Weltkrieges nahm Wallace seine medizinische Tätigkeit wieder auf. Seine künstlerische Betätigung in dieser Zeit ist auf diese Erfahrungen bezogen (Aquarellstudien zu „War Injuries of the Eye"). Eine erneute Hinwendung zur Musik vollzog Wallace nach dem Krieg. 1927 wurde er Professor an der Royal Academy of Music, 1933-37 war er Dekan der „Faculty of Music" der Universität London. Er starb 1940 in Malmesbury.[344]
1898-99 entwarf Wallace in einem Vortrag vor der Royal Academy of Music eine Ästhetik der Programmusik und unterstrich damit sein besonderes Interesse an dieser Gattung. Wallace war nicht so sehr als Komponist, sondern vielmehr als Musikwissenschaftler und Publizist anerkannt. Seine vier in London erschienenen Bücher zeigen eine Orientierung an Liszt und Wagner:

- The Threshold of Music - an Inquiry into the Development of the Music Sense (1908)
- The Musical Faculty (1914)
- Richard Wagner as he lived (1925)
- Liszt, Wagner and the Princess (1927)

Außerdem versuchte er sich mit dem mystischen Schauspiel *The Divine Surrender* (1895 in London erschienen) als Schriftsteller.

---

[344] Die biographische Literatur über Wallace beschränkt sich auf Lexikonartikel und kurze Abschnitte in Abhandlungen über schottische Musik. Zu den vorliegenden Notizen vgl. den MGG-Artikel von Allan (1968, Sp. 164f.); außerdem Farmer, [1948], 526f. .

Ästhetische Anschauungen

Wallace's Aufsatz über die Programmusik (PRAM, 1898-99, 139-152) zeigt seine starke Wagner-Verbundenheit. Die meisten Musikbeispiele stammen aus Wagner-Opern. Für Wallace ist die moderne Musik im wesentlichen eine Fortsetzung der Wagnerschen Musik, sie beginnt dort, wo Wagner ende (Wallace, 1898-99, 139). Er sah Wagner und Whistler als die Künstler mit dem größten Einfluß auf die Moderne an. Wallace, der - wie Maeterlinck - seine Kunst auf eine Philosophie gründete, reihte den Komponisten unter die Denker ein:

> „The composer, I say, like every other thinker, must feel the finger of the time he lives in touching him in some personal way; [...]. He is bound to consider his work in relation to the products of other brains; and, consciously or unconsciously, he expresses himself according as he feels the influence of his surroundings." (ebd., 149).

Nähe zu Schopenhauer und zu den französischen Symbolisten zeigt sich in dem Gedanken, daß Musik eine (poetische) Idee ausdrücken solle:

> „In his daily life he [the composer; Anm. d. A.] comes in contact with the great thoughts of men who were not all composers; he is struck by the fact that he finds himself constantly reminded of some poetic idea which he has met with in his reading; almost unconsciously his music grows round that idea, interpreting it, becoming identified with it, till he finally calls his new work by a name and not by an opus number or key signature" (ebd.).

Programmusik definiert Wallace folgendermaßen:

> „It is music which attempts to excite a mental image by means of an auditory impression." (ebd., 140).

Insgesamt gesehen versucht Wallace in diesem Aufsatz, produktions- und rezeptionspsychologische Sichtweisen zusammenzuführen. Seine Musikanschauung ist erkennbar von der sich gegen Ende des 19. Jahrhunderts etablierenden Musikpsychologie geprägt.

6.2 Kompositorischer Kontext

Wallace, der zu den weniger bedeutenden britischen Komponisten gehört, kommt das Verdienst zu, eine der ersten englischen symphonischen Dichtungen im Sinne Liszts geschrieben und damit die Gattung in England eingeführt zu haben.[345] Als erster englischer Komponist verwendete er für eines seiner Werke die Gattungsbezeichnung „Symphonic Poem". Wallace's Kompositionen sind überwiegend sujetge-

---

[345] In der Literatur (Farmer, Allan, Orrey) wird behauptet, er habe mit *The Passing of Beatrice* (1892) die erste symphonische Dichtung in England komponiert.

bunden. Allgemein sind Einflüsse von Liszt und Wagner erkennbar. Neben Liedern und Schauspielmusiken, unter anderem zu Ibsens *Die Frau vom Meere* (1892) und Aischylos' *Eumeniden* (Prelude, 1893) schrieb er einen Zyklus von sechs symphonischen Dichtungen, von denen die letzte am bekanntesten wurde (vgl. Farmer, [1948], 526f.; Orrey, 1975, 150):

1. The Passing of Beatrice (1892)
2. Anvil or Hammer (nach Goethe; 1896)
3. Sister Helen (D. G. Rossetti; 1899)
4. Greeting to the New Century (1901)
5. Wallace. For the Sixth Centenary of the Death of Wallace 1905 (1905)
6. François Villon (1909).

6.3 Entstehungszusammenhänge

Die als Manuskript erhaltene Suite *Pelléas et Mélisande* besteht aus fünf Sätzen. Zur Entstehung des Werks liegen nur wenige Informationen vor. Es gibt einige Hinweise darauf, daß das Werk ursprünglich als Schauspielmusik komponiert und später zu der vorliegenden Orchestersuite umgearbeitet wurde. In der Programmnotiz zur Londoner Aufführung heißt es lediglich: „The work to be heard tonight was written for the theatre."
Von der eventuell präexistenten Schauspielmusik ist nichts erhalten; auch ist nicht bekannt, zu welcher Inszenierung des Dramas sie verwendet wurde.
Auf der ersten Manuskriptseite vermerkte der Komponist folgende vier Aufführungsdaten:

19. 8. 1900	New Brighton Tower (New Brighton bei Liverpool)
8. 9. 1903	Queen's Hall (London)
21. 10. 1903:	Bornemouth
11. 8. 1904	Harrogate Kursaal

Anzunehmen ist, daß es sich bei dem ersten Datum um die Uraufführung der Suite handelt. Als Entstehungsjahr wird allgemein 1900 angegeben. Das Manuskript-Titelblatt enthält den Eintrag:

„Pelléas et Mélisande - Suite on the subject of Maeterlinck's play"

Da das Manuskript offenbar eine Abschrift ist, die als Dirigierpartitur verwendet wurde, lassen sich darin keine Hinweise auf eine der Orchestersuite zugrundeliegende Schauspielmusik finden. Die einzige im Nachlaß (im Scottish Music Information Centre) vorhandene schriftliche Information zu dem Werk ist die Programmnotiz zur Londoner Aufführung von 1903. Der Verfasser E. F. J. bezeichnet die fünf Sätze der Suite als „orchestral miniatures" und umreißt die Absicht des Komponisten:

„The composers aim has been to produce an atmosphere of emotion, to illustrate the mysticism and old-world flavour of the play. Every element suggesting strenuosity and „Sturm und Drang" has been excluded as being out of keeping with the subject." (E. F. J., Programmnotiz, 1903).

Außerdem ordnet er einzelne Themen bestimmten Ideen oder Figuren zu:

Schicksal: 1. Satz, fallende Oktave
Mélisande: 1. Satz, lang ausgesponnene Melodie; darin eingeschlossen die Flucht Mélisandes
Liebesthema: 5. Satz, Anfang; verbunden „with the last utterances of Pelléas."

Ob diese Informationen auf Äußerungen des Komponisten zurückgehen oder Spekulationen des Verfassers sind, läßt sich nicht feststellen.

6.4 Analyse

Die Suite von Wallace ist recht heterogen. Es ist nicht zu erkennen, daß sich die musikalische Gestaltung auf eine oder einige der Kategorien konzentriert.
(Themenübersicht s. Ende des Kapitels).

Aufbau
Die Suite besteht aus fünf recht verschiedenen Einzelsätzen. Als relativ unabhängig vom Dramengeschehen erscheinen die Sätze 2 und 4, während die übrigen stärkeren Bezug zu der jeweiligen Szene vermuten lassen. Die Sätze 1, 3 und 5 sind durch Motive miteinander verklammert. Die Zuordnung zu einzelnen Szenen ist beim zweiten und dritten Satz nicht eindeutig möglich. Je nachdem, ob man von der Einhaltung der Szenenabfolge in der Suite oder einer Umstellung der Sätze ausgeht
- für letzteres würde der Wechsel zwischen langsamen, elegischen Szenenmusiken und bewegten Zwischenspielen sprechen - ergeben sich verschiedene Möglichkeiten der Zuordnung:

I	The lost Mélisande	As-Dur; Lento	Sz. 2
II	The King's March	Es-Dur/c-Moll; Allegro	Sz. 3 (oder 8, 15)
III	The love of Pelléas for Mélisande	As-Dur; Larghetto	Sz. 5, 10 oder 17
IV	Spinning song	F-Dur; Allegro moderato quasi Scherzo	Sz. 9
V	The Death of Mélisande	g-Moll; moderato appassionato - molto lento - lento e dolente	Sz. 19

Der Einsatz von Themen und Motiven dient bei Wallace nicht vorrangig der Figurencharakterisierung. Lediglich der Figur der Mélisande ist ein ausgedehnter Themenkomplex zugeordnet. Die beiden anderen Hauptfiguren werden durch kurze Motive lediglich angedeutet. Ideen und Prinzipien wie Liebe und Schicksal werden gleichermaßen mit Motiven belegt. In der Harmonik wie der Melodik ist Wagner-Einfluß spürbar. Dies gilt weniger für die Sätze 2 und 4, die schon durch ihre Formanlage eher klassizistisch wirken.

Der erste Satz (108 T) ist am stärksten szenisch angelegt (s. Ort). Er folgt dem Geschehen der Waldszene, das mittels Themen und Motiven beschrieben wird. Der Grobgliederung liegt das Grundschema „Einleitung - Mittelteil - Schluß" zugrunde (s. „Ort").
Der zweite Satz trägt typische Züge eines Marsches mit punktierten Motiven und klarer Formanlage mit überwiegend 4-Takt-Grundeinheiten (Schema: A - B - C - A - B - D). Der pompöse Marsch-Charakter kommt jedoch nur im B-Teil (mit Anklängen an Delius und Elgar) und in der Coda (D) zum Ausdruck. In dem in Moll stehenden A-Teil wird der Gestus durch verstärkten Einsatz von verminderten und halbverminderten Septakkorden, im C-Teil durch Einblendung eines Moll-Synkopen-Motivs konterkariert.
Der dritte Satz nimmt die Hauptthemen des ersten Satzes wieder auf. Zusätzlich werden zwei neue Themen exponiert und zwei pathetische Melodien gebracht. Der Aufbau läßt sich nicht auf ein einfaches Grundschema zurückführen; er folgt scheinbar der entsprechenden Szene:

- Exposition zweier Themen: „Pelléas" (Englischhorn); „Liebesthema" (Baßklarinetten)
- Wiederkehr von M1a aus Satz 1 mit G-Hornsignal (ab [3])[346]
- Wiederholung des Pelléas-Themas (ab 2T v. [4])
- Wiederkehr des Schicksalsmotivs aus Satz 1 zusammen mit dem Kopfmotiv des Liebesthemas (ab 1T n. [5])
- Wiederaufnahme des Liebesthemas vom Anfang (ab 1T v. [6])
- Coda mit zwei Mélisande-Motiven (1b und 2a) und angedeutetem Pelléas-Thema (ab 6T n. [8])

Die beiden zu Beginn exponierten Themen kehren im gleichen Abstand zueinander wieder. Das Pelléas-Thema wird 34 Takte nach der Exposition in der Mitte des Satzes wiederholt, das Liebesthema 68 Takte danach gegen Ende des Satzes.
Wie Satz 2 hat auch der vierte Satz keine engere Anbindung an eine Dramenszene. Er dient vorrangig der Bewegungsdarstellung (Spinnrad). Anders als im zweiten Satz, der völlig isoliert dasteht, gibt es hier eine motivische Verbindung zu einem vorhergehenden Satz: Das Anfangsthema des *Spinning Song* entspricht dem Motiv b des 2. Mélisande-Themas (T 13-17; Ob./1. Vl.):

Der fünfte Satz ist wie der erste nach dem Grundschema „Einleitung (30 T; bis [3]) - Mittelteil (20 T; bis [5]) - Schluß (27 T)" gebaut. Die Einleitung exponiert ein Thema, das eine Verknüpfung von M1b mit dem Liebesthema darstellt (T 1-4; Fl./Vl.):

Gegen Ende des Teiles erscheint eine Erinnerung an das Pelléas-Thema.
Der Mittelteil basiert auf einer Fortspinnungsmelodie in Achtelbewegung, deren Anfang aus M1b abgeleitet ist. Der Schlußteil beginnt mit dem Golaud-Signal, das den ganzen Teil durchgehend gliedert, d. h., jeder der kurzen Abschnitte beschließt. Durch die häufige Verwendung von verminderten und halbverminderten Septakkorden wirkt der Satz dramatisch-pathetisch.

---

[346] Dieser Rückbezug macht die Zuordnung des Satzes zur Brunnenszene wahrscheinlich, da diese eine Erinnerung an die Waldszene enthält. Die Zuordnung des Pelléas-Themas ist hypothetisch und gründet sich auf den Satztitel.

Ort
Von allen fünf Sätzen enthält nur der erste Satz einen klaren lokalen Bezug (Waldszene), der durch seine szenische Anlage unterstrichen wird. Die Abfolge der Ereignisse wird musikalisch nachgezeichnet:

a) Mélisande allein im Wald (42 Takte 1. Mélisande-Thema mit den Motiven 1a, 1b und 1c; bis 3T n. [6]);
Golaud nähert sich (Horn- und Trompetensignale; ab 1T n. [4])
b) Fluchtversuche Mélisandes (s. Programmnotiz; diminuierter, bewegter Abschnitt; ab 4T n. [6]).

Das Geschehen wird vom Schicksalsmotiv eingerahmt (Anfang und Ende des Satzes). Auf diese Weise wird die Allmacht des Schicksals und die Ohnmacht der Figuren musikalisch vermittelt. Das zentrale Moment des „enclos" wird von Wallace in diesem Satz der „personnage sublime" ursächlich zugeordnet. Die transzendente Schicksalsmacht schließt die Figuren ein, bedroht sie und hindert Mélisande am Weglaufen (Mélisandes musikalische „Fluchtversuche" münden in das Schicksalsmotiv). In den Sätzen 3 und 5 ist der räumlich-situative Aspekt weniger deutlich ausgeprägt.

Zeit
Wallace verwendet keine musikalischen Topoi, die das Drama einer bestimmten Epoche zuordnen. Die musikalische Zeitgestaltung ist zielgerichtet. In Anlehnung an sein Vorbild Wagner setzt Wallace weit ausholende, mit Chromatizismen durchsetzte Melodien ein, die auf Höhepunkte hin gespannt sind. Diese Strebungen werden durch den Einsatz von verminderten und halbverminderten Septakkorden verstärkt. Die Sätze 2 und 4 sind ihrer Einfachheit entsprechend harmonisch von Quintbeziehungen bestimmt, die gelegentlich durch Terzfortschreitungen erweitert werden. In den übrigen Sätzen treten vermehrt Großterzbeziehungen sowie Septakkorde auf. Nirgends ist der Versuch zu erkennen, die Sukzessivität der Zeit musikalisch außer Kraft zu setzen. Wo die Zielgerichtetheit nachläßt, geschieht dies im Dienst eines Höhepunktabbaus, einer Beruhigung, die den nächsten „Anlauf" vorbereitet. Damit ist die musikalische Gestaltung der Suite der Statik des Dramas grundsätzlich entgegengesetzt. Selbst in der Sterbeszene wird Dramatik entfaltet.

Figuren
In der Suite von Wallace werden nur die drei Hauptfiguren durch Themen und Motive repräsentiert. Die alles überragende Figur ist hierbei Mélisande, die beiden anderen Figuren sind peripher. Während der dritte Satz aus der Perspektive des Pelléas konzipiert ist und so die dort auftretenden Motive auf diese Figur bezogen werden können, wird Golaud nur durch ein Signal angedeutet.[347]

---

[347] Die Golaud-Zuordnung ist rein hypothetisch; es existiert dazu kein Programmhinweis. Mehrere Indizien sprechen für diese Annahme: die Verwendung der charakteristischen Jagdinstrumente Horn und Trompete, der laut Programmnotiz szenische Verlauf des ersten Satzes, der das Auf-

a) Mélisande

Mélisande wird durch zwei im ersten Satz exponierte Themenkomplexe charakterisiert. In den nachfolgenden Sätzen kommen deren Kernmotive, teils variiert, vor. Der gesamte erste Teil des ersten Satzes wird von einer weitläufigen Melodie bestimmt, die in der Programmnotiz Mélisande zugeordnet wird und in ihrem Verlauf mehrfach uminstrumentiert wird. Der zweite Themenkomplex besteht aus drei Elementen in Achteltriolenbewegung und drückt laut Programm die „Flucht Mélisandes" aus. Wallace interpretiert die Fluchtversuche Mélisandes vor Golaud als emotionale Konfliktsituation, indem er drei vom Charakter her verschiedene Motive dafür einsetzt (M2a, 2b, 2c).

Während M2a den Aspekt des Sich-Entfernens und Distanzgewinnens hervorhebt, deutet M2b mit seinem eher graziösen Charakter an, daß Mélisande trotz ihrer Angst mit der Fluchtattitüde bewußt oder unbewußt kokettiert. Die Vergeblichkeit des Fluchtversuchs führt das dritte Motiv durch sein enges Kreisen um den Zentralton 'g' vor Augen. Durch die Synkopierung bekommt das Motiv gleichzeitig etwas Stockendes und Gehetztes.

Das M-Motiv 1a tritt im dritten Satz in der Mitte kurz vor Wiederkehr des Pelléas-Themas in Verbindung mit dem G-Signal auf. Damit wird eine deutliche Erinnerung an den ersten Satz geschaffen. Die Schlußtakte des dritten Satzes werden vom M-Motiv 1b bestimmt, das den fünften Satz dominiert und damit semantisch dem Bereich „Tod" zugewiesen wird. Die im 3. Satz neu aufgestellten Themen sind Ableitungen aus M-Motiven: das Pelléas-Thema aus M2a; der Anfang des Liebesthemas aus M1a.

„Pelléas"

M2a

treten Golauds an der Stelle mit dem Signal zwingend macht, die handschriftliche Eintragung im Manuskript „the trumpets should be heard", die auf die Wichtigkeit dieses konturlosen Signals hinweist.

Liebesthema

M1a

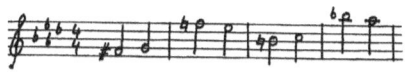

Der vierte Satz verwendet M2b als Kopfmotiv. Damit wird Mélisande am Spinnrad mit ihrem „heiter-kokettierenden" Fluchtgestus assoziiert. Durch die Verbindung von M1b mit dem Liebesthema im fünften Satz bekommt das Sterben Mélisandes die Konnotation „Pelléas" und „Liebestod".

b) Pelléas
Bei Pelléas sind nur indirekte Motivzuordnungen möglich. Der dritte Satz gibt die Perspektive des Pelléas wieder; daher können dessen Motive als mit der Figur zusammenhängend angesehen werden. Dies betrifft das den Satz eröffnende und nur in diesem erscheinende Thema, das deshalb als „Pelléas-Thema" bezeichnet wird, sowie das Liebesthema, das nach dem Satztitel die Liebe des Pelléas ausdrücken müßte und daher zumindest eine Nähe zu der Figur aufweist.

c) Golaud
Golauds Präsenz wird durch das Horn-Trompeten-Signal in den Sätzen 1, 3 und 5 nur angedeutet. Im ersten Satz stellt das Signal das Nahen Golauds dar (zunehmendes Hervortreten). Im dritten Satz erscheint es als Erinnerung an sein erstes Auftreten zusammen mit M1a. Im Schlußteil des fünften Satzes kommt das Signal insgesamt achtmal vor. Es leitet diesen Teil ein, „beantwortet" verschiedene Motive wie Schicksal, Liebe und 1. M-Thema und beschließt den Teil (=> Golaud ist der, der am Schluß des Dramas „übrigbleibt").

Motivik und Symbolik
Schicksal und Liebe werden mit je einem Motiv oder Thema ausgedrückt.
Das Schicksalsmotiv benutzt die symbolträchtigen Intervalle Oktave und Tritonus. Im ersten Satz hat das Thema überwiegend szenische Funktion (Umschließen des Geschehens); im dritten Satz wird es in der Mitte nur kurz angedeutet. An prominenten Stellen taucht es im Schlußsatz auf: Es beendet den ersten Teil, indem es die elegische Melodie der tiefen Streicher beantwortet und bildet den ersten Abschnitt im letzten Teil, hier eingerahmt vom G-Signal.
Die Emphase des Liebesthemas wird durch eine kleine Sexte aufwärts erzielt. Das Thema wird zu Beginn des dritten Satzes aufgestellt. Es ist dort Ausgangspunkt und

Keimzelle für die beiden ausgedehnten „Liebesmelodien", deren pathetische Steigerung vorwiegend auf Sequenzierung beruht. Die Wiederholung des Liebesthemas gegen Ende des Satzes geht in das M1b-Motiv über, das den Schluß bildet. Im fünften Satz ist das Liebesthema grundsätzlich mit dem M1b-Motiv verbunden und bestimmt in dieser Form den ersten Teil des Satzes. Im Schlußteil (2-7T n. [5]) tritt es isoliert auf und folgt dem Schicksalsmotiv, womit der im Drama vorgegebene Zusammenhang von Liebe und Schicksal unterstrichen wird. In diesem Satz erfährt das Thema geringfügige Modifikationen: Die große Sekunde abwärts wird zur kleinen, wodurch ein „Seufzergestus" entsteht. Bei seinem letzten Auftreten ist es wieder an M1b angehängt.

Die Grundsymbole des Dramas wie „Licht - Finsternis" oder „Wasser" werden in der Suite von Wallace musikalisch nicht umgesetzt.

6.5 Zusammenfassung

Der Zusammenhang zwischen Musik und Drama in den fünf Sätzen von William Wallace's Suite ist offenbar recht unterschiedlich. Während Satz 2 und 4 als Zwischenspiele mit geringem szenischen Bezug konzipiert sind, lassen die Sätze 1, 3 und 5 eine engere Anlehnung an die jeweilige Szene vermuten. Insgesamt ist die Zuordnung wegen der unzureichenden Quellenlage schwierig.

Situative Momente werden am stärksten im ersten Satz verarbeitet. Hier wird musikalisch das Szenengeschehen nachgezeichnet und das „enclos" mittels Schicksalsmotiv deutlich hervorgehoben. Die Satzstruktur ist von auf Höhepunkte zielenden Fortspinnungen und Spannungsbögen bestimmt - die Zeitgestaltung ist daher der des Dramas entgegengesetzt. Da sich Wallace's Kompositionsstil an Liszt und Wagner anlehnt, konnte seine Musik kaum Analogien zu der auf Andeutung und Untertreibung basierenden Dramenstruktur von *Pelléas et Mélisande* ausbilden.

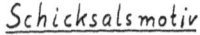

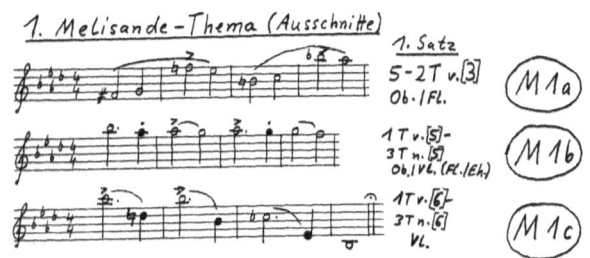

Schluß

Die Modernität der frühen Dramen Maeterlincks ist bisher zu wenig erkannt und anerkannt worden. Ein Hindernis für ihre adäquate literaturhistorische Einordnung lag sicher - neben politischen Faktoren, die hauptsächlich in Deutschland wirksam waren - in der metaphysisch-mystischen Weltsicht Maeterlincks, die dieser durch seine Dramen vermitteln wollte. Zu einem guten Teil entsprang diese Hinwendung zum Idealismus der krisenhaften gesellschaftlichen Umbruchssituation, in der sich viele europäische Länder - und in besonderem Maß Belgien - im ausgehenden 19. Jahrhundert befanden.

Die Hauptinspirationsquelle für diese spezifische Dramenmystik war ein Bild vom Mittelalter, das die katholische Kirche in Flandern lebendig erhalten hatte und fortwährend vermittelte. Vor 1900 war die flämische katholische Kirche eine nicht zu unterschätzende gesellschaftliche Einflußgröße und für die meisten flämischen Künstler die Hauptsozialisationsinstanz. Davon zeugt allein schon die heftige Gegenreaktion, die sich bei flämischen Schriftstellern wie Rodenbach oder Maeterlinck ebenso findet wie bei den Malern der XX-Gruppe, allen voran James Ensor. Sie alle traten in erbitterte Opposition zur katholischen Kirche, verwendeten aber christliche Bilder und Symbole, um das säkularisierte „Mysterium" des Symbolismus zu kreieren. Die Kunst als Religionsersatz bediente sich ungeniert der Religion als Lieferanten metaphysischer Versatzstücke.

Maeterlincks heute antiquiert erscheinende metaphysische Weltsicht mit fatalistischer Ausrichtung sollte aber dennoch nicht über die modernen Aspekte seiner frühen Dramen hinwegtäuschen. Diese bestehen unter anderem in einem neuen Umgang mit Raum und Zeit sowie in der „Andeutung" als dramaturgischem Grundelement. Dem Lese- und Theaterpublikum wird auf diese Weise vermittelt, daß es die Welt in ihrer Ganzheit nicht verstehen kann.

Bei den frühen Dramen Maeterlincks spielt der Aspekt der Rezeption eine zentrale Rolle, zumal sie selbst Ergebnis eines intensiven Aneignungsprozesses von Literaturen verschiedenster Genres und Epochen sind, die vom Autor zu neuen Einheiten verschmolzen wurden. Durch ihren im wertneutralen Sinn synkretistischen Charakter, ihre Vagheit und Mehrdeutigkeit werden sie zu Projektionsflächen und fordern damit eine breitgestreute Rezeption geradezu heraus. Die Auseinandersetzung mit den frühen Dramen führte letztlich zu Innovationen im Bereich der Theaterpraxis, wo zukunftsweisende dramaturgische und inszenatorische Konzepte entwickelt wurden.

Die produktive Rezeption der Maeterlinck-Dramen war überwiegend an das Theater gebunden. In der Bildenden Kunst bestand sie zum größten Teil aus Bühnenbildern für konkrete Aufführungen. In der Musik sind die funktionalen (Schauspielmusiken) und die autonomen (Oper) Theaterkompositionen in etwa gleich stark vertreten.

Maeterlincks frühe Dramen verlangen ein aktives, mitvollziehendes und kreatives Lese- und Theaterpublikum. Die Handlungsarmut der Dramen soll innere Bewegungen bei den Rezipienten und Rezipientinnen auslösen. Die Offenheit der Dramen bietet Raum für Assoziationen und Phantasien und fordert das Publikum auf, auf der Basis des vom Autor geschaffenen „Gerüsts" sein eigenes Augenblickskunstwerk zu schaffen. Diese Idee ist im Keim avantgardistisch; sie entfaltet sich in der zweiten Hälfte des 20. Jahrhunderts unter anderem in Form von Klanginstallationen oder begehbaren Kunstwerken.

Wahres Theater der Innerlichkeit bedeutet weitgehenden Verzicht auf äußere Darstellung, was den Schauspiel- und Bühnenbildbereich betrifft. Die Figuren werden idealerweise nur angedeutet und so ihre schwache psychische Zeichnung hervorgehoben.

Die adäquate Bühnengestaltung ist - wie von Maeterlinck in bewußtem Gegensatz zum naturalistischen Theater gefordert - die abstrakte Bühne, die überwiegend frei von konkreten Bühnenbildern und Requisiten ist. Der Raum ist in den Maeterlinck-Dramen primär imaginär - er wird durch die Sprache heraufbeschworen. Maeterlinck wollte nachweislich keine visuelle Verdopplung, sondern die Evokation einer vorgestellten Wirklichkeit. Damit strebte er die theatralische Umsetzung eines symbolistischen Grundsatzes an.

Der heutzutage alles beherrschende Regietheater-Ansatz ist diesen symbolistischen Dramen nicht nur nicht angemessen, sondern schlicht verfälschend, da er die Möglichkeit der freien Imagination - ein Herzstück des symbolistischen Theaters - zerstört.

Die Komponisten ließen sich auf verschiedene Weise von diesen neuartigen Dramen inspirieren. Ihre produktive Rezeption reicht vom Streben nach einer möglichst großen Dramenkonformität bis hin zur eigenständigen Re-Kreation. Dies ist am deutlichsten am Beispiel der Vertonungen von *Pelléas et Mélisande* zu erkennen.

Debussys kompositorische Grundprämisse für seine Oper war das aus der literarischen Ästhetik des Symbolismus entlehnte „suggérer". Dieses „Andeuten" setzte er konkret-musikalisch als Zurückhaltung beim Einsatz der kompositorischen Mittel um. Die Literatur ist für ihn eine mindestens gleichbedeutende Ebene innerhalb des musikalischen Kunstwerks „Oper", seine Vertonung hat den Status einer kompositorischen Drameninterpretation, die ein weitgehend adäquates Verstehen des Dramas anstrebt und die ihm eigenen Züge hervortreten lassen will. Deshalb erscheint es gerechtfertigt, die Musik zu *Pelléas et Mélisande* als symbolistisch zu bezeichnen.

Schönberg orientierte sich an der Musikästhetik seiner Zeit und Umgebung. Die orchestrale Wagner-Mahler-Strauss-Tradition führte ihn zum extensiven Einsatz aller musikalischen Mittel. Wegen der Dominanz der Musik über die Literaturvorlage konnten spezifisch symbolistische Züge des Dramas sich kaum auf die kompositorische Gestaltung auswirken. An die Stelle der Andeutung tritt bei Schönberg die Überzeichnung zwecks Verdeutlichung des Gemeinten. Der Primat der Musik zeigt sich auch darin, daß das zentrale Moment in Schönbergs op. 5 die - allerdings dem Dramenaufbau folgende - Form und die sie konstituierende motivisch-thematische Arbeit ist. Für Schönberg ist das Drama Materialgrundlage und Ausgangspunkt für eigenkreatives Weiterdichten. Er nimmt damit die Rolle eines freien Interpreten ein, der den Hörerinnen und Hörern *seine* Deutung vermittelt, die kaum Spielraum für Eigeninterpretationen läßt, während Debussy eher als Vermittler des Dramas auftritt - eine Funktion, die mit dem Verständnis des Künstlers im Symbolismus konform ist.

Koechlin verwirklicht in seinem musikalischen Szenenbild zur Waldszene symbolistische Grundzüge des Dramas wie Bildhaftigkeit der Szenen und Statik. Seine Skepsis gegenüber Maeterlincks Metaphysik brachte ihn dazu, das Drama als „tiefgründig menschlich" zu interpretieren - eine Sicht, die in die von Boulez propagierte Neuinterpretation von Debussys Oper als „Theater der Angst und der Grausamkeit" und die damit verbundene aufführungspraktische Wende eingeflossen sein mag.

Bei Fauré liegt der besondere Fall vor, daß bestimmte, für seine Musik im allgemeinen geltende Prinzipien wie die Nuance als ästhetische Leitlinie oder die zyklische Form mit den strukturellen Grundmomenten des Dramas mehr oder weniger zufällig korrespondieren. Ein Hauptakzent in seiner Schauspielmusik liegt daher in der

Nachzeichnung des symbolistischen Motivnetzwerks, die sich bei ihm auch werkübergreifend auswirkt. Daß dabei dem Motiv des Todes eine besondere Stellung eingeräumt wird, kann als Versuch gewertet werden, das Zentralthema des belgischen Symbolismus musikalisch zu unterstreichen.

Sibelius neigte zwar zu einer metaphysischen Grundhaltung und zeigte eine gewisse Affinität zum literarischen Symbolismus, seine musikalische Ausrichtung auf die deutsche und russische Romantik verhinderten jedoch, daß sich spezifisch symbolistische Dramenmomente in seiner Schauspielmusik niederschlagen konnten. Eine der wenigen Übereinstimmungen liegt in der Unterstreichung des Bildcharakters der einzelnen Szenen. Ansonsten benutzt Sibelius die Textvorlage ähnlich wie Schönberg als Grundalge für eine subjektive, vom Drama relativ unabhängige musikalische Neuschöpfung.

Der schottische Komponist Wallace war - wie aus seinen Veröffentlichungen hervorgeht - ein „Neudeutscher". Die Satzstruktur seiner Schauspielmusik ist deutlich von Liszt und Wagner beeinflußt und daher im wesentlichen der Gestaltung des Dramas entgegengesetzt. Statt Statik und Andeutung gibt es romantischen Überschwang mit ausfernden Themen und endlosen Fortspinnungen. Einer der wenigen Kongruenzmomente mit dem Drama liegt in der Hervorhebung des Schicksals - dies vor allem im Waldszenensatz.

Hinsichtlich der Kongruenz/Divergenz zwischen den hier behandelten Vertonungen und dem Drama *Pelléas et Mélisande* sind klare Unterschiede festzustellen. Auffallend ist dabei ein scheinbar nationales Kriterium. Die französischen Kompositionen erreichen eine relativ hohe Kongruenz mit dem Drama; zu den spezifisch-dramaturgischen Aspekten wie „silence", Statik, Bildhaftigkeit und marionettenhafte Figurenzeichnung sind hier überwiegend musikalische Analogien entwickelt worden oder bestanden schon von vornherein. Die nichtfranzösischen Werke weisen eher Divergenzen zum Drama auf, da die genannten dramaturgischen Besonderheiten und somit die symbolistische Ideenwelt musikalisch weitgehend unberücksichtigt blieben. Auf den ersten Blick liegt eine sprachliche Erklärung hierfür nahe: Ein französischsprachiges Drama wird von französischen Komponisten eher adäquat verstanden als von nichtfranzösischen. Dies erweist sich jedoch bei näherer Betrachtung als nicht zutreffend. Die dramaturgischen Neuerungen sind durch die Übersetzungen, die den nichtfranzösischen Komponisten vorlagen, nicht verlorengegangen. Außerdem würde ein adäquates Verstehen des Dramas nicht automatisch bedeuten, daß der Komponist eine möglichst dramenkonforme musikalische Umsetzung anstrebt. Dies hängt eher von ästhetischen Anschauungen ab - konkret: von dem Stellenwert, den der Komponist der Literaturvorlage im kompositorischen Prozeß einräumt. Die Analyse hat gezeigt, daß hier grundsätzliche Unterschiede zwischen den untersuchten französischen und den nichtfranzösischen Komponisten bestehen. In Frankreich bildete die literarische und die musikalische Ästhetik eine gewisse Einheit, wobei die literarische im ausgehenden 19. Jahrhundert dominierend war. Für Komponisten wie Debussy, Fauré und Koechlin war die Literaturvorlage eine mindestens der Musik gleichgestellte Strukturebene. Für die anderen drei Komponisten war der Einfluß der deutschen Musikästhetik - genauer: die Wagner-Nachfolge - entscheidend für die kompositorische Auseinandersetzung mit dem Drama. Allgemein erscheinen hier literarische und musikalische Ästhetik stärker voneinander getrennt; die Musik soll über die Textvorlage dominieren; der Komponist nimmt diese als Ausgangspunkt für seine Komposition, die primär musikalischen Richtlinien folgt. Die Vertonung ist nicht in erster Linie eine Transformation des literarischen Textes, sondern Eigenkreation. Die grundsätzliche Divergenz zum Drama, die in den Werken von Schönberg, Sibelius und Wallace festzustellen ist, hat weniger sprachlich-nationale als vielmehr musikästhetische Ursachen.

Als vielsagender Beleg für die grundsätzlichen Unterschiede zwischen den musikästhetischen Auffassungen in Frankreich und Deutschland um 1900 mag der Disput zweier befreundeter Künstler über Debussys Oper dienen. Der französische Schriftsteller Romain Rolland und der deutsche Komponist Richard Strauss besuchten am 22. Mai 1907 in Paris gemeinsam eine Aufführung der Oper. Rolland hat Strauss' Reaktionen in seinem Tagebuch festgehalten:

> „Mais il n'y comprend rien. Après le premier acte (les trois premiers tableaux), il me dit: 'Est-ce que c'est toujours comme cela?' - 'Oui.' - 'Rien de plus? ... Il n'y a rien... Pas de musique... Cela ne se suit pas... Cela ne tient pas... Pas de phrases musicales. Pas de développement.' [...] 'Moi, je suis musicien avant tout. Du moment que la musique est dans une oeuvre, je veux qu'elle soit maîtresse, je ne veux pas qu'elle soit subordonnée à autre chose. C'est trop humble. Je ne dis pas que la poésie est inférieure à la musique. Mais les vrais drames poétiques: Schiller, Goethe, Shakespeare, se suffisent à eux-mêmes: ils n'ont pas besoin de musique. Où il y a la musique, elle doit tout emporter; elle ne doit pas venir après la poésie.' [...] 'Je trouve que ce n'est pas plus que le drame de Maeterlinck, tout seul, sans musique.' " (Rolland, 1951, 159f.). [348]

Das Zitat spiegelt neben der deutlichen Vorrangstellung der Musik innerhalb eines heterogenen Kunstwerks auch die deutsche spätromantische Auffassung, eine zu vertonende Literaturvorlage solle kein vollkommenes, sondern ein zu ergänzendes Kunstwerk sein.
Rolland meint, daß Strauss das Neue in Debussys Oper völlig entgangen sei und wertet dies letztlich als ein Merkmal deutschen Musikempfindens:

> „L. de la Laurencie dit un mot très juste sur Strauss, à propos de son impossibilité de goûter *Pelléas*. 'Evidemment, il y a trop peu de musique pour lui. Il a une boulimie musicale.' - J'ai constaté cette voracité allemande, l'autre jour, dans une conversation." (Rolland, 1951, 164). [349]

Insgesamt zeugen Rollands Tagebuchaufzeichnungen von einem Aufeinanderprallen zweier gegensätzlicher Ästhetiken und dem beinahe verzweifelten Versuch Rollands, seinem Freund Strauss Debussys Oper nahezubringen.

---

[348] „Aber er verstand überhaupt nichts. Nach dem ersten Akt (den ersten drei Szenen) sagte er zu mir: 'Ist alles so wie das ?' - 'Ja.' - 'Nichts mehr? ... Es gibt nichts... Keine Musik... Dies folgt nicht aufeinander... Dies enthält nichts... Keine musikalischen Phrasen. Keine Entwicklung.' [...]. 'Ich bin vor allem Musiker. In dem Moment, in dem die Musik in einem Kunstwerk ist, will ich, daß sie die Herrscherin ist, ich will nicht, daß sie einer anderen Sache untergeordnet wird. Das ist zu demütig. Ich behaupte nicht, daß die Dichtung der Musik unterlegen sei. Aber die wahren Dramen: Schiller, Goethe, Shakespeare, sie genügen sich selbst: sie haben die Musik nicht nötig. Wo es Musik gibt, muß sie alles mit sich fortreißen; sie darf nicht hinter der Dichtung kommen.' [...]. 'Ich finde, daß dies nicht mehr ist als das Drama von Maeterlinck, ganz allein, ohne Musik.' "

[349] „L. de la Laurencie sagte etwas sehr Richtiges über Strauss wegen seiner Unfähigkeit, den *Pelléas* zu schätzen: 'Es gibt da ganz offensichtlich zu wenig Musik für ihn. Er hat einen musikalischen Heißhunger.' - Ich habe diese deutsche Gefräßigkeit an einem anderen Tag in einem Gespräch festgestellt."

Die französische Sensibilität und Zurückhaltung in der Musik und die deutsche musikalische „Beredsamkeit" bildeten Gegensätze, die schon von Zeitgenossen wahrgenommen wurden. Im deutschsprachigen Raum sollte die eigenständige und dominierende Rolle der Musik auch durch einen Sujetbezug möglichst nicht angetastet werden; in Frankreich dagegen waren die Komponisten offener für Einflüsse aus den Nachbarkünsten und deshalb auch eher bereit, der Musik einen niedrigeren Stellenwert in der Oper einzuräumen.

Der Umgang der Komponisten mit dem symbolistischen Drama hängt also vorwiegend davon ab, ob und inwieweit die entsprechende literarische Ästhetik Eingang in die musikalische finden konnte.

Nur bei Debussy kann man mit einiger Berechtigung von symbolistischer Musik sprechen. Wie kaum ein anderer Komponist war er von der Ästhetik des Symbolismus geprägt und setzte diese in Musik um, indem er z. B. in seiner Oper die symbolistische Idee einer Kunstsynthese im Sinne der Erweiterung der eigenen Kunst mit den Mitteln der Literatur und der Malerei verwirklichte - ein Aspekt, der in Maeterlincks Drama vorgegeben ist. Ausgehend von *Pelléas et Mélisande* ließen sich für sein Gesamtwerk symbolistische Gestaltungsmittel bestimmen. Eine Übertragung solcher Ergebnisse auf Werke anderer Komponisten wäre jedoch nicht sinnvoll, da der Symbolismus keinen allgemeingültigen Stil ausgeprägt hat. Der Nachweis eines entsprechenden ästhetischen Hintergrundes, die Beschreibung der „Idee hinter dem Kunstwerk" ist unabdingbare Voraussetzung für die Zuordnung von Musik zum Symbolismus.

ANHANG

1. Übersicht über Maeterlincks frühe Dramen

La Princesse Maleine	1889	UA: 1922, Berlin-Schöneberg (?)*
L'Intruse	1890, Einakter	UA: 21. 5. 1891, Paris**
Les Aveugles	1890, Einakter	UA: 7. 12. 1891, Paris**
Les Sept Princesses	1891, Einakter	UA: 1892, Paris** (Privatauff.)
Pelléas et Mélisande	1892	UA: 17. 5. 1893, Paris
Alladine et Palomides	1894	UA: 1954, Brüssel (?)
Intérieur	1894, Einakter	UA: 15. 3. 1895, Paris
La Mort de Tintagiles	1894	UA: 1895, Paris (?) oder: 8. 4. 1896, Brüssel
Aglavaine et Sélysette	1896	UA: 14. 12. 1896, Paris (?)

Anmerkungen:
Daten vgl. Groß, Bd. 2, 1983b, 168-176. Mit (?) versehene Daten sind nicht gesichert.
* Möglicherweise handelt es sich bei dieser deutschsprachigen Aufführung um die Uraufführung des Dramas. Die erste ermittelbare französische Aufführung fand 1962 statt.
** Drei Einakter für Marionettentheater, als „Todestrilogie" bezeichnet.

2. Verzeichnis der Kompositionen zu Maeterlinck-Dramen[1]

Vorbemerkung

Die Hinweise auf Komponisten von Maeterlinck-Vertonungen entstammen folgenden Aufsätzen/Bibliographien:

BRUYR, J.: Maeterlinck et ses Musiciens - in: Europe, 40. Jg., Nr. 399-400, Juli-Aug. 1962, 132-139.
DE SMET, R. C.: Cent Musiciens en Quête d'Auteur - in: Univers Maeterlinck, Ausstellungskatalog, Brüssel 1976, o. S..
FESCHOTTE, J.: Maeterlinck, Inspirateur des Musiciens - in: Synthèses, 17. Jg., Nr. 195, Aug. 1962, 150-155.
GROSS, S.: Text-Etymologie. Untersuchungen zu Textkörper und Textinhalt, hg. v. A. Arens, Wiesbaden - Stuttgart 1987. [Festschrift für Heinrich Lausberg zum 75. Geburtstag; Sonderdruck].
PASQUIER, A.: Maurice Maeterlinck, Brüssel 1963, 279-283.
Katalog des Conservatoire Paris: Komponisten/Werke, F-Pn.

Diese wurden durch Konsultation aller zugänglichen Musiklexika und Personenbiographien ergänzt und vervollständigt. Zusätzliche Komponistennamen wurden durch die Durchsicht von Werkverzeichnissen gewonnen.
Bei mit *** versehenen Komponisten/Werken waren trotz intensiver Recherche (einschließlich Anfragen bei Musikforschungszentren der jeweiligen Länder) keine weiteren Daten zu ermitteln.

---

[1] Abkürzungen der Gattungsbezeichnungen: O = Oper; S = Schauspielmusik; P = Prelude/Ouvertüre; D = Symphonische Dichtung. (O) = Opernvorhaben; höchstens einige Skizzen vorhanden.

Frühe Dramen

La Princesse Maleine (1889):

Komponist/-in	Land	Gattung/Jahr	Bemerkungen
Bréville, Pierre de (1861-1949)	Frankreich	P; 1891	1892 aufgeführt
Satie, Eric (1866-1925)	Frankreich	(O); 1891	evtl. 1 Menuett dafür komponiert (verschollen)
Scott, Cyril (1879-1970)	England	P mit Schlußchor; 1907	aufgeführt in London: 22. 8. 1907 und Wien: 1913; später umgearbeitet (Festival-Ouverture)
Hermant, Pierre (1869-1928)	Frankreich	***	
Steinberg, Maximilian (1883-1946)	Russland/Litauen	P/S; 1916	f. Orch. und Frauenchor
Boulanger, Lili (1893-1918)	Frankreich	O; 1916-1918	unvollendet
De Smet, Johan ***	Belgien	S; 1986	aufgeführt 1986 in Gent: 21. 3. - 1. 4.
Henuzet, Gaston ***	Belgien	S; 1988	aufgeführt 1988 in Namur: 18. - 30. 4.
Pousseur, Denis ***	Belgien	S; 1988	aufgeführt in Brüssel, 5. 1. 1988

L'Intruse (1890):

Haegen, Léon van der (1882-1952)	Belgien	O; 1914	Pseudonym f. Dua, Octave
Pannain, Guido (1891-1977)	Italien	O; 1926	aufgeführt 1940 in Genua und Mailand
Durey, Louis (1888-1979)	Frankreich	S; 1933	f. Marionettentheater
Lacerda, Francisco de (1869-1934)	Portugal	S; nach 1902	
Davis, John David (1867-1942)	England	P; ***	

Les Aveugles (1890):

Achron, Joseph (1886-1943)	Polen/USA	O; 1919	
Oliver, Stephen (1950-1992)	England	O; 1972	aufgeführt 1972, Edinburgh
Astriab, Jan (*1937)	Polen	O; 1980	Kammeroper
Dittrich, Paul-Heinz (* 1930)	Deutschland (DDR)	O; 1983-1984	UA: 1. 2. 1986, Berlin-Ost
Zimmermann, Walter (* 1949)	Deutschland	O; 1984	„Bühnenkomposition"
Furrer, Beat (*1954)	Schweiz	O; 1989	UA: 25. 11. 1989, Wien

Les Sept Princesses (1891):

Bréville, Pierre de (1861-1949)	Frankreich	S; 1895	
Webern, Anton v. (1883-1945)	Österreich	(O); 1910	keine Skizzen vorhanden
Nechajew, Wassily (1895-1956)	Russland	O; 1923	

Pelleás et Mélisande (1892):

Debussy, Claude (1862-1918)	Frankreich	O; 1892-1902	UA: 30. 4. 1902, Opéra Comique, Paris
Fauré, Gabriel (1845-1924)	Frankreich	S; 1898; op. 80	UA: 21. 6. 1898, London
Puccini, Giacomo (1858-1924)	Italien	(O); ca. 1899	
Wallace, William (1860-1940)	England	S (?); 1900	nur als Orchestersuite erhalten
Scott, Cyril (1879-1970)	England	P; 1900/1912	vernichtet; aufgeführt in Frankfurt/M.
Koechlin, Charles (1867-1950)	Frankreich	„Mélisande"; 1901-1920, op. 54	*Suite Légendaire* (Orchestersuite) 2. Satz
Schönberg, Arnold (1874-1951)	Österreich	D; 1903, op. 5	UA: 25. 1. 1905, Wien
Bermann, Friedrich (1880-1919)	Deutschland	S; 1904	verschollen; für die Reinhardt-Inszenierung von 1904 (Berlin)
Sibelius, Jean (1865-1957)	Finnland	S; 1905, op. 46	UA: 17. 3. 1905, Helsinki
Neitzel, Otto (1852-1920)	Deutschland	„Mélisande"; 1910, op. 36	*Impromptu* für Klavier
Hudson, William H. ***	England	S; 1911	ergänzende Sätze zu Faurés Komposition
Bierbach, Johannes (1863-1936)	Deutschland	„Mélisande"; 1914, op. 4/2	aus: 5 Klavierstücke: Nr. 2
Platen, Horst (1884-1964)	Deutschland	D; 1925	verschollen; für Soli, Chor, Orchester, Orgel
Baumann, Max (1917-1999)	Deutschland	1954, op. 44	Ballett; UA: 20. 9. 1954, Städtische Oper Berlin
Ledent, Robert (1911-1986)	Belgien	S; 1956	aufgef. 1956, Château de Beersel
Moulaert, Pierre (1907-1967)	Belgien	S; o. D. ***	

Alladine et Palomides (1894):

Webern, Anton v. (1883-1945)	Österreich	(O); 1908	eine Skizzenseite erhalten
Chlubna, Osvald (1893-1971)	CSSR	O; 1921-22, op. 16	UA: 31. 5. 1925, Brünn
Burian, Emil F. (1904-1959)	CSSR	O; 1923	aufgeführt: 14. 10. 1959, Prag (rev.)
Melkich, Dmitrij M. (1885-1943)	Russland	D; 1924, op. 2	
Burghauser, Jarmil (*1921)	CSSR/Tschechien	O; 1934/1944	Kammeroper, 1944 umgeschrieben

Intérieur (1894):

Ravel, Maurice (1875-1937)	Frankreich	(O)	keine Skizzen vorhanden

La Mort de Tintagiles (1894):

Loeffler, Charles M. (1861-1935)	USA	D; 1897/1900, op. 6	UA: 7. 1. 1898, Boston; 16. 2. 1901, ebd. (2. Fassung)
Carse, Adam (1878-1958)	England	P; 1902	in London aufgeführt
Nouguès, Jean (1875-1932)	Frankreich	O; 1905	in Paris aufgeführt
Satz, Elias (1875-1912)	Russland	S; 1905	für eine Meyerhold-Produktion; UA: 19. 3. 1906, Tiflis
Santoliquido, Francesco (1883-1971)	Italien	D; 1907	
Martinu, Bohuslav (1890-1959)	CSSR	P; 1910, op. 15	
Vaughan Williams, Ralph (1872-1958)	England	S; 1913	verwendet f. BBC-Hörspielsendung: 30. 8. 1975
Voormolen, Alexander N. (1895-1980)	Niederlande	P; 1913	vor dem 2. Weltkrieg häufig aufgeführt; danach verschollen
Orff, Carl (1895-1982)	Deutschland	(O), vor 1920	Jugendwerk; von Orff vernichtet
Pek, Albert (1893-1972)	CSSR	O; 1920	f. Marionettentheater
Absil, Jean (1893-1974)	Belgien	D; 1923-1926, op. 3	
Hudson, William H. ***	England	S; 1925	f. eine Harvey-Produktion in Newcastle
Cools, Eugène (1877-1936)	Frankreich	P; 1919 (?); op. 92	
Collingwood, Lawrance (1887-1982)	England	O; 1950	konzertant aufgeführt am 16. 4. 1950, London

Aglavaine et Sélysette (1896):

Scott, Cyril (1879-1970)	England	P; 1912	vernichtet
Orff, Carl (1895-1982)	Deutschland	(O); vor 1920	Jugendwerk, vernichtet
Honegger, Arthur (1892-1955)	Schweiz	P; 1917	Frühwerk
Tovey, Donald F. (1875-1940)	England	S; ***	

Späte Dramen

Ariane et Barbe-Bleue (1899):

Dukas, Paul (1865-1935)	Frankreich	O; 1907	UA: 10. 5. 1907, Opéra Comique, Paris
Bartok, Bela (1881-1945)	Ungarn	O; 1911/1912/1918	UA: 24. 5. 1918, Budapest
Alexandrow, Anatoli N. (1888-1982)	Russland	S; 1920	auch erschienen als Orchestersuite

Soeur Béatrice (1900):

Fauré, Gabriel (1845-1924)	Frankreich	(O); 1899-1903	keine Skizzen vorhanden
Schröter, Oscar (1866-1954)	Deutschland	S; 1902	für die Rilke-Inszenierung Bremen, Kunsthalle, Febr.
Marschalk, Max (1863-1940)	Deutschland	S/P; 1904	UA: 10. 2. 1904, Berlin (Max Reinhardt - Insz.)
Melartin, Errki (1875-1937)	Finnland	S; 1904	
Ljadow, Anatoli K. (1885-1914)	Russland	S; 1906, op. 60	f. Orch. und Chor
Yanowski, Boris K. (1875-1933)	Russland	O; 1907	UA in Kiew
Gretschaninow, Alexander T. (1864-1956)	Russland	O; 1908-1910, op. 50	UA: 25. 10. 1912, Moskau
Landré, Willem (1874-1948)	Niederlande	O; 1911	unvollendet
Wolff, Albert I. (1884-1970)	Frankreich	O; 1911	Einakter von G. Fabre, vollendet v. Wolff; aufgeführt: 1948, Nizza
Davidov, Aleksej (1867-1940)	Russland	O; 1915	aufgeführt in Petersburg
Atterberg, Kurt (1887-1974)	Schweden	S; 1917	verwendet f. Suite Nr. 3, op. 19/1
Mitropoulos, Dimitri (1896-1960)	Griechenland	O; 1918-1919	aufgeführt: 20. 5. 1920, Athen
Marqués, Antonio (1897-1944)	Spanien	O; 1919	UA: 20. 12. 1919, Barcelona
Mawet, Lucien (1875-1947)	Belgien	S; 1919	
Laliberté, Alfred (1882-1952)	Kanada	O; 1920	
Rasse, François (1873-1955)	Belgien	O; 1936-1938	
Hoiby, Lee (*1926)	USA	O; 1959, op. 18	aufgeführt: 30. 10. 1959, Louisville
Schulz-Dornburg, Rudolf (1891-1949)	Deutschland	***	
Souffriau, Arsène (*1926)	Belgien	***	
Velasques, Glauco (1884-1914)	Brasilien	O; ***	unvollendet

Monna Vanna (1902):

Abranyi, Emil (1882-1970)	Ungarn	O; 1905-1906	aufgeführt: 2. 3. 1907, Budapest
Rachmaninow, Sergej (1873-1943)	Russland	O; 1907	unvollendet
Février, Henri (1875-1957)	Frankreich	O; 1908-1909	UA: 13. 1. 1909, Paris; dt. EA: 13. 10. 1912, Schwerin
Orff, Carl (1895-1982)	Deutschland	(D); vor 1920	Jugendwerk, vernichtet
Pototsky, Sergej I. (1883-1958)	Russland	O; 1926	
Brânzeu, Nicolae (1907-1983)	Rumänien	O; 1934/1976	„scenă dramatică"; 1976 umgearbeitet
Fabre, Gabriel (1863-1921)	Frankreich	***	Quellen unsicher

Joycelle (1903):

Debussy, Claude (1862-1918)	Frankreich	(O); 1903	keine Skizzen vorhanden
Tscherepnin, Nicolas-N. (1873-1945)	Russland	O; 1926	

L'Oiseau Bleu (1908):

Satz, Elias (1875-1912)	Russland	S; 1908	auch als Suite
O'Neill, Norman (1875-1934)	England	S; 1909, op. 37	aufgeführt: 1909, London
Humperdinck, Engelbert (1854-1921)	Deutschland	S; 1910/1912	aufgeführt: 23. 12. 1912, Berlin
Hart, Fritz (1874-1949)	England	D; 1911	
Kricka, Jaroslav (1882-1969)	CSSR	P; 1911	aufgeführt: 3. 3. 1912, Prag
Vaughan Williams, Ralph (1872-1958)	England	S; 1913	
Wolff, Albert (1884-1970)	Frankreich	O; 1919	UA: 27. 12. 1919, New York (MET)
Cadou, André (1885-1973)	Frankreich	S; 1927	aufgeführt: 23. 12. 1927, Paris (Odéon)
Szeligowski, Tadeusz (1896-1963)	Polen	S; 1935	auch als Suite
Baeyens, August (1895-1966)	Belgien	S; 1951	
Malfait-De-Gryse, S. (Solange ?)***	Belgien (?)		

Marie-Magdeleine (1909):

Kränich, Alvin (1865-?)	USA	P; 1910 (?)	

Le Miracle de St.-Antoine (1919):

Brumagne, Fernand (1887-1939)	Belgien	O; 1927	UA: 10. 3. 1927, Brüssel

Les Fiançailles (1922):

Lamarter, Eric (1880-1953)	USA	S; 1918	UA: 19. 11. 1918, New York
Gibbs, Cecil A. (1889-1960)	England	S; 1921, op. 31	zus. mit Leslie Heward komponiert

La Princesse Isabelle (1935):

Cadou, André (1885-1973)	Frankreich	***	

3. Quellen

MAETERLINCK, Maurice: Werke/Schriften

- Pelléas et Mélisande, Brüssel 1892; 6., veränderte Aufl., Brüssel 1898 (2. Fassung); Brüssel 1902 - in: Théâtre, Bd. 2 (3. Fassung).
- Pelléas et Mélisande, hg./kom. v. Chr. Lutaud, Brüssel 1992 [1983] (3. Fassung).
- Pelleas und Melisande, dt. v. George Stockhausen, Berlin 1897.
- Pelleas und Melisande, dt. v. F.v. Oppeln-Bronikowski, Leipzig 1902.
- Pelleas and Melisanda, engl. v. Laura A. Tadema, London 1914 [1895].
- Théâtre, Bd. I-III, Brüssel 1911 [1901-1902]. [Repr. Paris - Genf 1979].
- Die frühen Stücke, Bd. 1+2, dt. v. St. Gross, München 1983 [Théâtre, dt.].
- Serres chaudes, Brüssel 1912 [1889].
- Douze Chansons, Brüssel 1912 [1896].
- Monna Vanna, Paris 1902.
- L'Oiseau Bleu, Paris 1909. [Neuausg.: Brüssel 1989].
- Le Bourgmestre de Stilmonde, Paris 1919.

- Bulles bleues. Souvenirs Heureux (1948), hg. v. Chr. Lutz, Brüssel 1992.
- Cahier Bleu (CB; 1888/89), hg. v. Joanne Wieland-Burston [Fondation M. Maeterlinck: Annales, Bd. 22, 1976, Sonderausg.].
- Introduction à une Psychologie des Songes et autres Écrits (1886-1896;IPS), hg. v. Stefan Gross, Brüssel 1985. (Dt. Ausg.: Gross, Stefan (Hg.): Prosa und kritische Schriften (=PkS), Bad Wörishofen 1983.)
- Le Double Jardin, Paris 1904 (= Der doppelte Garten, Leipzig 1920).
- L'Hôte inconnu, Paris 1917 (= Der fremde Gast, Jena 1924).
- Lettre à la Rédaction - in: Le Figaro, 14. 4. 1902.
- Lettres de Maeterlinck à Oppeln-Bronikowski - in: Annales, Bd. 7, 1961, 37-82.
- Préface (zu *Théâtre*), Brüssel 1911 [1901].
- Ruysbroeck l'Admirable. Einleitung zur Übersetzung von Ruysbroecks *L'Ornement des noces spirituelles*, Brüssel 1891. [Nachdr.: Brüssel 1990].
- La Sagesse et la Destinée, Paris 1898 . (= Weisheit und Schicksal, Leipzig 1899/1904[3].) [2]
- Le Temple enseveli, Paris 1902 (= Der begrabene Tempel, Leipzig 1902).
- Le Trésor des Humbles, Paris 1913 [1896] (= Der Schatz der Armen, Leipzig 1898).

---

[2] Diese und die nachfolgenden deutschen Übersetzungen stammen von Friedrich v. Oppeln-Bronikowski.

DEBUSSY:

Noten: Pélleas et Mélisande
- Partition d'orchestre ayant servi à la gravure, [MS 961-965], F-Pn.
- Secondes épreuves corrigées de la partition d'orchestre, Actes I+III, [MS 1029], F-Pn.
- Esquisses de Pélleas et Mélisande, hg. v. François Lesure, Genf 1977 (MS Meyer und Bréval). Auch: [MS 1206], F-Pn.
- Klavierauszug, Paris: Fromont 1902.
- Partitur, New York 1985 [Nachdr. d. Fromont-Ausg., Paris 1904]. (Auch als Taschenpartitur, Paris: Durand, o. J.).
- Skizzen zur Inszenierung der Uraufführung, Paris: Durand o. J. [1927], F-Pn.

Textdokumente:
- Monsieur Croche et autres Écrits, hg. v. François Lesure, Paris 1987 [1971].
- Monsieur Croche. Sämtliche Schriften und Interviews, dt. v. Josef Häusler, Stuttgart 1982 [1974].
- Claude Debussy. Lettres (1884-1918), hg. v. François Lesure, Paris 1980.
- Claude Debussy. Correspondance (1884-1918), hg. v. François Lesure, Paris 1993 [erw. Ausg.].
- DEBUSSY, Claude: Textes et Documents inédits - in: Revue de Musicologie, Numéro Speciale, hg. v. François Lesure, Paris 1962.
- Correspondance Inédite de Claude Debussy et Ernest Chausson - in: RM, 6. Jg., Nr. 2, 1. Dez. 1925, 116-126.
- DEBUSSY, Claude: Lettres de Claude Debussy à son éditeur, hg. v. Jacques Durand, Paris 1927.
- Une Interview de Claude Debussy passée inapercue (1909; Marcel Dietschy) - in: Schweizerische Musikzeitung, 121. Jg., H. 3, Mai /Juni 1981, 175-178.
- MAETERLINCK, Maurice: Offener Brief in *Le Figaro*, 14. April 1902, [Pelléas et Mélisande: Dossier], F-Pn, Bibl. de l'Opéra.

SCHÖNBERG:

Noten: Pelleas und Melisande
MS, Arnold Schönberg Center, Wien:
- Skizzen, fol. 1403-1441 (mit „Plan", fol. 1404).
- Partitur von Schönberg, handgeschrieben, fol. 1302-1402b.
- Dirigierpartitur mit Retuschen von Schönberg für Auff. in Breslau (1913) und Prag (1918), Wien: Universal Edition 1911.

Ausgabe:
- Studienpartitur op. 5, Wien: Universal Edition 1912 [Nachdr., o. J.].

Textdokumente, Arnold Schönberg Center, Wien:
- „Symphonische Einleitungsmusik zu Pelleas und Melisande von Maeterlinck, Fragment, durchgestrichen - in: 7 Fragmente, F [um 1900].
- Taschenkalender von Schönberg, 1900.
- Dramenexemplar von Schönberg: Pelleas und Melisande, dt. v. F. v. Oppeln-Bronikowski, 2. Aufl., Leipzig 1903.
- Briefe: Webern => Schönberg, 6. 12., 8. 12., 13. 12. 1908. Berg => Schönberg, 6. 5. 1913.

Veröffentlichte Texte:
SCHÖNBERG, Arnold (1976): Analyse von *Pelleas und Melisande* - in: DERS.: Stil und Gedanke, hg. v. I. Vojtech, Nördlingen 1976, 437-439.
SCHÖNBERG, Arnold (1958): Ausgewählte Briefe, hg. v. E. Stein, Mainz 1958.
SCHÖNBERG, Arnold (1950): Begleittext zur Schallplattenaufnahme von op. 5, 17. 2. 1950 - zu: The Music of Arnold Schoenberg, CBS, Vol. 2, o.S..
SCHÖNBERG, Arnold (1995): Brief an Zemlinsky, 20. 2. 1918 - in: WEBER, H. (Hg.): Alexander Zemlinsky - Briefwechsel mit Arnold Schönberg, Anton Webern, Alban Berg und Franz Schreker, Bd. 1, Darmstadt 1995, 185-189.
SCHÖNBERG, Arnold (1977): Briefwechsel mit Busoni, hg. v. J. Theurich - in: Beiträge zur Musikwissenschaft, 19. Jg., 3/1977, 163-211.
SCHÖNBERG, Arnold (1922): Harmonielehre, Wien 1922 [1911].
SCHÖNBERG, Arnold (1964): Schöpferische Konfessionen, hg. v. W. Reich, Zürich 1964.
SCHÖNBERG, Arnold (1976): Stil und Gedanke, hg. v. I. Vojtech, Nördlingen 1976. [Arnold Schönberg. Gesammelte Schriften; 1].
SCHOENBERG, Arnold /BERG, Alban: The Berg - Schoenberg - Correspondence. Selected Letters, hg. u. engl. v. J. Brand und C. Hailey, New York - London 1987.

KOECHLIN

KOECHLIN: zu Pelléas et Mélisande, Koechlin-Archiv, Kassel:
- Suite Legendaire, 2. Satz, MS, unveröffentlicht.
- Journal de voyage, MS, unveröffentlicht.
- Analyse von Debussys *Pelléas et Mélisande*, unveröffentlichtes Typoskript, o. O.,1949.

Veröffentlichte Texte:
KOECHLIN, Charles (1952): Claude Debussy et le Debussysme dans l'Époque - in: RM, Nr. 210, Jan. 1952, 55-64.
KOECHLIN, Charles (1982): Correspondance - in: RM, Numéro Speciale, Nr. 348/349/350, 1982.
KOECHLIN, Charles (1981): Etude sur Charles Koechlin par lui-même - in: RM, Nr. 340/341, 1981, 41-72.

FAURÉ

Noten: Pelléas et Mélisande
Manuskripte:
- Schauspielmusik, MS, [Vm.micr.768], F-Pn.
- Orchestersuite op. 80: Orchestrierung von Koechlin, [MS 15458], F-Pn.
- Orchestersuite op. 80: Re-Orchestrierung von Fauré, [MS 17764], F-Pn.
- Mélisande's Song, [MS 17789], F-Pn.
- Ergänzungssätze von W. H. Hudson und Textbuch für die Martin-Harvey-Produktion im Lyceum of London, Juli 1911, [MS III/322], B-Br.

Ausgaben:
- Orchestersuite op. 80, Studienpartitur, Paris: Hamelle, 1986.
- Mélisande's Song, Paris: Hamelle 1937.

Briefe:
FAURÉ, Gabriel (1973): Camille Saint-Saëns et Gabriel Fauré: Correspondance, hg. v. J.-M. Nectoux, Paris 1973.
FAURÉ, Gabriel (1980): Correspondance, hg. v. J.-M. Nectoux, Paris 1980.
FAURÉ, Gabriel (1951): Lettres intimes, hg. v. Phillipe Fauré-Fremiet, Paris 1951.

SIBELIUS

Noten: Pelléas et Mélisande
- Op. 46, Nr. 9: Vorspiel zu Akt IV/2 (Gewaltszene), MS, unveröffentlicht, Zimmermann-Verlag Frankfurt/M.. (CD: Lahti Symphony Orchestra; BIS-918)
- Taschenpartitur, Berlin: Lienau o. J. [ca. 1989].

WALLACE

WALLACE: zu *Pelléas et Mélisande*, Scottish Music Information Centre, Glasgow:
- Pelléas et Mélisande. Orchestersuite, Dirigierpartitur, MS, unveröffentlicht.
  (CD: Sätze 3-5, Scottish Symphony Orchestra; Hyperion - A 66987).
- E. F. J.: Programmnotiz für die Londoner Erstaufführung der Suite, Queen's Hall, 8. 9. 1903.

Veröffentlichte Texte:
WALLACE, William: The Scope of Programme Music - in: PRMA, Bd. 25, 1898-99, 139-156. [Repr. Vaduz 1966].

4. Literatur

ABBATE, Carolyn: *Tristan* in the Composition of *Pelléas* - in: Nineteenth Century Music, Vol. 5, Nr. 2, Fall 1981, 117-141.
ABELS, Norbert: Maurice Maeterlinck und die Suche nach der Weltseele - in: OPER FRANKFURT (Hg.): Programmheft zu Debussys *Pelléas et Mélisande*, Frankfurt 1994, 74-83.
ACADÉMIE ROYALE de Langue et de Litterature Françaises (Hg.): Le Centenaire de Maurice Maeterlinck (1862-1962), Brüssel 1964.
ACKERE, Jules van: Pelléas et Mélisande ou la rencontre miraculeuse d'une poésie et d'une musique, Brüssel 1952.
ACKERMANN, Peter: Schönbergs *Pelléas et Mélisande* und die Tradition der Symphonischen Dichtung - in: AfMW, 2/1992, 146-156.
AITKEN, Geneviève: Die Nabis im Bannkreis des Theaters - in: FRÈCHES-THORY/PERUCCHI-PETRI, 1993, 399-406.
ALLAN, Jean M.: Stw. „Wallace" - in: BLUME, F. (Hg.): Die Musik in Geschichte und Gegenwart, Bd. 14, Kassel - Basel - [usw.] 1968, Sp. 164f. .
ANÂM, Mohammed: Hugo von Hofmannsthal und Maurice Maeterlinck. Zur Darstellung und Rezeption der Maeterlinckschen Todesauffassung und Theaterästhetik bei Hugo von Hofmannsthal, Phil. Diss., Freiburg i. Br. 1995.
ANDREANI, Eveline: Texte et Musique ou les Aventures du Sens. A Propos de *Pelléas et Mélisande*: Maeterlinck et Debussy - in: Analyse Musicale, Nr. 9, Okt. 1987, 21-28.
ANGELET, Christian (1994; Hg₁): Pelléas et Mélisande. Actes du colloque international de Gand, Brüssel 1994 [= Annales, Bd. 29].
ANGELET, Christian (1994): Pelléas et Mélisande. Des Brouillons de Maeterlinck au Livret de Debussy - in: DERS. (Hg.), 1994, 49-58.
APPLEDORN, Mary Jeanne van: A Stylistic Study of Claude Debussy's Opera *Pelléas et Mélisande*, Phil. Diss., Rochester 1966.
AQUIEN, Pascal: Préface zu Oscar Wilde: *Salomé*, Ed. Bilingue (Engl./Franz.), Paris 1993, 9-37.
ARON, Paul: La Mort, les Légendes et le Conflit des Générations chez Maurice Maeterlinck: une Lecture politique du Symbolisme belge - in: The French Review, Vol. 68, Nr. 1, Oktober 1994, 32-43.
ARTAUD, Antonin: Maurice Maeterlinck - in: La Fenêtre Ardente, Nr. 2, 1974, 96f. [= Préface des Douze Chansons, Paris 1926].
BAHR, Hermann: Maurice Maeterlinck (1891) - in: GROSS, 1985b, 14-19.
BAIER, Jane R.: The Treatment of Space in Maeterlinck's Theater, Ph. Diss., University of Wisconsin 1975.
BAILEY, Walter B.: Programmatic Elements in the Work of Schoenberg, Michigan 1984. [Studies in Musicology; 74].
BALAKIAN, Anna (Hg.): The Symbolist Movement in the Literature of European Languages, Budapest 1982.
BARR, Stuart: André Gide et Maurice Maeterlinck - in: Annales, Bd. 12, 1966, 43-58.
BAUER, Roger/HEFTRICH, Eckhard [u. a.];(Hg.): Fin de Siècle. Zu Literatur und Kunst der Jahrhundertwende, Frankfurt 1977.
BEINHORN, Gabriele: Das Groteske in der Musik: Arnold Schönbergs *Pierrot lunaire*, Pfaffenweiler 1989. [Musikwissenschaftliche Studien; 11].

BELTRANDO-PATHIER, Marie-Claire (1981): Les Mélodies de G. Fauré, Phil. Diss., Lille 1981.
BELTRANDO-PATHIER, Marie-Claire (1990): „Pelléas" ou les Aventures du Récit musical - in: Litterature et Nation, 2, Juni 1990, 71-80.
BELTRANDO-PATHIER, Marie-Claire (1996): Gabriel Fauré - Leben und Werk - in: JOST, 1996, 21-35.
BERG, Alban ([1920]): Pelleas und Melisande von Schönberg op. 5. Kurze thematische Analyse, Wien - Leipzig o.J. [1920].
BERG, Alban (1994): Sämtliche Werke, III. Abt.: Musikalische Schriften und Dichtungen, Bd. 1: Analysen musikalischer Werke von Arnold Schönberg, hg. v. R. Stephan und R. Busch, Wien 1994.
BERGDOLT, Klaus/KEIL, Gundolf: Stw. „Humoralpathologie" - in: ANGERMANN, N. (Hg.): Lexikon des Mittelalters, Bd. 5, München - Zürich 1991, 211f. .
BERGER, Placidus: Das abendländische Totenbuch, Münsterschwarzach 1993.
BERNARD-KRAUSS, Geneviève: Die Bühnenwerke Faurés zwischen Klassizität und Impressionismus - in: JOST, 1996, 89-101.
BIGET-MAINFROY, Michelle: Gabriel Fauré und die Nacht. Zur Diskussion von Stilelementen des Impressionismus und Expressionismus in den Kompositionen der Jahrhundertwende - in: JOST, 1996, 163-170.
BLOCK, Haskell M.: Mallarmé and the Symbolist Drama, Detroit 1963.
BLOM, Eric: Stw. „Scott, Cyril" - in: DERS.: Grove's Dictionary of Music and Musicians, Vol. 7, 1961, 666f. .
BODART, Marie-Thérèse: Maurice Maeterlinck et son Temps - in: Synthèses, 17. Jg., Nr. 195, Aug. 1962, 10-23.
BOIVIN, Jean: La Classe de Messiaen, Paris 1995.
BOULEZ, Pierre: *Pelléas et Mélisande* in Spiegeln - in: DERS.: Anhaltspunkte. Essays, dt. v. J. Häusler, Kassel usw. 1979, 17-34. [Originaltext in: Beiheft zur CBS-Schallplatte Nr. 77324, franz./engl./dt., o.J.].
BRØNDSTED, Mogens: Nordische Literaturgeschichte, Bd. II, München 1984.
BRAULICH, Heinrich: Max Reinhardt. Theater zwischen Traum und Wirklichkeit, Berlin 1969[2].
BREICHA, Otto/FRITSCH, Gerhard (Hg.): Finale und Auftakt. Wien 1898-1914, Salzburg 1964.
BREITFELD, Claudia: Die Cellosonaten von Brahms und Fauré - in: JOST, 1996, 66-76.
BROICH, Ulrich /PFISTER, Manfred (Hg.): Intertextualität, Tübingen 1985.
BROWN, Jennifer L.: Debussy and Symbolism. A Comparative Study of the Aesthetics of Claude Debussy and Three French Symbolist Poets with an Ananlysis of Debussy's Symbolist Techniques in *Pelléas et Mélisande*, Michigan 1993.
CARNER, Mosco: Puccini, Frankfurt/M. - Leipzig 1996.
CARRÉ, Albert: Souvenirs du théâtre, Paris 1950.
CARRÉ, Jean-Marie: Maeterlinck et les Littératures étrangères - in: Revue de Littérature Comparée, 6. Jg., 1926, 449-501.
CASSOU, Jean: Le Poète - in: HANSE/VIVIER, 1962, 287-320.
CHERLIN, Michael: Schoenberg and „Das Unheimliche": Spectres of Tonality - in: The Journal of Musicology, Vol. 11, Nr. 3, Summer 1993, 357-373.
CHERNIAVSKY, David: The Use of Germ Motives by Sibelius - in: ML, Vol. 23,Nr. 1, Januar 1942, 1-9.
CHEVALIER, Henri G.: Fauré à Bruxelles (1888 à 1912) - in: Synthèses, Vol. 20, Nr. 230-231, Juli-Aug., 1965, 251-254.

COLLINS, Stuart: Germ Motives and Guff - in: MR, 23. Jg., 1962, 238-243.
COMPÈRE, Gaston: Maurice Maeterlinck, Paris 1990.
CORBINEAU-HOFFMANN, Angelika: Réception du Symbolisme belge dans le Pays germanophones - in: Oeuvres et Critiques, Vol. XVII/2, 1992, 77-92.
CORBINEAU-HOFFMANN, Angelika/KESTING, Marianne: Das Drama als „Monologue intérieure". Übertragungsformen des lyrischen Sprechens auf das Drama bei Maurice Maeterlinck - in: Romanische Forschungen, Bd. 93, H. 1+2/1981, 335-366.
COSTAZ, Gilles: Lugné-Poe et le Théâtre symboliste belge à la Fin du XIXe Siècle - in: Audace, 16. Jg., Nr. 1, 1970, 130-135.
COURT, Raymond: Mallarmé et Debussy - in: Revue des Sciences Humaines, 76. Jg., Nr. 205, 1/1987, 55-79.
D'ESTRADE-GUERRA, Oswald: Les Manuscrits de Pelléas et Mélisande de Debussy - in: RM, Numéro-Spéciale 235, 1957, 5-24.
DAEMMRICH, Horst: The Infernal Fairy Tale. Inversion of Archetypal Motifs in Modern European Literature - in: Mosaic, Vol. V, H. 3, Spring 1972, 85-95.
DAHLHAUS, Carl (1976): Schönbergs musikalische Poetik - in: AfMW, 33. Jg., 2/1976, 81-88.
DAHLHAUS, Carl (1978): Schönberg und die Programmusik - in: DERS.: Schönberg und andere. Gesammelte Aufsätze zur Neuen Musik, Mainz - London 1978, 125-133.
DAHLHAUS, Carl (1986): Das Verhältnis zum Text. Zur Entwicklung von Arnold Schönbergs musikalischer Poetik - in: ALLROGGEN, G./ALTENBURG, D. (Hg.): Festschrift Arno Forchert zum 60. Geburtstag, Kassel - Basel usw. 1986, 290-295.
DAMBLEMONT, Gerhard: La Cohabitation des Symbolismes français et belge dans le Mercure de France de 1890 à 1900 - in: Oeuvres et Critiques, Vol. XVII/2, 1992, 41-61.
DAUTHENDEY, Max: Wanderjahre (1913) - in: GROSS, 1985b, 42-43.
DE GOROG, Lisa: From Sibelius to Sallinen. Finish Nationalism and the Music of Finland, New York usw. 1989.
DEAK, Frantisek: Symbolist Theatre. The Formation of an Avant-Garde, Baltimore 1993.
DESCAMPS, Marise: Maurice Maeterlinck: Un livre. Pelléas et Mélisande: Une oeuvre, Brüssel 1986.
DÖMLING, Wolfgang: Debussy und der Impressionismus. Zu einem abgestandenen Thema - in: NZ, 132. Jg., 6/1971, 290-292.
DOUMIC, René: Les Deux Manières de M. Maeterlinck - in: Revue des Deux Mondes, 72. Jg., 15. 8. 1902, 924-935.
EBERT, Christa: Réception du Symbolisme belge dans le Symbolisme russe - in: Oeuvres et Critiques, Vol. XVII/2, 1992, 163-170.
EILERT, Heide: Die Vorliebe für kostbar-erlesene Materialien und ihre Funktion in der Lyrik des Fin de siècle - in: BAUER/HEFTRICH [u. a.]; (Hg.), 1977, 421-441.
EKMAN, Karl: Jean Sibelius. His Life and Personality, engl. v. E. Birse, New York 1938.
ELLMANN, Richard: Oscar Wilde, London 1987.
EMMANUEL, Maurice: Pelléas et Mélisande de Claude Debussy, Paris 1926.
EMOND, Paul: Un Siècle de Théâtre - in: SONCINI, A. (Hg.): Cheminements dans la Littérature francophone de Belgique au XX Siècle, Florenz 1987, 91-125.
ERBE, Michael: Belgien, Niederlande, Luxemburg. Geschichte des niederländischen Raumes, Stuttgart - Berlin - Köln 1993.

EWEN, David: Cyril Scott - in: DERS.: Composers since 1900, New York 1969, 512-515.
FARMER, Henry G.: A History of Music in Scottland, London, o. J. [1948].
FAUSER, Annegret (1993): Femme fragile. Zu Lili Boulangers Opernfragment *La Princesse Maleine* - in: Programmheft des 3. Internationalen Komponistinnenfestivals, Kassel 1993, 72-76.
FAUSER, Annegret (1997): Lili Boulanger's *La Princesse Maleine*: A Composer and Her Heroine as Literary Icons - in: Journal of the Royal Musical Association, Vol. 122, 1/1997, 68-108.
FAURÈ-FREMIET, Philippe: Gabriel Fauré, Paris 1929.
FELBER, Erich: *Pelleas und Melisande* - in: Pult und Taktstock, 4. Jg. 2/1927, 30-33.
FELTEN, Hans.: Überdetermination und Heterogenität im frühen Theater Maeterlincks - in: Germanisch-Romanische Monatsschrift, Bd. 36 [N.F.], H. 3, 1986, 320-330.
FESCHOTTE, Jacques: Maeterlinck, Inspirateur des Musiciens - in: Synthèses, 17. Jg., Nr. 195, August 1962, 150-155.
FETTING, Hugo: Max Reinhardt - Schriften, Berlin-Ost 1974.
FISCHER, Friedrich W.: Geheimlehren und moderne Kunst. Zur hermetischen Kunstauffassung von Baudelaire bis Malewitsch - in: BAUER/HEFTRICH [u. a.]; (Hg.), 1977, 344-377.
FÖLLMI, Beat: Tradition als hermeneutische Kategorie bei Arnold Schönberg, Phil. Diss., Bern - Stuttgart - Wien usw. 1996.
FONDATION MAURICE MAETERLINCK (Hg.): Annales, Brüssel 1955ff., Bd. 1- ... .
FRÈCHES-THORY, Claire/PERUCCHI-PETRI, Ursula (Hg.): Die Nabis. Propheten der Moderne, München 1993.
FRISCH, Walter: The Early Works of Arnold Schoenberg 1893-1908, Berkeley - Los Angeles - London 1993.
GERVAIS, Françoise (1958): La Notion d'Arabesque chez Debussy - : RM, Nr. 241, 1958, 3-22.
GERVAIS, Françoise (1964): Structures Debussyistes - in: RM, Numéro-Spéciale 258, 1964, 77-88.
GERVAIS, Françoise (1971): Étude comparée des Langages harmoniques de Fauré et de Debussy, RM, Numéro Speciale, Nr. 272+273, 1971. [Phil. Diss., 1954].
GOLDMAN, Paul: Esotericism as a Determinant of Debussy's Harmonic Language - in: MQ, Vol. 75, 1991, 130-147.
GORCEIX, Paul (1994): Le Concept de Symbole dans la Poétique d'Albert Mockel et de Maurice Maeterlinck. Une Anticipation de l'Image surréaliste - in: LOSADA-GOYA, J.-M. (Hg.): Poéticas Francesas del Siglo XX, Kassel 1994, 3-28.
GORCEIX, Paul (1997): Maurice Maeterlinck - Le Symbolisme de la difference, Mont-de-Marsan 1997.
GORCEIX, Pierre: De la Spécifité du Symbolisme belge - in: Bulletin de l'Académie Royale de Langue et de Littérature Française, Bd. 56, Nr. 1, 1978, 77-106.
GOSS, Glenda D. (Hg.; 1996): The Sibelius Companion, Westport/Conn. 1996.
GOSS, Glenda D. (1998): Jean Sibelius. A Guide to Research, New York - London 1998.
GRAUBY, Françoise: La Création mythique à l'Èpoque du Symbolisme. Histoire, Analyse et Interprétation des Mythes Fondamentaux du Symbolisme, Paris 1994.
GRAYSON, David (1983): The Genesis of Debussy's *Pelléas et Mélisande*: a Documentary History of the Opera, a Study of its Sources, and „Wagnerian" Aspects of its Thematic Revisions, Phil. Diss., Cambridge/Mass. 1983.

GRAYSON, David (1989): The Opera: Genesis and Sources - in: NICHOLS/SMITH, 1989, 30-61.
GRAYSON, David (1990): The Interludes of *Pelleás et Mélisande* - in: Cahiers Debussy, Nr. 12-13/1988-89, Paris 1990, 100-122.
GRAYSON, David (1997): Waiting for Golaud: The Concept of Time in *Pelléas* - in: SMITH, R. L.: Debussy Studies, Cambridge 1997.
GRIMM, Jürgen: Das avantgardistische Theater Frankreichs 1895-1930, München 1982.
GRIMM, Reinhold: Zur Wirkungsgeschichte Maeterlincks in der deutschsprachigen Literatur - in: Revue de Littérature Comparée, 33. Jg., 1959, 535-544.
GROSS, Stefan (1983a): Nachwort zu Maeterlinck: Prosa und krititsche Schriften (PkS), Bad Wörishofen 1983a, 174-184.
GROSS, Stefan (1983b): Nachwort zu Maeterlinck: Die frühen Stücke, Bd. 2, München 1983b, 197-210.
GROSS, Stefan (1985a): Maurice Maeterlinck oder der symbolische Sadismus des Humors, Frankfurt 1985a.
GROSS, Stefan (1985b): Maurice Maeterlinck und die deutschsprachige Literatur. Eine Dokumentation, Mindelheim 1985b.
GROSS, Stefan (1986): Maeterlinck et l'Humour au second Degré - in: Les Lettres Romanes, Bd. 40, Nr. 3-4, Aug.-Nov. 1986, 275-283.
GROSS, Stefan/THOMAS, Johannes (Hg.): Les Concepts nationaux de la littérature. L'Exemple de la Belgique francophone. Une Documentation en deux tomes, Bd. 2 (1880-1980), Aachen 1989.
GROTH, Renate: Claude Debussy: „Ein bißchen vom Geheimnis bewahren." - in: DANUSER, H./KATZENBERGER, G.: Vom Einfall zum Kunstwerk. Der Kompositionsprozess in der Musik des 20. Jahrhunderts, Laaber 1993, 23-31.
GROUT, Donald J.: „Old Bottles and New Wine" - in: DERS. (Hg.): A Short History of Opera, Bd. II, New York - London 1965, 497-507.
GUIETTE, Robert: Les Chansons - in: HANSE/VIVIER, 1962, 309-321.
GUSTAFSON, Alrik: A History of Swedish Literature, Minneapolis 1961.
GUT, Serge: Die Verflechtung von Modalität und Tonalität in der Musik von Gabriel Fauré - in: JOST, 1996, 152-162.
HALLS, Wilfred D. (1955): Some Aspects of the Relationship between Maeterlinck and Anglo-American Literature - in: Annales, Bd. 1, 1955, 9-25.
HALLS, Wilfred D. (1960): Maurice Maeterlinck. A Study of his Life and Thought, Oxford 1960.
HANSE, Joseph: Histoire d'une gloire - in: HANSE/VIVIER, 1962, 41-117.
HANSE, Joseph/VIVIER, Robert (Hg.): Maurice Maeterlinck 1862-1962, Brüssel 1962.
HARDEN, Maximilian: Maurice Maeterlinck, Berlin 1897 [Einleitung zur dt. *Pelléas*-Ausgabe von Stockhausen]. Auch in: GROSS, 1985b, 30-41. [Erstmals ersch. in: Frankfurter Zeitung, 3./4. Juni 1891].
HARTMANN, Eduard v.: Philosophie des Unbewußten, Berlin 1872 [1869].
HAYS, Michael: On Maeterlinck Reading Shakespeare - in: Modern Drama, Vol. 29, Nr. 1, März 1986, 49-59.
HEFTRICH, Eckhard: Was heißt l'art pour l'art? - in: BAUER/HEFTRICH [u. a.]; (Hg.), 1977, 16-29.
HENDERSON, John A.: The First Avant-Garde 1887-1894. Sources of the Modern French Theatre, London 1971.

HENDERSON, Robert: Debussy and Schoenberg - in: MT, Vol. 108, Nr. 1489, März/1967, 222-226.
HERMANS, Georges: Les Cinq Chansons de Mélisande - in: Annales, Bd. 17, 1971, 67-76.
HERTZ, David: The Tuning of the Word: The Musicoliterary Poetics of the Symbolist Movement, Carbondale 1987.
HESS, Elisabeth: The Symbolist Movement in Belgium - in: BALAKIAN, 1982, 565-574.
HEYER, Hermann: Claude Debussys musikalische Ästhetik. Versuch einer Analyse - in: Deutsches Jahrbuch für Musikwissenschaft (Peters), 7. Jg., 1962, Leipzig 1963, 36-59.
HILBK, Iris H.: Studien zum Verhältnis von Sprache und Musik bei Claude Debussy. Eine Untersuchung ausgewählter Werke aus dem Zeitraum 1888-1904 vor dem Hintergrund seiner Briefe, Feuilletons und Musikkritiken, Phil. Diss., Frankfurt 1996.
HINTERHÄUSER, Hans: Praeraffaelitische Frauengestalten in romanischer Prosa - in: BAUER/HEFTRICH, 1977, 250-282.
HINTERHÄUSER, Hans: Villiers de l'Isle-Adam: *Axël* - in: STACKELBERG, Jürgen v.: das französische Theater, Bd. II, Düsseldorf 1968, 165-186.
HIRSBRUNNER, Theo (1978): Zu Debussys und Ravels Mallarmé-Vertonungen - in: AfMW, H. 2, 1978, 81-103.
HIRSBRUNNER, Theo (1980): Debussy - Maeterlinck - Chausson. Musikalische und literarische Querverbindungen - in: STENZL, J. (Hg.): Art Nouveau, Jugendstil und Musik, Zürich 1980, 47-65.
HIRSBRUNNER, Theo (1985): Debussy - Maeterlinck - Dukas, - in: FISCHER, J. M. (Hg.): Oper und Operntext, Heidelberg 1985, 167-178.
HIRSBRUNNER, Theo (1989): Strategien der Vermittlung Neuer Musik bei Debussy, Ravel und Boulez - in: KOLLERITSCH, O. (Hg.): Verbalisierung und Sinngehalt, Wien - Graz 1989, 177-183.
HOFSTÄTTER, Hans H.: Symbolismus und die Kunst der Jahrhundertwende, Köln 1965.
HOWAT, Roy: Debussy in Proportion. A Musical Analysis, Cambridge - London usw. 1983.
HURET, Jules: Enquête sur l'evolution litteraire, Paris 1913.
IRESON, John C.: Towards a Theory of the Symbolist Theatre - in: IRESON/Mc FARLANE/REES (Hg.): Studies in French Literature, Manchester 1968, 135-156.
JAKOBIK, Albert: Arnold Schönberg. Die verräumlichte Zeit, Regensburg 1983.
JANKELEVITCH, Vladimir: Fauré et l'inexprimable, Paris 1974.
JAROCINSKI, Stefan: Debussy - Impressionism and Symbolism, engl. v. R. Myers, London 1976 [Orig. polnisch].
JOST, Peter (Hg.): Gabriel Fauré. Werk und Rezeption, Kassel - Basel usw. 1996.
KABISCH, Thomas.: Faurés Klaviersatz - in: JOST, 1996, 83-88.
KÄMMERER, Sebastian: Illusionismus und Anti-Illusionismus im Musiktheater. Eine Untersuchung zur szenisch-musikalischen Dramaturgie in Bühnenkompositionen von Richard Wagner, Arnold Schönberg, Feruccio Busoni, Igor Strawinsky, Paul Hindemith und Kurt Weill, Salzburg 1990.
KANDINSKY, Wassilij: Über das Geistige in der Kunst, Neuilly-sur-Seine 1952.
KELKEL, Manfred: Original und Bearbeitung - in: JOST, 1996, 53-57.
KENNEDY, Michael: A Catalogue of the Works of Ralph Vaughan Williams, 2. Ed., Oxford - New York 1996.

KERMAN, Josef: Opera as Drama, New York 1956.
KESTING, Marianne (1963): Maeterlincks Revolutionierung der Dramaturgie - in: Akzente, Jg. 10, 1963, 527-544.
KESTING, Marianne (1968): Mallarmé und die Musik - in: Melos, 35. Jg., 2/1968, 45-56.
KILPELÄINEN, Kari: The Jean Sibelius Musical Manuscripts at Helsinki University Library. A Complete Catalogue, Wiesbaden - Leipzig - Paris 1991.
KLEIN, Carl A.: Unterhaltungen im grünen Salon - II. Das Theatralische - in: Blätter für die Kunst, Bd. IV, Mai 1893, 112-116 [Repr. Düsseldorf - München 1967].
KNAPP, Bettina: Maurice Maeterlinck, Phil. Diss., Boston 1975.
KOECHLIN, Charles (1921): Gabriel Fauré - in: Le Menestrel, 83. Jg., Nr. 21, 27. 5. 1921, 221-223.
KOECHLIN, Charles (1949): Pelléas et Mélisande, o. O., 1949 (inédit).
KOECHLIN, Charles (1983): Fauré, Paris 1983 [1927].
KOEGLER, Horst: Friedrichs Ballettlexikon, Hannover 1972.
KOELSCH, Hans F.: Der Impressionismus bei Debussy, Phil. Diss., Düsseldorf 1937.
KÖHLER, Hartmut: Symbolist Theater - in: BALAKIAN, 1982, 413-424.
KONRAD, Linn B. (1982): Symbolic Action in Modern Drama: Maurice Maeterlinck - in: REDMOND, J. (Hg.): Drama and Symbolism, Cambridge 1982, 29-38.
KONRAD, Linn B. (1986): Modern Drama as Crisis. The Case of Maurice Maeterlinck, New York - Berne - Frankfurt 1986.
KOOPMANN, Helmut: Entgrenzungen. Zu einem literarischen Phänomen um 1900 - in: BAUER/HEFTRICH, 1977, 73-97.
KOTZIN, Michael: Pre-Raphaelitism, Ruskinism, and French Symbolism - in: Art Journal, 25. Jg., Nr. 4, Summer 1966, 347-350.
KUNZE, Stefan: Der Sprechgesang und das Unsagbare. Bemerkungen zu *Pelléas et Mélisande* von Debussy - in: BREIG, W./BRINKMANN, R./BUDDE, E.: Analysen. Beiträge zu einer Problemgeschichte des Komponierens, Stuttgart 1984, 338-360.
KURKI, Eija: Sibelius and the Theatre at the Turn of the Century - in: Finish Musical Quarterly, 4/1995, 9-16.
LAAFF, Ernst: Stw. „Orff" - in: BLUME, F. (Hg.): Die Musik in Geschichte und Gegenwart, Bd. 10, Kassel - Basel - [usw.] 1962, Sp. 199-204.
LAMBERT, Carole: Anti-Rationalism in Symbolist Drama: Medieval Themes, Circumstances and Symbols in the Plays of Maurice Maeterlinck, Paul Claudel, August Strindberg and Georg Kaiser, Phil. Diss., Berkeley 1986. [Auch ersch. als: The Empty Cross. Medieval Hopes, Modern Futility in the Theater of Maurice Maeterlinck, Paul Claudel, August Strindberg and Georg Kaiser, New York - London 1990].
LAYTON, Robert (1978): Sibelius, London - Melbourne - Toronto 1978 [1965].
LAYTON, Robert (1980): Stw. „Sibelius" - in: SADIE, S. (Hg.): The New Grove Dictionary of Music and Musicians, Bd. 17, London 1980, 279-289.
LEBLANC, Georgette: Souvenirs (1895-1918), Paris 1931.
LEHMANN, Andrew G.: The Symbolist Aesthetic in France 1885-1895, Oxford 1968[2].
LERBERGHE, Charles van (1892): Notes Critiques: *Pelleás et Mélisande* - in: DERS.: Journal 1892, 3e Cahier, 184-196 [abgedr. in: Annales, 1968, 13-19].
LERBERGHE, Charles van (1924): Lettres à Fernand Severin, Brüssel 1924.
LERBERGHE, Charles van (1986): Lettres à Albert Mockel, Brüssel 1986.
LESURE, François (1977): Catalogue de l'oeuvre de Claude Debussy, Genf 1977.

LESURE, François (1980): Préface zu „Claude Debussy: Lettres 1884-1918", Paris 1980, VII-XIV.
LESURE, François (1984): Debussy, le Symbolisme et les Arts plastiques - in: Cahiers Debussy, 8/1984, 3-12.
LESURE, François (1991): La Longue Attente de Pelléas (1895-1898) - in: Cahiers Debussy, 15/1991, 3-12.
LESURE, François (1992): Claude Debussy avant *Pelléas* ou les années symbolistes, Paris 1992.
LEVAS, Santeri: Sibelius - a Personal Portrait, engl. v. P. M. Young, London 1972.
LEWIS, Christopher: Mirrors and Metaphors: Reflections on Schoenberg and Nineteenth-Century-Tonality - in: Nineteenth Century Music, Vol. 11, Nr. 1, Summer 1987, 26-42.
LILAR, Suzanne: Soixante ans de théâtre belge, Brüssel 1952.
LUCET, Sophie: Pelléas et Mélisande et l'Esthétique du Théâtre symboliste: Mise en Scène et Dramaturgie - in: ANGELET, 1994, 27-48.
LUGNÈ-POE, Aurelien: La Parade I. Le Sot du tremplin (Souvenirs et Impressions de Théâtre), Paris 1931.
LUTAUD, Christian (1971): Maeterlinck et la Bible - in: Annales, Bd. 16, 1971, 39-127.
LUTAUD, Christian (1977): La Musique de Pelléas, de Maeterlinck à Debussy - in: Annales, Bd. 23, 1977, 35-58.
LUTAUD, Christian (1978): Le Mythe Maeterlinckien de l'Anneau d'Or engloutie - in: Annales, Bd. 24, 1978, 57-119.
LUTAUD, Christian (1992): Lecture sur Maeterlinck: *Pelléas et Mélisande*, Brüssel 1992 [1983], 71-109.
MABOTT, Thomas: Anmerkungen zu Poes *Politian* - in: DERS. (Hg.): Collected Works of E. A. Poe, Vol. I, Cambridge 1969, 288-298.
MÄCKELMANN, Michael: Sibelius und die Programmusik. Eine Studie zu seinen Tondichtungen und Symphonien - in: FLOROS, C./PETERSEN, P./MARX, H. J. (Hg.): Programmusik. Studien zu Begriff und Geschichte einer umstrittenen Gattung, Laaber 1983, 121-168. [Hamburger Jahrbuch für Musikwissenschaft; 6].
MAEHDER, Jürgen: „À la Recherche d'un Pelléas". Zur musikalisch-dramatischen Ästhetik Claude Debussys - in: STORCH, W. (Hg.): Les Symbolistes et Richard Wagner, Berlin 1991, 106-114.
MAENNER, Peter J.: Maurice Maeterlinck. Theatralische Repräsentation einer Philosophie im Zusammenhang der modernen Dramaturgie, Phil. Diss., München 1965.
MALLARMÈ, Stéphane: Crayonné au Théâtre - in: DERS.: Oeuvres Complètes (OC), hg. v. H. Mondor und G. Jean-Aubry, Paris 1945, 293-345.
MALLINSON, Vernon: Modern Belgium Literature 1830-1960, London 1966.
MANN, Heinrich: Neue Romantik (1892) - in: GROSS, 1985b, 55-59.
MANN, Thomas: Maurice Maeterlinck (1937) - in: GROSS, 1985b, 406.
MATTER, Jean: Sibelius et Debussy - in: Schweizerische Musikzeitung, 105. Jg., 1965, 82-87.
MAURER ZENCK, Claudia (1974): Versuch über die wahre Art, Debussy zu analysieren, München - Salzburg 1974 [Berliner musikwissenschaftliche Arbeiten; 8].
MAURER ZENCK, Claudia (1990): *Pelléas et Mélisande*. Maeterlincks Drama und Debussys Oper. Eine Studie über das fin-de-siècle - in: PETERSEN, P. (Hg.): Musikkulturgeschichte, Wiesbaden 1990, 261-303.

MAYER, Mathias: „Intérieur" und „nature morte": Bilder des Lebens bei Maeterlinck und Hofmannsthal - in: Études Germaniques, 46. Jg., Juli - Sept. 1991, 305-322.
MESSAGER, André: Les Premières Représentations de Pelléas - in: RM, Nr. 7, Mai 1926, 206-210.
METKEN, Günther (1974): Die Praeraffaeliten, Köln 1974.
METKEN, Günther (1985): Debussy und die Künstler des Fin de Siècle - in: MAUR, K. v. (Hg.): Vom Klang der Bilder. Die Musik in der Kunst des 20. Jahrhunderts, München 1985, 336-339.
METZGER, Heinz-Klaus/RIEHN, Rainer (Hg.): Claude Debussy, München 1977. [Musik-Konzepte; 1/2].
MEYER, Michael: Strindberg. A Biography, London 1985.
MEYER-BENFEY, Heinrich: Das Maeterlinck-Buch, Dresden 1923.
MEYERHOLD, Wsewolod E.: Schriften, Bd. 1 (1891-1917), Berlin-Ost 1979.
MICHAUD, Guy: La Doctrine symboliste (Documents), Nizza 1947.
MIKHAIL, Edward H. (Hg.): Oscar Wilde. Interviews and Recollections, Vol. 1, London 1979.
MÖSSLINGER, Ingrid (1988a): Einleitung - in: FRANKFURTER KUNSTVEREIN (Hg.): Pastelle und Zeichnungen des belgischen Symbolismus (Ausstellungskatalog), Frankfurt 1988, 9-13.
MÖSSLINGER, Ingrid (1988b): Emile Fabry - in: FRANKFURTER KUNSTVEREIN (Hg.), 1988, 127.
MOLDENHAUER, Hans u. Rosaleen (Hg.): Anton von Webern. Chronik seines Lebens und Werks, Zürich 1980.
MONELLE, Raymond: A Semantic Approach to Debussy's Songs - in: MR, Vol. 51, Nr. 3, Aug. 1990, 193-207.
MORTIER, Roland: Histoire d'une Vie - in: HANSE/VIVIER, 1962, 13-40.
MYERS, Rollo (1958): Claude Debussy and Russian Music - in: ML, Vol. 39, 1958, 336-342.
MYERS, Rollo (1971): Modern French Music. Its Evolution and Cultural Background from 1900 to the Present Day, Oxford 1971.
NACHTERGAELE, Vic: La Réception du Symbolisme franco-belge en Flandre - in: Oeuvres et Critiques, Vol. XVII/2, 1992, 19-39.
NECTOUX, Jean-Michel (1972): Fauré, Paris 1972.
NECTOUX, Jean-Michel (1975): Les Orchestrations de Gabriel Fauré: Légende et Vérité - in: Schweizerische Musikzeitung, 115. Jg., 1975, 243-249.
NECTOUX, Jean-Michel (1979): Debussy et Fauré - in: Cahiers Debussy, Nr. 3, 1979, 13-30.
NECTOUX, Jean-Michel (1980): Stw. „Fauré" - in: SADIE, S. (Hg.): The New Grove Dictionary of Music and Musicians, Bd. 6, London 1980, 417-428.
NECTOUX, Jean-Michel (1981): Le *Pelléas* de Fauré - in: Revue de Musicologie, Bd. 67, Nr. 2, 1981, 169-190.
NECTOUX, Jean-Michel (1990): Gabriel Fauré. Les Voix du clair-obscur, Paris 1990.
NEUMANN, Peter H.: Mythen der Inspiration aus den Gründerjahren der Neuen Musik. Hans Pfitzner, Arnold Schönberg und Thomas Mann - in: KUCKERTZ, J./SCHMIDT, H. C. u. a. (Hg.): Neue Musik und Tradition, Laaber 1990, 441-457.
NEWMARCH, Rosa: Jean Sibelius. Ein finnländischer Komponist, dt. v. L. Kirschbaum, Leipzig - Berlin - Brüssel usw. 1906.
NICHOLS, Roger (1980): Stw. „Debussy" - in: SADIE, S. (Hg.): The New Grove Dictionary of Music and Musicians, Bd. 5, London 1980, 292-314.

NICHOLS, Roger (1989): Synopsis - in: NICHOLS, R./SMITH, 1989, 62-77.
NICHOLS, Roger (1993): Claude Debussy im Spiegel seiner Zeit, Zürich - St. Gallen 1993.
NICHOLS, Roger/SMITH, Richard L. (Hg.): Claude Debussy: *Pelléas et Mélisande*, Cambridge 1989 [Cambridge Opera Handbooks].
NIES, Otfrid: „Ganz du selbst sein." Der Komponist Charles Koechlin (1867-1950) - in: Das Orchester, 54. Jg. 5/1986, 518-521.
NILSON, Einar: Musik bei Reinhardt - in: STERN, E./HERALD, H. (Hg.): Reinhardt und seine Bühne, Berlin 1919, 186-191.
NOLLER, Joachim: Weberns Innerlichkeit und das Theater - in: ÖMZ, 47. Jg., 9/1992, 502-513.
NONO-SCHÖNBERG, Nuria (Hg.): Arnold Schönberg (1874-1951). Lebensgeschichte in Bildern, Klagenfurt 1992.
NUFFEL, Robert O. J. van: Charles van Lerberghe et Maurice Maeterlinck - in: Annales, Bd. 14, 1968, 7-25.
OPPELN-BRONIKOWSKI, Friedrich v.: Maurice Maeterlinck (1898) - in: GROSS, 1985b, 98-102.
ORLEDGE, Robert (1975a): Fauré's *Pelléas et Mélisande* - in: ML, Vol. 56, 1975, 170-179.
ORLEDGE, Robert (1975b): Koechlin's Life - in: SAUGUET, H.: L'Oeuvre de Charles Koechlin, Paris 1975, XIX-XXIII.
ORLEDGE, Robert (1979): Gabriel Fauré, London 1979.
ORLEDGE, Robert (1982): Debussy and the Theatre, Cambridge 1982.
ORLEDGE, Robert (1989): Charles Koechlin, Chur - London 1989.
ORLEDGE, Robert (1990): Satie the Composer, Cambridge 1990.
ORREY, Leslie: Programme Music. A Brief Survey from the Sixteenth Century to the Present Day, London 1975.
OTTEN, Michel (1962): L'Ecrivain - in: HANSE/VIVIER, 1962, 463-489.
OTTEN, Michel (1986): Situation du Symbolisme en Belgique - in: Lettres Romanes, Bd. 40, Nr. 3-4, Aug.-Nov. 1986, 203-209.
PAQUE, Jeannine: Le Symbolisme Belge, Brüssel 1989.
PARKS, Richard: The Music of Claude Debussy, New Haven - London 1989.
PARROT, Ian: The Reputation of Cyril Scott - in: Music Review, Vol. 54, Nr. 3-4, Aug.-Nov. 1993, 252-256.
PASCHE, Wolfgang: Nachwort zu August Strindberg: Werke in zeitlicher Folge, Bd. VIII/2 (1898-1900), Frankfurt - Leipzig 1992, 1023-1069.
PASQUIER, Alex: Maurice Maeterlinck, Brüssel 1963.
PETRI, Franz (1968): Belgien, Niederlande, Luxemburg von der Krise 1867 bis zum Ende des 1. Welktkriegs (1867-1918), Kap. D: Innere Geschichte von 1871 bis 1914: Belgien - in: SCHIEDER, T. (Hg.): Handbuch der europäischen Geschichte, Bd. 6, Stuttgart 1968, 476-482.
PETRI, Franz (1981): Belgien, Niederlande, Luxemburg von der französischen Zeit bis zum Beginn der deutschen Einigung (1794-1865), Kap. D: Belgien - in: SCHIEDER, T. (Hg.): Handbuch der europäischen Geschichte, Bd. 5, Stuttgart 1981, 951-958.
PFISTER, Manfred: Das Drama. Theorie und Analyse, München 1994[8] [1977].
PHILLIPS, C. Henry: The Symbolists and Debussy - in: ML, Vol. 13, Nr. 3, Juli 1932, 298-311.
PIKE, Lionel: Sibelius's Debt to Renaissance Polyphony - in: ML. Vol. 55, 1974, 317-326.

PLATA, Rajmunda: Le Temps et l'Action dans le Théâtre de Maeterlinck - in: Annales, Bd. 24, Brüssel 1978, 121-140.
POE, Edgar Allan: The Philosophy of Composition - in: DERS.: Essays and Reviews, hg. v. G. R. Thompson, New York 1984, 13-25.
PORTEN, Maria: Zum Problem der Form bei Debussy. Untersuchungen am Beispiel der Klavierwerke, Phil. Diss., München 1974.
POSTIC, Marcel: Maeterlinck et le symbolisme, Paris 1970.
POWELL, Kerry: Oscar Wilde and the Theatre of the 1890s, Cambridge 1990.
PUFFETT, Derrick: 'Music that Echoes within One' for a Lifetime: Berg's Reception of Schoenberg's *Pelleas und Melisande* - in: ML, Vol 76, Nr. 2, Mai 1995, 209-264.
RANTAVAARA, Irma: Symbolism and Finnish Literature - in: BALAKIAN, 1982, 595-601.
RASCH, Wolfdietrich (1977): Fin de Siècle als Ende und Neubeginn - in: BAUER/HEFTRICH [u. a.]; (Hg.), 1977, 30-49.
RASCH, Wolfdietrich (1986): Die literarische Décadence um 1900, München 1986.
RAUHUT, Franz: Vom Einfluß der französischen Literatur der Symbolismus auf die moderne französische Musik - in: Germanisch-Romanische Monatsschrift, 24. Jg., H. 11/12, Nov./Dez. 1936, 440-460.
RIBER, Jean-Claude: Entdeckung und Deutung des *Pelléas* als „Theater der Furcht und der Grausamkeit" - in: OPER BONN (Hg.): Programmheft zu Debussy: *Pelléas et Mélisande*, Bonn 1991, 9-13.
RICHTER, Lieselotte: Stw. „Mystik" - in: GALLING, K. (Hg.): Die Religion in Geschichte und Gegenwart, Bd. 4, Sp. 1237.
RIEMENSCHNEIDER, Hartmut: Der Einfluß Maurice Maeterlincks auf die deutsche Literatur bis zum Expressionismus, Phil. Diss., Aachen 1969.
RILKE, Rainer Maria (1899): Pelleas und Melisande (Kritik zur deutschen Erstaufführung des Dramas am 12. 2. 1899, Neues Theater Berlin) - in: GROSS, 1985b, 113-115.
RILKE, Rainer Maria (1900): Das Theater des Maeterlinck (1900) - in: GROSS, 1985b, 157-160.
RILKE, Rainer Maria (1902): Maurice Maeterlinck (1902) - in: GROSS, 1985b, 200-202.
RINGBOM, Nils-Eric: Jean Sibelius. Ein Meister und sein Werk, Olten 1950.
ROBICHEZ, Jacques: Le Symbolisme au théâtre. Lugné-Poe et les débuts de l'Oeuvre, Paris 1957.
ROLF, Marie: Debussy's Mallarmé-Songs - in: SMITH, R. L. (Hg.): Debussy Studies, Cambridge 1997, 179-200.
ROLLAND, Romain (1909): Pelléas et Mélisande de Claude Debussy - in: DERS.: Musiciens d'aujourd'hui, Paris 1909, 197-206. [Zuerst in: Berliner Morgen, 29. 11. 1907].
ROLLAND, Romain (1951): Richard Strauss et Romain Rolland - in: Cahiers Romain Rolland, 3: Correspondance, Fragments de Journal, Paris 1951.
ROSTAND, Claude: L'Oeuvre de Fauré, Paris 1945.
RUF, Wolfgang: Arnold Schönbergs Lied *Herzgewächse* - in: AfMW, 41. Jg, 4/1984, 257-274.
RUFER, Josef (1959): Das Werk Arnold Schönbergs, Kassel - Basel usw. 1959.
RUFER, Josef (1969): Noch einmal Schönbergs op. 16 - in: Melos, 36. Jg., September 1969, 366-368.

RUUSBROEC, Jan van: Die Zierde der geistlichen Hochzeit, dt. v. M. Schaad-Visser, Einsiedeln 1987.
SAUGUET, Henri: L'Oeuvre de Charles Koechlin, Paris 1975.
SABBE, Herman: Maeterlinck, Schoenberg et Debussy ou la Littérature au Carrefour de l'Histoire musicale - in: ANGELET, Christian (Hg.): Pelléas et Mélisande, Brüssel 1994 [= Annales, Bd. 29], 59-69.
SCHEIN, Sylvia: Stw. „Melisende" - in: ANGERMANN, N. (Hg.): Lexikon des Mittelalters, Bd. 6, München - Zürich 1993, Sp. 495f. .
SCHIBLI, Siegfried: Ein Stück praktisch gewordener Ideologie. Zum Problem der komplexen einsätzigen Form in Frühwerken Arnold Schönbergs - in: AfMW, 41. Jg., 4/1984, 274-294.
SCHILLINGS, Anne: La Genèse de *Pelléas et Mélisande* - in: Audace, 16. Jg., 1/1970, 118-129.
SCHMIDT-GARRE, Helmut: Debussy und Maeterlinck - die Kongruenz ihres Empfindens und die Inkongruenz ihrer Wirkung - in: NZ, 130. Jg. 2/1969, 85-88.
SCHMITT, Florent: Les Oeuvres d'Orchestre [Fauré] - in: RM, 3. Jg., Nr. 10, August 1922, 242-251.
SCHOLEM, Gershom: Zur Kabbala und ihrer Symbolik, Darmstadt 1965.
SCHUBERT, Giselher: Schönbergs frühe Instrumentation. Untersuchungen zu den Gurreliedern, zu op. 5 und op. 8, Baden-Baden 1975.
SCHUMANN, Margit: Une Esquisse pour *Pelléas et Mélisande*: La „Scène des Moutons" - in: Cahiers Debussy, Nr. 17-18/1993-94, 35-56.
SIEVERS, Gerd: Sibelius und die Komponisten seiner Zeit. Vergleich der *Pelléas et Mélisande* - Vertonungen - in: Sibelius-Mitteilungen, Nr. 4, April/1961, 7-15.
SIMON, John: Behind a Veil of Tears - in: Opera News, Vol. 47, Nr. 9, 15. Jan. 1983, 9-10; 32; 34.
SION, Georges: Maeterlinck dans le Théâtre européen - in: HANSE/VIVIER, 1962, 409-422.
SLOMKOWSKA, Aniele: Le Paysage dans le Théâtre de Maeterlinck - in: Annales, Bd. 9, 1963, 18-25.
SMALLEY, Roger: Debussy and Messiaen - in: MT, Vol. 109, Nr. 1500, Febr. 1968, 128-131.
SMITH, Richard L. (1973): Debussy and the Art of the Cinema - in: ML, Vol. 54, 1973, 61-70.
SMITH, Richard L. (1981): Debussy and the Preraffaelites - in: Nineteenth Century Music, Vol. 5, Nr.2/1981, 95-109.
SMITH, Richard L. (1989a): The Play and its Playwright - in: NICHOLS/SMITH, 1989, 1-29.
SMITH, Richard L. (1989b): Motives and Symbols - in: NICHOLS/SMITH, 1989, 78-106.
SMITH, Richard L. (1989c): Tonalities of Darkness and Light - in: NICHOLS/SMITH, 1989, 107-139.
SMITH, Richard L.(1997; Hg.): Debussy Studies, Cambridge 1997.
SPAETH, Jeanne: Sounding Symbols - in: Opera News, Vol. 52, Nr. 10, 30. 1. 1988, 12-14; 46.
SPIETH-WEISSENBACHER, Christiane: Prosodes et Symboles mélodiques dans le Récitatif de *Pelléas et Mélisande* ou Place du Figuralisme dans l'Écriture vocale de Debussy - in: IRASM, Vol. 13, 1/1982, 83-92.

STAEMPFLI, Edward: Pelleas und Melisande. Eine Gegenüberstellung der Werke von Claude Debussy und Arnold Schönberg - in: Schweizerische Musikzeitung, 112. Jg., März-April/1972, 65-72.
STEGEMANN, Michael: Ausdruck und Eindruck. Claude Debussys mißverstandene Ästhetik - in: NZ, 147. Jg., H. 10, Okt. 1986, 8-12 und H. 11, Nov. 1986, 13-18.
STEPHAN, Rudolf: Schönberg als Symphoniker - in: ÖMZ, 29. Jg., 6/1974, 267-278.
STEUERMANN, Clara: Schoenberg's Library Catalogue - in: Journal of the Arnold Schoenberg Institute, Vol. III, Nr. 1, March 1979, 203-218.
STIRNEMANN, Knut: Zur Frage des Leitmotivs in Debussys *Pelléas et Mélisande* - in: STENZL, J. (Hg.): Schweizer Beiträge zur Musikwissenschaft, Bd. 4, Bern - Stuttgart 1980, 151-170.
STRAUSS, Richard: Richard Strauss - Hugo v. Hofmannsthal. Briefwechsel. Gesamtausgabe, hg. v. W. Schuh, Zürich 1964 [1952].
STRINDBERG, August (1964): Okkultes Tagebuch, hg. v. T. Eklund, Hamburg 1964.
STRINDBERG, August ([1966]): Open Letters to the Intimate Theater, Seattle - London o. J. [1966].
STROBEL, Klaus: Zur Fauré-Rezeption in Deutschland - in: JOST, 1996, 186-196.
STUCKENSCHMIDT, Hans H. (1958): Schöpfer der Neuen Musik, Frankfurt 1958.
STUCKENSCHMIDT, Hans H. (1974): Schönberg. Leben - Umwelt - Werk, Zürich 1974.
SUCKLING, Norman: Fauré, London 1946. [Repr. Westport/Conn. 1979].
SWEDENBORG, Emanuel: Himmel und Hölle, dt. v. F. Horn, Zürich 1977.
SZONDI, Peter (1956): Theorie des modernen Dramas, Frankfurt 1956.
SZONDI, Peter (1975): Das lyrische Drama des Fin de siècle, Frankfurt 1975.
TAMMARO, Ferruccio: Mélisande dai quattro volti - in: Nuova Rivista Musicale Italiano, 15. Jg., 1/1981, 95-119.
TANZBERGER, Ernst: Jean Sibelius. Eine Monographie, Wiesbaden 1962.
TAWASTSTJERNA, Erik (1986): Sibelius, Vol. II (1904-1914), engl. v. R. Layton, London 1986.
TAWASTSTJERNA, Erik (1988): Der junge Sibelius. Von der Dur-Moll-Tonalität zu einer Synthese von modalen und Dur-Moll-tonalen Elementen - in: DANUSER, H./ DE LA MOTTE-HABER, H./LEOPOLD, S./MILLER, N. (Hg.): Das musikalische Kunstwerk. Geschichte - Ästhetik - Theorie, Laaber 1988, 639-650. [Festschrift Carl Dahlhaus zum 60. Geburtstag].
THEISEN, Josef: Die Dichtung des französischen Symbolismus, Darmstadt 1974.
TOUCHARD, Pierre-Aime: Le Dramaturge - in: HANSE/VIVIER, 1962, 323-406.
VALLAS, Léon: Debussy und seine Zeit, München 1961.
VANDENBRANDE, Roger: La Mort voilée mise en Scène et mise en Langage chez Maeterlinck, ou Analyse d'un Registre sémantico-pragmatique - in: Annales, Bd. 27, 1989, 29-42.
VANWELKENHUYZEN, Gustave: Encore *L'Intruse* et *Les Flaireurs* - in: ACADÉMIE ROYALE de Langue et de Litterature Françaises (Hg.), 1964, 203-224.
VEDDER, Beatrix: Das symbolistische Theater Maurice Maeterlincks, Frankfurt - Bern - Las Vegas 1978.
VIRTANEN, Reino: Stw. „Sillanpää" - in: ZUCK, V. (Hg.): Dictionary of Skandinavian Literature, Chicago - London 1990, 553-555.
VORDTRIEDE, Werner: Novalis und die französischen Symbolisten. Zur Entstehungsgeschichte des dichterischen Symbols, Stuttgart 1963.

WAGNER, Hans-Joachim: Lyrisches Drama und Drame lyrique. Eine Skizze der literar- und musikhistorischen Begriffsgeschichte - in: AfMW, 47. Jg., 1/1990, 73-84.
WARMOES, Jean (1962a): Maurice Maeterlinck. Le Centenaire de sa Naissance, Brüssel 1962a [Ausstellungskatalog].
WARMOES, Jean (1962b): Le Climat esthétique à l'Époque de Maeterlinck - in: Synthèses, 17. Jg., Nr. 195, Aug. 1962b, 24-35.
WASCHEK, Matthias: Eklektizismus und Originalität. Die Grundlagen des französischen Symbolismus am Beispiel von Emile Bernard, Konstanz 1990.
WEBER, Edith: Debussy et l'évolution de la musique au XXe siècle, Paris 1965.
WEBER, Horst: Alexander Zemlinsky - Briefwechsel mit Arnold Schönberg, Anton Webern, Alban Berg und Franz Schreker, Bd. 1, Darmstadt 1995.
WEBERN, Anton v.: Schönbergs Musik - in: Arnold Schönberg, München 1912 [Nachdr. 1980], 22-49.
WELLESZ, Egon (1911): Arnold Schönberg - in: Zeitschrift der Internationalen Musikgesellschaft, 12. Jg., H. 11, Aug. 1911, 342-348.
WELLESZ, Egon (1985): Arnold Schönberg, Wilhelmshaven 1985. [Neuausg. d. Buchs v. 1920; nach d. engl. Ausg. v. 1925].
WHITE, David: Echoes of Silence. The Structure of Destiny in Debussy's *Pelléas et Mélisande* - in: MR, Vol. 41, 1980, 266-277.
WHITTAL, Arnold: Tonality and the Whole-Tone-Scale in the Music of Debussy - in: MR, Vol. 36, 1975, 261-271.
WIELAND-BURSTON, Joanne: Le „Cahier Bleu". Einleitung zur kritischen Ausgabe - in: Annales, Bd. 22, 1976, 7-94.
WILSON, Conrad: Giacomo Puccini, London 1997.
WILSON-LAMBERT, Carole: Maurice Maeterlinck et l'Idée de la Mort de 1885 à 1890 - in: Annales, Bd. 27, 1989, 43-51.
WINTERHAGER, Wolfgang: Zu Struktur und Funktion der Klavierbegleitung in Gabriel Faurés „Mélodies" - in: JOST, 1996, 114-129.
WINTERSTEIN, Eduard v.: Max Reinhardts Arbeit mit dem Schauspieler - in: FETTING, 1974, 367-369.
WOLFF, Hellmut C.: Melodische Urform und Gestaltvariation bei Debussy - in: Deutsches Jahrbuch der Musikwissenschaft (Peters), 10. Jg., 1965, Leipzig 1966, 95-104.
YEATS, William B.: The Collected Letters of W. B. Yeats, hg. v. J. Kelly, Vol. 1 (1865-1895), Oxford 1986.
ZIMMERMANN, Michael: „Träumerei eines französischen Dichters" - Stéphane Mallarmé und Richard Wagner, München - Salzburg 1981.

www.ingramcontent.com/pod-product-compliance
Lightning Source LLC
Chambersburg PA
CBHW020110010526
44115CB00008B/767